本书为国家社科基金重大项目"人类命运共同体的文化构建与国际认同研究"（19ZDA003）的优秀结题成果

【上卷】

刘同舫 著

人类命运共同体的文化构建与国际认同研究

Research on the Cultural Construction
and International Recognition of
a Community with a Shared Future for Mankind

人民出版社

刘同舫

　　浙江大学马克思主义学院院长、教授、博士生导师，浙江大学马克思主义理论创新与传播研究中心首席专家。教育部长江学者特聘教授，享受国务院政府特殊津贴，入选国家高层次人才特殊支持计划领军人才、全国文化名家暨"四个一批"人才、"百千万人才工程"国家级人才，被授予国家"有突出贡献中青年专家"荣誉称号，获评"高校思想政治理论课教师年度影响力标兵人物"。担任中央马克思主义理论研究和建设工程项目首席专家、国家社科基金重大项目首席专家、国家社科基金学科组评审专家。主要研究领域为马克思主义哲学，在《中国社会科学》《哲学研究》《马克思主义研究》《人民日报》《光明日报》等报刊发表论文400余篇，出版学术专著、译著、教材27部，主持国家社科基金项目9项（含重大项目4项），获省部级优秀成果奖一等奖6项，入选《国家哲学社会科学成果文库》2项。

目　录

上　卷

下　卷

Contents

Volume 2

Chapter IV: The Historical Evolution and Principles of the International Identity of a Community with a Shared Future for Mankind

序　言
面向共同体的文化哲思与共识构筑

经济全球化成为时代发展的潮流，然而反全球化也相伴而生，人类未来该向何处去？这一问题不仅是当前国际关系深层问题的内在显现，更是关系到世界历史未来发展的关键所在。在 21 世纪的舞台上，文化多样性与趋同性交织成一幅复杂多样的图景，东西方文明的冲突与融合成为时代画卷的独特篇章。全球化的社会生产总过程，意味着世界市场不再只是霸权国家的附属品，而是成长为一个由不同主体共同决定的自主独立体系。世界市场的变迁内在要求一种能够包容差异主体和契合时代主题的解释方案来破解人类未来向何处去的根本难题，进而在世界历史意义上真正引领人类社会的未来发展。构建人类命运共同体是中国探索这一方案的智慧结晶，其不仅是一个具有战略高度的理论议题，而且是包含现实紧迫感的全球性实践，标志着经济全球化时代世界秩序的新走向，开辟了实现人类解放的新途径。

推进人类命运共同体的文化构建与国际认同逐渐成为全球治理和国际合作的重要方向，既关乎每个国家的未来发展，也关乎整个人类的共同福祉。它如同晨曦中的曙光映照出全球合作的前景，倡导超越零和博弈的战略思维，通过合作共赢的方式解决全球性问题；如同一条坚韧的纽带将不同文明紧密相连，促进文明之间的对话与合作，推动实现共同发展和持久和平。人类命运共同体的文化构建与国际认同是对传统国际关系理论的补充和发展，也是对全球治理体系的创新和完善，它要求国际社会共同努力，推动建立更加有效的多边机制，有力应对全球性风险和挑战，保护全球公共利益与建构共通性文明观，推动可持续发展。

关注和研究人类命运共同体的文化构建与国际认同问题是对笔者原有学术思想视角的延续和拓展。近年来，笔者一直聚焦"马克思的人类解放思想"的基础理论问题进行学术研究。人类解放是马克思毕生的信仰与追求，笔者试图从马克思的思想宝藏中构建具有现实性的人类解放思想体系。正是基于这一思想前见，笔者将自身的理论研究重心从"马克思的人类解放思想研究"拓展到"人类命运共同体基本理论问题研究"，探讨人类命运共同体的若干基础理论问题，如人类命运共同体的社会历史作用、政治哲学基础、政治经济学基础及其在现代化进程中的未来发展，揭示中国特色社会主义实践对世界历史的重大意义；系统论证了人类命运共同体的历史唯物主义理论基础，从哲学立场、现实指向和解放路径等方面对人类命运共同体予以多维阐释。人类命运共同体理念在继承马克思的共同体思想、中华优秀传统文化思想和西方文明思想等成果的理论资源上，实现了创新性发展和总体性推进。系统挖掘人类命运共同体理念蕴含的文化理论，有利于深化对人类命运共同体理念在社会实践层面的学习、理解和运用，为新时代传承中华优秀传统文化提供有益借鉴，提升中国特色社会主义文化的影响力。构建人类命运共同体作为一项放眼全球的顶层设计，既服务于中国的内政外交，也彰显了中国应对全球普遍性问题的智识谋略。

探讨人类命运共同体的文化构建与国际认同问题，具有重要的学术价值和现实意义。本书基于辩证唯物主义和历史唯物主义的理论视域，围绕人类命运共同体文化构建与国际认同的多维资源、历史演变、现实指向、当代任务以及构建策略等相关问题，展开全面系统的梳理、分析和研究。以马克思的人类解放思想为基点，深入研究人类命运共同体的文化构建问题，有利于加深对其理论渊源的探索，增强解读现实的说服力；研究人类命运共同体的国际认同问题，有助于探讨在实践中如何扩大这一理念的全球影响力，如何在国际范围内争取更多"共同构建"的力量，进而深化对人类命运共同体的总体性认知。

一、总体思路：汇聚共同体的建构性力量

从辩证唯物主义和历史唯物主义的立场、观点与方法出发，对人类命运共同体的基本理论问题加以阐述，需要确立考察研究对象的具体视角以及有效可行的研究思路，把握人类命运共同体研究的多重视角及其内在关联，进而厘清人类命运共同体的文化构建与国际认同的问题域及其深层理路。

在研究视角上，系统考察人类命运共同体与文化构建、国际认同概念的多维构成性，深入论证三个概念之间的内在逻辑关联。在文化构建的理论研究中，采取比较研究法、结构功能分析法来阐释影响当今世界文明构成的多重因素及其发展趋势，从存在论、认识论和价值论的哲学视角论述文化构建的当代任务。在国际认同的理论与实践研究中，从协同治理理论视角分析世界各国政府在处理复杂国际社会公共事务过程中的协同行动，深入探讨耦合结构和资源共享的基本原则和重要意义，通过隐性知识、符号互动、情感联动、需求层次、大数据理论、认同接受理论和关联理论的研究视角，在回应多方质疑中试图突破传统思维范式，提出人类命运共同体国际认同的创新路径。

在研究思路上，从辩证唯物主义和历史唯物主义的理论视域出发，以人类命运共同体的文化构建和国际认同为核心研究内容，在充分掌握习近平总书记关于人类命运共同体的重要论述以及学术界关于人类命运共同体研究动态的基础上，系统阐明人类命运共同体的理论基础、历史基础和实践基础，科学界定文化构建和国际认同的理论内涵，对文化构建和国际认同予以总体性的定位与把握。从"母体"资源及其历史性创新、当代现状、目标指向和当代任务等方面，深入论述人类命运共同体的文化构建问题；从历史演变、原则确证、现实基础和构建策略等维度，全面阐发人类命运共同体的国际认同研究；在此基础上充分揭示人类命运共同体在世界历史进程中的未来发展，以及从"抽象的普遍性"的全球共同体迈向"具体的总体性"的人类命运共同体的历史性突破。

在研究思路的内在逻辑和具体展开上，主要涉及人类命运共同体、文化构建和国际认同三个内在关联的理论，研究内容包括人类命运共同体的前提基础、文化构建的历史性创新、国际认同的时代性策略和人类命运共同体的总体性展望四个方面。第一，逻辑前提。研究人类命运共同体的文化构建与国际认同问题，需要从理论、历史与实践三个层面，对人类命运共同体这一重大理论命题的学理依据、可能性、必要性和可行性进行科学论证，深度阐明构建人类命运共同体的理论基础、历史基础和实践基础，这构成主体内容研究中概念供给和理论建构的基本前提。第二，逻辑主线。人类命运共同体作为一种文化理念和建构方案，其在洞悉世界文明发展新趋势的前提下，有力回应当前全球治理格局下世界向何处去的时代之问，超越了文明类型论、文明冲突论与历史终结论；以构筑全人类共同体意识与共同价值的责任担当，增添世界文明新能量；以容纳古今中外文化的精神气度，把握世界文明发展新格局。第三，逻辑展开。经济全球化发展的内在悖论、全球治理体系的重重危机以及西方发达国家以"新殖民主义"等曲解和污名化中国理念、中国方案的舆论情势，成为人类命运共同体国际认同的阻挡力量。因此，中国需要从价值共识、制度选择、利益协调以及思想表达等层面予以破解。第四，逻辑归宿。"平等性困境"与"认同性困境"是任何试图破解全球性危机的治理方案均可能面临的挑战。人类命运共同体文化构建通过对共同利益的整合与创造，实现对现实困境的化解和规避，打破关于身份政治的差别对待和利益区隔的藩篱；通过加强国际交流与合作，实现全球生产力的充分发展与国际权责平衡对等，提高多方参与主体对全人类共同价值的认同深度与广度。剖析共同价值、文化构建与国际认同的辩证关系，明晰共同体的"抽象的普遍性"与"具体的总体性"理论特征，能够为人类命运共同体的建构持续提供发展动力。

二、时代任务：回应现实问题的文化哲思

探究人类命运共同体的文化构建需要明确其现实指向，即全球文化环境和世界文明格局的总体性定位问题，人类命运共同体文化构建与世界新文明格局再造的关系问题，以及人类命运共同体文化构建的当代任务问题。人类命运共同体的文化构建和全人类共同价值的塑造反映出中华文明历史地位的时代跃迁。经济全球化与世界一体化是当今人类社会的鲜明特征，国际社会的各民族国家在世界历史舞台上利益交织、命运相连、发展与共，人类社会的共同性特征日益强化。基于这一现实语境，中国提出人类命运共同体理念。从文化构建视角阐释人类命运共同体作为一种与人类现实实践相适应的新型全球发展观的建构性意义在于，超越以启蒙理性为基石的"个体主义"和"自我中心主义"的价值原则，打破由霸权主义和

殖民主义操控的国际政治秩序，真正立足"人类社会"与"人类主体"的哲学高度考察人类文明进步的整体诉求。为了创造更为合理的文明秩序，重建真正的世界性共同体，人类命运共同体的文化构建需要推进并完成以下任务：

从存在论维度来看，作为"世界文学"的人类命运共同体文化根植于全球化大生产的土壤，商品生产总过程的全球化构成人类命运共同体文化的物质基础与生产条件。文化作为上层建筑，其产生与发展的趋向决定于特定的物质基础。文化构建的根本任务在于确立自身的存在论基础，即确立全球共同体形式的再生产条件。人类命运共同体理念作为以全人类为主体的新型文明，既是客观历史进程决定的合规律性发展，也是世界各国共同构建的合目的性追求。

从认识论维度来看，人类命运共同体的文化构建需要通过实行一系列行之有效的原则来化解认识分歧，以在实践中达成一致行动。当今全球一体化、利益多元化、文化多样化等诸多复杂现状并存，这也使得"人类主体"成员之间在不同层次上存在复杂矛盾关系。人类命运共同体作为一种新型文明理念，其直接的现实"应用性"必然指向处理和协调主体成员之间的矛盾冲突，以新的国际秩序建立一个和谐美好的人类世界，这需要共同体成员对共同性问题形成广泛认同与共识，制定并坚持处理共同体成员矛盾冲突的基本原则。

从价值论维度来看，人类命运共同体的文化构建从全人类共同利益出发，致力于超越立足市民社会与私人利益的资本主义文明体系，赋予人们真正的自由、民主和平等权利。资本主义自由平等的普遍性面具背后隐藏着追求私人利益的根本诉求，世界市场依然存在西方中心主义式的"一国独霸"或"几方共治"的景象。人类命运共同体以"人类社会或社会的人类"为立足点，旨在提升世界各国的普遍交往和共同性的水平，在价值立场上关注人类的共同利益，不断引领人类文明进步的新方向。具有普遍意义的价值立场彰显了人类命运共同体作为一种文明理念的精神实质，是人类命运共同体文化构建的精神内核。

三、国际认同：达成价值规范的普遍共识

人类命运共同体的理念如同晨星般在国际社会的天际线上日益明亮，具有引领国际社会达成普遍共识、指导集体实践的强大凝聚力。系统全面地理解人类命运共同体国际认同的基本内容，有利于进一步发挥人类命运共同体理念的精神力量。国际认同是人类团结协作、共同行动以实现共同时代目标的思想前提，人类命运共同体能否得到普遍性的国际认同，关系到其能否稳步构建。随着人类文明的发展，国际关系在演变中生成了一系列原则，现行的诸多国际关系原则为人类命运共同体的构建实践奠定了规范性基准。构建人类命运共同体是一项涉及全人类福祉的系统工程，既需要世界各国人民共同努力，也需要国际关系原则提供保障，才能为共同体的构建注入整体认知的价值规范。

人类命运共同体国际认同涉及全方位、宽领域与多层次的具体内容和实践指向。"认同"在本质上是"自我"与"他者"之间的一种相互承认关系，把握人类命运共同体国际认同的内涵，需要认识到国际社会关系中蕴含"自我"和"他者"之间的辩证关系。从总体的理论视域出发，人类命运共同体的国际认同是规则认同、价值认同与文化认同相结合的统一体。规则认同是对人类命运共同体运行机制的一致性认可，是国际认同实现的重要一环，也是国际认同的直接成果；价值认同是对人类命运共同体所追求和维护的全人类共同价值的肯定，是国际认同持续性的核心所在；文化认同是对

人类命运共同体谋求共同利益所达成的文化共识的确认，是国际认同形成的突破口。相对于集体认同、民族认同和区域认同而言，国际认同是指人类在世界范围内就某一对象化客体所达成的共识。人类命运共同体理念从基本结构、运行机制、价值目标等角度回答了建设一个怎样的全球社会形态的问题。人类命运共同体国际认同是世界各国基于自身利益达成的对于构建一种国际新秩序的规则认同、价值认同和文化认同。这种认同，如同编织一张跨越民族国家界限的文化和价值之网，将不同文明、不同民族紧密联系在一起，共同绘制出一幅全球和谐共生的宏伟蓝图，展现出中华文明的磅礴伟力与世界影响。

探讨国际认同的深层哲学意蕴与价值指涉，不仅构成国际关系中的一个重要概念，而且是人类共同体意识的集中体现，成为全球治理体系中不可或缺的精神纽带。通过国际认同可以促进不同国家之间的合作、交流和对话，更能够在多元文化的交融与互惠中探寻到共同性的价值和目标，为构建一个更加公正、和平与繁荣的世界提供坚实的思想基础和行动指南。

四、现实基础：国内与国际双重历史语境

在国内与国际双重历史语境中把握人类命运共同体国际认同的现实基础，既要充分认识当今世界经济、政治、文化层面的发展与融合为实现人类命运共同体的国际认同奠定的良好外部条件，也要确证中国何以在此基础上发挥推动构建人类命运共同体的优势作用和蓬勃力量。

在经济层面，社会生产的全球拓展已成普遍趋势，不断增强的广度和深度使资源市场与消费市场跨越了民族或国家的界限，形成了不可逆转的经济全球化和世界市场体系。社会生产总过程的经济

全球化与世界市场体系的运作，为人类超越各种形式的特殊利益、形成全人类的共同利益进而演化成人类休戚与共的命运共同体提供了重要的经济基础和物质条件，也为人类命运共同体获得国际社会的广泛认同奠定了直接、厚实的现实基础。

在政治层面，人类命运共同体理念之所以在国际社会产生巨大反响并显示出强大生命力，关键原因在于其本身是一种"价值重构"。人类命运共同体理念主张以发展逻辑代替强权逻辑，构建和平稳定的生存空间，实现共存共赢的可持续发展。人类命运共同体理念的提出，主要是针对当前世界交往格局的等级差异问题以及适应国际社会对更高层次交往模式的需要，其不仅仅是一种批判性道德理想，更是一种建构性、共享性的普遍交往秩序与开放发展体系。随着世界普遍交往的深入发展，世界各国对人类休戚与共、互利共赢发展目标的共同关切，将促进人类命运共同体理念被世界各国人民普遍认同、接受。普遍交往与共同发展的动力机制，为人类命运共同体理念获得国际社会的广泛认同提供了坚实的政治基础和客观条件。

在文化层面，人类社会的发展史也是一部不同文明交流、互鉴与融合的发展史，世界多元文明的对话与交融，如同交响乐中的不同乐器，共同奏响了人类命运共同体的和谐乐章。伴随世界普遍交往中跨文化互动对话的发展，人类历史文明进程逐渐从以西方国家为主导的单向控制模式转向由多个文明体平等交流、兼容并蓄的新发展模式，世界各国更加注重包容具有鲜明地域性和民族性特征的文明形态，积极践行与文化对话交流相契合的新的人类交往范式。文化构建与世界文明体的形成是推动构建人类命运共同体的积极力量，也是人类命运共同体理念得以被国际社会认同的文化基础。

9

中国推动构建人类命运共同体，就像在浩瀚的星海中点亮了一盏明灯，固然需要人类命运共同体理念被国际社会所接受、认可。而如何把人类命运共同体理念打造为全球各国普遍认可的共识是重中之重，这要求人类命运共同体在价值共识、利益协调和话语体系等方面必须具备先发优势。

凝聚价值共识是增进人类命运共同体国际认同的基本前提。实现人类命运共同体的国际认同实质上指向全球各国在相互承认、尊重差异的基础上对其背后承载的全人类共同价值的认同。社会成员相互承认是共同体合理合法的前提，这种相互承认与社会成员的期盼相联系，社会成员通过走向他们构想的共同目标，形成理想共同体。因此，阐明人类命运共同体理念的哲学立场与共同价值基础，为增进世界人民对人类命运共同体理念的自觉认识提供思想力量，是构建人类命运共同体国际认同的重大课题。

通过推进利益协调为构建人类命运共同体国际认同奠定牢固的物质基础。世界历史的形成、人类命运共同体的发展是物质生产发展的客观要求和必然结果，共同体的发展形势由社会生产力发展程度以及人们的物质利益所驱动。以构建共同利益为契机，创造更多互融互促的合作增长点，打造合作共赢的经济发展模式是人类命运共同体理念深入实践、获取国际认同的先决条件与关键所在。只有在实践上拓展和丰富世界各国人民的合作机制，推动实现全球经济发展的互惠共赢，才能在现实中增强世界人民的满足感和获得感，提升国际社会对人类命运共同体理念的认识与认同。

建构国际话语体系以面向国际社会传达中国诉求。语言或话语是传递和交流信息、塑造思想的载体，也是促进相互理解与达成价值认同的有效工具和普遍媒介。在构建人类命运共同体的国际认同进程中，只有构建基于危机共识、融通中外的国际传播话语体系，才能取得国际话语权建设的良好效果，继而产生巨大的话语优势和影响力。中国必须着力打造融通中外的新概念、新范畴和新表达，增强在国际上的话语权以应对国际舆论斗争，促使人类命运共同体理念既富有中国特色、中国风格，又凸显时代潮流、历史大势，使其能够与世界不同国家人民的思维方式、话语习惯高度契合，能够准确地被世界人民充分理解和广泛认同。

五、创新意识：在研究中的问题选择与观点呈现

对人类命运共同体的文化构建与国际认同的探究是一项重大理论课题。而如何在学术思考与推进过程中找到拓展知识边界的核心动力，这是推动理论创新的中心枢纽。笔者认为促进问题意识与理论探讨的互通交融正是这一中心枢纽启动的关键。只有在问题选择、观点阐发与方法运用上切中肯綮而又和谐统一，才能充分体现研究内容的深度与广度，进而延伸出与研究互契互促的创新意识。

一是问题选择的独特性。在问题的选择上坚持正本清源、追踪发展以及体现创新的独特原则。将在辩证唯物主义和历史唯物主义理论中居于基础地位、核心地位的范畴筛选出来，与浸润着西方传统哲学基本观念和思维范式的范畴加以区分，尤其澄清现当代哲学对马克思共同体思想与文化哲学、实践哲学思想的误解甚至讹传，同时弄清中华优秀传统文化的精神实质，为文化构建的问题提供"真材实料"的理论渊源；通过追踪发展原则，激活辩证唯物主义和历史唯物主义理论的批判精神，面对时代发展的新趋势和国际共产主义运动的新变化，总结人类命运共同体文化构建和国际认同赋予理论与实践问题的新意义；提炼现时代对共同体、文化与认同理论实践的研究成果，对世界文明的新格局及其理论问题加以符合时代的概括，映射出新时代中国特色的人类命运共同体文化构建和国

际认同的观念、原则、方法和结论。

二是学术观点的创新性。将文化构建作为人类命运共同体理念及其国际认同的关键环节，在厘清人类命运共同体及其文化构建和国际认同三者内在关联的基础上，提出文化构建作为人类命运共同体自身理论体系发展的重要途径，应使人类命运共同体理念在全球范围内的推广更具开放性和拓展性；提出人类命运共同体文化构建在世界文明语境中实现对文化资源的创造性转化和创新性发展，以及通往国际认同的人类命运共同体的总体认知与构建等思想；指出新型文化思想是形成文明的现代社会和通往人类文明整体进步的必由之路，推动中华优秀传统文化实现创造性转化和创新性发展是契合时代要求的创新之举；阐述了世界历史的发展促使人类社会进入整体化、互联化、依存化的经济全球化时代，所有民族在经济、政治和文化诸方面事务上普遍相关，人类命运共同体理念对这一历史趋势的把握和遵从是其获得国际认同的现实基础。

三是研究方法的多样性。注重综合运用政治学、社会学和传播学等多学科基础理论，结构化、系统化地阐述人类命运共同体文化构建和国际认同的若干基础理论问题。通过分析在不同时期或不同理论背景下学者提出的共同体和文化构建以及国际认同的内涵、特征和实践方案，综合运用比较以及逻辑与历史相统一的研究方法，比较不同理论界定"共同体"概念采取的哲学立场和思维范式，审视人类文明总体趋势和发展需要的共同体理论逻辑；在阐释文化构建理论时，既比较不同时期中华优秀传统文化资源的历史作用，也基于比较的视角考察文化趋同论、文化冲突论、文化融合论和文化互补论等理论对世界文明交流历史的研究和结论，概括出中西方文化之间的复杂关系与基本差异，揭示人类命运共同体理念在融合中西方文化多样性的基础上实现创新的时代使命。

六、未来空间：理论关系与研究视域拓展

新时代中国在文化建设方面的实践探索及其经验，不仅丰富和发展了马克思主义文化理论，而且彰显了中华文明的自我意识与现代力量。在以马克思主义为基本遵循的前提下，对人类命运共同体文化构建与国际认同问题的研究，能够在肥沃的学术土壤中孕育出新的理论创新与实践突破，但需要我们以更加敏锐的洞察力和更加细腻的笔触，探索和描绘人类命运共同体的美好未来。

一是需要进一步阐明人类命运共同体理论和实践中资本主义与社会主义的关系。社会主义的理论与实践逻辑对资本主义世界体系的改造意义具有客观性，但如何进一步辨清资本主义社会固有矛盾的发展态势，如何正确看待资本主义制度在塑造世界文明上的限度，等等，这一系列问题构成人类命运共同体理念在构建实践中彰显社会主义发展优势的新课题，需要进一步深入探究。

二是需要进一步论述文化构建中全球性与民族性的张力关系。对这一关系的理解不能止步于表面现象，而需要从过程和本质上进行深层探索。经济全球化过程中的一系列矛盾客观存在，一些民族文化中的消极因子的确有可能在人类命运共同体的文化构建中滋生扩散，但人类命运共同体的文化构建以民族文化的多样性为前提，这意味着在文化构建过程中如何正确处理全球性与民族性的辩证关系将成为一个亟待解决的课题。

三是需要澄明在推进国际认同过程中借鉴与反渗透的关系。国际认同的研究需要具备包容性、全局性视野，但在现实研究中面临着双重困境：一方面，在提高人类命运共同体理念的国际认同度的研究中，需要"继承"和"借鉴"西方文明的有益成果与西方理论的合理因素；另一方面，由于中西语境不同，全面掌握西方文明和意识形态理论的传播具有挑战性，必须警惕西方文化与意识形态的

渗透。如何处理国际认同过程中借鉴与反渗透的关系，是进一步深入研究的课题。

在未来对人类命运共同体的探讨中，需要不断拓展研究视域、深化研究内容以及开辟研究方向。就理论而言，需要探讨的不仅是"世界是什么"，更是"世界应该是什么"，对人类未来向何处去给予回答；需要在资本主义与社会主义的交锋中寻找历史的逻辑，在全球化与民族性的张力中探索文化的真谛，在借鉴与反渗透的辩证中把握文明的脉络。就实践而言，需要在不断探索和总结中为构建人类命运共同体提供更加坚实的理论支撑和实践指导。正如马克思所言，学术研究的任务不仅是"解释世界"，更在于"改变世界"，这同样是我们探究人类命运共同体问题的价值追求。对人类命运共同体的研究过程宛如在历史的长河中航行，需要以开放的心态、敏锐的观察力、精准的判断力和不懈的探索精神，坚定文化自信，挖掘、阐释、创造属于我们这个时代的新文化，最终抵达光明的未来空间。

上　卷

导　论

　　世界文化多样性与趋同性并存、东西文明冲突与融合的状况，是影响现实国际关系的深层问题。社会生产总过程的全球化，既可能指向单极霸权逐步丧失的"历史必然"而导致部分国家为维护自身利益而率先破坏国际规则，从而引发区域性或世界性动荡；也可能指向一种更为平等、合理、多元的世界新秩序。从这一视角来看，构建人类命运共同体是具有全新战略高度的理论议题和现实紧迫感的区域性及全球性实践。"构建人类命运共同体是世界各国人民前途所在"①，它作为全球化时代世界秩序的新走向和实现人类解放的新途径，其内在需要人类创造出统摄已有共同体的文化形式和认同形式，从而使得世界性的社会经济体演变和上升为世界性的政治文明体。

一、学术史梳理与研究现状

　　人类命运共同体的文化构建构成重要议题，理论界需要对人类命运共同体理念形成的历史演化和现实境遇、全球化时代的资本主义危机与构建人类命运共同体的独特智慧进行详细分析及反思，从

---

　　① 习近平：《高举中国特色社会主义伟大旗帜　为全面建设社会主义现代化国家而团结奋斗——在中国共产党第二十次全国代表大会上的报告》，人民出版社 2022 年版，第 62 页。

经济、政治和文化等不同侧面出发，聚焦并确立人类命运共同体的文化构建路径，深入探讨在全球范围能否树立、如何树立共同体意识，深刻阐释人类命运共同体理念及其构建实践的合法性。本书坚持从唯物史观的视域出发，探讨人类命运共同体在全球实践中的文化构建与国际认同问题。

（一）学术史梳理

学术史上关于共同体、文化构建和人类社会文明认同方式变迁的探讨分别经历了不同的阶段，形成了不同模式，现综述如下。

1. 关于共同体的研究

Community（共同体）一词自 14 世纪就已存在，源于拉丁文"communitatem"，意指基于一定的情感与关系所组成的群体，是一种具有共同利益诉求和伦理取向的群体生活方式。学术史上关于共同体的探讨大致经历古希腊罗马、近代政治哲学、现代社会理论和当代共同体主义（也称为社群主义）四个时期。

（1）古希腊罗马时期

柏拉图和亚里士多德是共同体思想的最早倡导者，罗马共和国的西塞罗、塔西佗和普鲁塔克等人则是共同体思想的主要阐释者。他们认为，城邦或共和国旨在追求至善，是有别于家庭、村落和部落的最有权威的政治共同体，体现了所属公民的合作与共享关系。西塞罗、伯恩斯、托马斯·阿奎、奥雷姆、马西留等学者从神学层面界定了共同体的概念。

（2）近代政治哲学时期

近代资本主义的兴起促成了古代"身份"社会向现代"契约"社会的转变。近代政治哲学家霍布斯、洛克和卢梭等人关注最大限度的个人自由，认为个人是独立的原子式个体，个人与共同体的关系较为疏远和冷漠，他们试图解放神学操控下的共同体形式，建构契约论的政治共同体，以充分代表和表达人民的意志。

（3）现代社会理论时期

马克思在批判社会契约论者所刻画的原子式个体的同时，从社会发展的角度阐述共同体，将共同体视为个人自由实现的前提。他区分了"虚假的共同体"和"真正的共同体"，认为"虚假的共同体"内部因阶级划分而割裂，"真正的共同体"是"自由人联合体"。滕尼斯和涂尔干等人也有关于共同体的论述。滕尼斯从生活的角度阐述共同体，强调社会内部成员之间的情感关系、归属感及共同精神生活。涂尔干将共同体区分为建立在社会分工与个人异质性基础上的现代"有机共同体"和建立在个人同质性基础上的传统"机械共同体"。

（4）当代共同体主义时期

桑德尔、贝尔和沃尔泽等当代共同体主义者主张用公益政治学代替权利政治学，倡导一种基于新集体主义的社群共同体，主要从"公共性"的角度进行共同体的尝试性理解和构想。他们将社群作为社会政治分析的基本变量，认为个人或自我最终由其所在的社群决定，强调社群秩序规则、社群成员互动、社群目标认同与责任意识。值得注意的是，这种共同体思想与马克思共同体思想的区别在于：马克思超越了政治共同体的视域，倾向于社会共同体，而当代共同体主义者仍局限于政治共同体的范畴。

2. 关于文化构建的研究

纯粹的"文化构建"不是一个历史概念，在人类社会的文明史上，文明作为历史概念的使用，一般具有四种用法：一是将文明作为划分社会发展阶段的标准，称为与"野蛮时代"相对的"文明时代"；二是将人类社会和文化的演进区分为"蒙昧、野蛮、文明"三个阶段；三是用文明来界定共同体的特征；四是以文明发展程度为标准对文化进行归类，把若干相似的文化归为一种文明。在共同体的维度上探讨文化构建，倾向于作为共同体特征标志的文明意义。学术史中对文明意义上的文化构建探讨大致经历了文明精神摇篮的古希腊时期、近代西方文明理论与世界史观时期、现代文明的社会文化建构性理论时期和当代社会文化的多样性与趋同性共存时期等四个阶段。

（1）文明精神摇篮的古希腊时期

作为西方文明的摇篮，辉煌的古希腊文明源远流长。对宇宙、自然以及自身起源和本原的叩问与探寻，即在寻"本"之旅的各个阶段对"命运"的不同思索、解读和应对，构成古希腊研究者独特的生活体悟。由《荷马史诗》、赫西俄德的《神谱》以及"系统叙事诗"所构建的神话传说，建立了绝对顺从"命运"的世界观和人生观；埃斯库罗斯、索福克勒斯、欧里庇得斯通过塑造悲剧形象表达了人对"命运"的抗争，反映了人自主意识的觉醒；赫拉克利特、巴门尼德、苏格拉底、柏拉图和亚里士多德等人试图建立理性的逻辑哲学使人成为掌握"命运"的主人。

（2）近代西方文明理论与世界史观时期

17至19世纪，"文明"一词随着资本主义的蓬勃发展而活跃起来。启蒙思想家将"文明"视为西方国家或民族的自我意识，这展现了近代西方文明对古老东方文明的启蒙意义，也凸显了西方文明一贯持有的对非西方文明的优越性。霍布斯、洛克和卢梭企图建立一个真正文明的"理性王国"；弗格森和泰勒将启蒙时代倡导的各种价值视为评判社会发展的文明指标，提出的"文明价值理论"或"文明优越论"成为当时欧洲的意识形态，进而形成与种族优越论、西方中心论相关的推动非西方"西方化"，以使全人类都达到"文明"新高度之"进步史观"的构建路向。

（3）现代文明的社会文化建构性理论时期

　　马克思在批判继承空想社会主义和资产阶级启蒙思想的基础上确立了唯物史观，并据此揭示人类文明演化的基本规律。他强调文明起源的物质本源性、实践性和文明发展的历史性，把文明的构建与物质生产方式相联系，用生产力和生产关系、经济基础和上层建筑的矛盾运动来说明社会的发展阶段、发展规律，指出人类经历的包括资本主义文明在内的三个文明阶段都属于剥削阶级社会的文明，具有推动人类社会进步和扩大社会对抗与不平等的双重作用，进而提出资本主义的本性决定了其势必为社会主义和共产主义所取代，指明了人类文明终将过渡到普遍的共产主义理想社会文明时代。

　　（4）当代社会文化的多样性与趋同性共存时期

　　沃勒斯坦、麦克尼尔提出全球化乃是历史之延续而非断裂的判断，认为随着人类交往能力和社会技巧的普遍提高，人类整体向复杂社会演进，人类的互动网络体系将变得越来越大，全球联系也将越来越紧密，尝试以"文明互动"为主线来构建世界理论体系；亨廷顿通过区分文明并列举历史上的案例来说明不同文明之间存在很深的断层，预言今后的战争将以异质文明间的真正形态出现，提出要构建以西方文明为中心的全球文明的趋同性融合；鲍德里亚、德波则批判性反思了全球资本主义城市消费文化的侵袭，提出超越并重塑全球化时空的后现代主义立场。

　　与西方文明相比，中华文明以其民族、历史、地理与伦理等特点，支撑了文明的独特性和持续性，至今岿然独存。在鸦片战争爆发前，中华民族各朝代在东亚大陆长期保持着政治体制、经济、文化和军事上的优势地位。在与周边群体的交往竞争中，中原王朝在各方面均具有较大优势。鸦片战争之后，承载中华文明的政治实体屡经挫折、备受屈辱，方才使得晚清政府的上层精英发起开眼看世界和学习西方的"经世"运动。而甲午战争遭遇惨败则直接催生了戊戌思潮，使之前仅限于精英的洋务运动转化为影响大众的一场社会思想变革。从戊戌变法到辛亥革命，以梁启超的"新民说"为基调的后期唯心思想、以孙中山的"三民主义"为核心的革命民主主义思想等竞相争鸣，形成了思想文化多元的时代。"五四运动"以后，马克思主义不断与中国革命、建设、改革的具体实际相结合，中国人民更是深度参与到文化的建设、发展与繁荣之中，中华文明的文化精神在与资本主义自由思潮的对抗中获得了重塑，为实现中华民族的伟大复兴奠定了精神与文化基石。中国共产党始终以马克思主义为指导思想，将文化建设作为党的重点工作之一，不断提升文化自觉意识，形成了独具特色的政党文化。

3. 关于人类社会文明认同方式变迁的研究

古今中外，人们之间交往交锋的互动行为，往往都以利益集团的形式呈现。这种利益集团的形成，除了群体内部共同的政治、经济利益外，更多地依靠彼此之间的普遍性"认同"。普遍认同的形成，使人们不仅把自身的利益与共同体联结在一起，更重要的是把共同体作为自己情感的依归，从而产生了超越个体自我利益考量而生发出对共同体的敬畏和奉献精神。人类社会文明认同方式变迁大致经历了四种不同的认同模式：古希腊罗马文化圈认同、近代西方建构主义的集体认同、现代社会隐性认同和阶级革命认同并存以及当代全球化时代国际关系体系下的多维认同。

（1）古希腊罗马文化圈认同模式

智者派、苏格拉底、柏拉图和亚里士多德等在建立哲学认识论根据的同时也扩大了哲学的活动领域，在非理性占优势地位的世界，古希腊作为崇尚理性的先驱出现在历史的舞台；罗马文化随着古希腊文化的衰落而迅速崛起，并为整个西方文化创造了一代典范，罗马法的影响扩展至亚非拉各国，在世界性历史交往过程中形成人类共同文化的认同特征。

（2）近代西方建构主义的集体认同模式

在霍布斯的文化语境中，国家的认同决定了彼此处于原始的自然竞争状态，国家间的竞争是纯粹的零和博弈；洛克建构了集体认同的安全模式，认为集体安全体系依靠共识和契约的约束力量凝聚内部成员，从而保持体系的平衡和稳定，但体系内一方实力的消长必然打破原来的平衡，导致国家间出现不同形式的冲突甚至整个安全体系的毁坏。近代西方在集体认同模式的推动下施行对非西方文明国家的殖民扩张，强制性地将殖民地纳入西方世界的认同体系。

（3）现代资本主义世界隐性认同与阶级革命认同的并存模式

在启蒙理性开启的资本主义世界秩序主导下，由科技理性和工具理性驱动的现代资本主义文明不断翻新其形式，通过隐性渗透的新形式有效地促使世界范围形成了广泛认同；马克思指出，要唤醒无产阶级的阶级意识，必须在国际层面上加强无产阶级认同，以达到世界范围内无产阶级的全面团结，实现无产阶级革命的世界联合。

（4）当代全球化高速发展解读的多维认同模式

世界历史的推进将人们之间的认同形式与国际关系关联起来，国际认同也表现出单向认同与相互认同的动态交替模式。福柯通过建立权力话语来"规训"人，把人整合在知识和权力的结构中，以使其成为符合各种规范的主体；哈贝马斯认为"真正的共同体"认同只存在于交流行为当中，但也指出人类集体无法通过理性交流达成普遍共识；亨廷顿在论述文明冲突中提出了解决认同问题的对策，即美国应当把自身重塑为一个西方国家，并将成为西方文明的领导作为其全球目标。

相较于西方世界文明中的"认同"概念和模式，中华文明的"认同"模式与中国传统儒学思想密不可分，与中华文明的构建理念紧密相连。传统的儒学思想强调以德服人，即用仁爱之心来处理自己与别人的关系，在人际关系中推己及人；主张普天之下的人应和平共处，人与人之间要想凝合成一个团结的集体，必须在个体与个体、群体与群体之间建立起价值观念上的认同。中华优秀传统文化中的"和合"思想与以德服人的认同模式是支撑中华民族生存和复兴的不竭动力，也对世界文明的发展影响至深，不同时代的研究者都站在文化传统和惯常思维的基础上对其进行了时代性的继承和发展。

（二）国内外研究现状

党的十八大报告首次旗帜鲜明地倡导"人类命运共同体意识"，党的十九大报告和党的二十大报告继续坚持倡导这一理念，呼吁世界各国联系在一起，共同营造一个和平的国际环境，实现合作共赢。习近平总书记在多个场合提出构建人类命运共同体理念，包含着"和而不同"、和衷共济、合作共赢、开放包容、沟通协商、平等互利的东方智慧，也包含着共商、共建、共治、共享、共赢的中国理念，是中国共产党和中国人民全球观、义利观、价值观、命运观的集中体现。人类命运共同体构建实践在全球推进的同时，也面临着来自国际社会的质疑和挑战，这反映出对人类命运共同体的文化构建和国际认同进行理论阐释的重要性与紧迫性。

在国内，学界关于人类命运共同体及其文化构建与国际认同的相关研究已涉及多个方面，研究成果丰硕。现综述如下。

1.关于人类命运共同体理念的基本理论研究

学界主要聚焦人类命运共同体理念的理论渊源、基本内涵、生成逻辑、构建路径以及意义与贡献等方面的研究。

（1）人类命运共同体理念的理论渊源

学界对人类命运共同体理念的理论渊源的探索，不仅体现出这一思想具有较深厚的历史渊源，更表明其具有令人信服的理论依据，是对马克思"共同体"思想以及马克思主义中国化时代化理论的继承和发展，是在传承中华优秀传统文化以及其他民族、国家有益文化的思想基础上进行的重大理论创新。

第一，中华优秀传统文化的视角。学界从天下一家的秩序观、顺天应人的治理观、以义统利的义利观和稳中求变的风险观等多层面论述中国传统文化蕴含的思想及其对构建人类命运共同体理念的现实参考意义。第二，马克思、恩格斯经典作家的理论视角。学者从马克思、恩格斯关于人的"类"本质基础、世界普遍交往理论基础、世界历史理论基础、社会有机体思想、三个世界划分理论、从"必然王国"向"自由王国"过渡的思想、人类解放思想等挖掘了人类命运共同体理念的思想基础。第三，马克思主义中国化时代化理论成果的视角。学界普遍认为，人类命运共同体理念是对马克思主义中国化时代化理论成果和伟大事业的继承与创新。

（2）人类命运共同体理念的基本内涵

第一，整体性概述。有学者概括了国内学术界解读人类命运共同体理念内涵的四个角度：一是将人类命运共同体视为精神共同体（认同）与合作共同体（制度）的统一；二是认为人类命运共同体是利益共同体、责任共同体与命运共同体的统一；三是指出人类命运共同体是相互依存的权力观、共同利益观、可持续发展观、全球治理观的统一；四是认为人类命运共同体是共同发展、开放包容所构建的系统工程。① 第二，多学科视角。有学者从哲学视角阐释人类命运共同体的思想内涵，认为人类命运共同体所表达的与全人

---

① 参见刘传春：《人类命运共同体内涵的质疑、争鸣与科学认识》，《毛泽东邓小平理论研究》2015 年第 11 期。

类利益相关、命运相连的立场，适应于当代世界和平发展的现实需要，是一种旨在促进人类生存与发展的共同体意识；从政治学视角将人类命运共同体视为不同国家基于自愿原则通过相互承认结合而成，肩负相互扶持、相互保护的责任和义务，它包含政治上相互信任、经济上合作共赢、安全上相互帮助、心理上相互认同和外部关系上开放包容等结构层次。① 还有学者从经济学学科角度指出经济关系是人类命运共同体的纽带，增强经济实力是构建人类命运共同体的基础；从法学学科角度，提出人类命运共同体理念强调整体的人类共同利益的观点，在内涵和本质上与全人类共同利益、全球治理等理念的价值取向具有一致性，等等。

（3）人类命运共同体理念的生成逻辑

第一，历史发生学视角。有学者将中国特色社会主义的建设实践划分为三个阶段，第一阶段为在毛泽东思想指导下进行的社会主义革命和建设实践，第二阶段是在中国特色社会主义理论指导下进行的社会主义改革开放和现代化建设实践，而强力推进中国与世界各国的融合，将实现人类命运共同体作为构建大国外交与治国理政的战略方针则构成第三阶段，即习近平新时代中国特色社会主义思想指导下进行的中华民族伟大复兴实践历程。② 第二，实践哲学视角。有学者指出构建人类命运共同体理念在破除"抽象对人的统治"历史进程中生成，认为人类命运共同体理念能够不断消除阻碍其生成的抽象力量，为其创造现实的条件。③

---

① 参见张曙光：《"类哲学"与"人类命运共同体"》，《吉林大学社会科学学报》2015 年第 1 期。

② 参见谢俊：《人类命运共同体思想的生成逻辑及建构实践》，《哲学研究》2019 年第 2 期。

③ 参见贺来：《马克思哲学的"类"概念与"人类命运共同体"》，《哲学研究》2016 年第 8 期。

（4）人类命运共同体理念的构建路径

第一，"五位一体"的维度。习近平主席在 2015 年第 70 届联合国大会上强调要建立平等相待、互商互谅的伙伴关系，营造公道正义、共建共享的安全格局，谋求开放创新、包容互惠的发展前景，促进和而不同、兼收并蓄的文明交流，构筑尊崇自然、绿色发展的生态体系①。这五个方面是对人类命运共同体理念内容的深刻阐述，并形成一个完整统一的有机整体，其中构建伙伴关系是主要途径、实现共同安全是重要保障、坚持包容互惠是基本原则、促进文明交流是牢固纽带、推动可持续发展是必要条件。第二，"四位一体"的维度。有学者指出人类命运共同体理念包括世界潮流、思想理念、国际关系模式和外交战略等四个逐步深入的层次。②第三，"三位一体"的维度。有学者提出可以从三个层面把握人类命运共同体理念的内容结构：一是价值共识层面，倡导真正的全人类价值；二是制度实践层面，在制度设计上强调主权平等，反对帝国霸权；三是文化认同层面，尊重文化的多样性，反对文明优越论和"普世"论。③

（5）人类命运共同体理念的意义与贡献

第一，理论创新的维度。学界普遍认为，人类命运共同体理念是马克思共同体思想的当代发展，是对马克思世界历史理论的创造性发展，人类命运共同体理念朝着人类未来"自由人联合体"的方向设定了当下目标，为"自由人联合体"的实现提供了新路径，促

---

①　参见《习近平在联合国成立 70 周年系列峰会上的讲话》，人民出版社 2015 年版，第 15—18 页。

②　参见王公龙、韩旭：《人类命运共同体思想的四重维度探析》，《上海行政学院学报》2016 年第 3 期。

③　参见丛占修：《人类命运共同体：历史、现实与意蕴》，《理论与改革》2016 年第 3 期。

进世界历史发展回归正道，推动世界历史发展步入崭新阶段；是对中国传统文化思想的发展，丰富了中国传统文化中的天下观、伙伴观、仁爱观、和合观和发展观等。第二，实践发展的维度。学界认为，构建人类命运共同体的理念及其深度阐释，将所有国家置于同一共同体之下，有助于澄清和纠正西方社会对中国和平发展道路的误读，有助于回应国际社会对中国的种种质疑，致力于消除分歧、求同存异，有助于有效规避"修昔底德陷阱"。

2.关于人类命运共同体的文化构建研究

学界对人类命运共同体文化构建的直接研究较少，目前相关研究主要集中在对人类命运共同体的文化维度、构建人类命运共同体路径中的文化建设以及人类命运共同体理念对人类文明的贡献等层次的探讨。

（1）人类命运共同体的文化维度

第一，精神源泉的视角。有学者指出人类命运共同体坚持了天下为公、万物一体的文化理念，多元共存、平等相待的文化理念，和平共处、"和而不同"的文化理念，兼收并蓄、交流互鉴的文化理念，合作共赢、共享发展的文化理念以及文化自觉、美美与共的文化理念。[①] 第二，文化维度的构成视角。有学者认为人类命运共同体理念在文化本质上是一种既把握现代性脉搏，又具有中国特色的文化政治，具有鲜明的文化向度，进而从超越文化冲突的价值向度、推动文化交往的实践向度和增强文化自信的心理向度详细论述了人类命运共同体理念内蕴的文化在价值、实践和心理上的功能。[②]

---

① 参见赵学琳：《人类命运共同体的文化理念》，《探索》2019 年第 2 期。

② 参见张鑫：《人类命运共同体的三个文化向度：价值、实践与心理》，《东南学术》2019 年第 1 期。

（2）人类命运共同体的文化构建路径

第一，文化构建的整体维度。学界较为集中地研究了人类命运共同体的文化构建中内外文化的交流进路，普遍认为文化是构建人类命运共同体的重要方面，文化交流是实现人类命运共同体的重要举措，要让各国文化交流合作走深、走实，切实增强世界各国人民的参与度和认同感，通过文明和文化的交流来增进共识。第二，文化构建的心理机制维度。有学者认为，人类命运共同体理念首先要促进世界人民的认同，而这需要夯实社会文化心理基础，促进民心相通、增进价值认同，并提出通过建立安全类动力机制、社会交往类动力机制和地位需求类动力机制以实现在最广泛的意义上凝聚人民的价值认同。[①] 第三，文化构建的现实实践维度。有学者思索了对外出版话语体系的独特视角，认为构建面向人类命运共同体的中国文化对外出版话语体系是扩大对外文化交流、促进中国文化走出去的重要方式，也是提升中国国际话语权和文化软实力的重要途径，进而提出在中国文化对外出版话语体系建设中传播人类命运共同体理念和中华文明。[②]

（3）人类命运共同体文化构建的意义

第一，提升中国文化自信的视角。学界普遍认为，以人类命运共同体理念为参考确立了文化发展新原则，为全球化多元文化交流、交融、交锋环境下实现真正的文化自信提供了现实路径选择；从当代中国在解决人类共同面临的现代性困境的现实境遇中聚焦人类命运共同体理念，通过积极参与同新自由主义、历史虚无主义、

---

① 参见高地：《人类命运共同体构建的社会文化心理机制》，《思想政治教育研究》2018 年第 4 期。

② 参见蒲瑶、陆明：《构建面向人类命运共同体的中国文化对外出版话语体系》，《中国出版》2019 年第 5 期。

文明冲突论和历史终结论等国际话语的对话、讨论、竞争之中，能破除西方话语霸权的神话，展示出中国特色社会主义文化自信。第二，人类文明进步的维度。有学者认为，从人类整体性文化诉求出发，人类命运共同体是对全球文化的再造，构建人类命运共同体有助于推进更公平、更平衡的全球化进程，人类命运共同体能够妥善解决与人类的生存发展密切相关的问题。①

3. 关于人类命运共同体的国际认同研究

（1）人类命运共同体国际认同的挑战与机遇

第一，经济利益的交往维度。有学者指出，由于世界经济下行，一些西方国家纷纷采取贸易保护主义措施，经济全球化进程在一定程度上受阻，人类命运共同体国际认同面临挑战，而中国正扮演着四重角色：利益攸关方、关键行动者、议程设计人和变革领航员，中国在实践方面的"一带一路"国际合作不断取得突破，已经得到许多国家和国际组织的响应和支持，为人类命运共同体的国际认同提供了机遇。② 第二，思想价值的认同维度。有学者认为，人类命运共同体理念以人们都听得懂、能接受的语言，从实践中挖掘目标共识、思想共识、价值共识、表达共识，为国内当前和今后各项工作提供了新的理论指引和强大动力，在国际社会上也引起了高度关注和广泛讨论，产生了很好的反响。③ 也有学者站在价值话语的角度指出，中国和平发展面临"西方话语垄断"等无法回避或绕

① 参见储殷、张沛喆：《权力、市场与文化：人类命运共同体的三重构建》，《当代世界与社会主义》2018 年第 3 期。

② 参见李怀亮：《人类命运共同体理论与国际软实力格局的重构》，《红旗文稿》2017 年第 21 期。

③ 参见刘桂荣：《人类命运共同体思想：理论创新与话语建构》，《中国特色社会主义研究》2017 年第 5 期。

开的关卡。① 有学者考察了海外政要、学者、智库及媒体人对人类命运共同体的思想认识，认为绝大多数认识是比较客观、公正和积极的，但也存在一些"过度"解读的倾向，甚至有少数存在一定程度的误读和曲解，提出要准确及时、全面把握海外精英人士对人类命运共同体的认知状况。② 第三，理念的传播维度。有学者研究指出，全球传播和全球媒介的发展为中国文化身份的再现和重建创造新机遇，但当今多重话语体系并存的国际舆论场域态势严峻，西方国家霸据了世界性的话语支配权或主导权，如何让世界人民认同和接受中国共建共享的全球治理理念是必须解决的现实问题。③

（2）人类命运共同体国际认同的推进路向

第一，加强国际话语权表达的维度。有学者认为，中国在国际话语权方面的弱势地位正在发生变化，提出的理念开始被国际社会所接受，其成功的经验可以归结为：话语权要与国家实力协调发展；通过国家领导人向全世界传播是主要途径；理念要顺应世界发展的潮流。④ 第二，凝聚全人类价值共识的维度。有学者指出，人类命运共同体理念作为一种超越民族国家和意识形态的价值观，本身就反映了全人类对和平、发展、公平、正义、民主、自由的共同价值追求，人类命运共同体理念的话语表述蕴含着世界各国人民追求的心声，要增强人们对多元文化的理解力，让民间沟通和人文交

① 参见田鹏颖：《在解构"西方话语"中建构中国话语体系》，《马克思主义研究》2016 年第 6 期。

② 参见贺方彬：《海外精英眼中的人类命运共同体认知及启示》，《云南民族大学学报（哲学社会科学版）》2018 年第 5 期。

③ 参见张凤阳：《国际竞争格局下的中国话语体系建设：一份研究纲要》，《南京社会科学》2017 年第 6 期。

④ 参见左凤荣：《中国国际话语权：实力与理念的协调并进》，《理论视野》2016 年第 4 期。

流在培育人类命运共同体意识中发挥积极作用。① 第三，推动全球治理和世界秩序的重建维度。有学者指出，应该在国际话语体系建设中推进人类命运共同体话语建构，在积极参与全球治理中推进人类命运共同体的国际认同，人类命运共同体理念占据了世界秩序重塑的"制高点"，兼顾现实针对性与长远方向性，净化与升华了当今国际关系思潮，具有深远影响与巨大生机。②

（3）人类命运共同体国际认同的传播实践

学术界对人类命运共同体国际认同的传播实践研究主要从价值传播的维度进行阐释。有学者认为，向全球清晰阐明中国智慧的人类命运共同体理念在当前全球危机时代的特定价值，是中国传媒在国际传播中应重点破题的方向；应主动融通中外思想资源中的世界主义话语，将传播人类命运共同体理念作为国家战略议题，进行价值传播的顶层规划，增强国际传播的道义感召力，引领全球治理理念创新的话语权与主导权，推进中国价值理念的全球认同。③ 有学者基于"传播与人类命运共同体"穹顶模型的理论思考，提出在新世界主义理念之下的对外传播，应以人类命运共同体为核心出发点，以寻求更丰盛的信息交换、价值包容和文明理解，需要面对不同文化主动学习、对话和调整并互相影响。④ 还有学者指出，在国际传播过程中，人类命运共同体"一体同心多元"的尺度体系建立

---

① 参见吴俊：《论人类命运共同体意识及其落地生根的社会培育》，《思想教育研究》2017 年第 10 期。

② 参见陈向阳：《以"人类命运共同体"引领世界秩序重塑》，《当代世界》2016 年第 5 期。

③ 参见袁靖华：《中国的"新世界主义"："人类命运共同体"议题的国际传播》，《浙江社会科学》2017 年第 5 期。

④ 参见廖卫民：《新世界主义与对外传播战略——基于"传播与人类命运共同体"穹顶模型的理论思考》，《浙江社会科学》2017 年第 5 期。

及其流变过程是由中华优秀传统文化内核及伦理价值、国家领导人的雄才伟略、大国和平发展的经验事实和东向突围的外交策略共同塑造的结果，认为中国越是进入和参与塑造眼下的世界结构、把握全球政治传播变局、同世界其他文明达成新的秩序关系，破除西方世界眼中的"中国民族主义"并建构新世界主义的图景才会越清晰。①

在国外，学界大致沿着"动机—行为—影响"的逻辑主线，在为什么要构建人类命运共同体、怎样构建人类命运共同体、人类命运共同体的构建给世界带来什么影响等重大理论和实践问题上展开研究。

1. 关于人类命运共同体理念提出的动机研究

有学者提出从中国发展现实需要的角度出发，认为构建人类命运共同体是中国梦的实践路径，是联通中国梦和"世界梦"的关键环节。② 也有学者从世界发展现实需要的角度出发，认为人类命运共同体理念的提出是服务于世界各国走出现代性困境、化解全球共同危机的需要，当前人们必须重新审视"现代性"与"全球化"的价值及其与发展的关系。③

2. 关于人类命运共同体理念的具体实践研究

有学者提出"一带一路"国际合作是对古代丝绸之路的继承与突破，在历史与文化渊源方面比新丝路计划更显优势，将成为中国

---

① 参见邵培仁、周颖：《国际传播视域中的新世界主义："命运共同体"理念的流变过程及动力机制研究》，《浙江社会科学》2017 年第 5 期。

② 参见 Peter Ferdinand, "Westward Ho—the China Dream and 'One Belt, One Road': Chinese Foreign Policy under Xi Jinping", *International Affairs*, Vol.92, No.4, 2016。

③ 参见 Michael Cox, "Modern Disturbances to a Long-lasting Community-based Resource Management System: The Taos Valley Acequias", *Global Environmental Change*, Vol.24, No.1, 2014。

未来经济与国际影响力的重要支柱。① 也有学者认为，"一带一路"国际合作相关金融机构有效整合了构建人类命运共同体的经济主体，指出亚洲基础设施投资银行与新发展银行未来则有可能联合成为亚洲多边发展银行。②

3.关于构建人类命运共同体的成效与影响研究

持消极观点的学者质疑构建人类命运共同体的实践效益主要基于以下两点。首先，中国自身国际定位尚不清晰，尚未建构起一种新的全球化理论③；其次，大国博弈与地缘政治风险难以避免，尤其是美国将采取多种遏制方式削弱中国力量。④ 与此相反，多数学者持积极观点，他们在对构建人类命运共同体的实践前景充满信心的基础上，呼吁各国积极参与其中，提出首先在亚太地区，如韩国应积极加入网络空间命运共同体的构建。⑤ 在欧洲地区，学者呼吁英国应发挥工程技术、融资和风险管控等方面的优势，并将英国建成实质的人民币离岸中心。⑥ 此外，国外学者在关于人类命运共同体的内涵、实践的可行性、不确定性与风险等问题上的研究均有涉

---

① 参见 Christine R. Guluzian, "Making Inroads: China's New Silk Road Initiative", *Cato Journal*, Vol.37, No.1, 2017。

② 参见 Hulmet Reisen, "Will the AIIB and the NDB Help Reform Multilateral Development Banking?", *Global Policy*, Vol.6, No.3, 2015。

③ 参见 Malcolm Warner, "On Globalization 'with Chinese Characteristics'?", *Asia Pacific Business Review,* Vol.23, No.3, 2017。

④ 参见 Woo Sang Kim, "The Rise of China and Power Transition Scenarios in East Asia", *Korean Journal of Defense Analysis*, Vol.27, No.3, 2015。

⑤ 参见 Young Do Kim etc, "Major Issues of the National Cyber Security System in South Korea, and Its Future Direction", *Korean Journal of Defense Analysis*, Vol.25, No.4, 2013。

⑥ 参见 Lim Kooi Fong, "ASEAN Integration: Human Dignity and Responsibility to Humanity from a Buddhist Perspective", *Journal of the International Association of Buddhist Universities*, Vol.9, No.2, 2017。

猎。①

（三）国内外研究评价

在当今世界充满复杂因素和不确定性的背景下，为了回答"世界怎么了，我们怎么办"的全球性难题，习近平总书记在多个重要场合提出构建人类命运共同体的宏观愿景。国内外掀起人类命运共同体的研究热潮，并取得一定的研究成果，为本书提供了思想资源和学术语境。

1.研究议题不断拓宽

参与研究的学科数量明显增多，研究议题也从臆测动机、研判影响走向微观分析和实务研究，从分散性议题走向聚焦人类命运共同体理念本身。伴随着"一带一路"国际合作和各层面共同体构建的具体实践，人类命运共同体拓展至经济、政治、文化、社会、生态、网络安全等多领域，并通过金融机构吸引成员国加入，逐渐被国际法学、国际贸易与金融学、网络安全学、组织行为学、传播学、社会学等其他学科广泛关注，如研究对象扩大到现有国际经贸协议的修订、国际投资失范行为的约束、各国间互联网信息安全等。

2.研究力度不断加大

随着构建人类命运共同体写入联合国的多个决议，越发被世人熟知，其实践的平台、载体等逐渐收效，国内外学界正日益拓宽相关研究的广度与深度，尤其是在对中华优秀传统文化、马克思主义经典作家共同体思想与人类命运共同体理念的相互关系的研究上取得了一定的成果，从广度和深度上拓宽与深化了人类命运共同体理念的传播现状以及现实问题的思考。

---

① 参见刘雨萌、王金燕：《国外对"人类命运共同体"研究述评》，《科学社会主义》2018 年第 5 期。

　　探讨人类命运共同体构建的相关成果表明，学界逐渐由追求自我认同，转化为追求自我认同与"他者"认同并存，进而关注自我形象、文化价值和国际认同的构建，表明了我国在此问题研究的主动性和自觉性越来越强烈。但总体而言，目前的研究仍存在着前瞻性不够、引领性缺失、碎片化特点明显等主要问题，可以概括为：第一，相关学术成果大多集中于对人类命运共同体理念的思想内涵和现实实践的解读，无论从何种学科视角、现实问题展开研究，最终对这一理念和政策设计的评价都"殊途同归"，可能的原因在于缺乏马克思主义的整体性视域，尚未从唯物史观的视域出发进行深入研究，故而难以出新。第二，在文化构建上对人类命运共同体理念与中华优秀传统文化的思维方式及马克思共同体思想的关系到底如何，这一思想是如何继承和发展了马克思的共同体思想，中华优秀传统文化与人类命运共同体理念关系到底是什么，西方学者的共同体思想与人类命运共同体理念有何异同点等问题上缺乏深层探究。第三，相比较已发表的论文数量而言，研究人类命运共同体的学术专著较少，在人类命运共同体理念与中国式现代化的内在关系、与全球多元现代性的关系等问题上，尚未进行相对系统的探究，进而造成对这一理念的解释力、传播力和影响力不强；该理念在国际传播过程中，鲜见能够运用认同理论与传播工具对人类命运共同体理念进行有力分析和阐释，导致西方国家乃至国际社会对人类命运共同体理念并未准确认知，更是缺乏理解，也就难以持续认同和普遍践行。

　　进一步研究的着力点可以围绕下面内容展开。

　　1.以概念史为基础深化人类命运共同体理念的整体性和系统性研究

　　概念史研究主张任何政治共同体和语言共同体的产生都基于对

基本概念的透彻理解，它不仅关注社会历史的记忆如何通过概念而储藏，而且关注概念本身的发展变迁，通过分析概念在不同语境和群体中的使用，分析历史进程中所产生的概念与实情之间关系的一致性、偏移性或差异性，以概念史为基础进行深层研究能够展现人类命运共同体理念背后所反映的特定社会需要、政治经验和文化积淀。

2. 深入探究人类命运共同体理念的特征、生成与演进等问题

对人类命运共同体理念特征的探析，现有成果总体上是就一般共同体而言其特征，或从当今全球化时代的特点推导得出其特性，相对较少地对构建人类命运共同体自身及其本质展开研究，有必要结合宏观上的整体架构与微观上的具体实际予以剖析。对于构建人类命运共同体基础理论的研究要以把握其发展规律为重点，以指导实践为依归，运用于现实政治和社会发展中。

3. 深化构建人类命运共同体、文化构建及国际认同之间关系的学理性研究

当前人类命运共同体的文化构建和国际认同的研究多从政治立场和价值认同出发，为中国的全球政治政策与文化价值观念进行合理辩护及有效传播，往往带有较强的政治性和意识形态性，而在一定程度上淡化了本应具有的学理性。回答人类命运共同体文化构建的基本理论构成，分析其选择和传播内容，揭示和归纳出人类命运共同体文化构建和国际认同路径中所固有的规律性，确实是一个具有很强意识形态性的政治问题，但根本上还是一个具有丰富学理性的哲学问题。因此，在具体研究过程中，应重视理论的深入解读和运用，在事实判断、成因判断和价值判断中将已有的学理性研究继续向前推进。

4. 积极运用多学科的研究方法以扩大对人类命运共同体理念的研究视域

人类命运共同体的文化构建和国际认同研究兼具理论性和实践性，研究应更加注重学科交融，实现各学科的协同合作和创新。理论阐释、逻辑分析与实证应用相结合，定性与定量、虚拟和现实相结合的多维度考察将是今后研究的重点。除了在宏观层面进行理论诠释，还要在中观、微观层面进行实证研究，对中国社会民众关于人类命运共同体文化构建的效果和认同的程度等进行实证研究，加强理论的现实建构能力。

5. 深化构建人类命运共同体的若干基本问题的研究

关于人类命运共同体文化构建和国际认同的实践主体问题，尤其对处于中、基层的中共党员和党外人士，以及包括教师群体、新闻群体和军队政工群体等在内的民众群体及其实践的研究有待深化；关于当前世界秩序的主要类型、中国方案追求的世界秩序模式及其法理基础，人类命运共同体理念与国家利益的关系，人类命运共同体理念对全球性危机的审视，以及人类命运共同体文化构建和国际认同的多维路径关系等，也需要我们进一步深入探讨。

二、研究价值与社会意义

（一）学术价值与应用价值

1. 学术价值

第一，系统梳理人类命运共同体理念的基本理论，有助于世界人民与中国人民准确认识这一思想的基本主张和丰富内涵。从唯物史观视域出发开展系统研究，以结构化、规范化的方式探讨构建人类命运共同体的基本理论和历史进程，既有益于认清资本主义世界体系的局限性和危害性，也有助于站在人类历史发展的高度把握构建人类命运共同体的理论地位，促进唯物史观基本理论的研究，使其在当代视域中获得创新与发展，并为世界共同构建人类命运共同体的实践提供思想理论支撑。

第二，深入研究人类命运共同体的文化构建问题，有利于加深对其理论渊源的理解程度，让党的创新理论展现出强大真理力量。人类命运共同体理念在继承马克思的世界历史理论、中国传统文化主流思想、西方人文精神，以及党的十八大以前中国共产党的共同体思想等基础上，实现了创造性发展。系统挖掘人类命运共同体理念中有关文化方面的论述，有利于在现实生活中学习、理解和运用人类命运共同体理念，有利于展示和传播马克思主义中国化的最新理论成果，为新时代传承中华优秀传统文化提供有益借鉴，不断提升国家文化软实力和中华文化影响力。

第三，研究人类命运共同体的国际认同问题，有助于拓展具有世界引领意义的中国实践，凝聚世界共同构建力量。人类命运共同体理念以寻求人类理想社会为理论出发点，通过对现代人的生存和发展状态的反思，寻求可能的发展路径以实现"自由人联合体"的宏伟目标。深刻阐释人类命运共同体的科学内涵，理性面对人类命运共同体的现实问题，构建一个基于各国价值共识、能够力促实践发展的理论体系，这无疑有助于人类命运共同体理念获得更广泛的国际认同。人类命运共同体理念作为一项全球性的顶层设计，既服务于中国特色大国外交实践，又是对全球普遍性问题的理论解答。剖析构建人类命运共同体面临的理论与现实问题以及国际社会的认同差异等问题，有助于丰富、完善中国特色外交理论和全球治理理论。

2. 应用价值

第一，对人类命运共同体文化构建和国际认同的理论研究，有助于改变全球化时代二元对立的传统国际交往思维。人类命运共同体理念注重在世界历史语境中总结和反思资本主义全球化的历史经验与教训，从实现人类解放的角度对人类命运共同体的治理与发展进行路径规划和未来展望，有利于在新的时代形势下构建更加符合社会主义原则的、平等的、合理的、多元的全球治理秩序，开拓多方沟通协商的交往思维。通过进一步理解和把握文化构建与国际认同的理念，有利于在全球范围内形成良好的沟通思维和交往形式，满足人类社会在经济全球化时代与新的国际形势下生存发展的需要。

第二，形成人类命运共同体理念的宣传教育新素材，有助于加强对中国和世界人民的宣传教育作用。通过加强人类命运共同体文化构建和国际认同路径研究，将体系化、学理化的人类命运共同体理念和成果转化为宣传内容和具体材料，有助于人类命运共同体理念相关新素材的积累与丰富，进而有利于传播中国方案、占领道义高地、争取共建力量、形成中国话语与争取国际话语权，处理好"研究给谁看"和"阐释给谁听"的问题。在世界范围内引起人们对构建人类命运共同体理念的共鸣和信心。

第三，从外交视域研究人类命运共同体文化构建和国际认同中面临的挑战与对策，以期发挥资政作用。针对性采取相应措施，有助于提高中国特色大国外交实践的实效性；有助于引导国际社会客观面对与携手解决困难，为中华民族伟大复兴营造良好的国际环境；有助于找到阻碍构建人类命运共同体的症结，并对症开出相应的药方，从而进一步推动国际秩序变革，完善全球治理结构，促使人类命运共同体理念在世界各地落地生根。

（二）社会意义

第一，提升人们对美好生活的希望和信心。构建人类命运共同体承载着中国人民对于国际体系进步和世界发展的期望，是新时代中国对于未来人类社会发展的设计蓝图和指导方针。通过研究人类命运共同体的文化构建和国际认同，能够切实促进"共同体"的意识和价值在人们现实生活实践层面的落细、落小、落实，为全部社会生活领域提供现实指导，进而提升人们创造、实现美好生活的积极性和主动性，提升与丰富人民美好生活实践的价值意义，指导人们在生活实践中实现个人全面发展和社会全面进步的具体统一。

第二，增强青年历史担当和社会责任感。人类命运共同体理念将为全人类提供一种整体世界观和良性发展观，旨在促进世界可持续发展，通过对人类命运共同体理念的研究、阐释和传播，使各个国家能够认同人类命运共同体理念，从而在国际交往中秉持互利共赢的立场，为更加公正合理地处理外交事务确立思想准则。在人类命运共同体的文化构建和国际认同研究中，帮助人们探寻克服地域、民族和个体狭隘性的有效路径，促进共同体成员同心同德振兴国家，尤其是在青年的爱国主义教育中重点深化中国的和平发展道路与人类命运共同体理念的相关内容，有益于塑造青年对人类整体发展的价值理念和共同意识，增强自身的历史担当和社会责任感。

第三，增强文化自信，推进价值共识。重视人类命运共同体的文化构建，挖掘其蕴含的精神实质、价值取向、宽广眼界、超前意识和责任担当，使这种思想文化成为解放生命的内在力量；通过研究促进这一思想文化在国际社会中更具吸引力、向心力和感召力，提升中国人民对中国特色社会主义文化和价值观念的自信；通过深入合作促进世界经济复苏，加强政治对话和文化交融，推动全世界的共同发展；有助于强化人们对人类社会发展的重视，以共生共存的价值共识促使全人类更加积极思考未来的发展状态。

三、主要内容与预期目标

2008 年全球金融危机以来的世界治理困境表明，社会生产总过程的全球化发展尚未完成，世界市场体系和全球治理体系需要进一步改良与提升，与此相适应的文化要素和认同形式也需要进一步形成与发展。党的十八大以来，以习近平同志为主要代表的中国共产党人深刻洞察人类前途命运和时代发展趋势，准确把握中国式现代化与世界秩序关系的战略走向，形成了人类命运共同体理念这一具有原创性和世界历史意义的中国理论。构建人类命运共同体作为经济全球化时代世界秩序的新走向和实现人类解放的新途径，可以说是"轴心时代"的文化精神在新时代的再一次大进发，其内在需要人类创造出统摄共同体构成的新总体性的文化形式和认同形式。如何从历史唯物主义的理论视域出发，在阐明人类命运共同体的理论基础、历史基础和实践基础的前提下，全面深入地阐发人类命运共同体的文化构建和国际认同的科学内涵、重要资源、现实基础、当代任务以及实现路径，从而推动对人类命运共同体理念的总体性认知和建构，进一步深化历史唯物主义基本理论研究，是当前学术界面临的重大理论课题。

（一）主要研究内容

1. 从理论、历史和实践三个维度阐明人类命运共同体的构建前提

在理论审视上，以唯物史观的视域把握"当今世界"在人类社会总进程中所处的历史方位，阐释构建人类命运共同体的生产方式、交往方式与社会结构等前提性因素，分析社会主义现代化对资本主义现代化的理论超越性；在历史反思上，着力论述经济全球化的发展现实和未来趋势，阐明15世纪下半叶以来兴起的资本主义世界体系已开始呈现衰落态势，其所建构的全球治理神话已然破灭，在经济、政治和文化方面都陷入巨大危机；在实践超越上，阐发中国式现代化对西方现代性叙事的超越，探究"一带一路"国际合作对全球多元现代性格局的构建，分析中国式现代化为人类命运共同体发展奠定的实践基础。

2.分析人类命运共同体文化构建的科学内涵、"母体"资源及其创新转化

首先，关于文化构建的内涵、层次与功能研究。从马克思主义的角度来看，一定时期的生产力和社会关系具有相对稳定的形式，文化构建在此基础上表现出主体性、多样性和主导性的自觉统一状态，呈现出物质、政治和精神三个层次，对以物质生产为经济基础的超大型共同体具有统摄功能、再生产功能和超越功能，由此塑造新的世界文明体。其次，关于人类命运共同体文化构建的"母体"资源研究。对于中国而言，人类命运共同体的文化构建需要融合中华优秀传统文化、革命文化和社会主义先进文化三种"母体"资源，其中革命文化和社会主义先进文化继承吸纳了西方文化的优秀因子。再次，关于人类命运共同体文化构建的历史性创新研究。文化构建"母体"资源的有机融合在当代世界情境中必须实现创造性转化和历史性创新，从而超越资本主义体系的各种文化论，形成容纳古今中外的文化精神气度。

3.探究人类命运共同体文化构建的现状、已有探索与当代任务

在资本主义世界市场体系和全球治理体系的主导下，当代世界文明秩序和格局的现实状态呈现为由"西方中心主义"的文化霸权通过文化殖民方式塑造的依附型世界文明秩序结构。但在社会生产总过程的全球化态势中，"世界文学"的文化精神得以滋生与不断成长，使得人类命运共同体的文化构建具有坚实基础，也有助于推动世界性共同体合法性的建构。在实现这一目标的过程中，人类命运共同体的文化构建需要推进并完成以下任务：通过考察全球性共同体的生产条件，回答文化构建的存在论基础；通过把握人类主体成员之间处理矛盾冲突的基本原则，回答文化构建的认识论支撑；通过认识人类命运共同体作为世界性文明体具有的精神内核，厘清

文化构建的价值论立场。

4. 阐发人类命运共同体国际认同的理论内涵、历史演变与原则确证

在唯物史观的视域下，国际认同超越了简单的自我认同或"他者"认同，其合理状态在于形成一种"总体"共同性认同，呈现为规则认同、价值认同与文化认同的统一体，表现为从"抽象"共同性到"总体"共同性的认知变化。近代以来的世界历史和文明发展过程呈现为从文明发展阶段论与西方对东方的胜利、新的世界历史观与东方对西方的反抗，到文明交流互鉴与重构世界文明格局的演变态势，与之相应的是，国际认同也逐渐从对资本主义全球治理体系的认同转向对人类命运共同体理念的认同。在这一历史演变过程中，更加公正平等的国际关系秩序逐渐形成和叠加，成为构建人类命运共同体国际认同的资源。

5. 论证人类命运共同体国际认同的现实基础与构建策略

在当代全球社会中，人类命运共同体的国际认同具有相应的经济、政治和文化等现实基础，这些现实基础是人类命运共同体国际认同的立足条件。人类命运共同体国际认同的构建是一项系统的历史工程，需要在价值共识（"人类社会"的哲学立场与共同价值基础）、制度选择（打造责任共担、权责一致的全球治理体系）、利益协调（推动互融互促、合作共赢的全球经济发展）和话语体系（构建基于危机共识的国际传播话语体系）等各个方面联动开展，才能在人类命运共同体构建的整体层面实现经济基础与上层建筑之间的良性互动。

6. 展望"抽象的普遍性"迈向"具体的总体性"的历史性未来

探讨人类命运共同体国际认同问题需要展望人类命运共同体的历史性未来。通过阐明共同价值、文化构建与国际认同之间的辩证关系，探讨共同体的"抽象的普遍性"与"具体的总体性"的关

系，展开对人类命运共同体未来走向的理论想象。在全球多元文明繁荣的历史处境中，人类命运共同体作为新的社会体、政治体和文明体，其构成原则需要从"抽象的普遍性"迈向"具体的总体性"，人类命运共同体的"具体的总体性"建构意味着实现不同原则在同一时空的可持续性。

（二）研究预期目标

1. 在学术思想上的预期目标

在学术思想上，将人类的生存命运与理论发展命运关联起来，在历史唯物主义方法的现实审视中全面把握人类命运共同体关于文化构建和国际认同的理论与实践，在人类命运共同体文化构建和国际认同独特理论智慧的开掘中丰富历史唯物主义理论方法的生命力与阐释力。从整体性角度出发，立足历史唯物主义的立场、观点和方法来揭示人类命运共同体的思想实质，阐发历史唯物主义作为一种科学思维方式对于国际文化发展和人类文明走向的当代价值，论证历史唯物主义之于现代哲学理论内在矛盾及其未来发展所具有的独特意义。切实澄清文化构建的理论内涵和"母体"资源，真正把握国际认同的理论旨趣和构建策略，在对人类命运共同体文化构建、国际认同的整体把握与结构性研究中理解历史唯物主义的真实内容及其与人类命运问题的深层联结，克服在学术史上被西方文明及其认同理论知性化、实体化解读的现实命运。

2. 在实践运用上的预期目标

在实践运用上，植根中华优秀传统文化根脉，致力于剖析西方文化主导的社会现象与世界文明所呈现的样态特征，揭露资本主义意识形态操控的主体思想和文化价值，以期在经济全球化时代消解其承载负面价值的话语霸权对大众思想的侵蚀，在实践中反思人类的生存发展方向和幸福感问题；人类命运共同体的文化构建和国际认同的研究路径具有鲜明的实践性，从普遍性迈向总体性的进程能够促进我们将自身的文化构建与国际认同紧密结合起来，在追求经济发展的同时，更加关注人的发展，化解社会多重矛盾冲突的现实问题。本书试图提高人们学习马克思主义中国化时代化最新理论成果的自觉性与积极性，尤其是培育马克思主义理论研究者和增强青年干部及高校学生的马克思主义信仰；通过研究人类命运共同体的文化构建和国际认同的理论前提、现实基础、构建策略和未来展望等，能够使人类命运共同体理念赢得其他国家和人民的理解、信任、支持和赞同，为中国在国际社会中破除理论障碍、化解文化冲突、增信释疑、凝心聚力提供有效的实践范式。

研究人类命运共同体的文化构建和国际认同，为跨部门、跨地域问题的解决提供有益视角，避免出现"真空地带"；人类命运共同体理念涉及中国道路的现代性叙事和"一带一路"国际合作的现实战略与实践，在"世界历史"语境中通过总结和反思资本主义全球化的历史经验与教训，从实现人类解放的角度对人类命运共同体的治理、发展进行路径规划和未来展望；文化构建能够在物质、政治和精神层面上发挥整合功能，满足公众整体性的发展需要；通过国际认同的理论研究与对策设计，在资本主义全球治理背景下展开与西方文明体系和价值话语的对话争论，深刻把握价值共识、制度选择、利益协调和思想表达等策略层面的分析框架和逻辑体系，为提升政府的治理能力和治理效能提供理论参考、经验借鉴和现实启示，以彰显中国在全球治理环境中强大的适应力和创造力。

四、研究思路与研究方法

（一）研究视角与思路

在研究视角上，系统考察人类命运共同体与文化构建、国际认同之间的关系，深入论证三者之间的内在逻辑关联。在考察人类命运共同体与文化构建的关系的过程中，运用比较研究法、结构功能分析法，对影响当今世界文明构成的多重因素与发展趋势进行分析，基于存在论、认识论和价值论的哲学视角，阐释文化构建的当代任务。在对人类命运共同体国际认同的理论与实践探究中，根据协同治理理论，分析世界各国政府在处理复杂国际社会公共事务过程中的合作行为，促进资源共享的基本原则与重要意义，通过对隐性知识、符号互动、情感联动、需求层次、大数据理论、认同接受理论和关联理论的研究，突破传统文明思维范式，增强人类命运共同体的国际认同。

在研究思路上，从历史唯物主义的理论视域出发，以研究人类命运共同体的文化构建和国际认同为核心内容，在充分掌握习近平总书记关于构建人类命运共同体的重要论述以及学术界关于人类命运共同体研究动态的基础上，系统阐明人类命运共同体的理论基础、历史基础和实践基础，科学界定文化构建和国际认同的科学内涵，对文化构建和国际认同予以总体性的定位与把握。从思想资源、当代现状、目标指向和当代任务等方面，论述人类命运共同体的文化构建的实现方式；从历史演变、现实基础和构建策略等维度，阐发人类命运共同体的国际认同的理论与实践；揭示人类命运共同体在世界历史进程中的未来发展，以及从"抽象的普遍性"的全球共同体到"具体的总体性"的人类命运共同体的历史趋向。

在思路展开的具体路径上，主要涉及人类命运共同体、文化构建和国际认同三者内在关联的逻辑，研究内容包括人类命运共同体的前提基础、文化构建的历史创新、国际认同的时代策略、人类命运共同体的总体展望等方面，具体呈现为：第一，逻辑前提。研究人类命运共同体的文化构建与国际认同，可以从理论、历史和实践层面论证学理性、可能性、必要性和可行性等问题，阐明构建人类命运共同体的理论基础、历史基础与实践基础。第二，逻辑主线。人类命运共同体作为引领人类文明的中国理念，在洞悉世界文明发展新趋势的基础上，科学回答"人类社会向何处去"的重大时代之问，超越了文明类型论、文明冲突论与历史终结论；以构筑全人类共同体意识与共同价值，增添了世界文明新能量；以容纳古今中外文化的精神气度，把握世界文明发展新格局。第三，逻辑展开。全球化发展的内在悖论、全球治理体系的危机，以及西方国家在舆论上试图歪曲中国和平发展的国际形象，成为人类命运共同体国际认同的阻挡力量。因此，中国需要从价值共识、制度选择、利益协调以及思想表达等层面加以回应。第四，逻辑归宿。人类命运共同体文化构建通过整合共同利益，实现对"平等性困境""认同性困境"的化解和规避，打破关于身份政治的差别对待和利益区隔的藩篱；通过加强国际合作，促进文化知识的传播和普及，不断提高生产力水平和经济发展速度，提升多方参与主体对全人类共同价值的认同深度与广度。论述共同价值、文化构建与国际认同的内在关联，阐释共同体的"抽象的普遍性"与"具体的总体性"特征，有利于推进人类命运共同体的构建与历史性发展。

（二）研究的基本方法

本书涉猎广、内容多，需要综合运用多种研究方法。

1. 文献研究法。

广泛搜集国内外关于人类解放、共同体、人类命运共同体、文化构建与国际认同等关键概念的相关文献，在梳理研究文献的基础上，依据文献系统阐述人类命运共同体的文化构建问题和国际认同问题的基础理论。

2. 历史与逻辑相统一法。

将人类命运共同体关于文化的现实构建与历史唯物主义的理论逻辑结合起来考察，在总体把握人类命运共同体的理论基础和历史进程的基础上，深入探讨文化构建与国际认同问题，提出事实性与规范性相统一的对策建议。

3. 比较分析法。

从理论外部语境比较分析人类命运共同体文化内涵与资本主义世界体系多元文化形态的区别及发展趋势，比较两者在国际认同上的特殊性及影响力；从理论内部结构比较分析人类命运共同体与"三形态""五形态"理论的内在关系及其与各种新国家主权观的区别和联系。

4. 多学科综合研究法。

鉴于人类命运共同体问题的宏观性与文化构建、国际认同问题的复杂性，本书在马克思主义理论的研究框架下，兼收并蓄哲学、政治学、国际关系学、社会学、人类学、传播学、经济学等多学科的研究方法，多角度分析和辩证探讨相关问题，形成学科交叉优势。

五、重点难点与创新之处

（一）重点难点

研究的重点主要聚焦于两个方面。

1. 阐明人类命运共同体文化构建和国际认同的基本理论内涵与现实实践路径。

这一问题既事关构建人类命运共同体实践在经济全球化时代是否遵循全球性思维和方法论原则、为世界文明的发展提供创新性理论智慧的现实命运，又关涉人类命运共同体理念如何继承发展历史唯物主义理论方法的使命。因此，本书从唯物史观视角对人类命运共同体进行理论、历史和现实三维度研究，并将其逻辑贯穿研究的全过程。

2.厘定人类命运共同体、文化构建和国际认同之间的内在关系。

人类命运共同体理念的形成与文化传统、时代问题密切关联，研究人类命运共同体不可能摆脱其在历史进程中所获得并被时代规定的文化成果和国际认同的效果意识。对人类命运共同体理念进行全球化时代的解读，它本身的文化构建和国际认同的要求必然包含其中，也只有深刻厘清三者之间的关系，才能在深层次上把人类命运共同体理念推进到对其根本哲学立场和思维范式问题的澄清上。

研究的难点主要源于下列三重关系及其交叉影响。

1.阐明构建人类命运共同体理论和实践中资本主义与社会主义两种制度的关系。

社会主义的理论逻辑与实践逻辑对资本主义世界体系的改造及革命过程具有客观性，但如何进一步辨清资本主义社会固有矛盾的发展态势，如何科学认识资本主义对世界的影响以及塑造世界文明的限度，等等，这一系列问题构成了人类命运共同体在构建实践中彰显社会主义发展优势的现实难题，是本书的难点之一。

2.论述文化构建理论和实践中的全球性与民族性关系。

对经济全球化的理解不能止于表面现象，要从过程和本质上进行深层探索。全球化过程中产生的一系列矛盾具有客观性，资本主义文化中的消极因素有可能在人类命运共同体的文化构建中扩散，但历史唯物主义以承认和尊重民族文化的多样性、差异性为前提，这意味着在人类命运共同体的文化构建过程中如何确立全球性与民族性的边界意识问题成为亟待解决的难题。

3.澄明在国际认同的理论和实践中借鉴与反渗透的关系。

国际认同需要具备包容性、全局性的胸怀，但在现实实践中存在悖论性困境：一方面，在提高人类命运共同体的国际认同的实践中，需要继承和借鉴西方文明的有益成果与西方理论的合理部分。另一方面，应当警惕和辨析西方文化与意识形态的渗透，西方国家利用各种媒介工具，通过文化产业、学术理论等手段竭力宣传其生活方式、价值观念和意识形态，对国际认同带来的巨大挑战。如何处理这一悖论，构成研究的又一难点。

（二）创新之处

1.问题选择的独特性

本书坚持问题导向，在追踪理论前沿的基础上深化对人类命运共同体的研究。一是力图把握历史唯物主义中的基础概念和核心概念，并与浸润西方传统哲学基本观念和思维范式的范畴加以区分，澄清现当代哲学对马克思共同体思想与历史唯物主义文化哲学、实践哲学思想的误解，明确中华优秀传统文化的精神实质，为文化构建的问题链提供历史唯物主义的理论支撑。二是激活历史唯物主义的批判精神，站在迎接更加美好世界图景的历史高度，直面当今时代问题的挑战，总结构建人类命运共同体背景下文化构建和国际认同赋予理论与实践新的意义。三要在 21 世纪马克思主义的哲学视野中，提炼新时代关于共同体、文化构建与认同理论的成果，对人类文明新形态及其理论问题给予符合时代特征的概括，阐述面向新时代的人类命运共同体文化构建和国际认同的观念、原则、方法与结论。

2.学术观点的创新性

一是抓住文化构建和国际认同之于人类命运共同体核心作用的逻辑主线，勾勒整个西方文明理论演进的规律及其发展路向，提出应把握中华优秀传统文化的现实价值，从而为人类命运共同体理念的全球发展和推广实践提供理论基础。二是将文化构建作为人类命运共同体理念及其国际认同的轴心，揭示人类命运共同体及其文化构建和国际认同三者内在关联，提出文化构建是人类命运共同体理论体系和实践发展的重要途径，能够促使人类命运共同体理念在全球范围内的认同和推广。三是提出通过文化构建的方式，促使人类命运共同体在积极引导世界文明体塑造中得到广泛国际认同，避免人类命运共同体成为仅仅基于经贸合作和全球治理的共同体而形成短期国际认同的现象。四是提出通往国际认同的人类命运共同体的总体性认知与构建等设想。文化构建塑造的新型文明，有利于现代社会的整体进步。社会良好的运行、国际合作的建立、道德的培养等都呼唤新的文明共同体，因此，推动中华优秀传统文化的创造性转化和创新性发展是契合时代要求的创新之举。五是认为世界历史的发展推动人类社会进入整体化和相互依存的时代，各个民族在经济、政治和文化等方面联系紧密，人类命运共同体理念对这一历史趋势的把握和遵从是其获得国际认同的现实基础。

3. 研究方法的多样性

本书注重综合运用政治学、社会学和传播学等多学科基础理论，结构化、系统化地阐述人类命运共同体文化构建和国际认同的若干基础理论问题，以文化建构的理论思维范式和思想价值、国际认同的创新实践策略激活历史唯物主义的理论方法，推动理论创新和发展。综合运用比较以及逻辑与历史相统一的研究方法，分析不同理论背景下共同体、文化构建和国际认同的内涵、特征与实践策略，比较不同思想在界定共同体范畴时采取的哲学立场和思维方式，审视人类文明总体发展趋势和价值需求的共同体理论逻辑；在分析文化构建的理论与实践中，对不同时期中华优秀传统文化资源的历史作用进行比较，考察文化趋同论、文化冲突论、文化融合论以及文化互补论等对世界文明发展的探讨，概括中西方文化的复杂关系与基本差异，明确人类命运共同体理念在融合中西方文化多样性的基础上实现创新的时代使命。

4.分析工具的科学性

在借鉴相关指标体系的基础上，从人类命运共同体、文化构建、国际认同三个关键词的理论内涵及其关联入手，以历史、现实、未来为基本时间维度，广泛搜集国内外关于人类解放、共同体、人类命运共同体、文化构建与国际认同等核心问题的相关文献，在梳理研究文献基础上，学理性阐述人类命运共同体的文化构建问题和国际认同问题的基础理论；以总体性、存在论、认识论和价值论范畴为基本哲学维度，反映文化构建的哲学性质和地位，分析文化构建实践的一般结构和过程，构建理论的合规律性与合目的性、实践和主客体关系、实践方式的历史发展等问题。

5.文献资料的新颖性

在文献资料的选取和整理上遵循因果性、必然性和规律性的基本原则，使文献资料具有新颖性、前沿性。首先，全面把握国内学术界的相关研究动态和进展，密切关注和借鉴国内学界的已有成果，掌握其对人类命运共同体问题研究的不足和进一步拓展的空间，从其关于文化构建和国际认同零散的研究中凝练出基本的理论成果，试图从因果性角度分析影响人类命运共同体文化构建和国际认同理论实践的因素；其次，详尽掌握人类命运共同体文化构建的传统根基、文化溯源、现实基础和社会影响等信息资料，试图从必然性的角度论证历史与现实的可能性；最后，充分利用与国外学者的学术联系和交流机会，及时搜集国外关于人类命运共同体研究及其自身文明发展理论研究的资料，利用西方发达国家全球治理和人类文明发展的最新资料，从规律性的角度揭示西方关于全球化时代资本逻辑展开及其危机研究的理论相关性。

第一章
人类命运共同体的前提性阐明

　　研究人类命运共同体的文化构建与国际认同问题，需要在唯物史观视域下，从理论、历史与实践三个维度对人类命运共同体这一重大理论命题的学理依据、可能性、必要性和可行性进行科学论证。把握当今世界在人类社会总进程中所处的历史方位，论述人类命运共同体产生的生产实践、交往方式与社会结构前提，以及揭示社会主义现代化对资本主义现代化的理论超越性，是对人类命运共同体理念的唯物史观基础的考察。经济全球化时代的资本主义出现了系统性危机，全球性扩张与全球经济发展的失衡、霸权主义的威胁与全球治理失序以及西方"文化中心主义"与文化殖民共谋的现实境遇，成为构建人类命运共同体的历史基础。中国式现代化在实践层面有力推动了人类命运共同体的构建，中国道路对西方一元化现代性叙事的超越、"一带一路"国际合作对全球多元现代性格局的构建，以及中国推动人类解放的当代进程，成为构建人类命运共同体的实践基础。构建人类命运共同体从理念转化为行动、从愿景转变为现实，为携手建设更加美好的世界凝聚广泛共识、汇聚强大力量，成为引领时代潮流和人类前进方向的鲜明旗帜。

第一节　理论审视：唯物史观视域中的
人类命运共同体

以唯物史观的思想视域和理论范式分析、解读人类命运共同体是学界的基本共识。以马克思唯物史观为视域，从历史纵向发展的维度看，把握当今世界处于世界历史性共同活动的"最初形式"阶段并准确理解这一历史方位，是探讨构建人类命运共同体的一个前提性问题。从人类普遍交往的横向维度看，分析现代社会中"现实的人"的生存状态和历史境遇，能够准确把握资本主义的历史方位与发展的历史趋向性。唯物史观对人类社会历史发展规律的揭示，指明不同主体的自主活动和交往形式在世界历史推演中的发展趋势，呈现了人类命运共同体历史构建的基本规律。构建人类命运共同体需要在保持经济基础与上层建筑良性发展的基础上，以经济发展为引擎，在全球善治秩序的发展与完善中确保全球经济态势的平稳有序跃迁。中国式现代化拓展了发展中国家走向现代化的途径，给世界上那些既希望加快发展又希望保持自身独立性的国家和民族提供了全新选择。马克思的唯物史观昭示出构建人类命运共同体的现实紧迫性，彰显了科学考察人类命运共同体的方法论自觉。

一、"当今世界"在人类社会总进程中所处历史方位

启蒙现代性及其开启的资本主义世界秩序，在深刻改变人类社会生产方式和交往形式、重塑现代价值理念以及推动世界整体进步的同时，也使世界格局的不稳定性与不确定性越发凸显。自2008年全球金融危机爆发以来，世界经济增长动力趋于衰减，由全球利益分配不均所导致的民粹主义、民族主义、贸易保护主义和逆全球

化等思潮逐渐抬头，生态环境恶化、恐怖主义、文明冲突、公共卫生危机等非传统安全威胁持续蔓延，这都反映出世界正在陷入"失序"状态。由西方发达国家主导建立的全球治理体系失灵、失效，全球现代性危机戳穿了资本主义"永久和平"的价值信念，生活于"地球村"的人类也陷入了焦虑和动荡之中，沦为"无根"的存在，"肇始于启蒙运动的现代性发展已然经历了从现代性方案到全球现代性危机的嬗变之路"①。启蒙现代性中暴露的人类的生存和发展困境，启示人们不能仅仅停留于观念层面对现代性进行反思或寻求化解路径，应当深入人类发展所依托的社会历史本身。如何走出当前全球的治理困境，重建人类合理有序的共同生活，这成为中国现代化发展亟待解决的问题。中国共产党人从唯物史观的思想视域出发，立足马克思的现代性批判理论，在领导中国人民不断解决自身现代化难题的同时，提出了化解全球现代性危机的总体方案——构建人类命运共同体。

"人类命运"是马克思唯物史观叙事中意蕴深厚且具有统摄性的核心议题，关注人类命运、追求人类解放是贯穿马克思一生的思想主题和价值关怀。马克思既是启蒙思想的继承者，同时也是现代性的批判者和超越者，他始终着眼于作为社会历史主体的现实个人及其在现代社会中的生存状态，结合人类解放的价值目标省思资本主义现代性对人类命运的宰制以及理性历史观的局限。在马克思看来，要彻底走出人类治理困境，化解全球现代性危机，必须对西方资本主义的现代性方案及其所开启的世界秩序进行全方位梳理和检讨。

从人类现代化的历史进程来看，现代性肇始于西方世界。15—

---

① 刘同舫：《全球现代性问题与人类命运共同体智慧》，《福建论坛（人文社会科学版）》2019 年第 9 期。

16世纪是西方思想发展的重要"分水岭",地理大发现与文艺复兴的积累和沉淀带来了"一种对我们社会生活的新式自我理解的成长和加固",而"这种自我理解赋予了个体前所未有的首要地位"①,这种"新式自我理解"在17至18世纪的科学革命和启蒙运动时期达到顶峰。

启蒙运动是西方现代性的摇篮,现代性的价值理念来源于启蒙运动的基本精神。在《答复这个问题:"什么是启蒙运动"》一文中,康德开宗明义地指出:"启蒙运动就是人类脱离自己所加之于自己的不成熟状态。不成熟状态就是不经别人的引导,就对运用自己的理智无能为力。"②康德认为,这种"不成熟状态",即运用自己理智的无力状态或理智上的未成年状态,往往来自自身的懒惰和怯懦,因此"要有勇气运用你自己的理智"③。康德阐明了启蒙运动的核心要义:理性精神和自由精神。在理性精神和自由精神的旗帜引领下,启蒙运动进一步加深了对个体优先性和平等性的"自我理解"。一方面,个体实现了对古代城邦政治共同体和中世纪封建宗法关系的脱离,成为"把自身作为特殊目的的具体个人"④;另一方面,脱离共同体束缚的个体,必须独立面对生活需要的多样性问题,在劳动分工的前提下,个体只能通过以"他者"为中介,使自

---

① [加]查尔斯·泰勒:《世俗时代》,张容南等译,徐志跃、张容南审校,上海三联书店2016年版,第169页。
② [德]伊曼努尔·康德:《历史理性批判文集》,何兆武译,天津出版传媒集团、天津人民出版社2014年版,第22页。
③ [德]伊曼努尔·康德:《历史理性批判文集》,何兆武译,天津出版传媒集团、天津人民出版社2014年版,第22页。
④ [德]黑格尔:《黑格尔著作集　第7卷:法哲学原理》,邓安庆译,人民出版社2016年版,第329页。

身需要得到满足①，个体不得不与陌生的"他者"产生联系。个体为了与陌生的"他者"和谐相处，不得不对自己的"任性"和完全"利己的目的"进行限制，秉持"要这样行动，使得你的意志的准则任何时候都能同时被看作一个普遍立法的原则"②的信条。

个体与"他者"之间在理性思维上存在一定的边界，然而这种边界绝不能构成个人对"他者"的对立与排挤的依据。承认陌生"他者"与自身的同构性和平等性，尊重并维护这个陌生"他者"的合法性与合目的性存在，"人的概念绝不是个人概念……人的概念是类概念"③。启蒙理性通过先验阐明个体应有的存在方式、主体交往的自我约束机制和社会生活的伦理向度，重新筹划人类的经济秩序与政治制度，初步勾画出现代性的社会想象。但是，基于"原子化个体"的理性抽象组建起来的只能是"利己主义"导向的商业社会和市民社会，建基其上的世界秩序只能是由资本逻辑主导的全球商业社会和全球市民社会。

启蒙现代性及其开启的世界秩序表面上尊重每个主权国家的平等身份，在国际贸易领域中增设一些有利于发展中国家的经贸条款，在全球治理问题上主动将第三世界国家纳入其主导的治理格局，以显示多边主义的包容性和道义性。"资本逻辑内在地趋向于资本统治，并缔造了西方以资本为中心的现代化"④，随着资本开启

---

① 参见黑格尔：《黑格尔著作集 第 7 卷：法哲学原理》，邓安庆译，人民出版社 2016 年版，第 329 页。

② ［德］康德：《实践理性批判》，邓晓芒译，杨祖陶校，人民出版社 2003 年版，第 39 页。

③ ［德］费希特：《费希特文集》第 2 卷，梁志学编译，商务印书馆 2014 年版，第 294—295 页。

④ 郗戈：《"驾驭资本"与中国式现代化的理论思考》，《中国社会科学》2023 年第 12 期。

的经济全球化的推演，由资本现代性所衍生出的社会矛盾也借助经济全球化的推力扩散到世界各地。资本对剩余价值的无限性追求，导致自然资源的无节制开采、生态环境的无止境破坏，资本的全球性扩张进一步导致少数西方国家的生态危机转变为全球性的生态危机。由于主权国家在地理位置、资源禀赋、历史文化、现代化的起步时间和发展速度上的内在差异，发达国家凭借对资本、技术和信息等关键性或稀缺性生产要素的垄断，在全球产业链布局、国际分工、国际贸易和国际分配格局中处于天然的优势地位，在看似平等的国家经贸规则下，主权国家的发展呈现出高度的不平衡性以及发达国家对发展中国家的掠夺性和排他性。因此，"经济和政治发展的不平衡是资本主义的绝对规律"[1]。在整个人类社会的演进过程中，不同领域的发展条件和进度参差不齐。经济和政治作为社会发展的主要领域，由于受到资本主义现代性逻辑的宰制，二者之间的差异性和不平衡性不断扩大，对全球现代化的稳步推进形成一定阻力。

化解全球现代性危机，需要破解启蒙现代性的理性主义思维方式，回归人类现实生活的共同本质。在《德意志意识形态》中，马克思、恩格斯在费尔巴哈开辟的感性存在论的道路上，承认"全部人类历史的第一个前提无疑是有生命的个人的存在"[2]，强调个人自身的肉体组织及其所处的自然条件是个人存在的前提，这一点与黑格尔的"人仅仅表现为自我意识"[3]的精神主体性划清了界限。在确立人类历史的真正主体的基础上，马克思分析了人类历史发展的基本前提——吃喝穿住等生活需要的满足，人类的第一个历史活动

---

[1] 《列宁专题文集：论社会主义》，人民出版社2009年版，第4页。

[2] 《马克思恩格斯文集》第1卷，人民出版社2009年版，第519页。

[3] 《马克思恩格斯文集》第1卷，人民出版社2009年版，第204页。

就是通过劳动来生产满足生活需要的物质资料，即"生产物质生活本身"①。在物质生产活动中，人类将自然界转变成"为我之物"以满足自身需要，形成人与自然的关系。同时，人类的生产活动总是在特殊的共同体中依托特殊的社会形式得以进行，形成人与人之间特殊的社会关系。在此后的政治经济学研究中，马克思进一步明确生产的社会形式对实践活动的内在意义，"一切生产都是个人在一定社会形式中并借这种社会形式而进行的对自然的占有"②，生产力的发展决定社会形式的变化，而社会形式变化的过程就是人类历史演化的过程。人类最初的社会形式以家庭为单位呈现出来，后来逐渐扩大成为家庭氏族，氏族的冲突与融合产生了各种形式的公社，公社解体的结果则是18世纪的市民社会，也是资本主义史前时期最完善的社会形式，"这种联系不断采取新的形式，因而就表现为'历史'"③。马克思对生产力与人类历史的形成和发展之间关系的揭示，蕴含将物质因素与人的能力结合起来以生成社会发展力量的现实指向，人类历史的发展离不开对生产力要素的占有以及对生产力与社会历史形式之间关系的透彻把握。

在揭开"历史之谜"的同时，马克思深刻阐述了19世纪人类生产活动的社会形式，即世界历史性的共同活动。历史向世界历史的转变发端于15至17世纪的地理大发现和海外殖民扩张，海外殖民掠夺使得金银流入欧洲，由此引发的价格革命沉重冲击了欧洲中世纪的生产方式和封建势力，海外原料产地和消费市场的扩大也加速了资本主义生产方式的形成，并促使市场向世界市场转变，"当时市场已经可能扩大为而且日益扩大为世界市场，——所有这一切

---

① 《马克思恩格斯文集》第 1 卷，人民出版社 2009 年版，第 531 页。
② 《马克思恩格斯文集》第 8 卷，人民出版社 2009 年版，第 11 页。
③ 《马克思恩格斯文集》第 1 卷，人民出版社 2009 年版，第 533 页。

产生了历史发展的一个新阶段"①。在资本逐利机制与世界市场的相互作用下，从18世纪中叶开始，欧洲主要资本主义国家相继经历了工业革命，催生出资本主义现代大工业。现代大工业的诞生使得竞争更加普遍化，并创造了交通工具和现代世界市场，"把所有的资本都变为工业资本"②，创造了"自然形成的世界历史性的共同活动的最初形式"③。在《1857—1858年经济学手稿》中，马克思从存在论角度揭示了人类社会发展的总体进程，将其依次划分为"人的依赖关系"阶段、"以物的依赖性为基础的人的独立性"阶段以及"自由个性"阶段，强调后一阶段的发展以前一阶段的充分发展为前提条件。④ 基于马克思的划分，世界历史性共同活动的"最初形式"处于"以物的依赖性为基础的人的独立性"阶段。

在这一阶段，世界历史性共同活动的"最初形式"与实际的"物质内容"之间呈现多重的辩证矛盾。现代大工业促使生产力极大发展，而在资本追求剩余价值、资本宰制劳动的过程中，大工业使劳动本身成为工人不堪忍受的因素；大工业消灭了各国闭关自守的状态，并打破了民族的界限以及消灭了民族的特殊性，破除了社会分工、城乡关系的"自然"性质，但没有泯灭不同阶级之间的非平等性，资产阶级作为社会生产力的真正占有者，仍然展现出特殊的民族利益；个人的生存境遇已经表征为"世界历史性存在"，但由于资本主义分工的存在，"世界历史性的个人"仍然受到"物的力量"的支配，即"受到日益扩大的、归根结底表现为世界市场的力量的

---

① 《马克思恩格斯文集》第1卷，人民出版社2009年版，第562页。
② 《马克思恩格斯文集》第1卷，人民出版社2009年版，第566页。
③ 《马克思恩格斯文集》第1卷，人民出版社2009年版，第542页。
④ 参见《马克思恩格斯文集》第8卷，人民出版社2009年版，第52页。

支配"①。然而，世界历史性共同活动的"最初形式"与实际的"物质内容"之间的矛盾，也创造出解决这一矛盾的物质基础和社会力量。马克思在论及生产力发展及其与生产关系相互协调的路径时，尤为关注个人与社会整体的关系问题。通过把握个体的发展与物质生产力的本质性关联，马克思最终揭示了世界历史朝向个人能力全面发展并联合起来占有社会生产力以实现整体进步的趋势，并指出这一趋势将在不断扬弃私有制和旧式分工条件的过程中得以彰显。只有通过共产主义革命，推翻一切旧的生产关系和交往形式，即建立在资本主义生产资料私有制基础上的雇佣劳动制、世界市场及其上层建筑，"消除这些前提的自发性，使这些前提受联合起来的个人的支配"②，才能使世界历史性共同活动脱离其自发的"最初形式"向自觉的"高级形式"转变，向世界历史的自由个性阶段转变。

构建人类命运共同体需要认识"当今世界"处于世界历史性共同活动的"最初形式"阶段。随着新兴经济体和发展中国家经济快速发展，全球的经济、政治和话语版图出现了有利于构建人类命运共同体的历史性变化。世界历史性共同活动的"最初形式"越来越成为经济全球化进一步发展的内在桎梏和制度性障碍。根据世界历史发展的新趋向和当前世界格局的新变化，中国共产党人从战略高度和全球局面出发，提出人类命运共同体理念，认为"每个民族、每个国家的前途命运都紧紧联系在一起，应该风雨同舟，荣辱与共，努力把我们生于斯、长于斯的这个星球建成一个和睦的大家庭，把世界各国人民对美好生活的向往变成现实"③。综合当代中国共产党

---

① 《马克思恩格斯文集》第 1 卷，人民出版社 2009 年版，第 541 页。

② 《马克思恩格斯文集》第 1 卷，人民出版社 2009 年版，第 574 页。

③ 习近平：《论坚持推动构建人类命运共同体》，中央文献出版社 2018 年版，第 510 页。

人在各个场合的总体性阐述，人类命运共同体的内涵大致包括：共同、综合、合作、可持续的安全共同体；平衡、协调、普惠、共赢的利益共同体；开放、多元、包容、互鉴的文明共同体；人与自然和谐相处的生命共同体。人类命运共同体的核心要义在于以全人类共同价值为基础，从全人类共同利益至上的原则出发，各国携手打造一个持久和平、普遍安全、共同繁荣、开放包容、清洁美丽的世界。

构建人类命运共同体倡导和平、发展、公平、正义、民主、自由的全人类共同价值，这一价值诉求是在全面把握经济全球化的发展进程和充分尊重各国价值差异性的基础上所凝聚而成的价值共识。坚持全人类共同价值，才能真正确保世界各国自主选择符合自身国情的社会发展道路、社会制度和发展模式的权利真正得到尊重。从构建人类命运共同体对世界历史发展整体趋势的把握看，个体的发展总是通过社会交往和相互联合的方式来实现，个体与"他者"之间在相互依存的联合中形成了共同的社会利益，社会利益无法自行发展，必须通过个体利益的发展得以体现。构建人类命运共同体强调个人利益与社会共同利益之间相互制约的关系，主张将个人利益融入社会整体之中的发展指向。构建人类命运共同体倡导全人类整体利益至上原则，摒弃启蒙现代性抽象的"经济人"或"理性人"假定，强调人的"世界历史性存在"和人类生活的共同体特质，反对将自身利益凌驾于他人或共同体利益之上的"利己主义"价值导向或行为选择，也反对将本国利益凌驾于他国或全人类利益之上的"优先主义"思维模式或道路选择。

在秉承全人类共同价值和全人类共同利益至上原则的基础上，构建人类命运共同体在"物质内容"上包含开放、平衡、协调的经济全球化，推动资本全球化向劳动全球化转变。建设开放型世界经济，加强各国宏观经济政策的协调，通过全球产业链的优化布局以自身的发展带动他国的发展，通过资金支援和技术转让增强发展中国家的发展动能。在全球利益分配上，各国要通过联合的方式共同制约资本要素型国家和跨国公司的主导权，使"蛋糕"分配向劳动要素型的国家倾斜，反对基于本国利益的"零和游戏"、贸易保护主义以及逆全球化思维。构建人类命运共同体在"社会形式"上包含"共商共建共享"的全球治理观，推动全球市民社会向全球善治秩序转变。构建人类命运共同体尊重所有主体参与全球治理的话语权，保障全球治理主体的多元化。

在全球现代性的推动下，不同主体国家之间的发展需要以及在全球治理方面的参与度存在差异。各个主体国家都以追求自身的利益和发展为主要目标，推动全球社会分工体系的精细化和标准化。人类命运共同体理念对全球治理中多元主体发展需要和地位的强调，彰显出其对现实个体特殊利益的关切以及对与现实个体利益相关联的社会历史形式的尊重。在全球的交往实践中，构建人类命运共同体倡导以国际法为基础，通过和平与理性的对话协商，不断扩大合作和解决矛盾争端。

二、从资本全球化到劳动全球化的生产与交往方式

人类命运共同体理念的产生以全球生产力的普遍发展以及与此相联系的世界普遍性交往为前提。资本的全球化促使人类命运紧密相连，以资本增殖逻辑为基础的生产实践与交往方式在全球范围内被组织和建构，正如法国学者雅克·阿达所说，"论述全球化，就是回顾资本主义这种经济体制对世界空间的主宰"[①]。从表面上看，

---

① ［法］雅克·阿达：《经济全球化》，何竟、周晓幸译，中央编译出版社 2000 年版，第 3 页。

资本的全球化意味着人的劳动突破地域局限性而实现全球化的联合，但实际上资本在全球范围内的自由流动和人在全球范围内的不自由境地形成了鲜明对比。人类命运共同体理念内在蕴含劳动全球化的意向，而劳动全球化恰恰是对资本全球化的历史性超越，是全球生产方式变革的重要表现。

资本之所以能够"发挥一种世界主义的、普遍的、摧毁一切界限和束缚的能量"①，源于其自身无限增殖的属性。资本对剩余价值的索求永无止境，但它的增殖条件即生产资料和劳动力存在限度，只能产生有限的剩余价值。资本增殖是资本的本性以及它的"历史使命"，"创造世界市场的趋势已经直接包含在资本的概念本身中"②。随着资本有步骤地展开扩张运动，地域资本主义逐渐走向全球资本主义，即"它首先是使商品生产普遍化，然后使一切商品生产逐步转化为资本主义的商品生产"③。在民族国家内部，资本将所有的劳动形式变成雇佣劳动，清晰地展现资本增殖与扩张的本性。伴随资本生产的扩张，资本主义私有财产的占有与生产力的普遍增长被视为人类财富的真实发展过程，并维持自身始终在全球范围内渗透的基本趋向。对于那些接受商品倾销和资本输入的国家而言，资本全球化意味着破坏和瓦解现存的生产方式，达到推广、传播以资本为基础的生产方式的目的。在《共产党宣言》中，这种扩张运动被描述为具有可视化空间特征的"四个从属于"——资本"使农村从属于城市一样，它使未开化和半开化的国家从属于文明的国家，使农民的民族从属于资产阶级的民族，使东方从属于西方"④。

---

① 《马克思恩格斯文集》第 1 卷，人民出版社 2009 年版，第 179 页。
② 《马克思恩格斯文集》第 8 卷，人民出版社 2009 年版，第 88 页。
③ 《马克思恩格斯文集》第 6 卷，人民出版社 2009 年版，第 43 页。
④ 《马克思恩格斯文集》第 2 卷，人民出版社 2009 年版，第 36 页。

"四个从属于"就是从剥削劳动这一根本形式衍生出的资本主义"四种剥削形式"。

历史向世界历史的转变实现了人与人的广泛交往和普遍联系。"资本对剩余价值的'渴求'促使资本主义的全球性扩张，直接推动了世界历史的形成，也塑造了世界范围内资本主义生产与扩张本性主导的国际社会关系。"① 在全球市场体系中，生产虽已取得世界生产的形式，但其本质仍是以私有制为基础并以雇佣劳动为内容的过程，世界范围内的无产阶级仍然受到资产阶级特殊利益的剥削和压榨。由资本关联起来的工人的劳动只是一种物理上的"结合劳动"，而不是具有本质关联的"共同劳动"。马克思指出，分散的工人被资本统一在一起进行劳动，"工人们作为共同劳动只是自在地存在着，这仅仅是就他们中间每一个人都为资本劳动这一点来说的"，由于这一点资本成为一个中心，"但他们并未共同劳动"②。工人通过资本实现的联合只是形式上的结合，人们在资本之外无法获得实质的交往和联系，在资本之内又被迫从属于资本，同样不存在人的交往关系。工人作为单个的人分别同资本发生关系，他们在劳动之初存在一定的协作，但一旦进入具体劳动过程，他们就不再从属自己而成为资本的一种特殊存在方式，也没有彼此之间的关联。在资本促成人与人之间广泛交往的表象之下，也暴露了人与人之间实质性分离的本质。

交往联系是特殊的社会生产方式，不同个体必然是在共同体和共同生活的过程中展开交往。在资本逻辑中展开的社会交往活动，根本上是由资产阶级特权利益和权力结构塑造而成。资本主义通过

---

① 刘同舫：《马克思论证世界历史总体性的维度》，《学术界》2022 年第 9 期。

② 《马克思恩格斯全集》第 30 卷，人民出版社 1995 年版，第 589 页。

发展技术来缩短交往空间，使全球范围内的交往发展不断加速的同时，也扩展了资本增殖的需要。这种被动的、不自主的交往，即作为手段而非目的的交往，完全浸润在逐利性的商业关系之中，一切都被染上了"金灿灿"的货币色彩。恩格斯指出："商业吞并了工业，因而变得无所不能，变成了人类的纽带；个人的或国家的一切交往，都被溶化在商业交往中，这就等于说，财产、物升格为世界的统治者。"① 当以资本为基础的个人交往上升至民族国家之间的世界交往，人必然越来越趋于"异化"状态。

民族国家之间的世界交往一旦植根于资本逻辑，总是附带"以利相交""以势相交"或"以权相交"的性质，出现"利尽则散""势败则倾"和"权失则弃"的状况，造成人或共同体在客观上相互联系吸引和主观上相互隔绝排斥，以及形式上相互依赖而本质上分散分离的矛盾境地，最终形成"中心—边缘""自我—他者"和"统治—被统治"的二元对立型世界体系结构。对于资本积累财富、资产阶级和工人阶级之间统治和被统治关系的再生产，马克思指出，"一切问题都归结为怎样使工人阶级的饥饿永久化"②，因而在人类历史的演进中，资本主义由于其内在困境及其经济全球化的影响而被确证为对人类生存最具破坏力的生产方式。资本主义生产方式在人的劳动基础上强制性建立其支配地位和从属关系，甚至在经济全球化中造成对人类的奴役和生存权利的侵害，不断阻断人类解放所需的生产力条件。受资本全球化主导的世界历史的形成，以资本的强制扩张为基本动力，其带有一种强烈的破坏性、强制的从属性和不安的虚假性，展现出一番资本在全球超时空奔走欢呼的壮丽景象的同

---

① 《马克思恩格斯文集》第 1 卷，人民出版社 2009 年版，第 105 页。
② 《马克思恩格斯文集》第 5 卷，人民出版社 2009 年版，第 745 页。

时，也引发了愈演愈烈的贫富差距、世界战争和全球性的生态危机等问题。

与资本的全球化恰恰相反，劳动却没有在资本全球化的过程中获得同等或同步的全球化。实现劳动全球化是人类的迫切追求，"劳动的全球化直接意味着劳动者的全球化，进而意味着人的全球化，意味着人类自由的普遍化。在这个意义上，劳动全球化的缺位也就是人的全球化的缺位"[①]。归根到底，资本的全球化与劳动的全球化相互排斥、难以兼容。资本在全球范围内的自由和人在全球范围内的不自由，体现了全球范围内劳动对资本的从属和臣服、资本对劳动的剥削和压迫。由于经济全球化进程主要受资本主义的主导、推动和支配，资本在经济全球化过程中必然处于统治地位，劳动则处于被剥削和被压迫的地位，因而资本的增殖不需要在商品中附加任何形式就能获得劳动创造的剩余价值。

全球生产力不断发展、社会交往日益密切，同时也加深了资本对劳动的现实统治，使得经济全球化过程中劳动对资本的关系从形式附属转向实际屈从。资本全球化主导的世界历史建立在人、劳动、物的等差化基础之上，在国际交往中，民族国家及其物质资源和劳动力的等差化则具有典型性，"能源大国""劳动力大国"等话语标签在一定程度上以"隐蔽"的方式恰如其分地揭露了这一秘密[②]。资本逻辑不仅将资本视为私有财产，而且对其所雇佣的劳动者具有绝对统摄力量与主导地位，导致全球范围内的工人生产劳

---

　　① 　徐长福：《论劳动的全球化——从马克思主义暨中国的视角来看》，《天津社会科学》2007 年第 4 期。

　　② 　国际劳动分工结构的不平等就是资本全球化的结果，以数字劳动的国际分工为例，其不平等主要体现在：非洲的奴隶式采矿劳动，中国高强度的硬件装配劳动，印度高压力的软件工程劳动等。

动所创造的财富沦为维系资本支配劳动关系的手段，劳动本身创造财富的价值只能被遮蔽。

资本全球化的内在矛盾使得本身遭遇瓶颈，正如列宁所言："在资本主义制度下，除工业中的危机和政治中的战争以外，没有别的办法可以恢复经常遭到破坏的均势。"[①] 为了应对这种危机，西方各国也在不同的历史时期尝试建立相应的国际体系，以缓和现存的矛盾和冲突，如威斯特伐利亚体系、维也纳体系、凡尔赛—华盛顿体系和雅尔塔体系等。东欧剧变以后，世界进入到"一超多强"的后冷战格局时代，随着资本全球化的加速推进，以美国为首的西方国家依托联合国、世界贸易组织、国际货币基金组织、世界银行等平台所建立的全球治理体系，本质上服务于资本全球化，根本无助于解决资本全球化带来的危机，这也是全球治理体系失灵、失效的根源所在。资本逻辑内在具有对外扩张性和侵略性，资本全球化的实质是资本在世界范围内寻求不断扩大的流通领域，这也是资本主义生产方式维持自身制度和社会关系持续推进的内在要求。因而，资本全球化的内在矛盾造成了资本主义所涉足领域中劳动与商品过剩的常态，也成为资本本身无法克服的必然难题。

资本的形态在 21 世纪正从生产资本向金融资本、数字资本转化，人们的交往较之以往更为常态化、普遍化，但是资本全球化的实质却没有发生根本变化。人类要彻底走出全球现代性危机，就必须致力于将资本的全球化逐步转变为人的劳动的全球化。马克思在分析资本与劳动的对立关系时，已经指明劳动全球化的未来前景。"资本不可遏止地追求的普遍性，在资本本身的性质上遇到了限制，这些限制在资本发展到一定阶段时，会使人们认识到资本本

---

① 《列宁专题文集：论社会主义》，人民出版社 2009 年版，第 3 页。

身就是这种趋势的最大限制，因而驱使人们利用资本本身来消灭资本"①，资本全球化消退的过程本身也是劳动全球化的实现过程。因为劳动生产力的发展是资本价值增殖的必要条件，资本总是希望无止境地提高生产力以满足发财致富的欲望。在马克思看来，随着共产主义革命的胜利和生产资料私有制的消灭，联合起来的个人将自觉驾驭在资本主义时代所创造的一切社会生产力及世界市场等物质力量，复归劳动的自由自主属性。"劳动向自主活动的转化，同过去受制约的交往向个人本身的交往的转化"②，资本全球化使劳动突破地域性的狭隘束缚，人们将以联合起来、命运与共的方式形成全面依存的关系，并获得利用全面生产的创造能力；人们将驾驭处于异化状态下物质力量的资本以及由资本主导生成的世界市场。

劳动全球化将剔除资本全球化的工具性准则，恢复人在全球化中的目的性，消除民族国家在各个方面的等差化，恢复民族国家的平等权利而走向共赢共享。劳动全球化的过程必然促使人们冲破资本的虚假"自由"而真正实现人的自由。人与人之间的联系不再以资本为纽带，世界交往不再作为一种手段而变为一种目的，劳动全球化将褪去商业交往的"外衣"，兼容道义的内容，不再"淹没在利己主义打算的冰水之中"③。马克思早在对资本主义现代性的分析中，就已经预见到世界交往对人类社会发展的普遍意义，揭示了从民族交往发展到世界交往的基本规律，确定了世界交往作为民族融合的"黏合剂"，逐渐明晰广泛的物质交往和商业交往在世界交往中的演变特征，科学认识到世界交往对于人类社会发展的重要历史地位。

---

① 《马克思恩格斯文集》第 8 卷，人民出版社 2009 年版，第 91 页。
② 《马克思恩格斯文集》第 1 卷，人民出版社 2009 年版，第 582 页。
③ 《马克思恩格斯文集》第 2 卷，人民出版社 2009 年版，第 34 页。

全球化始于资本，但不会始终由资本主导，更不会终于资本。世界历史、人类命运不会一直遭受抽象的统治，而资本的无限扩张也正在遭遇多方面的挑战。当前，资本的全球化已经为劳动的全球化创造了充实的物质条件，开辟了新的交往空间。另外，以中国为代表的社会主义国家始终坚持自主地融入经济全球化浪潮，在与资本主义的交锋中，积极承担大国责任、贡献中国智慧，推动构建人类命运共同体。"今天，人类交往的世界性比过去任何时候都更深入、更广泛，各国相互联系和彼此依存比过去任何时候都更频繁、更紧密。一体化的世界就在那儿，谁拒绝这个世界，这个世界也会拒绝他。"① 人类命运共同体理念抓住了人类社会生产和交往在经济全球化过程中从"狭隘"到"广阔"的必然规律，始终关注世界交往的方式是否朝着有利于全人类发展的方向趋近，竭力促成人类走向多元文化和多样民族共存的开放交往体系。伴随人类命运共同体理念的"物质内容"即劳动全球化成为现实，民族国家及其人民的特殊利益与全人类共同利益之间的"对立"将得以消除。

三、从全球市民社会到全球善治秩序的社会结构

马克思从唯物史观出发，揭示了人类社会发展的一般规律和基本动力，指明生产力与生产关系、经济基础与上层建筑之间的运动变化是推动人类历史发展的根本动力，从而克服和超越了以往唯心史观囿于观念思辨的认知窠臼。在唯物史观的理论视域中，市民社会向全球市民社会的转变必然导致国际治理秩序突破以往陈旧的体系。人类命运共同体理念的提出，推动了国际治理秩序朝着全球善治秩序的方向发展，但全球市民社会与全球善治秩序构成人类命运

---

① 《习近平著作选读》第二卷，人民出版社 2023 年版，第 166 页。

共同体发展所面临的基本矛盾，即经济基础与上层建筑的辩证运动。深刻把握人类命运共同体蕴含的经济基础与上层建筑的运动规律，有助于深入探索人类命运共同体理念实现的理论基础和现实动力。

从市民社会向全球市民社会的转变构成了人类命运共同体实现的经济基础，这也是经济全球化时代的重要特征之一。"全球市民社会"这一概念的兴起和论证起源于 20 世纪末的学术热潮，目前仍然存在较多的理论争议和较广的学术生长空间，但其在总体上表征了全球性的市民社会逐步形成的态势。现实的全球性市民社会产生于既有交往水平的提升以及各民族发展整体水平的提高。人类社会历史活动的主体也随之壮大，参与全球性市民社会的活动扩展到整个世界历史之中，同时丰富的精神交往促使产生了平等、民主等思想观念。全球性市民社会的发展，构成了人类命运共同体出场的现实基础，推动了国际政治秩序迈向更加合理、民主和完善的方向。

市民社会的概念起源较早，国内外学界对此研究广泛并形成了诸多理论成果[①]。在黑格尔之前，亚当·斯密曾以"商业社会"来指称当时欧洲社会的新变化，认为每个人都靠交换生活而变成商人，社会本身也就变成了真正的商业社会[②]。黑格尔对市民社会的

[①]　有学者认为，"市民社会"概念经历了前资本主义生产方式中的政治交往共同体的"国家市民社会"话语和转换为资产阶级政治交往共同体的"国家公民社会的市民社会"话语；斯密在其古典经济学中第一次完成了市民社会话语向经济关系构式的下沉；黑格尔以斯密对"市民社会"的理解为现实根基，提出了从国家和法的视角理解"市民社会"，马克思则是在斯密理解的意义上使用这一概念的（参见张一兵：《从斯密到黑格尔：市民社会话语实践中的复杂格式塔转换》，《南京社会科学》2021 年第 8 期）。

[②]　参见 [英] 亚当·斯密：《国富论》（上），杨敬年译，陕西人民出版社 2001 年版，第 28 页。

理解极具现代性意义，他将市民社会从国家中分离出来，阐明了政治国家与市民社会的二分状况，同时也将现代社会中公民与市民之间的矛盾公之于众。黑格尔认为市民社会的存在主要体现两个基本原则：一是单一个体存在的特殊性原则，即个人有其自身发展的特殊要求和标准，尤其是获得财产所有权；二是不同个体通过与其他个体交往而实现自身目的的普遍性原则，即要通过在满足其他个体需要的同时达到自身的目的，因而，普遍性原则构成了特殊性原则的前提，市民社会由此发挥着中介作用。黑格尔指出："现实的理念，即精神，把自己分成其概念的两个理想性领域，即家庭和市民社会。"① 尽管马克思认为黑格尔将市民社会作为家庭和国家的中间环节并理解为"单个人的联合"具有"深刻"的一面，但从唯心主义历史观和单纯依靠思辨逻辑得出的结论并不能解决问题。在明确市民社会的旧唯物主义立脚点并将其与人类社会划清界限的基础上，马克思、恩格斯在《德意志意识形态》中认为，"受到迄今为止一切历史阶段的生产力制约同时又反过来制约生产力的交往形式，就是市民社会"，市民社会是"全部历史的真正发源地和舞台"②。马克思回归到现实的物质生产，将市民社会与资本主义时代最紧密的生产环节和经济基础相联结，厘清被黑格尔颠倒的国家与市民社会的真正关系，由此展开了对资本主义经济基础的剖析和解密。随着政治经济学研究的深入，马克思逐渐从市民社会与政治国家的关系转向了从物质生产和交往关系的视角阐释市民社会内部的呈现过程，尝试勾勒人类历史中未来社会政治生活和生产劳动辩证统一的图景。马克思借助唯物史观阐明了"市民社会"的真正意

---

① ［德］黑格尔：《黑格尔著作集　第 7 卷：法哲学原理》，邓安庆译，人民出版社 2016 年版，第 393 页。

② 《马克思恩格斯文集》第 1 卷，人民出版社 2009 年版，第 540 页。

蕴，为理解当今资本主义社会乃至全球社会的经济发展奠定了理论基础。

20 世纪末，伴随冷战的结束以及国际政治格局的新变化，经济全球化迎来了快速发展期：西方资本主义大国的市民社会体系更加成熟，东方国家中出现市民社会发展现象。为应对日益严峻的全球性人类危机以及克服经济全球化快速发展带来的弊端，构建一个公正合理的国际关系新秩序成为世界范围内不同主体的共同需求。当经济全球化逐渐深入，"全球市民社会"也随之产生，并登上人类的历史舞台。

关于"全球市民社会"，有学者从普遍意义上提出"市民社会延伸说"，认为"全球市民社会是市民社会的延伸，它们没有严格的界域，市民社会自产生的那一刻起，其构成形态之间的相互依赖、相互连接，决定了它会发展成具有普遍历史意义的、超民族的世界市民社会"[1]；有学者提出"领域说"，将全球市民社会理解为一种独立于国家之上的领域或空间，认为"全球市民社会是指存在于国家和市场之间，在国家之上和之外运作但又与国家互动互补的非政府的网络和领域"[2]；也有学者从公共交往理论出发，将全球市民社会界定为由一些非政府的、非经济的联系和自愿联合构成的组织，并认为它们使公共领域的交往结构扎根于生活世界的社会成分之中[3]；还有学者将全球市民社会视为一种"力量"或者"革命"等。这些见解尽管尚未达成统一，但从不同的角度揭示了全球市民社会

---

① John Keane, *Global Civil Society?* Cambridge University Press, 2003, p.27.

② 刘贞晔：《国际政治视野中的全球市民社会——概念、特征和主要活动内容》，《欧洲》2002 年第 5 期。

③ 参见 ［德］哈贝马斯：《在事实与规范之间：关于法律和民主法治国的商谈理论》，童世骏译，生活·读书·新知三联书店 2003 年版，第 453—454 页。

的"理论在场"和"现实存在"。

基于现有的理论分析，我们可以相应地概括出一些全球市民社会的基本特征，如"全球化的产物""跨越国家的国际联合"和"基于全球人民共同利益"等。全球市民社会的提出和发展顺应了经济全球化和政治多极化的发展趋势，为全人类憧憬的公正合理社会奠定了经济基础。全球市民社会是历史性范畴，其产生植根于世界市场的现实基础，既与以往一切市民社会具有类似的特征和功能，又具有自身独特的价值和形态。全球市民社会不受任何国家的控制或国际权威的垄断，而是基于平等、自愿的方式进行组织和开展行动，能够抵制强权政治和资本垄断的增殖逻辑，促使国际政治经济向更加开放的人类社会历史进程转型。

全球市民社会不是单个国家经济发展或者各个国家经济基础的简单相加，而是全球化和国际化的产物，其体现了不同国家、不同民族之间的交往融合，尤其不同国家或民族在经济层面的协同发展和纵向深化。人类命运共同体理念顺应人类历史发展潮流，在把握全球市民社会生成与发展逻辑的基础上，通过借助经济全球化的发展态势，推动自身在坚实的物质基础上充分展开。然而，全球市民社会的发展面临霸权主义、文化中心主义等诸多非理性因素的影响，旧资本主义体系的既得利益者企图固守和强化"中心—边缘"的国际关系格局，但他们根本不能代表世界各国和人民的利益。面对全球市场的既得利益者和现存的畸形国际秩序，要实现全球市民社会的充分发展，并在全球市民社会的经济基础上打造人类命运共同体具有较大的挑战性。但这也更加印证了人类命运共同体是应对不合理的国际格局、不公正的劳资关系、不完善的人类交往模式，内蕴建构性、科学性特质的理性化智识方案。全球市民社会的发展有助于新的全球善治秩序的形成和完善，形成人类命运共同体坚实的经济基础和经济能量。辩证审视并精确把握全球市民社会的现实存在样态,体现了构建人类命运共同体的全球发展理念,这一科学理念有利于在具体的构建实践中形成人类发展的共同目标和各民族国家协同共进、多领域共建的发展格局。

切实推行全球善治秩序是构建人类命运共同体的核心内容。"善治"概念最早可追溯至古希腊时期,近年来越来越被广泛地运用于国际社会的交往实践之中。有学者指出,"在政治意义上,善治要求国家应该实行法治,保障人权";"在行政意义上,善治要求政府提高效率,履行职责"[1]。无论是在何种意义上使用"善治"概念,无不表达了对实行法治、保障人权、维护社会公平正义的根本诉求,这也构成了"善治"合法性的来源。经济全球化的纵深发展推动了人类历史向世界历史转变的进程,拉开了全球治理的序幕。但与此同时,全球性的治理危机也日益暴露在世界人民面前。世界性的经济危机、生态危机与社会危机等对人类的生存现状敲响了警钟,人类命运的休戚与共、彼此相连意味着任何人在经济全球化浪潮的席卷之下都无法独善其身,寻求化解全球性治理危机的有效方案成为世界人民的共同期许。"每一次全球治理危机的爆发与应对,不仅是国际秩序变革的契机,也是构建新型国际关系的契机。"[2] 全球治理的当代困境主要表现为,其既受到旧的国际秩序和分工方式的影响,也受制于西方资本主义生产逻辑和体系化知识的制约。当全球治理内蕴的人类整体思维和共同利益观被消解时,多元主体在全球治理中平等对话的要求也将逐渐被凸显。旧世界秩序暴露出的问题以及应对治理危机的乏力呼吁人们必须构建新的治理秩序,以

---

① 姚大志:《善治与合法性》,《中国人民大学学报》2015 年第 1 期。

② 门洪华:《应对全球治理危机与变革的中国方略》,《中国社会科学》2017 年第 10 期。

化解全球性风险、破解现代性难题。

人类命运共同体理念是破解世界治理困境的中国方案。人类命运共同体理念揭示了国际交往的主体间性，是一种新型的建构性的世界观，旨在建立推促世界形成和平、发展、公平、正义、民主、自由的新世界秩序与治理体系，而这一新世界秩序与治理体系就是全球善治秩序。全球善治秩序的主要特征表现为不同行为主体之间相互依赖的协商和安排，这种密切的相关性和交互性在不同主体参与全球治理的过程中得以统合，而诸多主体国家之间的价值理念共识以潜移默化的方式冲击着现有秩序，促使全球治理体系和交往秩序的调整和转型。全球善治秩序是应对全球市民社会治理危机的智识策略，彰显了人的主体性地位，捍卫了主体权利的正当性与合法性，有利于坚持求同存异原则，对凝聚价值共识并敦促国际社会围绕全人类共同价值有序运转提供重要保障。

在全球市民社会及其经济格局日趋稳定的背景下，全球善治秩序正变得日益紧迫。面对席卷而来的现代性风险与全球治理危机，世界范围内的各类行为主体均开出了化解风险和治理危机的"药方"。部分西方学者提供的治理方案看似站在客观公正的立场上对现代性问题予以审视和评判，实则暗含着"西方中心主义"和"文化殖民主义"的险恶用心。这些方案不仅无益于治疗全球市民社会的"病症"，反而可能衍生出新的全球性危机。人类命运共同体理念作为克服全球治理危机的建构性方案，超越了"西方中心主义"统摄下的一元现代性叙事方式，打破了西方世界在全球治理体系与治理格局构建中的话语垄断，开辟了合作对话、兼收并蓄、兼容并包、开放和谐的危机治理模式。随着中国经济实力的跨越式发展与国际影响力的与日俱增，人类命运共同体内蕴的构建全球善治秩序的构想正被越来越多的国家、民族和地区所接受与认同。"善治实现过程是政治秩序从确立到不断优化最终走向和谐、良性、可扩展和自循环的过程……善治之道，不是恪守政治秩序不变，而是一个政治秩序和谐演进的过程。"[①] 全球善治之道，指向构筑全球治理主体的参与行为与治理价值相互融合的秩序。虽然现有的全球治理同样追求合理的秩序，但更多是从主客割裂的认识角度把握治理行为，未能解答全球治理的本质属性，而善治之道则将治理本身视为主客体融合共生的过程，有利于保证全球治理逻辑的透明化，能够促进全球治理规范的明晰。全球善治秩序的形成势必经历一个从初步确立到逐渐优化、不断完善的发展历程，而这一历程的完成需要世界人民的齐心同力、通力合作、携手共进，在紧密相连的命运共同体中共同擘画人类未来的光明蓝图。

全球善治秩序作为构建人类命运共同体的上层建筑，其形成和发展建立在全球市民社会的物质生产发展基础之上。恩格斯在1894年写给瓦尔特·博尔吉乌斯的信中指出："政治、法、哲学、宗教、文学、艺术等等的发展是以经济发展为基础的。但是，它们又都互相作用并对经济基础发生作用。这并不是说，只有经济状况才是原因，才是积极的，其余一切都不过是消极的结果，而是说，这是在归根到底不断为自己开辟道路的经济必然性的基础上的相互作用。"[②] 恩格斯对经济基础与上层建筑相互关系的分析，为如何处理全球市民社会和全球善治秩序的辩证关系提供了理论指引，指明构建人类命运共同体必须实现经济基础与上层建筑的辩证统一。

经济全球化推动了世界一体化的发展进程，促使人与人、国与

---

① 苏君阳：《善治理想与和谐政治秩序建构》，《北京社会科学》2019年第8期。

② 《马克思恩格斯文集》第10卷，人民出版社2009年版，第668页。

国之间的联系日益紧密，在加剧竞争的同时也推动了各世界主体开启全方位的合作关系。全球市民社会的形成催生了世界治理秩序的形成，而良好的世界治理秩序则为国与国之间的经济发展、文化交流、社会互助等提供价值规范与权益保障。全球善治秩序对"善治"原则的践行，能够消解中西文化之间的对话隔阂，打破南北经济交往的贸易壁垒，明确社会主体的权责范围，开启全世界范围内的普遍交流与平等合作。构建人类命运共同体需要推动经济基础与上层建筑的良性发展，在全球善治秩序的完善中促进全球经济平稳增长。

四、从资本主义现代化到社会主义现代化的理论超越

15 至 18 世纪，在相继经历了文艺复兴、科学革命和启蒙运动等一系列重大变革之后，西方国家陆续进入现代社会。尽管对现代化的内涵与外延、现代化的起始时间、现代化的标志、现代化与现代性的关系等问题学界始终争论不断，但可以肯定的是，以自由、理性为精神内核，以个人主义为基础，以财产私有、市场经济和代议制民主政治为标志的西方现代性宣扬了对古典时期、中世纪时期的生产方式、交往形式、精神气质、思维模式的告别。现代性呈现出强烈的时间意识，是古今的连续与断裂，是"不稳定的后轴心时代"平衡的终结[①]。现代性的时代特征呈现具有历史发展的过程性，全球现代性的实现过程能否导向其所期望的结果仍然具有不确定性。虽然现代性的价值对于人类社会发展具有重要意义，但现代性开启的"后轴心时代"并非各民族国家都需经过的必要阶段，全球

---

① 参见［加］查尔斯·泰勒：《世俗时代》，张容南等译，徐志跃、张容南审校，上海三联书店 2016 年版，第 169 页。

现代性理应对不同民族的文化与价值秉持包容性和开放性。

既然理性主义是启蒙的精神旗帜，那么与理性相对的"远古神话""巫术迷信""宗教愚昧"势必成为启蒙驱逐的对象；既然自由精神是启蒙的核心原则，那么一切附加在个体身上的教会特权、封建等级等外在强制力量，势必成为以"自由、平等、博爱"为价值理念的新兴资产阶级想要极力挣脱的束缚。在理性主义旗帜的照耀下，启蒙哲人培根率先喊出"知识就是力量"的口号，西方世界展开了一场旨在重新"发现自然"和"认识自然"的科学革命，这一科学革命从根本上改变了人类对世界的认知，在与技术进步合流的过程中极大提高了人类改造自然界的能力，进而也加速了人类控制自然的欲望和野心的膨胀。启蒙理性在瓦解封建神学的压制力量、破除教会专制和等级特权的过程中，还萌生出对现代性进行"自我理解""自我筹划"的潜能，积极筹划个体应有的存在方式、主体交往的自我约束机制和社会生活的伦理向度，在确保自身自由存在的同时，承认、尊重和维护"他者"的合法性、合理性、合目的性存在。通过重新谋划人类的经济秩序和政治制度，启蒙理性完成了其现代性的建构。

启蒙理性的这种"自我筹划"在初期仍然是软弱的，其在与资本主义运行逻辑相结合之后才真正得以"自我确证""自我巩固""自我膨胀"。人类在个体层面上自我意识的启蒙以现代社会商品等价交换的原则为导火索，主体的自我意识表现为人们将资本主义社会生产纳入普遍的理性准则之中。普遍的交换原则和价值成为启蒙现代性生成的基础，而资本主义社会生产在此过程中扮演商品积累者的角色，在资产阶级意识的支配下，剩余价值的生产被视为现代性进展的动力。在启蒙理性和资本逻辑相结合的机制下，科学革命带动了一系列的技术革新和产业变革，技术进步、现代工业和商品经济带来了经济的高速增长和空前的物质繁荣。现代城市的兴起，为人类展现了完全不同于中世纪封建庄园的生产方式、生活方式和生存场所；地理大发现以及随之而来的海外殖民扩张，促使早期资本主义快速完成资本的原始积累。世界市场的开拓使得殖民地半殖民地、开化半开化的民族地区成为西方资本主义的原料产地、商品倾销市场和资本输出场地。

经历数百年之久的"阵痛"之后，在英国工业革命和法国大革命的双重带动下，资本主义工业文明在西方世界诞生，英国历史学家艾瑞克·霍布斯鲍姆自豪地声称："发生在1789—1848年间的这种伟大革命，不仅仅是'工业'本身的巨大胜利，而且是资本主义工业的巨大胜利；不仅仅是一般意义上的自由和平等的巨大胜利，而且是中产阶级或资产阶级自由社会的大胜利；不仅仅是'现代经济'或'现代国家'的胜利，而且是世界上某个特定地域（欧洲部分地区和北美少数地方）内的经济和国家的巨大胜利。"① 这一"胜利"彻底解除了来自东方阿拉伯世界伊斯兰文明的威胁和挑战，历次十字军战争都未能完成的夙愿在商品和资本的攻城拔寨中得以完成，现代性也从西方的特殊性叙事发展为普遍性的意识形态，最终上升为统治性的话语霸权。

从资本主义现代化的历史进程来看，资本主义现代化似乎并没有全然兑现启蒙现代性的理想社会承诺。就启蒙理性自身的发展而言，伴随启蒙现代性具体化实践的展开，资本主义现代化越发呈现出异化、扭曲和变形。由于资本生产逻辑的二重特性以及由此产生的劳动生产与价值增殖的冲突，资本主义的现代化过程实

---

① [英] 艾瑞克·霍布斯鲍姆：《革命的年代：1789—1848》，王章辉等译，中信出版集团、中信出版社2017年版，第1页。

际上蕴含着人员之间社会关系的分裂以及人类文明持续性发展的断裂。资本主义现代化建立于资本与劳动的对立关系的基础之上，"在资本和劳动的关系中，交换价值和使用价值彼此发生这样的关系：一方（资本）首先作为交换价值同另一方相对立，而另一方（劳动）首先作为使用价值同资本相对立"①，在资本雇佣劳动的制度前提下，在资本追求剩余价值（更多的对象化劳动）过程中会形成对劳动的无止境的剥夺，资本主义生产方式具有天然的对抗性和矛盾性。

工具理性曾被韦伯视为推动资本主义发展的内生性因素，其在与资本联姻的过程中也越发呈现出片面化的发展趋势。作为发现自然、认识自然的"工具"，启蒙理性将人从人与自然的生命共同体中抽离出来为"自然立法"以及在世界之外为世界奠定逻辑规则的做法，在资本无限度地追求剩余价值的诱使下，彻底打开了人类企图占有自然、征服自然的"潘多拉盒子"；在科学技术和消费主义的驱动下，导致人类在生产活动中无节制地开采自然资源、无止境地破坏生态环境，最终超出自然生态环境本身的承载力而引发生态危机。工具理性及其技术的现实发展过程表征理性思维和原则在现代社会中的堕落，尽管理性批判成为审视现代社会的基本视域，但资产阶级理论家推动理性思维从政治经济学批判转向工具理性的批判层面，理性化的概念被凸显，但理性的内在批判维度被掩蔽。同时，资本无限度地追求剩余价值的本性，也为工具理性的自我扩张安装了驱动器。社会生活的基本内涵、要素乃至精神文化信仰等都必须经由"理性的法庭"进行审判与验证，人的一切价值被简化为经济价值，人的尊严被还原为交换价值，从而导致人生意义被搁置

---

① 《马克思恩格斯全集》第30卷，人民出版社1995年版，第224—225页。

和价值虚无主义的蔓延。

资本主义现代化在创造巨大成就的同时内蕴深刻的矛盾和危机，资本主义现代化具有"创造"和"破坏"的两面性。"当我们把目光从资产阶级文明的故乡转向殖民地的时候，资产阶级文明的极端伪善和它的野蛮本性就赤裸裸地呈现在我们面前，它在故乡还装出一副体面的样子，而在殖民地它就丝毫不加掩饰了。"① 面对西方现代化的全球性浪潮，正在经历现代化的非西方世界该如何选择？从历史的视角来看，三种选择摆在非西方世界面前。

一是出于对资本现代性潜在病症的恐惧和焦虑，直接放弃对现代化的追求、重返"前现代"社会，但这也意味着违背历史趋势，终止对现代化物质文明或制度文明的探索。尽管21世纪的人类文明和全球治理体系取得了长足进步，但是国际社会"丛林法则"的本质没有彻底改变，未经现代化发展的最终结果或是成为大国之间争相蚕食的目标，或是沦为某一现代化强国的附庸。

二是按照新自由主义的方案积极主动加入资本主义现代化的阵营，这一选择将遭遇两种可能：要么在尚且没有实现现代化之前，现代化就已经"胎死腹中"，因为西方资本主义现代化起步的初始条件，如资本主义精神与历史文化传统的联系、通过圈地运动和海外殖民所带来的资本原始积累等，非西方世界并不具备；要么在付出沉痛代价并充分发挥"后发优势"的前提下成功跨入现代化的大门，但需要承担资本现代性带来的一切苦难和矛盾冲突。

三是探索社会主义现代化的道路。社会主义现代化是一条新型现代化路径，其与浪漫主义、后现代主义的差异在于，决不放弃对现代化的追求，积极投身于现代化的洪流之中并创造现代化

---

① 《马克思恩格斯文集》第2卷，人民出版社2009年版，第690页。

的文明成果。社会主义现代化与新自由主义的不同之处在于，社会主义现代化承认现代性的基本价值理念，强调在追求现代化的过程中，对现代性的价值理念进行结构性调整，通过逐步扬弃资本主义现代化的生产方式和发展模式，消解和抑制资本主义现代化进程中的科学主义、消费主义、享乐主义和拜金主义等文化思潮，进而避免资本主义现代化主体性隐匿和工具理性滥觞的困境。社会主义现代化重视人类文明发展的整体性内涵，形成以经济交往为基础、其他领域协同并进的发展格局，促使现代化进入自身的合理性建构进程，超越由资本主义渗透并控制人类社会历史的运作路向。社会主义的现代化道路在理论上矫正了片面的现代性思维，在生活世界中具有现实可行性且已为世界发展的历史进程所证明。

基于唯物史观的理论视域，马克思在充分肯定资本主义现代化成就的同时，也对其产生的问题进行了诊断。早在《共产党宣言》中，马克思、恩格斯对资本主义产生和发展的历史展开分析，将当时就已经占据统治地位的现代性话语加以发生学考察与特殊性还原。马克思、恩格斯并没有全盘否定西方资本主义现代化的成就，而是通过把握资本主义现代化"过去—现在—将来"的时间性维度，站在历史的高度，对资本主义现代化历程给予客观公正的评价，强调资产阶级在历史上曾经发挥过重要作用，但资本主义现代化的创造性潜能也随着时间的推移正逐步耗尽。马克思、恩格斯从生产资料和交换手段两个基本因素来阐释现代资产阶级社会的形成，揭露了受到资本主义支配的现代化模式的固有矛盾。资本主义现代化为实现价值增殖而无偿占有劳动和生产资料，其在资本主义的再生产和积累中不断激化矛盾，内在地孕育了现实解放的潜能。马克思、恩格斯在生动刻画资本主义现代化逐渐走进"死胡同"的过程中，完成了对资本主义现代化"神话"的祛魅。

以资本逻辑批判为切入点，马克思对启蒙现代性进行了结构性、分层化的分析和处理，为中国式现代化的模式探索提供了思想启迪。人权、自由、平等、民主、博爱等价值理念是启蒙现代性的内核，社会主义现代化通过具体批判启蒙现代性的价值理念，斩断启蒙现代性的合理内核与资本逻辑的联姻，结合当今世界"互联网、大数据、云计算、量子卫星、人工智能迅猛发展，人类生活的关联前所未有，同时人类面临的全球性问题数量之多、规模之大、程度之深也前所未有。世界各国人民前途命运越来越紧密地联系在一起"①的客观实际，提出"全人类共同价值"。但是，在此过程中要时刻警惕西方将自身的价值理念进行全球推广。资本主义现代化积累的"物质内容"可以转化为社会主义现代化的物质基础。"不论财富的社会的形式如何，使用价值总是构成财富的物质的内容"②，在不同的历史时期，社会财富的"社会形式"尽管有所不同，但是使用价值来源于人民群众的实践创造和历史积淀，本身不具备意识形态属性。充分"占有资本主义制度所创造的一切积极的成果"③是社会主义现代化的物质基础和前提条件。

在马克思看来，启蒙现代性的"自我筹划"走进"死胡同"，不代表启蒙现代性的价值理念的潜能已经耗尽，也不意味着工具理性带来的一系列病症已经"无药可医"。我们没有必要像"告别古典、中世纪"那样"告别现代性"，而需要挖掘问题的真正根源，即启

---

① 习近平：《论坚持推动构建人类命运共同体》，中央文献出版社 2018 年版，第 509 页。

② 《马克思恩格斯文集》第 5 卷，人民出版社 2009 年版，第 49 页。

③ 《马克思恩格斯文集》第 3 卷，人民出版社 2009 年版，第 587 页。

蒙现代性的"自我筹划"依托的资本主义生产方式和资本逻辑运行机制。"资本一出现，就标志着社会生产过程的一个新时代"①，资本在这个"新时代"是主导一切的经济力量和社会权力。启蒙现代性与资本逻辑的联姻，导致人与自然、个体与共同体、个体与类、自由与平等的关系产生混乱、对立、矛盾和冲突。资本自我运动、自我增殖的主体性特征决定了必须将人从人与自然的生命共同体中抽离出来，从而实现占有自然、征服自然的目标。资本的增殖以对劳动的宰制为前提，资本的独立性以个人的独立性和个性的丧失为条件，政治解放允诺的普遍权利遭到私人利益的侵蚀，法律面前的人人平等被经济领域的不平等所取代，一部分人的自由以绝大部分人的不自由为代价。在马克思的理论叙事中，异化成为描述资本主义现代性的重要概念，被用以说明现代资产阶级社会的生产方式、组织原则与价值取向。在资本主义现代化中，人的生产劳动和生活方式被迫屈服于工具理性，导致了"单向度"的现代生活方式。资本追求剩余价值的目标决定了资本逐利与资本扩张的永恒性，资本使得原本展现人的丰富本质的一切社会关系沦为纯粹的金钱关系，使得作为人的生存方式和人的本质力量的"劳动"退化为谋生的手段，而走向片面化或异化状态。

社会主义现代化对资本主义现代化的超越是历史的必然。社会主义现代化通过改变资本主义现代化的"社会形式"，彻底切断启蒙现代性与资本逻辑的关联，全面开启对启蒙现代性的救赎之路。社会主义发展与现代化建设的有机统一，既要认识现代化建设的规律，也要把握社会主义发展的规律，在这一点上苏联社会主义在发展中曾经有过深刻的历史教训。

---

① 《马克思恩格斯文集》第 5 卷，人民出版社 2009 年版，第 198 页。

　　恩格斯曾对落后国家可以直接过渡到社会主义的空想计划进行激烈批判，在《论俄国社会问题》一文中，他指出，"俄国农民无须经过资产阶级的小块土地所有制的中间阶段。然而这只有在下述情况下才会发生，即西欧在这种公社所有制彻底解体以前就胜利地完成无产阶级革命并给俄国农民提供实现这种过渡的必要条件"①。马克思、恩格斯在与俄国民粹主义者的交流中反复强调：俄国跨越资本主义的"卡夫丁峡谷"过渡到社会主义社会的可能性是存在的，但其所需的前提条件又是极为苛刻的。从俄国国内条件来看，必须发生俄国革命来推翻沙皇专制统治，从根本上遏制俄国农村公社的解体趋势，使俄国农村公社成为俄国社会新生的"支点"，成为共产主义发展的"起点"。从外部条件来看，在西方资本主义充分发展和资本主义陷入全面危机的情况下，通过俄国革命带动西方无产阶级革命。在西方共产主义榜样带动和政治经济的积极援助下，俄国只有通过充分吸收西方资本主义的一切文明成果，才能绕过资本主义的发展阶段过渡到社会主义社会。若要回答封建农奴制消亡后"人类社会何去何从"的问题，需要探索自身是否具备资本主义发展的条件及现实可能性。由于市场问题的现实矛盾，马克思否定了俄国走资本主义道路的可能，深刻认识到俄国当时资本主义历史的暂时性和阶段性，高度把握从资本主义发掘促进社会主义发展力量的必要性。可见，资本主义的发展阶段可以跨越，但是资本主义的文明成果又是俄国以及其他落后国家走向社会主义社会必备的前提条件。

　　社会主义现代化必须协调处理好"劳动逻辑—权力逻辑—资本逻辑"三者之间各自的边界与相互关系。回到劳动寻求解放的逻

---

　　① 《马克思恩格斯文集》第3卷，人民出版社2009年版，第399页。

辑是社会主义的重要特征，马克思的社会发展理论中的"劳动逻辑"关乎人在物质生产生活领域获取解放的条件和途径。如果"劳动逻辑"关系处于混乱状态便会导致社会主义属性的丧失，但是"劳动逻辑"无条件过度伸张，也会使国家陷入拉美民粹主义的陷阱，即福利主义的陷阱。当前社会主义国家均不是处于"无阶级"的社会或"国家走向消亡"的社会状态之下，权力仍然是维持社会秩序的基本保障，权力的"缺位"会引发无政府主义的混乱，但权力的"越位"也会诱发诸多弊病，例如社会的自由空间被压缩致使社会活力丧失，或权力进入市场导致"权力资本化"和"资本权力化"，从而滋生腐败。当前社会主义国家的现代化起步晚、起点低，资本仍然是推动社会生产力发展的重要力量，资本的"缺位"只会导致"特卡乔夫式的空想社会主义"①，但是资本一旦无序扩张不仅会由于资本进入与人民生活息息相关的民生领域，造成对人民生活的干扰，也可能导致资本介入政府权力部门，引发不正当竞争及其后果。因而，资本的运行必须结合本国的实际状况，在动态的发展过程中平衡劳动、权力和资本之间的关系，要以人民的监督迫使权力在阳光下运行，约束资本的经营；要以权力来合理引导人民，规范资本经营；要让劳动和资本的活力竞相迸发，带动社会生产力发展。

经过长期的艰辛探索，社会主义中国有效协调了权力逻辑、资本逻辑、劳动逻辑三者之间的关系，成功解决了自身现代化发展的难题，创造了中国式现代化，开创了人类文明新形态。中国式

---

① 特卡乔夫认为，正是因为俄国没有经过资本主义的充分发展，资产阶级力量弱小，农民的革命性强，比起西欧，俄国更容易进入社会主义（参见张静：《彼·特卡乔夫致弗·恩格斯的公开信》，《当代世界社会主义问题》2014 年第 3 期）。

现代化是新型的社会主义现代化模式，是世界社会主义现代化模式的"中国样本"。社会主义现代化道路的探索表明，只有重构对资本主义现代性批判的社会历史基础，才能发展人类社会历史指向命运与共的内在生存论维度，在此基础上才能够进一步推进对当代全球现代化发展的探索，在克服资本主义现代化的异化形式中发掘与人类文明新形态相适应的解放潜力。社会主义现代化应不断规制资本逻辑，进而超越资本逻辑，构建人与自然之间共生的生命共同体、人与人之间和谐的社会共同体和国家与国家之间融合的命运共同体，最终迈向马克思所预言的"真正的共同体"和"自由人联合体"。

第二节　历史反思：全球化时代的资本主义危机

马克思、恩格斯揭示了资本主义终将消亡的历史宿命。然而，一个多世纪以来资本主义世界市场的深拓、新技术革命的广泛延伸以及资本等生产要素的全球流动，驱使所有文明或野蛮的地域、种族与国家的"生产和消费都成为世界性的了"[①]。原本局部性的民族文明史逐渐融入整体性的世界文明史，封闭的区域经济体跃进为开放的世界经济体，原子式存在的个人愈来愈依附于合作式和整体性的"行动联合体"，这些迹象都显示出经济全球化进程中资本主义因素的领导力和生命力。现今我们究竟该如何理解和回答"资本主义生产方式为什么能够经久不衰"这个老问题，进而在人类命运系

[①]　《马克思恩格斯文集》第 2 卷，人民出版社 2009 年版，第 35 页。

于一体、共同发展的"全球化时代"①，以及在两种主流社会制度并存的时空内，重新找到一种"使现存世界革命化"的可能性道路？马克思的共同体思想为人类社会发展的前途命运指明了方向，展示了从"市民社会"到"人类社会"、从"虚假的共同体"到"自由人联合体"的光明历史前景，表明各民族自身生产力发展状况和

① 学界一直对"全球化"的概念、本质等问题存在分歧，尚未达成统一共识，但随着论争的深入其内涵与特征越发显现。国外学者吉登斯认为，全球化"就是相互依赖，生活在全球化的世界里就意味着生活在一个互相依赖的世界里，在世界某个角落所发生的事件可以直接影响到世界的任何地方"（参见［英］安东尼·吉登斯著、郭忠华编：《全球时代的民族国家：吉登斯讲演录》，江苏人民出版社 2012 年版，第 173 页）。学者鲍曼指出，全球化作为一种"结果"具有双重性，即或是"幸福的源泉"，抑或是"悲惨的祸根"。总之，它"是世界不可逃脱的命运，是无法逆转的过程"（参见［英］齐格蒙特·鲍曼：《全球化——人类的后果》，郭国良、徐建华译，商务印书馆 2001 年版，"绪论"第 1 页）。赫尔德等学者则将全球化定义为社会关系和交易的空间组织变革的过程，并根据它们的广度、强度、速度以及影响来加以衡量，由此产生了跨大陆或者区域间的流动以及活动、交往以及权力实施的网络（参见［英］戴维·赫尔德等：《全球大变革：全球化时代的政治、经济与文化》，杨雪冬等译，社会科学文献出版社 2001 年版，第 22 页）。国内有论者认为"全球化是一个与西方主导的现代化同步或者'西化'的过程"，这一过程充斥着西方资本主义生产方式支配世界的霸权行径，渗透着资本主义的意识形态与西方化统治色彩，即全球化实质上就是资本主义主导的现代化进程。因此，"资本主义的复杂历史命运是'成也全球化，败也全球化'"（参见徐艳玲：《全球化、反全球化思潮与社会主义》，山东人民出版社 2005 年版，"序言"第 3 页）。也有学者指出，"全球化"作为一种客观的历史进程，"是一个充满着内在矛盾的过程，既包含一体化的趋势又包含分裂化的倾向，既有单一化又有多样化"（参见丰子义、杨学功、仰海峰：《全球化的理论与实践：一种马克思主义的视角》，江苏人民出版社 2017 年版，"作者的话"第 5 页）。"全球化"作为一个复合性概念，是一种动态的整体发展过程。这一过程是生产力与生产关系共同作用的"自然历史演进过程"，也是资产阶级形塑自身与统领世界的"自发自为过程"。需要指明的是，全球化的主要表征是经济全球化，同时延伸至政治、文化、社会等领域的全球性维度与意蕴是其题中应有之义。

交往需求影响共同体的构筑。与此同时，共同体的构建程度反过来塑造不同民族内部的发展方式，为我们把握现代社会的发展规律与人类历史未来前进方向的统一性提供了依据。构建人类命运共同体是中国立足历史唯物主义的理论视域、世界历史的宏大背景以及经济全球化的进程，提出的一项具有人类文明高度和现实需要的重大命题，是当代中国马克思主义的一项全球性的"顶层设计"与理论创想。人类命运共同体理念辩证扬弃了经济全球化境遇下的资本主义悖论性发展的价值理念与实践方式，并在充分检审资本主义世界性经济危机、治理危机和文化危机等诸多问题的过程中，反思资本的全球性扩张与全球经济发展失衡的内在统一性、霸权主义威胁与全球治理失序的逻辑一致性以及西方"文化中心主义"与文化殖民渗透的历史关联性，能够加深对资本主义危机的本质性认识。人类命运共同体理念为铺展经济全球化时代的世界历史图景、解蔽资本主义经济全球化所构建的世界体系与秩序本质，进而探索出一种有别于资本主义发展的思维方式与实践模式提供了可能性，是对人类的整体发展与命运抉择的理论回应与现实策略。

一、经济危机：资本逻辑的扩张与全球发展的失衡

在马克思所生活的时代，启蒙和资本已然成为资产阶级开辟世界历史的精神支柱与实践武器，它摧毁了一切异己的思想文化力量，将"蛮荒"之地纳入现代体系之中。正如马克思、恩格斯在《共产党宣言》中鞭辟入里地指出，资产阶级改进了生产工具，试图在全球范围内推广和采用资产阶级的生产方式，将物质与精神的生产逐渐裹挟至全球化的发展旋涡之中，同时推行所谓的西方现代文明，并按照自己的"模样"为自己锻造出了一个新

世界。① 然而，新世界的雏形尚未建构完成，资本主义大厦的根基就已出现了裂痕。在 19 世纪的上半叶，西方资本主义国家就已经频繁爆发了颇为复杂严峻的经济危机，而每一次"经济风暴"都不同程度地殃及并席卷整个资本主义世界，最后导致发展为全球性经济危机。由于资本逻辑的扩张，资本主义经济危机引发了全球发展的不平衡。从规模上看，资本主义生产方式的扩张促使经济危机的范围不断延伸，从一国波及多国、从区域扩散到全球；从频率上看，随着资本流通速度的提升，经济危机发生的频率显著增加、时间间隔逐渐缩短、危害程度日益加深，逐渐显现出周期性、互通性和复杂化的发展特征。资本主义经济危机的大规模和高频率爆发，导致全球社会发展越发不平衡。马克思在扬弃英国古典政治经济学的基础上，批判现存的经济生产方式，并建构未来社会的发展图式，他对西方资本主义发展的一般规律和经济危机的症结展开深入剖析，揭示出西方社会的经济危机并非资本主义发展过程中的"偶然现象"，而是资本主义基本矛盾运动的"必然结果"。

　　资本主义制度是孕育世界性经济危机的"天然温床"，而经济危机则是资本主义发展到一定阶段而定期滋生的"恶性毒瘤"，考察资本主义经济危机不能仅仅停留于某个特定国家或区域，也不能囿于现实的生产力水平与阶级统治的束缚进行隔靴搔痒式的形式化"诊断"，因为资产阶级连同资本主义一出现就使得"过去那种地方的和民族的自给自足和闭关自守状态，被各民族的各方面的互相往来和各方面的互相依赖所代替了"②。资本主义本身就具有世界历史性意

---

① 参见《马克思恩格斯文集》第 2 卷，人民出版社 2009 年版，第 35—36 页。

② 《马克思恩格斯文集》第 2 卷，人民出版社 2009 年版，第 35 页。

义，作为一种全球性的客观存在，其一出场就挣脱了狭隘的、地域性的观念束缚，并日益肢解民族文化的片面性与区域交往的局限性。资本主义基本矛盾在自身之内无法解决，只能在世界历史进程中通过对其他国家的制裁得以缓解，加上全球范围内不同民族生产力和交换关系的对抗性行为，全面的经济危机不可避免地爆发并反复演化，推动与全球生产力发展相适应的生产方式和交往过程不断重整。因而审视与把握资本主义的经济危机问题，理应将其放置于"世界历史"与"全球视域"的分析框架，进而对资本主义萌生、衍化与转型发展的历史过程进行病理学上的解剖，进一步厘清资产阶级与资本积累的关系、资本发展与经济危机的关系以及资本扩张与全球经济发展失衡的关系，从而揭示与批判资本本身的内在性质与固有的成长逻辑，廓清资本主义周期性经济危机发生的历史迷雾。

从理论维度看，在马克思以前的西方学者从未停止对资本主义经济危机的现象解密与溯源研究，但始终未能从根本上找到一剂消除资本主义痼疾的良药。西斯蒙第等人较早关注和分析了资本主义经济危机问题，指出人们的有效需求与商品的供应之间会产生矛盾并出现生产过剩的现象，致使经济危机爆发，亚当·斯密同样将资本主义经济危机问题归结为一般的生产过剩问题。但他们只是从危机的表象进行片面性论述，却未从本质上解析经济危机背后的根源。马克思切中肯綮地指出，危机的发生看似是荒唐的生产过剩的"社会瘟疫"，实质上是由于"资产阶级的所有制关系，这个曾经仿佛用法术创造了如此庞大的生产资料和交换手段的现代资产阶级社会，现在像一个魔法师一样不能再支配自己用法术呼唤出来的魔鬼了"[①]。"魔鬼"指涉的就是资本主义经济

---

① 《马克思恩格斯文集》第 2 卷，人民出版社 2009 年版，第 37 页。

危机，而"魔鬼"存活谋生的方式需要依附于"资本逻辑"，即资本主义制度中以资本扩张与增殖为旨归，以生产、交换原则为支配手段和动力体系的现代生产关系，其运动轨迹遵循一定的发展规律。

马克思肯定了资产阶级改变世界的历史伟力、开掘巨大生产力的物质潜能以及资本推进生产力发展的文明效应，他指出，与前资本主义的生产形式相比较，资本"吮吸活劳动"的剥削条件与攫取剩余价值的运行方式，都很大程度上推动了生产力与生产关系的发展以及提升各种生产要素的创造能力。同时他更有力地揭示了资本无限扩张的本性，即资本将增殖自身与创造剩余价值作为生活的本能，不断开掘、拓展、释放可以同化、侵蚀、操控一切的力量。资本逻辑在全球扩张的过程中既吞噬现存世界，又混淆和替换所有人的本质性与一切事物的普遍性，具有使世界同质化和颠倒世界的"魔力"。全球范围内的社会运动形式演变在根本上受到资本的统治，其遵循着资本生产的逻辑。世界历史的运行在资本的支配下呈现出对剩余价值生产的追求倾向，一定程度上增强了大国对世界发展的掌控能力，削弱了与社会正义相一致的历史发展规律的作用。这种抽象统治的魔力使得一切固定的社会结构都不复存在，连同所有神圣的东西都被虚无化了，由此人类发展的公平正义原则也被悬搁、被践踏，由此全球的经济发展随之进入了"西方凌驾于东方"的长期失衡状态。

从原始积累看，资本主义"发家史"是资本逻辑无限逐利的历史，其采用征服、奴役、劫掠等手段进行无止境的扩张运动。马克思指出："资本一方面要力求摧毁交往即交换的一切地方限制，征服整个地球作为它的市场，另一方面，它又力求用时间去消灭空间，就是说，把商品从一个地方转移到另一个地方所花费的时间缩减到最低限度。"① 资本的扩张与增殖本性尽管驱动和贯通了商品流通的世界市场，促进了生产和消费资料的全球流动以及人类普遍交往的形成，但是资本如嗜血鬼一般善于伪装自己狰狞的面孔，它一旦碰触"活劳动"就原形毕露，浸满"血和肮脏的东西"。在资本原始积累的过程中西方与东方世界完全处于发展失衡的不平等状态：资本主义国家长期开展大规模的商业性贩卖黑奴、掠夺殖民地金银矿藏、坑杀土著居民以及血腥争夺原料生产地等活动，他们在全球范围内不断扩张商业利润角逐的战场，或直接暴力掠夺他国财富，或通过商品生产、销售与消费市场的全球性垄断以谋取自身的发展，资本的"发家手段"依靠在全球范围内疯狂掠夺与殖民剥削。

随着资本的全球扩张与资本主义工业化的渗透，资产阶级为了获取更多的利润，不断推动对生产工具、生产关系等的改造和革新，生产的不断变革，一切社会状况的变化，"这就是资产阶级时代不同于过去一切时代的地方"②。在资本逻辑的驱使下，世界历史发生巨大转变，一切传统的社会结构逐渐解体，国家与国家之间的发展愈来愈呈现两极分化的趋势，西方少数国家成为资本财富集聚的"中心地带"，世界多数国家被强制卷入资本主义文明的泥潭，进而沦为被欺凌、打压的"附属国"。资本主义经济全球化所建构的世界秩序及其全球治理体系，已经完全背离了启蒙时代以来人类孜孜追求的以人为主体的"真正的共同体"发展道路。资本逻辑在与经济全球化的合谋中使得劳动力与生产资料的结合方式与条件发生了变化，不同国家在资本主义支配的全球化进程中以经济行为的交往形式展开斗争，劳动者的阶级意识被资本主义的国家机器和意

---

① 《马克思恩格斯文集》第 8 卷，人民出版社 2009 年版，第 169 页。
② 《马克思恩格斯文集》第 2 卷，人民出版社 2009 年版，第 34 页。

识形态所掌控，很大程度上加剧了劳动者的生存困境及其相互之间的矛盾。从资本主义发展的整体历史来看，在资本逻辑主导下的社会虽然迅速得到了发展，但也产生了阶级压迫和发展失衡等一系列问题。

近代以来的世界，经济全球化发展呈现严重不平衡的格局，即"中心国在全球化的过程中得到的是更多的利益，而卫星国则在追求利益的过程中付出的是更大的代价"①。资本逻辑对世界历史发展支配情势愈演愈烈，全球化的发展与安全之间严重失衡，而发展的不平衡成为失衡和不稳定的关键所在。鉴于利益的均衡需要建立在合作协调的发展基础之上，因此，长期为资本生产逻辑所主导的全球化发展形势必须得到调整和变革。基于历史维度的梳理不难发现，在共时态的世界历史中出现的全球经济发展失衡现象具有深远的历史根源。

从现实状况看，随着世界多极化、经济全球化、信息社会化的交互发展与层层渗透，资本主义也随之发生了一些新变化。一是生产资料所有制从私人资本所有制转向国家资本所有制，但这并不意味着生产资料所有制脱离了资本主义形式，相反，其仍然体现着资本家与雇佣劳动者之间剥削与被剥削关系；二是推行缓和劳资关系的激励政策和社会福利制度以淡化阶级矛盾，然而这些新措施无法彻底解决生产的社会化、全球化趋势与生产资料私人占有之间的现实矛盾；三是经济调节机制的运行和经济危机形态的变化，即第二次世界大战之后，多数资本主义国家为应对经济危机协调发挥政府职能与市场机制主导之间的关系，但在 20 世纪下半叶之后西方新

---

① 丰子义：《马克思现代性思想的当代解读》，《中国社会科学》2005 年第 4 期。

自由主义思潮的狂飙猛进，很大程度上造成了市场功能作用的提升和强化以及政府相关职能的滞后和弱化。尽管频发的金融危机呈现出新特点，但依旧未能摆脱资本主义生产方式的固有窠臼，致使全球社会长期处于周期性危机与结构性危机交错爆发的阶段。尤其从2008 年美国次贷危机引发的全球金融危机以来，世界经济发展陷入"滞胀"状态，全球经济的持续低迷、发展动力的严重不足以及贸易保护主义的甚嚣尘上，不断加剧全球性的两极分化并激化区域性发展不平衡、不充分的矛盾。

资本主义从产业垄断转向金融垄断以及国家垄断发展为全球垄断，生产、金融、贸易、技术等领域相继实现了更大规模的经济全球化发展，然而资本主义与生俱来的基本矛盾、私有制问题以及固有的阶级矛盾并没有得到根本性的消弭，其只是在资产阶级协调和完善生产力与生产关系、经济基础与上层建筑这两大关系的过程中可能被遮蔽。因为在这个过程中资本主义开始灵活采取"和平手段"占据国际市场份额，推行"福利制度"以弥合资本家与雇佣劳动者之间的裂痕，以及调整分配政策、完善分配制度以改善劳动者丧失生产资料的异化状态。实际上，"生产的国际化与资本的全球霸权之间的矛盾，实则是生产社会化与资本的扩张本性以及生产资料私人占有制在全球范围内矛盾展开的进一步深化"①。资本主义看似合理地在世界范围内"吮吸活劳动"和巧妙地获取剩余价值，妄图重新高擎文明时代的"火炬"，却难以捕捉到维持资产阶级生存和统治的"曙光"。资本自身的增殖与扩张本性生产了它的掘墓人，从而使得国内贫富差距、国与国之间的发展失衡问题越发明晰与

---

① 吕世荣：《马克思经济全球化思想的哲学阐释逻辑》，《中国社会科学》2015 年第 4 期。

凸显。

在这场由资本主义主导的经济全球化历史进程中，资本无节制的扩张本性被局限在资本主义内在矛盾的历史规定之中，其自身塑造的全球经济体系与政治格局反倒成为禁锢自身的牢笼。在这一意义上，重构国际政治经济体系与秩序必然要合理规训、牵导资本逻辑，在汲取资本主义所创造的所有肯定成就与文明成果的基础上，驱使我们借助"资本本身来消灭资本"，进而阻止资本逻辑对全球发展逻辑"进行附魅的资本权力化和权力资本化趋势"以及规避"资本逻辑所导致的现代性危机"①。由资本逻辑主导的经济全球化虽然导致了发展的不平衡和人类生存困境等危机，但经济全球化客观上仍然是世界历史发展的必然趋势，全球生产力的发展和集聚依然是人类社会形态更替的基本动力。因而，不同国家在完善自身市场发展体制的同时，需要注重发掘内在需要的潜力，致力于构建更加公平正义的国际秩序和开放环境，真正使得经济全球化成为保障人类命运与共和各国共同发展的推进器。当然，消解资本主义经济危机依旧要诉诸资本主义私有制的变革和制度形态的更替，唯有这样才能根本扭转全球经济发展失衡的局面，最终真正裨益于全球性公平正义。

从发展趋势看，资本主义的危机与落寞"已经以一种潜在的方式、已经作为一种潜能或秘密，包含着在后来的发展中随处可见的倒退的萌芽了"②。在资本主义制度形成与资本主义生产方式运行的过程中，劳动者与劳动条件之间逐渐走向分离状态，劳动者与其所生产的劳动产品相异化，工人的劳动产品成为资本家的私人占有

---

① 陈进华：《治理体系现代化的国家逻辑》，《中国社会科学》2019年第5期。

② 吴晓明：《现代性批判与"启蒙的辩证法"》，《求是学刊》2004年第4期。

物，进而导致劳动者沦为"劳动贫民"甚至"赤贫者"，由此贫困的发生率、增长速率以及扩展规模远高于社会财富的同期增长。资产阶级归根到底无法把自身阶级的生存条件充当为维持社会健康发展的物质力量，无法保障广大劳苦大众的切身利益，反倒在生产力与生产关系不相适应的相互抵牾中锻造了摧毁自身社会根基与发展基础的利器。正如马克思在《资本论》中的科学预见："资本的垄断成了与这种垄断一起并在这种垄断之下繁盛起来的生产方式的桎梏。生产资料的集中和劳动的社会化，达到了同它们的资本主义外壳不能相容的地步。"[①] 资本作为一种抽象的"病毒"一旦融入现存的社会关系就会产生巨大的摧毁力与破坏性[②]，这种颠覆性的异己力量足以撼动原有社会制度的根基。资本既为各个民族和国家带来"文明的希冀"，也带来"野蛮的灾难"。然而，资本在发展自身的同时也孕育着否定和瓦解自身的因素，马克思正确认识到资本主义的基本矛盾，并科学预示资本主义经济危机的历史性特征，揭示出资本主义生产方式促使劳动生产发展与利润下降的必然规律。资本主义的基本矛盾和经济危机成为其发展不可避免的现象，在此过程中引发的自由竞争和对抗状态，表征着人类共同意识的涣散和文明的冲突。

马克思对资本逻辑与资本主义危机展开了辩证分析与全面批判，指出资本主义的全球化发展严重缺失了公平正义原则和全人类共同价值理念，由资产阶级支配的资本主义全球化必将走向"失控""崩溃"甚至"破产"，并提出在强化"人类意识""全球意识"的世界历史高度上建构普遍交往、共同发展的新制度形态与"真正

---

① 《马克思恩格斯文集》第 5 卷，人民出版社 2009 年版，第 874 页。

② 参见 [美] J. K. 吉布森—格雷汉姆：《资本主义的终结：关于政治经济学的女性主义批判》，陈冬生译，社会科学文献出版社 2002 年版，第 179 页。

的共同体"的未来图景，竭力为人类文明发展提供新方案与创造新福祉。走向"真正的共同体"作为马克思的理论构想，其伴随社会历史的发展越发显示出科学性和真理性，并亟须寻找到合理的现实载体和实施方案。

人类若要超越资本主义全球化所建构的世界秩序，摆脱其意识形态的蒙蔽与束缚，就不能无批判地接受、分享全球资本主义体系的诸多预设前提，而应该不断地迫使自身去迎接某种理论构想的挑战，这种挑战立足一种全新的思维方式和实践形态。当今时代在资本主义意识形态的灌输和蒙蔽之下，逐渐形成了将资本主义永恒化的日常意识，以至排斥探索一套更符合人类发展的世界秩序及全球治理体系的主张。在资本主义所制造的假象世界里，资本被赋予自由的意识形态话语权的属性，将经济全球化的演进窄化为自由市场交换的平台，且将资本设定的交换规则粉饰为个体自主选择的结果，人们日渐被全球资本主义体系生产的意识形态所蒙蔽、束缚和奴役却难以自觉地冲破，这些意识形态似乎裹挟着不证自明的"正当性"。中国共产党在对人类社会历史发展规律的深刻洞察和对国际社会"两种制度"的现实把握中，顺应时代潮流提出构建人类命运共同体的探索，使得"真正的共同体"理论在现实社会中获得建构性的发展。"真正的共同体"与人类命运共同体在世界历史的时空中实现了理想性与现实性的有机衔接，在人类文明发展进程中凸显了理论解释力与建构性的内在统一，在"全球发展"与"人类解放"的双重主题中达到了时代精神的互通契合。

构建人类命运共同体有利于高质量提升人类社会的共同性水平、扩大全球发展利益交汇点以及共同应对全球性经济危机。作为走向"真正的共同体"的实践方案，构建人类命运共同体着力于实现国家的交往与人类共同发展的联合，维护每个国家的参与权利，并将共同义务贯彻到每一参与主体，促使共同体成员将谋取自身正当利益与谋求全人类共同利益的意识相结合，进而为指导人类在追求自身利益的同时合理化解生存危机与挑战提供方法智慧。构建人类命运共同体不能被简单理解为一种淡化阶级矛盾、抛却人类解放革命任务的"妥协性方案"，其作为一种"包容性方案"，强调在经济全球化的世界历史阶段始终秉持"人类社会"的哲学立场，旨在渐进地变革不合理的国际政治经济秩序，回应全球协同发展的共时性利益诉求，从而逐步扭转和改变在资本主义经济全球化浪潮中文明"我者"和"他者"共同被"西方化"的命运，真正实现共同体的共建、共享与共治。

二、治理危机：霸权主义的威胁与世界秩序的失序

资本主义生产方式在导致经济危机的同时也诱发了国际秩序层面的诸多矛盾，在剖析与分解经济危机之后，需要进一步探究公共性的"治理""危机""秩序"等一系列现实问题。马克思以历史性视角考察了资本主义的发展历程，极力批判资本主义制度及其产生的现代性危机，并指明人类命运的历史走向。产生于现代化进程中的"全球治理""人类发展"和"未来趋向"等理论议题没有脱离马克思探索人类解放的问题域，仍然处于马克思关于"世界历史"的叙事结构之中。

何谓"治理"？全球治理问题为什么会引发人类社会的生存危机？全球治理处于一个怎样的世界秩序之中？霸权主义与国际秩序之间究竟有何种勾连？原有的世界秩序是否依旧对全球治理的开展与运行发挥长足作用？要对这些问题进行回答，我们首先需要辩证地厘清"治理"与"全球化"之间的亲缘性关系。

　　"治理"源于古拉丁语、古希腊语中的"操舵",即指控制、指导或操纵之意。① 而在中国典籍中"治理"常与"统治"相联系,包含"治国""理政"等意蕴。在与"世界历史""全球化"等概念产生联系之后,"治理"在空间上已经跨越民族、国家的范畴与界限,逐渐从单个国家走向整个世界,从局部的、某一领域转向为整体的、全面的综合系统;在时间维度上囊括了人类历时态与共时态的交错问题,使得各国的国内治理与全球治理产生了同频共振的"熔炉效应",即国家治理有序将直接正向影响全球治理的整体效果,全球治理失序或无序将致使国家治理陷入孤立困境。针对全球治理的失序及其相关性危机,自由主义者从人性的角度提倡不同国家之间通过合作以提高相互依存的程度,最终突破相互之间的生存困境;而建构主义者则重视探索重构人类文明和社会观念的途径,主张国家间交往与合作关系的多样化。然而,无论是自由主义,还是建构主义,都没有认识到全球危机的共通性和化解危机的共同性。整个人类社会置于一个盘根错节的"失控的全球化"之中,遭受气候变化、资源短缺、环境污染、地缘政治危机、军事冲突、恐怖袭击、网络安全等一系列全球性问题,这意味着任何一个国家或区域都无法规避各类全球性问题的挑战而独善其身,各国在经济全球化与风险全球化并存的时空里,更加呈现出安危与共、荣损相依、斗则两败、合则共赢的命运共同体样态。

　　全球治理与全球化发展过程相伴而生,由资本主义所主导的经济全球化必然催生资本主义的全球治理模式。在经济全球化的

---

　　① 参见〔美〕鲍勃·杰索普:《治理的兴起及其失败的风险:以经济发展为例》,漆燕译,《国际社会科学杂志(中文版)》2019 年第 3 期。

历史过程中，原本隶属于一国的人口、粮食、环境、债务以及失业等诸多问题凭借经济全球化的高速运转而不断涌现新问题、滋生新危机，并产生更具破坏力的新风险。"较多的相互依赖，上至全球化的独立系统，意味着在作为一个整体而影响到那些系统的不幸事件，在发生时就会有更大的易受伤害性"①，也意味着全球治理的后续影响与潜在后果存在较大的偶然性与不可预测性。面对全球公共性问题和"以风险为主题和特征的全球风险社会形态"②，国家与国家之间、国家与国际社会之间理应在协商对话、平等合作的基础上建构规避风险的全球性机制与解除全球性治理危机的命运共同体，从而实现人类种族的延续和人类文明的延续。人类社会理应在主权国家的框架下改变现行全球经济发展方式与国际政治秩序规则，秉持和平发展与合作共赢的全人类共同价值理念，不断强化不同文明集团的交流合作以化解全球公共性问题。正如美国学者詹姆斯·罗西瑙所说："今天在全球范围并不缺乏治理。然而，在世界的不同方面，不同的问题领域中，治理形成了不同的结构，这导致了多种形式治理的存在。"③全球治理虽然由西方发达资本主义国家主导，但其在摆脱霸权治理的情况下依然能够存在，为打破霸权治理之后的国际社会合作和全球治理奠定基础。

尽管不同国家在治理机制与思维方式上存在实质性差别，但不同国家在国际社会中可以通过多元的治理方式和平等的交流态度缓

① ［英］安东尼·吉登斯:《现代性与自我认同》，赵旭东、方文译，生活·读书·新知三联书店 1998 年版，第 157 页。

② 范如国:《"全球风险社会"治理:复杂性范式与中国参与》，《中国社会科学》2017 年第 2 期。

③ 转引自郭长刚主编:《全球学评论》第二卷，商务印书馆 2015 年版，第 53 页。

解甚至消除人类的生存困境与发展危机。既然全球性问题是能够治理的，世界理应是有序的，为什么还会出现全球治理危机？"全球性问题"究竟是不是诱发治理危机的主因，抑或"全球治理失灵"才是滋长和加剧治理危机的根源呢？进一步追问，全球治理危机是不是诸多西方发达国家"集体不负责任"地搁置全球性问题或者采取以邻为壑、转嫁危机的结果？到底谁是全球治理秩序的"策划者"与治理危机幕后的"掌舵人"？直面这些关于全球治理的根本性问题，我们需要给予应有的正义性关涉与批判性检审。

21世纪是在经济全球化背景下拥有诸多可能性的世纪，人类社会要么团结起来共同扭转全球性治理危机，要么在征服世界的迷醉中陷入自食苦果的恶性循环。人类在面对自然中处于主体性地位，但人类需要面对各种矛盾。处在商品、货币以及资本拜物教叠加的阶段，人类深陷于资本主义现代性危机的泥淖，人的本质被物的依赖性所侵蚀。除了满足自身衣食住行用的基本需要之外，人俨然变成了"经济动物"，人类社会演化成"物质社会"，国家之间也因利而争、因利而斗，以致个人、团体与国家可能比任何时代都更关注自身"膨胀的欲望"和"疯长的银行账户"。

当今时代是前现代性、现代性与后现代性危机交织缠绕的时代，人类社会必须共同参与并解决全球性、公共性问题，把个体利益、民族利益与国家利益统一整合于人类社会的"公共利益""共同价值"之内，将区域文化、民族文化与跨地域文化统一融合于多元文明的共同体之中。全球治理的预期目标与现实境况之间往往存在一定的矛盾所产生的裂缝，这种裂缝显得难以修复与协调。有论者指出，当前的国际管理体系、制度安排以及秩序理念相对滞后，这与快速变化的经济全球化发展不相适应，无法有效应对全球性问题的挑战，全球治理由此出现了失灵的状况，致使治理危机。[1] 有论者与此相呼应，认为全球治理模式与机制严重缺乏制度改革和创新，缺乏创新的机制成为应对全球性治理问题的桎梏，使得全球治理深陷危机之中。有论者更是一针见血地指出，全球治理深陷困境与危机主要是源于世界治理行为体依附"国家中心主义"的思维方式，采取"孤立式"与"趋利避害式"的双向应对举措。[2] 对全球治理危机的原因分析表明，私有化或强制性的治理方式在面对全球性问题时往往陷入瘫痪状态，需要经济全球化过程的参与主体在完善国际秩序和治理行为的约束机制上达成共识。由此大致可以推断出：治理危机的出现不能将其完全归因于全球性问题这一"自然式的偶发活动"，应将治理失灵与治理危机问题放置于"主体性能动活动"的层面加以考量。

在资本主义主导的经济全球化进程中，治理危机出现的根源虽然具有复杂性和不确定性，但霸权理论是其中不可忽视的重要因素。治理危机是旧世界秩序与旧国际规则体系长期运作的结果。"努力消除国际旧秩序中的不平等、不合理性，建立起真正尊重各国主权、平等互利、和平共处的国际新秩序，是中国和广大发展中国家的共同期待。"[3] 全球治理的行为主体需要依据世界秩序和规则体系以践履全球性治理任务，那么现存的世界秩序与规则能否有效推动

---

[1]　"全球治理失灵"概念是指"国际规则体系不能有效管理全球事务，不能应对全球性挑战，致使全球问题不断产生和积累，出现世界秩序失调的状态"（参见秦亚青：《全球治理失灵与秩序理念的重建》，《世界经济与政治》2013 年第 4 期）。

[2]　参见蔡拓、刘贞晔主编：《全球学的构建与全球治理》，中国政法大学出版社 2013 年版，"代前言"第 4—5 页。

[3]　释清仁：《构建人类命运共同体的理论与实践研究》，人民出版社2022 年版，第 137 页。

各行为主体开展自觉性治理活动，以及其能否明晰"治理什么""谁来监督治理""治理得怎么样"等权责问题？有论者指出，处于优势地位的主权国家在全球治理过程中往往表现出"以自我为中心"和"排除异己"的倾向：全球治理体系中诸多层面对非西方文明与价值理念呈现出互斥性、非兼容性特征；在某些领域占主导的西方价值观念侧重对治理问题的形式化干预而非实质性解决；一些西方国家惯以用价值偏好和规则霸权来处理国际治理问题。[①] 他们无视历史演进的现实过程和具体条件，将自由民主的价值进行抽象化理解并将其固化为永恒不变的真理，即演化为"普世"的价值形态，反对任何现实实践对其展开的科学检验，继而借助政治制度化路径将西方价值形态推广到世界各地，最终导致价值理念的普遍性与现实实践的特殊性之间的矛盾。

与实践相脱离的价值理念和制度话语终将以失败告终。在全球治理的秩序法则与运行规则失灵的背后，隐匿着一种零和博弈的冷战思维与"霸权主义"渗透的治理方式，充分暴露了现存"世界秩序"的缺陷与限度[②]，"霸权"或"霸权主义"渗透于当今世界

① 参见刘贞晔：《全球治理与国家治理的互动：思想渊源与现实反思》，《中国社会科学》2016 年第 6 期。

② 学术界对于"世界秩序"的概念、构成要素以及核心本质等问题进行了探究与解析。有学者提出当前世界秩序是"主权国家合作与霸权治理的混合体，前者以联合国体系为中心，奉行主权国家独立、平等和合作的原则；后者则以个别大国为核心，凭借其压倒性力量优势来实现对世界的主导"（参见陈志敏：《国家治理、全球治理与世界秩序建构》，《中国社会科学》2016 年第 6 期）。有学者指出，世界秩序涵盖国内秩序、国家之间的秩序与国家体系在内的世界政治体系的秩序（参见［英］赫德利·布尔：《无政府社会：世界政治秩序研究》第二版，张小明译，世界知识出版社 2003 年版，第 17 页）。也有学者总结归纳了西方主流的世界秩序观念：一是以经济学家查尔斯·金德尔伯格为代表的"霸权秩序论"，即以霸权为主导的秩序系统；二是以政治学家汉斯·摩根索为代表的"均势秩序论"，即以权力维持一种平衡的秩序状

秩序具有一定的历史传统。霸权成为国际社会中的集权力量，表示只有自身能够为国际社会的其他国家提供必要的公共机制和产品，包括贸易制度与国际安全等。霸权曾在维护国际秩序上发挥重要的历史作用，即依靠强制力量来解决全球共同性问题，然而在解决问题过程中产生的高昂成本和沉重代价也被转嫁到其他国家。

16 世纪以来，世界权力结构的发展与变化始终与霸权主义的滋生与存续紧密关联。每一次新兴国家与守成国家之间综合实力的较量和全球权力的角逐都会伴随霸权的转移与更迭。17 世纪中叶荷兰成为世界强国，随之英国于 18 世纪下叶击溃荷兰登顶霸主地位，而后美国在 19 世纪迅速崛起而称霸世界。20 世纪中叶以来，国际体系权力结构呈现出以美国为中心的西方资本主义阵营与苏联主导的社会主义阵营之间争霸的世界格局。直到 20 世纪末冷战结束，以苏联为主导的秩序系统和规则体系宣告瓦解，而以美国为主导的国际政治经济秩序与世界体系延续至今。当前新兴市场国家和发展中国家群体性崛起，促使国际规则体系与权力结构发生相应的渐进性变化，但依旧无法根本动摇旧的世界秩序。霸权主义犹如潜在的病菌寄生在世界秩序体系之中，原有的世界秩序难以避免地存留浓厚的霸权原则和理念，因此，那些信奉霸权主义的国家势必利

态；三是以国际政治经济学家伊曼纽尔·沃勒斯坦为核心的"世界体系论"，即以经济为纽带构成的世界体系；四是由国际政治理论家塞缪尔·亨廷顿提出的"文明冲突论"，即不同文明间的冲突是美苏冷战之后世界格局的突出表现；五是由学者迈克尔·多伊尔提出的"民主和平论"，即民主国家之间更趋向于用和平方式解决矛盾争端。这五种关于世界秩序理论的背后隐伏强烈的冲突倾向，充分体现了建构秩序的"他者"与依附秩序的"我者"之间的不平等、不平衡关系（参见高奇琦：《全球共治：中西方世界秩序观的差异及其调和》，《世界经济与政治》2015 年第 4 期）。

用相应规则维护强权体系，以谋求自身利益最大化。① 以霸权理论解决全球性共同问题的基本逻辑是，霸权国家在国际社会中具有最为强大的力量，能够有效为其他国家提供公共产品。这种治理逻辑暴露了霸权国家为建立与其自身利益相符合的自由经济体制而在化解全球公共性问题中主导议题的意图，这与不同成员在共同参与和公共选择中对治理问题本身的解决要求不相适宜。

当今世界权力格局和权力性质依然没有摆脱冷战思维与"西方霸权式的自由秩序"，即使新兴经济体在积极努力地促成现存世界秩序朝向开放、包容、普惠、平衡、共赢的目标发展，但是其主体变革的综合力量较之于守成大国的实力依旧显得力所不及，而后者依然显示出强劲的先发优势、先机优势以及剥削性的霸权优势。② 守成大国为了保持原有霸权地位与维护自身利益，不会主动向全球治理提供普惠的公共产品，甚至不惜改变原有的全球经济运行规则或者阻断新兴经济体融入全球市场经济发展的渠道。因此，若要探寻国际规则滞后低效、治理理念陈旧落后、治理模式和机制僵化均没有取得质的突破与变革的原因，一定程度上可以归结为其受限于霸权或霸权主义的管制。当霸权主义与全球治理秩序相互嫁接，自然催生出一种霸权治理秩序，占据绝对优势的核心国家成为驾驭和操控这种秩序的"舵手"，往往采取种种干涉别国内政、抢占他国发展利益以及转嫁自身治理危机的行径；绝大多数发展中国家和地区则处在被支配和被边缘化的地位，面临自身正当的发展利益被侵

---

① 参见门洪华：《应对全球治理危机与变革的中国方略》，《中国社会科学》2017 年第 10 期。

② 参见［美］乔万尼·阿瑞吉、贝弗里·J. 西尔弗等：《现代世界体系的混沌与治理》，王宇洁译，生活·读书·新知三联书店 2003 年版，第 314—315 页。

占剥夺、合法的政治利益诉求被刻意压制以及不同文化平等交流的权利被无视和被忽略的境遇，这是"现有全球治理秩序却没有反映新兴国家在规则制定中的话语权"的真实写照[①]。现存的全球治理秩序非但没有在新兴国家力量的推动中焕发新生的迹象，反倒在日益复杂的全球性问题、世界力量结构失衡与霸权主义思潮迭起的多重作用下迷失方位并走向失序。

显然，全球治理秩序的失序无疑会造成国际价值序列的紊乱、公平正义理念的缺失以及全球贸易规则的滥用，从而使得世界永久和平难以为继、全球共同发展不能持久赓续，以及"逆全球化""反全球化"或"去全球化"等思潮成为一种违背世界历史潮流的阶段性现象并持续发酵。反之，有序、合理的世界秩序是引导以主权国家为核心的各个行为主体之间彼此尊重、交互合作以及共同参与全球性治理的关键锁钥，国际价值秩序的安排方式随着共同体形态的变化而有所不同，伴随构建人类命运共同体的实践展开，实现国际社会公平正义以及个人的全面自由发展成为最高价值追求。而霸权主导的世界秩序必然会造成一定程度上世界治理的动乱，全球性治理危机由此被激化和加重。强制性、权威性力量在解决全球公共问题的同时也存在必然风险，因为承载着集权力量的霸权国家并不希望"真正的共同体"的最终实现。

随着风险全球化与治理危机的交叉影响，全球治理日益走向"参与赤字"与"责任真空"的病态模式。其一，发展中国家由于治理能力欠缺与治理体系有待完善，不仅缺乏积极参与全球治理的动力，而且往往会模糊国际责任边界、拒斥全球治理义务以及寻求

---

① 刘雪莲、姚璐：《国家治理的全球治理意义》，《中国社会科学》2016年第6期。

盟国的庇佑，进而逃避全球规则和国际法律的问责。其二，部分发达国家为了维护自身苦心经营与建构的世界秩序与国际规则体系，充分利用霸权行为转嫁发展危机以缓和国内各阶层矛盾，向外兜售"责任清单"以遏制新兴市场国家的复兴崛起，并不断炮制"黄祸论""中国责任论"等一系列转移治理危机和推卸责任的论调。借助"其在全球贸易体系中的制度性话语权与大宗商品的定价权优势固化机会垄断"①，部分发达国家搭建相互"隔离"的贸易壁垒、压制异己的正义之声，在霸权主义、利己主义、孤立主义的多重旋涡中逐渐失去自身的国际公信力与世界感召力。其三，当前各国普遍面临经济下行的压力、"塔西佗陷阱"的威胁以及重大突发性全球危机的侵袭，使得各个国家主体无暇顾及全球事务。加之参与全球治理的成本不断攀高，许多国家在无形中逃避提供公共产品和贡献治理智慧的责任，陷入"治理缺位"或"责任真空"的尴尬境地。面对复杂多变的全球性问题，如果各国一味延续冷战的对抗思维与秉持"集体不担责"的治理心态，那么将无法摆脱世界治理危机与自身发展危机的威胁。

　　全球治理的有效程度与人类的前途命运密切相关，合理的世界秩序作为全球治理的核心所在，其指引着人类命运的发展方向。人类需要具备全球意识与世界格局以自觉应对共同的发展问题和生存危机，并关注人类社会的命运走向以及接续人类的文明成果。"命运问题""治理问题""秩序问题"统一于构建人类命运共同体的理念与实践之中，其构建的理论效应在于渐进式变革和重构世界秩序体系、克服资本主义全球治理体系的弊端以及引领新一轮经济

---

　　① 王帆：《责任转移视域下的全球化转型与中国战略选择》，《中国社会科学》2018 年第 8 期。

全球化的发展，从而使得秩序的正义性得以广泛伸张、治理的普惠性得以充分昭彰以及命运抉择更加理性化、科学化。人类命运共同体理念内蕴一种深厚的全球意识与人类关怀，寄予人类命运抉择与文明整体性发展的强烈关切，它秉持跨越不同区域、不同种族、不同文化形态的共同价值取向，摒弃了日益猖獗的"国家中心主义""民族主义"的狭隘治理观念，弥合了霸权主义和单边主义的极端秩序体系缺陷，不断推动"反"资本主义全球化的新全球化进程，真正实现人类社会迈向普遍性和平与安全、共享性发展与繁荣、包容性开放与交往的发展之路。构建人类命运共同体是一种全新的全球治理理念，是中国为应对全球性挑战提出的方案，表明了中国愿意与世界各国共同促进世界和平与发展，致力于为国际社会打造合作协商的发展关系，在此过程中推动全球治理体系中具体对策的变革和重构，以保证全球治理的成果能够惠及世界各国人民，尤其重视将广大发展中国家和地区参与全球治理的诉求和现实发展所面临的挑战凝练为命运共同体的建设性论题。

三、文化危机："文化中心主义"与文化殖民的共谋

资本主义文化危机是区别于经济危机和治理危机的一种隐形危机，是在思想和精神层面的灌输与渗透。马克思指出，在"历史向世界历史转变"的进程中，物质的生产与精神的生产不再被边陲地域的局限性与传统民族的狭隘性所框定、钳制，所有民族和区域承续的物质文化财富与文明成果俨然成为全球公共性产品，由此"许多种民族的和地方的文学形成了一种世界的文学"①。基于世界历史

---

① 《马克思恩格斯文集》第 2 卷，人民出版社 2009 年版，第 35 页。

理论的分析架构而阐发的"世界的文学"，理应理解为一种凝结和熔铸了人类科学、艺术、哲学等诸多领域的思想价值与精神成果的"世界性文化"。这种复杂多元的"世界性文化"的出场是资本主义世界市场与普遍交往共同作用的结果，其看似顺应了人类文化多样性的历史发展趋势，破除了世界文化一元论的片面性与局限性，实则已把"未开化和半开化的"民族文化从属、纳入至西方文化的体系框架内，人为地将西方文化置于世界文化的"中心"，从而建构出"中心"和"边缘"这两个地域性的文化概念。① 近代西方资本主义依靠经济体量、先进科技、军事实力等方面的绝对优势与控制权力，把自身文化作为美化资产阶级殖民、剥削、霸权行径的话语工具与精神武器，通过妖魔化东方以贬损东方文化的价值，将西方的意识形态渗透到非西方世界，造成了在时空与地位双重维度上"东方从属于西方"的文化关系，进而营造出西方文化凌驾于东方文化并主导整个人类的精神生产方式、思维方式与价值取向的假象。

西方文化的中心主义思想拒斥文明发展的历史观，以唯心史观作为塑造对抗与博弈关系的逻辑依据，将不同民族和国家之间的现实复杂关系简化为文化差异或文明冲突，借用全球化通道不断扩展文明传播和渗透的途径，旨在创造为自身利益服务的话语霸权。也正是依托这种资本主义对外扩张、殖民的文化霸权与民族优越情结，西方学术界将目光投射到所有区域的同时却将世界历史发轫的中心与文化发展的泉源定位于西方世界，形成了近几百年以来西方在经济、政治、文化等多维领域里根深蒂固的"欧洲中心主义"或

---

① 参见俞吾金：《向生活世界的辩证法复归》，《探索与争鸣》2000年第11期。

"西方中心主义"①，这股思潮在 19 世纪末进入巅峰阶段。

　　"西方中心主义"以欧洲优越论作为心理基础强化了发达资本主义国家之间的共同联合意识，将西方文明构成整体性的价值观念，进而打造人类文明的标准，推动西方文明和意识形态成为经济全球化过程中的主导价值体系。以西方为中心建构起的资本主义全球文化体系只不过是"西方中心主义"与文化霸权相互勾结的权力叙事手段，其试图抑制一切异己的思想文化以夺取文化话语权，一贯地采取文化帝国主义和文化霸权主义的强制策略，主观地以地域的"东方"与"西方"区别文明的"野蛮"与"进步"、历史的"传统"与"现代"以及种族的"优"与"劣"，在这种二元对立的逻辑框架与思维方式中，西方文化成为比过往一切世代人类文化看似都更优质的世界性文化。但这种观点遭到以英国学者丹斯为代表

---

　　①　有学者指出，"欧洲中心主义"与"西方中心主义"之间是大致同种性质上的"从属关系"，欧洲自身发展逻辑与权力体系放大至西方界域，即地域与权力统治范围扩大了的前者就是后者。在立足"西方现代资本主义及其帝国主义实践所建构起来的排斥但又将非西方视为欧洲扩张对象的价值观念及其意识形态"，呈现出在习俗、价值、信仰等不同领域的至上优越性与霸权意识（参见邹诗鹏：《马克思对欧洲中心主义的批判与超越》，《哲学研究》2018 年第 9 期）。也有论者认为，"西方中心主义"是 18 世纪下半叶以来在东西方不平等的发展过程中，日益形塑成一种以西方资本主义支配世界历史与全球化的一系列"政治观念、价值观念、思维方式以及话语系统"。从广义的层面讲，它"也是思想文化领域中的一种客观存在"（参见叶险明：《"西方中心主义"的本体论批判——关于"西方中心主义"的三个前提性问题》，《中国高校社会科学》2017 年第 5 期）。德国历史学家赫尔德认为，人类生命的真正历史性只有在欧洲才能彰显，而在诸如中国或印度等区域的文明被视为一成不变的静态存在，不会发生真正历史的进展（参见［英］柯林武德：《历史的观念》，何兆武、张文杰译，商务印书馆 2017 年版，第 143 页）。也有部分学者认为西方是世界文明的代表，具有世界普遍性，其自身文明的统一性与完整性，能够统摄其他一切文明与肩负统一全世界的使命（参见［英］李约瑟：《四海之内》，劳陇译，生活·读书·新知三联书店 1992 年版，第 18 页）。

的诸多历史学家的反诘与诟病，他们从"大历史观"的维度警示和告诫世人，应该正视与重视东方文化的独特性与价值性，真正"根据东方自身评价东方，而不是根据他们对西方的敌视和区别来评价他们"①。西方国家以及西方文化的优越感已经日渐式微、濒临消亡，但西方国家坚持将在物质生产方面取得的胜利作为其文明优越性的基本依据，主张将其文明形态视为人类文明发展的主流和代表。其他民族和国家的文化发展必须打破西方国家企图构建的同一性评判标准，在交流互鉴中探索自身文化发展的道路。任何一种优秀文化都应该自觉地反对和摒弃资本主义全球文化体系的主宰与钳制，重新挖掘民族文化的价值性与丰富性，认真对待本土文化的发展史和重塑民族文化的自信，从而真正做到人类发展的文化自觉。

西方"文明的影响超过了以往世界历史任何一个文明中心的影响，真正成为'世界性'的"②，然而现代西方文化的世界性影响具有双重性质。一方面，伴随经济全球化的进程，奠基于资本主义生产方式的西方文化的传播瓦解了愚昧、庸俗的封建文化体系，开辟了跨文化交流的世界渠道，推动了非西方国家实现文化现代化的历史进程；另一方面，资本主义文明在殖民主义逻辑和资本逻辑的支配下对非西方国家进行文化入侵和文化渗透。资本主义进行文化殖民的手段大致可划分为两个重要阶段：一是西方资本主义以军事侵略、政治干预和经济管控为显性媒介，实施大规模的文化侵略政策，呈现出文化霸权与文化殖民的扩张本性；二是西方资本主义利用跨文化的现代传播媒介与交流载体进行宗教传播、影视作品传输

---

① E.H.Dance, *History the Betrayer*, Hutchinson of London, 1960, p.106.

② 叶险明：《"西方中心主义"的本体论批判——关于"西方中心主义"的三个前提性问题》，《中国高校社会科学》2017 年第 5 期。

以及留学生教育等文化渗透，以多元形式达到西方文化对其他文化的同化，逐渐消解不同文化的异质性特征。西方"强势"文化与东方"弱势"文化之间的关系，在全球化时代通过"中西文明""东西发展道路"以及"现代化发展模式"等一系列文化论战变得越发紧张。在西方文明的冲击和渗透下，中华文明的现代转型同样被动遭受由西方确立的普遍原则和资本主义价值体系的评判与束缚，一定程度上强化了西方文明在人类文明整体演进中的优势地位。但是，当各个追求文明现代化的民族国家都被强制性纳入由西方主导建构的文明体系中时，诸多民族国家逐渐意识到自身文明构建的内在规定性是实现现代化的根本动力，从而必将形成一定的反抗力量和"去西方化"的张力。

西方"文化中心主义"的隐性侵蚀与渗透能力越强大和越深入，非西方文化的批判与反抗精神就越高亢；跨文化交流的主体性关系、地位越不对等，不同文化间冲突的风险就越严峻。所以晚年马克思曾多次反对和批判"把我关于西欧资本主义起源的历史概述彻底变成一般发展道路的历史哲学理论"，并指责这种将西欧资本主义一般发展道路简单地泛化和推广成一切民族、国家的普遍的适用性理论与示范性道路的做法，"会给我过多的荣誉"，"同时也会给我过多的侮辱"[①]。物质生产力的发展方式与发展规律是如此，精神文化的发展道路同样如此，都不应一概而论、整齐划一，而应因地制宜、量体裁衣。马克思预设与创制的未来发展道路在世界历史的普遍性、共同体的文明形态与人类解放的理论叙事中得以生成，其符合人类社会演进规律与世界文化发展规律，摒弃了资本主义国家的物化抽象形式与精神信仰虚幻形式，并且在内在规定上力求超

---

① 《马克思恩格斯文集》第 3 卷，人民出版社 2009 年版，第 466 页。

越"西方中心主义"。①"西方中心主义"在资本主义主导全球化持续发展进程中扮演重要角色，诸多发展中国家作为经济全球化的边缘性存在长期处于被动与被迫参与的地位，他们在参与国际交往的历史过程中，需要积极探索不同国家共同谋划具有国际合法性的文明准则及其发展图式的路径。

问题的症结在于：我们应当如何把握和认识西方"文化中心主义"在人类文化多样性的世界历史中所展现的极限与局限性？随着西方殖民主义和霸权扩张的衰落以及东方文明世界历史性的显现，对"文化中心主义"的本质批判变得尤为突出和重要。从马克思全球文明史观与历史唯物主义方法论维度透视西方文化与东方文化的关系，矫正国际政界与学界长期以资本主义意识形态统领全球文化的霸权观，拒斥西方"文化中心主义"的历史观，有助于逐渐剥离附加于东方文化之上的种种错误观念与歪曲论调，重塑东方文化在世界文化中的应有地位、价值和作用。在全球联系日益密切的趋势下，"文化中心主义"或"西方中心论"仍然主张"中心—边缘"的观点，难以解释现存的秩序和应对挑战。全球性危机的爆发及其对人类生存的困扰意味着其理论和措施的失败，西方发达资本主义文明不能代表人类社会未来发展的多样需要和发展趋势。在日益失序的二元对立思维中，传统意义上的"文化中心主义"理念将逐渐式微，整个世界通过对话和交流建立起联系纽带，文化共同体的构建将会放诸四海皆准。当然，弃绝一种"文化中心主义"并非要重新建立另一种"文化中心主义"甚至是"中国文化中心主义"，而是在尊重人类文化多样性的基础上建构东西方交流互鉴、包容共存、命

---

① 参见邹诗鹏：《现时代精神生活的物化处境及其批判》，《中国社会科学》2007 年第 5 期。

运与共的文化共同体。有学者指出，我们应该突破以西方文化为核心的历史阐释框架，倡导一种"全球文化史观"，即把一切区域与民族的文明地位与价值放置于天平的两端，不附带任何主观臆断与意识形态的额外筹码，进而对文化"我者"与"他者"施以同等的对待与考量。① 德国学者雅思贝尔斯提出"轴心期"与"轴心文明"的学术观点，指出世界上许多主要文明或文化的起源与发展是在同一时空上并起与存续的，设定了人类总体文化的多元性与差异性特征，将东方文化纳入至轴心文明的核心部类，从而抛弃了以西方文化为圭臬的传统叙事方式。美国学者萨义德在其所著的《东方学》一书中认为：西方或欧洲文化的关键要义就是获得整个世界的霸权地位。这种绝对的文化霸权炮制出欧洲民族与文化优胜于东方民族与文化的话语。② 西方的东方观本身充斥着霸权主义与自我中心主义的思维，并赋予东方文化被边缘化的悲剧色彩，"中心"与"边缘"文化的相互参照与相对存在，使得东方文化终究难以挣脱同西方文化较量与共存的时代命运。有学者认为，冷战后的世界，几个不同的主要文明或文化之间容易发生冲突，不是因为边缘文化对中心文化的霸权发起挑战，而是因为文化作为一种分裂力量使得文化的异质性成为冲突不可避免的因素。③

　　总之，就文明的中心和边缘关系而言，只有立足自身发展而形成的文明才是名副其实的积极成果，一切外在的文明在世界历史进程中与本民族之间的交流都是处于参与性的地位。因而，文明之间

---

① 参见［英］杰弗里·巴勒克拉夫：《当代史学主要趋势》，杨豫译，北京大学出版社 2006 年版，第 126 页。

② 参见［美］爱德华·W. 萨义德：《东方学》，王宇根译，生活·读书·新知三联书店 2007 年版，"绪论"第 10 页。

③ 参见［美］塞缪尔·亨廷顿：《文明的冲突与世界秩序的重建》（修订版），周琪、刘绯、张立平、王圆译，新华出版社 2010 年版，第 6—7 页。

的冲突只是假象，只是作为西方国家推行霸权的文化工具，而人类历史的生成性和文明发展的多样性，决定了不能仅仅以一种文明准则来加以定义。西方文化的中心地位与领先影响快速地在大国关系的变化与新兴经济体的群体性崛起中呈现出自反性的一面，世界文化逐渐迈向多元一体、互通共存的发展趋势。

面对 21 世纪的经济全球化浪潮，我们该如何处理好文化领域的"我者"与"他者"关系，从而避免跌入"文化中心主义"的陷阱？人类文化多样性和发展多元论既是对文化"我者"与"他者"自身独特性、丰盈价值的包容性肯认，同时也是对西方"文化中心主义"思潮的批判与反拨，如何做到不同文化之间的求同存异与交流互鉴，从而化解全球性文化危机？强化与提升本土文化的认同是否会滑向新一轮民族主义或复古主义的泥潭？如何设定跨时空文化交流的界限？汲取与镜鉴全球性文化的诉求是否会产生民族虚无主义与历史虚无主义的倾向？如何真正做到民族与世界文化的价值自觉与理论自信？

首先，"文化中心主义"和文化殖民的共谋作为西方资本主义建构世界文化格局的同质话语与思想武器，是近代西方国家的一种文化战略选择，其人为地设定了"中心"主导与"边缘"附庸的二元对立思维结构，旨在伪装和虚构资本主义全球化发展与世界体系建构的"正当性"和"合法性"。自诩为种族优越与文化先进的诸多西方资本主义国家在两次世界大战之后，在国际诸多领域中的绝对优势与自负心理遭受毁灭性打击。在全球殖民体系的瓦解与霸权主义旁落的背景下，西方资本主义国家集中爆发全球价值观错乱、精神信仰扭曲等文化危机，在当代主要表现为以美国为中心的西方文化犹如飓风一般强势登陆和席卷整个非西方世界，各民族国家对此表现出排斥与抵制的心态与行为。由于资本主义文化危机的凸显以及诸多民族国家对振兴传统文化的时代需要，异质文化之间的紧张形势与冲突态势愈加明显，文化霸权与文化自主的矛盾由此产生。[①] 诸多西方学者已然意识到"西方中心主义"的文明准则实质是对国际秩序普适化问题的主观解释，他们认识到文明的标准及观念在划分中心与边缘的界限时发挥了重要的工具性作用，逐渐将各主权国家之间的平等协商视为建立新的国际秩序的基本范式。他们逐渐从曾经拥有统治世界绝对地位的迷梦中走向反省自身文化发展逻辑的沉思：力求克服东西方文化截然对立的单向度立场，倡导文化"差异性"与"同一性"并存会通，以及弥合文化"一元叙事"的缺陷，转向"多元叙事"的研究范式，即任何一种文化形态与形式都仅仅是世界多元性话语中的一种特殊样态，均无法充当世界文明历史叙事中的"元叙事"或"元话语"。而东方学者也开始从曾经遭受的殖民压迫与战争苦难中肩负起民族全面复兴的历史使命：一方面需要从本土文化所兼具的世界历史性意义上联通人类文明发展的未来道路，另一方面需要从跨文化交流、互通有无的经济全球化层面审视不同文明主体的价值意义，由此在把握与检视文化"我者"与"他者"之间的比较视域以及西方与东方世界的空间视域中，试图实现东方文化与西方文化在"比较式对话"中融入"合作式对话"，从而展现两大空间视域的有机融合和统一以推动构建人类命运共同体。

西方文化与东方文化之间的关系问题在近百年的中西文明研究过程中得到了充分阐释，中国文化的复兴伴随中国式现代化的开辟逐渐进入学界的理论视域，依托全球化时代的信息技术与国际交流，

---

① 参见邴正：《当代文化矛盾与哲学话语系统的转变》，《中国社会科学》2011 年第 2 期。

丰富和发展中国文化乃至人类文化需要建立在民族视域与世界视域的开放互动、差异性与多元性特征有机统一之上。中国式现代化遵循物的发展与人的发展相统一的基本规则，充分体现了中国特色社会主义的价值旨趣，同时也符合唯物史观的根本要求。一方面，探究文化的兴衰与文化的革新问题应当将其放置于民族性与世界性良性互动的视域之中，因为民族文化的发展问题无法脱离经济全球化这一世界历史性背景与外在的动力因素，但这并非某种文化肆意扩散与侵蚀其他文化的借口与依据。我们既不能忽视民族性而仅以经济全球化为参照系来放任不同文化走向"同化"和"同质"的状况，从而在失去民族独特性与差异性的过程中敲响民族文化衰落甚至消亡的丧钟；我们也不能排斥经济全球化的客观因素而盲目地进行自我文化的"孤芳自赏"与"闭门造车"，保持且继承民族文化并不意味着停留于原有文化而徘徊不前、故步自封。我们比任何时候都需要民族文化的延续和继承，更需要立足世界视域进行本土文化的创造性转化和创新性发展乃至实现文化的自我超越。显然，我国在建设社会主义文化的历史过程中，需要"促进中华文化同世界各国文化的交流与融合，以文化融合化解文化冲突，增进世界各国人民对中国的理解、认同和支持"[①]；另一方面，正确处理好东西方文化之间的关系是超越各种类型的"文化之争"与"文化中心主义"的关键所在。"历史发展表明，包容共存是人类文明发展的主旋律，交流互鉴是一切优秀文明保持创新活力的重要途径"[②]，面对新的全球性问题和挑战，中国在倡导构建人类命运共同体时提出的文明互鉴命

---

① 骆郁廷：《文化软实力：基于中国实践的话语创新》，《中国社会科学》2013 年第 1 期。

② 吴志成：《全球文明倡议的核心要义与推进路径》，《国际问题研究》2023 年第 4 期。

题，展示出开放包容的文明格局和多样并存的新型文明观，避免与西方发达资本主义国家产生直接冲突，同时为不同国家的文化发展探索出更加多元的交流借鉴机制。我们需要通过跨文化交流的方式寻找多元文化之间的"异"和"同"，切忌机械照搬西方文化的"模板"和篡改民族自身文化的"母版"以达到阉割文化差异性的目的，更需要做到在尊重文化多元性的基础上促进文化间的兼收并蓄与吐故纳新，充分做好不同文化之间的差异性互动与多元性融合。

其次，批判与拒斥西方"文化中心主义"和"文化殖民主义"，全面展现世界文化的多样化图景，不仅需要规避全球性文化发展同质化的一元性倾向与部分民族的文化认同危机，而且需要建构一个"无中心化"的文化世界以彰显不同文化的主体性精神。与西方"文化中心主义"以及"文化殖民主义"相比较，构建人类命运共同体显然不主张抹除不同文化的客观差异或者以文化"他者"取代文化"我者"的反叛行为，而是提倡兼收并蓄、交流互鉴、共生共存和多元统一的全球文化观。无论是西方文化还是东方文化，都不能作为阐释全部"他者"甚至操控对方一切的核心话语，那些充斥着"权力""霸权""殖民"等色彩的中心话语必然将被人类文化整体发展的逻辑与跨文化交流的范式所解构。不同地域与种族的文化都不同程度地镌刻着他们自己民族与时代精神的文化符号，任何一种优秀的民族文化都具有独特的思想价值与存在形式。因此，我们不能以漠视甚至否定其他民族文化的合理性与价值性而截断同一切异己声音共鸣的良机。那些一味地强调自身文化的优越性与宣称所谓"文化中心主义"的民族和国家，在世界普遍交往与跨文化交流的过程中曾发挥过重要的推动作用，却无法掩饰自身参与和主导经济全球化发展日益僭越的野蛮行径和非正当方式，往往忽略甚至遮掩自身文化落后性与腐朽性的部分，进而将自身内在的固有限度消融于文化霸权与文化殖民"同流"的狂欢之中，最终容易走向将自身文化断送于资本主义搭建的全球文化统治系统与依附机制之中的末路。文化共同体的构建意味着以往不同文明之间从属与支配的关系走向终结，形成了保持自身文明特色与融入人类文明整体统一性发展的自觉性。主体的自觉性成为人类命运共同体文化构建的必然原则，主体的文明自觉具有纠正现存交往秩序和交流方式的能力，能够对不同文明之间发生的冲突关系进行适时调整。

但是，文明自觉不等于强调以"自我"为中心的绝对主体性，而是意在凸显主体在交往互动中形成的共同实践方式对塑造共同体的内在规定作用，以此达到人类不断促进文明创造和发展的原初目的。而正处于经济落后与复兴崛起的发展中国家，既不能妄自菲薄而否定、虚无自身历史，应该在"以我为主"的前提下挖掘出自身文化所内蕴的现代性价值和借鉴西方现代化发展的积极物质因素、文化力量，也不要妄自尊大而应以守正创新的开放姿态，正视传统文化中不合时宜的落后或腐朽部分以及汲取世界文化中的有益因素与合理成分，不断地开创出新的文化形式与文明形态，使其真正在"后发"文化的劣势中真正实现学习型崛起和创新型超越。[①] 文明自觉意味着发掘和提升自身文化的构建能力，打破长期以来按照资本生产逻辑武断划分文明类型的做法，正视东西方国家在文明交往中产生的差异和多样现象并清理"文化中心主义"的弊端，通过为不同国家文明建设积极交往机制来增强自身的文明形象和优越性。

最后，解决人类的文化危机及其产生的文化发展病症，需要在对人类文明演进和文化赓续的认识与把握上展现出高度的理论自觉

---

① 参见叶险明：《"西方中心主义"的本体论批判——关于"西方中心主义"的三个前提性问题》，《中国高校社会科学》2017 年第 5 期。

与实践自觉。百余年间学界与政界曾一度联合以文化挽救时弊，从而试图找到一条民族解放与救亡的文化之路，最终艰难探索出一条符合实际国情与植根本土文化的特色发展之路；时至今日，我们在关注中国文化复兴何以可能的同时也应注重世界文化的整体发展，将马克思主义哲学的世界观与方法论作为诊断全球文化发展问题与发展危机的理论依据，认清西方现代性文化的阶级局限与发展本质，竭力探索出一条"走出去"与"引进来"相结合的文化建设道路。文化作为国家与民族骨架躯干里的精神灵魂，有利于唤醒具有深厚历史积淀的文明国度的深层自信。一个民族与国家的发展需要厚植于本土文化，而非仅仅依附某种"文化中心主义"实现自身的现代化发展，这是文化作为民族国家精神记忆与思维方式的现实性表达；文化的创新与发展源于不同文化间的交往实践，在正确厘清文化"自我"与"他者"共存性、平等性的关系中把握其时代性的"应然"诉求。

中国在推动构建人类命运共同体的同时始终保持对中华优秀传统文化的自信和自觉，同时在这一过程中与其他文明进行碰撞与融合，在此基础上用"应然"引导"实然"，从自我的文化及价值观取向出发，理性审视人类文明在全球现代化中展现的基本形态和演变规律。对文化的自觉与自信意味着摒弃二元对立的思维方式，既不割裂传统与现代之间的联系，也不主观设定本土文化与外来文化之间的界限。面对资本全球化的侵袭和现代性的物化处境，人们长期沿袭的传统惯性思维方式与近代以来文化没落的自卑心理使得传统与现代文化之间的断裂欲盖弥彰，对传统文化的疏离、冷落和虚无心态以及对外来文化的好奇、接纳与推崇也进一步弱化文化辨识能力，容易对本土文化产生偏见与自卑心理。在这种情况下，我们必须树立高层次的文化自觉与人类文明自觉，摒除自我狭隘的民族主义与复古主义的传统情结，警戒当代多种形式的中心主义与殖民主义思潮的隐性腐蚀与精神侵害，同时"开掘和培植一种防御和抵制虚无主义的精神资源，并对重构当代人类精神文明做出应有的贡献"①。人类命运共同体理念则是对西方"文化中心主义"与"文化殖民主义"的批判和超越，并在此基础上生发出一种能够推动文化交流互鉴、和谐共生与开放包容的"建构性方案"。构建人类命运共同体所倡导的"文明互鉴"理念已经在国际社会中得到普遍认识和广泛践行，但伴随文明多样形态的发展，如何保证文明之间的平等交流与对话、构建在世界范围内普遍通行的全新的文明话语体系，仍然是抵御"文化中心主义"和"文化殖民主义"的历史重任。

克服和超越资本主义文化危机需要摒弃文化霸权主义和"文化中心主义"的思维方式，要求建构一种能够包容文化差异、促进文化交流并正确处理不同文化形态关系的文明观。构建人类命运共同体内蕴的文明观念既在批判性维度上力求消解"文化中心主义"的弊端，又在建构性维度上探寻一种超越"文化中心主义"的文明发展理念，致力于在克服文化危机的基础上解决全球公共性问题以及西方资本主义长期支配国际政治、经济、文化秩序所诱导的治理危机。人类命运共同体理念作为理论与实践相结合并逐步得以落实的系统过程，其在推进过程中致力于扬弃和超越各种类型的中心主义，坚决反对一切试图抵制和贬低非西方文化的西式话语，但又重视和强调辩证地汲取西方优秀文化的合理之处，以此推动自身文化的现代化转型与创新性发展，进而建构出促进人类文化交流的合理范式，重新唤醒"文化的活的灵魂"与高度的文化自觉。

对资本主义危机进行多维审视，分析危机的多种表现形式，揭

---

① 邹诗鹏：《现时代精神生活的物化处境及其批判》，《中国社会科学》2007 年第 5 期。

示在资本逻辑主导下经济危机与全球发展失衡的内在关联，剖析资本主义治理危机背后的霸权本质及其世界秩序的失序问题，阐发资本主义文化危机的"西方中心主义"理念，有利于加深对资本主义危机必然性的认识，能够凸显中国积极推动构建人类命运共同体的理论价值与实践意义。人类命运共同体理念作为一种建构性世界观，其既为化解资本主义危机提供出路，也为人类历史的前途命运绘就美好蓝图。

第三节　实践超越：中国式现代化与人类命运共同体 [①]

人类命运共同体理念是中国基于全球性挑战更加严峻、世界秩序结构亟须调整、现存国际治理体系亟待转型的基本情势，将推进自身现代化实践与促进人类稳定发展事业相联结而提出的宏大构想。这一理论性构想以维护和发展全人类共同利益为核心关切，将全人类共同价值视为伦理信念，是马克思"真正的共同体"思想在当代社会的阶段性展现。构建人类命运共同体作为一种共同价值理念应时而生，这样一种"认识世界"的价值理念若能成功落实为"改变世界"的现实行动，不仅需要理念的科学性内涵作为支撑，更需要社会实践成果和实践力量作为基础。人类命运共同体理念将实现人的自由而全面发展的目标与当代人类需要解决的共同生存问题相结合，着眼于全人类的整体利益和长远利益，明晰了个体通过实践改造现实条件而形成有机整体并形成合理社会关系的历史趋势。超

[①]　本部分参见刘同舫：《人类命运共同体理念的实践基础》，《世界民族》2024 年第 1 期。

越了西方一元现代性叙事的中国道路及其建构实效与经验则为人类命运共同体理念提供了充分的理论资源补给与坚实的物质实践基础，中国式现代化的成功实践推动构建人类命运共同体从一种创新性的理念发展为建构性的实践。

一、中国道路：对西方一元现代性叙事的超越

中国道路是中国共产党领导广大人民群众在尊重中国社会历史发展实际和批判性审视西方资本现代性社会的前提下，顺应时代发展趋势，以实现人的自由全面发展为价值目标的发展模式。[①] 中国式现代化方案是指导中国人民"改造世界"、推进中国现代化进程的科学理论。中国道路以实现中国式现代化为阶段性发展目标，其成功实践打破了西方现代性方案的统治神话，标志着现代性方案的多元共生。"现代化再造中国，中国也再造现代化"[②]，在阐明中国道路与现代性方案之间的辩证统一关系时，值得进一步深思的前提性问题是中国道路为何能够冲破西方现代性方案的长期统治，为广大发展中国家提供现实参照。厘清这一问题需要追溯中国道路和现

[①] 中国道路作为中国式现代化的成功表征已然成为世界范围内的研究热点和重点。结合国内外关于中国道路的研究成果，可以分析出中国道路内蕴历史和现实层面的双重维度。就历史维度而言，中国道路指涉的时间跨度涵盖中国共产党领导中国人民进行社会革命、建设和改革的全过程，主要包括新民主主义革命道路、社会主义建设探索之路、中国特色社会主义现代化建设道路等；从现实层面来说，中国道路具体指向改革开放以来，中国共产党带领中国人民进行社会主义现代化建设的中国特色社会主义道路。对于中国道路这一概念，学界大多关注其在现实层面所具有的建构性特质和世界性意义。笔者从历史维度简要论述中国道路的历史演变脉络，并在现实维度解析中国特色社会主义道路何以破除西方一元现代性神话以及这一道路的成功实践所彰显的世界历史意义。

[②] 王义桅：《中国式现代化的文明逻辑》，《探索与争鸣》2023年第12期。

代性概念的本质内涵、演进脉络和建构意义，从而明晰中国道路对西方一元现代性叙事的超越。

中国道路的建构性实践既汲取了世界多民族现代化建设的积极成果和普遍经验，遵循现代化发展的一般规律，同时也扎根于自身特色的实践基础和实际需求，彰显出自身的民族特质，拓展了人类文明新形态的创构路径。对中国道路的本质内涵、演进脉络及建构意义的明晰，需要深入中国共产党带领中国人民进行革命、建设和改革的全部历史过程之中，在历史深处考察中国道路的建构性特质及其世界性意义。

第一，关于中国道路的本质内涵问题。中国道路的本质内涵集中表现为中国共产党领导中国人民将马克思主义基本原理同中国具体实际相结合，坚守科学社会主义原则和共产主义崇高理想，独立自主地开展中国式现代化的建设和推进之路。中国道路的开创者和践行主体是中国共产党及其领导下的全国各族人民，遵循的指导思想是马克思主义，战略性建设目标是建成社会主义现代化强国和最终实现人的自由全面发展。有学者依循中华人民共和国成立以来的历史演进历程，诉诸"定性—定位—定标—定法—定力"的分析框架，对中国道路的核心要义及其生成机制展开了详细剖析与阐释，指出中国的根本问题是以"中国向何处去"的问题为主要发展导向而探求正确的发展道路问题①。"中国向何处去"的问题不仅体现中

---

① "定性"意在揭示中国共产党的领导是中国道路最本质的特征；"定位"旨在明晰中国道路建设的具体历史方位；"定标"主要明晰中国道路之解放和发展生产力、逐步实现全体人民共同富裕和促进人的全面发展的战略目标；"定法"意在揭示贯彻落实新发展理念、实施"两大布局"是实现战略目标的根本路径和方法；"定力"指向中国道路的建设动力是党的领导力量、市场配置力量和人民主体力量的合力（参见韩庆祥：《论中国道路及其本源意义》，《中国特色社会主义研究》2020 年第 2 期）。

国道路现代化进程的走向，而且彰显出中国道路与马克思主义中国化时代化的内在关联性。因而对中国道路内涵的界定和理解，应当从中国自身的现实实践和理论相结合的历史维度进行把握，而不应将中国道路对西方现代化道路的借鉴作为定义的主要准则。

第二，关于中国道路的演进脉络问题。学界存在基本共识，总体上认为中国共产党带领中国人民探索中国道路的实践历程在时间维度跨越了中华人民共和国成立至今的改革开放前后两个历史时期，在空间维度借鉴并汲取了中西方现代化建设的实践经验。以历时态视角来看，中国的现代化建设先后经历了革命、建设和改革三大历史阶段。在不同历史阶段，中国共产党都能够主动把握历史脉搏，积极回答时代之问。中国道路作为一个整体，是中国共产党领导中国人民进行革命、建设和改革的实践历史过程①。从共时态视

①　有学者指出，中国道路"作为一个整体，它就是中国共产党领导中国人民革命和建设的实践历史过程"（参见陈先达：《中国为什么要走"中国道路"》，《中华读书报》2019 年 11 月 27 日）。有学者指出，"中国道路实质就是中国进行社会主义现代化建设的探索之路，包括改革开放前 30 年和改革开放至今 40 余年两个主要阶段"（参见曹峰：《中国道路内涵的四重维度阐释》，《东南学术》2020 年第 4 期）。也有学者将中国道路称之为"中国新现代性道路"，并指出这一道路具体包含新民主主义革命道路和中国特色社会主义现代化道路（参见任平、郭一丁：《论新现代性的中国道路与中国逻辑——对五四运动以来百年历史的现代性审思》，《江苏社会科学》2019 年第 2 期）。笔者倾向于将中华人民共和国成立至今的改革开放前后两个历史时期视为中国道路之实践历程的时间跨度。在革命时期，中国道路集中表现为中国革命的道路选择问题，即以何种方式展开中国的革命运动。围绕中国的革命道路问题，以毛泽东同志为核心的党的第一代中央领导集体将马克思主义基本原理与中国基本国情相结合，创造性地提出了新民主主义革命理论，为革命时期的中国现代化建设提供了科学理论指导。在建设时期，中国道路具体指向中国自身的社会主义建设道路问题，毛泽东同志曾明确指出：中国共产党人应当继承并发扬民主革命时期将马克思主义基本原理与中国国情相结合的优良传统，在社会主义建设时期进行第二次结合，找到社会主义建设的正确道路（参见

角来看，西方现代性方案由于其在时间上的先在性以及在现代化进程中取得的历史成就，为中国道路的形成与实践提供了参照作用，这种参照作用源于他们的现代性方案提出时间上的先在性以及他们在现代化建设进程中的历史成绩，因而西方现代性方案对中国道路的发展具有一定的参考价值。但必须注意的是，西方现代性方案是适用于西方发达资本主义国家的现代化建设方案，其在发展目标、价值取向、性质定位等方面与社会主义国家追求的现代性目标存在明显差异甚至对立；西方发达资本主义国家致力于固化单一现代性方案的虚假现状，企图减缓或阻滞广大发展中国家的现代化建设进程，以保障其在世界秩序体系中的绝对统治地位。在对西方现代性方案的借鉴与运用上，中国始终秉持马克思主义与时俱进的理论品质，保持独立的思辨意识、不盲目肯定或否定西方现代性方案，独立自主地展开具有中国特色的现代化发展道路①。中国道路的建设服务于中国人民生存发展的现实，其历史演进体现了中国人民在不同时代背景下的生存处境及其生活方式上的差异性。随着世界历史的发展，尤其是近代以来，在生产力集聚和全球交往不断扩展的情

中共中央文献研究室编：《十七大以来重要文献选编》（上），中央文献出版社2009年版，第235—254页）。改革开放至今，中国共产党带领中国人民在坚持社会主义性质的基本前提下结合世情国情，积极建构适合中国社会发展的现代性方案，如在经济层面将社会主义基本制度与市场经济相结合，在政治维度发展中国特色社会主义民主政治，在文化向度聚焦建设中国特色社会主义文化，等等。

①　有学者认为，"中国特色社会主义道路是中国共产党领导全国各族人民在社会主义建设的实践中探索、在改革开放的伟大实践中开创的强国富民的正确道路。中国特色社会主义道路不同于苏联模式，更不同于资本主义现代化模式，而是立足中国国情、符合科学社会主义基本原则的建设道路"（参见肖贵清、夏敬芝：《中国特色社会主义道路的原创价值》，《社会主义研究》2019年第4期）。

况下，不同道路的发展日益呈现为整体的趋势，中国道路的建设正是在这一整体中积极参与又保持独立。

第三，关于中国道路的建构意义问题。中国道路内蕴的建构意义主要表现在理论与实践双重向度上，同时这种建构意义得以顺利出场的前提是中国道路在社会现实领域的成功践行。首先，应当分析中国道路在现实领域是否取得了成功。要对这一问题进行回答，需要研究中国社会的现实发展状况。改革开放以来，中国社会飞速发展、综合国力显著提升、国际地位和影响力不断增强的客观事实充分表明，中国的现代化建设取得的举世瞩目的成就和"中国奇迹"的出现，很大程度上都归功于中国特色社会主义道路的引领。中国道路对产生"中国奇迹"具有巨大作用，"中国奇迹"是中国共产党领导并开创的中国特色社会主义道路所凝铸的历史结晶，没有中国特色社会主义道路这个"因"，必然无法结出"中国奇迹"的"果"。其次，具体分析中国道路的建构意义。在理论维度上，中国道路关于中国社会的发展方式构想、价值目标设想以及指导思想规定同时兼具特殊性与普遍性，能够为广大发展中国家的现代性方案构想提供一定的理论借鉴。在实践维度上，中国共产党带领中国人民在中国道路的指引下，立足世情和国情主动开展社会主义现代建设，解决了中国问题、创造了"中国奇迹"、推动了中国逐渐强大，为后发国家建构科学合理的现代性社会提供了参照范本。

中国道路在世界历史的进程中展现出自身的独特智慧和独立自主的发展战略，为实现东西方国家的和平发展以及道路建设的相互借鉴提供了经验启示，向其他发展中国家和民族展示了每个国家都具有不可代替和不可剥夺的发展权利，同时也彰显出以博大胸怀吸收人类优秀文明成果的重要意义。中国道路的现代性方案实现了对西方一元现代性叙事的超越，指明了发展中国家走向现代化的方向，为世界上那些既希望保持独立自主又希望加快发展的国家与地区提供了现实选择，为解决人类问题贡献了中国智慧和中国方案，为人类命运共同体理念奠定了坚实的实践基础。

与中国道路这一概念密切联系的现代性概念是一个复杂多变、开放包容的观念体系，与现代、现代化和现代主义等在本质内涵上相近、现实指向上相似。① 在内涵层面，"现代性"整体上指向现代时期或现代状况，本质上表征了"现代社会不同于传统社会的根本特质"②，因而现代性是"使现代成为可能的本性，是现代世界的实质、基础、核心，是现代世界围绕着旋转的中轴，是在本质层面、哲学高度标识现代社会的身份标签、文化符号"③。现代性意味着人类社会发展的进步指向，总体上表现为由农业社会向工业社会、自然经济向市场经济的转型④，但现代性的具体表现形式具有多样性，现代性社会的建构方式以及现代化进程的推动实践可以

---

① 现代性与现代、现代化以及现代主义等概念，从概念的书写形态上来看，它们拥有共同的词根，而在词尾处呈现出些许差别；从在实际文献的使用情况看，以上概念常被替换使用，似乎它们是一种内涵相通、界限模糊的话语表达。然而，考察以上概念的出场背景，可以发现它们之间虽然在本质内涵上相近、现实指向上相似，但却存在相对分明的界限规定。有学者指出，现代是一个比现代性、现代主义和现代化更加一般的概念，而现代性则指向现代时期或现代状况，现代主义表示一种社会思潮或文化运动，现代化代指实现现代性的一种过程（参见 M. Featherstone, *Consumer Culture and Post-modernism*, Sage, 1990, pp.3-12）。有学者也认为，"现代化是动态性的'因'，现代性则呈现为静态化的'果'"（参见陈嘉明：《现代性与后现代性十五讲》，北京大学出版社 2006 年版，第 37 页）。

② 韩庆祥：《现代性的本质、矛盾及其时空分析》，《中国社会科学》2016 年第 2 期。

③ 陈曙光：《中国道路开启现代性文明的新形态》，《江海学刊》2020 年第 3 期。

④ 参见韩庆祥：《现代性的本质、矛盾及其时空分析》，《中国社会科学》2016 年第 2 期。

并且应当呈现多元样态。正如有学者在总结中国式现代化进程时提出，中国不应该因循西方资本主义现代化社会的"旧路""老路"去探索中国的现代化方案，而应当明晰一个道理："现代性是多元的，没有'终极词汇'，不存在一元的现代性方案，中国新现代性的建构只能返回中国自身。"① 中国道路的建设在坚持各民族文明多样性和发展权利平等的前提下，清醒地意识到世界历史发展力量的变化趋势和探索自身建构力量的必要性。中国道路的自我建构一方面需要摒弃"西方中心主义"和普遍主义的价值观念，另一方面需要认识到把握中国道路建设的现代化任务不能仅仅依赖于对西方"抽象的普遍性"观点的批判，而更需要依据现实的历史实践与经验。中西方关于现代性的内涵规定具有一致性，即肯定现代性概念所表征的现代社会超越传统社会的本质特性，但在现代性的理论演进维度，中西方之间存在显著的区别。②

---

① 陈曙光：《现代性建构的中国道路与中国话语》，《哲学研究》2019 年第 11 期。

② 这种显著性的区别主要表现在三个方面：其一，相较于西方社会积极主动地展开现代性社会的建构进程而言，早期中国（主要是中国共产党带领中国人民探寻现代性方案之前）在推进建构现代性之时呈现出一种被动状态，缺乏创造性和主动性，亦步亦趋地跟随在西方之后，简单复制西方现代性建设的既有成果；其二，西方的现代性生发于资本主义经济发展态势良好、民主政治制度已然确立、理性思维方式盛行的现实环境之中，反观中国并不具备西方现代性的生发条件，资本主义经济畸形发展现状、与民主政治相对的封建专制统治根深蒂固、思辨理性精神的缺乏等社会现实境况决定中国现代化的开启与发展必将面临十分严峻的局面且异质于西方的现代化模式；其三，中国是一个历经几千年封建专制统治而具有物质与精神文明高度统一的国度，在西方国家先后展开资产阶级革命而步入民主现代化时代之时，中国的现代化建设事业则处于未知状态，直至西方资本主义国家殖民掠夺进程的开启，中国才被迫卷入现代化进程之中并缓慢地开启了现代性的建构历程，因而中国的现代化建设事业呈现出"历时性问题的共时性承受"的特质，即中国不得不压缩时间成本而在同一时间范围内建构和发展西方社会早已经历的启蒙

西方现代性的版本演化依次呈现出启蒙时期的初始现代性、工业化时期的经典现代性、后工业时期的后现代性以及现当代反思的现代性演进脉络。① 其中，经典现代性是西方现代性版本中颇为成熟也遭受批评的模式，其在现代生活世界呈现出经济上工业化、政治上民主化、社会上城市化、文化上世俗化、组织上多层化以及观念上理性化的整体生活面貌。② 由于西方发达资本主义国家在现代化进程中处于先发地位，现代性概念往往被用于指代西方发达资本主义国家的经典现代性方案，导致这种源于西方社会的经典现代性方案跨越了时间和空间限度，成为世界范围内推进现代化进程的蓝本。正如学者所指出的："现代性这一人类社会发展普遍的、整体

现代性和经典现代性，同时积极应对后现代性社会局部来临的事实（参见邹广文：《当代哲学如何关注"中国问题"》，《哲学动态》2013 年第 3 期）。

① 启蒙时期的初始现代性又称"启蒙现代性"，其以启蒙理性为指导，聚焦于彰显人的主体性特质和理性自由精神。启蒙现代性在彰显人文精神、消解封建秩序、打破神学桎梏等维度具有积极意义，而在推动社会主体摆脱封建制度以及神学桎梏的同时，却致使人类逐步陷入理性的绝对化窠臼之中。工业化时期的现代性被西方学者称之为"经典现代性"，这一现代性模式依旧推崇理性和人的主体性作用，以形塑资本现代性社会为核心目标，其推动西方社会飞速发展以及主要资本主义国家成为世界秩序的建构者、维护者。然而经典现代性是非辩证的，它片面追求经济的增长与科学技术的发展，忽视社会的全面进步，致使工具理性挤压价值理性、形式合理性与实质合理性相互对抗；另一方面极力推崇资本主义式的现代性方案，使得资本逻辑宰制人类社会和社会现实领域多种对立冲突的滋生与恶化。后工业化时期的后现代性可谓是经典现代性的"反题"，其诉诸解构主义的方式强调应当消解在经典现代性方案的引领下所塑造起来的一切建制和规定，主张差异、多元和个性。现当代的反思现代性也被称为第二次现代性或新现代性，其总体承认并基本肯定经典现代性在人类社会的现实建构领域所具有的正面价值，但也指出经典现代性模式存在固化、单一等弊端，强调应当在反思后现代性思潮、审视社会发展实际境况的基础上对经典现代性进行发展和完善。

② 参见童星：《现代性的图景：多维视野与多重透视》，北京师范大学出版社 2007 年版，第 85 页。

的机制，被西方自信满满地以'资本主义'的形象加以展示，'资本主义'貌似现代性的唯一蓝本和经典模式。"①然而，侵占他国资源和世界历史成果构成西方现代化进程的基本理念和总体姿态，西方国家始终将自身视为世界历史的中心并推崇其他国家对自身的依附。从世界历史中各国的现代化进程看，那些长期将西方现代化模式视为蓝本的发展中国家，错失了诸多发展机遇，丧失了自身生存的自主性，被排挤在现代化进程之外并陷入西方制造的理论陷阱和发展陷阱。审视西方现代性方案的历史演进脉络便可以明晰，即使推崇一元现代性叙事的西方社会，其现代性方案也历经了长期演变。

中国式现代化的探索历程与中国道路的演进脉络相互统一、相互促进。研究近代中国历史能够明晰中国道路是中国共产党带领中国人民在中国式现代化方案指导下以及在"改造世界"进程中所形成的独具中国特色且内蕴社会主义底色的发展道路，其在现实领域的成功推进表征了一种新的现代性文明的出场，因而中国道路的演进脉络是对中国式现代化探索历程的彰显。但是中国道路的探索实践历程在时间维度具体包括中华人民共和国成立至今的改革开放前后两个历史时期，中国的现代化探索萌发于19世纪中叶，二者在时间跨度层面存在一定差异。抛开时间维度的差异，中国道路与现代性方案之间在内涵指向上互通。相较于西方社会而言，中国的现代性事业颇为艰难复杂，先后经历了六次探索阶段，分别是"以器卫道的现代性之路""制度牵引的现代性之路""文化改造的现代性之路"，以及革命时期、社会主义建设时期和改革开放时期的现代

---

① 卢德友、杨士喜：《"中国道路"与新型现代性构建》，《天津社会科学》2019年第2期。

性之路，前三个阶段的现代性探索之路均以失败告终，后三个时期的探索之路则在整体上取得了成功。① 对此有学者指出革命时期出场的"《新民主主义论》是中国新现代性的标志性起点。该著关于中国进入了新民主主义革命阶段的论断，道明了中国现代性建构的立场：中国不是西方，不能遵循西方进路谋划中国的事"②。中国在现代化道路进程中已然认识到，以西方为中心的理论主张实则助长了西方发达资本主义国家对发展中国家和欠发达国家的"剥削"，这种"剥削"方式与殖民形式相比更加隐蔽，更具有迷惑性。发展中国家要想谋取独立自主的生存之道，必须树立独立自主的生存意识以及积累自身建构性力量。中国走出了和平发展的现代化道路，不仅在理念上超越了西方模式，而且在实践上突破了以西方为中心的发展桎梏。

党的二十大报告指出，"中国式现代化，是中国共产党领导的

---

① "以器卫道的现代性之路"是指以洋务运动为主要代表的现代化求索，一定程度上推动了近代中国现代化建设事业的发展，但因其尚未触及现代性的本质一度，因而最终以失败收场；"制度牵引的现代性之路"萌生于资产阶级改良派的维新变法运动、发展于资产阶级革命派的辛亥革命，改良派和革命派企图从制度层面入手以推进中国的现代化建设事业，实现制度现代化的要求是值得肯定的，但忽视中国长期的封建统治传统和民众的整体启蒙程度而简单引入西方的民主政治制度显然是不科学的；"文化改造的现代性之路"一定程度上触及到西方经典现代性的内核，但其缺乏科学理论的指导以及强有力的建构主体，且未能有效激发中国文化传统、现实国情等所内蕴的发展机遇，其与科学合理且适宜中国国情的现代性构想之间仍存在差距，因而在推动中国建设独具特色的现代性社会层面仍存在问题。革命时期、社会主义建设时期以及改革开放时期的现代性探索之路则内蕴推动中国打破西方一元现代性叙事的建构力量（参见陈曙光：《现代性建构的中国道路与中国话语》，《哲学研究》2019 年第 11 期）。

② 陈曙光：《现代性建构的中国道路与中国话语》，《哲学研究》2019 年第 11 期。

社会主义现代化，既有各国现代化的共同特征，更有基于自己国情的中国特色"，它是"人口规模巨大的现代化""全体人民共同富裕的现代化""物质文明和精神文明相协调的现代化""人与自然和谐共生的现代化""走和平发展道路的现代化"①。作为充分彰显中国特色的现代化模式，中国式现代化在人口基数多、涵盖范围广、物质与精神相统一、人与自然相协调、走和平发展道路的进程中，不断反思和修正西方现代化方案的限度与弊端，逐步消解西方的一元现代性叙事，最终创造人类文明新形态，成为影响人类文明进步的世界历史性理论与实践。中国式现代化探索之路内蕴建构的价值性，主要体现在理论上的社会主义底色和实践上的现代化发展新格局②。在理论向度上，中国共产党遵循马克思主义关于人类社会历史发展规律的科学论述，在批判性审视西方资本现代性社会整体情境的前提下，结合中国社会发展的基本国情和历史文化传统，主

---

① 参见习近平:《高举中国特色社会主义伟大旗帜 为全面建设社会主义现代化国家而团结奋斗——在中国共产党第二十次全国代表大会上的报告》，人民出版社 2022 年版，第 22—23 页。

② 笔者突出强调中国现代化的建构价值的同时，并不意味着忽视或否定西方现代性构想在人类社会发展进程中所具有的正面价值和积极作用。从社会历史发展的客观现实来看，西方现代性曾以一种超越前现代的革命意识彰显出巨大的进步意义，具体表现为传统社会向现代社会的迈进，生产力的发展和物质财富的丰富以及社会主体公民精神的养成等。马克思曾高度肯定资本主义现代性在历史发展上的突出功绩，即"资产阶级在它的不到一百年的阶级统治中所创造的生产力，比过去一切世代创造的全部生产力还要多，还要大"(《马克思恩格斯文集》第 2 卷，人民出版社 2009 年版，第 36 页)；然而，伴随西方现代化建设进程的推进，推行资本现代性方案的西方主要资本主义国家成为世界进程的主导者，他们秉持先入为主的优越感强行将资本现代性奉若圭臬并在全世界范围内强制推行，显然这是违背社会发展规律的，非理性的独断行为。因而，对待不论是中国还是西方的现代性方案都应当秉持客观公正的态度予以评判。

导开创了独具中国特色的现代化方案，这一方案以其社会主义底色打破了西方社会长期营造的资本主义现代化形象；在实践向度上，中国道路在社会现实领域的成功实践以不可争辩的事实宣告在东方世界出现了一种异质于西方资本现代性模式的中国现代性方案，消解了西方资本主义世界长期宣扬的一元现代性叙事，拓展了全球多元现代性格局①，在世界范围内"为发展中国家追求现代化提供了新的道路选择和参考方案。中国道路昭告世人，各国实现现代化的道路并非只有西方模式，还可以有其他道路或模式；社会主义现代化道路也不失为一种选择"②。中国式现代化对内积极争取独立自主的发展模式，对外秉持合作共赢、共同发展的价值理念，在与其他国家交往的过程中展现出超越"压迫人"的现代化模式，以所有人的自由发展为价值目标，在世界范围内建立起以全人类的生存和发展权利为中心的价值体系，在世界范围内建立起以全人类的生存和发展权利为中心的价值体系。

明晰中国道路和现代性的本质内涵、演进脉络及建构意义具有重要价值，能够帮助我们厘清中国道路为主要表征的中国的现代化方案对西方现代化模式的超越性。中国道路之所以能够超越西方现代化方案，主要原因在于领导主体、指导思想以及价值目标三个方面的进步性。

在领导主体上，中国共产党是中国式现代化的领导力量，在推

---

①　学界普遍对"中国道路的成功践行预示着西方一元现代性叙事的解体"这一判定持肯定态度，有学者明确指出中国道路的开辟与成功践行"打破了西方'一元现代性'的神话，丰富了世界'多元现代性'的历史"（参见张志勇：《一元现代性还是多元现代性：中国道路的价值观探析》，《云南社会科学》2014 年第 1 期）。

②　杨金海：《从世界潮流看中国道路的独特优势及其世界意义》，《江海学刊》2020 年第 3 期。

动中国现代化建设进程中发挥了主要作用。正是在中国共产党的领导和中国人民共同努力下，中国道路的基本建制才得以形塑，这一建制符合中国国情、便于发挥社会集体智慧并且运转合理且高效。中国共产党的领导之所以能够发挥决定性作用，是因为中国共产党是中国道路的真正探寻者、开创者与领航者，中国共产党的指导思想具有时代的引领性，中国共产党的奋斗目标具有可行性，"在中国道路的核心要义中，坚持中国共产党领导具有总体性地位与核心性作用"[①]。

在指导思想上，中国共产党领导中国人民坚定马克思主义的指导地位并在具体实践中予以创新，从而生发了中国化时代化的马克思主义理论成果，为中国式现代化的建构提供了科学理论的指导。现代化建设的主体因自身的历史传统而具备特殊性，现代化本身也是不断创造的探索性过程，必须坚定从主体自身的具体实践出发，在世界历史不断丰富的多领域交往活动中揭示现代化道路的多样性和发展路径的开放性，"人类社会现代化的发展道路不存在统一的道路模式，也不可能存在统一的道路模式"[②]。马克思主义对资本所主导的现代化的科学剖析为中国道路的成功实践提供了理论上的可能，在马克思主义的指导下，中国式现代化尊重现代化的一般规律，但要从中国国情出发，尽可能规避了西方现代化中已然出现的诸多弊病，既体现社会主义的要求，也反映中国进入新时代的特征，坚定不移地走中国特色社会主义的现代化道路。

在价值目标上，中国式现代化的根本目标是实现人的自由全面

---

① 韩庆祥:《论中国道路及其本源意义》,《中国特色社会主义研究》2020 年第 2 期。

② 戴木才:《论世界各国现代化的共同特征》,《思想理论教育》2023 年第 4 期。

发展，"作为以马克思主义为指导思想的社会主义国家，建立共产主义社会制度、实现人的自由全面发展是我们矢志不渝的奋斗目标"①。这一根本性的价值目标总体上表征了人与自然的和谐共生、人与人的和谐相处以及人自身的身心和谐，"是人类社会发展到真善美统一的最高境界与必然归宿"②，超越了西方现代性社会在资本逐利本性趋势下所极力追求的剩余价值最大化，以"人的逻辑"消解资本现代性社会所推崇的"物的逻辑"。建立共产主义社会制度、实现人的自由全面发展的价值目标，有助于科学引领中国式现代化的建构之路，并在新时代全面建设社会主义现代化国家的新征程中，中国式现代化必将在丰富和发展人类文明新形态的基础上不断开辟人类文明发展新境界。

二、"一带一路"国际合作：多元现代性格局的缔造

中国式现代化的成功推进打破了西方一元现代性叙事，彰显了与西方一元现代性叙事相对的多元现代性理论的现实合法性与建构可能性。党的二十大报告指出，"我们实行更加积极主动的开放战略，构建面向全球的高标准自由贸易区网络，加快推进自由贸易试验区、海南自由贸易港建设，共建'一带一路'成为深受欢迎的国际公共产品和国际合作平台"③。中国提出的"一带一路"国际合作展现出中国式现代化对发展中国家开展现代化建设的示范引

---

①　王宗礼：《中国道路的逻辑指向和主要内涵》，《江海学刊》2020年第3期。

②　刘同舫：《马克思人类解放思想论》，人民出版社2022年版，第211页。

③　习近平：《高举中国特色社会主义伟大旗帜　为全面建设社会主义现代化国家而团结奋斗——在中国共产党第二十次全国代表大会上的报告》，人民出版社2022年版，第9页。

领意义，对打破现存的"中心—边缘"式的世界秩序结构、建构全球多元化现代性格局、形塑以合作共赢为根本旨归的全球合作体系具有正面价值①。"一带一路"国际合作表征着经济全球化整体发展的缩影，涉及各领域的复杂交往过程，尤其是在经济和金融领域，激发了不同国家和地区的经济体的融合力量和发展特色，一定程度上构成了对既有全球现代性模式的超越性反思，为不同国家和地区之间实现平等交流和平衡发展提供全新的经济全球化理论体系和实践方式。在论及"一带一路"国际合作对于全球多元现代性格局缔造层面的积极意义时，有学者强调"一带一路"国际合作裨益于后发现代化国家认清西方"现代性方案"是"伪救世论"的真相，有利于世界经济行为主体相互协作、共同应对全球性危机；总而言之，"一带一路"国际合作为世界各国走出现代性困境提供了契机。②

"一带一路"国际合作及其建构实践与全球多元现代性格局的纵深展开之间具有双向互促的联结关系，即"一带一路"国际合作及其在世界范围内的建构实践能够有效地推动多样化的全球现代性事业的发展，进而愈加深入地展开全球多元现代性格局；全球多元现代性格局的形塑与强化则在消解西方资本主义国家所推崇的单一现代观念，提升"一带一路"国际合作建设主体的自觉意识、建构自信和实践热情等方面具有积极作用。然而，"一带一路"国际合作及其建构实践与全球多元现代性格局纵深展开之间具有双向互促

① "一带一路"是"丝绸之路经济带"和"21世纪海上丝绸之路"的统称。习近平总书记于2013年9月在哈萨克斯坦纳扎尔巴耶夫大学作演讲时，提出共同建设"丝绸之路经济带"倡议，在同年10月，其访问东盟国家时提出建设"21世纪海上丝绸之路"。

② 参见宋婧琳、张华波：《动机·行为·影响：国外学界"一带一路"研究综述》，《社会主义研究》2018年第2期。

的联结关系的结论，潜藏着超越时空界限的多元现代性格局客观存在的事实，其中关涉的是多元现代性何以可能的问题。"人类命运共同体理念因重视人类文化共同性的禀赋，尊重多元性文化的差异性特质，修正了西方文化中心主义垄断文化共同体生存的霸权性规则，因而形成了以'一带一路'为载体的新型的文化形态的人类命运共同体。"[1]"一带一路"国际合作的理念符合经济全球化的一般形式，在实践中积极塑造世界各国之间的关联性并全面构筑全人类的共享性，充分彰显人类命运共同体的价值旨趣，不断探索国家自身的治理与全球治理之间的适当协调和平衡，努力构建不同文明类型、不同国家、不同地域以及不同经济体的人类命运共同体。因而，在深入厘清"一带一路"国际合作及其建构实践与全球多元现代性格局纵深展开之间双向互促的联结关系之前，首先需要厘清在当今社会日趋复杂、日益重要的多元现代性问题，深入分析多元现代性的生成、演变历史及其基本内涵；随后进一步探究"一带一路"国际合作及其在世界范围内的具体实践对于全球多元现代性格局的深入展开所具有的积极作用。

多元现代性何以可能？这应该是需要明晰的首要问题。有学者指出："多元现代性如何可能与何以可能的问题，是一个事关中国特色社会主义之合法性与建设成败的问题。"[2]因而，必须走进人类

---

[1]　邵发军：《推动构建人类命运共同体的理论内涵与实践路径研究》，人民出版社 2021 年版，第 162 页。

[2]　赵士发、李燕：《多元现代性问题与中国特色社会主义道路》，《北京大学学报（哲学社会科学版）》2015 年第 5 期。还有学者指出，"现代性道路的多样性及其在理论上呈现出的多线论，是我们从学理上谈论中国道路的逻辑前提"。因而，必须事先厘清和证明多元现代性的真实存在才能进一步辨析"一带一路"国际合作及其实践对于多元现代性格局纵深展开的推动作用（参见王海滨：《现代性反思视角下的中国道路》，《文史哲》2020 年第 3 期）。

社会历史发展的深处，基于世界现代化建设的历史进程探究多元现代性的现实合法性及其建构可能性。对多元现代性何以可能的问题进行相对科学的回答，需要厘清多元现代性概念的生成和演变历程、具体内涵指向以及多元现代性的生发可能。

其一，在生成、演变维度上，多元现代性的提出和发展有其特定的社会文化根源，也是一个不断深入的理论性研究过程。就社会历史层面来说，20 世纪以来，亚非拉等地区相继摆脱了西方资本主义国家的殖民统治，实现了民族独立和人民解放。伴随诸多非西方国家的兴起以及文化多元主义的发展等，世界范围内出现了类型多样、各具特色的现代性社会的发展模式，这一社会现实能够消解西方中心论、社会趋同论、文明冲突论和历史终结论的窠臼，进一步强化非西方国家依循自身发展境况、独特的历史文化传统探寻现代化建设之路的自觉意识和内在自信。中国学者分别诉诸历史、哲学和文化等视角强调在研究多元现代性问题时必须重视中国的文化理性精神和现代化建构实践，明晰中国式现代化发展之路是探究多元现代性问题难以绕开的课题。多元现代性的观点是世界历史现实推演的积极成果，在实践中也成为世界范围内被广泛认可的公共意识。多元现代性在经济全球化的重新塑造上并非一个确定完成的理论框架与实践范式，而需要在全球性的问题与全人类发展的共同利益基础上展开持续性探索。现代性的理论内涵和实践方向将伴随全人类共同参与命运共同体构建的具体实践而不断丰富和多元延伸。多元现代性的生成与演变进程体现了历史延续性与现实开拓性的有机统一，在冲破以西方资本现代性为核心的单一现代观的统治层面具有重要意义。

其二，在具体内涵指向 ① 维度上，多元现代性主要是针对传统现代化理论所强调的以西方为中心的一元现代性观念而提出的，其倡导"现代性的多种模式"而非"多个现代性"，强调世界范围内的各个国家和地区可以依循自身的社会发展现状、历史文化传统以及主流意识形态，自主性地探索旨在建构现代性社会的现代化建设之

---

① 关于多元现代性的具体内涵指向问题，学界主要存在两种理解：一种是认为现代性是复数，在社会历史发展进程中存在多种现代性样态；另一种则表示现代性是单数，存在一个具有普遍性的、最低限度的现代性标准，但是实现现代性的道路却是多样的，因此多元现代性指涉的是基于特定现代性标准而展开的不同的现代化建设道路。笔者倾向于认同第二种观点，即多元现代性中的多元并不是现代性的多元而是特指建构现代性的具体建设道路或模式的多元。同时，中国学者依据世界尤其是中国现代化建设进程中涌现的社会进步与社会断裂之间复杂矛盾关系，提出了"复杂现代性"概念，强调"现代性"在空间、时间和内在结构上的特殊性、多样性和实现过程中的不确定性，在肯定它所呈现的农耕文明向工业文明转型的普遍趋势的基础上，强调它自身理念的演化和表达形式的多样化（参见冯平、汪行福、王金林等：《"复杂现代性"框架下的核心价值建构》，《中国社会科学》2013 年第 7 期）。西方学者吉登斯提出了"反思的现代性"概念，认为"随着现代性的出现，反思具有了不同的特征。它被引入系统的再生产的每一个基础之内，致使思想和行动总是处在连续不断地彼此相互反映的过程之中"（参见［英国］安东尼·吉登斯：《现代性的后果》，田禾译，黄平校，译林出版社 2000 年版，第 33 页）。乌尔里希·贝克提出了"第二现代性"概念，与启蒙理性时代的第一现代性概念相区别，旨在揭露科学技术渗透和制约政治、经济和文化等全部生活领域的实际现状以及现实人之日常生活陷入非确定性风险之中的事实，并提供了世界主义的理论构想，指出"世界主义的概念将一种理性的形态，区别于同他性进行社会交往的任何其他形式，尤其是那种等级化隶属形式、那种普遍主义和民主主义的同化形式，那种后现代的地方主义形式"，因而世界主义将开创民族与国家发展的新局面，为人类社会创设一种新的组织形态。相较于"复杂现代性""反思的现代性"以及"第二次现代性"等概念而言，多元现代性在全世界范围内获得了广泛认同（参见［德］乌尔里希·贝克、埃德加·格兰德：《世界主义的欧洲：第二次现代性的社会与政治》，章国锋译，华东师范大学出版社 2008 年版，第 16 页）。

路。国外有学者提出，现代性的演进史是各种现代性文化方案和不同现代品质的制度模式形成、发展和建构的过程。通过知识阶层的行动分子以及形形色色的各种活动宣扬对社会的自我认识与不同的现代性方案。① 国内学者也认为，"不同民族国家在实现文化现代转型时应该根据自身理性结构，创造与个人权利符合的新文化，形成多元现代社会"②。全球现代性的多元化发展趋势离不开多维合作类型和开放的构建方式。一元现代性对世界发展模式的掌控及其结构性缺陷难以通过自我调整得到有效改善，在此情势下实行的全球治理体系也难以有效应对新的挑战与时代课题。多元现代性的方案有利于更新人们审视社会形态的方式和思路，从而营造更加公平和均衡的新型经济全球化环境。多元现代性关涉的并非本体论意义上的世界终极问题，而是指向具体的人类社会的"应然"，即应当建设什么样的现代性社会以及如何建设现代性社会的道路选择问题。③

---

① 参见 [以] S.N.艾森斯塔特：《反思现代性》，旷新年、王爱松译，生活·读书·新知三联书店 2006 年版，第 91—92 页。

② 金观涛、刘青峰：《多元现代性及其困惑》，《二十一世纪》2001 年 8 月号，第 27 页。

③ 有学者指出，学界在理解多元现代性问题时常常陷入本体论和方法论的双重误区：一是将多元现代性问题作为一个本体论问题去看待，将其分解为本体论意义上的"一与多"的关系，从而以二元对立的思维方式去看待东西方不同的现代性；二是在方法论上混淆了普遍规律与特殊道路的关系，将二者不加区别地等同起来。在本体论层面，若坚持一元论原则谈论多元现代性问题，则会陷入片面推崇东方或西方的现代性是唯一的认识窠臼，否定多元现代性的现实存在与发展可能，"西方中心论""历史终结论"是一元论的典型样态；如果秉持多元论原则探讨多元现代性问题，便会陷入保守主义和民族主义窠臼，认为社会历史进程中存在的诸多现代性之间是相互独立、截然不同的，致使多元现代性问题愈加神秘复杂。在方法论层面，历史唯物主义理论科学地揭示了人类社会的发展规律，即生产力与生产关系、经济基础与上层建筑之间辩证发展规律对人类社会形态的决定性影响以及人类社会从原始社会、奴隶社会、封建社会到资本主义社会与未来共产主义社会的演进

其三，在多元现代性的生发可能层面上，有学者明确指出，"无论基于经验观察还是理论分析，现代性道路都是'多'而不可能唯'一'"①。多元现代性并不是一种唯心式的主观构想，而是现代性在全球范围内扩张所呈现的历史事实。西方主导的现代性在世界范围内的广泛传播一定程度上推动了非西方国家独具特色的现代性方案的生成与建构，并由此催生出"原生的现代化""诱发的现代化"和"西方现代化"等概念，这些具体的概念表征多元现代性客观存在的事实。在瞬息万变的全球背景和不断创新的人类社会发展路径下，多元现代性的生成旨在将多维度的世界置于多样交流的框架中进行联动和互通，有助于形成对世界各国都更为均衡普惠的全球性治理和发展话语，打破一元现代性对世界各国多元现代化发展景观的遮蔽和压迫。审视全球现代性的历史进程可以发现，多元现代性之所以能够不断地生成和发展，其主要原因在于一元现代性负面效应的不断显现、非西方国家现代化建设实践的成功开展以及多元文化的现实存在和互鉴交流②。

进程。值得注意的是，马克思主义经典作家揭示的是人类社会发展的普遍性规律，并没有规定社会建设的具体道路模式，世界范围内的国家与地区可以依据自身发展的实际情况确定现代化建设道路的具体样态（参见赵士发、李燕：《多元现代性问题与中国特色社会主义道路》，《北京大学学报（哲学社会科学版）》2015 年第 5 期）。

① 王海滨：《现代性反思视角下的中国道路》，《文史哲》2020 年第 3 期。

② 国内外学界关于多元现代性生发可能的分析相对丰富且内蕴合理性。在国内学术界，有学者从"对西方国家单一现代观之负的结构面的反思""全球史观的兴起与兴盛"和"发展中国家现代理念的出场"的层面出发，具体分析多元现代性的生发缘由（参见任剑涛：《单一现代观抑或多元现代观：对峙与调和》，《武汉大学学报（哲学社会科学版）》2018 年第 1 期）。还有学者将多元现代性的生发原因归结为六大方面：其一，自现代性生发之际，其在欧洲各国便具有不同内涵；其二，现代性是在具体的历史处境中形成和发展的，因而不能脱离社会发展的基本情况而将其理解为一种抽象的原理、价值或核

  首先，西方资本主义国家所推崇的一元现代性在世界范围内的强制扩张引发了诸多负面效应，这些负面效应的持续性累积与爆发推动了多元现代性的生发与演变。一元现代性所催生的负面效应在全球化时代呈现为资本主义现代理性统辖的"虚假的共同体"及其抽象对立的价值体系。"虚假的共同体"中现代人的生活状态越发暴露出"'单向度的人'与'陌生人'社会之间的病态关系，全球现代性的危机在深层次上指向人类前途命运和人的生存危机"①，表现为资本逻辑主导下的殖民侵略战争、罪恶的黑奴贸易、全球经济危机、生态环境恶化以及现代世界的霸权秩序、公共道德的缺失和不同文明之间的对立冲突等。一元现代性的负面效应促使西方学者产生强烈的历史羞耻感与道德共鸣心，西方学者开始反思一元现代性方案的历史限度，逐步肯定非西方国家对全球现代性建设事业的积极作用。诸多非西方国家也逐渐产生重构"现

心范畴；其三，西方现代性本身存在深刻问题；其四，世界各国尤其是非西方国家的历史文化传统存在差异；其五，非西方社会与西方社会之间的冲突日趋激烈，诸多非西方国家致力于寻求新的民族认同；其六，多元现代性作为一种研究范式有其特殊的优势性（参见方朝晖：《多元现代性研究及其意义》，《马克思主义与现实》2009 年第 5 期）。在国外学界，有学者诉诸比较研究的方法，在分析现代性形成和传播历史、轴心文明以及受冲击文明（具体指向备受西方主要资本主义国家强制统治的殖民地区）多样性特质和现代性中心持续转换等历史事实的基础上，具体阐述了多元现代性的生发可能性和建构合法性；还有学者基于儒家文化传统论述了多元现代性的现实可能性，认为"儒家的东亚能在不彻底西化的情况下成功地实现现代化，清楚表明现代化可以有不同的文化形式。因此可以设想，东南亚可以实现它自己的现代化，既不是西方化的也不是东亚化的……没有理由怀疑拉丁美洲、中亚、非洲以及世界各地固有的传统都有发展的潜力，从而形成自己的有别于西方的现代性"（转引自林聚任：《论多元现代性及其社会文化意义》，《文史哲》2008 年第 6 期）。

  ① 刘同舫：《全球现代性问题与人类命运共同体智慧》，《福建论坛（人文社会科学版）》2019 年第 9 期。

代"历史的强烈意欲，并在这种意欲驱动下展开现代性建构实践，从而破除由西方资本主义国家主导的世界秩序结构，消除日趋严峻复杂的全球性问题。世界各国根据自身发展要求而构建的现代化道路及其实现程度的不断提高，并不意味着一元现代性或西方资本逻辑的支配情势完全消除。当今全球化进程中的现实困境除了表现为资本主义与社会主义之间的冲突，还体现在经济、政治、文化和生态等多个方面在相互交织中产生的复杂性危机，这要求世界各国在现代化进程中积极探索创新发展的路径。一元现代性所衍生的负面效应引起了非西方国家高度重视，已在一定程度上推动了多元现代性的发展。

其次，非西方国家现代化建设实践的成功推进是多元现代性得以发展的重要原因之一。第二次世界大战结束以来，亚非拉地区的民族国家相继实现了民族独立和人民解放，渐次开启了具有自身特色的现代性建设事业，具体表现在自主开展现代化发展道路的选择与构设、重视民族国家历史的重建以及政治经济体制的重构等方面，整体上推进了全球多元现代性格局的纵深性展开 ①。在开展现代性建设的诸多非西方国家中，中国道路的生发、建构与发展最具

---

① 有学者认为，"当为数众多的前殖民地在第二次世界大战后纷纷赢得独立时，第三世界的历史学家们便从各自的民主立场出发，着手编写本国的历史。"然而"只有这些历史还是不够的……一部合成一体的第三世界历史或许为第三世界人民所急需"（参见 ［美］斯塔夫里阿诺斯：《全球分裂：第三世界的历史进程》（上册），王红生等译，北京大学出版社 2017 年版，第 15 页）。第三世界国家基于自身现代历史发展进程所建构的民族国家历史必将解构由西方发达资本主义国家主导的"现代"历史的叙事模式和主体内容，进而助力于全球多元现代性格局的展开。

代表性①，中国道路引起各个国家的广泛关注，被视为对西方民主模式和新自由主义经济模式的超越，深刻影响国际秩序的未来走向。中国人民在中国道路的引领下，坚定不移地坚持社会主义方向，紧密结合世界发展大势和中国发展现实，在充分汲取中华优秀传统文化、积极借鉴西方现代化建设成功经验的基础上，积极推进中国的现代化事业，形塑了内蕴中国特色的民主政治制度、社会主义市场经济体制以及多元文化结构，从而成功地冲破了西方世界倡导的以资本主义为主要表征的资本现代性的统治格局，推动了全球多元现代性格局的展开。中国构建的现代化道路打破了西方一元现代性的发展理念，在覆盖面上注重把握不同领域的均衡发展和整体融合；在价值目标上超越了西方现代化模式，不断实现生产力的发展与人民实现美好生活和自由劳动的内在需要相契合。

最后，多元文化的现实存在和互动交流是推动现代性多样化发展的另一重要原因。从起源、发展的历史进程来看，文化一直以多元样态而存在，"人类社会自形成以来，便形成多元的文化现象。人类文化是在物质世界的基础上创造和发展起来的，世界各地不同的生态环境形成不同的文化体系"②。文化以多元样态存在的同时，也处于一种动态的融合交流现状中，多元文化主体之间的对

---

① 当今世界，非西方国家为有效开展现代性事业而构建的现代化模式主要有印度模式、中国模式等；在世界范围内，较为经典的现代化模式还包括美国模式、西欧模式和日本模式。在诸多现代化模式中，"中国模式"能够以其领导主体的先进性、指导思想的合理性以及价值目标的科学性，在全球化进程持续深入、现代性事业不断推进的世界发展大势中助力中国人民始终保持清醒的头脑、理性的思辨开展具有中国特色的现代性的建构实践，避免陷入西方主要资本主义国家为维护其世界中心地位而极力推崇资本现代性之唯一合法性的认识误区。

② 何星亮：《文化多样性与文明互补》，《中山大学学报（社会科学版）》2007 年第 3 期。

话，不是建立在单纯意愿基础上的立场表达，而是源于相互了解、相互尊重与相互承认的真实行动。文化多元发展是当前构建人类命运共同体的基本属性，这要求人们不仅需要尊重不同民族国家的文化差异性及其生产过程，而且需要密切关注在此过程中产生的问题并提出制度性建议。多元文化的共存是针对文化差异性而提出的文化理念，文化的差异性和多样性生存一般需要可靠的制度和稳定的环境予以保障，但如果不能适应不断更迭的经济全球化现实，文化的差异性也将失去有效存活的权利。多元文化共存理念肯定了文化的多样形态对全球现代社会复杂性的内在规定，为保证文化差异性和多样性发展提供稳固的理论价值资源。基于静态视角分析，多元文化的现实存在为多元现代性发展提供了合理依据，即多样的"民族文化自觉催生了多元现代性的文化选择，促使各国根据民族文化特质选择适合自身的现代性设计"①；基于动态视角分析，不同文化的互动交流为现代性的多样化发展提供了动力源泉，因为不同国家或地区在文化交流互动的过程中必然能够推动多种现代性构想模式及其建设经验的传播，进而助力于全球多元现代性格局的纵深发展。

在明晰多元现代性何以可能的问题之后，需要进一步追问"一带一路"国际合作与全球多元现代性格局之间双向互促的联结关系。"一带一路"国际合作作为构建人类命运共同体的基本平台，秉持中国式现代化的辩证性思维。"一带一路"既关切自身利益又关乎世界的整体发展，在实践过程中拒斥和消解对一元现代性蕴含的强制性和同质性特征，以此表明参与国家的多元化身份与其自身现代

---

① 邹广文、张九童：《"现代性"的文化解读》，《社会科学战线》2019 年第 6 期。

化建设多维度结构高度统一的内在逻辑。一方面，"一带一路"国际合作及其建构实践能够有效推动全球多元现代性格局的展开，因为"一带一路"国际合作及其建构实践能够有效推动全球多元现代性格局的展开，其原因在于"一带一路"国际合作及其建构实践能够破除西方世界主导的以维护资本主义国家政治经济利益为核心追求的现存世界秩序，为广大发展中国家推进自身现代性事业提供相对开放包容的环境和平等公正的机遇，进而推动多元现代性格局的深入展开。[1]中国作为"一带一路"国际合作的主要倡导者和建设者，成功建构了独具中国特色且始终保持社会主义底色的现代性模式，在推动现代化建设、建设现代性事业等方面具有独到的建设体悟和丰富的历史经验。中国能够诉诸"一带一路"国际合作，与共建国家分享自身成功的现代化建设经验，为推进多元现代性的建构贡献中国智慧和中国力量。[2]对于"一带一路"国际合作沿线的其他国家和地区而言，他们期待分享中国机遇与中国方案，以推动本国历史和文化的传承与复兴，解决本国面临的发展难题。另一方面，全球多元现代性格局的纵深展开将进一步推动"一带一路"国际合作从一种理论性战略方案发展转变为"共商共建共享"的世界性行动。

---

[1] "一带一路"国际合作坚持开放包容，是一个跨区域的开放性大框架；倡导开放合作，是"源自中国，属于世界"的新型国际公共产品；着眼开放发展，体现了历史经纬、现实需求与未来愿景的交汇统一；其不仅有助于实现中国新常态下民族复兴的伟大壮举，也将为沿线国家发展提供宝贵的中国经验和中国智慧（参见汪长明：《"一带一路"倡议的开放性》，《国际观察》2018 年第 6 期）。

[2] 中国的现代化建设事业之所以能够推动全球多元现代性格局的展开，成为一种区别于资本主义现代化的"另类现代化"。有学者指出，"中国的现代化不能简单地看作是为了中国的富强，它基本上是中国寻求新的文明秩序的一个历史过程"（参见金耀基：《中国现代化的终极愿景：金耀基自选集》，上海人民出版社 2013 年版，第 73 页），中国为世界推进多元现代性的建构贡献的中国智慧是全方位的。

多元现代性格局的展开能够帮助现代化事业的参与者树立一种自觉意识：自觉谋求现代化发展之路、自觉关注全球现代性建构的现实状况和发展前景。"一带一路"国际合作作为一项旨在改善全球治理现状、深入推进经济全球化进程、开辟人类发展新道路的国际性战略举措，必将引起参与者的高度关注和建设热情。

"一带一路"国际合作作为中国首先提出的国际性战略方案，其遵守联合国宪章精神与和平共处五项原则，旨在消解西方以资本主义现代性为核心的一元现代观、帮助世界各国走出现代性困境、助力人类社会整体进步。"一带一路"国际合作致力于构建以维护全人类共同利益为价值目标的人类命运共同体，以不可争辩的历史事实证明其有效地推动了世界现代化事业的发展和全球多元现代性格局的展开。在探索全新的全球治理话语体系和维护全人类共同利益的实现路径中，"一带一路"国际合作不仅在认识论层面上展示出新的理论框架，而且蕴含了本体论层面的生存和发展逻辑，在坚决抵制零和博弈的游戏和意识形态的站队行为过程中，将不同国家在旧的国际秩序和一元现代性发展背景下所产生的对立关系转化为相互交流、互为支撑的合作发展关系。从实际成效看，"一带一路"国际合作已经积累了丰富硕果，"带来的是不同文化的相互交流与联通，把平等对话与互利共赢视为'黄金法则'，只有'民心相通'才能带来互利共赢的价值共识，这是'一带一路'倡议实施的民心基础"①，成为全球国家广泛参与的国际合作平台和广受欢迎的国际公共产品。"共商共建共享"原则得到广泛认同，大批互联互通项目成功落地，给各国带去了满满的发展机遇。

---

① 邵发军：《推动构建人类命运共同体的理论内涵与实践路径研究》，人民出版社 2021 年版，第 71 页。

三、人类解放思想的实践：人类命运共同体的牵引

人类解放是引领人类社会的根本性目标，对推动社会发展和人类文明进步具有正向的引领性价值，中国作为社会主义国家始终致力于将马克思的人类解放思想贯彻于国内的社会建设与国际的对外交往之中，为推进人类解放探索出新的实践方案与实施路径。中国推动人类解放的当代实践对构建人类命运共同体具有强大的牵引力量，为人类命运共同体的发展奠定了深厚的实践基础。

人类解放是自古以来哲学家共同追寻的价值理想，古希腊时期柏拉图构思的理想国家图景、法国启蒙思想家卢梭的平等社会构想、德国古典哲学家康德的"伦理共同体"设想、青年黑格尔派代表鲍威尔对政治解放的理论阐述、空想社会主义者的社会蓝图规划以及马克思对"真正的共同体"的阐释与追寻都渗透人类解放的价值诉求。古往今来哲学家对解放目标与解放路径的构想十分丰富，其中符合社会历史发展规律、关切全人类共同利益，致力于实现人类总体解放的科学理性构想则是马克思的人类解放理论。

中国作为以马克思主义为指导思想的社会主义国家，始终围绕人类解放这一目标积极谋划社会发展与推动社会文明进步，不断推进中国现代化道路的理论与实践、创新性提出"一带一路"国际合作。中国积极推进马克思人类解放思想在当代的发展与实践，"一带一路"国际合作以及中国道路等共同服务于人类解放的价值目标，实现了人类解放思想的具体落实。[①]与"西方中心主义"强调由发

---

① "中国模式"是动态发展的社会主义道路，是马克思人类解放思想的现实运用，证实马克思人类解放思想的科学性和真理性，同时人类解放的实现需要经历一个漫长的历史过程，政治解放、经济解放和人自身的解放贯穿其中；因而中国道路对践行马克思的人类解放思想方面具有重要意义 [参见刘同舫：《马克思人类解放阶段论》，《福建论坛（人文社会科学版）》2008 年第 5 期]。

达国家到发展中国家、由西方中心到周边国家的同质性逻辑相对，
"一带一路"国际合作倡导各国之间形成嵌入式的协作模式，有助
于促进不同领域的要素与资源在世界范围内形成更加开放包容的流
动，这也与经济全球化突破固有的现代性框架而实现全面发展的需
要相符合。考察马克思的人类解放思想及其在当代的现实展开，探
究人类解放的新实践与人类命运共同体之间的内在关联，可以明晰
马克思的人类解放思想及其当代实践为人类命运共同体理念提供了
思想牵引力和现实实践基础。

　　人类解放在当代语境中的必要性，是考察中国推进人类解放的
现实实践及其对人类命运共同体奠基作用的前提。人类解放何以必
要的问题不仅指向马克思为何高度重视人类解放问题，而且具体指
向当今世界的人类社会何以需要人类解放问题。人类解放主题是马
克思一生活动的轴心问题，他本人参与的社会活动和从事的学术研
究无不围绕着人类解放这一核心主题而展开。回答人类解放何以必
要的问题，需要在理论层面分析马克思的人类解放思想，在现实层
面剖析人类生存发展的现实境遇，进而深入明晰"人类解放是一种
具有非凡崇高性与实践性的人类理想，达到这样一种'自由人联合
体'的历史状态是人类一直以来孜孜不倦的追求"[①]，全球的现代化
发展仍然应当将人类解放视为根本性的目标愿景。学界也普遍认
为，马克思的精神实质就是对人类解放的追求，"人类解放范畴是
马克思全部理论的出发点和归宿点的统一"[②]。在马克思人类解放的
理论逻辑中，资本主义并非仅仅被抽象地批判和解构，而是被充分

[①] 刘同舫：《自由全面发展：人类解放的最高境界与必然归宿》，《江汉
论坛》2012 年第 7 期。

[②] 高文新主编：《马克思理论基本范畴研究》，吉林大学出版社 2007 年
版，第 412—413 页。

肯定了其在社会历史进程中的合理作用；资本主义必然灭亡的客观规律也是从人类社会演进的一般历史规律中推论而出的，人类解放是在社会化大生产基础上所展现出人类社会发展的可能性。因而，我们不能仅仅从政治或经济等某一领域的视角理解马克思的人类解放，而且要关注"现实的人"及其具体生活实践得以高度发展的客观条件和主体性。

人类解放在当代语境中何以必要？这一问题需要明晰马克思人类解放思想的内涵指向与生成背景。厘清人类解放思想的本质内涵，有利于我们把握人类解放思想所蕴含的人类社会建构目标在当今世界依旧具有引领作用；明晰马克思人类解放思想的生成背景，有利于我们将 21 世纪的社会发展现状与马克思建构人类解放思想之际的社会现实境况展开整体对比，从而进一步明晰人类解放何以必要的问题。

就内涵指向而言，人类解放指涉所有人在全部社会生活领域的总体解放，即共产主义社会的成功建构以及人的自由全面发展的真正实现。关于实现人类解放目标的社会现实状态，马克思、恩格斯曾在《德意志意识形态》中进行了描述："在共产主义社会里，任何人都没有特殊的活动范围，而是都可以在任何部门内发展，社会调节着整个生产，因而使我有可能随自己的兴趣今天干这事，明天干那事。"① 人类解放思想贯穿于马克思整个哲学与政治经济学的理论研

---

① 《马克思恩格斯文集》第 1 卷，人民出版社 2009 年版，第 537 页。基于马克思经典著作审视其人类解放思想从提出、发展到完善的演绎进程，可以明晰他曾在《德法年鉴》时期明确提出人类解放这一范畴，即"彻底的革命、普遍的人的解放，不是乌托邦式的梦想，相反，局部的纯政治的革命，毫不触犯大厦支柱的革命，才是乌托邦式的梦想"（参见《马克思恩格斯文集》第 1 卷，人民出版社 2009 年版，第 14 页）。"只有当现实的个人把抽象的公民复归于自身，并且作为个人，在自己的经验生活、自己的个体劳动、自己的个

究过程，与其对资本主义社会的本质及其生产发展规律的揭示与批判是同一过程，蕴含于其思想的逻辑起点、论证过程和价值旨归之中。人类解放是不断发展的历史进程，在这一进程中人逐步从自然物的束缚中、从资产阶级的社会关系中以及人自身的异化劳动中解放出来。总体而言，人类解放指向一种尚未实现的人类生活的理想状态，为人类社会发展与文明进步提供了价值目标向度的根本遵循。

就生成背景而言，人类解放思想的萌发具有深厚的理论渊源。在黑格尔以及青年黑格尔派等的影响下，马克思将人类解放的主题纳入自己的研究视域。通过对黑格尔政治哲学的批判继承，实现了其政治思想乃至全部思想发展的转折，这一思想转折具体表现为：马克思得出"市民社会决定国家和法"的结论，并在对市民社会进行初步探索的基础上，阐释了政治解放的限度，提出进行社会革命、实现人类解放的目标。① 从《博士论文》到《德意志意识形态》，马

体关系中间，成为类存在物的时候，只有当人认识到自身'固有的力量'是社会力量，并把这种力量组织起来因而不再把社会力量以政治力量的形式同自身分离的时候，只有到了那个时候，人的解放才能完成"（参见《马克思恩格斯文集》第 1 卷，人民出版社 2009 年版，第 46 页）。马克思结合共产主义、人的自由全面发展以及"自由人联合体""真正的共同体"等对人类解放展开了科学阐述，指出人的自由全面发展是人类解放的最高境界和逻辑归宿，"共产主义新社会将是这样一个联合体，在那里，每个人的自由发展是一切人的自由发展的条件"（参见《马克思恩格斯文集》第 2 卷，人民出版社 2009 年版，第 1—2 页）。进一步强调"共产主义对我们来说不是应当确立的状况，不是现实应当与之相适应的理想。我们所称为共产主义的是那种消灭现存状况的现实的运动。这个运动的条件是由现有的前提产生的"（参见《马克思恩格斯文集》第 1 卷，人民出版社 2009 年版，第 539 页）。

　　① 参见郁建兴：《从政治解放到人类解放——马克思政治思想初论》，《中国社会科学》2000 年第 2 期。费尔巴哈的人本学、人类学思想对马克思人类解放的理论思路、理论意图的形成带来了深刻影响，使马克思人类解放理论的创立站在了新的哲学平台上（参见刘同舫：《马克思的解放理论与费尔巴哈的人本学及人类学》，《学海》2016 年第 1 期）。

克思对人类解放问题的思考大致经历以下几个阶段：通过分析伊壁鸠鲁对原子偏斜运动的探讨，提出自我意识的解放；在费尔巴哈和赫斯的影响下，形成人的总体解放的观点；在形成唯物史观之后，发现资本主义社会内部无法克服的内在矛盾，从而揭示社会历史层面的现实解放。① 关于人类解放的历史进程，马克思强调任何"现实的人"都是处在一定社会关系中的实践和认识主体，因而人自身的解放应该依靠实践的社会性和主体性。马克思认识到无产阶级的"自在"运动不能产生科学社会主义和解放理论，但认为无产阶级科学世界观的树立可以奠定无产阶级"自为"运动的理论基础，同时可以推动全世界无产阶级为实现人类解放而展开的伟大斗争。西方社会的自由主义、理性主义传统以及哲学家们对自由问题的关注与研究都为马克思发现并重视人类解放问题创设了不可或缺的人文社会环境。就现实背景而言，马克思的人类解放思想深深扎根于资本主义社会生活，是对资本主义现代化模式弊端的省思与超越方案。资本主义社会的现代化实践催生了诸多人类生存与发展危机，致使人们处于一种"异化"状态，消除危机、消解异化的期待促使马克思愈加关注人类解放的价值诉求。② 马克思曾在《1844 年经济学哲学手稿》中阐述了其所设想的消解异化状态的实践路径，"共产主义

---

① 参见董全平：《自由、解放与共产主义——从〈博士论文〉到〈德意志意识形态〉的马克思人类解放逻辑》，《山东社会科学》2018 年第 2 期。

② 马克思通过考察资本主义社会中人类的现实生存境遇，发现在以现代性和资本逻辑为主要表征的人类生存格局中出现了人与自然、人与社会以及人与自身的三重困境：人与自然之间由于价值对立导致在物质变换过程中断裂；人在物化的社会关系中丧失了现实生活的丰富内容；人的身体被资本"遮蔽"分化为工具性和欲望性的身体；并从克服这三重困境的角度论证了人类解放的必要性（参见刘同舫：《人类解放何以必要——马克思以人类生存境遇为着眼点的论证》，《社会科学家》2015 年第 10 期）。

是对私有财产即人的自我异化的积极的扬弃，因而是通过人并且为了人而对人的本质的真正占有；因此，它是人向自身、也就是向社会的即合乎人性的人的复归，这种复归是完全的复归，是自觉实现并在以往发展的全部财富的范围内实现的复归"①。马克思希冀通过人类解放思想号召并指引广大无产阶级建立"自由人联合体"或"真正的共同体"，促使共产主义从一种理想状态发展蜕变为一种社会现实，消除资本主义社会中不断衍生和激化的人与自然、人与社会以及人与自身的困境与矛盾，从而真正实现人的自由全面发展。

从当今世界现代化境遇的整体状况来看，人类解放思想仍然具备指导意义和建设活力，是需要全人类为之不懈奋斗的根本性价值目标。马克思对人类社会生产方式和生活状态演变规律的揭示，奠定了人类解放的生活逻辑基础，展现出人类解放与社会发展的历史一致性，即人的解放实践内生于社会生产及其形态的历史性演变之中。实现人的解放——人的全面而自由的发展目标，离不开人们共同生产和生活能力的发展，人类社会生产的发展蕴含着个人自由与解放的内在价值规定和尺度。不可否认，自马克思在 19 世纪提出人类解放的目标以来，人类社会已然在漫长的发展进程中发生了巨大变化，如自由民主制度不断巩固和完善、生产力发展水平不断提高、全球多元文化格局日趋发展等。然而，与社会现实领域的诸多进步相对，愈加复杂尖锐的全球性问题不断生成和爆发，人类仍然遭受资本的统治并处于"异化"的状态。当今人类社会总体上依旧处于以"物的依赖性"为特征的社会形态。西方主要资本主义国家仍是世界秩序结构的主导者，资本物化的社会关系影响并控制人类社会的发展进程，广大人民群众为了满足基本生活需要仍然困囿于

---

① 《马克思恩格斯文集》第 1 卷，人民出版社 2009 年版，第 185 页。

资本与劳动的矛盾之中。因而，为全部人类生活领域的总体解放提供物质与精神支撑的"自由的人联合体"仍是一种理论向度的美好设想，人类社会处于政治解放迈向人类解放的过渡阶段。不论是现实生活维度，还是心理精神领域，现时代的人类依旧处于一种被控制、被影响的"异化"状态。可以说，马克思对人类社会发展规律的揭示以及对未来人类社会现状的预判对于当今世界的发展境况而言并没有过时，其人类解放思想同样能够超越时空界限而在 21 世纪历久弥新，其所内蕴的人的自由全面发展诉求依旧是指引人类社会发展进步的根本价值指南。

在明确人类解放主题在当代的合法意义与现实必要性的基础上，需要进一步探究，中国式现代化在何种意义上为人类解放的实现提供了新的实践途径，这些实践如何进一步为人类命运共同体理念提供了实践基础和巨大牵引力。研究马克思的人类解放思想便可发现，他本人曾对如何实现人类解放的价值目标展开了实践路径向度的基本构想，主要表现为以变革上层建筑为直接目标的暴力革命路径、聚焦革新和完善生产关系的改革创新路径以及致力于推动生产力发展的科技革命路径。[①]"在马克思看来，受社会历史条件的制约，人类解放并不是能够一蹴而就的历史活动，它需要经历不同层次与阶段的历史发展，因此人类解放将具体地内化为政治解放、社会解放和劳动解放等向度的解放形式。"[②] 以马克思的人类解放思想为指导，中国对人类解放思想的实践探索一方面继承了马克思追求人的全面自由发展的基本诉求与主题思路，另一方面在准确把握具体实际的

---

① 参见袁杰:《马克思人类解放理论的实践路径》,《江西社会科学》2016 年第 10 期。

② 刘同舫:《马克思人类解放理论的叙事结构及实现方式》,《中国社会科学》2012 年第 8 期。

基础上扬弃马克思所提出的人类解放的实现路径，创新性提出新的实践方案，为实现人类解放的价值目标提供了全新的路径选择。在世界历史不断推进的实践进程中，中国始终扮演着人类共同利益的维护者、全球治理体系和国际秩序的建设者和全球各领域共同发展的推动者。中国在世界历史中的地位及其贡献，驳斥了由西方发达资本主义国家支配的全球治理体系必然走向霸权和威胁的现实，为在经济全球化进程中寻求独立自主发展权利的国家提供了全新选择。

马克思人类解放思想在当代的实践为人类命运共同体理念奠定了基本的价值遵循，提供了巨大的理论牵引力。以人类解放为价值目标，人类命运共同体理念强调"休戚与共""和而不同"，注重维护和发展全人类的共同利益、建构全人类的共同价值。从马克思的相关论述来看，人类解放目标的实现必然要经历一个漫长的历史过程，并且需要相应的社会条件。马克思曾明确强调人类解放的实现需要物质和精神层面的支撑，"只有在现实的世界中并使用现实的手段才能实现真正的解放"，"在像德国这样一个具有微不足道的历史发展的国家里，这些思想发展，这些被捧上了天的、毫无作用的卑微琐事弥补了历史发展的不足，它们已经根深蒂固，必须同它们进行斗争"①。社会物质条件的成熟对于人类解放的实现至关重要，"我们讲社会主义是共产主义的初级阶段，共产主义的高级阶段要实行各尽所能、按需分配，这就要求社会生产力高度发展，社会物质财富极大丰富"②，共产主义社会将是物质财富极大丰富、人民精神境界极大提高和每个人自由而全面发展的社会。在马克思人类解放思想的引领下，生产中物质条件的积累和思想上价值共识的形塑

①　《马克思恩格斯文集》第 1 卷，人民出版社 2009 年版，第 527 页。
②　《邓小平文选》第三卷，人民出版社 1993 年版，第 63 页。

为人类命运共同体理念提供了实践基础。

中国致力于推动马克思人类解放思想在当代境遇中实现时代化、中国化，很大程度上推动了全球生产力的发展，为人类命运共同体理念提供必要的社会物质基础。在对外交往的过程中，中国以全人类解放为理论遵循，始终关切全人类的共同利益，力求在全球范围内提升人类社会的生产力水平。全人类的共同利益作为一种客观性存在，其伴随社会历史的发展而日趋丰富。① 在以旧的国际秩序为主导的经济全球化进程中，各国都处于一种为维护自身利益而忽视他国诉求的竞争状态，导致经济全球化最终聚焦于部分国家或个体的私人利益，这种经济全球化模式所蕴含的狭隘理念与全球化的普遍实践相违背。在经济全球化进程不断深入的当今世界，全人类的共同利益主要表现为协同应对全球性问题、共建和平发展的时代环境以及共塑公正合理的全球治理体系等。② 中国式现代化以维

---

① 共同利益之所以是客观存在，是因为共同利益的主体——人是一种社会性存在、"类"存在，如马克思所指出的，"人的本质不是单个人所固有的抽象物，在其现实性上，它是一切社会关系的总和"。人的社会性、"类"的共同性决定了共同利益是客观存在的，谋求共同利益是人类社会生存与发展的客观要求（参见《马克思恩格斯文集》第 1 卷，人民出版社 2009 年版，第 505 页）。

② 笔者将协同应对全球性问题、共建和平发展的时代环境、共塑公正合理的全球治理体系视为人类共同利益的主要表现，主要原因在于当今世界现存的整体秩序结构和全球治理体系由西方发达资本主义国家所掌控，西方大国借助其国际社会的主导地位和掌控权利，依循资本逻辑的扩张本性强制性地在世界范围内推行资本主义的强权政治，直接或间接地催生诸如经济危机、恐怖主义、难民问题、气候变化和资源短缺等问题，这些内在构成日趋复杂、数量规模持续扩大、影响范围不断拓展、内在破坏力不断累积的全球性问题以其普遍性、整体性的存在样态反面折射出人类共同利益的现实存在；全球性问题的持续性、累积性爆发表明西方的治理理念、体系和模式已经难以适应全球多元现代性的建构需求和全球化进程深入推进的客观要求，在新

护和发展全人类共同利益为旨归，通过打造"共商共建共享"的全球治理体系，建设以合作共赢为核心的新型国际关系，力求在利益共同体中实现发展成果的共享共用，从而消解危害人类生存发展的全球性问题，为切实维护和发展全人类共同利益提供理论层面的智识支撑和现实层面的制度保障。中国以负责任的大国形象主动承担维护和发展全人类共同利益的重任，主动参与国际事务、积极开展国际合作，积极参与经济全球化进程，与世界各国携手共建"亚洲基础设施投资银行""金砖银行""一带一路"等裨益于国际社会利益合作的新空间、新环境。因而，致力于保障和发展全球共同利益的中国式现代化在以人类解放思想为指引的实践中，能够在愈加公正合理的全球治理体系和世界格局秩序中，不断拓展国际分工关系范围、提高全球资源配置功能、推动世界性"集体力"的形成，从而保障和实现全球生产力的创新性发展，构成人类命运共同体理念的实践基础。

人类解放思想的当代实践与人类命运共同体的构建二者之间双向互动，人类解放思想的成功实践推动了构建人类命运共同体的现实进程，同时构建人类命运共同体的价值理念又反向促进人类解放思想的创新化发展与具体化实践，构成实现人类解放的重要环节之一。与人类解放思想的核心主题相契合，构建人类命运共同体将"和平、发展、公平、正义、民主、自由"的全人类共同价值视为伦理信念，并努力促使全人类共同价值成为各个国家在全球普遍交

兴市场国家和广大发展中国家快速崛起，国际力量对比发生显著变化的整体背景下，建构更加公正合理的全球治理体系已然成为一种关涉和维护全人类共同利益的世界性诉求。此外，和平与发展仍是当今时代的主题，维护和平，促进发展，事关各国人民的福祉，是各国人民的共同愿望；因而共建和平发展的时代环境也是全人类共同利益的现实表现之一。

往时的内在约束力量。伴随构建人类命运共同体在全球范围内的实践，其价值理念不可避免会与西方价值体系产生交锋与冲突，但人类命运共同体并非将西方价值视为异己性存在，而是主张东西方的价值理念在具体的构建实践中能够形成紧密交织和互相合作的有机体，既保证发展成果的共享性，又要致力于维护个体发展的特殊性与正当性，促进全人类共同价值的实现。全人类共同价值作为一种共同性、普遍性的全球共同价值理念，能够有效消解和超越现代性范式内"伦理普遍性"信念的偏执、相对主义的道德价值难题、全球价值观念的分化冲突及个人主义价值观取向等，助力以实现人的自由全面发展为最高境界的人类解放思想在当代世界得以广泛传播以及获得更加普遍深切、理性坚定的世界性认同。

人类命运共同体理念是习近平新时代中国特色社会主义思想中具有战略高度和现实紧迫性的重大理论命题，是新时代中国发展给出的面向全球的答案。人类命运共同体理念具有深厚的实践基础，其以中国式现代化为实践根基，以共建"一带一路"为实践平台，为世界各国走向共同发展繁荣提供了理念指引和实践路径。人类命运共同体理念是马克思人类解放思想理论效应在当代的现实延展，它符合中华民族历来秉持的天下大同理念，顺应时代要求和各国加快发展的愿望，占据了国际道义制高点。中国结合当今世界的发展实际，致力于推进人类解放思想的当代进程，以维护全人类共同利益为目标与世界积极进行交往，为构建人类命运共同体提供稳固的实践基础与现实环境，进而深化了当今人类社会内部对"和平、发展、公平、正义、民主、自由"等理念的价值认同。探讨构建人类命运共同体的实践基础，有利于我们进一步认识和推进人类命运共同体理念如何有效地从一种建构性理念转变为一种创新性实践。

第二章
人类命运共同体文化构建的"母体"资源及其创新

　　人类命运共同体的文化构建需要解决如何实现与"母体"资源的内在融合的问题，其根本使命在于通过与"母体"资源的内在融合，凸显人类命运共同体理念的历史创新意蕴。在历史唯物主义视域下，文化构建体现为主体性、多样性和主导性相统一的自觉状态，并指向物质层次、政治层次和精神层次的建构，对现实社会具有统摄功能、再生产功能和超越功能，有利于世界文明体的塑造。人类命运共同体的文化构建内蕴特定的"母体"资源，包括大同社会理想与仁爱精神为代表的中华优秀传统文化、特殊性与普遍性统一的中国革命文化、"世界人民大团结"的政治理念和政治话语所表征的社会主义先进文化等，这些文化资源构成了人类命运共同体文化构建的思想基地。构建人类命运共同体作为一种文化理念和建构方案，其在洞悉世界文明发展新趋势的前提下，立足当前全球治理格局下世界向何处去的时代之问，超越了文明类型论、文明冲突论与历史终结论，以构筑全球化时代的共同体意识与共同价值增添了世界文明新能量，以容纳古今中外文化的精神气度把握世界文明新格局，既深刻昭示和引领文化构建的世界化迈向新进程，又折射出人类命运共同体文化构建的世界化走向及其历史性创新。

第一节　基本规定：文化构建的内涵、层次与功能 ①

根据生产力发展和生产关系变革的运动规律，一定时期的生产力和生产关系具有相对稳定的状态。作为人类命运共同体在精神层面的发展过程，文化构建表现出主体性、多样性和主导性的自觉统一状态，呈现出物质、政治和精神三个层次，对以物质生产为经济基础的共同体具有统摄功能、再生产功能和超越功能。人类命运共同体的文化构建为建立合理的国际秩序与全球治理体系提供了独特的中国智慧，拓展了文明交流互鉴的渠道，有利于在尊重不同文化差异的基础上发掘共同的价值目标，有利于在多维度的人文合作中增进不同国家对人类命运共同体的理性认知。人类命运共同体的文化构建通过推动不同文化主体之间的相互扶持，不断开拓促进世界文明共同繁荣的交流空间，塑造新的世界文明体以解决人类社会面临的挑战，最终推动人类命运共同体文化构建在全球范围内普遍共识的形成。

一、内涵：主体性、多样性和主导性的融合

文化是反映一个国家综合国力的重要维度，是民族精神得以传承延续的核心基石。一个国家的发展既要脚踏实地，致力于经济基础和军事能力的增强；也要仰望星空，构筑本国人民思想文化领域的精神家园。人类命运共同体的文化构建正是对传统文化发展固有局限的突围，以符合时代要求的文化力量能够助力国家综合国力的

① 本部分参见刘同舫：《人类命运共同体的文化构建及其世界意义》，《浙江社会科学》2023 年第 7 期。

提升。不同于政治体制、经济制度和军事能力等要素，文化构建是一项富有弹性且较为隐性的工程。从历时态的视角来看，文化构建体现为本国传统文化和现代文化的接轨与融合，人类命运共同体文化构建的目的在于实现传统文化的现实化和时代化；从共时态的视角来看，文化构建也体现为本国文化在面临外来文化冲击时的应对和发展，在传承国内传统文化与迎接外来文明冲击的理论交错中，在多元文化交互并存的基础上以文化互鉴替代文明冲突，指明未来人类文明的发展方向。在多元国家文化形态进步的共同诉求语境中，人类命运共同体的文化构建展现为主体性、多样性和主导性相统一的自觉状态。

1. 文化主体性

文化主体性是传承本国文化、延续民族精神和融入世界文明舞台的理论前提，是展现民族文化自信心强弱的标志之一。从广义的视角来看，主体性是指人在改造客观世界的实践过程中所表现出来的自主性、能动性和目的性等特征。在人类命运共同体的文化构建实践中，文化主体性必然会与文化激进主义和文化保守主义等消极思想相遇，并在与其相抗衡的过程中凸显自身的价值。文化激进主义等文化理论将中国的文化构建及其现代化进程视为对西方文化的照搬照抄，以此打击中国文化在世界范围内的话语权。人类命运共同体理念强调，任何国家的文化构建都以自身生存及其发展路径为根基，在历史中不断生成文化主体性，从而克服消极文化观念的危机。著名社会学家费孝通在吸收借鉴前人关于文化构建的思想基础上提出了"文化主体性"概念，即"对现代化的'自主的适应'"①，

---

① 李友梅主编：《文化主体性与历史的主人：费孝通学术思想研究》，上海人民出版社 2010 年版，第 211 页。对文化主体性的定义并不统一，也有学者认为，"所谓文化主体性，是指两种文化在交流碰撞过程中，相对弱势一方

体现了文化构建过程与现代化进程的有机统一。所谓"自主的适应"，主要表现为两个方面：第一，通过挖掘本国文化与外来文化的契合要素，以开放、包容的价值理念将文化的共通因素融入人类文明进步的核心主题中，依据自身的基础实现文化构建。第二，当本国文化无法找到与现代性相契合的要素时，则需要在应对冲击与挑战中以互通互鉴的文化交流理念主动学习外来文化的资源优势，在互动中批判性吸收和借鉴外来文化以实现重建。然而，文化主体性体现为主动或被动"适应"现代化的过程，其首要前提是文化自觉与文化自信。坚定文化自信与坚守文化根基是文化构建统一过程的两个渐行渐盛的方面，一个国家或民族只有对其文化秉持自觉与自信的态度，才能扎根自身生长的文化沃土以守护其在世界多元文化交流中的主体性地位，并真正实现文化主体性的构建和对外来文化的吸收与融合互鉴。文化主体性具体体现为两个方面。

第一，对自我民族文化的自觉与自信。"文化是民族的血脉，文化主体性是民族复兴的根基。"① 中国文化通过不断开放和完善交流机制以优化自身文化的建构方式，能够自觉与其他民族文化进行

在文化杂交的过程中保持自己的主体意识，坚守自我文化立场，创造性地建立一个双方认可的共处原则，并实现自我文化的创新性发展"（参见潘娜娜：《文化杂交理论视域下中国文化主体性的构建》，《中州学刊》2017 年第 11 期）。也有学者提出，"所谓文化主体性，首先是指文化作为一个独立存在的实体的内在规定性，它标志着一种文化区别于其他文化的自身身份同一性和独立自主性"（参见万远新、张铁军：《论中国特色社会主义文化建设中的主体性与主导性》，《创新》2019 年第 3 期）。费孝通先生的定义较为简洁但包含了丰富的可挖掘的理论内涵，其他学者的定义以对外交流和文本自身为出发点，指向了文化在对外交流过程中的主动性和适应性以及一种文化异质于其他文化的独特性，实则是从不同的视角补充了文化主体性的内涵。

① 郭建宁：《论坚持文化主体性与增强价值观自信》，《中国特色社会主义研究》2014 年第 6 期。

平等对话，在此过程中提升中华优秀传统文化的主体性和自信心。文化自觉是文化自信的前提，是指"生活在一定文化中的人对其文化有'自知之明'，明白它的来历、形成过程、所具有的特色和它的发展趋向"①，即个体或共同体对本国文化的自我觉醒和理性反思。而中国自古以来就不乏仁人志士对传统文化的反思和审视，尤其是近代以来，当中华民族面临严重的生存危机时，一批爱国知识分子发出"救亡图存"的呐喊，掀起反思和变革中国传统文化的高潮。但真正意义上的文化觉醒是在中华人民共和国成立以后，广大人民群众在马克思主义指导和中国共产党的带领下，实现了社会主义文化的革新与发展，形成了文化建设中的批判性和革命性思维，从而彻底反思和理性审视中华五千年以来的文化发展并吸取精髓。在新的历史条件下，明晰新时代中国特色社会主义文化建设的内在规定性，深刻认识人类命运共同体文化构建与中国特色社会主义文化建设的内在关联，准确定位二者在世界文明格局中的历史地位，这对于深刻领会和担负中华民族伟大复兴的历史使命、确立文化自信具有重大意义。党的二十大报告提出，"全面建设社会主义现代化国家，必须坚持中国特色社会主义文化发展道路，增强文化自信"②。文化自信是建立在文化自觉的基础上对自身文化的认同意识和主体自觉，体现出对民族文化的高度认同与执着坚守，即在对待本国文化时所表现的认同意识和文化主体意识，"认同使民族成员个体和群体之间的关系得到确认、一定的文化符号得到使用、相同

---

① 费孝通：《对文化的历史性和社会性的思考》，《思想战线》2004 年第2 期。

② 习近平：《高举中国特色社会主义伟大旗帜　为全面建设社会主义现代化国家而团结奋斗——在中国共产党第二十次全国代表大会上的报告》，人民出版社 2022 年版，第 42—43 页。

的文化理念得到秉承、共有的思维模式得到礼拜、共同的行为规范得到遵守"①。中华民族的文化自信表现为对中国文化的深刻认同和对中国特色社会主义伟大实践的高度肯定。中华文明生生不息、代代相传，是人类文明史上不曾间断、源远流长的"文化奇迹"，也成为每个华夏儿女值得自豪、为之骄傲的"独特印记"。在新时代，中国人民以马克思主义为指导创造出了贯通古今、博采中西的中国特色社会主义文化，这是文化自信的高度体现，也是文化主体性的构建成果。

第二，面临外来文化冲击时的自觉状态和主动意识。这种自觉的文化主体意识实际上是对自身文化的反省，"从鸦片战争到今天，中国文化总体上处于一种传统文化衰微，外来文化不断冲击，伴随工业社会滋生的新文化因素有待整理和调整的文化重建状态"②。近代中国因遭受西方野蛮侵略而从天朝大国的美梦中醒悟，从洋务运动时期的"中体西用"，到五四运动时期的"拿来主义"，再到改革开放以来的"兼收并蓄"，中国的文化主体性建构在时代转型的过程中几经浮沉、艰难前行。自觉的文化主体意识还表现为对自身文化的建构，当今，在全球文化日益交流和碰撞的新时期，文化主体性的构建在对外交流和应对冲突的过程中显得尤为重要。任何一个民族文化必须扎根在自身文化的土壤中，只有对自身文化拥有充分理解和认识，它才能适应自身社会合理、健康发展的要求，才有具有吸收其他民族文化的能力③。中国文化构建的现代化进程决定了

① 詹小美、王仕民：《文化认同视域下的政治认同》，《中国社会科学》2013 年第 9 期。

② 邴正：《社会转型时期的文化建构》，《吉林大学社会科学学报》1997 年第 4 期。

③ 参见汤一介：《新轴心时代与中国文化的建构》，江西人民出版社2007 年版，第 193—194 页。

其文化主体性的生成与突破自身封闭文化观念、超越西方"中心—边缘"思想的禁锢。中国在文化构建中积极寻求与西方现代文化对话的机遇，在文明对话中汲取西方现代文化的先进成果，促使其与中华优秀传统文化实现创造性转化和创新性发展，在破解中国文化构建的主体性危机中坚定文化自觉自信。文化主体性只有建立在对本国文化具有充分认知和高度认可的基础上，才能推动文化自觉的主体性生成，发挥在与外来文化交流碰撞过程中的自觉性和主动意识，吸收他国文化的有益成分增进自身的革新和演进。

构建中国文化主体性需要在自觉反思和高度认可本国文化的基础上，以马克思主义为指导，发扬博大精深的中华优秀传统文化、扬弃纷繁复杂的外来文化，既保持自身文化的独立性和自主性，又展现文化的创新性和包容性。坚守文化主体性不是盲目固守自身的本土文化，而是把握文化在经济全球化演进中的生成逻辑与实践价值，在认识文化发展规律的基础上实现本土文化的创新性转化。面对经济全球化进程中西方"文化中心主义"对中国文化构建的冲击和诘难，中国始终将中华优秀传统文化的基因与马克思主义理论相结合，有力促使中国式现代化建设的文化动力转型，在构建文化主体性中激发中华优秀传统文化的精神动力，用自身的实践证明文化主体性是每个国家历史前进的必然结果。面临时代发展的要求和外来社会思潮的冲击，中国本土文化需要主动适应和应对现代化裹挟而来的理论洪流，在百舸争流的文化理论中建构文化的主体性，以其强大的文化根基在借鉴外来文化和适应现代化发展的过程中实现自身文化的延续与发展。

2. 文化多样性

文化多样性译为"cultural diversity"，有文化多元化、差异化、多样化的含义，在 2005 年联合国教科文组织大会上通过的《保护和促进文化表现形式多样性公约》中，文化多样性被定义为：各群体和社会借以表现其文化的多种不同形式。这些形式的传承方式主要集中在他们的内部及其相互之间。文化多样性由特定时空的生产力发展水平所决定。人类文化可以通过各种具体的、不同的形式加以展现、传承和发扬，例如借助科技的方式对文化进行创造、生产和消费，这成为当今文化多样性的现实表征。不同的国家和民族在不同发展时期发展的差异性形成了各具特色的文化，造就了不同时空条件下种类繁多、丰富多彩的文化形态，从而构成了世界文明多样性的基础，在沉淀和发展自身民族文化的同时也成为推动世界文明发展进步的精神动力。① 随着经济全球化的纵深发展，新兴市场国家和发展中国家不断为世界文明注入新活力，文化现代化的发展由少数西方发达资本主义国家主导逐渐演变为全球范围内多重主体的交错共存，不同国家和区域之间文化发展失衡的状况逐渐转变为

---

① 学界对文化多样性的影响存有争议，有三种代表性的观点。一是坚持"冲突论"，有学者认为："文化的共性和差异影响了国家的利益、对抗和联合。世界上最重要的国家绝大多数来自不同的文明。最可能逐步升级为更大规模的战争的地区冲突是那些来自不同文明的集团和国家之间的冲突"（参见[美]塞缪尔·亨廷顿：《文明的冲突与世界秩序的重建》（修订版），周琪、刘绯、张立平、王圆译，新华出版社2010年版，第7页）。二是主张"动力论"，有学者将文化多样性视为人类社会发展的动力，并提出："一旦去除了文化间的差异，出现了一个一致的世界文化——虽然若干政治整合的问题得以解决——就可能会剥夺了人类一切智慧与理想的源泉，以及充满分歧和选择的各种可能性"（参见北晨编译：《当代文化人类学概要》，浙江人民出版社1986年版，第283页）。三是主张"互补论"，有学者从文化多样性的角度探讨文明的互补性，说明文明的差异不是暴力和冲突的根源，而是互补和创新的基础（参见何星亮：《文化多样性与文明互补》，《中山大学学报（社会科学版）》2007年第3期）。笔者认为，不排除文化的多样性会引起不同文明间的冲突和矛盾，但从人类社会发展和全球文明的进程来看，文化的多样性绘制了不同色彩的文明画卷，打造了万紫千红的世界文明之园，文化的多样性产生的互补性构成了人类社会发展的潜在动力。

多元平衡共进的态势，为各国之间增进文化共同体意识、促进文明交流互鉴提供现实可能，在推进世界文化发展大趋势的同时维护文化的多样性。

如何理解文化多样性？在唯物史观的视域下，有生命的个体的存在是人类历史的首要前提，人在与自然、与社会、与他人的生产和交往过程中形成了诸多不同的文化样态和表现形式。这些多样性的文化同样是一个国家或民族在历史发展长河中的产物，归根结底是由于当时的生产力水平所决定的，"各民族之间的相互关系取决于每一个民族的生产力、分工和内部交往的发展程度"[①]。文化多样性包括某一群体内部文化的多样性、民族内部不同群体的文化多样性以及人类文化整体的多样性等多维层次。在构建人类命运共同体的视域中，文化多样性表现为文化共同体内部的多样形态和丰富要素。理解文化多样性是解决各种文化如何共存以及全球社会秩序的稳定何以可能的前提性问题，而坚持文化多样性是解决人类文明可以延续的根本问题。但在以往的全球现代化进程中，不同民族的全球行动力主要以政治利益和经济效益为核心目标，忽视了文化及其多样性对于推动自身与世界整体发展的内在驱动作用。因此，各民族国家需要在世界交往中形成尊重差异、包容多样的文化观。文化多样性的问题与其所需回应的现代化、全球化问题不可分离，理解文化多样性必须平衡多样性与单一性、民族性和世界性等力量间的矛盾。当今学界大多结合经济全球化的发展背景，从本土文化与全球文化的关系来解读文化的多样性。有学者认为，在全球化时代，文化多样性体现在四个方面：区域性和地方性的文化、物质性和非物质性文化遗产、以新技术为基础的新型

---

① 《马克思恩格斯文集》第 1 卷，人民出版社 2009 年版，第 520 页。

文化、以抵抗经济全球化压力为基础的激进文化等，"本土化"与全球化是可以相互补充、相互促进的①；也有学者认为，"全球化将我们抛入一种全新的生存境遇之中，在拓宽文化视野并形成世界文化共享的同时，也使文化多样性的生成与存在受到根本威胁"②，必须保护文化多样性进而解放和发展文化生产力。当今探讨文化多样性离不开经济全球化的视域和背景，一方面，随着经济全球化的纵深推进，各国在加强文化交流的过程中也丰富了本国文化的表达形式和输出样态；另一方面，当今世界的文化秩序的设计和运行依然由发达国家所掌控，难免会导致弱势文化在与强势文化的交流碰撞中处于不利地位，有可能面临被"同化"的危机，一度增强了强势文化与弱势文化在交往中的冲突关系，同时也激发了在全球化时代尊重和保护文化多样性的趋势。在遵循生产力发展规律的客观前提条件下，尊重和保护文化多样性体现了对人类社会发展规律和人类文明演进历程的尊重和推进。文化多样性要求在发展本民族文化的基础上，着力构建不同国家、民族文化之间的多元平等关系。

首先，必须在发展本民族文化的基础上尊重文化多样性。聚焦文化的多样性，必须要承认文化存在样态的差异性，肯定每一种文化形式都有其不可替代的文明根基和价值观念，凸显人类社会整个文化系统的多样性，以及它们所囊括的关于人类生存状态和实践方式的一切意义的丰富性。在人类数千年的发展进程中，孕育了不同的民族及其赖以表征的文化形态，随着社会的发展进步，文化的多样性特征不断呈现并发展。面临众多不同文化的交流与融合，也产

---

① 参见王杰：《全球化时代文化多样性的意义》，《学术月刊》2011年第7期。

② 贾乐芳：《从文化多样性到文化生产力》，《理论学刊》2009年第12期。

生了不同的文化交往模式：有企图用各种方式渗透、消解、同化其他文化，迫使其他国家承认其本国文化具有的价值理念；也有采取敌对的态度，对其他异质文化一律排斥并始终抱有戒备的"排斥模式"；还有提倡在发展本国本民族文化的基础上尊重并借鉴他国文化，最终形成"文化多元化模式"。在全球化时代，"文化多元化模式"集中凸显，世界各国、各民族的文化在经济全球化过程中形成越来越紧密的关联，推动各国在对话中深度认识文化的差异性及其存在合理性，这要求各个国家在文化构建中需要充分发掘并展示自身优越性，以此明辨和阻断外来文化对自身的同质化意图。在经济全球化进程中，任何一个民族必须在发展本民族文化的同时承认世界文化多样性的客观现实，尊重其他异质的文化形态，如此才能在保持自身民族文化特色中展现勃勃生机，获得文化交流与互鉴的可能空间，促进人类文明的繁衍进步。

其次，要着力构建多元文化之间的平等交流关系。近代以来，"中西文明之争"成为老生常谈、经久不衰的学术话题，东西方文明之间孰优孰劣，一时成为众多学者争相讨论的主题。而这一争论的极端结果便是将某种文明置于世界文明的中心，并将此视为主张文化霸权主义的西方国家的理论手段。"文明只有姹紫嫣红之别，但绝无高低优劣之分。认为自己的人种和文明高人一等，执意改造甚至取代其他文明，在认识上是愚蠢的，在做法上是灾难性的！"[①] 我们理应秉持平等和包容的心态，维护不同文化间的平等交流关系，而不应傲慢地将本民族的文化视为"高人一等"的"优胜文化"，甚至贬低其他民族的文化。当然，要改变当今文化交流的不对等秩序，构建平等交流的文化平台是一项长期

---

① 《习近平谈治国理政》第三卷，外文出版社 2020 年版，第 468 页。

而艰巨的理论工程，需要各国通力合作，促进文化交流认知观念的转变，在文化的交流交往中拓展文化多样性的存续和发展路径，形塑"和而不同"、并行并育的文化景观，认可、尊重文化多样性的存在，而不是企图以自身的霸权地位垄断文化市场，扼杀文化的多样性表达，否则将会导致单向度的、毫无生机和色彩的霸权文明。

在新的时代条件下，经济全球化的发展趋势使得世界范围内的社会关系和文化交往趋向密集化，任何文化形态突破地域限制而融入世界景观比以往任何时候都要常见，不断拓展的全球性文化交往为文化多样性的构建提供了更为宽广的空间。随着文化构建在经济全球化进程中的推进，认识与尊重文化多样性日益成为促进和强化各国之间达成合作共赢的共识，保护文化多样性成为大多数国家共同认可的全球关系原则，甚至成为提升国家参与全球治理体系的构建所不可缺少的组成部分。文化多样性的构建是立足本国、放眼全球的文化整合过程，应当将其置于本民族的发展和整个时代的长河中进行考察，既做到传承本民族的优秀文化、尊重他国的文化形态，又能顺应时代的发展与时俱进地更新和完善现有文化的存在样态，以新鲜的血液创新文化的多样性表达。

3. 文化主导性

主导性意指规定性和导向性，意味着在事物发展中发挥指导、引导和统领作用的特性。文化主导性是多元文化交融及其实践发展中最为突出的文化特性，文化主导性因素作用的发挥直接影响文化的发展与转型。与文化主体性强调文化的独立性和身份意识不同，文化主导性的构建则重点指向文化构建的规范性和方向性，任何时期文化形态的形成与具体的文化发展路径都是在文化主导性的规范和指导下完成的。

　　基于马克思的唯物辩证法视角，文化主导性体现在对文化的地位和文化的指导意义等方面的把握。其一，文化主导性必然体现在占主导地位的文化对社会思想发展的统领性作用。正如马克思所言："统治阶级的思想在每一时代都是占统治地位的思想。这就是说，一个阶级是社会上占统治地位的物质力量，同时也是社会上占统治地位的精神力量。"① 在当代中国，必须坚持以马克思主义为指导，建立与之相匹配的思想文化，掌握主流意识形态对社会大众观念意识和文化氛围塑造的领导地位。其二，文化主导性体现为方向性引导，在多样、具体和现实的社会实践中，主导性文化能够引领一个国家乃至民族的发展未来，推动社会发展环境的优化和规范化，引导人们树立正确价值观和自我意识，并使其行为符合社会规范以获得政治、经济、社会、文化等各方面的真实权利。就国家的文化构建和文明形态的形成而言，文化的发展必须注重对传统的传承与对现代的拓展，人类文明的演变历史在文化的创造中不断得到进步。任何国家都不能依赖传统的文化优势而停滞不前，必须深刻把握文化构建与整个国家发展和社会进步的总体关系，为国家发展道路的构建提供精神支撑与思想涵养。

　　文化主导性与加强意识形态的领导具有关联性。著名学者安东尼奥·葛兰西曾提倡"文化领导权"的建设，认为一个社会集团的霸权地位表现在"统治"和"智识与道德的领导权"两方面，其"能够也必须在赢得政权之前开始行使'领导权'"②。葛兰西高度重视无产阶级对文化领导权的获得、巩固和实施，并将无产阶级的知识

---

　　① 《马克思恩格斯文集》第 1 卷，人民出版社 2009 年版，第 550 页。
　　② ［意］安东尼奥·葛兰西：《狱中札记》，曹雷雨、姜丽、张跃译，河南大学出版社、重庆出版集团、重庆出版社 2016 年版，第 38 页。

分子作为领导文化的主体，将市民社会的大众日常生活作为文化领导权的实施场所，认为文化领导权的确立是一个自上而下的统治阶级的"文化操纵"过程，同时也是一个自下而上的被统治阶级参与并自觉服从的思想塑造过程。意识形态具有一定的普遍性，任何主体的实践和文化都不能脱离其意识形态背景和因素。社会实践的具体性决定了文化主导及其意识形态的现实性，这意味着任何倡导普适性的意识形态都具有欺骗性的理论特质。我们在借鉴西方学者对文化主导权的论述过程中，也应该结合中国的具体国情和时代发展特色，运用本国人民所熟悉的语言和表达方式，传递文化主导性建构的重要性和深远意义，打造中国特色社会主义主体文化，发挥社会主义意识形态在中国特色社会主义文化构建中的主导作用，提升广大群众对社会主流意识形态的心理认可和行动践履，增强群众抵制西方意识形态渗透和侵蚀的自觉意识，牢牢把握马克思主义作为文化构建的主要规范和指导方向的理论阵地。依据新时代发展的需要和全球背景的新变化来妥善协调中华优秀传统文化、马克思主义理论和西方文化三者之间的关系，协力推进中国特色社会主义文化的现代化建设，进而助力于人类命运共同体中的文化构建和人类文明的融合。

在人类命运共同体的文化构建中，文化主体性、文化多样性、文化主导性三者相统一的自觉状态贯穿于中国特色社会主义文化建设的总体进程之中。文化主体性强调文化的根源和基础，体现文化构建的自觉性和身份认同；文化多样性反映文化的丰富内容和客观表征，彰显文化构建的开放性和包容性；文化主导性揭明文化的领导地位和主要方向，凸显文化构建的规范性和引导性，三者相互统一、有机融合，共同彰显出文化构建的唯物史观内涵。

二、层次：物质、政治和精神的互促

人类命运共同体的文化构建是一个循序渐进、逐步完善的历史过程。从横向维度看，文化建构包括三个层次，即作为根本前提的物质层次、作为坚实后盾的政治层次以及作为核心关切的精神层次，这三者之于文化构建缺一不可，共同构成文化构建的层级结构。其中，物质层次为文化构建提供坚实的物质基础，政治层次为文化构建提供有力的制度保障，精神层次为文化构建提供智识方略，三个层面的推进环环相扣，服务于文化构建的整体过程。

1. 物质层次

物质层次是文化构建的基础，坚实的物质基础和发达的社会生产力能够为民族国家文化的发展搭建平台。马克思、恩格斯曾提出："思想、观念、意识的生产最初是直接与人们的物质活动，与人们的物质交往，与现实生活的语言交织在一起的。人们的想象、思维、精神交往在这里还是人们物质行动的直接产物。"[①] 人们在思想、精神层面的交往取决于并直接反映现实社会的物质生产和交往活动，文化构建虽然表征为精神层面的塑形和发展，但其在根本上取决于社会的物质生产基础与国家的经济发展水平，文化的物质性是保障政治和精神力量得以彰显的基本前提。马克思、恩格斯将人类历史的前提视为"现实的人"及其实践，确认了人的物质生产活动作为人类文明生成的实践基础。"现实的人"能够在物质生产和交往活动中将自身的可能性转化为现实力量，为推动文化发展奠定现实基础、储蓄内在动力和构筑多维特性，进而促使文化构建的物质层次作为历史进程的根基性存在得以凸显。

---

① 《马克思恩格斯文集》第 1 卷，人民出版社 2009 年版，第 524 页。

纵观中华民族的发展历程，物质层次即经济基础的建设始终主导民族精神文化的发展。唐朝时期的中国国力强盛、经济繁荣、文化灿烂，不仅达到了中国在封建时期发展的高峰，也深刻影响了同时期其他国家的文化发展，一度处于世界文明的中心和西方国家争相来访的"圣地"。唐朝时期文化的高度繁荣与其强盛的经济实力休戚相关，统治者推行鼓励农业生产的发展政策，并通过积极开明的对外交流提升国内的生产技术，从而达到了在政治、经济、文化、科技、建筑等多方面的蓬勃发展，造就了唐朝恢宏壮丽的文化财富。而经历了世界文明发展高峰的中国在近代历史上却饱经屈辱，备受西方列强的宰割，陷入"落后就要挨打"的悲惨境地。究其根本在于，近代中国传统的小农生产方式无法与资本主义大工业生产相抗衡而导致的全方位落后。在西方国家纷纷进入工业革命、革新生产技术推动生产力发展的同时，近代中国仍旧沉迷于"天朝上国"的幻梦而不自知。中华人民共和国成立直至改革开放以来，中华民族又一次屹立于世界舞台，灿烂的中华文明再次焕发勃勃生机和耀眼光辉，其背后是生产力的不断发展、科技革命的纵深推进以及中国主动融入全球化、积极学习交流借鉴的成果。中华民族的独特文化在世界范围内的交往中依然面临着全球现代性的冲击和挑战，借鉴"他者"思想文化的有益成果并不意味着与其同化甚至变为"他者"，而是要在坚实物质基础的支撑下努力改变文化失语的境地。中华文明在人类发展史上的几经浮沉、兴衰荣辱都与特定时代条件下中国的经济实力密不可分，唯有重视物质层面的建构，夯实经济基础、提升综合国力才可能迎来文化发展的灿烂成果和文明史上的"高光时刻"。人类命运共同体的文化构建致力于将物质生产、经济建设与文化发展融为一体，力图站在文化的高度反思人类社会的现代性观念及其后果，用文化的解释力和批判力回答世界之问、中国之问和时代之问。

　　横向对比全球化时代的发展图景可以发现，立于世界舞台中心地位和掌握主导发言权的国家往往是经济实力较为强盛的资本主义大国。尽管中国的和平发展为世界体系注入了新鲜的活力，并充分彰显了社会主义经济、政治和文化的特点与优势，但这并没有改变经济全球化的实质，即其始终由西方资本主义国家主导，体现了资本的扩张逻辑和资产阶级的霸权统治，这种霸权行为在文化本质上奉行"非此即彼"的绝对话语，最终将文化交往的方式悬置为"唯我独尊"的极端状态。经济全球化在资本主义的操控下制造出各个国家共同参与、平等对话的假象，但非发达国家在被迫卷入经济全球化的过程中受制于西方大国的发展逻辑和"文化殖民"，这在根本上建基于资本主义的强大生产力和资本宰制一切的强权逻辑。由资本主义主导的经济全球化进程，在文化构建方面不仅否认发展中国家和欠发达国家的文化优势及其发展的特殊历史，而且否定人类文明存在的整体性，进而阻断了不同文明之间相互融合的可能性，由此为文明冲突论和文化殖民的逻辑提供"合理"支撑。中国作为发展中大国，要在积极融入经济全球化的同时抵制西方世界的文化霸权、建构自身的文化特色，最重要的是发展本国生产力，提升物质基础的支撑力，尤其是充分掌握和运用科技革命、信息革命的成果，将新时代的科学技术转化为强大的生产动力。唯有占领科技文化的制高点并在现实生产中加以运用才有可能为全球化时代的文化构建提供坚实的物质基础，为中国在世界舞台独立"发声"，为建构有中国特色的话语体系贡献经济能量。尽管全球化时代呈现出纷繁复杂、形态各异的文化价值观念共存的现状，绘制了一幅各国积极参与、自由竞争、平等协商的"理想蓝图"，但经济全球化文明发展进程在实质上仍体现为发达国家与欠发达国家、文化繁荣地区与文明衰落地区的参与权、竞争权、话语权的不对等，这根源于不同国家经济实力的差异。以此为鉴，任何民族文化世代相续的精神根基和发展源泉都离不开物质层次的持续提升，文化自身的演化与经济的发展构成了一个不可分割的"共同体"。

文化构建的物质层次要求实现经济发展与文化构建的统一。意识"在任何时候都只能是被意识到了的存在"①，民族国家在时代发展中所展现的文化样态和文明程度往往与经济发展水平相适应。但文化的构建也存在与经济发展相矛盾甚至相违背的特例，这种情况使得文化面临断裂的风险，预示着经济发展与文化构建之间的矛盾达到不可调和的程度并最终走向对立的极端。正如美国当代学者丹尼尔·贝尔指出："资本主义矛盾来源于经济领域所要求的组织形式同现代文化所标榜的自我实现规范之间的断裂……经济与文化领域的不同原则正引导人们走向相反的方向。"②资本主义的文化构建在物质层面与价值层面产生了不可调和的矛盾，物质层面普遍存在社会剥削现实，价值层面大力倡导"自由""平等"等虚假观念。资本主义主导的经济全球化进程所渗透的同一性逻辑使得全球多元的"文化间性"③遭受冲击，削弱了民族国家的文化向心力，造成了各民族文化之间彼此对立的关系。所谓"自

---

① 《马克思恩格斯文集》第1卷，人民出版社2009年版，第525页。

② ［美］丹尼尔·贝尔：《资本主义文化矛盾》，赵一凡、蒲隆、任晓晋译，生活·读书·新知三联书店1989年版，第61页。

③ "主体间性"这一概念由胡塞尔最先提出，海德格尔、伽达默尔等人都进行了阐发。对"主体间性"研究最具有代表性的人物是法兰克福学派的尤尔根·哈贝马斯。哈贝马斯将"主体间性"理论向国际关系层面推进并在文化维度上加以阐释，建立起一种话语性的"文化间性"关系。"文化间性"作为"主体间性"理论在文化领域的拓展和表现形式，在本质上与"主体间性"具有渊源关系，倡导对自身文化身份认同的同时，要与其他文化相互融合且共同生存。"文化间性"表达的是不同文化之间的"可沟通性"。

由""平等"等价值理念只是资本主义文化的虚伪外衣，其存在基础依然是资本增殖逻辑。在西方资本主义国家主导的经济全球化进程中，资本通过自身在全球范围内的扩张缔造资本主义文化的霸权地位，在证明西方资本主义文化历史合法性地位的同时消解了其他民族对自身文化的认同和自信，资本衍生的这种对立关系在全球化时代日益暴露弊端并终将引致资本主义文化走向衰败。文化构建的物质层次在提供基础和动力的前提下，能够促使文化的发展方向与经济发展目标相一致，激发文化发展的内生动力。

2. 政治层次

政治是经济的集中表现，是上层建筑领域中各种社会主体维护自身利益的特定行为以及由此结成的特定关系，体现为建立在经济基础之上的国家、法律、制度、组织和设施等。文化构建的政治层次以国家作为强大支撑、以健全的政治制度和政治体系作为保障，为文化发展提供制度保障和规范引导。政治层面的建设本身能够形成特定的文化力量，对文化整体的发展具有导向和维护的功能，并在组织、指导文化构建上塑造稳定的心理态势和精神面貌，直接助力于文化整体合力的形成。通过政治层面的发展和完善，文化构建日益具备了强大的支撑力量。

文化构建离不开"强大国家"作为坚实后盾。国家是人类政治文明发展到一定阶段的产物，是文化构建的政治载体。纵观近代中国的发展历程，当国家处于四分五裂、分崩离析之时，文化的建构只能暂且搁置甚至被遗忘；而自中华人民共和国成立以来，国家的统一和强大在政治方面体现为日益完善的人民民主制度能够保障人民权利的充分表达，在日趋稳定的国内政治背景条件下，文化构建逐渐提上日程。国家的建设和发展为文化构建提供了民主政治的土壤，促进文化在国际范围内传播从而强化政治认同。政治认同表明人感觉自己属于什么政治集体，并强烈希望为国家和集体效忠、尽义务或责任。政治认同的增强是一项系统工程，关涉党和国家领导人民群众团结统一的实践要求，包含对社会政治秩序和国家合法性高度认可的心理结构和文化价值。民族国家的发展及其在国际社会中话语权的提升，为人类命运共同体的文化构建提供坚强的政治支撑和话语氛围。任何文化体系的构建都表征国家的核心价值观念，而国家的发展则引领文化和核心价值观的发展趋势。对国家的政治认同不仅关切自身的价值观念，而且涉及全人类共同的价值理念，有助于提升并坚定人们对国家发展道路与文化构建之间相辅相成关系的认识，进而推动人类命运共同体的文化构建。个体需要从心理上认可和从行动上践行国家的价值体系及观念整合，因而，"政治认同是政治心理和政治行为的有机统一，是权力合法性和政治凝聚力的重要体现"①；强大而稳定的政治国家也需要从外在的制度层面为人民提供良好稳定的生活空间，从内在的心理层面提升和稳固了民众对国家的认同，从而有利于在此基础上培育和凝聚带有本国特色的价值理念和文化规范。

文化构建离不开健全的政治制度和政治体系。政治制度构成宏观层面的框架结构，而政治体系则细化为各项生活准则，规范个体行为、保障个体权利。唯有健全的政治制度才能创设安定有序的政治生活空间，从而切实保障人民权利。政治体系"必须制定正义的准则，强化公理和权利。它规定交换的法则，并为它的公民们提供

---

① 李艳霞：《传统文化与现代认同：当代中国政治认同建构的历史逻辑》，《政治学研究》2023 年第 5 期。

日常的安全保障"①。政治制度因理想而伟大，因信仰而坚实，牢固树立政治信仰构成了加强政治制度建设的基本要求，而政治信仰的形成又孕育着高度觉悟的政治情感和扶正祛邪的价值观念。建立完善的政治制度和政治体系是一项宏大的历史工程，其有利于化解社会矛盾和政治压力，为文化构建奠定开放、有序、合理的环境。我们必须坚持和完善中国特色社会主义制度，不断推进国家治理体系和治理能力现代化，破除一切不合时宜的思想观念和体制机制弊端，构建系统完备、科学规范、运行有效的制度体系。中国作为世界上为数不多的社会主义国家，始终坚持建立健全完善的政治制度和组织机制以保障人民群众的真实权利。文化构建的基本秩序及文化格局的塑造需要依靠国家政治力量的维系，即通过政治力量保障不同领域的文化主体充分表达自身的发展诉求，增强人民群众参与文化构建的意识，拓展文化构建的多维关系和丰富内容。只有建立科学民主的政治制度和保障公平正义的政治体系，才能为文化构建营造良好的政治氛围，及时破除不合时宜的思想发展观念。

政治上层建筑与思想上层建筑在文化的层面相互影响，同时二者都取决于社会经济基础的发展。在政治发展总体和谐稳定态势下，相应的文化构建也能取得有利发展空间和良好平台。政治层次的发展为文化构建提供了制度保障和原则规范，而文化构建也反向促进了政治认同和民主政治的发展。

3. 精神层次

精神层次是文化构建的核心内容层次，为文化构建提供智识方略。根据马斯洛的需求层次理论，人类的需求由低到高依次分为生

---

① 　[美] 丹尼尔·贝尔：《资本主义文化矛盾》，赵一凡、蒲隆、任晓晋译，生活·读书·新知三联书店1989年版，第227页。

理、安全、社交、尊重和自我实现的需求，其中前两个层次可划分为物质层面和制度层面的需求，后三个层次则体现了个体在社会交往和精神层次的需求。一个民族和国家的发展也可参照这一层次标准进行理解，在物质基础发达、社会秩序稳定的前提下，人们愈发注重精神层次的追求而非仅仅满足于基本的物质需求。"人无精神则不立，国无精神则不强。精神是一个民族赖以长久生存的灵魂，唯有精神上达到一定的高度，这个民族才能在历史的洪流中屹立不倒、奋勇向前。"① 文化构建的精神层面建立在社会生产力和民主政治较为发达和完善的基础上，担负振兴本国文化和传承民族精神的重任。只有在精神层次上增强人们对民族文化的信心和底气，才能真正推动人民群众对中华优秀传统文化的自觉继承与主动践履，最终明确文化建设在构建人类命运共同体进程中的时代定位，实现中国特色社会主义文化国际话语权的建构和维护。

文化构建的精神层次指向现代人精神家园的构筑和思想共识的达成。全球化时代的开启与资本主义世界体系的确立，带来了纷繁复杂的文化潮流和科学技术的繁荣，人们一面接受信息时代的快捷便利和消费社会的物欲膨胀，另一面也在无穷尽的选择和无止境的逐利中迷失了自我。按照马克思对人类社会形态的划分，现代社会总体仍处于"以物的依赖性为基础的人的独立性"阶段，现代社会在带来物质财富极大充裕的同时，也引发了精神世界的极度匮乏，人们在对物质的追逐和依赖中产生"物化"现象。精神生活的"物化"既体现在外在的感性世界，表现为纯粹依靠物欲、感官的刺激来找寻暂时的快乐，也体现在内心世界的虚无化，即人们的精神生

---

① 习近平:《在纪念红军长征胜利八十周年大会上的讲话》，人民出版社2016 年版，第 9 页。

活丧失了意义和价值，呈现出空虚、焦虑、苦闷等状态。海德格尔认为，"无家可归状态变成一种世界命运"①，原因在于现代人遗忘了自身之于世界存在的意义。海德格尔对现代人生存状态的指认具有前瞻性和警示性，也进一步昭示建构精神家园对个人找回存在本身，实现人生价值的重要性。随着物质生产力蓬勃发展和政治体系的不断完善，人们在认识和改变世界过程中所形成的人文精神也得到逐渐提升。人文精神形成于人类在社会历史演进中对文明与落后并存现状的反思、批判之中，意味着自由意志的觉醒。而人的精神家园的构筑能够反映文化构建的历史经验与教训，进而敦促形成以社会效益和人的发展协调共进的文化构建方式。精神家园体现为个体的心灵归属、情感寄托和对本民族的文化认同，是文化构建在精神层面所要实现的目标。精神家园能够围绕民族文化认同的主线，形成具有强大凝聚力和引领力的社会主义意识形态力量，随着精神家园的现实展开，这种力量必定要回应时代精神凝练的问题、结合民族精神的具体呈现来促进人们对中国精神的认同和践行。面对全球化进程深入发展的现状，中国在接受物质和思想挑战之际，更应该重视国人在精神层面的建构，加强对本国文化的认同感和自信感，建立具有共同理想和价值信仰的精神家园成为文化构建的重要内容。

文化构建的精神层次体现为塑造共同的价值观。民族的独立发展需要遵循人类共同的价值理念，塑造独特的核心价值体系。与西方强调的诸如自由、平等、民主等权利的"普世"性不同，中国的文化构建彰显了对全人类共同价值的尊重，而非将本民族的核心价

---

① ［德］海德格尔：《路标》，孙周兴译，商务印书馆2000年版，第400页。

值推广至世界范围并强制要求其他国家的认可和实行。对全人类共同价值观的塑造有利于形成本民族精神发展的合力，进而推动现实社会的发展。马克思在强调物质基础性地位的同时，也肯定了"理论一经掌握群众，也会变成物质力量"①。尽管理论产生于实践，源于实践的需求，但是先进的、科学的理论具有相对独立性，它可以在一定程度上超越时代的物质发展，预见时代的发展趋势，指导现实世界的生产活动和人们的精神层面建构。任何时代都具有独特的精神内涵，这种精神内涵源于所处时代，但可能超越时代。文化构建的精神层次并不追求绝对的引领力量，而是与文化构建同步呈现为动态的展开过程，这也反映文化构建的创新发展内蕴的蓬勃生命力。在不同历史时期和现实背景下，精神层次的内涵呈现出差异性，同样对社会发展形成一定的推动力。因而文化构建的精神层面既可以作为其建构的内容，同时也在一定程度上反作用于物质层面的建构并推动社会的发展。

从全面发展的视角来看，文化构建是一个由物质、政治和精神三个层面共同发展与互补完善的有机过程。物质层面是文化构建的前提，凭借发达的生产力为文化构建提供坚实的物质基础和现实地基；政治层面是文化构建的保障，依靠建立强大的国家、制度、法律等为文化构建提供有力保障和政治平台；精神层面是文化构建的旨归，通过筑牢人们精神家园以及塑造共同的价值观来助力文化构建，同时反作用于整个社会物质生产和政治文明的发展。人类命运共同体的文化构建将展示更加深刻的自觉境界和丰富的实践路径，为解决全球范围的文化构建和文明发展问题提供中国智慧。

---

① 《马克思恩格斯文集》第 1 卷，人民出版社 2009 年版，第 11 页。

三、功能：统摄、超越和再生产的统一

人类命运共同体的文化构建对建立在物质生产基础之上的共同体具有统摄功能、超越功能和再生产功能，体现了文化构建在引导共同体的行为规范、创造新的文明成果以及塑造全球价值共识等方面的有益作用。文化构建的统摄功能呈现为共同体对社会个体行为的引领，使得个体能够自觉认同和主动遵守共同体的价值规范；文化构建的超越功能体现为对现实世界的批判与创新，在价值目标上指向人的自由全面发展；文化构建的再生产功能表明文化成果能够不断创新并持续满足人们的精神需求。

1. 文化构建的统摄功能

文化构建的统摄功能体现为共同体能够引领和规范社会个体行为，促使个体主动遵守共同体的规范与原则。文化的统摄功能的发挥是一个潜移默化、循序渐进的过程，社会个体在形成行为规范的过程中达成价值共识，逐渐厘清文化"自我"与文化"他者"之间的关系，进而日益增强社会个体对共同体的价值认可，关注人类文化的共同根基和整体生态格局，推动文化本身的原则、价值等共通性生成为文化建设的统一力量。人类在文化交流互鉴中形成的共同价值，体现了文化"自我"与文化"他者"辩证统一的关系。无论是地域性的文化交往活动，还是全球性价值共识的形成，都以不同民族国家获得独立、自主的价值主体地位为基础。文化共同体的构建正是为了维护和彰显民族国家的独立性与自主性，促使人类在进行文化交流中意识到共同存在的必然性和共同发展的现实性，推动不同民族能够独立自主地创造自身价值，在追寻全人类共同价值的过程中贡献多样思维和多种路径，从而发挥全人类共同价值在整个人类社会发展中的推动作用。文化构建的统摄功能体现为两大方面，一是共同体价值理念对个体价值规范和行为养成的统一与引

导，二是个体对共同体价值理念的自觉认同和主动践履，二者之间双向建构且相互统一。

关于共同体价值理念对个体价值规范和行为养成的统一与引导问题。古人将文化视为礼仪教导以统一天下、规范人民的行为，体现了文化在教化民众、和谐社会、礼成天下等方面的作用。而如今，文化构建依然承担着对社会个体的价值规范和精神引领责任，通过塑造共同的价值体系和规章制度以实现对社会个体的教化和规范作用。每一个人都是独立存在的鲜活个体，构成了"全部人类历史的第一个前提"①，而个体在谋求生活和生产资料的过程中必然与其他人结成一定的社会关系，形成一定的交往范围。文化的交往涉及个体的文化自觉和整体的身份认同，必然会在逐渐塑造的"交往共同体"中形成差异性与同一性并存的价值规范。价值规范既产生于人们共同交往范围内的生活和发展需求，同时进一步推动着形成其内部的凝聚力和合力。文化对社会个体的影响需要一定的条件和时间，由于每个个体都是特殊性的存在，其价值理念和思维观念受其生活环境、教育程度、成长经历、认知能力等各方面的影响，因而呈现出差异性和特殊性，这也使得个体对社会文化的认同体现出一定的偏差。所以文化构建在发挥对社会个体的价值规范和引领功能时，要确保其自身文化构建的科学性、有效性、大众性，文化主体的自由表达和差异性共存是文化交往的价值诉求，这就需要赋予文化以"主体间性"的理论对话。"理论只要彻底，就能说服人"②，只有充分体现个体文化自由交往的理论，才能保证不同思想文化实现真正的交流与碰撞、冲突与融合。文化构建并不否认不同民族文

---

① 《马克思恩格斯文集》第 1 卷，人民出版社 2009 年版，第 519 页。
② 《马克思恩格斯文集》第 1 卷，人民出版社 2009 年版，第 11 页。

化之间存在差异冲突的可能性，而是在差异中倡导人们拓宽对不同文化样态的认识，保证人们能够在多元文化中进行自由选择的权利。但强调文化的多样性和差异性并不代表毫无界限地放大自由程度，而是要始终围绕人民群众的核心关切来积极发掘文化的积极价值。因此，文化构建必须符合人民群众的核心利益诉求，体现社会发展的前进目标，引导社会大众齐心协力谋发展的价值共识一定能够得到个体的认同，并最终促进个体与共同体的良性互动和有机融合。

关于个体对共同体价值理念的自觉认同和主动践履问题。文化构建的统摄功能不仅体现在共同体价值理念对个体的统一和规范过程，也体现为个体认同共同体的价值规范、积极践履其文化思想的实践过程。个体的文化认同和价值践履对共同体的发展和延续有着至关重要的作用。中华文明浩浩荡荡五千年的发展历程，形成了灿若星河的文明成果。广大人民群众对中华民族文化具有高度的认同感和自豪感，这种认同感和自豪感已经融为国家向前发展的精神动力和文化合力。人们自觉扮演推动社会发展的"正面角色"，并在不自觉的价值认同和行为规范的统一中促进了社会整体的进步和国家文明水平的提升。文化构建在规范个体行为、驱动个人实现内在的自我遵循和行动践履的同时，应该进一步发挥个人之于共同体一员的积极效用，促进文化发展从彰显个体自由的阶段向注重整体协作价值取向的阶段转变，化解因不同身份和背景而带来的理解偏差与文化冲突，助推本国共同文化价值体系的塑造。

人类命运共同体文化构建的统摄功能有效凝聚了共同体内部的价值共识，统一了社会个体关于价值规范的差异化认知，创造了更为包容开放的文明场域，逐步塑造出更加有利于保持人类创造性智慧的思想文化，使得人类成为文化构建的核心引领，在全球化时代为民族合力和人类共同利益的形成提供契机。文化构建的统摄功能基于历史唯物主义的思维方式和价值立场，能够对本民族文化的历史发展进行深刻总结和精神升华，为把握人类文明的演进规律和发展趋势奠定认识论基础，通过构建人类命运共同体而将文化建设置于世界历史视域之中，推动各国在国际社会中立足全人类的广度和高度来谋划文化构建的创新之路。

2. 文化构建的超越功能

文化构建的超越功能体现为对现实世界的批判与创新，其核心内涵是实现人的感性与理性的统一，根本指向人的自由全面发展。"超越"在一般意义上指"超出""越过"的意思，在哲学层面上具有"超验""扬弃"的内涵。"超越"是存在主义哲学的重要范畴，一般译为"超验"，即超出经验范畴，如海德格尔将"超越"与人的本质相联系，认为不断超越现有界限的行动正是人的本质体现；萨特将"超越"视为人的"自为存在"无视"自在存在"而进行的自我扬弃，他认为"当意识成为一个超越对象的意识时，它就意识到自我"①，"超越"成为人的一种存在方式，它以一定的观念书写和状态转换指向人类立足客观现实对象性活动的内在自觉。黑格尔以其精神哲学的逻辑将"超越"视为与辩证法相同的存在，他认为，"一切有限之物并不是坚定不移，究竟至极的，而毋宁是变化、消逝的。而有限事物的变化消逝不外是有限事物的辩证法"②。近年来，也有学者指出，"'超越'一词尽管在外延上也属于运动的范围，但在内涵上则更加深刻，因为它已经体现出价值评价的意

---

① [法]让-保尔·萨特：《自我的超越性》，杜小真译，商务印书馆2010年版，第9页。
② [德]黑格尔：《小逻辑》，贺麟译，商务印书馆2002年版，第59页。

味，体现出目的性"①。可见，不能将"超越"理解为一般意义上的运动，而是兼具了批判、创新、价值评价等一系列深刻内涵的动态过程。

文化与政治、经济是同一维度的范畴，作为构成社会整体的重要维度具有超越功能②，这种功能不仅是对现存文化现象的批判，也体现更深层意义的文化创新和发展。文化本身蕴含超越性的意义指向，这种超越性的意义不仅渗透于社会思想、意识和情感等精神资源之中，而且意在阐发文化在与社会结合过程中生成的观念体系和价值取向，并能审视社会实践的价值关系和实际效用。

在现实表现维度，文化构建的超越功能直接体现了对现实世界的批判与创新。在马克思看来，生产方式是文化的现实基础，有什么样的生产方式，就有什么样的思想文化，任何对文化的批判性活动最终都要落脚在整个社会生产及其建制之上。马克思的物质生产观念表明人们在进行生活资料生产的同时也在完善自身，包括思想观念和文化塑造。人类文化从不局限于自身领域的单向度发展，而是在不断与其他领域形成的整体关系中实现对自身现状的超越，以

---

① 郑广永：《论超越及文化的超越性》，《哲学研究》2006 年第 3 期。

② 何为文化的超越性，学界意见不一。有学者认为，"所谓的文化超越，是一定的文化主体的文化自觉、文化自信、文化自新的重要成果和集中体现"（参见席岫峰：《关于文化超越问题的思考》，《长白学刊》2016 年第 2 期）。也有学者认为，"文化是人的超越性的存在方式。文化的超越性既是对自然的超越，也是对文化自身的超越"（参见郑广永：《论文化的超越性》，《天津社会科学》2003 年第 4 期）。还有学者从文化发展的世俗道路与超越道路的比较进行定义，指出文化的超越重点体现了更高的价值指向和超越生命意义的永恒追求，旨在提供人类栖息的终极安身立命之所（参见邓安庆、邓名瑛：《文化建设论——中国当代的文化理念及其系统构建》，湖南人民出版社 1998 年版，第 272 页）。虽然学者对文化超越性的定义不同，但都以不同的视角丰富和拓展了其内涵与外延，肯定了文化在促进社会发展、塑造个体的生存价值方面的意义。

多样类型和方式存在于历史之中。文化生产方式的历史演化，历经最初应对自然环境的挑战直到回应现代社会中由资本主导的现代性冲击，现代文化生产力在全球范围内逐渐成为其产品价值转换的附加值，即资本主义将文化生产视为增加经济效益的工具，而这与人类文明发展的诉求不相适应，要求人们激发文化生产的超越功能。"超越"的前提必然存在一个被超越的对象，而文化的超越则体现了一个整体批判的过程，是对包括政治体制、经济制度、社会形态、价值观念等一系列以文化的形式所反映出来的现实世界的批判与创新。有学者提出，"文化领域所创造的精神、意义世界与现实世界不存在直接的同一性，前者所展示的东西必定具有超越性，文化领域只有在其超越性中才会获得它自身的规定"①。文化的超越功能决定了文化的形塑和发展始终处于动态的变化过程，它立足现实的生产生活，但超越了一般意义的现实性，而体现出高于现实、引导现实的价值。文化构建的超越性作为对现实世界的改造和指引，它力图改变现存社会的不稳定状态和不合理的价值观念，从精神层面批判现实世界存在的非正义和不自由境遇，要求构建适合本国、本民族人民利益和代表其立场的价值观念及思想体系，引导社会朝向正确和谐的道路发展。文化构建的超越直观地表现为对现实世界的批判与创新，唯有这样才能推动文化自身的不断更新和促进整个人类社会乃至人类文明的永续发展。

在核心内涵维度，文化构建的超越功能注重实现人的感性与理性的统一。文化超越的主体是人，既不是费尔巴哈所谓的"自然人"，也不是黑格尔指称的"绝对精神"，是马克思视域中的"现实的人"，是从事实践活动、改造客观世界的个人，"正是在改造对象

---

① 陈立旭：《论文化的超越性功能》，《中国社会科学》2000 年第 2 期。

世界的过程中，人才真正地证明自己是类存在物"①。作为有着精神追求和崇高理想的类存在物，人的感性经验与理性超验的统一构成了文化超越性的核心内涵。康德从纯粹理性的视角出发，以绝对的道德律令作为人的行为规范和生存法则，认为每个人都有运用自己理性、实现道德自律的智慧。这在一定程度上夸大了人的理性，强调了超验知识的绝对性。在马克思看来，人的存在是其生活方式和社会存在的现实基础，文化的存在及其功能随着人与社会存在的变化而转变。人类在社会生存中的实践和所获得的知识是人的感性经验和理性思辨的统一，文化的超越性正是体现了这一过程。一方面，个体在实践活动中必然会直接地与自然、他人以及社会发生关联，由此形成一定的感性知识体系；另一方面，人们又不满足于一般的感性知识，而试图追求更高层次的思想境界。人们通过文化的教导和熏陶以提升自身的理论境界，促进自身理性思辨能力的发展，更好地实现社会文化层面和道德层面的发展，这是文化构建的超越性所要达到的深层次目标。在资本逻辑支配下，西方国家虽然主张文明冲突也存在融合趋势，但更多倾向于推崇文化之间的碰撞和优胜劣汰，通过文化的主导地位获取私利、占有特权。与人的全面自由发展相符合的共同体的构建，则有利于调和文化之间的差异和冲突，实现多元共存。马克思对资本主义的批判揭示出政治国家对市民社会和人类生活的压迫，启示着我们构建文化共同体以超越文化冲突，以改变现存世界和自身生存方式。

在价值愿景维度，文化构建的超越功能显现出人的自由全面发展的价值指向。人的生存发展不仅要立足当下的物质生产，满足基本的物质需求和生存空间，而且要探索超越物质层面的精神

---

① 《马克思恩格斯文集》第 1 卷，人民出版社 2009 年版，第 163 页。

追求，追问生命的意义和价值。在文化实现了对现存世界的批判后，其摒弃了不合理的价值形态和生存法则，明确反映了现实劳动生产力的局限、人的社会关系的片面性以及人个性发展受制于物质生活关系的弊端，并指向了更高层次的、更为合理的价值追求，即实现人的自由全面的发展。这一追求不仅体现为人类自身的发展完善，也指向未来社会形态的构建，它倡导以真善美的价值追求实现人的道德塑造和发展完善，也以自由、平等、公正等价值原则重新定义新的人类权利和社会法则。文化是人类历史发展的产物，内蕴人与自然、人与人互动过程中的关系及智慧，也构成了人类代际相传和永续发展的精神财富。文化构建不仅在生产过程中充分解放人的劳动创造潜力，而且在推动不同文化之间交往的同时，提升不同国家和个人对自身主体性的认识，实现文化多样性的发展，有利于抵制资本逻辑将发展中国家或地区视为被动存在进行同质化文化输出的行为。因此，文化构建的超越性活动要以人的自由全面发展为基本标准和价值立场。实现文化超越功能的主体是人类自身，人的自由全面发展是文化超越性的最终目标，也是人类自身发展的终极意义。

文化构建的超越功能体现了文化作为一个动态的发展过程，在批判和重构现存世界秩序，实现人自己感性经验与理性超验的统一，追求人的自由而全面发展方面的重大意义。这表明文化不再作为静态的精神产物，而是一种与生产方式相适应的动态生成并作用于人类社会的多重层面。人类文明的发展是连续展开的动态过程，作为表现人类社会思想和精神的文化，在现实交流过程中逐渐走向大交融的时代形态。构建人类命共同体自我超越的内在性，一定程度上要求现代文化的共同发展走向全新的整合性、超越性境遇。

3. 文化构建的再生产功能

文化构建的再生产功能意味着共同体成员能够不断创新文化成果使其持续满足人们的精神需求。"再生产"是指不断叠加、不断更新的社会生产过程，涵盖物质资料、劳动力、社会关系的再生产。人类社会的繁衍生息离不开对自身的生产和对物质资料的生产，"动物只生产自身，而人再生产整个自然界"[①]。但再生产的概念作为历史唯物主义的重要概念不仅作用于物质生产领域，同样也包含精神生产领域，人类命运共同体文化构建便体现了再生产的功能。

任何文化形态的成果都体现为一定的作品形式，而文化构建必然在将文化与经济、政治等因素的融合中实现文化成果的传承、发展和再生产。有学者认为马克思的社会再生产概念包含生产力和生产关系的再生产，重点强调了意识形态在生产关系再生产领域中的作用。[②] 有学者提出文化再生产理论，将文化再生产运用于教育领域，指出教育工作"是一种长期的灌输工作……不用求助于外界压力，尤其是身体方面的强制，便能生产和再生产它在精神和道德方面的整合"[③]。文化构建的"符号暴力"总体是发达工业社会再生产理论的一般表现，社会的文化生产是一个动态的过程，社会结构中的文化资本则以文化商品的形式行使统治阶级的专权，因此，文化再生产不仅能够实现自身的延续和发展，也能够进一步适应统治阶级的需求，符合社会占支配地位的阶层利益，从而使得其统治合理

---

① 《马克思恩格斯文集》第 1 卷，人民出版社 2009 年版，第 162 页。

② 参见 [法] 路易·阿尔都塞：《论再生产》，吴子枫译，西北大学出版社 2019 年版，第 128—129 页。

③ [法] P. 布尔迪厄、J. —C. 帕斯隆：《再生产——一种教育系统理论的要点》，邢克超译，商务印书馆 2002 年版，第 45 页。

化与合法化。文化的再生产同社会再生产一样，都服务和作用于社会体制的长久存在，并在一定程度上促进了文化的进步和社会的发展。文化再生产理论彰显出鲜明的问题导向性，致力于解答个体在社会中的位置是由先天赋予还是后天获取的争论；从文化再生产的视角出发，指出先天赋予和后天获得共同作用于文化的再生产，其中，文化资本起到主要作用，由于文化资本根本受制于经济资本，文化再生产反映了资本推动社会化进程的必然性。西方学者以文化再生产为切入口，分析当今社会的文化发展和制度建设乃至意识形态领域建设的重要性，为解读文化构建的再生产功能提供了理论借鉴。

当人们的基本物质需求得到满足后，精神的需求便成为更高层次的追求，而随着人们精神境界的提升和文化水平的提高，也对文化的发展产生了新的推动力。"理论在一个国家实现的程度，总是取决于理论满足这个国家的需要的程度。"① 理论的内涵渗透于文化的演进，文化的繁荣又促进社会的进步。文化构建的再生产功能适应社会的发展并以超越社会发展的视角创造引领文化走向的发展成果，同时在创造新文化的过程中涵养和反哺社会，满足人民群众高尚的文化诉求且达成对其进行理论熏陶的功效。

文化构建的再生产维系着社会的长治久安，作为源源不断的精神动力促进国家的发展和民族的统一。文化构建通过再生产功能，不仅促使自身的推陈出新和不断进步，同时也保障着社会的稳定发展和体制机制的合理运行。文化构建的再生产在全球范围内表现为弥合不同国家及阶级之间由于掌控资本特权的差异而处于的区隔状态，从而再生产出服务于人类共同利益和价值诉求的全新文化类

---

① 《马克思恩格斯文集》第 1 卷，人民出版社 2009 年版，第 12 页。

型。文化构建以再生产的方式将文化成果浸润到社会实践和物质生产过程，推进了文化本身的传承、发展和价值实现。文化的发展在一定时期是相对稳定的，其再生产不断稳定和维系着一个国家的发展机制，使其呈现出平稳有序的发展趋势；其所创造的精神成果也服务于国家的广大人民群众。

四、文化构建与世界文明体的形塑

人类命运共同体理念内蕴"建构性效应"的价值观，其具体涉及政治、经济、文化、社会以及生态等诸多方面。人类社会的基本共同体形式具有较为完整的社会管理系统，形成单个个体成员相加所无法产生的巨大能量，这种共同体的能量随着现代国家发展进程而释放出多样性的文明形式，当今世界的共同体正是建立在文明多样性共存的基础之上。人类命运共同体理念"着眼于人类文明的永续发展，推动建立文明秩序，超越狭隘的民族国家视角，树立人类整体观"[1]。人类命运共同体的文化构建作为其不可或缺的重要环节，旨在塑造一个全新的体现全人类共同利益和共同价值的世界文明体。这既是应对当今不合理文化制度存在的现实举措，也是针对不同地区间存有的文明冲突的有益对策，更是以塑造世界文明体的高度凝聚全球共识、整合人类利益、展望人类整体文明发展的理想路径。

世界文明体的塑造不是指一种文明战胜或俘获另一种文明，而是以包容的姿态综合一切文明的优势。习近平总书记指出："人类历史就是一幅不同文明相互交流、互鉴、融合的宏伟画卷。我们要

---

[1] 王义桅：《人类命运共同体：新型全球化的价值观》，外文出版社 2021 年版，第 46 页。

尊重各种文明，平等相待，互学互鉴，兼收并蓄，推动人类文明实现创造性发展。"① 这也是中国对推动构建人类命运共同体在文化方面提出的要求，展现了一个负责任大国立足人类长远发展视角。构建人类命运共同体内在呼唤不同民族的文明和文化之间实现交流互鉴和优势互补，尽管在实际构建过程中还未达到马克思关于"自由人联合体"以及实现每个人自由全面发展的理想程度，但却在现实的生产力条件下为观照全人类的共同利益提供能够彰显国际社会正义与均衡发展的价值诉求，不断促进文化的发展与满足人类的文化价值需要密切结合。21 世纪，各地区、民族间的交往和互动日益频繁，彼此间的摩擦和冲突也逐步升级，唯有秉持"和而不同、兼收并蓄"的文明共处精神，达成"命运休戚与共、发展紧密相连"的价值共识，才能既有利于本国和本民族的发展稳定，也有利于推动世界的整体前进和维护人类的共同利益，形成"同呼吸、共命运"的世界文明体。

构建人类命运共同体是历史发展的必然趋势，也是现代文明的必然结果。但从文化层面的交流而言，人类命运共同体的构建仍然阻力重重，尤其是对于非西方国家而言，要在平等交流、互鉴互通的基础上实现人类命运共同体的文化构建面临着较大困难。从当今世界文明秩序的发展来看，西方国家依然占据着核心地位、掌握着主导权利，很大程度消解了其他民族国家坚持自身文明发展道路的决心和信心，搁置了实现世界文明永续发展的有效性方案。文明秩序的构建从根本上仍是经济发展和政治实力等综合因素的体现，西方资本主义大国凭借其强大的资本逻辑和政治霸权长期居于文明秩

---

① 习近平：《论坚持推动构建人类命运共同体》，中央文献出版社 2018 年版，第 256 页。

序的中心，主导着世界文明规则和文化交流制度的建设，以体现自身发展的利益诉求和压制其他国家的发展为目的，使得当今的世界文明按照西方国家设定的规则，朝向日益不合理、不公正的态势发展。因而，国际社会尤其是广大发展中国家的人民迫切需要能真正体现其利益和诉求的公正的世界文明体的形成，人类命运共同的文化构建则是回应了这一呼声，致力于打造新型的世界文明体，形塑公正合理、和谐共存的世界文明共同体，从而破解人类社会的文明发展困境，克服现有的不合理文明秩序并带领全人类实现真正的自由和解放。不论是化解现存文化交流困境还是立足长远的人类文明交流互鉴，人类命运共同体的文化构建都具有重大的实践意义和理论价值。

第一，对西方"文化中心主义"壁垒的有效破除。"文化中心主义"亦称为"种族中心主义"，即主张本国、本民族的文化为最优文化，是衡量其他文化的"中心"或"标准"，并由此轻视甚至贬低他国文化。极端的"文化中心主义"必然会上升至文化霸权主义乃至文化帝国主义。"文化中心主义"的观点主张西方资本主义国家所创造的文明形态具有绝对优势和"普适性"，迫使非西方的民族文化接受西方现代化的同质化改造。"文化中心主义"表面上似乎在全球范围内积极营造繁荣的文化市场，实则隐含着巨大的文化风险，容易在增强文化商品化的生产过程中消解文化内在的价值性与多样性。西方大国一直秉持"文化中心主义"的狭隘思维模式，认为资本主义文化是世界的最优文化，现代化就是资本主义的现代化，企图以西方文化"统摄"和"同化"其他文化，并抵制、排斥与其他文化的平等交流与对话。黑格尔宣称只有在西方世界，"这个形式上绝对的原则把我们带到了历史的最后阶段，就是我们的世界、我们的时代"①。西方学者和政客从不同视角强调西方文化的优越性和"普适性"，极力推行文化霸权主义，通过文化领域的殖民和压制在新形势下实现对非西方国家的宰制和渗透。文化是否存在优劣之分？西方文明是否高于东方文明？这些问题历经时间的发展和实践的检验已经得到了答案。

在马克思主义的理论视域中，人类文明的进程随历史的推进而呈现复杂多样的态势，马克思提出以世界历史的眼光看待人与人类文明，将人类发展视为一个整体的实存状态。世界上有上百个国家和民族，不同的地理环境、气候特征、人文环境等造就了异彩纷呈、各式各样的文明形态，"不同文明凝聚着不同民族的智慧和贡献，没有高低之别，更无优劣之分"②。西方文明也只是人类历史长河中的一种文明形态，也是西方社会发展的产物和西方人民创造的成果，与其他文明共同构成世界文明的重要组成部分。而西方大国凭借强大的综合实力与话语权优势长期霸占世界文明的中心地位，并借以人权的制高点宣扬本国文化的优越性，打压甚至故意诋毁他国文化以实现自己的发展诉求和核心利益，实则是极端的"文化中心主义"表现，从长远来看，既不利于其自身的持续发展，也不利于人类文明的整体进步。人类命运共同体的文化构建则是要求世界上不同的国家在进行文化交流时能站在人类整体的利益出发，摒弃"文化中心主义"的思维模式，既不主张将本国的文化价值强行输入给其他国家，也不主张"特立独行"地将自身文化视为高于其他存在而"傲视群雄"。人类命运共同体的文化构建是应对西方大国

①　[德]黑格尔：《历史哲学》，王造时译，上海书店出版社 2006 年版，第 413 页。

②　习近平：《论坚持推动构建人类命运共同体》，中央文献出版社 2018 年版，第 256 页。

推行"文化中心主义"的现实对策，其强调文明本身构成世界文明共同体准入成员的决定性准则，促使各主体国家平等地参与世界治理。在推进人类命运共同体构建过程中，中国积极阐释和发扬"和而不同、兼收并蓄"的文化发展理念，有力回击了将中国的和平发展视为对世界和平状态威胁的狭隘观点。

第二，对不同地区间文明冲突化解举措的科学分析。矛盾普遍存在于事物的发展过程中，而当矛盾激化、尖锐到一定程度时就会引发冲突，小到个人之间的冲突，大到国与国、种族之间的冲突。在各种形式的冲突和对立中，文明的冲突或将成为影响世界和平、改变世界发展趋势的深层原因，"在这个新的世界里，最普遍的、重要的和危险的冲突不是社会阶级之间、富人和穷人之间，或其他以经济来划分的集团之间的冲突，而是属于不同文化实体的人民之间的冲突"①。世界上大多数国家的文化根源、语言表达、民族信仰等都具有一定的差异，而这种文明的差异也反映在各个国家的经济和政治发展模式不同，由此在对外交流交锋和世界市场的竞争中难免升级为不同文明间的冲突，甚至导致局部战争。但随着人类文明多样性发展诉求和历史自觉的提升，消除文化霸权和文明冲突已然成为人类发展的目标，这一发展目标与当今世界的时代主题具有内在一致性。文明冲突论在根本上体现了对多元文化并存的真实性的否认，进而也就否弃了不同文化之间通过对话实现和解的可能性。改变文明冲突需要实现文明平等对话的思维方式，不同国家在文化共同体中应当加强平等共处的生存意识，不仅在对话中加深对文化差异性和多样性的认同感，同时反思以往文明相处方式和思维的局

---

① ［美］塞缪尔·亨廷顿：《文明的冲突与世界秩序的重建》（修订版），周琪、刘绯、张立平、王圆译，新华出版社 2010 年版，第 6 页。

限性，为维护人类文明持续和平发展贡献力量。

随着经济全球化的深入推进和文明冲突的日益升级，该如何正确看待并解决可能发生的冲突，有学者从历史学的视角切入，认为在人类发展进程中文明冲突不可避免，并对西方文明的发展具有促进作用，"希波战争决定了东西方之间的巨大文化差异，随后的2500多年间，这种差异一直都是文化冲突的核心"①。有学者认为，应力求化解文明冲突，实现不同文明间的平等交流，"我们从历史发展的总体上看，在不同国家、民族和地域之间的文明发展更应该是以相互吸收与融合为主导"②。全人类文明是一个有机联系的整体系统，但文明的类型、结构及其发展路径呈现出多元化形式，这是文明本身民族化和本土化的结果，也是文明交流与冲突的内在必然。经济全球化进程在时空上的压缩模糊了世界的边界，在引发文明冲突的同时凸显了文明交流的重要性，展现出文明冲突的结果终将走向文明共存和深入融合的规律。面对客观存在的文明冲突，我们必须顺应历史发展的趋势和全人类的呼声，基于人类整体发展利益展开文明对话和相互交流，由此才能有效化解矛盾与冲突。从整个人类发展的一般性趋势看，文明的冲突背后涉及经济利益和政治观念的差异，文明冲突的彻底根除需要全球范围内的正义"管理者"共同努力。任何搁置文明的冲突或是采取强权、霸权政策压制其他文明的做法，都是拒绝对话的排斥模式，终将在阻碍世界前进的步伐中自食其果。"中华文明的和平性，从根本上决定了中国始终是世界和平的建设者、全球发展的贡献者、国际秩序的维护者，决定

---

① ［美］吉姆·莱西：《文明的冲突：东西方文明的第一次交锋》，李崇华译，新世界出版社2016年版，引言第4页。

② 汤一介：《"文明的冲突"与"文明的共存"》，《北京大学学报（哲学社会科学版）》2004年第6期。

了中国不断追求文明交流互鉴而不搞文化霸权，决定了中国不会把自己的价值观念与政治体制强加于人，决定了中国坚持合作、不搞对抗，决不搞'党同伐异'的小圈子。"[1]人类命运共同体的文化构建旨在打造一种新型的跨文明交流模式，以有效解决当今世界存在的文明冲突，根本动摇西方话语体系的中心地位，缓和局部乃至有可能整体爆发的国家间冲突，在国际交流中提供中国的有效方案和价值观念，为人类文明整体发展贡献有益智慧和现实方略。

　　第三，对人类整体文明发展方向的全新展望。人类要真正掌握自己的命运、建构精神家园，必须克服现有的精神危机。人类命运共同体将文化构建的问题域由考察"是谁的发展时代"转换为"我们如何共同思考、参与进去的时代"。在资本主义现代化洪流的席卷之下，人类社会取得了前所未有的发展和进步，尤其是在信息时代，物质财富的巨大积累，科学技术的迅猛发展，人工智能的大力推广和信息市场的普遍繁荣，整个世界高速运转，产品日新月异令人眼花缭乱。但在物质财富极大充盈的同时也造成了人们精神世界的匮乏，人的生存价值和意义被定义为消费、商品、资本，并代之以一连串的数字和符号，仿佛只有高昂的消费品和资本的大量积累才能展现人的价值。现代西方社会的精神危机随之而生，在人类大量的物质欲望被满足的同时，也营造了其内心空虚、颓废、无意义的生存现状，正如马克思所说，"一切肉体的和精神的感觉都被这一切感觉的单纯异化即拥有的感觉所代替"[2]。面临人类不断滋生的精神困境，西方马克思主义学者从文化视角批判了资本主义社会对人的精神奴役和异化状态，反映了学界对西方社会发展的隐忧和反

---

　　① 习近平：《在文化传承发展座谈会上的讲话》，人民出版社 2023 年版，第 4 页。

　　② 《马克思恩格斯文集》第 1 卷，人民出版社 2009 年版，第 190 页。

思，其批判理论虽具有深刻性但也因为缺乏具体的实践方案只能被"束之高阁"。在现实的物质和消费文化境遇中，消费意识增强和自主性的失落，符号影响下社会地位的凸显与社会关系的对立问题，成为人类思想文化和精神家园所共同面临的困境。西方马克思主义对资本主义文明观的批判体现了全球现代化历史演进中潜藏的风险，即经济全球化的趋势虽然不断上涨，但并非所有国家、地区或群体都被同等地纳入全球文明的流动浪潮和互鉴网络中。文明交流中的非正义和排外主义仍然占据着主导地位，如何匡正经济全球化进程中的文明交融途径以实现共同发展，成为摆在人类面前的共同课题。从人类命运共同体理念的提出，到具体明确文化构建层次的要求，中国的解决方案成为克服 21 世纪人类普遍存在的精神危机的有益对策，也预示了人类未来文明的发展方向。

人类命运共同体的文化构建是对未来新发展秩序的重构和对人类整体利益发展的宏观把握，其秉持"和而不同、兼收并蓄"的文化发展理念，正视并积极应对文化民族主义与文化保守主义的现实挑战，致力于以文明对话的理念塑造文化公共场域，以文明互鉴的方式寻求文化层面的智慧互通，聚焦打造不同文化相互尊重，以及跨文明交流对话、互学互鉴的包容性发展的世界文明新格局。"人类命运共同体是一种新的文化形态与文明形态，这种形态使得人类命运共同体的构建体现了人类作为文化主体方面的高度自觉与自信。"[1] 人类命运共同体的文化构建以对他国文明的尊重为基础，坚持"和而不同"的发展理念，尊重和认可世界上广泛存在的不同文明，在尊重他国文化发展多样性和自主性的前提下，主张达成实现

---

[1] 邵发军：《推动构建人类命运共同体的理论内涵与实践路径研究》，人民出版社 2021 年版，第 148 页。

全人类共同利益的价值共识。人类命运共同体理念重视文化交流和融合在推进经济全球化发展中的重要力量，强调各国应当在相互交往中坚持本民族文化的开放性与独立性，以对抗经济全球化的负面效应，推动各国在文化交流与融合中消解因文化形态和发展路径的差异性而产生的隔阂及负面影响，彰显出中国在经济全球化进程中高度坚定文化自信与促进文化交流的内在张力。中国并不因为文明的厚重与悠久而轻视或压制其他文明的发展，也并不会以中华文明作为世界文明的中心加以推行，而是始终秉持跨文化的对话，积极开展与其他国家的文化交流，促使不同主体国家在交流中能够自由选择适合自身发展的道路，并在交流中推进双方文化的发展，主动建立与他国人民的深厚友谊，在对话中传播中国文化的精髓。人类命运共同体的文化构建也体现为对世界上优秀文明的有益借鉴，是中西方历史性地由传统走向创新的必然选择，其坚决反对"文化中心论"的狭隘见解，主张在交流中相互学习、相互借鉴，从而促进不同文明在相互碰撞与交流中迸发全新的文明火花，营造和谐积极的世界文明态势。

　　人类命运共同体的文化构建具有自身独特的主体内涵、表达层次和功能价值，形成了系统完备的内在结构，在当今社会发展中发挥着凝聚价值共识、推动人类文明发展的重要作用。文化构建作为推进人类命运共同体的重要维度，体现了中国作为社会主义大国在应对人类文明发展困境和解决当前世界不同程度文明冲突时所展现出的智识气度与责任担当。人类命运共同体的文化构建在凸显中国文化自觉与文化自信的同时顺应了时代发展趋势和世界人民呼声，将深刻影响未来世界文明的发展方向，具有推动人类文明发展进入新境界的里程碑意义。

第二节　人类命运共同体文化构建的"母体"资源

习近平文化思想为我们建设文化强国指明了前进方向、提供了根本遵循。习近平总书记明确提出"七个着力"要求，特别是强调要着力赓续中华文脉、推动中华优秀传统文化创造性转化和创新性发展，是我们在新时代新形势下激发全民族文化创新创造活力的强大思想武器和科学行动指南，也是我们探讨人类命运共同体的文化构建的前提和基础。人类命运共同体的文化构建是与西方传统文明视域中的世界文化格局存在根本区别的新型理论范式，致力于超越传统交往模式下的利益共同体并塑造文化多样性共存共荣为根本追求的精神共同体，它不可能寄生于传统世界文化格局的既定框架之中，而是要在确立其与全球化时代发展相切合的真实的文化根基之后，才能充分彰显其理论变革的意义，体现人类文化的丰富多样性和深邃的理论自觉性。西方文明本身缺乏构建共同体的文化基因，"因为在西方历史上从来没有产生过天下一体的包容性思想"①。人类命运共同体文化构建的基本"母体"始终是萦绕在其深处的理论眷注，即人的生存发展和世界文明互相融合进步的主题，具体表现为中华优秀传统文化、新民主主义革命文化以及社会主义先进文化的丰富内容。文化自信是在传承中华优秀传统文化，继承革命文化，发展社会主义先进文化的基础上，借鉴吸收人类一切优秀文明成果的基础上建立起来的。在人类命运共同体文化构建的理念中，文化自信和文化融合是文化差异性与共通性的辩证统一。文化的差

---

① 张飞岸：《马克思与人类命运共同体》，中国财经出版传媒集团、中国财政经济出版社 2021 年版，第 187 页。

异性呈现出文化的多元共存，文化的共通性孕育着文化的多元发展。人类命运共同体的文化构建不仅指向特定的文化存在样式，而且认同并追寻特定文化发展方式的共同体，这决定了文化构建的"母体资源"在人类文化的多元发展中不断接受新的审视并生发新的创造。这是人类命运共同体文化构建的思想根基，也构成其在全球化时代实现"母体"资源的创新转化从而推动世界新型文明体形成的根本理论力量来源。

一、儒家大同社会理想与仁爱精神 ①

习近平总书记在党的二十大报告中指出，"中华优秀传统文化源远流长、博大精深，是中华文明的智慧结晶"②。人类命运共同体理念存在深厚的中华优秀传统文化根基，其鲜明主线是儒家思想中的大同社会理想与仁爱精神。就中华优秀传统文化的历史发展而言，作为整个中华文明重要组成部分的儒家思想表征着与中国的历史文化和生存条件相符合的核心价值理念，时至今日，在中华民族的角角落落，中国人民生活的点点滴滴，都内蕴儒家文化流传下来的痕迹。人类命运共同体的文化构建同样离不开对儒家文化的传承，大同社会理想和仁爱精神是儒家文化中的重要内容，大同社会理想是以孔子为代表的儒家对国家治理最高阶段的描述，大同思想源于儒家所推崇的"人人为公"，是对古代经济水平落后社会发展阶段的狭隘文化认识的超越，表达了中华优秀传统文化中对人类社

---

① 本部分参见刘同舫：《人类命运共同体文化构建的"母体"资源》，《山东社会科学》2024 年第 1 期。

② 习近平：《高举中国特色社会主义伟大旗帜　为全面建设社会主义现代化国家而团结奋斗——在中国共产党第二十次全国代表大会上的报告》，人民出版社 2022 年版，第 18 页。

会理想状态的追求，体现了古代中国构建美好生活的共同体愿景。大同思想中追求公平正义的文化精神始终贯穿于中华优秀传统文化的数千年演变历史，指引着中国文化构建的基本方向。大同思想作为中华优秀传统文化的核心范畴在塑造中华民族精神上起着不可替代的作用。儒家的大同社会理想具体表现为"高度""深度"和"宽度"三个思想维度。

首先，大同社会理想体现了人类发展的"高度"，其核心思想是"天下为公"。孔子生活的年代是春秋战国早期，是孔子视为"礼坏乐崩"的年代。而之所以出现"礼坏乐崩"的现象，是因为私欲的泛滥，特别是帝王诸侯私欲横行。"天下为公"的社会理想，就是在这一历史背景下提出的。作为一种历史性的观念，"天下为公"是指克制私欲，保持公心，体现了春秋战国时期儒家学派在构想理想社会时追求人的普遍性关怀的价值旨趣，根本诉诸一种共生统一的文化社会和华夏文明秩序。但是传统的解读潜藏着把"天下为公"误解为天下平等或平分天下的倾向，这种理解与传统先贤所怀有的"天下为公"社会理想背道而驰。儒家思想的总目标是恢复礼乐，而礼乐制度是讲究等级和秩序的，并认为天子是天下之主，诸侯是地方之主，这是等级和秩序的表现。"天下为公"并不反对这种等级与秩序，而是要强调天下之人，无论在哪个等级，无论是天子还是臣民，都要有一颗公心，为天下着想，为天下人做事，这是"天下为公"的要义。对统治者而言，"天下为公"是国家治理的理念；对被统治者而言，"天下为公"是为人处世的道德精神。超越国家观念之上的天下观念植根于古人信念之中，"他们常愿超越国家的疆界，来行道于天下，来求天下太平"[1]。儒家思想倾向于将"公天

---

① 钱穆：《中国文化史导论》，商务印书馆 1996 年版，第 47—48 页。

下"视为旗帜来论证公共权力的合法性，维护人们生存权益的共同性。

其次，大同社会理想展现了休戚与共的"深度"，其以"讲信修睦"为核心内涵。讲求信誉就是要构建良好的人际关系，建立牢固的信任关系。帝王与臣民之间只有讲信用才能引导人们践德行义，只有建立起牢靠的信任关系，社会才能稳定。统治者的诚信直接为整个社会道义树立了标杆，奠定了社会和睦的重要基础。信任是大同社会理想的重要表征，在以农业生产为主的中国古代，从事生产劳动的人民是社会的主体，人与人之间的和谐关系是促进社会进步的动力之一。只有人与人之间"不独亲其亲，不独子其子"才能使老有所终、壮有所用、幼有所长、没有生活自理能力者皆有所养。大同思想在中国社会的演进中始终在场，从人与人之间原始的平等互助关系发展到建设中国特色社会主义人与人团结协作的发展方式，体现了人与人关系的发展和社会生产方式、形态演进之间相互映照的关系，社会整体发展成为塑造人与人之间新型关系的纽带，人与人关系的协调强化了对共同建设理想社会的目标认识。大同社会内在要求诚信体系的构建，因此"讲信修睦"成为中华优秀传统文化的基本价值诉求。

最后，大同社会理想还体现为求同存异的"宽度"，其核心是"和而不同"。自然的存在与发展遵循求同存异的规则，孔子将这一自然发展规则运用到处理人与人的伦理关系中，强调人际交往中要做到"君子和而不同，小人同而不和"。在大同社会里，人与人的交际关系应是君子之交，在尊重、发挥发挥个性差异的同时追求统一的社会理想。从国家层面而言，各民族之间也只有在发展各自优秀"文化基因"的前提下，才能推动互利互通、共赢共享。

儒家文化中的大同社会思想是古代先哲对合理的社会理想境

界的崇尚，在表达社会核心观念的同时还蕴含着三层深刻的价值关系。

首先，从人与自然的关系来看，大同社会思想追求的是"天人合一"的生存价值。自古以来在中国人的世界观和宇宙观中，都是以天为中心，特别在中国传统的思想里，"人道"始终与"天道"联系在一起："天道"是人的生命活动所追寻的终极目标，在天与人的关系上就有"为生不能为人，为人者，天也，人之为人本于天，天亦人之曾祖父也，此人之所以乃上类天也"①之说，可见天在古人心中的宗祖地位；"人道"源于"天道"，"人之形体，化天数而成；人之血气，化天志而仁；人之德行，化天理而义；人之好恶，化天之暖清；人之喜怒，化天之寒暑，人之受命，化天之四时"②。"天人合一"是追求人与自然的和谐统一，强调人通过个人修养与天道相通，体认自身的道与德行来达到与天同一的境界，追求人顺应自然规律而生活，认为事物只有到达自然才是最适宜的状态，追求整个社会享受自然自由的状态。尽管中国古代思想中对天的理解在不同历史时期有所变化，但是对天人之间休戚与共的关系把握基本一致，最终指向"天人合一"的思想内涵，形成了关于人与自然的整体共存视域，并将其合理转化为关于社会生活发展相匹配的规律性认识，为人的心灵安顿和社会进步提供终极价值旨趣。大同社会的价值诉求正是这种"天人合一"的境界，即在顺从自然发展的道德实践中实现天人关系的整体性融合。

其次，从人与自身的关系来看，大同社会思想追求的是"生生不息"的生命价值。"生生不息"意味着万事万物不断地生成和发展，

---

① （汉）董仲舒：《春秋繁露》，上海古籍出版社 1989 年版，第 64 页。
② （汉）董仲舒：《春秋繁露》，上海古籍出版社 1989 年版，第 64 页。

并在这种生成和发展中不断完善自身，满足自身的需求，提升自身的能力。而这同样也是世间之"道"、万物之"然"和万理之"稽"。生生不息的理念，就是人的生命价值的体现，即通过修身行道的方式促使自己的言行符合规则，在走向德行、提高生活境界的过程中彰显自身道德人格的生命价值性，这种价值追求也是大同社会价值观的构成部分，在文明历史进程中愈益形成最具影响力而为本民族所公认的持久价值力量。因此，大同社会具有发展的过程性，只有不断地生发出新的事物，大同社会才是具有持久性和永恒性。这种永恒性最重要的生命支持就是世间万物的生生不息。

最后，从人与社会的关系来看，大同社会思想追求的是天下大同的生活价值。"天下大同"是"天下为公"所要达到的最终理想，对于个人而言是实现美好生活的最高目标。"天下大同"并不是一个抽象的概念，它是由身—家—国—天下"四位一体"构成的有机的社会生活状态。中国古代儒家思想中的"修身、齐家、治国、平天下"，也是"天下大同"的立论逻辑。"天下大同"追求的是从个人的素养到整个人类社会的发展境界。大同社会之生活价值的追寻在于每一个人、每一个民族、每一个国家都有统一的真善美的社会构想，它突破了人与自然"天人相分"的对立关系，扬弃二元对立的认识论弊端，逐渐确立人与社会共为创造者的身份，并达成实现这一美好生活社会构想的现实的统一路径。有学者提出，"人类命运共同体理念继承和发展了中华传统文化的天下大同理想，为全球化时代人类社会的未来发展描绘了美好蓝图、指明了前进方向，成为大同理念的时代创新和当代表述"①。大同思想的发展促使人们认

---

① 吴志成:《人类命运共同体理念的中华文化基础》,《政治学研究》2023 年第 1 期。

识到人与人、民族与民族、国家与国家之间同呼吸、共命运的生存共同体和发展共同体关系，要求人们从整体视域看待不同个体主体的实际状况和发展诉求，同时在实践中维护多样形态、开拓多元发展的可能路径，通过交流沟通实现主体之间差异性的优势互补，最终促进整体效益的提高。这一路径是在求同存异、相互借鉴、和平友好的前提下共同创造的。

儒家思想中的大同社会理想对于人类命运共同体的文化构建具有三重现实意义。

其一，对当今世界重塑全人类共同价值具有启示作用。西方资本主义国家试图将自身价值观强制渗透到其他民族的文化观念中，不仅没有在世界范围内取得良好的认同效果，反而带来了文化领域的强烈抵制和反抗，甚至演化成局部冲突和战争。因此，围绕人生存和发展的基本问题展开共同价值的凝练与建构，寻找一条符合人类共同利益的价值认同路径极为重要。人类命运共同体理念中蕴含的"和而不同"的价值原则，汇聚了世界各国人民向往和平、发展、繁荣的"最大公约数"，提供了实现全人类共同价值的可能。和平、发展、公平、正义、民主、自由等全人类共同价值并不是抽象的，而是具体的，且与人的现实生活过程息息相关、环环相扣。随着世界人民的交往的普遍化，价值共识会逐渐随着人的现实生活的交集而产生，马克思的世界历史理论就说明了这一点，它明确了人与自然、社会在扩大交往中日益凸显的内在关联与本质属性。

其二，对当今世界重建整体利益具有正面的借鉴价值。民族利益与人类整体利益在本质上是统一的，其理应是每个国家和地区对外交往所期望实现的目标。对外开放、对外交流的目的在于增强本民族的世界影响力，在物质文化的世界交往中促进本民族的发展，只有维护和满足不同民族共同发展的利益，世界交往才能延存下去。习近平总书记指出："我们要树立世界眼光，更好把国内发展与对外开放统一起来，把中国发展与世界发展联系起来，把中国人民利益同各国人民共同利益结合起来，不断扩大同各国的互利合作，以更加积极的姿态参与国际事务，共同应对全球性挑战，努力为全球发展作出贡献。"① 本民族自身的发展是融入世界发展的前提，儒家思想中的大同理想能够为人类凝聚价值共识、解决人类共同面对的全球性问题提供重要的理论支撑和根据。

其三，对当今世界重构国际秩序具有积极的引导意义。当前，广大发展中国家仍处于不平等的国际关系中，西方资本主义国家利用先发优势推行霸权主义和强权政治，依凭财力物力和文化软实力的绝对优胜地位操纵他国的政治经济以谋求私利，导致失衡的、不正常的国际秩序，与人类所期望的世界运行体系相违背。在部分地区，这种霸权和强权愈演愈烈，尤其是在全球性的国际秩序构建中使得强权政治持续存在，给当地人民带来了极大痛苦。人类命运共同体理念的提出，就是要改变这种失衡状态，促使每个国家和民族回到平等的主体地位上来。构建人类命运共同体的新秩序要彻底消灭霸权思维和冷战思维，这契合了儒家思想中的"天下大同"观念。构建人类命运共同体理念与大同思想的内在融合，充分彰显了中华优秀传统文化与马克思主义思想相互契合及其创新发展的重大意义，开辟了人类命运共同体构建实践与重塑国际秩序相结合的新路径。亘古至今的大同理想为中国的社会历史发展奠定了内在基因，表达了中国积极推进构建人类命运共同体的人类历史进步意愿。人类命运共同体在经济全球化趋势下注重推动国家秩序和全球治理体系在发展理念上的百家争鸣，发挥不同国家和相关行为主体的制度

---

① 《习近平谈治国理政》第一卷，外文出版社 2018 年版，第 248—249 页。

优势，推动不同区域间的协调合作。

大同社会理想是儒家思想对未来社会的一种宏观构想，与其密切相关的仁爱精神则是儒家思想得以传承的内在文化基因。仁爱精神是儒家文化的核心，也是人们完善自身的道德标准，它以人为出发点，表达了对万事万物的深刻审思，代表了儒家"成己成物"的理论哲思和内外之道。仁爱思想在几千年的传承中长盛不衰，构成了中华民族最具代表性、最具普遍意义的价值共识。儒家的仁爱精神不仅是儒家自身的文化主脉，还影响到了释、墨、道等其他思想流派，例如墨家的"兼爱""非攻"，就深受仁爱精神的影响。直至今日，中华大地上也无不传承着宽仁慈爱的高尚美德。就中华文明的千年历史来说，仁爱精神早已成为中华优秀传统文化的灵魂。深入仁爱精神的内核中，可以发现，它在思想的逻辑架构上，主要分为以下三个逐次递进的层级。

一是"亲亲"。仁爱精神首先基于人的自然本性，以人的血缘关系为根基，孕育着"仁亲"的伦理内涵，在人的宗法血亲之爱中展开。仁爱精神从人的最纯粹、最原始的亲情出发，由人情发展到人义。人具有人义，才能循礼守仁。在儒家的观念中，人情有先天的因素和成分，所谓"人之初，性本善"讲的就是这一点。而"亲亲"说的就是人情的基点，即亲情，仁爱思想正是以亲情为根基而展开人的情感的普遍化。在古代封建社会，人们的生产生活基础都是以家庭为单位，多以自给自足的形式展开，所以以家庭伦理关系直接决定一个社会的总的生产力；亲人的关系维系得越紧密，物质生活就越稳固。"亲亲"的理念成为中华优秀传统文化中最为基础的层次，上到帝王君臣，下到平民百姓，都以孝悌之义为家训家风。

二是"爱人"。儒家的"仁爱"不仅仅停留在对身边亲人的情感上，还由己及人，推广到与自己没有血亲关系的他人之上，做到

"老吾老以及人之老，幼吾幼以及人之幼"。把自己对亲人的仁爱之心推及到他人，像爱自己亲人一样爱他人。人不仅具有自然属性，还具有社会属性。仁爱是人内在情感普遍化的核心，它包括亲情在内的人伦、外在事理等所有具有道德情感的具体生活关联，构成了由孝文化等亲情扩展的对他人的友爱之情，以无数的"差异性个体"构成"情感普遍性全体"。"仁爱"思想体现了合理的人道主义理想和稳固的社会发展规律，它一经产生便深刻地内化于人的思维和价值观念，即便受到社会变革或者外来文化思潮的冲击也依然鲜活地主导着人的内在价值秩序，并能够协调人与社会的发展关系。因而，在推进构建人类命运共同体的进程中，合理运用仁爱思想，对于促进国际秩序合理重构、维护世界整体的合作发展都具有极大促动作用。虽然说古代人的生产生活主要局限于家庭的范围内，但这并不否定其他生活领域的现实存在，如政治生活，以个人为核心的社会关系由此展开。伴随社会生产力的不断发展，在一定阶段上，人的经济生活也会逐渐与他人发生关联。人与人之间的关系逐渐成为影响社会秩序与家庭可持续生产状况的主要因素之一。"爱人"显然是个人的家庭情感在社会生活中的对应，也只有以一颗仁爱之心对待他人，天下才能成为"家天下"。

三是"近物"。"物"指的是自然万物。"万物一体"的思想由来已久，更何况中华文明一直以来都是农耕文明，对土地和对自然的依赖程度更深，中华民族重视自然并将其视为"天下"的重要组成部分，即自然万物皆在"普天之下"。当把人与人之间的情感推及至万物时，仁爱精神便体现为对物的敬爱，即敬畏和惜爱。之所以有敬畏之心是因为人的一切物质生活资料归根结底都来源于自然，取自于自然；只有以一种感恩之心对待自然才能处理好人与自然的关系，才能源源不断地从自然中获取物质资料。对宇宙万物的"仁爱"思想，促使人们之间抽象的价值理念转化为对具体事物感性的认识，使得人类之间纯粹的价值诉求提升为人与物合一的境界，既拓宽了人类思想的根源，又延伸了仁爱思想的实现领域，体现出中国传统思想进入人与世界整体存在的本体论深度。对物的惜爱则是指对花草树木、飞禽走兽，要深怀"恻隐之心"这样才能与万物和谐相处。"民吾同胞也，物吾与也"①，人内在情感的外在普遍化通过建立与物相类比的方式来达到情感之间的感应和通约，在人的情感视域中显示自然物的意义。儒家在对待人与自然的关系上表现出的基本态度和人文情怀，正是以"仁爱"为媒介，通过对"仁爱"的凝结和升华来规范生态道德。

"亲亲""爱人"和"近物"都是从个人或家庭层面来剖析儒家的仁爱精神。但无论是仁爱精神还是整个儒家思想，最终的落脚点是国家，它必然上升到对国家的情感理念层面，上升到国家的治理和国家的建构中去。从国家层面探讨仁爱精神是构建人类命运共同体的中华优秀传统文化"母体"基因的归宿。国家层面的仁爱精神，根本上仍然是在讨论人与人的关系，只不过，仁爱精神中的人被社会等级制度强制区分为统治者和被统治者，人与人的关系演变成统治者与被统治者的关系，或君与民的关系。这完全符合"家天下"的理念，君主的存在顺应了宇宙的必然和普遍性规律，君必然成为天下之大家长。

立足国家的高度来理解仁爱精神，具体可分为三个层面。

一为"仁民"，即君要爱民。在古代封建制时期，君王是国家治理的主体，王公贵族掌控国家的权力机关，君王的治理理念直接关系到国家的稳定和发展。君主对臣民的仁爱属于泛亲情的情感系

---

① （宋）张载：《张载集》，张锡琛点校，中华书局1978年版，第62页。

列，君民之情往往被视为父子亲情的延伸，形成一种长幼有序的差异化情感纵贯模式。君作为"家天下"最大的家长，待臣民如亲人一般，爱民成为君王最崇高的美德，是至高的"仁爱"，其基本的形式表现为礼待之情和忠诚之情。在"仁民"思想的经验层面上，君民除了能够清醒地对相互之间的关系进行自我体认之外，并不额外强调君主凌驾于人民的天赋权利，反而督促人民获取自身在国家共同体中的主体身份及生存价值，从而在更加广阔的范围内凸显了人民与国家之间普遍的"仁爱"关系。君民之间最基本的仁爱形式是礼待之情和忠诚之情，唯有君爱民，民才能拥护国家的政权，热爱自己的国家，这既是君与民的关系，也是国家与人民的关系。

二为"仁义"，即君要信义。在观念上，"仁"和"义"两者本质上是同一的。在中华文化传统中，人们常把"仁义"与人的本质联系起来，将"仁义"看成人区别于禽兽的本性，强调人的能动性而反对神权专制，促使人效法宇宙自然生生不息的仁德从而要求社会担负起以道义为中心的责任。君王的能力象征着国家的实力，内蕴利他的情怀和"为公"的品德。儒家认为，国家的四分五裂、社会的动乱，主要原因是人人都为自己的私欲，为一己私利而破坏公共秩序，损害他人利益。在古代农业社会，生产力落后，物质资料匮乏，人们很容易因为争夺物质资料而刀剑相向，所以信义就显得非常重要。一个国家的稳定，除了靠严格的法律，更重要的就是人自身的品德。因此，仁爱思想在高扬人的主体性同时又突出了人与天的整体性，而君王作为天的代言人，在施行仁义规则上具有天然的优势，君王的信义是一个国家之信义的根本。君王对自己的臣民讲信义，处处为臣民的利益着想是天下之大道，也是为君王之正道。君主只有以"仁义"主体的道德身份作用于国家共同体中才能够实现自身的存在价值，君主身负宇宙自然的管理者和天地之道的执行者角色，对人与人的道义情感和责任意识具有重要的引导和示范意义。

三为"仁政"，即君要善政。君王不仅要有爱民之心、诚义之心，而且还要具备治国的才能。治国方略是君王的仁爱之心在国家制度上的体现，是衡量君王是否善政的标准。一方面，要在制度上保障人民最基本的物质需求。耕地和宅地是农耕社会人民安身立命的根本，在土地制度上的"仁政"是保障人有恒心的基础。在先秦时代，给民以长久经营的产业就是其中的"仁政"之一，没有固定的财产却有坚定的心志，只有士阶层能做到。另一方面，强调在赋税制度上施予"仁政"，孟子就曾犀利批判"苛政"。人之善与国之治息息相关，井然有序的情感系统和伦理关系为安顿传统社会的世道人心、稳定家国天下贡献了极为重要的政治秩序和精神支撑，这为当今探索依法治国和以德治国的统一提供了启示。

仁爱精神为人类命运共同体的文化构建提供了丰富的"母体"资源。仁爱精神阐释了人与他人、人与万物的整体地位以及和谐相处之道，其着重突出人的主体地位，对仁爱精神的继承和发展有利于确立社会发展的人民主体意识。人类社会的发展由世界各族人民共同完成，世界的命运由世界人民共同掌握，这要求构建一种以人民普遍利益为旨归的主体意识，而对仁爱精神的继承与发展正是助益于人类共同发展的主体意识和责任意识的构建。"人类只有一个地球，各国共处一个世界。共同发展是持续发展的重要基础，符合各国人民长远利益和根本利益。"① 人类命运共同体的构建离不开责任意识的塑造，它要求在构建实践中给予不同参与主体以具体的责任内容和形式，赋予其共同的责任身份，强调各个主体对共同体的责任担当。因而多元责任也构成了构建人的命运共同体的实践要

---

① 《习近平谈治国理政》第一卷，外文出版社 2018 年版，第 330 页。

求，共同的责任则成为共同体生成的实践纽带，促使不同的责任主体被统一与协调起来。共同责任也是全面的责任，涉及人类社会发展的方方面面，因此，加强民族与民族、国家与国家之间的诚信交往以建立彼此的信任关系成为共存并生的必然路径，这种信任关系只有在双方的合作、互利、共享和共建中才能实现。

二、新民主主义文化的特殊与普遍

人类命运共同体理念是中国人民面对世界发展问题而提出的实践智慧，人类命运共同体的文化因子嵌入并引领人类社会未来发展的现实进程。中国共产党在领导中国人民争取民族独立和人民解放的过程中创造的革命文化是马克思主义中国化发展的重要成果，其凝聚力与辐射影响力是构建人类命运共同体的现实引领。新民主主义革命时期是中国现代化进程中体现百折不挠、顽强果敢民族精神的浓墨重彩一笔，也是中国特色社会主义的理论与实践的前提。没有新民主主义革命的胜利就没有中国现代化事业的发展，也就没有当今中国的世界地位。新民主主义革命文化是人类命运共同体文化构建的重要"母体"资源，它不仅展现了对中华优秀传统文化的传承与当代中国精神文明建设的历史意义和时代价值，而且对世界文明的发展与全人类共同价值的建构也具有积极引导作用。

新民主主义文化的生成与发展离不开近代以来中国的革命实践。从中国革命史的进程来看，新民主主义文化依循新民主主义革命的不同阶段可分为以下几个时期。

第一个时期是新民主主义文化的孕育期（1919—1921），以"五四运动"为主要标志。"五四运动"是新民主主义革命文化的起点，是新文化运动在政治上的表现，新文化运动的倡导者，以个性解放思想与进化论观点为主要武器，猛烈抨击以孔子为代表的"往圣先贤",反对旧道德,提倡新文学,反对文言文,提倡民主和科学,大力提倡新道德,有力地打击和动摇了封建思想的统治地位,唤醒了中国青年,使中国知识分子受到一次西方民主和科学思想的洗礼,推动了新思想的传播,掀起了一股思想解放的潮流。五四新文化运动本身具有彻底的反帝反封建的性质,为新民主主义革命扫清了思想观念上的障碍,是适合中国需要的新思潮,为马克思主义在中国的传播创造了有利的条件。

第二个时期是新民主主义文化的萌芽期(1921—1927),主要以中国共产党的成立与北伐战争为标志。中国共产党的成立既是马克思主义传播的结果,又为中国社会进一步传播新思想、萌发新思想注入了强大的力量。革命时期对中国社会前途命运和中国道路问题的论争加深了中国共产党人对马克思主义的理解,提高了他们对马克思主义中国化的自觉性。这一时期思想文化的论争为启迪人民的革命思想以及促使马克思主义与中国具体实际相结合的进程提供巨大驱动力。马克思主义者在与各种思潮的论辩中掌握了马克思主义的基本理论和方法,也提升了自身的思想文化水平,逐渐促使越来越多的个人或群体投入马克思主义与中国革命相结合的历史实践进程。中国革命焕然一新的同时,中国的文化也迎来了新的面貌。虽然,北伐战争的胜利依靠的是新三民主义的政治引领,但不可否认的是,新三民主义所体现的革命文化,与五四新文化运动有着密切的关联,新三民主义在摸索马克思主义基本原理与中国实际相结合的初期具有历史意义。

第三个时期是新民主主义文化的形成期(1927—1937),主要以中国共产党与资产阶级反动派的斗争为标志。在大革命胜利的果实被资产阶级反动派窃取后,由大资产阶级掌权的国民党发起了内战。这一时期中国革命发展非常艰难,内忧外患,步履维艰。中国共产党不仅要抵抗国民党在军事上的"围剿",还要抵抗他们对进步文化的摧残。国民党顽固派回到帝国主义和封建主义的阵营,重新把旧观念、旧思想、旧文化奉为圭臬,退回到封建专制主义的历史糟粕中,并大力宣传封建买办法西斯文化,查禁一切宣传共产主义的书报杂志,对进步文化团体进行迫害。但和他们军事"围剿"的结果一样,国民党的文化"围剿"也失败了。在革命形势的迅速发展和土地革命运动的推进下,广大人民群众投身于革命生产实践的积极性被充分调动,全国人民更加团结地反对封建专制和帝国主义侵略。

第四个时期是新民主主义文化的成熟期(1937—1945),全民族抗日战争为主要标志。1940年,毛泽东在《新民主主义论》中提出了新民主主义的三大纲领,其中对文化纲领的内容进行了揭示,指出新民主主义文化是以无产阶级社会主义文化思想为领导的民族的、科学的、大众的文化。中国人民不仅在行动上要进行抗击日本帝国主义的反侵略战争,还要在思想文化上抵抗日本法西斯主义的奴化灌输,这是新民主主义文化发展的高潮。在这一阶段,为坚决反抗日本帝国主义,中华民族在全面抗战过程中形成了抗日民族统一战线,其中伴随着中华民族的觉醒,强大的文化统一战线也走向成熟,为新民主主义革命的胜利提供了思想上的保证。

第五个时期是新民主主义文化的完成期(1945—1949),以中国共产党领导的解放战争为标志。这也是新民主主义革命文化的完成。在解放战争时期,国民党政权依靠英美帝国主义的支持,试图用西方的资本主义文化来控制社会的主流意识形态。但当时由中国共产党领导的反帝反封建的、科学的民族的大众的文化,已在人民群众中占据了主导地位,资本主义的腐朽文化在中国已无生根之地。这也加速了国民党政权的溃败。新中国的成立正式宣告了新民主义革命的胜利，这也是新民主主义文化的胜利。

新民主主义文化的生成与其社会历史背景密切相关，具有历史特殊性和鲜明的民族特色。近代中国的文化建设在理论经验上曾面临三民主义和马克思主义两种话语体系之争，在马克思主义中国化话语中又存在社会主义文化与现阶段文化发展条件不相符合的矛盾及其相互衔接问题，需要从政治、经济、文化领域构建其与革命文化建设的关联以便为其提供支撑。

首先，新民主主义的政治为新民主主义文化提供了正确的价值指引。新民主主义的政治主要体现在新民主主义革命的领导者及革命主体上。新民主主义革命并不是中国革命的起点，中国革命的原始形态是旧民主主义革命。一般来说，中国的旧民主主义革命和西方的资产阶级革命有内在的共通点，但两者的结果却截然相反：西方资产阶级革命建立了资本主义现代国家；而中国的旧民主主义革命则始终无法改变半殖民地半封建的社会性质。究其原因，主要是中国特殊的历史环境造成的。封建专制在中国已发展了几千年之久，在这种社会制度下，人民在短时间内很难摆脱封建思想观念的束缚。封建政权可以通过政治革命来推翻，但封建落后的思想并非一朝一夕能够被消灭。在中国革命的初期就出现了各种复辟帝制的逆流，封建帝制的复辟严重阻碍了中国革命的发展。同时，革命时期的中国社会并不是单纯的封建社会，其中有着极其复杂的社会结构，就社会的阶级构成来说，存在地主阶级、农民阶级、民族资产阶级、大资产阶级、小资产阶级、工人阶级等，另外还有帝国主义在华势力，阶级矛盾复杂尖锐。针对特殊的历史环境和时代课题，新民主主义革命时期的文化建设必须实现民族化与大众化，即要求对待传统文化不能仅仅采取单一的否定态度，而需要从中华优秀传统文化中发掘出增强民族自强意识和爱国主义精神的积极因素。正是在特殊需要的促动下，中国共产党抓住了革命历史与文化发展的契机和脉搏，为马克思主义中国化的文化构建奠定了深厚的现实基础。新民主主义革命在扬弃旧民主主义的基础上应运而生，中国无产阶级及其先锋队是革命的领导力量成为其鲜明的特征，这也是新民主主义革命的政治特性。依循文化从政治环境中衍生出来的思路，可以在革命历史的坐标上发现统一战线与新民主主义文化发展内在逻辑的一致性，统一战线构成文化建设的基本动力。

其次，新民主主义经济为新民主主义文化发展提供了物质基础。经济决定文化，文化来源于经济。在整个新民主主义革命中，中国共产党的主要经济任务是进行土地革命，联合农民一起生产。这在很大程度上加深了对社会主义与资本主义本质关系的认识，并将生产力和经济发展视为社会发展的尺度，解放了农民阶级的生产力，不仅促使工农联盟更加团结，还为打破人民大众的思想束缚创造了条件。文化作为一种社会意识本身，来源于现实生产生活过程，新民主主义的文化也自然来源于新民主主义革命中的生产生活实际。这同时也提高了生产者的认同感、归属感和劳动积极性，是新民主主义文化的应有之义。新民主主义革命时期经济的历史条件、主要矛盾及其解决路径的理论问题和政策问题得到系统阐释与论证，区分现实的经济具有不同的性质和结构。新民主主义革命时期的经济理论阐释突破了传统社会经济形态演进的理论桎梏，为中华优秀传统文化与马克思主义的结合奠定物质基础。从本质上看，新民主主义的经济直接决定其文化构建的内容，这为文化的民族化和大众化的形成确立了物质前提。

再次，中国传统文化和五四新文化的共生与争鸣是新民主主义文化创生的重要土壤。作为中国几千年封建制度思想根基的传统文化，其在维护封建社会秩序、规范社会道德行为方面发挥了举足轻重的作用，但在封建专制腐朽瓦解之际，中国传统文化面临如何扬弃自身的问题。五四新文化运动所提出的"民主""科学"的观念，一定程度上推动了中华民族的思想觉醒，为中国社会带来了现代性启蒙。但这种文化的启蒙在中国革命的初期，仅仅停留于知识分子群体，且对新文化的理解停留在片面以西方思想为标尺而对本民族文化进行批判性的反思，因而很难深入人民大众群体之中。就文化自身的传承性来说，新民主主义革命文化处在新旧文化的交汇点上，其特殊任务是如何在批判与继承中检审旧文化、创造新文化，推动马克思主义与中华优秀传统文化的精髓相糅合从而产生新的文化，以适应中国社会与时代发展的需要。

正是以上的特殊历史背景，孕育出具有鲜明民族特性的新民主主义革命文化，这种民族性可体现在以下三个方面。

第一，文化的主体问题。文化的主体是文化的主要承担者，即文化的创造者和推动者。新民主主义革命的性质决定了新民主主义文化的性质，新民主主义文化的领导者是中国共产党，中国共产党自身是在新文化运动中产生的，在革命中成为新文化运动的中坚力量。尽管新民主主义文化的建设是立足对旧文化的激烈批判之上，但这种批判是忧国忧民的历史担当，反映了中国共产党对传统文化继承与超越的智慧。中国共产党在创始之初就代表先进文化的发展方向，为中国革命注入了适合中国国情的思想观念。马克思主义是中国共产党的指导思想，中国共产党一直在探索马克思主义融入近代中国社会的契合点。在新民主主义革命的语境中，文化的另一个主体是人民大众。在新民主主义革命时期，中国共产党始终坚持人民的文化主体地位，这一人民立场一经形成便成为推动党的文化建设实践深入发展的理论指导。党在革命实践中向内开展了人民群众观教育，有助于构筑同甘共苦的新型军民关系；向外对人民大众进行积极的宣传工作，彰显中国共产党与人民大众之间共同的民族文化基因和现实的血肉联系。中国共产党和人民大众共同构成了新民主主义文化的主体。当然，主体和客体是不可割裂的，文化的客体是文化的对象，即"为什么人"的问题。"为什么人"的问题是一个根本性和原则性的问题。"文化"就是以思想、观念、艺术的形式改造人，这里的"人"指的是人民大众。人民大众既是文化的根本来源，也是文化的服务对象和改造对象。人民大众既是主体，也是客体。

第二，文化的态度问题。文化的态度是指在思想观念领域，人们应当以何种方式对待不同的具体事物。新民主主义革命时期的文化态度主要有三种表现形式：揭露与反对、联合与批评以及颂扬与教育。其中，揭露与反对主要针对的是革命对象。帝国主义、封建主义和官僚资本主义所持有的腐朽思想观念必将严重侵蚀毒害中国人民的世界观和价值观，在新民主主义革命中应毫不留情地揭露其丑恶面目，坚持抵制文化奴役。联合与批评是针对革命同盟者而言的，一些持革命立场但又容易动摇的资产阶级，因为他们的革命意志并非一以贯之。在他们的思想意识中，仍残存着落后、腐朽、妥协的一面。所以既要予以鼓励和联合，也要在适当的时候予以批评教育，颂扬与教育指向的是人民群众及其先锋队。人民群众是物质文明与精神文明的创造者。新民主主义文化是为这些劳动者服务的，也是为革命者服务的。在中国共产党的发展历程当中，革命文化与斗争精神始终是中国共产党人面貌的重要标志，寄托了人民对党的认同和情感，奠定了中国共产党改造落后思想，引领人们继续革命的思想基础。

第三，文化的立场问题。文化的立场是指文化的出发点及其对立面的判断问题。新民主主义文化是无产阶级性质的文化，其立场是坚定的无产阶级立场。虽然新民主主义革命的阵营中还有农民阶级和资产阶级，但其中的核心还是无产阶级，革命的目的是建立无产阶级政权。因此，新民主主义文化的一切出发点和归宿点必然是无产阶级。中国共产党在新民主主义革命时期开展的农村包围城市、武装夺取政权的无产阶级革命实践中，产生并丰富了一批无产阶级斗争实践的思想文化和理论成果，在革命的性质上，新民主主义文化是反帝反封建的。帝国主义和封建专制是无产阶级最大的敌人，也是最直接的斗争对象。无产阶级的贫乏困苦之最根本的原因就是帝国主义的经济剥削和封建专制的政治压迫。新民主主义文化也是反大资产阶级和官僚资产阶级的。在中国革命的历程中，大资产阶级和官僚资产阶级往往与帝国主义、封建主义同流合污，而且一步步沦为帝国主义与封建主义的附庸。这些反动的资产阶级，必然是新民主主义革命的对象，他们对无产阶级的压迫和剥削不亚于帝国主义和封建主义，所以无产阶级性质的新民主主义革命文化是反对帝国主义、封建主义和官僚资本主义的统一。新民主主义文化形成了鲜明的红色观念意识形态。这一时期确立了在中国共产党领导下实现全国人民解放、建立新民主主义国家的根本任务。党的七大确定了以人民为中心的政治路线，以此确立马克思主义中国化存在的理论根基，发挥新民主主义革命文化的社会凝聚力和整合功能，在与马克思主义的结合中形成指导新民主主义革命的主流意识形态与价值导向。中国共产党领导的群众革命运动产生了特定的文化体制机制和先进的政治文化形态，在清除消极的阶级思想根蒂中确立自身革命经验、理论和精神淬炼而成的革命文化传统。

新民主主义的文化在中国革命的特殊历史条件下形成，但其特殊性特质之中蕴藏着普遍的规律性。新民主主义文化的普遍性有着深刻的理论依据，其核心是马克思的世界历史理论。马克思认为，在资本主义社会化大生产的前提下，资本逻辑的主导作用必然推动历史向世界历史转变。资本的特性是无节制地追求剩余价值，必然使得世界性的生产逐渐成为以追求无限剩余价值为目的的无节制生产。世界各民族的相互联系是历史发展的必然，并在世界历史的拓展进程中，人与人之间的关系愈加紧密。人与人的关系以物为中介，并以"物的依赖关系"得以体现。世界的普遍交往意味人与人之间、民族与民族之间存在充分的物质、精神的交流，以及不同的文明之间必然会产生比较与碰撞。中国的革命文化具有无限延伸的生命力，在世界普遍交往的形势下具有凝心聚力的时代作用。

中国摆脱封建专制和资本剥削的革命运动在民族发展的过程中无疑呈现出世界性的普遍特征。自近代以来，世界各民族在追求自由和解放的过程中或多或少经历过反剥削反压迫的斗争，毛泽东在分析新民主主义革命性质时也曾提出"中国革命是世界革命的一部分"的命题，他解释道，"中国革命的第一阶段（其中又分为许多小阶段），其社会性质是新式的资产阶级民主主义的革命，还不是无产阶级社会主义的革命，但早已成了无产阶级社会主义的世界革命的一部分"[1]，"这种'世界革命'，已不是旧的世界革命，旧的资产阶级世界革命早已完结了；而是新的世界革命，而是社会主义的世界革命"[2]。毛泽东的这一命题昭示了新民主主义革命在民族历史和世界历史上具有深远意义，显现出双重内涵指向，即在民族历史的维度上实现反封建的民主解放运动，在世界历史的维度上实现反

---

① 《毛泽东选集》第二卷，人民出版社 1991 年版，第 671—672 页。
② 《毛泽东选集》第二卷，人民出版社 1991 年版，第 669 页。

帝国主义的民族解放运动。世界革命推动民族历史转向世界历史的进程，打破了资本主义所宣称的自由民主的价值神话，也对中国的民主主义革命产生历史性影响。中国的新民主主义革命推进了世界社会主义革命的进程，也推动了马克思主义与民族文化构建相结合并在世界范围内得以传播，为文化构建方面提供了全新的革命实践范式。中国新民主主义文化是世界文明的一部分，仅就其反帝反封建的根本性质来说，它契合人类追求自由和解放的终极目标。纵观世界历史的发展，特别是近代史的进程，反对压迫，反对专制，反对剥削一直是世界的主题。新民主主义革命具有世界历史意义的文化因素，既坚持了中国道路的正确性，又以新民主主义革命文化的自信回答了政治选择和理论指导的问题，通过诠释革命文化的内涵和特点明确人民群众作为价值主体的地位，体现了科学的文化方法论原则和民族的文化价值观。

创生于中国革命进程中的新民主主义文化内蕴人类文明的普遍意义，这种普遍性主要体现在以下五个方面。

第一，启蒙精神与主体意识。启蒙是一个开化和祛魅的过程，通过打碎禁锢在人们思想上的枷锁以张扬人的主体性。新的思想观念有利于摒弃旧的风俗习惯，增强主体的自我意识，让人们认识到主体性对文化创造的意义。新文化的创生过程就是人们意识到其内在能动性的过程。无论是西方的文艺复兴，还是中国的五四新文化运动，都把人的能动创造性提升到了历史的新高度。正是因为这种启蒙激发了人的主体意识，使人们保持了适当的理论意识定位和成熟的文化思想自觉，人类历史才有现代化的开启以及科学技术与文学艺术的高歌猛进。这也是为什么我们会把现代性看成一种主体性的觉醒，其中深刻蕴含文化对于启蒙的重要意义。对文化形态的普遍自觉成为新民主主义文化的主要任务，促使新文化在多样文化盘根错节的语境中找到一条应对普遍主义与特殊主义之争①的路径。新民主主义文化的根本特性在于人民主体性，人民群众作为社会历史的创造者是亘古不变的历史规律，这里的"历史"当然包括文化的历史。文化的历史是人民群众在生产生活中创造的反映现实生活过程的各种思想观念、文学艺术的文明史。新民主主义革命时期注重培育人民对中华优秀传统文化的认同感，在反思和批判中对旧文化的内容进行改造和创新，启迪人民理解和把握新文化的核心价值，促使人民主体性为增强新文化自信提供动力，以普遍性的文化自觉为实现新民主主义革命理想注入精神动力。

第二，包容精神。新民主主义革命所建立的统一战线理论与实践集中彰显了新民主主义文化的包容精神。在新民主主义革命的阵营中包含一切反帝反封建的社会力量，新民主主义的文化要服务隐匿于这些社会力量中的各个阶级，满足不同阶级的各种文化需求。例如，在教育领域因各地区各阶级的教育条件和教育背景不同，要求"不但要有集中的正规的小学、中学，而且要有分散的不正规的村学、读报组和识字组。不但要有新式学校，而且要利用旧的村塾加以改造"②。此外，文化的大众意识是包容精神的集中体现。基于对人民是文化主体的认识，中国共产党将人民概念外延扩展到一切拥护社会主义事业的大众。文化的大众意识要求文化并非满足一

---

① 普遍主义与特殊主义之争最早可以追溯到马克斯·韦伯在《中国的宗教：儒家和道教》一书中的观点，他认为清教的价值观是普遍主义，并以此为尺度，批判中国文化的"特殊主义"（参见 [德] 马克斯·韦伯：《中国的宗教：儒家和道教》，康乐、简惠美译，广西师范大学出版社 2010 年版，第 351—352 页）。近代以来，中国知识界一直有一种流行观念，认为中国的传统文化、思维方式具有特殊性。与此相对的观点是倡导普遍主义，认为文化发展的方向既不是西方文化，也不是中国文化，而是世界的普遍性文化。

② 《毛泽东选集》第三卷，人民出版社 1991 年版，第 1011—1012 页。

部分人或小部分人的需求，而是要深入到最广大的劳动人民中，满足一切源于群众内在要求的现实精神需要。毛泽东在《文化工作中的统一战线》一文中曾提出改造群众思想的文化教育工作的两条原则，"一条是群众的实际上的需要，而不是我们脑子里头幻想出来的需要；一条是群众的自愿，由群众自己下决心，而不是由我们代替群众下决心。"① 开展文化宣传和教育工作，根本在于促进人民认识到中华优秀传统文化的思想结晶在历史革命的实践中已经镌刻成为群众的基因。尽管西方的现代化进程及其价值加快了中国从传统向现代的过渡和转型，但这种思想和价值一定程度对中华优秀的传统文化产生了冲击。新民主主义革命时期的文化工作在接受有价值的文化内容时，也不断尝试为旧文化注入新活力，以保证不同思想水平的人民主体在革命实践中都能逐渐适应社会的现代化进程。从文化教育工作指导原则的意义上看，如何在文化创造过程中坚守同人民相关的文化自我主体，也同样成为新文化统一战线境遇中文化包容精神的核心关切。

第三，科学精神。科学往往和启蒙联系在一起，启蒙是主体性的彰显，而主体性的本质就在于它的理性，新文化的创新必然伴随着科学的进步。就启蒙而言，科学的最大作用在于反对迷信、破除迷信。陈独秀曾指出："一遵理性，而迷信斩焉，而无知妄作之风息焉。"② 对科学的探索也体现在历史观上，"社会科学是拿研究自然科学的方法，用在一切社会人事的学问上，像社会学、伦理学、历史学、法律学、经济学等，凡用自然科学方法来研究、说明的都算是科学"③。尽管中国传统文化中缺乏鲜明的科学精神与技术理

---

① 《毛泽东选集》第三卷，人民出版社 1991 年版，第 1013 页。
② 《陈独秀文集》第一卷，人民出版社 2013 年版，第 95 页。
③ 《陈独秀文集》第二卷，人民出版社 2013 年版，第 1 页。

性，但随着中国新民主主义革命与世界革命的密切连接，世界的现代化进程推动中国传统文化逐渐走向现代和科学，使得中国传统文化进入现代化进程的过程中客观地接受并培育出具有自身特点的科学精神。科学精神及其内含的意识自觉在文化主体的平等共在、自由流通上推进了中国的现代化进程。实际上，科学的文化意义就在于达成一种追求客观真理、追求终极目标上的全人类共同价值。

第四，自由精神。新文化运动中虽没有鲜明地提出"自由"口号，但新民主主义本身就具有自由与解放的内涵。无论资产阶级革命还是新民主主义革命都追求自由和解放，但后者的自由和解放意向更具进步性和普遍性意义。资产阶级的自由指的是人格独立和人性自由，要求人的权利的自主选择和人的欲望的自由释放，以及人的个性的张扬和自由表现。新民主主义革命则不然，新民主主义革命是社会主义革命的一部分，是无产阶级领导的革命，其摒弃了个人主义作为文化自由基点的观念，将新文化最终目的视为通达人身的自由和发展的自由。人身的自由是摆脱任何人与物的依赖关系而达到自为的状态，发展的自由是拥有全面的创造能力和劳动能力来满足这种人身自由的需要。

第五，民主精神。民主是整个中国近代革命的政治内容，体现了无产阶级根本立场，是新文化运动的基本口号之一。根据史料记载，民主的观念是最早在近代中国传播的现代性观念。中国传统文化集中反映了人们社会生活方式及其转型的历史，在从传统向现代的过渡中，文化发展的主要内容在于培育人民的现代性自觉，而人民本身现代性的实现程度决定着文化转变的历程。新民主主义革命时期的民主精神推动了中国传统文化转型的民主化进程，国外优秀文化成果为中国文化的发展提供了一定的思想资源。在第一次世界大战结束以前，民主对于中国人来说只是一个政治概念，它意味着与君主制不同的国家形态；第一次世界大战结束后，一些知识分子将民主这一单纯的政治概念赋予了包含政治、经济、文化等在内的多领域内涵。近代中国革命进程中民主精神逐渐形成，集中体现在平等、法治和共和三方面。经济的平等使每个人都有创造财富的机会，政治的平等使每个人都拥有相同的权利。评判平等与否首先必须厘清近代中国人民所追求的法治是现代意义上的法治，并不是封建意义上的王法专制。法律制度应以人民大众的价值标准来建立行为准则，这才是真正意义上的"民主的"法治。共和则意味着一种社会的民主形式，即不同阶级、阶层，不同职业、身份的个人在一种平等和谐的状态下，发表政见，从事社会活动，共同治理国家。新民主主义理论的构建，既体现了中国共产党人鲜明的无产阶级根本立场，又表明文化建设进程中突破由一个阶级力量包揽一切的局限，建立起更具包容性的共和国的社会理想。

三、"世界人民大团结"的理念与话语

社会主义先进文化是人类命运共同体文化构建最直接的"母体"资源，二者存在密切的内在关联。人类命运共同体理念伴随具有世界历史意义的社会主义先进文化的过程而产生，是社会主义新文明的世界性构想，也是先进文化发展的必然归宿。人类命运共同体的文化构建，必须从社会主义先进文化中传承优秀的基因，尤其要把握"世界民族大团结"的深刻理论意蕴。

历史唯物主义的基本原理是社会主义先进文化的理论基础。"物质生活的生产方式制约着整个社会生活、政治生活和精神生活的过程"①，社会生活、政治生活和精神生活不能脱离最基本的物质基

---

① 《马克思恩格斯文集》第 2 卷，人民出版社 2009 年版，第 591 页。

础。"每一时代的社会经济结构形成现实基础，每一个历史时期的由法的设施和政治设施以及宗教的、哲学的和其他的观念形式所构成的全部上层建筑，归根到底都应由这个基础来说明。"[①] 简而言之，即社会存在决定社会意识。中华人民共和国成立以来，中国人民在社会主义现代化的实践中培育了一种与之相适应的先进文化。在解放战争时期所形成的文化建设制度基础上，中国较快完成了全国文化建设与文化世界化进程相互推进的时代任务。1956 年确立的"百花齐放、百家争鸣"的文化建设方针，奠定了社会主义先进文化建设和改革的初始条件，凸显了社会主义先进文化不断与资产阶级腐朽文化与思潮进行斗争的时代内涵，彰显出中国共产党引领大众文化建设的发展观。改革开放之后，中华民族要跟上世界现代化的进程，这种需求则更加迫切紧急。先进的科学技术、管理模式不仅改变人的思想观念，也不断改变人们的生活方式和交往方式，新的文化便在这种改变中生成。社会主义先进文化正是在引领大众文化建设实践中成为中国精神和价值观之集中反映的。社会意识对社会的物质生产具有能动反作用。只有破除一切腐旧的文化观念，才能进一步促进社会的现代化，才能使整个社会主义建设处于和谐、稳定、平衡的状态中。社会主义先进文化的形成和发展是历史的必然，维护社会主义文化的本质属性、保证社会主义文化向着正确的方向继续有序发展也成为创造新的文化格局的严肃任务。

人民性、创造性、引导性与民族性共同构成了社会主义先进文化发展的基本属性。社会主义先进文化是社会主义性质的，它天然地带有自己的阶级特性，即人民性。社会主义先进文化是为社会主义建设服务的，其文化素材源于人民、改造对象是人民、表现主体

---

① 《马克思恩格斯文集》第 9 卷，人民出版社 2009 年版，第 388 页。

同样是人民，这是新民主主义革命一以贯之的根本阶级立场在社会主义文化建设和改革中的延续。在中国革命和建设过程中所建构的中国特色社会主义道路是一条全新的人类发展道路。文化的创新也一样。中华民族本身就是一个历史文化悠久的民族，有深厚的文化底蕴。要在一条全新的发展道路上守护一个文化大国、文化强国的地位，通过对中华优秀传统文化实现创造性转化和创新性发展来引领与规范多元社会文化的发展，确保社会主义国家意志的实现和意识形态的统一。这就要求社会主义的文化建设弘扬创造性的精神品格。社会主义先进文化之所以具有先进性，正是因为它能够指引人类文明的前进方向，主导社会主流文化的正确走向，并潜移默化地影响整个社会的精神面貌，从而凝聚民族精神。社会主义先进文化是中华大地滋养出来的现代性文明，它必然带有中华文明的优秀特征，是民族文化的当代呈现。一种地域性文化往往具有局限性，只有通过与其他文化进程的开放性交流才能使系统的文化正向反馈自身、发展自身，这是历史发展的规律。民族性并不代表故步自封、闭门造车，而是依据现实的需要，根据民族发展的需求，逐渐摒弃对其他文化的盲目依附或同化"他者"的不良企图，创造适合自己的生产生活方式。

科学理解和把握社会主义先进文化必须深入其方法论原则之中，探明其作为一种价值理念的运思方式，即唯物辩证法、"古为今用、洋为中用"策略和"百花齐放、百家争鸣"方针。唯物辩证法是马克思主义解释世界和改造世界最根本的原则，也是理解人类社会的根本方法。"辩证法在对现存事物的肯定的理解中同时包含对现存事物的否定的理解，即对现存事物的必然灭亡的理解。"①

---

① 《马克思恩格斯文集》第 5 卷，人民出版社 2009 年版，第 22 页。

文化的发展和创新，就是人类历史进程中不断否定旧有观念，扬弃旧事物，创造新事物的过程，社会主义先进文化同样如此。对于一切腐朽的思想观念，必须秉持"批判的和革命的"的理性态度，有效提升人民的政治敏锐性和文化思想鉴别力，最大限度压缩各种错误思想的生存空间，竭力遏制西方意识形态的渗透行为。"古为今用、洋为中用"是马克思的唯物辩证法在中国革命、建设与改革的具体实践过程中的实际体现。"古为今用"强调不应完全否弃中华优秀传统文化，应当创造性转化和创新性发展中华优秀传统文化。"洋为中用"是反对全盘照搬西方文化，主张汲取其合理精华融入中国社会发展的文化构建。虽然西方现代化进程一度遥遥领先于中国，但这并不意味着他们的文化完全适合于中国。在社会主义先进文化建设中，中国能够始终把握文化发展的前进方向、价值取向及目标导向的关键问题，将与中国发展实际需要不相符、与先进文化明显背离的范畴加以辨析并进行淘汰，而将与先进文化建设要求相符合的文化因素改造为有利的发展资源，使得具有真理价值的文化在社会主义先进文化的建设中成为增强文化自信的推动力。社会主义先进文化应当取长补短，求同存异，既要继承中华文化的优良传统，又要吸收世界文化有益成果。"百花齐放、百家争鸣"主张在社会主义现代化建设进程中，应充分发挥各种优秀文化资源的积极作用，强调只有保持开放包容的态度才能使各种独具特色的文化思潮充分表达出来、各种文化流派不断成长起来，才能营造有利于文化创新发展的良好氛围。"百花齐放、百家争鸣"归根结底是为发展社会主义先进文化服务的，是为社会主义先进文化吸收各种先进文化成果提供宽松和谐的环境和丰富的材料。"百花齐放、百家争鸣"进一步解放了人们的思想，保证个体的创造性和文化形式的丰富性，让人们有充分表达想法，全面发挥自身才能，自由实现自己梦想的平台。社会主义先进文化也正是在这一良性社会文化互动中不断地自我革新。

随着中国社会主义现代化建设而不断创新发展，社会主义先进文化在当代的呈现具体表现在中国价值、中国精神、中国故事、中国理论、中国话语和中国制度之中。

中国价值主要指向社会主义核心价值观。价值观是主体对客体的总体评价和主观认识，直接影响到社会发展的方向。作为社会主义核心价值体系中带有基础性与普遍性观念的社会主义核心价值观，是指引人们实现社会主义现代化和共产主义理想的价值指南，它是一种德，"既是个人的德，也是一种大德，就是国家的德，社会的德"①。社会主义核心价值观是社会主义先进文化凝结而成的基本规定，能够提升大众文化创造的价值追求，为培育人民大众符合德性的社会主义核心价值观念提供有益参考。社会主义核心价值观是根据当代中国发展的实际需要而对中华优秀传统文化进行创造性转化和创新性发展所得的结果，而社会主义先进文化在社会主义核心价值观形成中的影响正是体现在对传统文化继承性发展和对外来文化的选择性吸收上。社会主义核心价值观以大众化的形式植根于人民群众的生活实践中。

中国精神是社会主义先进文化的升华。无论是新民主主义革命道路，还是社会主义建设、改革道路，都并非一帆风顺，是进步性与曲折性的统一。中华民族之所以能够矗立在世界东方，正是因为在此过程中，特别是党的十八大以来，诞生了无数的先进人物和感人事迹，他们被历史铭记，内蕴具有民族精神的进步力量。中国精神的主要内容是以爱国主义为核心的民族精神和以改革创新为核心

---

① 《习近平谈治国理政》第一卷，外文出版社 2018 年版，第 168 页。

的时代精神，这种精神是凝心聚力的兴国之魂、强国之魂，而爱国主义始终是把中华民族坚强团结在一起的精神力量。中国精神是中国人民在历史进程中生活经验和精神生活状态中沉淀下来的智慧结晶，是普遍性和特殊性、民族性和时代性、稳定性和开放性的辩证统一，对中国特色社会主义文化事业的推进具有重要的理论启示和实践意义。

中国故事是社会主义先进文化的展现。"故事"是人类文化的基本元素，往往通过文艺作品得以呈现。优秀的文艺作品反映出一个国家一个民族的文化创造能力和水平，社会主义的文艺作品反映着社会主义国家和社会的精神面貌，并从艺术层面凸显社会主义制度的优越性；中国的文艺作品表现的是中国现代化进程中的"中国奇迹"，这些"中国奇迹"共同讲述了中国故事。中国故事是中国人民以艺术的方式向全世界展示中国的社会主义先进文化，同时也是中国文化向全世界传播的主要途径。在社会发生复杂转型、世界遭逢深刻变革的环境中，社会主义文化讲好中国故事需要迎合改变自身发展方式与世界格局的趋势，为文化的故事叙述提供充满思想深度和艺术活力的思路。

中国理论的构建是社会主义先进文化发展的重要体现和重要任务。社会主义的现代化不仅体现在科学技术的现代化，还体现在哲学社会科学与时代同频共振的思想进程中。"哲学社会科学是人们认识世界、改造世界的重要工具，是推动历史发展和社会进步的重要力量，其发展水平反映了一个民族的思维能力、精神品格、文明素质，体现了一个国家的综合国力和国际竞争力。"[1] 理论自信是社

---

[1]　中共中央文献研究室编：《习近平关于社会主义文化建设论述摘编》，中央文献出版社 2017 年版，第 70 页。

会主义先进文化在哲学社会科学发展中的具体呈现，促使人民大众都能够普遍认同社会主义先进文化与社会主义核心价值观，并将其作为自身现实的实践先导与行动指南。我们必须夯实社会主义先进文化的理论基础，加强对社会主义核心价值观的理论阐释，促使人民在实践中检验文化的理论真理性。

中国话语是社会主义先进文化的表达方式。中国话语秉承了社会主义先进文化的基因，是中国在世界上表达自身诉求、建立大国地位和实现强国身份的重要手段与工具。如果说中国故事更注重内容，那么，中国话语则更注重表现形式。中国话语是讲好中国故事、传播好中国声音并向世界展示一个真实、立体、全面的中国的叙事方式，是中国式现代化的内容展示、经验阐释、思想呈现和价值显现，在世界共同发展和全球新秩序重建中能够发挥重要作用。中国话语是开放的、动态的，它将为推动构建社会主义先进文化提供经得住考验的中国方案。①

中国制度成长在社会主义先进文化浸润的土地上。中国制度始终围绕对社会主义文化守正创新的价值取向进行一系列具体设计，致力于呈现出中国特色社会主义文化建设的历史逻辑与独特优势。中国共产党是中国制度的创建者，在中华民族从站起来、富起来到强起来的伟大飞跃中把社会主义先进文化融入制度体系建设，不断推动中国制度更加成熟、更加定型。中国制度代表了人民的利益，蕴含了共同的价值准则和文化属性。中国制度根植于党和人民伟大斗争中孕育的社会主义先进文化。

从先进文化的视角出发来看人类命运共同体的文化构建，其表

---

① 曹进、赵宝巾：《构建中国话语和中国叙事体系》，《中国社会科学报》2022年1月21日。

现出的政治理念与政治话语可概括为"世界人民大团结"。"世界人民大团结"是国际主义的一种文化表达，是社会主义先进文化的国际主义表征，与人类命运共同体理念在精神上具有相通性。在中华人民共和国成立初期，为加强与苏联及其他社会主义国家的联系以抵制美国等敌对势力，中国提出了"世界人民大团结"的口号，其中有深刻的文化内涵。它表达了中国人民谋求世界范围内团结一致的强烈意愿，呈现出中国人民反对帝国主义侵略的鲜明立场和必将胜利的坚定信心；表明无产阶级政党领导的革命事业的国际性属性，每个国家的无产阶级斗争都是全世界无产阶级共同斗争的一部分，无产阶级能够超越地域界限和民族文化中心而趋向共同的道德原则和价值理念。无产阶级革命是世界范围的革命，是为了全人类解放的革命，这使得"全世界无产者，联合起来"成为必要，无产阶级的革命理念是各国革命事业胜利的思想条件，是解放全人类的重要武器。马克思、恩格斯指出，科学的社会主义是指导无产阶级解放运动的伟大旗帜，无产阶级在坚持不懈的革命斗争中终将实现共产主义。中国只有坚持科学社会主义的指导和无产阶级的实践方向，才能正确把握人类历史发展的一般规律和当今世界人民团结的现实需要，同时也向全世界各国人民展示中国特色社会主义的光明前景。中国革命离不开世界人民的支持，中国革命和文化建设的叙事以世界无产阶级的观念、话语来开拓自身视界与思维，无产阶级革命是世界人民共同的斗争，这一斗争过程使得各民族之间、各国人民之间的关系更加紧密，从而形成一个革命的"共同体"。

当今世界正经历百年未有之大变局，虽然当今世界的情势与70年前相比发生了巨大变化，但总的时代特征仍有内在的延续性。如西方资本主义的冷战思维仍然存在；世界人民争取民族独立和人民解放的斗争仍在继续；资本逻辑仍是当今时代社会生产生活的主导逻辑。所以，"世界人民大团结"的政治理念与政治话语作为先进文化的表征，仍然可以解释当今世界，这也为人类命运共同体的政治构想与文化构建提供了新的思路。

建立世界交往新秩序，开辟人类和平新道路，创造民族团结新局面是中国人民希望构建的新型世界文明的政治理念，也是"世界人民大团结"和人类命运共同体理念的题中应有之义。中国共产党人始终将自身的国家关系趋向着眼于国际秩序的更新和全人类共同的解放事业。世界的普遍交往是历史的必然，但交往的方式在每一个历史时期都有所不同，甚至有着巨大差异。这种交往方式整体性地构成了世界秩序。世界秩序体现了各民族国家在世界交往中的作用和地位，直接影响民族国家的切身利益。历史上的世界战争，包括现当代的局部战争，都是因相互之间的主权争端，核心利益争执引起的，这种争端和争执必然导致一方对另一方的侵犯。因此，在任何情况下秉持一种共同发展解放的天下观和国际价值判断是人类文明历史运行的必然要求，保持一种平等、尊重的态度则是各国人民免遭战事的前提。针对"西方中心主义"和文化中心主义的狭隘文明观、交往观及其塑造的世界交往的霸权秩序，中国在经济全球化实践中认清西方资本逻辑主导下的不平等交往格局及其对人类社会生存造成的巨大风险，致力于突出不同文明对人类整体发挥的不可替代作用，打造平等互助、开放包容的规范性交往秩序，并推动构建以主权平等、相互尊重为核心的国际新秩序。在新秩序中，权利、义务和利益具有对等性，拥有多大的权利就应履行多少义务，就会得到相应的利益，这是一条普遍的对每个国家都适用的原则。

人类应如何构建这种平等交往的国际秩序？这就要求开辟一条合作共赢、共建共享、互惠互利的和平道路。人类只有在和平的情况下才能得到发展，只有在相互协作的条件下才能发挥最大的潜能，只有在共同进步的前提下才能实现自身的解放。任何国家都应该为促进和平而努力，国家之间要构建对话而不是对抗，结伴而不是结盟的伙伴关系。历史经验已经表明，对抗则两败俱伤，合作则双方共赢。经济全球化的进程是历史的必然，这为各国创造了团结合作的机遇。全球性合作是大势所趋，合作共赢更能促进政治上的民主平等和文化上的交流互鉴。每一个国家都有每一个国家民族发展的特点，共建共享就是发挥各国的优势，相互协作。只有各取所长，才能各取所需、共同发展，从而在互惠中实现互利。中国在推动构建人类命运共同体进程中坚持在构筑新型大国关系的同时塑造自身的国际话语权，并在此基础上维护不同主体国家价值主张的现实性与发展性，通过扩大的互动关系网络来提升主体国家话语权的表达。

和平的道路既漫长，又充满曲折，其中最深层的原因在于各民族之间文化观念的差异。如果说经济领域的全球化、一体化是历史发展的必然趋势，那么文化的多元化则是不可逆转的历史现实。自由、包容、和谐的多元主义是创造民族团结的必由之路。要达到世界各民族之间的团结，相互包容是前提。包容也是一种平等，更是一种民主，这不仅是政治上的民主，而且是文化上的民主。用马克思的话说是"自由个性"的充分发挥，是人的想象力、创造力和实践力的充分发展。和谐世界并不是一个一元化、单一化、线性化的发展模式，而是"各美其美、美美与共"的多元共处。经济全球化深入推进过程中矛盾纠葛错综复杂，资本主义文化及其同一性的现代化主张往往掩饰了不同主体国家在世界交往中的矛盾冲突，使他们独特的价值理念沦为虚假的意识形态，这就需要建立更加正义的国际秩序，以保障各主体国家能够为自身文化价值和话语权进行合理性论证与合法性辩护。现实的生存境遇和发展需要也敦促文明对话及成果分享的方式从霸权走向民主，促使不同国家在经济全球化进程中的文明交流和共同利益普遍增多。营造民主的文明交往秩序，有利于改变东方从属于西方、整个世界处于资本逻辑控制的基本格局，重塑均衡、和谐的世界文明。和谐世界本身就是一种理想的国际秩序，是和平共处、正义公道、不断化解矛盾的良性状态。

权力话语、制度话语、发展话语共同构成"世界人民大团结"的政治话语。这些话语不仅在过去社会主义现代化建设中有重要意义，而且在未来的社会主义现代化强国建设中也具有普遍意义。

权力话语意味着掌握权力就掌握了话语权。纵观世界近代史发展史，西方资本主义国家长期依靠霸权主义、强权主义等侵略性手段，掌握国际话语权，操控世界秩序。资本的扩张必然要求以强制力量去打破每一个国家和地区的闭关锁国的状态。尽管资本给世界每个角落带去了前所未有的生产力和财富，但也带来了沉重的剥削和压迫，暴露出霸权主义和强权主义的本质。因此，反霸权、反强权成为世界人民反对剥削、反对压迫的共同心声和诉求。"世界人民大团结"话语要求维护国家安全和发展环境的同时反对霸权，关注欠发达国家和地区人民的发展需求，紧密团结社会主义阵营，注重与"两个中间地带"的联系，尤其重视欠发达国家和地区的共同发展，不断提升中国权力话语的影响力，展现了中国对全人类解放事业的责任担当。

制度话语体现了人类社会发展的历史辩证法。历史唯物主义的基本原理表明，人类历史的发展过程显现为社会形态更替和社会制度变迁。资本主义制度曾在人类历史上发挥了巨大的革命作用，但其固有的根本矛盾决定了其自身发展的限度。社会主义制度的"先天"优势在于无产阶级的领导，"后天"优势则在于它吸收了资本主义制度的积极成果。当今世界仍处于资本主义制度和社会主义制度共存的时代，而资本主义制度的主流地位并不代表其将终结历史。制度话语反映了一定文化生态系统的存在样态和运行方式，资本主义主导世界历史的时代总能制造非时间性、非语境化的同一性原则，使得文化自身的主体性特质在不同民族国家中呈现出同一性与差异性的动态平衡。"世界人民大团结"的制度话语告诉人们，只有人民拥护的制度，只有人民当家作主的制度才是符合人类社会发展规律的制度。"世界人民大团结"是中国参与全球文化交往和国际秩序的全新方案，表达了全人类对合理国际秩序的价值诉求。任何制度都产生于一定力量之间的对话、博弈和建构过程，人民共同拥护的国际秩序建立在共同的价值规范基础上，而国际秩序的合理构建有助于奠定合法基础。而"世界人民大团结"所内蕴的制度话语则正是维护了文化自身发展永恒的动态性，还原经济全球化充满活力的面貌与态势，以和谐的国际秩序与互通的文化合力培育人类文化的共同根基。

发展话语表达的是世界发展的普遍性和各民族发展道路特殊性的统一。发展是绝大多数国家的共同追求和当务之急，其面临的最大障碍是如何找到适合自身的发展道路。在传统的发展模式中，"依附论"占主流地位，认为发展中国家依附于发达国家，直接借鉴发达国家的发展模式，并在政治、经济等领域形成对发达国家的依赖和依附关系。那些曾受西方发达资本主义国家殖民的民族国家，在独立后仍受制于资本主义殖民的惯性影响，借助殖民国留下的先进技术和经验，在后发过程中继续从中得益。依附资本优势而实现的短暂性发展并不是真正可持续的发展，这种发展模式的弊端在经济全球化趋势下更加凸显。为获取地域性、民族性的利益，很多国家逐渐形成经济一体化的发展方式，即对内强调融合统一、对外采取差异区分的排他主义和保护主义，导致在全球范围内的文明交往中趋利避害，阻碍国际秩序朝着公正合理的方向发展。世界发展和人类解放的道路无疑是多元化的，具有强烈的地域性和民族性特征。在"世界人民大团结"发展语境中，对多元主体间性的重视内在要求以及对自身主体性的扬弃和重建，以开放性、对话式取代封闭性、独白式的话语思维，以共通经验和价值共识的分享来搭建有意义的世界。"世界人民大团结"发展话语就是要告诉全世界：每一个国家和民族的发展道路都是独一无二的，全人类的解放是一个殊途同归的过程。

第三节　文化构建中"母体"资源的历史性创新

当今世界经历百年未有之大变局，西方文明单向性影响格局被打破，前所未有的全球性挑战暗流涌动，使得世界秩序面临着诸多不稳定与不确定因素。经济贸易风险加剧、全球治理体系和多边机制遭受冲击、文化殖民霸权与文化安全威胁持续蔓延等错综复杂的全球性问题，进一步加剧了西方原有治理模式的困境。主导经济全球化的资本主义文明在挫折中式微，逐渐暴露出自身的历史限度，这使得世界文明在陷入发展的摇摆和停滞期的同时，也迎来转型与变革的新契机。如何在发掘构建人类命运共同体"母体"资源的基础上实现其在世界情境中的现实转化，推动全球性价值立场的形成，凝合人类命运共同体的文化意识与全人类共同价值，以破解世界不同文明在全球性新变局中遭遇的困境与难题，是人类命运共同体文化构建的题中之义。

一、洞悉文明新趋势：超越"文明三论"①

党的二十大报告指出："尊重世界文明多样性，以文明交流超越文明隔阂、文明互鉴超越文明冲突、文明共存超越文明优越，共同应对各种全球性挑战。"② 这为我们研究人类文明历史、洞悉文明演进规律以及辨析错误社会思潮提供了理论遵循。在对人类文明历史的研究中，西方学者提出了以文明类型论、文明冲突论、历史终结论等为典型代表的多种理论，笔者称之为"文明三论"。这些理论基于不同视角为探索世界文明的发展提供了设想和方案，但其实质是为资本主义文明统治现代世界构筑合法性根基，这一赤裸本性在世界历史的演进中暴露出来。人类文明的发展与人类社会形态的演变密切相关，以资本主义生产方式为主导的社会形态对应着以"物的依赖性"为基础的人的独立性发展阶段，世界文明在这一阶段的交往中体现出差异性和多样性。人类社会伴随人类命运共同性程度愈益提高而逐渐走向共同体是历史的必然趋势，但是不同国家和民族只有在保证自主权利和独立发展能力的前提下形成共同的交往基础，才有可能在更高阶段的文明意义上实现共同发展。探究各种资本主义文明理论的内核与本质，揭示其内在局限性，批判并超越其形而上学专制统治下的文明发展指向，有利于我们立足人类发展的视角洞悉世界文明的新趋势。

1.文明类型论：多元共存的文明倡导还是西方文明的自我拯救

文明类型论以不同文明及其相互关系为研究对象，既通过厘清

---

① 本部分参见刘同舫：《"文明三论"的理论构思及其价值审视》，《马克思主义与现实》2024 年第 1 期。

② 习近平：《高举中国特色社会主义伟大旗帜　为全面建设社会主义现代化国家而团结奋斗——在中国共产党第二十次全国代表大会上的报告》，人民出版社 2022 年版，第 63 页。

文明的界限来划分不同文明，探索不同文明的发生机制、演变逻辑及其本质差异；又力图打破时空局限，在不同国家、民族的文明关联中审视不同文明形态，通过对各种文明之间关联性的研究与分析，呈现世界文明格局的宏观图景和变化，从而探究人类历史发展进程中的文明推动力和影响力。著名历史学家阿诺德·汤因比作为文明类型论典型代表的学者，对文明类型的审视和世界文明格局的建构具有理论影响力，但他所提倡的多元文化共生模式实质上是以思辨性重构的方式统摄其他文明的尝试。

汤因比在反思文明演进历程中，对不同文明进行了比较研究。在《历史研究》中，汤因比对文明类型的研究提供了两个基本的解释前提：一是明确文明作为历史研究的单位，系统梳理归纳世界历史发展史上先后出现的 26 种文明样本，将其划分为 21 种成熟的文明和 5 种中途夭折或停滞的文明，并借助丰富的史料对诸文明加以分析比较；二是明确不同文明在空间和时间两个向度上的碰撞敞开具有等价值性特征，正如数千年的文明史较之于数十万年的人类史而言，这种短暂性使得所有文明被赋予了同时代的意义，强调任何文明实际上都无优劣之分。汤因比诉诸文明起源、成长、衰落、解体和死亡五个阶段的变化历程揭示文明史的历史规律，阐明了"挑战—应战"模式作为文明兴衰的根本动力贯穿于其发生机制的始终而呈现出的规律性，展现出不同文明兴衰起落及其相互关联中的共同性与差异性。汤因比超越以民族国家或局部区域群体为研究单元的传统，冲破社会制度、地理环境、种族特性和生命禀赋的片面局限，重新思考文明的缘起、发展与关联比较，呈现出全球化时代背景下探究多元文明类型所特有的世界性与整体性视域。汤因比的结论具有较强开创性与进步性，但由于他对文明的预设规定存在方法论的前提性失误，其基于史料基础之上的论证过程存在思想逻辑的紊乱矛盾和研究旨归的自我相悖等问题，使得文明类型论存有局限。

　　首先，汤因比试图超越传统认知范式即理性主义，但却未能跳出抽象思辨的藩篱，这使得其文明类型论企图实现的科学与理性相统一设想成为泡影，而不过是以抽象历史观的方法论为前提展开对世界文明发展演变的经验性分析。抽象的历史观展现出人类文明与人的本性发展相弥合的理论思维，与资本主义理性支配下的文明进展模式相适应。不同国家、民族的文明由于地缘差别而被区隔开来，即使在业已形成的地域性文明群体内部也存在对个体的限制。文明群体与个体之间的冲突依随社会历史的不断发展愈加凸显，这就需要对文明的差异和冲突予以具体性方法论分析。随着全球化深嵌于经济、政治、文化以及社会等各个领域，一种多元时代的世界图景逐渐被塑造出来，汤因比的文明类型论以一种新的认知方式迎合了时代发展的话语需求。然而，在重新审视人类社会发展史的文明流变时，他过度强调文明发展的"挑战—应战"模式而陷入"神秘主义"的先验窠臼，使得多元文明的世界格局在抽象历史观视域下呈现出宿命论走向。在文明的界分上，由于对文明①概念设定的

---

　　①　汤因比认为，文明是"可被认识的研究领域"，被划分开来的 21 种"成熟的文明"社会样本既作为超越民族国家的社会群体共同活动的场地，也作为特定"种"社会的代表，其共同的特征即处于文明状态（参见［英］阿诺德·汤因比：《历史研究》（上卷），郭小凌等译，上海人民出版社 2016 年版，第 13、37 页）。汤因比这种包括社会实体与文明现象等范畴的文明概念没有明确的内涵边界，曾受到著名历史学家吕西安·费弗尔、费尔南·布罗代尔和彼蒂里姆·索罗金、柯林武德和 G.R. 厄本等人的质疑乃至严厉批评。如费尔南·布罗代尔指出："既然他在文明问题上不愿谈及人类的全部历史，既然人类的全部历史是个模糊的、可望而不可即的整体，我们又拿什么为文明划界呢？……汤因比还是没有确定文明的定义和内容。"（参见［法］费尔南·布罗代尔：《资本主义论丛》，顾良、张慧君译，中央编译出版社 1997 年版，第 141 页）彼蒂里姆·索罗金认为，汤因比的文明并不是一个统一的概念，将文明社会与现象试图用因果关系或意义纽带构建起来显现出其文明的虚假性

不确定性，汤因比对文明类型的划分缺乏统一标准，以例证的方式在一系列诸如生物因素、地理环境等相互关联、作用的解释中来展开不同文明的发展演变时，不可避免地显现出随意性和主观性。

在文明的起源与发展问题上，"挑战—应战"模式背后是将少数杰出人物的信仰作为关键因素主宰文明兴衰的关键因素。通过大量复杂的例证分析，汤因比认为，在不同强度的"挑战—应战"模式刺激性下，文明必然走向发展的文明、流产的文明和停滞的文明三种不同样态。"挑战—应战"是促进文明发展的重要动力模式，文明的挑战性方式催生出多样文明交往方式，而文明的应战性方式强化了对外部环境的控制力以及对内部的精神推动力，逐渐呈现出人类对文明发展的选择和创造从被动走向主动的过程，同时强调"个别创造者或少数创造性群体"的创造性活动对文明发展具有根本性推动作用[1]。当汤因比批判武断的、缺乏史实根据的宿命论时，他却没有意识到自身同样深陷于抽象思辨的宿命式逻辑。正如布罗代尔所犀利批判的，"文明只能以多种形式而存在，虽然每个文明的命运大体相同，并且在某种意义上是事先已确定的"[2]。与自然主

（参见 Pitirim A. Sorokin, "Toynbee's Philosophy of History", in M. F. Ashley Montagu, *Toynbee and History: Critical Essays and Reviews*, Porter Sargent, 1956, pp.179–180）。柯林武德认为，汤因比"除了在属于许多种不同文明的'文明化了'的共同特点这种意义上而外，并没有一种东西叫作文明"（参见 ［英］柯林武德：《历史的观念》，扬·冯·德·杜森编，何兆武、张文杰、陈新等译，北京大学出版社 2010 年版，第 159 页）。而威廉·麦克尼尔则持相反的观点，认为不必拘泥于概念定义，否则"论述就立刻会变成认识论的辩论，似乎永远不能从迷宫中出来"（参见 ［美］威廉·麦克尼尔：《西方的兴起：人类共同体史》，孙岳、陈志坚、于展等译，郭方、李永斌译校，中信出版社 2015 年版，第 23 页）。

① 参见 ［英］阿诺德·汤因比：《历史研究》（上卷），郭小凌等译，上海人民出版社 2016 年版，第 214 页。

② ［法］费尔南·布罗代尔：《资本主义论丛》，顾良、张慧君译，中央编译出版社 1997 年版，第 141 页。

义的原则孤立安置各个文化不同，汤因比试图从外部联系中抓住文明本身的经验，从而显现出文明史内在的连续性。然而，这种设想的连续性以实证主义的方式凸显不同文明个性的同时，遮蔽了其应有的外在关联及其对文明内化的影响。当多元文明及其互动比较奠基于一种被先行设计的模型之上时，不同文明所承载的历史史实则成为思想者解读的注脚，抽象思辨的先见以直观或主观的方式选择性地掩盖了文明交集互动中潜藏着的真实关联性、差异性与同一性品格。

其次，汤因比以"挑战—应战"模式解释文明史变迁中不同文明交替变更的动力渊源与发展趋势，但在历史叙事过程中暴露出阐述线索紊乱与思想逻辑自相矛盾的问题，"同时代性"与"等价值性"的文明比较方式遭受质疑。"挑战—应战"模式是汤因比文明类型论的核心理论支撑和根据。在他看来，不同文明在遭遇五种主要类型的挑战时，对所属社会的全体成员发生作用，而相对于"挑战"的"应战"能否获得成功，则取决于社会杰出人物的自觉及其所采取的回应方式。尽管汤因比花费大量笔墨对不同文明的"挑战"与"应战"的矛盾过程进行详细描述，但理论的宽泛设定及其展开的复杂性使得其分析显得杂乱无章；其专注历史的突出事件而回避作为整体的全部历史，也大大削弱了文明类型划分的合法性。汤因比基于历史学视角分析人类文明演进的特性，得出文明演化与自然进化呈现出类似的规律的结论，即人类与文明关系的变化呈现为人类从单纯屈服于文明到主动控制文明。在论证过程中，汤因比反对统一性文明的存在，强调多种文明形态以不同的形式共生发展推进了人类历史的进程，但又高扬理性的力量，强调人的精神本质统摄一切文明。他宣称自己的研究力求寻求客观性的标准，但又认为历史事实无法"具象"而应适时更弦易辙，只能采用主观性的标准。汤因比的文明类型论在逻辑上不自洽的言辞显现出理论的内在矛盾，其为了论证需要而伪造历史事实。研究基本原则的丧失致使汤因比的文明类型论同时具有创造性与破坏性的特征[①]，他对历史事实的态度也透露其理论背后的历史虚无主义倾向。

最后，文明类型论试图通过批判"西方中心主义"，寻找破解资本主义文明危机与人类发展命运难题的方案，但在展开论证的过程中复归于"西方中心主义"，呈现出研究旨归自我相悖、观点自我反动的矛盾。一方面，汤因比批评社会环境滋生了"文明统一性"与"西方中心论"的错误论调，认为这些观点植根于近代以来西方文明经济体系对整个世界的宰制而获得物质领域发展的优越性。他认为，任何文明都具有同时代性与等价值性，从而在研究开端便直接确立反对"西方中心主义"的宗旨；另一方面，他在论证过程中提出，历史上具有代表性的 26 个文明在"挑战—应战"模式作用下，仅余 10 个现代社会的幸存者，除去处于濒临停滞状态而垂死挣扎的波利尼西亚社会和游牧民族社会之外，"其他八个文明社会中有七个在不同程度上处于第八个文明，也就是我们自己的西方文明的消灭和同化的威胁之下"[②]。尽管汤因比在言辞上否定"西方中心论"，但其立足西方文明而展开的历史分析与逻辑论证却时刻显现出自身的文明优越感，已然否弃了他在《历史研究》开篇反对"西方中心主义"的宏伟目标。在阐释西方文明在全球化进程中的地位时，汤因比没有客观指认其引发的灾难性危机，难以对人类文明走向毁灭的可能倾向进行深层价值的审视和历史意义的反思。文明的

---

① 参见［英］柯林武德：《历史的观念》，扬·冯·德·杜森编，何兆武、张文杰、陈新译，北京大学出版社 2010 年版，第 163 页。

② ［英］阿诺德·汤因比：《历史研究》（上卷），郭小凌等译，上海人民出版社 2016 年版，第 245 页。

进步趋向与消亡风险并存，人类未来发展的不确定性带来的危机感和不安全感抑制了人的文化主体性和创造性。文明类型论的研究旨归，并不在于探索实现文明比较与对话的可能方案以缓解由时代变迁所引发的文明危机，而在于以隐性方式寻求和确证西方文明霸权的合法性。

文明类型论旨在探寻西方文明的未来前景，用预先设定的"挑战—应战"理论模型和形而上学的方式思考历史的意义，但最终只能陷入观念的想象，无法找到人类文明的未来。多元共生的文明逻辑实则是希望西方文明降低对世界其他文明的支配度，达到西方文明与其他文明平等的正常状况，其真正目的在于实现对西方文明发展的自我拯救。汤因比的拯救方案依赖于无法避免的巨大灾祸或者恪守禁欲主义的宗教所赋予的生活态度。[①] 在汤因比看来，维持文明延续与走出困境的关键在于"神正论"为多元文明带来了生机，成为文明共生发展的归宿。而事实上，实现世界文明的共同繁荣，必须依靠国际交流合作，探讨构建全球文明对话合作网络，促进各国人民相知相亲，共同推动人类文明发展进步，不断塑造世界文明的百花园。

2. 文明冲突论：歧异源于文明固有矛盾还是物质利益冲突

文明冲突论是美国学者亨廷顿为应对冷战结束后世界格局的新形势及其潜在的不稳定性而提出的著名论断，其主要观点是用不同文明间的冲突斗争来解释全球政治的重构问题。文明冲突论的思维视域依然局限在"西方中心主义"或"文化中心主义"之内，旨在在全人类范围内预设西方文明的优越和标杆地位，旨在促使非西方

---

① 参见［英］阿诺德·J.汤因比、G.R.厄本：《汤因比论汤因比——汤因比—厄本对话录》，胡益民、单坤琴译，周佐虞、章忠国校，商务印书馆2012年版，第86页。

文明消融在西方文明体系内部，以达到不同民族和国家对西方文明的高度认同和身份依附。在亨廷顿看来，未来世界格局的决定性因素已然不是意识形态领域的对立与冲突，而是文化认同施受双方的博弈与隶属不同文明的国家之间对抗性的显现，因为"文化的共性和差异影响了国家的利益、对抗和联合"①。文明冲突论肯定了多元文明共存的必然性②，但又消极地认为文明共存必然内蕴多种矛盾与冲突，这些冲突与对立是造成政治争端、扰乱世界秩序以及招致大规模战争的缘由。

亨廷顿以敏锐的洞察力抓住冷战后世界政治发展的脉搏，但其把握世界的思维方式实质仍然是西方与非西方的二元对立，即在文明范畴内展现中华文明、伊斯兰文明与西方文明之间的冲突。这种置换意识形态对立的研究范式对国际关系与世界秩序的解读和预判，尽管具有一定新意且影响甚广，却终究没有摆脱两极化式的意识形态色彩，遭到了来自各方的批判③。在多维视角下透视文明冲

①　[美]塞缪尔·亨廷顿：《文明的冲突与世界秩序的重建》（修订版），周琪、刘绯、张立平、王圆译，新华出版社 2010 年版，第 7 页。

②　亨廷顿认为，文明有单一文明和多元文明之分，单一文明在多元文明意义上是非文明化状态，抑或是存在于寻求普遍的世界文明的争论中。亨廷顿立足多元文明及其关系的探讨，对单一文明的关注旨在从其争论中发掘各文明走向更文明化的路径。在他看来，冷战后的世界是一个多文明共存的世界，由主要的七个或八个文明构成，包括中华文明、日本文明、印度文明、伊斯兰文明、东正教文明、西方文明、拉丁美洲文明以及非洲文明（可能存在），文明之间的关系以强烈、持久与多方向相互作用的方式互相产生影响（参见 [美]塞缪尔·亨廷顿：《文明的冲突与世界秩序的重建》（修订版），周琪、刘绯、张立平、王圆译，新华出版社 2010 年版，第 19—20、23—25 页）。

③　学界对文明冲突论的批判聚焦于两个方面。一是世界政治的主要矛盾是否根源于文明。有学者批评亨廷顿的理论包含经验主义的错误，认为亨廷顿提出的文明冲突论固然打开了观察问题的新视角，但不能忽略文明背后所隐藏的利益驱动（参见 [德]哈拉尔德·米勒：《文明的共存——对塞缪

突论，亨廷顿所揭示的各种文明之间的关联性难以脱离隐藏于文明背后的物质利益与政治权力。亨廷顿尽力维护西方文化发展的战略需要，强调不同文明的先验差异性和优劣性，同时否认文明的差异性冲突在合理、开放的交往环境中实现共同发展的可能性，试图对不同文明进行整体的政治统治，暴露出其借以文明共生之名行意识形态统治之实进而推行政治霸权的根本意图。文明冲突论掩盖了文化保守主义的姿态和维护西方文明的深层文化策略，捍卫了美国在新文明秩序中的国家利益。

　　文明存在歧异是否意味着不同文明必然走向冲突？在亨廷顿看来，文明以文化实体展现人们最广泛的文化认同范围，表现出复杂

尔·亨廷顿"文明冲突论"的批判》，郦红、那滨译，新华出版社2002年版，第7—14页）。有学者认为，文明冲突论是为了建立以西方为核心的世界秩序而产生的理论，文明不过是消解国际政治真实意义的一种手段，其实质在于推动西方核心国家联合同类文明、打击与遏制异类文明（参见张全义、邹函奇编著：《当代全球热点问题》，浙江大学出版社2009年版，第90页）。有学者批评文明冲突论不符合人类社会发展的必然趋势，认为人类未来发展最大的对立与冲突主要源于国家利益之间的冲突（参见李章泽：《当代世界发展中的文明冲突、意识形态冲突与利益冲突——评亨廷顿的文明冲突论》，《马克思主义与现实》1997年第3期）。二是各种文明之间是否处于对立状态。现实主义者指出，世界上最残暴的冲突并非不同文明之间的冲突，而是同一文明内部的冲突（参见［美］彼得·J.卡赞斯坦主编：《世界政治中的文明：多元多维的视角》，秦亚青、魏玲、刘伟华、王振玲译，上海人民出版社2018年版，第11页）。有学者从现代化角度审视文明冲突论，认为亨廷顿在赋予每一种文明独特的现代性内涵与现代性模式时，表现出的是一种文化保守主义心态，本质上意在调整西方文明在当前世界格局中的文化策略（参见安然、齐波：《塞缪尔·亨廷顿"文明冲突论"的文化保守主义倾向》，《史学月刊》2010年第4期）。有学者从文化的角度洞察国际关系，认为亨廷顿以"文化"为基轴所界定的"文明"概念时常偷换概念，亨廷顿通过强制逻辑所论证的文明冲突，毋宁说是文化摩擦的现实表现（参见［日］平野健一郎：《是文明的冲突，还是文化的摩擦——亨廷顿论文批判》，黄东兰译，《国外社会科学》1997年第2期）。

性、包容性、广泛性、持久性和变动性等特征。区域、种族、民族等各种各样的主体构筑了不同层次且具有异质性的独特文化，凝聚了不同群体的价值观、信仰、制度以及个体内在的主观认同和心理归宿。这些价值认同与制度认同凝合而成的文化实体构成文化的核心要素，不同的文化实体呈现着异质性文明独具特性的表征。亨廷顿之所以能够划分出文明之间的差异性边界，根本前提在于他以语言和宗教作为主要因素来阐释文明，特别是将宗教作为界定文明的基本特征。由于宗教具有的文明差异性相对不可改变，文明认同意识伴随世界普遍交往的深化而日趋显著，各种文明之间的潜在竞争也必然越发强烈。这种相互竞争的意识促使人们更深刻地关注到文明的差异性，进而更加致力于保护自身区别于"他者"的文明特性。

不同文明之间必然存在差异性，但也内蕴共同的价值旨趣，这些共同价值是人类改变世界的文化沉淀和智慧财富，使得各具差异性的文明之间的摩擦、交流、调和与相互塑造成为可能。不同的社会生活方式和制度形式必然形成文明的差异，具有差异性的文明在全球交往秩序的要求下必然经历建立统一规定性的过程，"反思和批判亨廷顿'文明的冲突'，并不是简单地验证'文明冲突论'的是非对错，而是要以'文明冲突论'为预警，引领世界走出二元对抗的模式"[1]。对人类存在共同命运的认识及价值共识的逐步凸显，要求重新探索维护文化差异性的特殊存在与凝聚共同体的路径。如果试图在一个自在的世界体系中割裂地看待异质文明，那么终究难以真正抓住文明的实质和文明之间的关联，正如"伊斯兰文明和其他文明之间在互动中塑造彼此，不考虑这点，就无法准确理解伊斯

---

① 刘德斌：《"文明冲突"的预言与国际关系的演变》，《探索与争鸣》2023 年第 11 期。

兰文明"①。现代化进程带来的局面不是西方"普世"文明统摄全世界，而是不同文化水平的民族、国家和地区所承载的各种文明之间相互依存与相互渗透。科学技术在推动经济社会发展的同时，也进一步促使世界各个文明群体的空间交往更加紧密频繁，而文明群体自觉意识的加深并不必然引发文明分歧或冲突。

世界冲突的根源究竟是文明的对抗还是政治经济利益的冲突？亨廷顿将世界和平最大的威胁归结于文明冲突，对外政策的战略思考根源于不同文明力量之间的博弈张力及其文化政治的需求。在他看来，不同国家和集团之间意识形态或物质利益的分歧可进行讨论或谈判，唯独价值、文化和体制之间的分歧无法调和，正是这种根源性的分歧产生出对人民、领土、财富、资源和相对权力的控制。② 亨廷顿的观点实际上在多极化形势的不确定性中捍卫了西方文明以及所谓"核心国家"领导的文化圈利益。亨廷顿直言美国是最强大的西方国家，因而保存和维护西方文明价值的独特性是其不可推卸的责任。文明冲突论本质上是美国意识形态的粉饰话语，在理论形式上为美国加强政治、经济和军事一体化以谋求自身利益的做法提供合法性依据。亨廷顿将发展中国家文明视为与美国形成对立和冲突的文明，认为这些文明存在多极化形势的不确定发展前景，否认它们已经形成的独特价值观体系及其世界历史意义。亨廷顿之所以在文明冲突中极度渲染中国及其他亚洲文明对世界存在的威胁，除了力图抑制中国综合国力对美国霸权形成影响的意图之

---

① ［美］彼得·J.卡赞斯坦主编：《世界政治中的文明：多元多维的视角》，秦亚青、魏玲、刘伟华、王振玲译，上海人民出版社 2018 年版，第 210—211 页。

② 参见［美］塞缪尔·亨廷顿：《文明的冲突与世界秩序的重建》（修订版），周琪、刘绯、张立平、王圆译，新华出版社 2010 年版，第 109 页。

外，还在于他本人对中国及其他亚洲国家的文明演进历史缺乏深入了解，难以走出"文明冲突"的固定思维。世界冲突的根源不在于文明本身，尽管文化的相似性与差异性可能激化争端，但文明冲突的表象背后归根结底是关乎生产发展的物质利益冲突。文明冲突的幌子不过是试图掩盖资本扩张的本性、权力强制的虚伪与意识形态侵袭的工具。唯有在政治利益不同甚至相抵触的前提下，表现为宗教信仰对立等形式的文明冲突才会走向极端化，进而导致原本和平稳定的国际关系出现局部存在的暴力状态。因此，与其说亨廷顿以多元文明共存的国际秩序为基本立场寻求文明的未来，不如说他试图确证西方文明的优越地位，从而统摄一切人类共同享有的先进文明成果并促使其西方化，阻碍非西方社会的现代化道路以消除任何威慑西方霸权的可能性，这恰恰是其无法破解文明之间对抗冲突的症结所在。

文明冲突论试图在人类历史进程中审视世界冲突的根源，但是它既颠倒了文明与利益的关系，也忽视了在对待文明问题时理应秉持的包容精神。在充满竞争的国际秩序中，不同文明之间的摩擦与冲突对国际关系的影响虽然不容小觑，但绝不是塑造国际关系的决定性因素。在历史与现实中，重大国际问题的处理和国际格局的变化并非依赖于不同文明之间冲突的和解，其中发挥决定性作用的因素是贯穿生产与发展过程中的物质利益。资本加速流动和扩张的深层逻辑是对技术进步的掌控权力，背后隐藏着发达国家追逐更大利益的驱动方式，这些方式必然导致西方国家与非西方国家之间的发展不平衡和不正义问题。人类历史长河中积淀的各种文明都是人民的劳动成果和智慧结晶，每一种文明都具有其独特价值和现实意义，都值得被尊重和珍惜。开放包容始终是文明发展的活水源泉，"只要秉持包容精神，就不存在什么'文明冲突'，就可以实现文明和谐"①。

3.历史终结论：自由主义的胜利还是"普世观念"的破灭

历史终结论是弗朗西斯·福山宣扬资本主义制度优越性，进而批判社会主义的理论话语。在福山看来，自由、民主已被世界历史证明为最优的价值理念，构成人类社会发展的历史终点，而在世界上现存的与自由、民主相异的其他文明类型和价值理念则无法对历史终结的趋势产生根本影响，它们的异质性存在源于没有彻底贯彻西方的自由民主理念。福山以非此即彼的对立视角审视历史发展与未来前景，他所宣称的终结于自由民主制的历史，实则是基于"普世价值"的传播与渗透而构建的人类发展"普世史"。从东欧剧变、苏联解体之后国际环境与世界格局的变化来看，包括苏联解体之后宗教主义与极端民族主义兴起、美国输送"民主"所引发的局部战争、社会秩序倒退且乱象频发以及中国的"风景这边独好"等都表明，历史的车轮非但没有如福山所期待的那般朝向西方自由民主制的理想模式迈进，世界历史的发展真实印证了历史终结论的式微。在法国哲学家德里达看来，历史终结"本质上属于一种基督教的末世论"②，这一论调在认识论上的形而上学性、理论旨趣的先验性与抽象性以及以欧洲中心主义统摄人类文明的现实取向，使得历史终结论最终沦为一种思辨性空想。

第一，历史终结论基于历史进步论的立场，以超历史的前提规定审视历史发展，在认识论上表现出超验目的论的理论本性。福山批判了汤因比以返回方式把握历史的观点，认为他们将文明类比为

---

①　中共中央宣传部、中华人民共和国外交部编：《习近平外交思想学习纲要》，人民出版社、学习出版社 2021 年版，第 189 页。

②　[法] 雅克·德里达：《马克思的幽灵：债务国家、哀悼活动和新国际》，何一译，中国人民大学出版社 2016 年版，第 62 页。

生物有机体而表现出自然主义的缺陷，因而无法企及德国古典哲学家的严谨逻辑与理论高度。福山试图回到康德、黑格尔和科耶夫那里寻求理论的哲学基础，为其连续性的"普世史"奠定合理性根基。福山指出，康德将人类自由的实现视为历史终点，认为无法得知历史终结于何处，宇宙万物的存在只能在观念的历史中得到终结；黑格尔将绝对自我意识作为历史中的人向更高层次的理性和自由演进的逻辑终点；科耶夫在继承黑格尔哲学的基础上提出现代"普遍同质国家"论断，认为自由与平等原则的发现终结了人类意识形态的演进，普遍的、平等的承认取代了"主奴关系"，历史已然终结，重大政治斗争、冲突乃至哲学也一并走向终结。[①] 从康德到黑格尔再到科耶夫，他们无一例外地主张具有"普世"性的历史是一个具有连续性、方向性的进步过程，并终结于某种被普遍承认的合理状态。在此基础上，福山构筑出现代自然科学的逻辑与寻求承认的斗争的逻辑，以敞开对历史终结论的理论论证。现代自然科学的逻辑从已然经历的所有社会中揭示出历史机制，即从经济的角度阐明科学技术在无限欲望的驱动和理性的引导下对国家现代化发展与文化传播的影响；寻求承认的斗争逻辑，即寻求承认的欲望作为历史驱动力，促使战争与革命消灭不合理的制度形式和社会矛盾，从而使得自由国家获得普遍承认，这种做法实质是通过废除"主奴关系"而走向以彼此承认为合法性基础的自由民主世界。

尽管福山看到了科学与技术之于人类社会发展的必要性，但他认为"物理学—技术—军事"的结合只是类似"福音"一般将人类领至希望之门，"历史进程依赖于合理的欲望和理性的承认这两大

---

① 参见 [美] 弗朗西斯·福山：《历史的终结与最后的人》，陈高华译，孟凡礼校译，广西师范大学出版社 2014 年版，第 78—87 页。

支柱，而现代自由民主是最能以某种平衡来满足这两个方面的政治体制"①。福山通过对黑格尔《精神现象学》中"主人—奴隶"辩证法的简化与借鉴，承认在现代自由主义理论视域下欲望和理性在历史趋向终极目标中的决定意义，其奠基于黑格尔唯心主义历史观之上的历史终结论显现出超验目的论色彩，以资本主义自由民主制必然胜利的宣言凌驾于历史发展的客观规律之上。黑格尔对主奴辩证法的阐述论证了自我意识未得到承认而不断进行斗争的过程。福山在肯定黑格尔这一论述的立场上继承了其中蕴含的历史终结思想，但是对于黑格尔主奴辩证法中主人自我意识的固有矛盾，福山却视若无睹。福山过度强调历史终结论的意识形态功能以至衍生出"俄狄浦斯效应"，其思想的认识论前提的形而上学属性以抽象逻辑指向普遍的历史终结，使得其理论难以反映历史现实的原像，更难以科学地展望未来方向。

第二，以自由民主为理论内核的历史终结论旨在宣扬和推广奠基于某种具有普遍性的价值观念之上的理想政治制度，但这种制度的理论立足点是抽象的人，难以掩盖其内在虚假性。一方面，福山梳理了从西方传统的基督教到文艺复兴以来的思想史，挖掘其中潜在的进步思想，用一种自我塑造的"普世史"来佐证追求人类社会的理想观念形态的普遍意义；另一方面，通过论证自由国家的合理性与普遍性来阐明唯有普遍同质的国家才拥有自由民主，认为现代自由民主正是因为赋予并保护所有人的权利才实现了普遍承认。福山认为，自由民主作为一种为了承认的自主行为而具有普适性与理想性，这种政治制度必然成为具有普遍意义的制度典范。

---

① ［美］弗朗西斯·福山：《历史的终结与最后的人》，陈高华译，孟凡礼校译，广西师范大学出版社 2014 年版，第 345 页。

　　然而，姑且不论福山对人类"普世史"的追求是否可以涵盖不同历史时期所有主体与文化变化发展中的普遍可能，仅仅就其抽象理论根基而言，历史终结论就存在不可弥补的理论缺陷。福山以抽象的人的本质来确认自由民主国家中的普遍承认，认为自由民主国家在相互竞争中寻求承认的基础是"个体作为人的身份"，且这种要求排除了任何其他可能的成员角色，而仅仅限定于其作为公民的人①，即将实现民主自由的人的现实表征等同于拥有政治权利而抽象存在的理想的人。福山把自由民主制视为代表人类社会未来政治文明发展方向的最优政治制度，试图将其推广至全世界，以推动人类文明发展，这种普遍性逻辑的美好神话必然由于其所内蕴的强制性与虚伪性而遭遇现实挫折。

　　第三，历史终结论的现实指向在于将自由民主制实行于世界各个国家，这实则是以"西方中心主义"的姿态试图统摄人类文明，将资本主义意识形态美化成为终结历史的唯一文明样态。资本主义国家在现实中接连出现不同程度的政治衰败与中国的日益强大形成鲜明对比，与此同时，这种政治衰败也与近年来中国的高质量发展形成鲜明对比。然而，福山并没有因为自由民主制面临的诸多客观事实而放弃对历史终结论的坚持。他本人虽然在《政治秩序的起源》和《政治秩序与政治衰败》中指出，作为历史产物的自由民主制必将在现实中走向"具体体制"的没落，但他依旧认为，具体政治制度的衰败并不意味着自由民主制的理想状态失去意义，问题的关键在于如何在民主国家中处理好"优越意识"与"平等意识"之间的张力。福山借鉴柏拉图的观点——以人的理性、欲望和激情的

---

　　① 参见〔美〕弗朗西斯·福山：《历史的终结与最后的人》，陈高华译，孟凡礼校译，广西师范大学出版社 2014 年版，第 215 页。

满足与均衡作为衡量正义城邦的标尺，进而提出相比于人类历史上一切政治制度，自由民主制实现了人的理性、欲望和激情在最广阔范围中的平衡，能够以复杂的制度安排来升华"优越意识"，以确保理性引导欲望，因此，他认为自由民主制是现实中最好的政治制度。福山从市场经济发展的角度对资本主义和社会主义进行比较，得出自由民主制度具有优越性及其在全球范围内拥有合法性的结论。他将自由民主制度引入政治生活领域，强调自由民主为保障公民基本权利提供了普遍基础。

为构建符合其特殊话语和利益的自由民主秩序，福山认为多元文化可能会对自由民主秩序造成阻碍，同时却忽视资本主义经济对自由民主秩序潜藏的破坏力。在福山看来，资本主义世界创造的物质成就有赖于资本主义的政治框架，自由民主思想的合法性与制度的优越性也由此得以彰显，不论民族历史渊源或文化遗产何为，人类社会的未来终将趋于同质化。依据历史终结论的观点，典型的欧洲共同体将成为终结历史的制度典范，自由民主制也必将作为唯一的政治文明辐射于世界之林。历史终结论实质上是以资本主义单一私有制的经济形态及其对应的政治形态作为历史的终结，其逻辑起点与价值旨归无不透露出"西方中心主义"不容置疑的优胜地位及其构建"普世史"独有的优势特权。

福山所设想的未来世界图景是定向性的单一资本主义文明的形成过程，即多数具有不同文化与历史的社会以相似的长期发展模式逐渐走向趋同，其国家政治制度与治理框架日益趋向一致，不同民族的差异无法抵抗单向度的文明发展趋势。当历史终结论以粗暴的理论宣言和政治渲染将西方自由民主制推至人类历史的终极理想殿堂时，它所期望的结果不过是人类文明的发展终结于单一的资本主义文明样态。自由民主制被视为"历史之终结的资本主义天堂乐园的钦定样本"①，归根结底是"主张'基督徒眼界'有优先地位的黑格尔的模式"②。在黑格尔历史哲学的影响下，福山拒绝对自由民主制度进行实用主义和经济主义的阐释，认为人类对民主自由秩序的选择根本上是人类自身在意识形态领域的自觉认识。而黑格尔的自我意识状态并非能够寻获与自身相对应的现实存在，难以发掘与之相匹配的历史阶段，自我意识或精神的辩证运动主要呈现为逻辑上的推进关系。福山错误地将黑格尔在存在论维度上对历史展开的逻辑推论误读为历史的终结，实际上，"认为自己的人种和文明高人一等，执意改造甚至取代其他文明，在认识上是愚蠢的，在做法上是灾难性的"③。

无论是以多元文明共存为基点探究人类历史进程中文明推动力量的文明类型论，还是强调不同文明间客观存在的差异性矛盾导致对抗与冲突的文明冲突论，抑或是将自由民主制鼓吹成为人类文明唯一理想样态的历史终结论，它们在理论与现实的语境中的一致性使其以"家族相似"的特征显现出对人类文明的基本态度。它们的共性都指向资本主义文明在世界历史意义上将自身展开为普遍性的特点，这种具有历史限度的普遍性可被溯源至某种形而上学式的历史终结指向，是对黑格尔以精神运动的外化规定文明的世界历史意义的基本遵循。理论范式的转变并没有在真正意义上为诸文明共存发展和人类谋求共识性基础开辟新的境域，而是打着文明交流的幌子，以不同的表现形式掩饰资本主义的某种意识形态幻觉，遮蔽资

---

① ［法］雅克·德里达：《马克思的幽灵：债务国家、哀悼活动和新国际》，何一译，中国人民大学出版社 2016 年版，第 76 页。

② ［法］雅克·德里达：《马克思的幽灵：债务国家、哀悼活动和新国际》，何一译，中国人民大学出版社 2016 年版，第 62 页。

③ 《习近平谈治国理政》第三卷，外文出版社 2020 年版，第 468 页。

本主义对现代世界的霸权强制，以抽象空洞的普遍性发展宣扬资本主义文明的不朽神话。现代资本主义文明在快速发展与自我完善过程中所创造的历史性成就，并不能改变其根本的性质和必将遭遇的命运。当资本主义生产关系无法适应由地域性扩展到世界性的全球生产力发展要求时，资本主义文明对世界体系的主导力量必然走向破灭，终结阶段的历史必将到来。

拘泥于资本主义一元化主宰的文明体系寻找所谓价值共识，难以满足全球化时代人类共同发展的本真诉求，唯有打破近代以来对现代文明理解的狭隘局限，在厘清本质的前提下辩证审视资本主义文明所展现的历史性与普遍性意义，才能真正回到人类发展本身，以世界性眼光探索全球化时代文明未来的现实可能性。"西方中心主义"视域下的文明类型论、文明冲突论和历史终结论，内蕴非正义性的话语目的，具有明显的历史局限。中国积极推动构建人类命运共同体，打破了民族之间的文明界限，也逐渐突破了西方霸权主义对全球发展的绝对支配地位。在习近平新时代中国特色社会主义思想的科学指引下，我们要尊重世界文明多样性，弘扬全人类共同价值，重视文明传承和创新，加强国际人文交流合作，实现对"文明三论"的积极扬弃和理论超越，以全人类同舟共济、命运与共的宏大境界为文明发展提供全新选择。

二、增添文明新能量：构筑共同体意识与共同价值①

增强中华文明传播力影响力，在深化文明交流互鉴中推动中华文化更好走向世界，是习近平文化思想的重要内容。文明交流互鉴

---

① 本部分参见刘同舫：《人类命运共同体的文化构建与文明新能量的增添》，《武汉大学学报（哲学社会科学版）》2024 年第 2 期。

是文明发展的内生动力和本质要求，也是人类文明发展的正确道路。人类命运共同体的文化构建旨在通过文明交流互鉴，应对资本主义文明所带来的现代性困境，并实现世界文明体的创新性塑造。文明发展需要摒弃在零和博弈中赢取先机的对抗性思维，转变以"比较式对话"来展开跨文化交流的单一方式，文明的发展需要走向"比较式对话"与"合作式对话"的统一。只有以这种方式展开多元文化之间的互动交流，才有可能超越自身文化主体的局限，并在主体性的有机互动中寻求公共性，进而挖掘全球化时代沉淀于不同文化的共同体意识及其内在公共精神所表达的共同价值，同时，这种互动交流也有利于发掘中华民族源远流长的文化传统和文明实践所内蕴的与全人类共同价值相一致的精神力量，为世界文明和谐共生、共同发展增添新能量。

1. 超越主体性：不断汇聚共同体意识

主体性作为现代社会的基本原则与现代性的标志，经由启蒙运动和法国大革命等重大历史事件逐渐得到彰显与确证。主体性的观念确立了现代文化形态，渗透于国家与社会的各个领域。随着资本主义全球化的扩展与深化，作为资本增殖本性的强制逻辑以及以其意识形态为核心表征的文化发展在现代世界范围的辐射表明，资本主义文明在为人类社会发展创造巨大财富与价值的同时，无不将主体性原则的实践形态展现得淋漓尽致。资本主义以强制思维方式的形而上学为现代文明塑造抽象的历史，以单一化的向度消解了人类文明的丰富性和异质性，结果必将使得人类文明"丧失其构造力量并且成为虚无的"①。超越以自我为中心的主体独断性与强制性，在

---

① ［德］马丁·海德格尔：《林中路》（修订本），孙周兴译，上海译文出版社 2004 年版，第 235 页。

审慎辨析主体的有限性与历史性基础上厘清作为价值主体应有的边界尺度，是在辩证审视主体性意义中发掘以"人类社会"为基点凝聚共同体意识的必要前提。多元文化主体的参与构成人类文明整体发展的推力和主流趋势，不同国家之间的文化交流借鉴能够缓解由于价值观念差异所产生的对立。主体性自身的理论限度要求从价值论层面予以重新审视，并深入经济全球化的现代实践中寻找破解之道，以此发现不同民族、文明之间的联结点。不同文化之间的冲突反映了参与主体综合力量的悬殊及话语冲突，最终取得胜利的一方必然与共同发展的历史潮流相适应，而人类命运共同体理念所倡导的文化构建的多元主体有助于超越主体性的对立，开创人类文明共同建设的崭新局面。

从文化向度揭示中华文明和中国精神为世界文明汇聚共同体意识提供智慧源泉与思想力量，有利于为人类命运共同体的文化构建提供智识支撑和实践动力，彰显人类命运共同体的文化底蕴，探索世界文明发展的创新路向。构建人类命运共同体实践中的文化主体性，意味着每个主体在发展和交流中所创造及认同的文化具有主导性地位，这为不同国家在构建过程中树立主体性意识并建立自身的文化主体性，摆脱由霸权力量强加的客体性地位提供价值引领，进而深化人类对共同文化与价值理念的自觉认同。

主体性体系的建构可追溯至近代以"自我"为出发点对抗中世纪神权统治的历史，这一历史奠定了一切存在的合理性解释的哲学基础。以"我思""自我意识"等为本体建构出的同一性为人们反思自身与规约世界提供了规范性根据。在摆脱愚昧无知的束缚之后，重新寻求复归人性本质力量、探索自由与解放的道路成为人的主体性的使命追求。在黑格尔看来，市民社会扬弃了中世纪宗教共同体的桎梏，开启了以主体性为主导的自由市场社会，在普遍联合的交往形式中，主体将人自身作为具有特殊目的的具体个人。当具体的个人被困囿于抽象理性主体的范畴以此寻求自我救赎之时，自诩为自主能动的主体所规定确立的知识、道德和价值等规范性必将遭遇合法性与正当性困难。因为主体背后普遍存在意识形态和社会规训的深层力量，这些力量通过话语机制和社会机制的运行而控制世界。

在标榜自由与平等的"虚假的共同体"中，特殊利益与共同利益的矛盾被意识形态幻象所掩盖，统治阶级的特殊利益被视作"普遍利益"且占据统治地位，并实施对"他者"的约束和干预。在人与人的共同本质相分离的市民社会中，主体性力量的发挥并非指向每一个现实个体真正普遍性力量的释放，以实体性表现出来的主体只是等级结构中原子式的特殊个体及其本质的外化表现。尽管获得绝对地位的主体性隐蔽了理性阴暗的统治本质，但以抽象理性主体或无根性的实体化主体作为社会生活的规范准则和价值尺度，主体在宰制世界、张扬理性威力的同时必将导致社会生活系统面临分裂危险。因为利己本性致使人在权利领域里难以达成真实的共同意识，在貌似"无懈可击"的合理性统治下，主体性原则的有限性被忽略，这必然成为主体解放的掣肘，而造成这一后果的症结在于将主体局限于认识论范畴的"思维主体"。

主体性的理论发展要求超越认识论层面的认知限度以实现价值论范式的转化，价值维度内蕴的主体性为汇聚共同体意识提供了理论支撑和现实可能。以一种同质性的统一标尺规定人们生活的全部，并将其归结为唯一的、终极的价值原则，这实质上是以实体主义的思维方式回到"认知主体"范畴来理解主体性[1]，并未脱离形

---

① 参见贺来：《"主体性"的当代哲学视域》，北京师范大学出版集团、北京师范大学出版社2013年版，第49页。

而上学的窠臼。从价值维度审视主体性，价值主体内在要求超越认知主体所固有的抽象理性的虚假性、强制思维的控制性、自我中心主义的独断性以及认知主体实践形态对"他者"的压迫性，价值主体强调基于对主体有限性的澄明来敞开其价值维度的内涵。在历史唯物主义的视域中，"人类社会或社会的人类"规定了社会关系中人的本质的现实性，人类作为价值主体的活动立足社会交往实践的基础，旨在构建符合人们普遍愿望和基本诉求的相对独立价值体系与规范。社会本质上是"现实的人"的活动本身，人的自由与解放构成社会历史发展的根本目的和价值旨趣。

　　一方面，"现实的人"是以自身为目的的自由活动主体。人作为类存在物是自然存在物与社会存在物的统一体，自由的、有意识的生命活动是人的本源存在方式，正如马克思所提出的，人把自身视为有生命的类来看待，因为人把自身作为"普通的因而也是自由的存在物来对待"①。"现实的人"以自身为目的的实践活动既内在包含了人类追求自由的价值诉求，也体现了具体个体与社会互动关系中的独特性和差异性。马克思从人的生存方式出发探索其所追求的自由价值，不仅限于把追求自由的实践视为功利性的目的论活动，更是体现"现实的人"追求全面发展的生存状态与认识真理相统一的历史进程。这表明不同主体的实践既不是单一的主体客体化过程，也并非主客体之间的完全统一，而是主体在自身构造的世界中直面自身并实现自我价值的过程。

　　另一方面，价值主体在实践基础上自为本性的敞开过程潜在蕴含其所应担负的主体责任。"人们总是通过每一个人追求他自己的、自觉预期的目的来创造他们的历史，而这许多按不同方向活动

---

　　①　《马克思恩格斯文集》第 1 卷，人民出版社 2009 年版，第 161 页。

的愿望及其对外部世界的各种各样作用的合力，就是历史。"① 社会历史的发展进程归根结底是人们多样化的实践活动创造而成，人既是历史的创造主体也是历史的目的本身，这意味着个体在通过创造性活动改变世界的同时，也必然承载着人类自身命运与历史未来走向多重可能的责任与使命。每一个特殊的历史主体及其活动都离不开对"他者"作为主体性的确认，而主体性的相互承认与确证也映射了其对主体活动本身所应承担的责任担当的客观要求，因为"一旦确定了主体性和自由这种一般人类特征，责任也同样具有了普遍性"②。人类文明的奇迹创造或自我毁灭都是人类自为活动的结果，任何对人及其活动作工具性判断的工具理性视角不仅泯灭了人的优先性，而且悬置了人在社会关系中的主体性意义。社会关系中的主体性意义是人类生活实践经验层面的知识转化，其致力于从工具理性的视角分析主体对客体的改造功能而对世界本身的客观实在性视若不见，因而难以进入本体论的框架来解释作为客体的世界。从社会关系的角度把握人类文明的形态演进能够与人的生存活动相契合，由此促使社会实践成为人类命运共同体文化构建的内在条件。唯有立足人类社会，在价值维度上把握主体自由行为与责任要求的双重意蕴，才能超越狭隘主体性所拘泥的矛盾表面形式和外在现象，深入全球化时代寻求人类共同性基础上的普遍信任与价值共性特征，以谋求人类共同发展。

对主体性的具体化认识需要回到其生成的现实基础，分析在资本逻辑主导的工业化大生产中世界历史被推进到贸易自由与经济全球化的现代史阶段。资本在无限增殖本性与对自由市场盲目崇拜的

---

① 《马克思恩格斯文集》第 4 卷，人民出版社 2009 年版，第 302 页。

② ［美］弗莱德·R. 多迈尔：《主体性的黄昏》，万俊人译，广西师范大学出版社 2013 年版，第 19 页。

驱使下，创造了资本主义文明在推动经济发展上的绝对优势，同时"创造出一个普遍有用性的体系"①，通过物质、精神和科学等属性表现自身的合理性系统。深嵌于社会生活各个不同领域的主体性力量使得资本主义文明在世界文明体系中占据"自我优越"的中心地位。在"人类活动被当作文化来理解和贯彻"②的现代现象中，实现文化最高价值的方式不仅表现为维护资本创造至高财富的合理性论证，而且在于借助资本主义生产方式的世界性扩展，将以"自由、民主、人权"等为核心的资本主义文化渗透到其他民族、国家，以"传输""交流"的方式吸引或迫使其他国家卷入现代文明的过程之中，不断强化资本主义文明对世界文明的形塑力量。资本逻辑主导的文化交流的表象背后是文化霸权与文化殖民，其根本目的在于以"自我主体"贬低"他者文明"。资本的强制力量成为"权力主体"的强大支撑，而这种肆意侵渗的企图必然导致文化差异表象下不同主体背后的深层"身份主体"意识逐渐被消解。在现代性建构与重构的复杂交织中，"各种文化在经历现代化的过程中将发展出独特的应对模式、善的概念以及体制"③。不同民族国家的文化价值观以及在此基础上形成的现代化模式，与其深厚的历史传统沉淀、经济社会发展和交往秩序紧密关联，任何企图将西方现代性范式及其意识形态直接移植至其他处于特定文化语境中的民族国家的做法，势必会因为文化交锋与文明竞争的反叛而走向失败。

资本主义文明的文化策略内蕴一种以资本经济利益掩盖人类共

---

① 《马克思恩格斯文集》第 8 卷，人民出版社 2009 年版，第 90 页。

② [德] 马丁·海德格尔：《林中路》（修订本），孙周兴译，上海译文出版社 2004 年版，第 77 页。

③ [德] 多明尼克·萨赫森迈尔、任斯·理德尔、[以色列] S.N.艾森斯塔德编著：《多元现代性的反思：欧洲、中国及其他的阐释》，郭少棠、王为理译，商务印书馆 2017 年版，第 20—21 页。

同利益的工具主义价值观，其主体性的张扬使资本主义在世界市场中展现出一种强权思维，试图攫取经济利益进而获取文化主体性的承认，全然无视不同主体在普遍交往中相对应的责任担当。"强调文化主体性，不是为了自我封闭，而是为了以更加积极主动的姿态参与中外文明交流互鉴，借鉴人类文明有益成果。"① 主体形成过程之间的巨大悬殊使得主体性理论被蓄意混淆并被强制付诸现实，致使在资本主义文明内部以及世界不同文明间呈现愈加显著的不公正、不平等现象。对于资本主义创造财富的力量，人们愈加发现"普世富裕"的虚幻性，深刻意识到"他们既不能控制自己的个人生活，也不能控制集体的命运；自己的许多实际目标完全不可能实现"②。资本主义文明的主体间性并不以促进文化整体发展为己任，而是试图为人类文明交往提供主体交互性的思维方式，并以此普及其现代性的发展理念。但由于这一文明的前提是追求西方价值理念的全球支配地位与主宰霸权，因而无法真正认识人类社会追求的价值目标和理想的生存状态。自哥伦布时代以来的西方文化越发不能满足现代社会发展的需要，资本主义文明的内在困境已经显露出来，维护资产阶级价值的文化无疑已经成为资本主义宰制下衍生出的力量。构建一种超越单一主体性的共同体意识，成为经济全球化快速发展历史境遇下不同民族国家谋求自身利益与权利保障的迫切要求。

如何超越狭隘的主体性原则，在流动多变的现代性中寻求契合不同个体与群体、民族与国家、文化传统与现代文明发展要求的合

---

① 张梧：《新的文化生命体：基于马克思世界历史理论的考察》，《哲学研究》2023 年第 11 期。

② ［美］雅克·巴尔赞：《我们应有的文化》，严忠志译，中信出版社2014 年版，第 232 页。

理规范和价值取向，是人类命运共同体文化构建的价值基础问题，也是凝聚共同体意识必须破解的现实难题。唯有冲破单一主体性的狭隘界限，融合不同文化观念及其背后的主体性力量，立足全球性视域和人类性立场来把握共同体的客观现实与人类共命运的本质指向，回到价值主体的意义上审视世界文明中的"自我"与"他者"的关系，才能彻底消除"主体中心主义困境"，进而在本源性的生活实践中寻求共同意识及其所展现出来的文化价值观，以其"充当短期愿望和长期愿望之间的桥梁，决定性地增强长远目标的力量"①。在旧的交往秩序下，"自我"与"他者"之间的活动呈现为表面平衡的状态，实则由强权一方自我实现的思维方式所钳制，"他者"难以逃避在交往中被掩蔽的事实。因而，必须摒弃"自我主体化"与"对象客体化"之间的二元对立，更新"自我"与"他者"之间的互动方式，有效调整自我中心的限度以及"自我"与"他者"的交往障碍，才能真正着眼于人类共同利益，以平等合理的话语机制实现互鉴交流的互促发展。

2.凝合公共性：全人类共同价值的内在要求

社会各主体之间是相互联系和相互作用的，使得社会诸多领域以多种形态呈现出基于共同认识而凝合成的公共性，这充分展现了社会关系中主体生活的本质和存在样态。社会共同体的公共性表现为价值、利益与实现形式的三位一体模式，价值和利益构成公共性的基本内容，公共性的实现形式是价值和利益的结果，共同价值决定公共性的根本属性。立足人的"类主体"的基点，超越主体盲目追求自为结果的原子式规定，在差异性主体的交互作用中寻求共

---

① [美]塞缪尔·亨廷顿、劳伦斯·哈里森主编：《文化的重要作用：价值观如何影响人类进步》，程克雄译，新华出版社2018年版，第107页。

识性基础与合法性根据，既是作为共同体的人类社会对确立公共精神、达成基本价值以整合社会凝聚力、谋求共同发展的内在诉求，也是个体主体意识萌发并向共同价值升华的必然趋势，还是在从单一主体世界向公共性世界的转化过程中生成合作共同体的应有之义。

公共性是人们社会生活的基本属性，公共性问题产生于人们现实的交往实践。基于共同认识的形成，人们在多样性和差异性的生存方式之上的共存状态得以敞开，并通过融合人的生活意义的多元样态与具体形式以维系和巩固这种交往共存状态的有序性及稳定性，以具象化的公共生活空间与文化合理性理想构成了公共性的基本内涵，"正是在人的个体与类之间的张力结构中，人类文明实现着自身的积淀、演进和不断嬗变"①。人的生存和发展必然与"他者"以及特定的共同体处于互为前提、密不可分的关联之中，主体的交互作用打破了私人领域的封闭性和有限性，以信念、利益等为纽带构建起连接不同主体活动的公共空间，同时生成汇聚共同体意识与精神文化的公共性。这既是人类生活世界演进的历史进程和必然逻辑的现实表征，也是对共同体公共性的阐释与规范提出各种挑战和回应的过程，以此丰富和发展公共性内涵，涵盖哲学范畴视域中公共性的理论图式和具体实践活动中的公共性现实形态的双重维度。

马克思指出的"普遍利益""现代公共状况"、胡塞尔所言的"公共生活世界"、海德格尔提出的"此在的存在"等范畴，无不显现出共同体内蕴的公共性属性。罗尔斯和哈贝马斯则倾向于在特定的政治语境中谈论公共性，在权衡公共权力与私人领域关系的基础上

---

① 何中华：《文明的历史含义及其当代启示》，《中国社会科学》2023 年第 6 期。

凝练具有普遍意义的公共精神和价值规范，以调和不同关系主体潜在的可能矛盾。如罗尔斯主张在现代宪政制度下以"公共理性"与"重叠共识"展现自由平等的公民实现正义政治价值的理性表达，哈贝马斯则强调个体在公共领域的批判性社会化过程中形成公共舆论或公共精神而彰显以民主为根本的公共价值。哈贝马斯的主体与"他者"之间的关系建立在"交往理性"的基础之上，不仅强调双方相互制约的状态，而且关注双方在共同实践及价值目标上的内在关联性。对公共价值的强调是构成主体与"他者"在平等交往中实现共同参与的重要进路。然而，一般意义上的公共性并非只局限于政治理论语境审视现代公民权利与利益保障的理性诉求，其普遍性的规定首先立足共同体公共性本质的社会状态，强调个体在社会生活中的价值追求及其现实诉求的合理表达，即如何构建和规范共同价值。共同价值既反映了社会中每一个体的普遍追求，也构成共同体有序和谐发展的重要推动力量。

从个体向度上看，个体的生存和发展的共同利益是共同体公共性的基本前提和根据。个体在与"他者"理性交往的交互作用中以公共意志达成初始的公共性，是从人本位的意义上规定了共同价值内涵的首要内核。"人的本质不是单个人所固有的抽象物，在其现实性上，它是一切社会关系的总和。"①现实个体不是孤立的存在物，其通过"自由的有意识的活动"显现出社会历史性的本质特征，个体主体性在其社会关系的形成过程中获得肯认。

个体主体性力量的实现过程，是个体追求自我需要实现的私人利益与在同"他者"私人利益交换中创造和达成共同利益的辩证统一过程。在现实的交往实践中，追求共同利益并非个体全部行为的

---

① 《马克思恩格斯文集》第1卷，人民出版社2009年版，第501页。

根本动因，既定历史条件和关系范围下的个体作为具有排他性和占支配地位的主体，总是首先以自身为出发点，在交换行为中获得私人利益的满足。个体为"他者"服务的目的往往是为自己服务，"他者"之间也为了获得自身利益而相互利用，"每个人只有把自己当作自为的存在才把自己变成为他的存在，而他人只有把自己当作自为的存在才把自己变成为前一个人的存在"①。在马克思的理论叙事中，私人利益并非与生俱来，而是产生于私人欲望的无休止膨胀。私人利益与共同利益的冲突也是社会历史演变的特殊现象，并随着人类分工的发展而逐渐呈现，而私人利益基于自发的社会分工条件并在与共同利益的分裂中得以逐步强化。共同利益沦为虚化的形式，并形成了借用共同体的力量维护特殊个人利益的局面，共同利益被伪装成判定其他私人利益是否合理的尺度，使得私人利益与共同利益的分离和对峙逐渐加深。个体私人利益的实现与"他者"私人利益的实现互为前提和条件，这并不意味着个体私人利益的实现就必然促使共同利益的实现，而是在私人利益的相互满足中创造了共同利益。唯有在人类普遍交往的具体活动中考察个体的现实性及其主体性力量的实现，才能在揭示人的"类本质"和社会本质的基础上，阐明共同利益根源于人类普遍交往的程度。

个体在与"他者"交往活动中产生的公共意志，在现实中最突出地表现为个体与"他者"所达成的共同利益，这种共同利益体现出人类在普遍交往过程中具有内在一致的价值趋向。个体自我意识和内在需要的显现依赖于与"他者"的具体交往，社会实践促使个体关注公共性问题并逐渐形成公共意志。公共意志表征为对人们共同生活的基本规范的诉求，是以道德共识乃至更广泛价值共识的外

---

① 《马克思恩格斯全集》第 30 卷，人民出版社 1995 年版，第 198 页。

在公共性构建起符合共同利益且个体普遍认可的基本遵循。作为原初公共性显现的道德共识[①]成为人们生活世界中共同价值最直接的表现形式，"缺乏道德共识基础上的共同价值，人类就会陷入动物般的生存状态"[②]，这种共同价值的形成实质是通过在规范层面上超越单一狭隘主体性意识从而为全人类共同价值的凝合奠定合法性基础。

从共同体向度上看，共同体的公共性是个体社会交往和主体性力量实现的必要条件和制约前提，其发展程度不仅与人类社会的现实生产过程紧密相连，而且直接影响个体私人利益的获得限度和共同利益的共同性水平。"自然必然性、人的本质特性（不管它们是以怎么样的异化形式表现出来）、利益把市民社会的成员联合起来。"[③]人无法脱离客观的外部世界以及与共同体中"他者"的联系而独立谋求生存和发展。自然环境与社会环境作为人们共有的存在空间，构成人们展开一切活动、形成相对稳定社会关系的基本场所和公共领域，为人的本质力量的实现提供外在公共性条件。正如海德格尔所言："此在本身有一种切身的'在空间之中的存在'，不过

[①]　道德共识内在于共同价值之中，是共同价值基本的表现形式。社会结构从传统向现代变迁过程中，道德共识作为传统社会共同体得以存在的前提起着规范人们行为、维持社会秩序的作用，以普遍道德权威表现出统一性的共同价值；随着现代社会分化和社会各领域分离致使道德共识陷入危机，私人化的价值倾向张扬，唯有回到社会共同体现实生活中寻找重建道德共识的生长点，才能在建构与道德共识相适应的社会条件中发掘共同价值（参见贺来：《"道德共识"与现代社会的命运》，《哲学研究》2001年第5期）。

[②]　袁祖社：《道德共识与人类共同价值建构》，《学术研究》2020年第6期。

[③]　《马克思恩格斯文集》第1卷，人民出版社2009年版，第322页。

这种空间存在唯基于一般的在世界之中才是可能的。"①"此在"的意义缘于自身是在世界之中"存在"的一种"共在","此在"首先为"共在"所规定。从共同体形成的过程看，"共在性"主要表现为共同利益的获取、公共价值的认可、公共服务的完善以及公共意见表达的拓展等环节之间的相互联系，其中对共同利益的认识和追求为生产以及重构公共性提供基本引导，只有以积极生产共同利益作为公共性的出发点，才能彰显并激活共同体的文明进程，由此实现更加深刻和宏大的公共性。作为"共在"显现的共同体，其公共生活中各种具体形式的交往实践是人作为类存在物对其自身本质属性和存在意义的现实表征。私人利益不是个体主观需求的自我生成，而其本身就是社会所决定的利益②，特定历史阶段的生产方式所规定的物质前提决定了私人利益的性质、内容及其限度，私人利益的实现必然依赖于共同体所提供的物质手段和现实条件，"只有在共同体中，个人才能获得全面发展其才能的手段，也就是说，只有在共同体中才可能有个人自由"③。同时，生产方式是否能够最大限度地实现人们在生活世界中真实的普遍交往，直接影响共同利益形式的合理化程度和共同利益的共同性水平，也关涉共同体中的个体能否真正成为共享发展成果的主体的可能性。

共同体的公共性作为全部成员共存的基础状态，其凝合过程内在包含了共同价值的生成机制。在以共同利益为枢纽的社会有机体中，共同价值是维系社会有序运转的核心内容和重要保证，既体现

---

① ［德］马丁·海德格尔：《存在与时间》（修订译本），陈嘉映、王庆节合译，熊伟校，陈嘉映修订，生活·读书·新知三联书店2006年版，第66页。

② 参见《马克思恩格斯全集》第30卷，人民出版社1995年版，第106页。

③ 《马克思恩格斯文集》第1卷，人民出版社2009年版，第571页。

了共同体与共同价值互促生成的关系，也展现了人类根本利益的共同性特质。无论是在农业社会的历史阶段还是在工业化的发展进程中，"在空间的意义上，自我与他人、自在与他在，都依然是一种共在，共在于一个共同体之中"①。在历史唯物主义理论视域下，共同体呈现出从"自然形成的共同体""虚假的共同体"到"真正的共同体"的历史演进过程，共同体的变迁历程是人们交互活动的必然结果，体现出共同体成员特有的存在状态及思维方式的变革与发展。伴随共同体的时空演变，共同价值在意识层面上反映出不同历史时期的共同体成员以共同利益为纽带构建起来的普遍共识与价值诉求。通过共同体的构建而达到公共福祉的整体发展，彰显了共同体协作的有效力量。共同意志实质上以共同价值凸显了共同体中个体相互交往的实践意义，无论是以血缘为基础凝聚共同价值的自然共同体，还是奠基于虚假的"共同利益"②、虚幻的市民社会共同体，抑或是以全人类解放为价值诉求的"自由人联合体"，蕴含于共同体之中的共同价值体现了共同体内在本质利益的高度一致或是根本对立，共同价值作为一种公共性精神在具体生成与实践的过程中推动着共同体的发展。

随着社会分工细化与功能专业化的发展，以及传统社会向现代社会的结构性变迁，个体不断增强的主体性、其需求的多元化与主体满足自身需求能力的有限性之间的矛盾日益显现，个体私人利

---

① 张康之、张乾友：《共同体的进化》，中国社会科学出版社 2012 年版，第 157 页。

② 这里的共同利益并非真正意义上代表共同体中每一个体成员所具有的内在一致性的根本诉求，而是指向新阶级为了达到取代旧阶级统治的目的，将自己私人利益混淆成为市民社会中全体成员的共同利益或普遍利益，并在观念上赋予其思想以普遍性的形式，以此获得统治的唯一合法性（参见《马克思恩格斯文集》第 1 卷，人民出版社 2009 年版，第 552 页）。

益的实现越来越依赖于其与"他者"的交往实践，在精神层面则表现出个体价值领域的分化和终极价值取向的私人化，个体合目的性的价值与共同体合理性的理想所表征的公共性属性逐渐发生转变，共同体的共同价值也随之由同质性与统一性转向异质性的分化过程。在资本主义全球化发展的历史进程中，资本自我增殖的本性不断促使资本主义生产方式辐射性地输入世界范围的民族国家之中，贸易交往和文化交流的虚假外衣掩盖了资本为了拓宽市场而殖民世界的企图，资本主义主导的世界市场体系由此得以构建。一场打破地域性藩篱、宣扬人的主体性解放与世界共同发展的"运动"，全面影响到政治、经济、文化等各个领域，这场"运动"却逐渐演变成为一种畸形的强制力量宰制和奴役人们，使得"人本身的活动对人来说就成为一种异己的、同他对立的力量，这种力量压迫着人，而不是人驾驭着这种力量"①。资本的抽象统治不仅使得世界市场体系沦为被操控的"脚手架"，而且导致个体主体性也逐渐被泯灭。资本主义的主导力量诉诸资本理性对科技力量的发掘和占有，通过对不同民族的文明进行类型学谱系的划分，将人类生存和发展的公共性置于由其特权主导的框架之中。仅从人类物质生产中展示的利益欲望出发来理解其生产方式的公共性，难以把握公共性的全部历史与核心特质，不利于社会协作和共同发展模式的构筑。

资本主义异己力量的统治方式从根本上体现了西方主体哲学的同一性思维和社会结构的个体化原则，这必然使得承载生产力发展的全球化与规范人类普遍交往的全球化②在二元对立的思维框架

① 《马克思恩格斯文集》第 1 卷，人民出版社 2009 年版，第 537 页。

② 参见刘同舫：《人类命运共同体对全球治理体系的历史性重构》，《四川大学学报（哲学社会科学版）》2020 年第 5 期。

下，表现出物质生产与社会交往同质化行径的极权性、专制性和对抗性的特征，与人类自身本质复归的解放诉求、与世界秩序良性发展的内在要求相背离。形成共识是人类生存与发展的难题，共识越抽象，分歧就越多样。基于同一性思维和二元对立思维形成的抽象"共识"势必导致各种错综复杂的分歧和反抗力量，因此全球化一元发展态势的表象之下深藏着多元复杂的矛盾与危机。当资本主义全球治理体系将资本逻辑与个体原则信奉为圭臬时，西方霸权主义、"文化中心主义"以新的统治形式掩盖了所谓主体成员的普遍平等。不同民族国家、个体群体之间不可避免的利益纷争与冲突隐藏着失序紊乱的现代性危机，其在理念层面上暴露出的价值分歧与撕裂强化了现代世界的脆弱性甚至使得其精神支撑面临分崩离析的危险，进一步加剧了共同价值异质化的分裂和全球化公共性凝合的困难与挑战。

面对资本主义全球化危机以及由此引发的现代价值窘境，如何将现实世界中人类的存在方式及其命运发展定向从一种市民社会的私利性逻辑转化为人类命运共同体的公共性逻辑？以何种价值基础和发展原则为导向重构全球治理体系，才能真正符合全球性视域下人类生活的内在要求，才能合理有效地推进世界市场体系的良性发展？这一系列问题构成人类命运共同体凝聚共同价值理应回答的前提性问题。解答这些问题的关键在于，如何在理解和把握个体与共同体内在关联的基础之上寻求全球性的公共性。人类社会的分工与协作以及共同利益的实现，构成共同体的公共性得以达成的现实基础，代表着共同体对自身公共性进行具体化判断的依据。建立更加有效的分工与协作方式，有利于全球公共性在更广范围内以更加公平的利益分配方式实现构建目标。

如何处理分工与协作是实现公共性的中心论题。马克思指出：

"个人力量（关系）由于分工而转化为物的力量这一现象，不能靠人们从头脑里抛开关于这一现象的一般观念的办法来消灭，而只能靠个人重新驾驭这些物的力量，靠消灭分工的办法来消灭。没有共同体，这是不可能实现的。"①马克思指出，打破资本主义全球化模式下由少数人统治的不合理世界秩序，既需要持续推进生产力发展，为生成人类重新驾驭物的力量提供物质基础和现实条件，又需要形成与其相适应的符合人性本质的社会形式，构建一种"真正的共同体"，使得无差别的人类主体可以在这一共同体中真正展开普遍交往和共享发展成果。在经济全球化视域中，"地域性的个人为世界历史性的、经验上普遍的个人所代替"②，"真正的共同体"在应对世界市场体系和全球治理体系问题时，应当以全体成员的共同利益代替任何特殊形式的"普遍利益"。在经济全球化过程中所日益暴露出的挑战与困境无法由某一国家或某个群体依靠单一力量得到完全解决，因为人类的共同利益超越了具体国家的局部利益或私人利益。世界各国必须在共同参与和加强合作中缓解全球危机，将国家的利益发展与全球共同利益的协作紧密联系起来，充分认识关乎人类基本生存的共同利益，避免经济全球化危机演化为威胁人类生存和发展的风险。作为人类的根本性诉求和公共性精神，共建性与共享性构成了"真正的共同体"的合法性根据，也成为人类谋求共赢发展的内核与动力，昭示全人类共同价值的正当性对人类实现走向自由与解放的引领意义。

从民族国家各自生存到全人类共同发展的主体性转变离不开全人类共同价值的基础作用。由资本主义生产方式主导的现代世界秩

---

① 《马克思恩格斯文集》第 1 卷，人民出版社 2009 年版，第 570—571 页。
② 《马克思恩格斯文集》第 1 卷，人民出版社 2009 年版，第 538 页。

序以特殊性混淆普遍性、以偶然性代替必然性，无不透露出世界殖民主义的本质规定，以物为根本的文化逻辑构成资本主义意识形态高度统摄的"无形之手"及其文明运行的深层规则。资本主义所崇尚的自由主义和个人主义的文化价值观念及其所固守的西方文明优越性立场与社会发展的公共性趋势相违背，其所推崇的"普适性"价值遭到越来越多的文化传统、制度形态各异的新兴现代化国家的抵制。西方文化价值观念的式微，暴露了自身内部根深蒂固的狭隘弊端和对人类精神文化生活自我革新的无力感，同时也显现出在人类新文明发展趋势下重新寻求广泛共识、确立全人类共同价值的可能性与新契机。从全球治理的价值理念和文明交往的秩序演变看，全人类共同价值体现在具体的交往行为之中，"当今时代的全球化生存正处于从资本扩张的单向支配到普遍交往的互动共建转型之中，全人类共同价值体现了人类命运共同体构建进程中全球化生存的类价值自觉"①。不均衡、不充分的交往方式致使全人类共同价值的形成深受阻碍，因而需要世界各国主体的积极推动与文明互鉴中不断增进价值共识，助推不同文明的价值理念与全人类共同价值得到统一和发展。因此，建立制度化的符合全人类共同价值的集体行动逻辑体系、重构合理有效的世界秩序成为一种必然要求。

以"和平、发展、公平、正义、民主、自由"②为核心的全人类共同价值是构建人类命运共同体伦理价值维度的应有之义，承载着"共在"与"共生"的伦理信念和价值原则引领共同体中各个成

---

① 韩升：《全球化生存的类价值自觉：时代彰显与实践引领》，《学术界》2023 年第 11 期。

② 《习近平谈治国理政》第二卷，外文出版社 2017 年版，第 522 页。

员主体的历史和实践。[①] 全人类共同价值以文化公共性的存在样态彰显其哲学话语内蕴，是全球化时代不同民族国家在实践中基于普遍协商的现实基础而超越个体价值精神理念所凝练和反映的公共性精神共识，是弥合价值分裂的沟壑、调解价值多元的冲突及其导致的行动困境的价值导向，其展现出的文化公共性逻辑是消解"西化""中心化""普世化"价值理念，推进形成共同利益基础上多样包容的有机公共性世界的支撑力量。"在真正的共同体的条件下，各个人在自己的联合中并通过这种联合获得自己的自由"[②]，人类命运共同体正是以"真正的共同体"为根本发展指向，并站在历史的和时代的高度对全人类共同价值何以可能的深刻回答。人类命运共同体在承认多元文化中寻求共同体意识，并非像"意识形态终结的意识形态"的"多元文化主义"[③]试图重新确立一种对新的社会现实的屈服策略，而是强调立足多元文化，寻求共同利益至上的价值共识，以开放性、合作化、共命运的本质方式，寻求最广泛认同的全人类共同价值，从而发挥其推动不同主体成员互利共赢的积极效应。

3.文明实践性：构建人类命运共同体的中国方案

人类的发展进步是一部以自由与解放为基本尺度的文明创造。

---

① 参见刘同舫：《构建人类命运共同体对历史唯物主义的原创性贡献》，《中国社会科学》2018年第7期。

② 《马克思恩格斯文集》第1卷，人民出版社2009年版，第571页。

③ 英国著名学者齐格蒙特·鲍曼认为，"多元文化主义"是有士阶层为解决世界各种价值准则及其发展方向的不确定性而提出最普通的办法，是一种试图终结意识形态的解释，阐明通过脱身而来的权力与过剩而来的控制的双重影响塑造的现实人类状况，其实质是对现代性新的现实的屈服与和解，是模仿世界的产物（参见［英］齐格蒙特·鲍曼：《共同体》，欧阳景根译，江苏人民出版社2003年版，第146—148、156—157页）。

"文明不是人类实践创造的条件，而是人类实践创造的进程。"① 时代境遇中人类的生存与发展实践对客观历史现实的适应、反思与沉淀推促文化机制的生成，文化机制的生成过程作为人类文明实践的核心推动力反作用于人类自身的历史创造，直接影响人类的存在样态、价值选择与思维方式，这是文化在实践向度上的现实力量。经济全球化进程推进了"世界历史"的形塑，为世界文明发展开辟了崭新图景。当前的世界运行逻辑愈加凸显了文化维度的深远影响以及文化公共性构建的内在要求和重要意义。

人类命运共同体与中华文明实践的历史基因一脉相承，是中国提出的超越现代世界秩序的单一性和资本"强盗思维"、开拓探索新型国际关系与新型世界秩序所提出的原创性方案。人类命运共同体理念作为新型文明实践方案，揭示了资本主义国家以资本增殖为内驱动力进而奴役和破坏人的世界的深层根源。伴随不同国家之间文明互动的深化，当某一国家的文化建设需要拓展更大的空间时，必然会冲破国家的界限以寻求紧密的跨文化交流，当全球范围内形成的共同价值与公共风险增多，文明发展的全球性就会强化。人类命运共同体以人类社会的基本立场取代狭隘的民族国家视域，以人类主体的基本立足点超越原子式个体单位的存在，以共存性思维化解多元现代性的歧异纷争，以共同利益的现实基础消解特殊利益的狭隘，以全人类共同价值的目标旨趣破除"普世价值"的神话，从而实现了人类文明实践朝着新型世界秩序的基本取向发展，使得任何种族、民族抑或国家的人民都能平等且尊严地共建未来世界图景、共享先进文明成果。中华文明深厚的文化底蕴与中国特色社会

---

① ［美］彼得·J.卡赞斯坦主编：《中国化与中国崛起：超越东西方的文明进程》，魏玲、韩志立、吴晓萍译，上海人民出版社2018年版，第213—214页。

主义道路的历史经验相融合的文明实践，沉淀了既独具中国特色又蕴含人类共享智识的民族精神与实践品格，为人类命运共同体凝合共同价值、构建文化逻辑以及达成文化自觉提供了强有力的现实支撑。

首先，中华优秀传统文化是中华文明实践最深沉的精神指引和价值追求，为创设人类新型文明的人类命运共同体构建实践积淀社会主体的自省与自觉意识。中华优秀传统文化长期融入中国人民的生活现实和精神世界，既沉淀了中华文明源远流长、生生不息的深厚滋养，也在潜移默化中形塑了中华民族的独特民族心理和文明实践主体的思维方式与行为选择。

从实践主体的民族精神看，"自强不息"与"厚德载物"是中国文化根深蒂固的基本精神，也是"中华民族的民族主体意识的核心，是中华民族的独立意识、自我意识、自觉能动性的鲜明标志"①，构成中华文明主体的品格本色。中华民族的主体性精神强调自强自立但不通过排他以彰显自我的骨气和底气，强调民族性与独特性却不拒斥多元化主体存在，主张基于和谐共生与和而不同的原则建立人与自然、人与人以及不同文化或文明之间的关系。

从民族实践的思维看，中华优秀传统文化"尚和合"的精神底蕴深深融于中国人民的生活实践之中，其中蕴含的辩证思维体系和方法论特性深刻影响着中国人民，"和合"理念已然成为中国人民的理性特质与行为自觉。自古以来，中国哲人立足整体观，力图认识与把握"天人合一"的宇宙世界和"兼爱内修"的人生命题。在"统

---

① 张岱年、程宜山：《中国文化精神》，北京大学出版社 2015 年版，第313 页。

观"与"会通"的运思之下，万象万物的变化发展于动态的有机统一整体之中互为依存、内外关联，"一体两面"的辩证思维成为开解一切奥秘的方法论前提。《周易》《道德经》中的"一阴一阳之谓道""有无相生"，儒家所倡导的"中庸之道""和而不同"强调以中和辩证、均衡协调的基本原则思考问题和处理矛盾，这些思想无不展现出中华优秀传统文化中的思辨智慧。辩证思维也蕴含包容性，中华民族以百家争鸣的宽容态度，容纳各种错综复杂的理论声音和文化现象，以"道并行而不相悖"的精神原则消解纷争、谋求差异性中的共赢发展，这体现出实践辩证法作为中华民族永葆历久弥新的生命力之源，在推进人类文明的绵延进步中发挥了重要作用。

从文明实践主体的价值诉求看，中华民族始终秉持以"天下"为己任的价值定位和胸襟情怀，其主体性深沉镌刻着"和合"精神的文化传统与价值根基。无论是中国古代智者先贤超越邦国、王朝或宗法差异而提出"大道之行也，天下为公"的价值理想，还是近代以来仁人志士面对国家蒙辱、人民蒙难、文明蒙尘的历史劫难，在竭力救亡图存的革命运动中矢志不渝地倡导和传播"大同世界"的价值愿景，都反映了中华民族"天下"与"大同"的民族情结。当人类文明发展进入新时代转型期，各种盘根错节的人类生存难题、发展危机以及多元文化交汇冲击迸发的价值冲突等问题席卷而来之时，相比于西方资本主义文明典型的个人主体本位价值观，中华文明中的天下观和义利观展现出了更具超越意义的价值向往与理想愿景，在现实中突出地表现出责任至上的自由追求、义务先行的权利诉求以及群体优先的自我实现等特征。[1]在中华文明的天下

---

[1]　参见陈来：《中华文明的核心价值：国学流变与传统价值观》，生活·读书·新知三联书店 2015 年版，第 51—55 页。

观和义利观中，尽管不同主体在现实交往中总是受到一定的外部束缚，但对共同生存和发展的本质追求促使主体产生摆脱束缚而实现自由选择和发展的意识，促使"他者"在与自我的互动中不断调整现实利益格局和秩序等外部客体的现状，由此改造客体并形成与自身发展目的密切结合的价值观念。中华优秀传统文化蕴含着深厚的"义""责""天下一家"的品格与追求，使得中华民族能够在漫长的历史进程中以同心圆结构敞开一切社会关系，展现出蕴藏在民族基因中的和谐气度与强大凝聚力。

其次，中国制度文明在传承与发展中深刻揭示了国家与天下、中国与世界的内在关联，彰显了中华文明实践道路选择的文化立场与历史必然，为人类命运共同体的现实构建指明了当代发展指向。中国古代制度文明的精华集中体现在儒家以人性论为基础的天下观，作为天下观内核的王道政治立足人之为人的基点，在超越国家和族群的视域中确立国家认同、构建价值理想，揭示出民心归向之所在及其对理想生活方式的向往。儒家天下制度之所以能够源远流长地影响传统中国的政治秩序并渗透于中国人民的生活机理，是因为其以自主自觉、独立现实的个体为现实载体，将社会视为客观存在的有机共同体，这种基本立场在本质上区别于西方制度文化下抽象的、原子式的纯粹利益个体。"天下一家，最重要的一点是以一种亲情而不是敌意来看待不同地域和不同种族之间的关系，人和人之间的关系是'远近'而不是'敌友'，这与近代西方以敌对和利益冲突为基础建构起来的政治哲学截然不同。"[①] 中华传统仁爱之心所外化的道德原则以及人类良知的规约力量展现出文化传统的根基性力量。唯有以人与人之间的亲近感和

---

① 干春松：《制度儒学》(增订版)，中央编译出版社 2017 年版，第 113 页。

全人类共同价值为基本前提，一种超越民族国家界限、兼容民族国家利益、共建人类共同利益的世界秩序和制度体系才得以可能。以制度谋求私利还是为民众谋取正义和普遍利益，是中国自古以来的思想家和政治家普遍关注的制度问题。儒家极力倡导仁爱制度和文明观，倡导人们能够突破内心私利和权欲的外在追求，形成仁爱的道德情怀和思想胸襟，承担为人民大众谋利的职责，由此发展出极具中国特色和思想智慧的仁爱文化。中国制度文化蕴含寻求全人类共同价值的内在性与超越性，始终以探寻人类的政治秩序的根源为己任，这一精神贯穿于中华文明政治实践的全部历史进程。人类命运共同体理念同样延续了中华文明的实践逻辑，以全人类共同价值为核心旨趣。

近代中国从被动参与到主动进入现代世界文明发展的历史性实践，证明了中国必然要在扬弃现代资本主义文明中寻求自身现代化发展的可能性，由此才能开创与中国独特的国情实际相符合的新局面。中国特色社会主义独特的实践道路决定了其文化性质的特殊性，其内在要求中国特色社会主义文化既需要批判和超越资本逻辑强制力量主导的文化意识形态的禁锢，又需要坚决回应和破解各种社会思潮或错误观念解构社会主义文化的企图。中国特色社会主义文化在传承中华优秀传统文化的同时，又熔铸了中国历史性实践所沉淀的革命文化和社会主义先进文化。中国特色社会主义文化以人为根本，注重人与人的和谐关系为其价值基点，以社会主义核心价值观为核心内容和价值导向融合了国家、社会、公民相统一的价值要求，指向人的自由全面发展的终极关怀。从古代中国宇宙观中"阴阳调和"的普遍理想，到被德国学者卡尔·雅斯贝尔斯（Karl Theodor Jaspers，1883—1969）称之为"轴心时代"所产生的以儒家为代表的"仁爱""礼乐"精神，再到近代以来中国实践道路所产生的先进文化精神，其实质都是关联性思维方式之上的"和合"精神，这种追求"和合"的价值理想奠定了中华文明的哲学基础和文化自觉。不同历史时期的文化实践在展现中华民族独具特色的主体性特征时，无不外显出一种深嵌多样性共存、包容开放、互补互利的和谐观的世界共同体交往机制。具有独特魅力的中华文明超越了资本主义虚假的政治制度及其一元固化的价值观念，开拓了为资本主义文明价值观寻求替代性方案的可能。构建人类命运共同体正是通过"价值正当性论证形成一种公平合理的全球性有机公共生活，创造一种更加合理、平等和多元的世界秩序"①。以开放包容的文明交流突破文明冲突和隔阂，摒弃将一切利益冲突的根源归咎于文明差异的错误立场，恢复文明兼容并蓄、和谐共存的本真意义，不仅可以弱化不同文明的发展差距对全人类共同价值造成的博弈性对抗，而且可以超越由西方资本主义主导的狭隘的世界发展观，促进世界各国文明多样性发展。

国外不少学者在审视中华文明发展进程时难以彻底摆脱个体或群体利益，主观性地对中国现象进行分析与利用，从而得出一种符合其自身解读范式与目标期待的答案。但无论这些研究是从"垂直进程"的发展维度，将中国的文明实践视为一种压缩式发展与多元传统并存的新模式；还是在中国与东南亚等其他区域的经济联系中，探究中国发展进程及其与不同国家的互动交往中政策与实践的变动性、差异性和协调性；抑或是超越既定区域意义上的"中国"因素观念，分析其所研究对象国家的文明实践，从具体地区乃至全球范围审视中国式现代化进程的融合性问题以及由此产生的对中国自身文明发展的形塑作用，这些不同视角对中华文明实践及中国式现代

---

① 刘同舫：《马克思人类解放思想论》，人民出版社 2022 年版，第 537 页。

化进程的研究都呈现出内在一致的共性，即高度肯定了中华文明多样性统一的传统与中华民族精神所彰显的融通性与"和合"性，印证了一种非排他性的文明实践对构建人类命运共同体的当代必然。在构建人类命运共同体的实践进程中，文化构建的"自我"与"他者"之间的关联达到了更高层级的紧密程度与正相关性。实现对"自我"与"他者"的双重认同和维系人类文明多元共存过程的辩证统一，将"自我"与"他者"的共存视为维持人类文明多元延续的基础，是现代人对人类文明的自觉认知和谋取生存之道的自由选择。

最后，中华文明以高度的话语自信与自觉，在话语融合性的实践中展现出构建人类命运共同体、凝合全人类共同价值的中国智慧。话语源于特定的时代语境与经济社会发展条件，服务于与之相适应的特定政治目的。中华民族自古代文明繁荣鼎盛到近代民族蒙难落后、再到新时代的国家富强与民族复兴，其经济、政治、文化、军事等综合力量发生历史性巨变。中国的话语权在世界舞台上的跌宕变化也经历了从强大与领先、式微与自卑再到自信与自觉的演变历程。中国话语内在熔铸着历史意义与时代价值、民族精神与文明气魄的元素，形成了独具中国特色与风格的话语体系。话语自信是对自己民族话语、文字的尊重而形成的一种坚守弘扬、开放包容、知行合一的话语心态和行动的价值取向。[①] 话语内在要求文化自身发挥认同导向的作用，而这种内在要求又进一步规定话语需要不断实现自身的创造性转化和创新性发展。在人类文明交往日益密切的背景下，实现文化自信和话语自觉成为人类命运共同体价值诉求的核心议题。文化自信与话语自觉表现为国家在全球化的文明交

---

① 参见张立文：《中国传统文化与人类命运共同体》，中国人民大学出版社 2018 年版，第 11 页。

往中对自身文化思想内容和内在价值的积极认可和自主实践，体现了主体内在价值和话语的发展方向，有利于自身优秀传统文化的继承和发展。中国的文化自信和文化自觉促使中国话语在与世界不同民族之间展开深入交流的过程中呈现出融合性的特征，即以原创性的思想力、主体性的解释力、创造性的表达力、包容性的互鉴力以及实践性的自觉力展现中国话语的现实力量。话语融合性反映出中华优秀传统文化和中国先进文化的内在精神和本质规定，表明中国对待一切异质文明始终秉持一种崇尚"和合"的思维与有容乃大的基本态度。

判断一种文明实践的优劣，其标准不在于单向度的物质财富生产能力、科学技术的发展程度抑或智识精神的繁荣水平，而在于这种文明实践在根本意义上是否具有"使人作为人而成为人"的基本特性，即是否能够为每个人实现自我价值提供可能条件和现实方式，使得人在真正意义上成为自由全面发展的人。中华文明以中华民族一脉相承的世界观和价值观为底色，以中国式现代化实践所内蕴的思维原则与普遍理想为价值尺度，展现出在构建人类命运共同体中所发挥的作为奠基性地位的主体性力量。中华文明强调在交互性视域下实现现实个体到全人类的主体性转变，进而为现代世界文明发展凝聚共同体意识以及奠基于公共性之上的全人类共同价值。中华文明实践既为人类命运共同体的文化构建奠定现实根基、注入崭新活力，也指明了人类命运共同体文化构建的基本路向。构建人类命运共同体、弘扬全人类共同价值，是中国在世界正经历百年未有之大变局的境遇下，在全球治理体系与世界秩序进入深刻变革之时，以自身独特的话语方式提出应对各种层出不穷的全球性风险与挑战问题、推动世界发展与人类文明进步的中国方案。构建人类命运共同体是对中华文明实践传统的继承与延续，映射出中国对推动当代世界文明发展的道义责任与使命担当，充分体现了中国的文化自信与文化自觉在增添世界文明发展新能量方面的重要作用。

三、把握文明新格局：形成容纳古今中外的气度 ①

全球文化的多元化与一体化进程推动了世界不同文明的频繁和深层次交流，不同文明也纷纷抓住世界文明交往的契机以发展自身。在多样性文明的交往中，如何基于普遍性与特殊性的辩证统一，以和谐共生的理念发掘和表达中华文明的价值精神，在世界范围内传播中华文明所内蕴的全人类共同价值，是推动人类命运共同体文化构建获得国际认同的题中之义。中国积极推动构建人类命运共同体，致力于谋划人类未来的世界图景，增强了中华文明的世界影响力，促使中华文明的价值基础在全球范围内获得广泛认可，积极塑造并在现实中彰显出人类命运共同体的文化气度。

1. 多元生成：中华文明古今传承的文化精神

中华文明的生成经过了从自在适应性生存到自觉发展性交往的演进历程。伴随经济发展、社会进步、民族变迁与文化交融的历史进程，中华文明逐渐形成了中华民族多元一体②的格局，沉淀

---

① 本部分参见刘同舫：《构建人类命运共同体与文化气度的形塑》，《南京师大学报（社会科学版）》2024年第1期。

② 关于"中华民族的多元一体格局"理论由费孝通先生开创性提出，随后引发了近三十年来学界的广泛持续关注。费孝通先生以多元民族实体的视角审视中华民族，认为几千年历史沧桑过程沉淀了自在的中华民族实体，而近百年来在与西方列强的对抗中形成了自觉的中华民族实体。中华民族经由许多分散孤立存在的民族单位混杂接触、联结融合与分裂消亡的交融更迭，逐渐形成"你来我去、我来你去，我中有你、你中有我"而又不乏中华民族个性的多元统一体（参见费孝通：《费孝通全集》第十三卷（1988—1991），内蒙古人民出版社2009年版，第109页）。中华民族漫长的历史演进展现了从民族生存发展被动依赖外部自然因素的自在民族实体向不同民族之间主动相互

了独具东方特色的文明传统。中国各民族汇聚而成的深层文化精神以文化自觉的内生力量构筑了中华民族的根脉和灵魂。中华文明"和而不同"思想的内核在于包容差异性以追求和谐发展，这一思想启迪着世界各国在文明交往中绝不能毫无原则地迁就或依附"他者"。文明由于差异性而产生冲突在所难免，中华文明"和合"的文化品格能够为化解人类文明冲突提供内在标尺。从文化传统的承继性上看，中华文明是世界上唯一从未发生间断的文明，并在发展中形成具有持久性、丰富性和影响力的文化样态。中华文明在古今传承中所映射出的经久不衰的生命力，与其以多元生成的"和合"文化的内在品格及精神底蕴荟萃人类普遍精神的升华密切关联，彰显中华文明内蕴的民族性、时代性与世界性特质。

源远流长的中华文明以中华民族为主体，既包括各民族生存与发展所依赖的自然自在，也包含奠基于自然自在之上并随着其不断变化的社会存在。不同个体、群体和民族在相互接触与交流中摩擦、碰撞和融合，逐渐形成社会文化共同体中的自我觉醒与民族认同，以及对中华民族文化一体化认知的趋向。作为整体性的中华文明从文化自在走向文化自觉的发展过程，表现出不同个体、群体和民族在社会与文化否认交互作用中所显现的根植中华一体之"合"而又独具迥异特色的"和"文化特质，展现出中华文明发展多元生

交往的自觉民族实体逐渐转化的过程，以及深嵌于政治、经济、文化等各领域的民族自觉伴随不同民族单位之间混杂、冲突、联结、融合与消亡的过程，进而汇聚而成具有整体性的中华民族实体。中华民族实体的存在并不意味实体自觉的形成，如同费孝通先生所说，中华民族自觉实体是在近百年来与西方对抗中才得以形成的，民族觉醒与自觉认同在民族蒙尘的屈辱和抗争中形成，开启了中华民族作为自觉实体的历史。从这一角度而言，费孝通先生"多元一体格局"理论对中华民族与中华文明研究具有重大意义。

成与自觉同一的辩证统一，呈现出民族性特征与全人类共同价值导向在不同层次意义上的内在一致性。"和合"文化内涵体现了中华文明开放包容的民族精神，是国家文化发展综合实力强盛的重要表现。中华民族在汉唐时期对外来文明成果的吸收，体现了中华民族兼收并容的文化生产力，反映出中国文化能够有效运用兼收并容的原则对待不同的文明成果，同时也有能力消除因文明冲突而引起其他领域的对立。

中华民族的文明交融性与生存空间的特殊性奠定了中华文明得以生成和发展的客观基础和现实前提。栖居于亚洲大陆东部地区的中华民族，在自然环境结构相对完整的地理单元中，依据陆地型的生存环境及其气候条件衍生出与其相适应的生存方式。地理环境制约人们基本的生存空间和生活状态，也直接影响中华文明原初基本特质的生成。根据相关考古学资料，国内外学者普遍认为，在公元前6000年至公元前2000年间，是人类文化诞生源头的新石器时代，中华大地上不同类型的文化已经在多个地方性区域自发存在，广泛形成了多种文化区。人们在物质生产和生活交往中所萌发的文化在相互交融与汇集中呈现出区域多样性、相互渗透性和趋向共同性的特征，被归纳划分成五大文化区系。以黄河流域文化区为例，旱作农耕为主的生产方式和生活样式较为趋同，由此形成了黄河上游、中游和下游三个各具特色的文化系统。[①] 定居型的生活和主要依靠农耕的生产方式获得生命延续的生存路径，使得人与人、人与自然之间逐步形成相互依存、紧密相连的共同体状态。相对稳定和谐的关系成为人们生存与发展的内在要求，因此，"和合"文化属性生

---

① 参见伍雄武：《中华民族的形成与凝聚新论》，云南人民出版社、云南大学出版社2014年版，第19页。

根于中华文明的发端之处。在维系社会共同体中个体与个体、个体与群体关系的过程中，"天人合一""家国天下"的伦理观念和文化情怀也悄然滋生并持续发挥积极作用。分散聚居的居住特征和落后封闭的交通条件，尽管极大限制了普遍的贸易交往和文化交流，但仍然使得各地独具特色的文化在彰显个性的同时，在有限的生活往来与文化接触过程中彼此互相碰撞、竞争、博弈、交融，并生成多元文化特性。无论是地方性区域内部还是不同文化区域或族群之间，文化发展的交流需求与其内在矛盾的张力，不断增强地域空间中多层次民族性文化的"多元"特征。在这一过程中，多元一体的民族实体及其文化观念在区域性的族群和整体性的中华民族内部不断显现，既有同一区域内相似特质突出的文化交互性生成，也有不同区域之间差异特征显著的文化自在性生成，还有区域之间在交往过程中具有共性的中华民族文化核心力的凝合性生成。中华民族生存空间的自然状况及其相应的生存方式所孕育的多元文化区，既构成其多元一体格局的起点，也是中华文明多样丰富的文化之源，拉开了中华文明多元发展的历史序幕。诸多文明在相对拉近的空间中实现协同发展，必须以"和而不同"的文明观为理论支撑。在现实的文明交往实践中，"和而不同"的文明思想得到包括西方文明进步人士在内的广泛认同，逐渐成为人类文明发展的自觉境界。

不同时期文化百花齐放、荟萃而成的"和合"文化精神和民族品格，是贯穿中华民族古今发展中一脉相承的思想基础和精神纽带，是作为中华文明内生动力的文化冲突与多元融合辩证运动的必然结果，汇聚了中华民族和中国人民千年求索的"天下大同"的理想世界。"和合"文化是中国传统文化的精神核心，蕴含着中华民族和中国人民的思维方式、价值准则和理想追求。"所谓'和'，就是既冲突又融合，无冲突无所谓融合，无融合亦无所谓冲突。"①"和"意指不同力量的和谐状态，"合"则强调兼收并蓄的联合与融合的方式。冲突与融合是通达"和"的基本手段，二者表现为相互对立又相互促进的矛盾关系，共同推进"和合"状态的生成。自春秋时期以来，尽管儒家、道家、墨家等思想流派的主张不尽相同、各有千秋，但"和"或"和合"思想却成为诸子百家代表人物凭其创见回应社会生活、构建理想世界共通的基本观点。随着历史时空的转移，与社会经济发展变迁相适应的文化发展经历了农业文化、工业文化和信息文化的内涵蜕变与意蕴转换，多元文化在冲突与融合的交往运动中承继和发展。中国文化精神在服务和维护政权统治、应对与批判社会现实、维系社会伦理秩序、促使观念更新转换、捍卫共识价值愿望、扬弃旧有文化精神的过程中逐渐得到增强，"和合"文化精神渗透并彰显于对人与自然、人与人、人与社会的和谐关系的追求之中。在"天人合一"的宇宙观中，"和"文化体现了中华民族"天下大同"的价值向往在目的论和方法论上的高度统一，即以人为根本目的和以"和"为方法与手段的内在统一。在"和"文化的精神规约影响之下，中国人遵循并运用"刚健有为"的关系总则、"君子和而不同"的处世之道、"己所不欲，勿施于人"的行为准则、"己欲立而立人，己欲达而达人"的仁爱胸怀、"王道"的思维态度、"忠恕之道"的原则方法等，在处理不同个人主体、群体主体、民族主体和国家主体之间的关系问题上的路径指引和价值指向，无不展现出中华文明内蕴的胸襟与智慧。在社会文化共同体中，个体与群体在互惠交往、互融创造的推促作用下，不断拓展文

---

①　张立文:《和合学：21 世纪文化战略的构想》（上），中国人民大学出版社 2016 年版，第 10 页。

化自在与文化自觉的广度和深度，使得原有文化在更高层次上实现了文化认同和自觉发展。文化自觉发展并凝练升华为普遍精神的过程是一个螺旋式上升的运动过程，是多元文化相互冲突与个性文化相互吸引的过程。在这一过程中，不同文化形式之间碰撞交织与交融渗透，从而满足"和合共生"的循环诉求。人类文明可以被视为一个宏大的系统，世界各国的不同文明则构成诸多子系统。子系统的交流与交锋必然引起人类文明内部结构的变化，进而促使文明系统功能发生转变，不同文明的子系统则在这种转变中实现质变，反过来促使整个人类文明系统的重构，并在人类文明资源的重新组合中实现交往方式和秩序的重建。不同层次性和区域性上的多元文化既成一体又独立存在的现实状况，使得中华文明多元文化在古今时空中得以传承与延续、繁荣与创新，这也是实现文化自觉更高层次发展的内在要求和必然趋势。

中华文明的传承与发展内蕴与时俱进的精神品格，"与时俱进"精神是中国传统文化在适应时代要求与反映人民愿望中实现现代转向的自觉动力，在多元化与一体化的有机统一中体现了对文化传统继承与超越的辩证法。中华文明传承中的文化自觉具有双重意蕴：其一，时间连续意义上自上而下、由古至今的文化继承与弘扬。伴随中华民族盛衰荣辱的历史命运，中国文化以自洽的合理性逻辑将其精神内核、价值原理、观念共识和伦理规则延续至今。其二，内涵承继意义上取其精华、去其糟粕的扬弃与发展。中华文明以文化内在的批判性机制推动传统文化的革故鼎新，在吸收与借鉴中实现文化现代转化的创新与超越。自然经济基础与相对封闭的社会环境，决定了萌发于特定历史环境的传统文化在一定程度上具有观念落后和视域狭隘的局限，但传统文化的意义与价值也不能被全部否定。当代中国共产党人必须以宽广开放与辩证理性的态度辨识并汲取传统文化深厚底蕴中的深沉智慧和丰富内涵，这是正确认识和把握中华优秀传统文化、增强文化自觉自信的基本要求，也是中华优秀传统文化创造性转化和创新性发展的客观要求。中国人民和中华民族逐渐在救亡图存的顽强斗争中觉醒，民族抗争促使中华民族多元一体的实体自觉与中华文明认同高度统一起来。伴随中华民族精神对文化力量的挖掘与阐发，中华民族的凝聚力与认同感获得了前所未有提升的可能。中国共产党团结和带领中国人民在伟大革命、建设和改革事业中创造了举世瞩目的历史性突破，开创了中国特色社会主义的伟大成就。这不仅为传承和弘扬中华民族优秀文化的文明实践注入了崭新元素，还为推动中华优秀传统文化的创造性转化和创新性发展创造了必要条件。

中华文明的文化精神实现时代转化是新时代中国式现代化发展的必然要求。在坚持马克思主义基本原理同中华优秀传统文化相结合的过程中，我们既要深度挖掘马克思主义真理威力对激活中华文明生机力量的积极意义，在历史唯物主义视域中审视处于新的历史方位的中国与世界，又要厘清与辨识传统文化的"良""莠"之别，弥合与化解传统文化在现代化发展中存在的缺陷和不足，在吸收与融合当代先进文化的过程中推进中华优秀传统文化的创造性转化和创新性发展，在促进中华民族与世界其他民族的文化交流互鉴中走向更高层次的文化自觉，展现构建人类命运共同体的历史必然性。

在中华文明历史进程的时空跨越中洞察中国文化的生成和发展逻辑，可以展现地域文化与民族文化在多元地域社会存在的客观前提下不断自在生成、互动调适与整合发展的过程，揭示其多元化与一体化相统一的可能性与必然性，有利于唤醒中华民族主体性精神，展现中华文明多元一体文化格局在古今传承中的文化沉淀与交融交汇中的文化自觉，彰显中华民族文化精神历久弥新的生机魅力及其蕴藏其中的历史积淀和文化自信。

2.多样异彩：中外文明"合作式对话"的文化气象

人类文明的诞生与演变是一部不断寻求和确证自身主体性力量的发展史。由于社会经济基础、政治力量、制度规范及意识形态的特殊性，不同民族和国家在文化选择上也存在差异。正是这种差异性造就了多样性的文明样态与丰富性的世界图景，各种极具个性的文化形态自成系统并以多种方式进行对话和交锋。随着生产力普遍发展与人类普遍交往的全球化时代的到来，现代性日益呈现出复杂性、不确定性和变异性，在异质文明谱系下的不同文化形态，尤其在中西方文化探寻现代化道路的进程中，逐渐表现出冲突属性甚至对抗属性。东西文明的碰撞与"中西文化之争"成为百年来国内外理论界关注和论辩的焦点问题。然而，"中西文化之争"在前提上预设了文化存在优劣之分，其呈现的比较式思维容易陷入二元对立的陷阱。当囿于比较式思维审视文化差异与文化冲突，我们所提出的化解路径也只能是机械地祛除冲突或"去中心主义"，终将难以实现不同文明之间的辩证整合。因而，我们需要秉持人类命运共同体理念并积极践履，深入揭示中西文化的价值共识与人性根源，追求超越对立面的必要融合以实现文明之间的"合作式对话"。

以何种方式展开跨文化的交流与对话是关系人类文明形态发展、世界秩序健康稳定的重要问题。在审视和反思诞生于不同地域空间、隶属不同性质文明体系的中西文化时，人们往往疑惑如何在感性与理性、传统与现代、历史与现实、个性与共性的矛盾关系之中构建合法性基础与合理性尺度，以把握中西文化各具特色而又深嵌多元价值意蕴的文化形态。资本主义文明率先进行现代化探索，使得文化形态之间的优胜劣汰竞争与文化价值比较日益成为探讨不同文明时无法逾越的问题。"西方中心论"主张"西方文化优越"，以对抗性态度判定人类文明交往主题上的竞争与冲突，批判非西方文化的落后性与愚昧性；拒斥"西方中心论"的"文化相对主义"或"文化互动主义"则强调不同文明和文化的多元基础，认可统一于共同体之中的不同文化之间相互作用。这些观点及其论争实质上是不同文化形态之间显性或隐性的较量，其背后不同程度地隐藏着"比较式思维"逻辑。以"比较式思维"开展跨文化对话时往往借助对比的方式，揭示不同文化形态的相似性与差异性及其互动性空间。基于"比较式思维"的文化对话，有利于深度挖掘不同文化现象和思想资源潜在的特殊发展规律，能够更好地在跨文化比较中获得新洞见、创造新文化。但是，"比较式思维"由于固有二元对立的思维惯性，在基于矛盾视角展开的文化比较中，往往过度地在对立性维度上强调不同文化的差异和个性，而忽视在同一性维度上审视文化的共性和共存空间。从"比较式思维"出发，主体往往受制于阶级立场和价值需求的先见评判标准，存在评价不客观的风险，如肆意割裂价值判断与事实规范的统一性，以先决价值判断凌驾于客观的事实基础之上。

各个民族或国家的现代化探索都不同程度地受到经济全球化进程的统摄，这使得世界整体呈现出"非同时性的同时性"[①]，以臆想方式将一切文明的世界交往简单加以"比较式对话"，显然与一个多元化世界长远发展的客观要求不相符合。以"比较式思维"进行跨文明的文化对话，实质上蕴含着根深蒂固的二元对立逻辑前提，其以零和博弈的思维来对待物质利益关系、评判中西文化之别，以

---

① ［德］哈拉尔德·米勒：《文明的共存——对塞缪尔·亨廷顿"文明冲突论"的批判》，郦红、那滨译，新华出版社 2002 年版，第 28 页。

"比较"之名的技术性可能和直接性功效弱化乃至掩盖了主观价值的目的性取向。"比较式思维"能够抓住中西文化价值观的分歧及其社会性表征，但无法以历史性眼光审视中西文化"源"与"流"的内在关联。当既定的文化形态所形成的文化"差序格局"①来展现其自身文化的历史性时，就可能只会从出发点的差异性上来厘定中西文化的意识形态边界、判定中西文化的性质区别，容易忽视在历史的视域中审视文化的发展性，陷入以出发点的差异性否认内在统一性的困境，进而导致先进的、包容的优秀文化所具有世界性和开放性的内蕴潜能被隐匿甚至销毁于粗暴且恣意妄为的评判之中。唯有辩证审慎地对待"比较式对话"在文明交流中的裨益和局限，将文明对话的沟通机制由单一的"比较式对话"转化为"比较式对话"与"合作式对话"的统一，才能彻底将极端的"斗争性思维"扭转为"发展性思维"，进而有效规避思维范式上二元对立的形而上学弊病，并以整体性思维窥探人类文明发展和人类未来命运，"从文明互鉴的高度超越'我对你错'的思维惯性，在多重普遍的世界里展望一个共同而包容的全球文明"②。中国在构建文化共同体的实践

---

① 文化是由人所创造的，文化的历史性必然与其承载主体的人在特定社会结构之中的生活具体关联。在"人—社会—文化"的连续体中看待作为环节的文化，它是出于一个个人生死的"差序格局"（参见费孝通：《文化与文化自觉》，群言出版社 2016 年版，第 433—434 页）。当我们将人的生死"差序格局"中的文化继承转化为社会规律中文化的"差序格局"，以此来解读文化的历史性时，实则是一种倾向于从纵向时间维度的社会接续发展来看待文化历史性的观点，这便使得既定文化的具体形态表现出暂时性、特殊性。倘若将文化的历史性理解仅仅局限于此，就容易局限地看到不同文化各自发展脉络中的性质区别及其各自差异之上的发展，而忽略不同文化在源头的同一性可能及其发展中的交汇性可能。

② 梁永佳：《以中释外：基于文明互鉴的中国社会科学自主知识体系建构》，《社会学研究》2024 年第 1 期。

中更加注重从全人类社会关系的角度考察其他民族文化的发展现状和需要，既重视借鉴其他文化的先进成果，也时刻警惕西方错误思潮的渗透，鼓励不同地域的差异性文明实现自我个性的成长，推进全球文化在构建共同体中实现现代化的合理发展。

多样性的人类文明不论是内部交往还是外部交流，都决然不能够以个性泯灭共性、以对抗性消解包容性。同样作为人类文明谱系思想资源的典型代表，中西文化在本源性上内在统一于人类文明共同体之中，必然将在平等对话、互鉴融通的交往中走向符合人类共同利益的新文明形态。在经济全球化纵深发展的新阶段，不同民族和国家不仅迎来了前所未有的发展机遇，同时也面临系列全球性现实危机，凸显了人类作为共同体在文明发展上命运与共的意义。不同文化形态的民族与国家之间并非天然对立，相反，"全球的发展使得我们有理由相信，不同文化背景的国家之间，共同点会更广泛地得以扩大，而不是缩小，只要我们努力寻求，就能在世界各地找到对话的伙伴和合作的意向"①。人类发展的共同性以及世界市场与全球治理的共享性，逐渐成为世界历史发展中的核心议题。增强异质文明之间的沟通，关键突破口是冲破隐匿于文明交流之中的固化思维及其局限性，以"合作式对话"寻求共识性的价值基础。"合作式对话"能够揭示"比较式对话"在不同维度上区别对待中西方文明的自相矛盾之处，对人类文明身份和对话的理解，包含深刻的现实实践取向，既强调不同民族对自身群体文化的传承，严格要求保存文化发展的特色，又强调多元文化的交流和融合，关注不同群体之间的联动性和整体发展的延续性。"合作式

① ［德］哈拉尔德·米勒：《文明的共存——对塞缪尔·亨廷顿"文明冲突论"的批判》，郦红、那滨译，新华出版社2002年版，第298页。

对话"作为一种构建性方式，必然成为沟通不同文明跨文化交流的重要路径。

"合作式对话"立足人类命运与共的价值理念，超越了"比较式对话"的潜在竞争性和对抗性局限，以整体思维来审视文明的异质性。在以"比较式对话"为主导的文化发展模式中，西方文化及其主流价值总是维护特权群体的利益，忽视其他个体的合法发展权利，导致多元文化难以在承认差异的基础上实现价值共享，容易在不同群体之间激发不信任并激化矛盾。整体性思维是构建人类命运共同体的思维原则和内在规定，也是"合作式对话"得以实现的基本前提。一方面，整体性思维强调主体的整体性，即以整体性的人类主体意识来把握参与主体和对话主体。这要求主体必须摒弃经济全球化进程中将自身主体利益凌驾于人类共同利益之上的狭隘观念，避免造成强者与弱者之间的发展失衡，进而缓解不同主体间的矛盾冲突及其带来的对抗性心理。一切文明源于人类主体及其生存活动的展开，不同民族和国家唯有从人类的主体性维度把握多样性的文明存在，以相互尊重、平等包容的原则走近其他外来文化，才能在真正意义上创造最大限度的对话空间。

以"合作式"的跨文化对话消弭隔阂、消解冲突，在"合作式"的文化交往中实现不同文明谱系的交互性碰撞，有利于不同文明在赓续传承与互鉴交融中获得崭新的生机与活力，有助于借助跨文化的交流平台、合作载体、运行机制等，不断推进不同文明结构的优化、文明层次的提升以及文明话语体系的丰富发展。有学者将"合作式对话"方式称为"合作诠释学"①，强调这种理念的重心不在于

---

① ［美］桑德尔：《从"比较式对话"到"合作式对话"——对陈来等教授的回应与评论》，《华东师范大学学报（哲学社会科学版）》2016年第3期。

辨识不同文化传统整体的异同性，而在于以相互学习的方式参与不同传统文化的交流，达成对彼此的深入了解和认识。"合作式对话"反对以形式上的交流掩盖内容上的比较和对立，致力于超越西方资本主义文明观的狭隘界限，以克服人类中心主义遗留下的文明弊病和恢复不同文明以自由个性为本位的发展方向为基本原则，促使诸多文明都能平等地得到合理发展，同时推动文明发展与历史进步的和谐统一。以"合作式对话"诠释或阐释文化的视角固然重要，但如何在阐释过程中通达原初文化语境、创造性汲取文化精髓，在阐释基础上提炼文化精神、发掘和转化文化意涵，在兼容并蓄中进一步寻求不同文化沟通良性互动的具体方式，乃是"合作式对话"更深层次的追求。

整体性思维要求打破对经济全球化的片面认识，拒斥将单一性的经济全球化等同于总体性的全球化，要求在不同民族和国家的政治、经济和文化日益交融一体的全球化视域中来把握文明样态多样性。从整体性思维出发，跨文化交流应当置于总体性的全球化语境，力求从人类文明整体性发展的价值诉求中重新阐释全人类共同价值，将合作共赢的理念渗透于跨文化交流的对话机制和践行过程之中，以此抵抗任何以文化差异的现实反应来为某种蓄意制造的"共同威胁"提供佐证的可能。整体性思维是马克思主义分析社会历史的重要方法，在与中国传统思想文化的结合中成为中国文化构建的内在品格。整体性思维要求我们将对人类文明的认知和实践运用视为整体来展开，强调文化构建实践的整体性催生了人类文明的共同发展，体现了对不同民族整体进步的终极关怀。不同民族和国家正在经历的现代社会的全球化转型过程，也是地方性、区域性文化走向具有全球性意义的文化发展过程。只有以"合作式对话"融通矛盾、求同存异，在协调传统与现代、区域与世界之间的关系中拓展文化的交融方式，才能在全球化总体性框架中找到文化价值的合理定位并发挥其积极作用。

构建人类命运共同体推动了"合作式对话"在世界范围内的进一步拓展，彰显出中外文明和谐共生、平等共在的文化新气象。当一种文化传统在其所属的民族国家根深叶茂、历久弥新，在世界文化语境中能够基于文化形态普遍性与特殊性的辩证统一以"合作式对话"打通文明交流渠道，那么这种文化传统就能够在全球化浪潮中展现更加持久的、深远的世界性潜质和丰富性内涵，能够在推进文化复兴与民族繁荣中凝聚更为强大的文化软实力，能够在构建全人类共同价值中具备说服力、占据话语权并发挥核心作用。中华文明中蕴藏的诸多思想理念与"合作式对话"的本质要求具有一致性，如蕴含平等、包容、多元、开放和共赢理念的"和合"文化、富有天下情怀的"礼治体系""王道"等。中华优秀传统文化内蕴全人类共同价值不可或缺的核心价值元素，其在思想观念和具体实践双重维度都表现出与人类文化整体性发展价值目标的一致性、与现代文明基本理念和人类共同性发展根本诉求的契合性。儒家文化在与其他区域性文化或地域性文化混合互动中，彰显了东方文明厚重文化底蕴的魅力和显著的影响力，不仅体现出中华优秀传统文化蕴藏人类命运共同体的价值基础，而且在辐射渗透于国际社会的过程中对构建人类命运共同体发挥着积极力量。

"非尽百家之美，不能成一人之奇。"中华文明矗立于丰富多彩的世界文明之林，其优秀传统与精神涵养构成了中华民族伟大复兴的深厚文化基础，中华文明源远流长的"和合"思想伴随历史发展而彰显出全新的内容与理论主旨。在继承和弘扬中华文明的过程中，中国始终不以高下优劣评判其他文明，而以"合作式对话"推动文化交流路径的丰富性发展，在批判和回应现代性弊病以及全球治理难题中提出与西方截然不同的建设性方案，在多样异彩的文明互鉴中开创"近者悦，远者来"的新局面，彰显了博大精深的中华文化对构建人类命运共同体共识性伦理秩序与价值追求的支撑作用。

3.多重共生：世界文明互鉴共赢的文化图景

人类一切文明成果都以各自的独特方式承载着不同民族国家的历史积淀、文化体系和价值内涵。多样性是人类文明的魅力所在，也是世界发展的活力和动力之源。任何一种文明都具有生成、发展、繁盛乃至衰亡的演变过程，这一过程包含人类主体性精神在改造世界中的创造和转化，理应得到承认与尊重。积极推进人类命运共同体的现实建构，以战略性思维把握世界文明和谐共生、互鉴共赢的整体性，有利于不断探索符合世界人民美好生活追求的全人类共同价值并促进文明的和谐共处与合作交融。

在世界不同文明同频共振的历史发展趋势中，共处、共生、共享、共进成为世界文明发展的主旋律。全球价值体系是对经济全球化发展趋势的价值回应，其内在的调整和重构必然与世界格局的变化相适应。自工业革命和资产阶级革命以来，西方资本主义国家凭借在经济、政治、文化和军事等领域的绝对优势确立了世界范围内的主导地位，资本主义理念也被赋予了"优越"性质与"普适"地位。伴随21世纪世界政治经济结构的变化和国际秩序的重建，"普世价值"也逐渐暴露其虚假面目而跌落"神坛"。与人类历史上的任何一种文化构建的理论方法和现实问题相比，当今世界的文化发展以反思"现代""后现代"的焦点问题为导向，有着更加鲜明的实践要求和共同趋向，不仅注重从理论思维上对现代性困境予以批判性审视，而且更加重视从实际发展需要出发反思理论批判的准则。面对世界格局的变化调整、风云变幻的国际和地区形势以及全球价值体系重建的历史机遇，不同制度和意识形态的国家以及不同文明，必然要思考如何把握大势、顺应潮流，如何修缮全球治理体系以维护人类共同利益、应对全球性问题以及克服"现代""后现代"弊病，如何发挥自身的文化价值与智识力量，提出卓有成效的建设性方案。对这些问题的思考与探索关涉世界文明的未来图景，也构成世界文明的多元共生的历史必然和现实根据。"由于我们强调人类必须理解世界，至少在部分上，我们的社会凝聚力依赖于共享的世界观。因此，不同的民族如何整理和重新整理相互抵触的世界观，可能会成为 21 世纪以后后续几个世纪里公共事务中最重要的一个主题。"① 我们对"共享世界观"的期待，体现了一种公共性的价值观及其内生的文化影响力对世界发展的贡献意义，而其何以可能的现实条件，则需要追溯到不同文明与共同价值整合生成的内在关联来寻找答案。

多样性的文明样态潜藏着人类生存与发展的一般性价值共识，这表明凝练共同价值、提升世界性认同既是重建全球价值体系的核心前提，也是世界文明交流互鉴共生得以实现的合法性基础。人类命运共同体理念的提出，预示人类文明的未来发展必将朝向重视文化多样性和差异性共存的方向行进，我们应当积极主张以多元化形式抵抗一元化或同质化的文明发展趋势，反对关于文化构建的普遍主义准则对各具特色文化发展权利的侵害，为各民族国家处理文化构建的内外关系提供多元价值的参照。世界现实的丰富性使得多样性的文化形态、多元化的价值追求成为必然，也使得任何试图以一

---

① William H. McNeill, "History and the Scientific Worldview", *History and Theory*, Vol.37, No.1, 1998, p.13.

元价值的准则寻找唯一道路的观点在历史演进的实践运动中不攻自破，对多样文化与多元价值的肯定构成了国际秩序良好的生态基础。每一种文明都具有与自身赓续发展相适应的"一般性价值"，并在不同文明的互通交往中彰显出这种价值共识的普遍性意义。尽管不同文明由于历史传统和文化情境的差异性在价值排序和语义表达上存在差异，但"一般性价值"的历史性存在使得不同文明走向对话融通、不同文化价值走向整合成为可能，为全人类共同价值的提出厘定了根本。全人类共同价值"是真正以人民为本、关怀全人类生存现实的理念，体现了对文化差异和不同价值实现路径的开放、包容态度"[1]。全人类共同价值并非拘泥于某种文明样态，并不由某种文化所完全涵盖或者被某种文化所独占拥有[2]，而是萃取于不同文化中超越民族国家界限、符合人类的普遍意愿和共同性诉求的基本价值。任何文化及其思想价值都是时代的精华，生成于特定的实践中，并且在新的文化构建中发挥指导实践的作用，同时不断受到新的实践和发展需要的检验。西方的价值理念与人类历史前进的实践品质根本背离，存在对人类文明进行片面化、简单化和教条化理解的错误倾向，必须在更加宽广的视域中对之进行批判和摒除。面对西方资本主义文明的历史性成就和世界性贡献，我们应该予以肯定，它们推动了人类走出封建剥削、开启现代文明、重塑世界秩序，但要辩证地认识资本主义精神把赚取金钱理解为人人有义务去追求的目的和"天职"，这与文明时代的道德伦理要求背道而驰。作为资本逻辑背后的文化精髓，利己主义促使着资本主义文明

---

[1]　韩骁：《文明视野下的全人类共同价值及其哲学意蕴》，《哲学研究》2021 年第 8 期。

[2]　参见王志民、马啸主编：《中华文明与人类共同价值》，清华大学出版社 2017 年版，第 148—150 页。

以一种优越的姿态，将资本主义国家的价值理念泛化为世界价值，暴露出狭隘性、霸权性甚至殖民性。不同文明主体应当深刻认识文明的共同本性，即不同文明本身都从属于共有的人类性始源，以及在多元现代境遇中依旧存在贯通于人类文明存续发展始终的共同价值，由此把握世界文明的互促共生。唯有如此，不同文明才能获得泰然自处的合理性认知、达成互鉴共处的包容性状态及创造协同共进的可能性方式，才能克服和修复隐匿于多元文化与"流动的"现代性遭遇中的不平衡性和不确定性。

在全球视域中，以发展性思维审视世界万象中的人类文明前景，需要促进不同文明精神的多样文化对话，以和谐共生、互鉴共赢的理念为基本准则构建一个开放包容的人类命运共同体。命运与共、协同发展、合作共赢、共建共享是紧扣时代命脉的关键词，也是贯通人类命运共同体整体性发展战略的历史自觉、责任意志和路径智慧。文化在本质上的互通性与共享性，使得多种多样的文化和多元价值之间内嵌着共生的本性。人类命运共同体理念所倡导的全人类共同价值，强调以和谐性的共生方式激发文化发展合力，能够促使不同历史传统、不同制度、不同道路和不同发展模式的民族国家在差异性文化中达成价值共识，推进世界文明走向互鉴共赢的未来。"在共同世界的条件下，实在性不是首先由构成世界的所有人的'共同本性'来保证，而是由这一事实来保证：虽然每个人有不同立场，从而有不同视角，但他们却总是关注着同一对象。"① 当人类文明被视为紧密联系的整体时，无论不同时期文化构建的理论主旨和研究中心呈现出何种差异性，其核心要义都属于对人类历史发

---

① ［美］汉娜·阿伦特:《人的境况》，王寅丽译，上海人民出版社 2017 年版，第 38 页。

展规律的理论探究和价值理念，服务于实现人类整体进步和自由发展的根本目的。在当代社会，我们将人类价值的统一置于不断发展的实践中进行深思，有助于凸显共同世界的基本生存方式、内在逻辑和方法论取向。唯有人类生活世界中对象的同一性被察觉并引起关注，人类才有可能聚合一致的价值目标，携手创造共同世界的无限可能，抵御各种的未知风险。随着人类文明不断演化至更高层次，这种在共同世界被洞察和关注到的对象的同一性在普遍意义上必然指向使每个人的自由而全面发展真正成为一切人的自由而全面发展的条件，其深藏于其中的价值表达呈现了人们对真善美的趋同性理解。

人类文明实践在精神层面上反映出多样文化形态共生发展的一般规律，即多个主体在不同立场上自觉进行的多元文化发展，与差异性个体追求美好生活的趋同价值诉求具有内在关联，二者是多样性与同一性的辩证统一。文化共生形态的同一性并非通过定义"一"来同化异己甚至消灭异己的存在，文化的交流与创新并非以某种特殊性否定或消解另一种特殊性。相反，在多样性文化基础上把握人们对共同价值趋同性的理解，不仅要抵制西方资本主义强势文明争夺文化制高点并将价值理念渗透于弱势文明体的企图，而且要以强大的包容力促进不同文明在交往中超越隔阂与偏见，深化和激发文化创造的空间与活力，促进不同文明走向更高质量的整体性发展。西方价值理念否认人类文明的多元思想在多民族国家实践中的自觉养成，反映了西方资产阶级特权群体为追求自身利益而采用的意识形态"迷惑术"和"欺骗法"。只有从人类文明整体的发展目标和文化构建的协同实践出发，才能彻底浇灭西方资本主义价值幻想，其中最为核心的问题是促使人们正确理解价值认知、价值认同和价值追求之间的递进与关联，推进全人类共同价值在文化共同体的构建中潜移默化地形成。

人类命运共同体理念要求以辩证性思维把握中华文明与世界文明的互鉴共生关系，"超越了古代文明等级的天下概念和近代中心—边缘的西方秩序观"①，以文化自信打开中华文明的世界尺度，以主动发声的方式传播中华文明对"协和万邦"世界秩序的呼唤。以零和博弈的对立性思维及竞争性的心态对待东西方文明，势必将中华民族伟大复兴及其世界影响力的扩大视为对其他文明的威胁和挑战，这种误读也导致人类命运共同体理念遭受一定的抵触，导致中华文明对人类文明和世界发展的价值与贡献被低估、曲解甚至泯灭。在现代社会中，一切物质力量的生产与消费逐渐凸显世界历史性特征，印证了人类身处休戚与共的共同体，迫切召唤一种具有历史意义的普遍性共同性价值，以平衡、协调和融合各个主体之间基于利益至上观念而产生的各种具体形态的纷争与冲突。西方文明霸权式的文化渗透阻碍着人类共同价值的形成、破坏民主化的发展进程，甚至具有摧毁人类团结一体的可能，必然引发严峻尖锐的不平等、不公正问题。"以'和'为'贵'，就'贵'在'他'与'他'之间是互相平等的、互相尊重的、互相信任的，不以势压人，而以理服人；不以力强人，而以情感人"，是世界多元文化共同繁荣发展的必由之路。②

纵观人类文明的历史长河，几千年来中华文明的多元性生成与包容性发展，以及近代以来中国文化的沧桑沉浮与绵延存续，是中华文明在命运多舛中延续生机、在与其他文化对峙与融合的取长互

---

① 王义桅：《人类命运共同体：新型全球化的价值观》，外文出版社 2021 年版，第 10 页。

② 参见张立文：《中国传统文化与人类命运共同体》，中国人民大学出版社 2018 年版，第 57 页。

补中丰富自身的过程。中华文明以深厚的历史积淀和文化底蕴，呈现出自身内含世界文明共生的智慧力量。"以力假仁者霸，以德行仁者王"，中华文明拒斥在文明交流中霸权式干涉，主张以理服人、以德服人的王道思维。"和"作为中华文明的思想内核，重视把握人类文明演进的客观历史规律，尊重现实的文化主体创造实践的作用，尊重文化共同体赋予各主体平等协作的合法基础，有助于推进"自我"与"他者"在存在论意义上实现价值视域的辩证融合，展露出人类命运共同体不断生长的公共性价值意义。"和"的文化精神要求中国对外的文明交流秉持平等和睦、包容互鉴、合作对话的文明观，以有容乃大、"和而不同"的立场尊重文明的多样性，以虚怀若谷、兼容并蓄的态度汲取文明智慧，以惠民利民、以人为本的理念凝聚文明的全人类共同价值，以优势互补、博采众长、合作创新的对话推促文明走向互惠共赢的境界。唯有深入挖掘中华优秀传统文化，用文化自信构筑中国文化软实力、提升文化话语权及其影响力，主动呼唤世界不同民族国家对新时代中国的重新认识，才能彰显中华文明的深沉魅力，在文化价值观上影响世界，推进全人类共同价值得到广泛认同。

在世界文明共生发展的整体格局中，以和谐思维和斗争思维的辩证统一审视异质文明的深层矛盾及其潜在问题，需要努力调适和创建合适的对话机制、交往方式和互鉴平台。当今和未来的世界难以摆脱文明冲突的可能阴影，不同文明之间如何学会和平共处、消除隔阂，为人类文明发展自我毁灭的危险寻找解决方案并予以践行，是全世界需要共同面对和承担的总体性挑战。世界是多样性的统一体，也是矛盾的统一体。倡导世界文明的多重共生，并非意味着彻底消除人类文明的一切矛盾和冲突，而是强调立足和谐共生理念，厘清潜藏于不同文明之间的可能矛盾及其性质倾向，并采取恰当的对话方式予以对待。促进世界文明共生发展，需要以内含斗争思维的协调合作方式，在尊重合理性的同时化解主要矛盾、促进矛盾的积极转化。对于非对抗性文化差异，可以通过协商协调、求同存异的方式，寻求最广泛的文化与价值的交汇空间，在增强吸引力中增进交流互鉴。对于对抗性文化冲突，要试图突破价值观上画地为牢的限制性做法，创造超越意识形态和社会制度的融通空间与方式，推动创建具有更大包容性、符合人类性的新型文明形态，促使不同文明处于互动平衡的状态之中。不论在非对抗性的文明对话中，还是在对抗性的文化交流中，斗争思维都不可否弃，这有利于实现更优质有效的互通共融。在不同文化的对话交流中，我们既要抵抗一元主义论调下强势文化霸权式的肆意渗透，也要把握不同文化形态所承载的民族性与人类性，以及多元文化形态之间互学互鉴的限度和张力，从而避免地方性文化遭遇消亡的威胁，推进文化在斗争中实现自我更新，实现维护民族特色、汲取优秀文化精神、凝聚共同价值的辩证统一。无论是启蒙时期在技术理性泛滥之际欧洲社会所涌动的东方文化转向，还是近代以来中国对西方文化由被动接受到主动参与再到互动革新的嬗变，都既包含了文化冲击的矛盾斗争与消解融合，也蕴含了文明互动、互鉴和互促的中国智慧。

孕育于历史洪流并历经时代洗礼的中华文明，在多元复杂的现代性中为人类文明的共生发展提供了中国方案。中华文明多元一体的文化精神及其古今传承的文化自觉内含的世界文明互鉴共生的创见，与新时代中国倡导的人类命运共同体理念内蕴的共生文明观具有内在一致性。中华文明始终将人类文明的发展置于人民主体的创造性实践之中，伴随构建人类命运共同体实践的推进，文化构建的主体性也得到不断确认和显扬。文明演进史伴随人类的实践活动自然而然地延续与演变，其发展趋势并非完全受到资本生产的控制，而是掌握在世界文明主体即世界人民的手中。中国共产党对文明主体的把握展现了全人类共同价值的世界历史意义，中华文明在实践中汇聚的价值主张奠基和淬炼着全人类共同价值的伦理基础，当这种共同价值的世界性意义在世界范围内得到认可时，中华文明就能够在新的历史境遇下发挥自身对世界文明的贡献力量。

总之，人类命运共同体的文化构建需要追问：它是一种什么性质的理论？它要解决什么理论和实践问题？它的理论使命是什么？逐层递进的三大追问共同指向人类命运共同体文化构建的"母体"资源。第一个问题要求我们全面深入地理解人类命运共同体文化构建理论内涵的历史唯物主义界定，全球化时代的资本主义发展境况昭示了西方"文化中心主义"衰落与文化殖民失败的危机，隐藏在其背后的理论问题是全球化时代文化构建的逻辑指向性问题，即如何把握人类命运共同体文化构建理论与世界各种文明观的理论差异性，揭示人类命运共同体文化构建理论遵循的世界文明体发展规律的问题。第二个问题事关中华优秀传统文化在人类命运共同体这一新的文明体中逻辑构成的优先性问题。人类命运共同体要通过文化构建实现自身思想体系的充裕和新型文明体的塑造，至关重要的前提性问题就是在现代理论语境中澄清其思想真实的理论根基，彰显人类命运共同体作为坚实理论载体的智识格局。第三个问题具体涉及如何理解人类生存发展所需要的文明形态和共同体意识的问题。共同体意识的普遍需要与全球化时代的文化多元主义之现实态势何以相容以及以何种方式实现不同文明冲突危机中的当代文化格局重建的问题，是困扰现代人和现代哲学思想的理论和现实问题。当全球化发展的具体情境和内容发生改变，身处其中的各个国家的生产和交往实践形式通常也会发生变化。具有不同背景和发展需要的国家或地区，如何依照全球化语境的变化而对自身发展进行反思性认识，涉及思想和文化体系的构建问题。人类命运共同体的文化构建承认世界文化的差异性和丰富性，拒绝借用任何形式的框架束缚文化的多元发展和全球范围内的跨文化交流，为维护和呈现文化的多样性提供广阔的开放空间。人类命运共同体文化构建所提供的思维方式和理论智慧具有重大的启示意义。

第三章
人类命运共同体文化构建的
现实指向与当代任务

在资本主义世界市场体系和全球治理体系的主导下，依附型的世界文明秩序结构得以产生。要对世界文明格局进行重塑，需要以马克思"世界文学"的文化精神作为人类命运共同体文化构建的基础，并以人类文明新形态的巨大魅力为人类社会现代化发展提供中国方案。人类命运共同体的文化构建历程和全人类共同价值的塑造反映出中华文明历史地位的时代跃迁，意味着中华文明在推进文化构建中需要认识到任何参与共建的个体都在推动文明进步，以及理解人类价值带来的改变世界与引发困境的现实。人类命运共同体的文化构建提出了一系列需要回答的问题，如当今全球文化环境和世界文明格局的总体性定位问题、世界新文明格局的再造问题、人类命运共同体文化构建与世界新文明格局的关系问题，以及人类命运共同体文化构建的当代任务问题。明确人类命运共同体文化构建的现实指向与当代任务，能够为推动构建人类命运共同体注入深厚持久的文化力量。

第一节　现实指向：世界新文明格局的再造 [①]

习近平总书记在文化传承发展座谈会上强调："对历史最好的继承就是创造新的历史，对人类文明最大的礼敬就是创造人类文明新形态。" [②] 创造人类文明新形态，需要深刻把握习近平文化思想的本质要求，坚持守正创新，接续历史辉煌，谱写文化新篇。经济全球化与世界一体化是当今人类社会的鲜明特征，国际社会中各民族国家主体在"世界历史"舞台上利益交织、命运相连、发展与共，人类社会的共同性特征日益强化，这构成把握全球性问题最基础和最重要的现实语境。中国提出人类命运共同体理念，试图从文化构建等方面形成与人类当今实践相适应的新型全球发展观，超越启蒙主义倡导的个人主义理想，打破由霸权主义和殖民主义操控的国际政治秩序，真正站在"人类主体"的高度反思人类文明进步的整体诉求。人类命运共同体文化构建既要首先定位共同体理念与自身的内在关系，也要厘清自身对共同体合法性的容载，还要阐明人类文明新形态的历史性生成对自身的现实支撑。深入分析文化构建的现实指向和逻辑进路，有利于在提升共同利益和凝聚全人类共同价值的过程中构建一种全新的国际秩序及"全球文明"观。

一、世界文明秩序的现实状态

"文明"与"文化"两个概念长期以来相互纠缠，经常在相互

---

① 本部分参见刘同舫：《人类命运共同体文化构建的逻辑进路》，《江海学刊》2024 年第 1 期。

② 习近平：《在文化传承发展座谈会上的讲话》，人民出版社 2023 年版，第 12 页。

联系与区分的意义上被加以比较。一般来说，"文化"概念与具体性、特殊性和地方性相关联，用来指代特定人群的精神生产成果，而"文明"概念则更多地与整体性、普遍性和全球性相关联，描述各种文化要素的综合体形态，用来指代作为一个"文化世界"而存在的社会共同体经过各种文化成果积淀而成的整体性风貌。"文化"先于"文明"而存在，有了人类实践活动便有了"文化"和文化的建构，而"文明"的历程则始于人类与"野蛮时代"告别时期，是社会生产力发展到一定阶段的产物。"文明"与"文化"两个概念在起源上明显区别，"文化"发源于农耕观念，最初指"土地培育"，而"文明"的起源则在城市，城邦公民体现出与"野蛮"状况的差异。"文明时代是社会发展的这样一个阶段，在这个阶段上，分工、由分工而产生的个人之间的交换，以及把这两者结合起来的商品生产，得到了充分的发展，完全改变了先前的整个社会。"① 有学者依据马克思、恩格斯对"文明"概念的使用情况，概括了"文明"与"文化"本质上的不同，即"文化的本质是指精神、意识、观念，而文明的本质是社会生产力"；"文化可以通过文明来表现自己的存在与发展，但文明则不能完全通过文化来表现，它还有其他的表现形式"②。当人类进入文明时代，文化成为文明在观念领域中的表现形式，文化的发展需要依托文明的不断进步。

文明的出现是社会和文化发展到一定阶段的历史结果，文明本身蕴含了文化活动的本质性诉求，需要人类生命存在的不断优化和升级。文化被包含在文明之中，当文明时代开启以后，"文化"的存在和发展需要依赖于一定的文明社会有机体。基于"文化"与"文

---

① 《马克思恩格斯文集》第 4 卷，人民出版社 2009 年版，第 193 页。

② 戴圣鹏：《试论马克思恩格斯的文明概念》，《哲学研究》2012 年第 4 期。

明"既相互区分又相互联系的关系，我们在回应人类命运共同体的文化构建及其现实指向问题时，必须自觉地将资本主义文明的现实状态与人类文明进步的整体性诉求之间的张力作为言说背景。

"文明"无论是作为对社会和文化进步现象的表征，抑或与"野蛮"相对的观念都早已有之，但"文明"作为一个社会学和文化人类学的确定性概念而被使用却是近代以来的事情。"文明"这一概念一经诞生就被打上了意识形态烙印，具有明显的价值倾向性。据美国历史学家布鲁斯·马兹利什的考察，"文明概念兴起于启蒙运动时期，是欧洲人想象的一部分，它声称为世界提供了一个放诸四海皆准的衡量尺度，即一个文明具有一定的物质特征，并且以一定的思想方式来行动和思考"①。这种明显带有"统治意识"的欧洲文明自诩的"普遍性"自启蒙运动至今始终影响着人们对人类文明秩序及其未来的想象与判断。资本主义生产方式和社会文化所架构起来的现代"文明社会"并没有真正实现资产阶级国家所宣扬的"自由""民主""平等"原则，相反，政治解放与人类解放的断裂、资本逻辑的无限扩张等问题不断撕裂全球社会，构造和固化着充满压迫和剥削的非正义世界体系。该体系长期以来倚仗以"西方中心主义"为价值内核的文明优越论、文明冲突论和历史终结论等文明论调为资本主义进行辩护，其共同的本质是"西方中心论"。

16 世纪以来资本主义生产方式的建立以及欧洲的全球扩张是"文明"概念产生的物质基础和社会根源，西方文明优越观念在资本主义上升时期逐渐形成，并为"西方中心论"提供了思想土壤。近代以前，世界尚未在全球范围内以普遍的国际交往和分工为纽带

---

① ［美］布鲁斯·马兹利什：《文明及其内涵》，汪辉译，刘文明校，商务印书馆 2017 年版，第 7—8 页。

而形成一种整体性存在，区域性、民族性和地方性是人类活动空间的主要特征，并不存在不同文明体之间普遍的时空交汇与思想碰撞问题。西方文明的优越性及话语霸权带有鲜明的独白式特征，自认为已经穷尽了对人类文明发展的真理性和规律性的掌握，否认其他文明具有充分表达和参与对话的同等权利，但这种丧失公平的普遍化标准拒绝了人类文明的多样性。当人类活动突破地域和国家的界限，在全球范围内日益建立普遍的社会交往，如何看待不同文明体之间关系的问题，文明冲突、文明互渗等思想观念便应运而生。

世界历史生成的直接动力是以欧洲为起点的资本主义全球扩张。"欧洲文明早期的种种表现中，一个突出特点就是它的扩张性和探险热情……就西方人而言，经济上的贪婪、传教的渴望和科学求知的探索热情持续推动着他们跨越边界，走向外部世界，这一点是很明显的。"① 欧洲人走向对外扩张尽管抱有各种各样的目的，但其实质都是处于上升中的新兴资产阶级在全世界范围内寻求利益的集中表现。资产阶级的本质是资本的人格化，资本的本性是充分利用现代大工业的一切"文明成果"实现自我增殖，这种本性就表现为不断冲破各种外在化的限制和束缚来开辟新的世界市场，进而表现为不断地对外殖民和扩张。通过回顾历史可以感受到欧洲的扩张历史对世界格局造成的深远影响；16 世纪初欧洲人开始了对亚洲和美洲进行渗透，此后的 250 年间，亚洲的主要地区和整个西半球都被置于欧洲的统治之下；19 世纪后半叶，西方帝国主义扩张至整个非洲并进行统治。伴随欧洲的扩张和殖民，中美洲文明、印度文明和伊斯兰文明以及非洲文明都被西方文明征服，"400 年之久的文

---

① ［美］布鲁斯·马兹利什：《文明及其内涵》，汪辉译，刘文明校，商务印书馆 2017 年版，第 36 页。

明间关系是由其他社会对西方文明的从属构成的"①。欧洲扩张及其文明的"历史性"胜利，使其自视成为人类文明的中心，"每一个文明都把自己视为世界的中心，并把自己的历史当作人类历史主要的戏剧性场面来撰写。与其他文明相比较，西方可能更是如此"②。西方文明的中心主义观念建立在对自身优越性及其自以为"放之四海而皆准"的价值信条基础上，无视不同文明发展的具体条件与时代内容，误认为通过价值渗透能够得到全人类对西方文明的普遍认同，将其他文化构建的合理向度纳入自身的理论框架中加以消解。

"西方中心论"的早期形态就是以"种族优越论"为内核、以"线性—进步"③发展观为思维模式、以"欧洲中心论"为主要表达的"文明优越论"。弗朗索瓦·基佐、亚瑟·德·戈比诺是"文明优越论"在早期的主要代表人物。基佐认为，文明的进步由"社会的发展"和"个人的发展"两大事实构成④，是社会秩序和人的精神成长的线性进步过程，而欧洲文明史作为一种具有"普世"意义的文明史，在"个人的发展"上雄踞于人类文明的"前列"⑤，他将欧洲文

① ［美］塞缪尔·亨廷顿：《文明的冲突与世界秩序的重建》（修订版），周琪、刘绯、张立平、王圆译，新华出版社 2010 年版，第 30 页。

② ［美］塞缪尔·亨廷顿：《文明的冲突与世界秩序的重建》（修订版），周琪、刘绯、张立平、王圆译，新华出版社 2010 年版，第 33 页。

③ 受达尔文进化论的影响，历史观和文明观上的"线性—进步"思维方式把人类社会历史描述为一种直线前进的过程，既强调社会历史的不可逆性，又强调其注定向高阶前进的特征。在这种思维模式下，学界习惯于将世界上不同的文明体按照其发展程度置于同一个"文明阶梯"的序列之上，由此区分为"先进"与"落后"以及"文明"与"野蛮"，从而遮蔽了世界文明和文化的多样性。

④ ［法］基佐：《欧洲文明史》，程洪逵、沅芷译，商务印书馆 2005 年版，第 1 页。

⑤ 参见［法］基佐：《欧洲文明史》，程洪逵、沅芷译，商务印书馆 2005 年版，第 12 页。

明的历史评价为具有世界文明发展积极导向意义的文明，却消极评价"他者"的文明并将其边缘化。戈比诺在《论人类种族的不平等性》一书中提出片面种族理论，认为世界上存在着一个"文明之梯"，非洲各族在梯子最底部，黄种人的位置较之稍高，而所有文明都源于白种人，如果没有白种人的帮助，就不会诞生文明。① 戈比诺以种族优越论为欧洲文明优越观提供了论证，而达尔文的生物进化论对人种差异的考察以及斯宾塞的社会达尔文主义则直接为欧洲人提供了借以证实其文明优越的"养料"。尤其是在盛行文明殖民主义的西方世界，西欧上流社会以是否具有市场经济发展模式以及机械化大生产技术的发展程度等方面为标准，将较为成熟的西方文化与暂时停滞的东方文化进行比较，由此得出自身的成就感和优越感，并产生对发展较为落后一方的偏见和鄙夷，继而造成了弱肉强食的殖民侵略等严酷历史事实。在欧洲人的观念中，"文明"与"野蛮"是两个极端，白人和"他者"之间的差距和鸿沟把世界上的种族区分为"优等"和"劣等"，同时把"有教养"的英国人、法国人置于"文明社会"轨道的最前端。

　　"西方中心论"自 20 世纪至今仍然表现为一种强势的意识形态话语和备受争议的社会科学话题。"西方中心主义"者借助于资本主义文明在现代化过程中所展现出来的经济社会的优势地位，以市场经济、民主政治、理性文化等"文明元素"来传播和贩卖其带有明显资本主义意识形态色彩的文明观，将"线性—进步"的发展观推向极致，这就是对"文明优越论"实质性继承的历史终结论出场的前提。"历史终结论"认为，人类社会终究要按照西方"现代文

---

① 参见 Arthur Gobineau. *Inequality of Human Races*, H. Fertig, 1967, pp.27, 56, 210。

明"规制和标准在文明历史轴线上走到终点，现代西方自由民主制度"也许是'人类意识形态演化的终点'和'人类政体的最后形式'，并因此构成'历史的终结'"①。当代英国历史学家尼尔·弗格森则认为"历史终结"的原因乃在于西方文明用以征服自然和改造社会的手段被非西方世界的人们所采用，并将中国和印度置于文明社会的大门以外。

在当今社会，"西方中心论"存在更为极端化的版本，即"美国文化中心主义"。这一主义"否认文化差异的创新意义，倡导世界文化同质化、统一化，而统一的范本就是当代美国文化"②。"美国文化中心主义"正是当代西方大国凭借其强大的经济军事优势在全球推行文化霸权的体现，其本质仍然是近代以来资本主义扩张的延续。文化扩张较之军事扩张更为隐蔽，但是其渗透作用也更为强大和深远，因为它往往打着"普世价值"的旗号来争取大多数人的情感和价值认同，但究其实质，"必定是时下西方强势话语的渗透方式，不能将其与普遍真理相混淆"③。"美国文化中心主义"无视自然地理条件、民族文化传统、政治体制等方面的差异对价值塑造及文化选择的重要影响，将其他国家具体的生活共同体排除在其安排的文化中心之外，论证自身的中心地位是历史发展优胜劣汰的结果，而不需要通过与"他者"文明的交流来予以审视和完善。"西方中心论"视域下的文明"中心点"随着西方阵营内部国家实力的消长而发生了转移，最初为世界提供"文明样板"的是在工业革命

---

① ［美］弗朗西斯·福山：《历史的终结与最后的人》，陈高华译，孟凡礼校译，广西师范大学出版社 2014 年版，第 9 页。

② ［美］布鲁斯·马兹利什：《文明及其内涵》，汪辉译，刘文明校，商务印书馆 2017 年版，"总序"第 iv 页。

③ 侯惠勤：《"普世价值"与核心价值观的反渗透》，《马克思主义研究》2010 年第 11 期。

中崛起的英国，然后是在政治上引领现代文明发展的法国，再后则是第二次世界大战后成为世界军事和经济上的头号强国的美国，这本身就折射出了"西方中心论"的一种戏剧性画面。

"西方中心论"是从西方视角出发，对世界文明秩序的一种错误想象。现代西方文明只是西方历史文化发展的结果，但绝不是世界文明的唯一源头和样式。"西方中心论"作为一种"文明观"必然会遭到异见者的批判，多元文明观视域下的"文化相对主义"①"文化互

---

① "文化相对主义"是文化哲学研究中的一个重要概念，一般认为，"文化相对主义"作为一个理论术语是 20 世纪初由芬兰人类学家爱德华·韦斯特马克在《道德观念的起源与发展》中首次提出，在美国经由人类学家弗朗茨·博厄斯系统阐述文化相对论的观点后形成了"文化相对主义"学派，反对社会达尔文主义，主要强调世界上的文化各有各的特点、内容与形式。但是，"文化相对主义"的观念最早于 18 世纪上半叶就已经在欧洲出现，如维科在《新科学》中就强调了不同的"民族世界"中存在着明显的文化差异性（参见袁鑫：《当代文化哲学中的文化相对主义》，《教学与研究》2019 年第 8 期）。"文化相对主义"无论是其最初产生，还是后来的发展，都蕴含着对西方"文化中心主义"或欧洲中心论的直接批判，是对以理性主义和科学主义为特征的启蒙思想的一种矫正意识，因为"西方中心论"本身就是以启蒙、进步、理性为主要根据的一种文化普遍主义或文化绝对主义的表现。关于"文化相对主义"与"文化多元论"的关系，学界存在不同观点。有学者认为，"文化相对主义"是"文化多元论"的理论来源（参见李鹏程：《文化相对主义的意义和问题》，《中国人民大学学报》2007 年第 6 期）；有学者认为，"文化相对主义"是从"文化多元论"中产生出来的一种极端化的文化思潮，但"文化多元论"不等于"文化相对主义"，"文化多元论"也不会必然导致"文化相对主义"（参见袁鑫：《当代文化哲学中的文化相对主义》，《教学与研究》2019 年第 8 期）。笔者认为，"文化相对主义"和"文化多元论"谁先谁后不是问题的焦点，重点在于"文化相对主义"对文化相对性的强调是"文化多元论"的思想基础，二者都强调文化的差异性、多样性，反对"文化中心主义"，反对一元文化霸权。但是，如果把文化的相对性加以绝对化将导致绝对的"文化相对主义"，"文化多元论"的绝对化也将导致绝对的"文化相对主义"，这将否认人类文化的共同价值及其所具有的普遍世界性，这种结果与将文化的普遍性加以绝对化导致文化普遍主义一样，都不符合文化的存在和发展规律。

动理论"都提出了与"西方中心论"不同的声音。

德国学者斯宾格勒借由对尼采"权力意志"思想的批判指出，"关于衰微、尚武精神、一切价值的重新估价、追求权力的意志等概念在西方文明的本体中是根深蒂固的，对分析西方文明具有决定性的重要意义。但是，他的创见的基础是什么呢？是罗马人和希腊人，是文艺复兴和欧洲现状，是对于印度哲学的走马观花、一知半解——总而言之，是'古代、中古、近代'史"①。斯宾格勒主要借助对西方传统文明的历史反思，通过对理性主义文化基础的逻辑论证，突出科学与技术理性在人类文明历史舞台上的核心作用，认为西方文明伴随资本主义的扩展渗透到世界各国的制度和价值观层面，将东方文明视为征服和占有的对象而贬低东方文明。西方文化对东方文化的排斥体现了西方资本主义不断扩张的现代文明特质。他认为，欧洲文明优越论是一种"历史的托勒密体系"即世界历史的西欧中心论，必然走向没落和灭亡。

汤因比沿袭了斯宾格勒的多元文明视角，以宏大的历史眼光把人类文明形态划分为 21 种，在揭示文明发展多样性的同时指出任何一种类型的社会文明在哲学上都具有"等价值性"。汤因比反对把西方社会的历史等同于整个人类历史的观点，他认为，"这种错觉不仅蒙蔽了西方文明的后代，也蒙蔽了其他所有已知文明和原始社会的后代"②，西方文明只不过是众多文明类型中的一个。尽管汤因比和斯宾格勒都对"欧洲中心论"持否定看法，但是二人却一致认为近代以来的欧洲文明相较于其他文明形成了无可比拟的优越

---

① ［德］奥斯瓦尔德·斯宾格勒：《西方的没落》上册，齐世荣等译，群言出版社 2017 年版，第 26 页。

② ［英］阿诺德·汤因比：《历史研究》（下卷），郭小凌等译，上海人民出版社 2016 年版，第 892 页。

性，哥伦布发现新大陆以后的时代就是欧洲文明凯歌高唱的时代，西方社会的扩张和西方文化的传播，把所有其他现存文明卷入到波及全球的地方化浪潮之中。因此，"文化相对主义"对"西方中心论"的批判具有不彻底性。

与"文化相对主义"相比较而言，"文化互动理论"对"西方中心论"的批判前进了一步。"文化互动理论"不仅承认文明和文化的多样性，而且从更为宏观的历史视角出发并提出，文明的发展主要依靠多样文化之间的交流融合与共存互动，从方法论视角来看，这一理论对文明的考察并没有局限于把握已达到的文明状态，而是更多地关注文明的发展过程。如埃利亚斯将"过程社会学"应用于文明研究，他揭露"西方中心论"的文明观缺陷，"'文明'一词囊括了所有的一切，因为它，西方社会在过去的两三百年里始终相信自己优越于自己的过去和同时代的其他原始社会"①，但是文明并不是一个静态结果，而是在个体与社会的互动和相互构成中不断发生着改变，不同文明的相互作用构成了世界历史的主题之一，这是文明发展规律。"文化互动理论"表明，以西方文明为中心的文明优越理论并非不言自明，而只是对人类文明发展的独特形式的一种解释，无法为人类文明的现代发展提供永恒在场的理论参照。我们要探索并创造自身的文化构建道路，关注文化构建过程中与政治制度、社会服务等其他领域进行链接的过程，突破文化现代化道路的单极或线性走向，同时也为文化构建道路从"一元线性"走向"多元互动"奠定基础。因而，对于历史长河中各个文明的评估，必须与人、社会以及世界体系结合起来。至此，多元文明观视域中

---

①　Stephen Mennell, *Norbert Elias: Civilization and the Human Self-Image*, Basil Blackwell, 1989, p.35.

的"文化互动理论"提出了一种迥异于"一元线性"发展观的视角，为客观把握人类文明发展史、回应"西方中心论"的意识形态偏见、理解全球化时代不同文明的关系以及判断人类文明未来走势提供了一种重要的方法论视角和现实启示。

对"西方中心论"最具科学性和彻底性的批判，无疑来自于马克思、恩格斯的资本主义文明批判思想。"西方中心主义"的文明观作为一种资本主义的意识形态，是资本逻辑扩张和资本主导世界秩序构建在社会意识层面的回声，而不是从科学的文明观视角出发对人类文明的历史、现实与未来进行的客观判断。马克思、恩格斯将唯物史观作为锐利的理论武器，实现了对"西方中心论"的彻底批判与突破，他们"将对启蒙理性及现代性的批判最终转变为对资本主义生产方式的批判，将对启蒙理性及现代性种种弊端的克服转化为对资本主义私有制的超越"①，其全部理论任务就是以如何超越现代资本主义社会文明，进入更加高级的人类社会文明为核心指向。从历史唯物主义的观点看，文化生产力与作为社会经济基础的生产方式之间的关系构成审视人类文明发展程度的重要尺度。"西方中心论"实质上表现为资产阶级生产方式的中心主义和优越意识。在人类社会历史形态的演变中，资本主义在打破自然束缚、发展生产力方面彰显出巨大的进步性，但客观公允的历史演变规律在本质上指向共产主义社会的胜利和人类文明的共同发展。

按照马克思、恩格斯对资本主义文明批判的一般原则，只有真正立足"人类社会或社会的人类"，才能彻底超越由资本逻辑和启蒙理性共同架构起来的不公正、不合理、充满风险与危机的现代市

---

① 刘同舫：《启蒙理性及现代性：马克思的批判性重构》，《中国社会科学》2015 年第 2 期。

民社会，这要求从整体上重建现代社会的秩序结构和意义结构。以"人类社会或社会的人类"为文明发展的立足点，马克思从人的现实实践活动出发把握人与社会之间的辩证关系，在此基础上阐释文明的内涵、条件和演变历程，对于确立文明发展史与人在生产活动中明晰自身主体地位的历史的统一过程具有重要意义。马克思、恩格斯借助于"文明社会"概念对现代资本主义所进行的具有文明高度的批判，从"历史的本质处"对如何看待资本主义文明与人类文明关系问题给予了科学的回答，对于彻底走出"西方中心论"具有两大重要意义。

第一，马克思、恩格斯的资本主义文明批判思想揭示了"西方中心论"产生的历史根源，并为批判性地审视西方文明的"普适性"提供了重要思想基础。

马克思、恩格斯指出，从资本主义开创现代社会的意义上来说，所谓"现代文明"实际上就是"资本主义文明"。"文明"概念尽管与"文化"相关，但其本质是社会生产的发展与进步，马克思、恩格斯从来都是在社会生产的意义上使用"文明"概念、建构文明理论。在他们的文明思想视域中，"文明"与社会生产、社会状况、社会形态密切相关，"如果说文明是实践的事情，是社会的素质，那么英国人确实是世界上最文明的人"①，因为标志着现代"文明社会"到来的最深刻的社会实践就是以英国工业革命为标志的生产方式的巨大变革。以"资本剥削劳动"为内核的现代资本主义生产方式的建立，使人类改造自然和社会的能力空前提升，并与一切传统的"非文明"因素，包括对自然力的臣服、社会生产力的分散、宗教蒙昧主义的统治相区别。现代大工业的到来，强大的自然改造力

---

① 《马克思恩格斯文集》第 1 卷，人民出版社 2009 年版，第 97 页。

彰显了资本主义时代的巨大变革和进步作用，自此赋予了资本主义社会以"文明社会"的内涵。

"资本的伟大的文明作用"就体现在，"它创造了这样一个社会阶段，与这个社会阶段相比，一切以前的社会阶段都只表现为人类的地方性发展和对自然的崇拜。只有在资本主义制度下自然界才真正是人的对象，真正是有用物"①。在马克思、恩格斯的资本主义文明批判思想中，"现代性社会""资本主义社会"与"文明社会"产生于同一历史过程，正如马克思在《哥达纲领批判》中所表明的那样，"'现代社会'就是存在于一切文明国度中的资本主义社会，它或多或少地摆脱了中世纪的杂质，或多或少地由于每个国度的特殊的历史发展而改变了形态，或多或少地有了发展……但是，不同的文明国度中的不同的国家，不管它们的形式如何纷繁，却有一个共同点：它们都建立在现代资产阶级社会的基础上，只是这种社会的资本主义发展程度不同罢了。所以，它们具有某些根本的共同特征"②。这些"共同点"和"共同特征"使现代"文明社会"无法离开它的本体即非正义的"现代资产阶级社会"。

资本不断开拓市场，实现了增殖的需要。资本主义生产方式的全球化，资本巨大的复制、整合和创造价值的能力，资本主义对现代理性主义文化的构建，以科学、自由、民主和平等为价值基础的现代文明意识对传统社会文明的绝对性胜利，都使资本主义文明在现代化过程中显现出了绝对优势，这种客观形势使得诸如"现代化等于资本主义化""'文明'等于资本主义现代性文明"等观点甚嚣尘上，似乎资本主义文明为"文明"一词本身做了最好的诠释，同

---

① 《马克思恩格斯文集》第 8 卷，人民出版社 2009 年版，第 90 页。
② 《马克思恩格斯文集》第 3 卷，人民出版社 2009 年版，第 444 页。

时,"文明"一词也成为资本主义对外扩张和对全世界推行文化霸权和文化殖民的"美化工具"。尽管文明社会与西方资本主义的现代化密切相关,但二者并不完全等同。人类文明发展至今已然进入现代社会,资本主义的全球现代化过程为文明社会的形成提供了巨大的生产力前提。从文明形态的演变把握资本主义生产逻辑的发展趋势具有重要意义,启示着人们用辩证发展的眼光把握文明形态与社会生产力发展的关系。"西方中心论"本质上作为"殖民意识形态"的文明观而存在,成为"一个真正理解他者的障碍物,成了为谴责他者和控制劣等'野蛮人'服务的意识形态"[①],它一方面以资本主义文明的全球性扩张为经验基础和动力源泉,另一方面又为资本主义在全球范围内建立统治秩序和进行意识形态渗透提供了"合理化"的论证。

第二,马克思、恩格斯指认了资本主义文明的非正义性质和内在缺陷,在根本上颠覆了"西方中心论"的立论基础。

"西方中心论"宣称资本主义为现代文明的"样板",但资本主义文明真的如同自我标榜般占据人类文明进步的历史制高点和道义制高点吗?事实并非如此。有学者认为,"资本主义文明并不是'终结性文明',而是分裂型文明"[②]。资本主义文明只是人类文明历史长河中的一个过渡时期,在现代社会刚刚到来的资本主义上升时期,其"文明"因素确实体现了历史的进步性,但在现代性的进一步展开过程中资本主义文明的非正义性则日益暴露,使人类社会不断步入危机和冲突频发的风险境地。更关键的问题在于,资本主义

---

① [美]布鲁斯·马兹利什:《文明及其内涵》,汪辉译,刘文明校,商务印书馆 2017 年版,第 54 页。

② 黄建军:《唯物史观视域中的人类文明新形态》,《中国社会科学》2023 年第 10 期。

生产方式固有的矛盾和缺陷不仅导致其无法成为人类文明的代表，也逐渐消解了其作为一种特殊文明类型的历史合理性。"由于文明时代的基础是一个阶级对另一个阶级的剥削，所以它的全部发展都是在经常的矛盾中进行的。生产的每一进步，同时也就是被压迫阶级即大多数人的生活状况的一个退步。"① 世界文明史不等同于资本主义文明史，"世界文明史的核心问题是对过去的扬弃、对现实的规划以及对未来的构建"②。资本主义的文明发展建立在对整体利益的剥削和人类价值理念进行同化的私有制基础之上，形成了"自我"与"他者"之间固化的剥削关系，其文明建设的过程导致了反文明的后果，其所倡导的文明优越性实际上暴露自身制度的非文明性和狭隘性，最终只是解放和发展了自身的文明，其他民族的文明命运则陷入更艰难之境地。当我们着眼于人类的整体利益、着眼于历史的过程性和未来的建构性，以自我为中心的资本主义文明观的伪善面孔便被层层剥落，其剥削性、殖民性和反动性使其成为现代性社会自我否定和更新的消解性因素。

马克思、恩格斯认为，资本主义文明的非正义性质就在于它使全球化时代的人类文明秩序呈现为一种剥削性、从属性和依附性的存在，不同文明体之间陷入不平等的境况。资本扩张的世界历史结果是资本主义文明确立起全球霸权，同时使非西方国家和地区沦为军事打压和文化殖民的对象。资本主义文明把一切民族都卷到西方文明中来，"它迫使一切民族——如果它们不想灭亡的话——采用资产阶级的生产方式；它迫使它们在自己那里推行所谓的文明，即变成资产者。一句话，它按照自己的面貌为自己创造出

---

① 《马克思恩格斯文集》第 4 卷，人民出版社 2009 年版，第 196—197 页。
② 孟宪平：《马克思恩格斯文明观的理论逻辑与现实转换论析》，《马克思主义研究》2020 年第 1 期。

一个世界"①。这样的世界体系是以西方发达资本主义为中心的生产体系和剥削体系，这一体系的不平等性质肇始于资本原始积累时期的圈地运动、黑奴贸易和侵略战争时期；时至今日，这种剥削机制则通过局部军事打压、不平等国际规则的制定以及"民主"至上的意识形态渗透等更为隐蔽的方式发挥影响。资本主义所开创的文化"从来都没能成功地把所有的人平等地整合在一起"②，反而导致了不平等的加剧。资本主义文明将资本主义生产方式当成文明生产的绝对规律，为少数特权阶级对多数大众公开的剥削提供制度化保障，最终导向物质生产支配"现实的人"的生活，物质力量与人的发展之间的矛盾逐渐转嫁于整个世界，呈现出一种反文明性和非正义性。

当资本逻辑将其非正义的生产方式和文明形式带到世界各地之后，也将其文明的内在缺陷植入到了世界各地，具有不平等性、殖民性的"依附型"文明秩序是其矛盾的外在表现，其内在反映则是人性的堕落和人际关系的异化。一方面是人们对物质利益的过度追求、个体私欲的不断膨胀侵蚀了价值理性的领地，"文明社会"并没有使人们进入和谐美好的生存状态，无论资产阶级如何以"自由""民主""平等"的文明外衣为自己的自私本性和逐利行为进行伪装，所谓"文明"的现代性面纱下始终是一幅赤裸裸的"人吃人"的市民社会讽刺画。资本主义文明"是用激起人们的最卑劣的冲动和情欲，并且以损害人们的其他一切禀赋为代价而使之变本加厉的办法来完成这些事情的。鄙俗的贪欲是文明时代从它存在的第

---

① 《马克思恩格斯文集》第 2 卷，人民出版社 2009 年版，第 35—36 页。

② ［美］理查德·罗宾斯：《资本主义文化与全球问题》（第四版），姚伟译，中国人民大学出版社 2013 年版，"英文版序言"第 XV 页。

一日起直至今日的起推动作用的灵魂"①。另一方面，围绕物质利益争夺而展开的现代生产造成了严重的阶级对立和群体分化，资本主义文明把一切权利赋予给了资产阶级，这使市民社会的实际状况与理性国家之间出现了巨大落差与鸿沟，"文明时代是在'恶性循环'中运动，是在它不断地重新制造出来而又无法克服的矛盾中运动，因此，它所达到的结果总是同它希望达到或者佯言希望达到的相反"②。资本主义主导的文明始终与非正义生产相伴而生，与人性的发展背道而驰。资本主义生产方式依靠殖民和压迫实现自身繁荣，结果却使得人类文明愈益走向分裂，正如马克思批判资本在人类文明历史中表现出"血和肮脏的东西"。资本主义制度的内在矛盾促动其文明形式走向自我否定的趋势，当剥削性的生产关系难以适应生产力发展的需要，其文明形态也将走向末日。资本主义的固有矛盾和缺陷，尤其是它所造成的人性的堕落和异化、社会矛盾的加剧以及社会危机的频发都使人类文明不可能止步于"西方中心论"视域下的欧美文明形态。

从本质上来说，现代世界文明秩序的现实状态是由资本逻辑的全球扩张为内在动力、由资本主义现代性的建立及其在全球寻求统治地位的历史运动主导的"世界历史"之结果，它集中表现为西方文化霸权、文化殖民与依附型世界文明的国际秩序。资本积极奔走于全世界的客观结果便是世界一体化进程的生成，并且是朝向资本主义现代化方向的一体化，因为资本对"工具理性"的运用、对物质利益的寻求以及重商主义的实践特质和自由主义的价值取向，尤其是其在推动社会生产力发展和科学技术进步方面所迸发出的巨大

---

① 《马克思恩格斯文集》第 4 卷，人民出版社 2009 年版，第 196 页。
② 《马克思恩格斯文集》第 3 卷，人民出版社 2009 年版，第 532 页。

能量等因素，都使其获得了可以对抗一切传统伦理、冲破一切封建束缚的魔力，使世界的各个传统文明在某种程度上被迫卷入"资本主义版本"的现代化。"西方中心论"的本质在于凸显现代西方文明作为人类文明的典范，宣扬其代表了人类历史的进步方向，然而马克思、恩格斯对资本主义文明的"历史性""暂时性"的考察，拆穿了"西方中心论"标榜的资本主义文明具有"普适性""永恒性"的谎言。正如有学者指出，"由于马克思从生产方式的变动结构开展出对现代文明即资本主义文明的决定性批判，这一文明的历史前提和历史限度才从根本上被揭示出来。自此以后，那种以为现代文明可以永垂不朽的神话只不过表明自身是特定的意识形态幻觉罢了"①。资本主义文明由于资本与劳动之间的内在矛盾和制度的非正义性质，决定了其必然被更高级的文明所代替，这是社会历史运动规律使然。资本与劳动的对抗性矛盾在全球范围内的扩展和爆发，使得资本主义文明所建立的资产阶级对无产阶级的剥削真相暴露出来，同时也体现出资本主义文明存在的历史阶段性和暂时性特征。真正与人性发展相吻合的文明形态必定属于大多数的无产阶级并依靠其实践来实现，全人类的文化构建主体性与实现每个人自由而全面发展在根本目标上具有内在一致性。

二、共同体理念与文化构建的关系

人类命运共同体旨在超越西方文化霸权和文化殖民的文化秩序，是以扬弃依附型世界文明秩序为现实旨归的社会共同体重构方案。"重构方案"同时指向重塑共同体和变革文明理念两个维度：

---

① 吴晓明：《"中国方案"开启全球治理的新文明类型》，《中国社会科学》2017 年第 10 期。

就共同体维度而言，人类命运共同体理念是对不合理、非正义的国际交往体系的突破和对合理性、正义性国际秩序的构建；就文明理念维度而言，人类命运共同体理念传递人类共同的价值愿景，将作为一种全新的世界精神为人类文明整体进步提供价值规范和精神引领。厘清共同体理念和文化构建的关系是把握人类命运共同体内涵不可或缺的重要维度。共同体理念决定文化构建的起点和水平，对文化构建的推进具有导向性地位。与此同时，文化构建对共同体理念具有正向反馈作用，促使共同体理念始终能够与历史发展同频。

共同体以共同利益、共同价值与共生关系作为自身的存在前提和基础。从共同体的内涵来看，它作为人与社会的存在方式，不仅表征一种共同性关系，而且意味着一种共同性的文化价值观念。共同体概念既是对人与人之间社会关系属性的表达，又是对共同性、社会性、公共性和共生性等理念的彰显。"共同体本身应该被理解为一种生机勃勃的有机体"①，这种"有机体"的历史发展经过了血缘共同体，地缘共同体，精神共同体三个阶段。作为对前两种共同体形式的历史发展和超越，"精神共同体"可被理解为"真正的人的和最高形式的共同体"②。从共同体的发展历史来看，共同体是以人类社会的发展规律和前进方向为标尺展开的有机体，即以人类社会实践为出发点，以国家与国家、人与人之间的交往关系为考察对象，勾画出人类在社会生产和交往中共建公平正义世界秩序的基本条件和必然规律。共同体揭示出人类在社会实践活动基础上的演进趋向，展现出人类社会在多元结构的基础上有机统一的发展模式，

---

① ［德］斐迪南·滕尼斯：《共同体与社会》，林荣远译，商务印书馆1999年版，第54页。

② ［德］斐迪南·滕尼斯：《共同体与社会》，林荣远译，商务印书馆1999年版，第65页。

是一个物质形态与观念形态相统一的范畴。共同体的精神维度在共同体的自我确证过程中占据不可或缺的地位，有学者明确提出，"个人主义时代之共同体重建"的任务在于"公共精神文化建设"①。在现代社会，"共同体"主要是作为积极的建构性概念而存在，内含引领和超越现实社会的价值追求和理念表达，诠释了人们对破解现代性生存困境的迫切期待。"'共同体'意味着的并不是一种我们可以获得和享受的世界，而是一种我们将热切希望栖息、希望重新拥有的世界。"② 人类从传统共同体进入现代社会后，社会的个体化趋向、个体主义的不断膨胀、自私自利的行事规则和自我中心主义的发展诉求使得共同体精神走向没落，共同体成为一种形式化的虚假性存在，而人们又终究无法脱离"共同体"的存在方式。"原子"在充满危机和风险的现代性世界中因彼此相互的工具性关系和家园感丧失而陷入意义"真空"。以现代市民社会为基础建立起来的国家共同体同样由于奉行个体主义原则而无法有效解决全球性问题，甚至固化了资本与劳动的矛盾，强化了不平等和非正义性的国际秩序，致使资本在全球范围内的扩张和掠夺合理化。

共同体作为人的社会性存在方式，其前提和基础是特定主体的存在。共同体精神维度的展开，与主体的存在层次密切相关。地方性共同体的文化精神与价值表达以特定的"群体主体"为出发点和立足点，而人类社会共同体的文化精神和价值表达则以"人类主体"为出发点和立足点。尽管当前人类社会已经进入"命运与共"的时代，世界一体化秩序在生产全球化、贸易全球化以及交往全球化的

① ［英］保罗·霍普：《个人主义时代之共同体重建》，沈毅译，浙江大学出版社 2010 年版，第 81 页。

② ［英］齐格蒙特·鲍曼：《共同体》，欧阳景根译，江苏人民出版社 2003 年版，第 4 页。

过程中已经历史性生成，但是真正以"人类主体""人类社会"为出发点和立足点的制度体系及伦理规范却尚未普遍形成。在民族国家与人类社会的关系中，资本主义现代性所搭建的现存国际秩序仍然奉行以民族国家的特殊性利益为导向的自我中心主义交往原则，不仅忽视人类的普遍利益，而且形成了弱国从属于强国、东方从属于西方的不平等国际关系，其出发点依旧是"原子个人"与"丛林假设"。

"现代性"支撑起来的"现代文明"使人类进入全球化社会，但是"现代性"却无法解决全球性问题。"现代技术和资本的逻辑与现代政治的逻辑并不协调，现代技术和资本的发展需要通过全球合作而达到最大化，而现代政治却试图通过分裂世界而以帝国主义方式去支配世界。"①"合作"与"分裂"并存的悖论状态由资本主义生产方式的固有矛盾所决定，同时也是人类共同面临的全球性问题。全球性问题的解决，需要突破资本主义现代性框架寻找资本主义全球治理的替代性方案，需要全新的历史实践进行奠基和更加先进的价值理念进行指引。既然资本主义文明通过"世界历史"的构建已经使共同体在事实上存在，"世界一体化"是历史潮流，那么问题的焦点在于如何根据客观事实解决人类社会主体成员间的分裂和冲突问题。这不仅需要变革旧的国际关系，而且需要变革这种关系赖以依存的文化基础即个体主义和自我中心主义的价值原则，而这些变革都指向一种新的共同体理念与实践的"在场"，以强化社会团结、解决个体化时代的人类社会分裂问题。

人类命运共同体的文化构建，既需要把握"共同体"作为建构

---

① 赵汀阳：《天下的当代性：世界秩序的实践与想象》，中信出版集团、中信出版社 2016 年版，第 29—30 页。

性世界观所蕴含的文化维度，也需要把握世界历史进程中共同体理念与文化构建的关系。新的共同体理念对人类文明的社会形态把握是其超越"原子的个人"和分裂化形式的理论立足点。在社会形态的演进历史中，作为全球文明主体的人类，既指在具体历史情势中形成一定社会关系的现实的类主体，又指参与具体文化构建活动中的现实个体。共同体则是由特定生产方式所决定的人们的存在方式和社会结构。全球性生产方式要求全球性的社会分工与合作，因而全球化趋势下的共同体在形态上必然需要超越地方共同体的边界，达到一种世界主义的整体性和普遍性。然而，传统的共同体理念却以地方性为基本准则，落后于以人类为主体的共同体实践需要。共同体理念对文化构建具有引领性作用，决定着文化构建的起点和水平，而文化构建能够推动共同体理念始终契合社会历史的发展进程。

现代大工业对经济全球化具有推动作用，在资本逻辑至上的共同体中，"工业所加工的，已经不是本地的原料，而是来自极其遥远的地区的原料；它们的产品不仅供本国消费，而且同时供世界各地消费。旧的、靠本国产品来满足的需要，被新的、要靠极其遥远的国家和地带的产品来满足的需要所代替了。过去那种地方的和民族的自给自足和闭关自守状态，被各民族的各方面的互相依赖所代替了"①。全球范围内的资源利用、劳动分工、生产协作以及普遍的"物"的依赖性关系的建立带来的客观结果是，一切国家的生产和消费都具有"世界性"②。经济全球化的根本动力是生产力发展和生产关系变革，现代科学技术的日新月异助推了经济全球化进程的

---

① 《马克思恩格斯文集》第 2 卷，人民出版社 2009 年版，第 35 页。

② 参见《马克思恩格斯文集》第 2 卷，人民出版社 2009 年版，第 35 页。

发展。马克思在肯定资本主义生产对科技革命和技术发展的推动作用的同时，也明确指出，资本主义的物化造成普遍的物的依赖性关系，难以实现资源的合理配置并解放人的自由个性。只有根本改变资本主义的生产关系和社会关系，才能真正超越资本主义主导人类文明发展的趋势，实现全球生产力的增长与人的发展需要的和谐统一。在马克思生活的时代，自然科学的发展和技术运用的进步创造了先进的生产工具、开启了工业革命的进程，交通技术的发展和交通工具的革新也促使全球范围内资源配置和人员流动成为可能，这是全球性联系得以建立的必要因素。伴随新工业革命和人工智能时代的到来，地球家园正在进入一种"万物互联"的新阶段，信息技术使国家和地区之间的交融程度越来越高，传统工业和新兴产业的生产都成为全球生产体系和价值链条上的具体环节，科技革命与人工智能使得"文明化"的广度和深度发生了显著变化，这就要求强化共同体内部的文化构建以推动文明的进步。

在世界历史进程中，社会生产力虽然构成"文明"的核心，但"文明化"意味着一种从社会存在到社会意识的整体性革新。马克思、恩格斯在资本主义文明批判语境下曾交错使用"文明化""全球化""现代化"三个概念，其表达的是同一历史进程。现代化是文明化和全球化的根本动力，"现代化是一个社会整体性概念，在现代化历史进程的背后，折射着社会全部文化层面的价值转换"[1]。在现代化历史进程中，各个国家和民族的文化在交流过程中得到融合，生产体系的全球化必然伴随着文化层面具有全球性特征的文化产品和公共文化精神的生成。马克思、恩格斯对世界文明的理解，既是希望说明每一历史时期的文学发展都打上时代烙印，不同民族

---

[1] 邹广文：《当代文化哲学》，人民出版社 2007 年版，第 259 页。

文学中体现的共同精神追求构成了"世界文学",又在深层次上表明文化构建与全球社会的发展密切相关,文化构建的主体生活在一定的社会关系中,启示人类使用世界性和民族性相统一的分析方法来对待"世界文学"和人类文明发展中出现的各种现象。

文化从来都是民族性与世界性的统一。"世界文学"的产生,一方面来自于文化内在固有的共同性特质,因为文化本质上是人类实践活动创造的精神成果,而实践活动本身具有人作为"类"存在的普遍性和共同性的本质结构,实践的"共性"特征决定了作为其产生物的"文化"同样具有共性结构,现代人类社会具有一种走向"新世界主义"的可能性;另一方面来自于支撑全球化生产实践的现实需要。文化作为一种社会意识随社会存在的变化而变化,现代化的人类实践越来越以全球协作的方式呈现,"世界文学"的产生实际上是全球化实践客观上要求生成一种与之相适应的文化心理结构和共同价值观念,尤其是在人类进入"命运与共"时代的今天,这种协同性、融通性和共享性的文化价值观对于构建人类命运共同体以及推进各国携手共同应对全球性危机和挑战尤为重要。

人类命运共同体构建之所以能够展现世界性的文化意义,是因为共同体自身蕴含文化结构以及基于全球共同体交往而产生的世界文化成为现实。作为一种"世界文学",人类命运共同体的文化构建得益于不断扩大的世界文化交流与融合,在此过程中,蕴含于民族文化特殊性中的普遍性因素不断彰显、共同价值不断凝聚,人作为"类主体"的共有精神家园在人类意识结构中逐渐凸显。在全球化时代,人类文化呈现出极为强烈的整合现象,超越民族性的"世界文学"逐步生成,它在人类的文化精神与价值层面形成越来越多的认同感和共同性。具有世界主义的认同感与共同性一方面是全球化的客观进程使然,另一方面体现了各个民族及国家人民的主动价值选择和文化创造。就文化的凝聚力、引领力以及对人与社会的"化育"功能来说，以人类命运共同体文化构建为基础的世界范围内的文化整合与价值认同，对于超越现代西方理性主义文化视域中的个体主义和自我中心主义逻辑、跨越全球现代性危机具有十分重要的意义。中国从全人类的文化构建主体出发，在具体构建实践中贯彻实现人类共同发展的价值旨趣，在与资本主义交往的过程中注重克服社会物化的困境，促使文明朝着全人类共同价值方向发展的自觉意识和文明视域，这是共同体从人类文明演进的内在价值维度对文化构建实践提出的更高要求。人类命运共同体的文化构建既是超越"西方中心主义"文明秩序和文明观的必然要求，又为生成以全体人类利益为导向的新型"全球文明"提供必备的文化滋养。

三、文化构建与共同体合法性的生成

在前现代社会，由于生产力水平低下、交通工具落后等因素，人的活动带有明显的以种族、民族或地域为区隔的"自然地方性"，能够到达和触及的空间十分有限，人与人之间的社会联系局限于单一文明体内部的各种交往，因而前现代共同体主要是一种生存型的区域性、地方性共同体，往往表现为血缘共同体、地缘共同体等形态。全球范围内普遍的社会联系生成于资本主义生产方式的建立和"世界历史"的到来，由于生产规模的扩大、生产方式的改进和交通越发便利，人们的活动得以跨越单一国家和地区的范围走向更加广阔的领域。世界上并存的多种文明体相互接触、相互交融，在全球范围内建立起普遍性的社会联系，这成为现代文明社会的重要特征。

现代市场交换体系的建立使人类得以在全世界范围内编织一张

社会关系的"世界之网"，使蕴藏于各个主体成员中的普遍性因素通过集体性的实践与交往被建构和彰显，即人的"类本质"的现实化。正如马克思在批判费尔巴哈时指出，费尔巴哈将人的"类本质"理解为"一种内在的、无声的、把许多个人自然地联系起来的普遍性"①，这是因为"他没有看到，他周围的感性世界绝不是某种开天辟地以来就直接存在的、始终如一的东西，而是工业和社会状况的产物，是历史的产物"②，人们不是作为"感性的对象"依靠抽象的"类本质"联系在一起的，而是作为"感性的活动"依靠现实的"类本质"联系起来的。在讨论全球市场扩张和文明交往的关系论题中，由资本逻辑主导的人类中心主义思想根本背离了人类主体的实践地位。"全人类"实际指向生活在世界各地的人的总称，因而人类在生存的意义上很难形成特定的中心，而人类中心主义的理论实则突出中心而非人类主体。人类主体身份的确立，不仅要提升人的主体意识，而且要认识人在世界中共担的责任。现代工业生产把不同国家和地区的人类生产实践日益整合进全球性生产和商品交换体系之中，人作为"类主体"存在的整体性、共同性和普遍性越来越获得了现实实践的支撑，而不再是单纯由"类意识"所决定的抽象的共同性。

差异性与多元性是人类历史发展和文明进步的重要特点，而在文化的差异性与多元性中也存在共同性，这种共同性通过世界体系的兴起日益凸显。"世界之网"的形成正是资本主义生产方式全球化的客观结果，只有立足这一点，才能透视世界历史时代人类普遍性联系加强与共同体分裂之间的深刻矛盾。

---

① 《马克思恩格斯文集》第 1 卷，人民出版社 2009 年版，第 501 页。
② 《马克思恩格斯文集》第 1 卷，人民出版社 2009 年版，第 528 页。

　　马克思的社会历史三形态理论指明，现代性依赖关系的建立是普遍性和特殊性矛盾激化的根本原因。因为在自然条件主导的前现代共同体中，生产以人身依赖和集体人格为基础，"普遍性"还没有被生产方式这一中介加以现实化。伴随现代生产方式发生根本变革，一切活动及其产品向"交换价值"转化，生产的前提不再是人对人的依赖，而被置换成了人对"物的社会关系"的依赖，这种情况既要以生产中人的历史性依赖关系的解体为前提，又要以生产者相互之间全面的依赖关系为前提。"每个个人的生产，依赖于其他一切人的生产；同样，他的产品转化为他本人的生活资料，也要依赖于其他一切人的消费"。① 在"交换价值"面前，一切个性、特殊性都被否定和消灭了，但是，这个建立在"物的社会关系"基础之上的共同性和普遍性世界体系却并没有使人类成为共建共享和互利共赢的"真正的共同体"，因为它始终暗含着一个与共同体对立的因素，即私人利益成为社会交往的出发点和准则，市民社会是这一交换体系的基础。马克思指出，这种深刻的矛盾悖论状态表现为，"以交换价值和货币为中介的交换，诚然以生产者互相间的全面依赖为前提，但同时又以生产者的私人利益完全隔离和社会分工为前提"②。普遍性与特殊性之间的巨大鸿沟根本源于资本主义私有制的逐利本性，资产阶级不断促动并无限获取资本的增殖，在此过程中必然要求生成一种与之相适应的自由主义意识形态为其辩护，自由主义在资本主义生产扩张中不断强化，终将导致资本主义制度内在矛盾不断激化的必然结果。事实上，无论资产阶级的政治家与改革家如何试图调和这种矛盾，只要资本主义私有制不发生根本质变，

---

① 《马克思恩格斯文集》第 8 卷，人民出版社 2009 年版，第 50 页。
② 《马克思恩格斯文集》第 8 卷，人民出版社 2009 年版，第 52 页。

这一矛盾就无法得到最终解决。

　　普遍交换关系的建立以市民社会的兴起为基础，普遍性与特殊性的矛盾是市民社会的根本矛盾，因为在市民社会中，每个人都以自身为目的，其他一切在他看来都只是虚无。但是，如果他不同别人发生联系，他就不能达到自身的目的，因此，其他人便成为他达到目的的手段，他与其他人的联系就取得了普遍性的形式。市民社会的私人利益原则和工具化社会关系向外推及到整个世界，就变成了私有制国家把个体主义、自我中心主义、"西方中心主义"奉为处理国际关系的基本准则，这实际上仍然是以"自然地方性"作为划分并区别共同体的依据，是诸如"西方中心论""文明优越论"得以建立的思维基础，也正是这个剥削性、殖民性、分裂性的世界体系形成的根本原因。

　　根源于现代生产方式的普遍性与特殊性之间的深层矛盾，使现代资本主义文明无法生成真正的"普遍世界性"，它客观上建立了一种把各个地区、民族、国家整合到一起的现代文明体系，改变了生产资料和人口的分散状态，使世界日益一体化，但是却没能造就一个使主体成员的利益和价值公平实现的人类社会共同体。共同体的"共在共生"属性并没有因全球体系的建立而得到彰显，反而被资本主义的剥削本性所遮蔽和消解，个体化和自私化成为与普遍性相矛盾的因素。在现代性的人类社会共同体中，"一方面，营建世界文明、全球正义，在全球营建普遍的平等、进步，营建多样文明主体之间的尊重，已经成为大家的共识，几乎没有主体会主张相反的、逆文明的价值观；但另一方面，在实际的共同体交往中，面对诸多合理不合理的切实利益，一些共同体会实践性地抛弃全球共同体观念，赤裸裸地追求自我利益的优先化、最大化，或者以维护全球正义为借口，追求自身利益的最大化，行侵害其他共同体的利益之实"①。生成一种与人类命运共同体的内在要求相适应的国际秩序和文化精神，符合人类文明和共同体从"自然地方性"到"普遍世界性"的变迁规律和客观要求。而这种国际秩序和文化精神的生成需要克服以"自我利益最大化"和"自我文化霸权化"为特征的西方中心论思维和实践，恢复被资本主义在全球扩展中破坏的社会性统一发展趋向，在各民族文化生产和交往的普遍基础上，推动人类社会共同体从抽象力量支配中挣脱出来，使文化构建的主体真正成为文化生产与社会共同体相结合的主人，保证新文明秩序建立在人与社会利益相统一的基础上。

人类命运共同体在对"西方中心主义"的批判与超越中引领世界文明秩序的重建。人类命运共同体的文化构建促使普遍性与特殊性的矛盾在新文明的基础上得到解决，将"自然地方性"从生产方式、政治伦理和精神图景等各个层面，整体性地提升为"普遍世界性"，真正将以现代生产方式为基础的人类社会普遍联系、人的"类本性"从资本主义狭隘的经济政治文化中解放出来，使全球化时代的文明发展成果符合世界人民的共同利益诉求和共同价值关切。通过重新塑造文明观和构建新的文明秩序，人类命运共同体真正被构建为一个普惠性、开放性、平等性、共享性的生命家园，这既是构建人类命运共同体的价值目标，也是构建人类命运共同体的合法性来源和基础。"人类命运共同体超越了西方中心论统治下的现代文明，创造了更高水准的人类新文明，成为中国在 21 世纪引领人类精神成长和世界历史走向的鲜明旗帜。"②

---

① 陈忠：《世界文明选择中的命运共同体营建——基于文明批评史的视角》，《南国学术》2019 年第 2 期。

② 陈曙光：《人类命运共同体何以改变世界》，《马克思主义研究》2023年第 2 期。

　　从"普遍世界性"生成的意义上来说，人类命运共同体的文化构建意味着社会共同体及其文明发展观在"人类主体"维度上的真实形成。人类命运共同体的文化构建以"普遍世界性"的"人类社会"为立足点，充分吸取中华优秀传统文化与马克思主义共同体思想的精神基因，力图不断克服和解决现代性难题，并最终指向一种新型文明秩序和文明观的构建。"欧洲和'其他'文明共同面临着一个任务——展开对话，继而设法建构一个新的文明，一个全球文明。"① 在全球对话与合作中形成的既体现"多样的统一"又体现"统一的多样"的人类文明共同体，以共同体思维和共同体理念把握文明体之间的关系，而非以文明隔阂、文明优越或文明冲突的个体主义思维来把握人类社会的内部关系。人类命运共同体文化构建强调不同国家之间尊重差异、相互依存的辩证统一，提升对"自我"与"他者"发展之间休戚与共关系的认识，在具体的文化构建对策上展现开放性和包容性的倾向。为避免在文化交往中对"他者"进行抽象化理解，人类命运共同体必须立足具体实践活动，探索共同目标指向的人类立场，在实践中构建起不同文化之间的价值共通性和社会统一性。不同文明形态凝聚着不同民族的智慧，值得我们尊重和平等对待，秉持互学互鉴和兼收并蓄的态度，不断推动人类文明发展进步，这是构建人类命运共同体的重要内涵。

　　克服由霸权秩序、资本逻辑、对立思维与个体主义支撑的资本主义文明及其衍生的种种弊端和困境，解决当前全球治理的"和平赤字、发展赤字、治理赤字"，必然呼吁超越资本主义文明的新型文明的生成。构建人类命运共同体与新型"全球文明"生成的内

---

　　① ［美］布鲁斯·马兹利什：《文明及其内涵》，汪辉译，刘文明校，商务印书馆 2017 年版，第 117 页。

在精神高度一致。构建"全球文明"要求具备全球性视野与整体性思维，致力于创建多元共生的秩序和平等交流的文明关系，构建人类命运共同体彰显了"全球文明"新生的要求。在人类命运共同体的"新文明"构建问题上，学界不同学者提出了诸多有价值的观点：构建人类命运共同体"蕴含了一种不同于西方文明而注重多样性、平等性、包容性、普惠性的中华新文明"[①]；"全球治理的中国方案在'现成地'占有现代文明成果的同时，是以一种新文明类型的可能性来为其制定方向的"[②]；"尊重世界文明的命运与历史构成，理解世界文明的命运与历史走向，营建符合世界文明变迁规律的新型世界文明，是人类命运共同体的重要目标"[③]，等等。新型"全球文明"的构建，不仅表现为文明呈现形式的转变，而且体现在人类文明的思想基础、价值诉求及未来发展趋向上。新型"全球文明"指明了人类命运共同体构建的现实方向，即必须摆脱抽象资本力量的支配，合理调节并有效安排不同文明之间的交往秩序。国家主体不应当将参与共同体构建视为实现自身利益的手段，而需要认识到共同体本身是实现共同发展的真正载体。无论是从世界文明发展的实践建构意义来看，还是从社会文明批判与更新的理论建构意义而言，构建人类命运共同体的世界历史意义需要在构建新型"全球文明"的过程中得以释放和彰显。

人类命运共同体的文化构建力图构造各个文明主体及其成员休戚与共的全新时代，具体表征为以"普遍世界性"为内在支撑的"全

---

① 韩庆祥、陈远章：《人类命运共同体与中华新文明》，《学习时报》2017 年 6 月 26 日。

② 吴晓明：《"中国方案"开启全球治理的新文明类型》，《中国社会科学》2017 年第 10 期。

③ 陈忠：《世界文明选择中的命运共同体营建——基于文明批评史的视角》，《南国学术》2019 年第 2 期。

球文明"时代。与西方文明观内在的二元对立、多元冲突不同，人类命运共同体构建的"新文明观"本质上是一种共生主义文明观。"文明共生论"是对构建人类命运共同体所要求实现的"普遍世界性"的本质确证。在人类文明已经经历的历史时代，在"自然地方性"主导的各种共同体形态中，共同体的"共生关系"并没有真正实现。古代社会主要是共同体本位社会，共同体的共同性掩盖了其成员的个体差异性，个体的意义和价值被消解在共同体强大的同一性之中。自阶级社会诞生以来，尽管个体与共同体之间、共同体成员之间构成共存关系，但由于不同阶级之间存在统治与被统治的地位差别，因而本质上并不是一种共生性关系。在现代社会，尽管个体从传统共同体的强力"捆绑"中解脱出来，使得个体主体性空前凸显，但是由于资本主体性对人的主体性的剥夺、人的存在方式的异化以及作为资本人格化的资产阶级统治集团对劳动者的剥削，并把这种剥削性关系结构扩张到全世界，共同体的"共同性"反而被弱化，甚至沦为"虚假的共同体"。海德格尔深刻指出人与人之间在哲学存在论层面的"共在"结构，认为"即使他人实际上不现成摆在那里，不被感知，共在也在生存论上规定着此在。此在之独在也是在世界中共在"①，他指明了人与人在生存论层面的相互联系，这与马克思所说的"人的本质是人的真正的社会联系"②的观点具有一致性。然而，资产阶级将社会共同体视为满足自身需要的封闭组织形式，使得参与全球化进程的其他国家陷入资产阶级私人利益与人类普遍利益相一致的思想误区。资产阶级构筑的"自我"对"他

---

① ［德］马丁·海德格尔：《存在与时间》（修订译本），陈嘉映、王庆节合译，熊伟校，陈嘉映修订，生活·读书·新知三联书店 2006 年版，第140 页。

② 《马克思恩格斯全集》第 42 卷，人民出版社 1979 年版，第 24 页。

者"的压制成为共同体冲突的根源，促使资本的人格化及资本逻辑抽象统治的永恒化。因而在现实生活中，"此在"的"共在"结构并没有转化为"共生"的事实，资本主义文明造就的不是一个"共生体"，而是一个"冲突体"，这就是现代性的困境与隐忧。

构建人类命运共同体的价值目标是建设一个"道并行而不相悖，万物并育而不相害"的"共生共同体"，以"文明共生主义"的眼界和理念把握人类社会共同体的内部关系。"共生"是"存在"与"价值"相统一的范畴，既包含"共在"的存在结构，也蕴含"共生"的价值结构，体现了个体与共同体之间、共同体内部主体成员之间形成的相互依存、相互确证、共同存在、共同发展以及共同实现的共同体关系。这种新的共同体关系建立在对现代性的批判与扬弃基础之上，以推进人类社会文明进一步发展为实践目标。不同于古代共同体以绝对的"同一性"压制个体性、多元性和差异性，"共生共同体"高度包容个体性、多元性和差异性，始终以其内部主体成员的平等发展和共同实现为最终目标。作为共同体文明的高级形态，"共生共同体"强调个体性与共同性的辩证统一，实现了从"自然地方性"向"普遍世界性"的实质飞跃，人类命运共同体所要构建的正是这样一个"共生共同体"。

现实中正在生成的"全球文明"必然是一种共生文明，人类命运共同体传递的文明观强调人类文明的多样多彩、平等包容，不同文明之间应互容、互鉴、互通，应该以文明互鉴超越文明冲突，以文明对话超越文明隔阂。正如列宁所说，马克思主义真理的普遍性在于其"回答了人类先进思想已经提出的种种问题"[1]。人类命运共同体理念同样回答了时代提出的种种问题，它继承并发展了马克思

---

[1] 《列宁专题文集：论马克思主义》，人民出版社 2009 年版，第 66 页。

主义关于资本主义文明批判和共同体重建的理论逻辑和实践逻辑，充分吸收了中华文明与世界文明的精华，其"出场"占据了人类共同进步的正义制高点。作为一种"共生共同体"的人类文明新秩序和"文明共生主义"的人类文明新理念，人类命运共同体的文化构建必然为人类带来文明的新生和家园的重建。构建人类命运共同体将社会性和实践性理解为文化构建的本质特征：社会性是文化构建的现实规定性，文化构建根本在于主体的交往活动，在本质上表现为一切社会关系的总和；实践性是文化构建的存在论基础，通过实践创造新的人类文明秩序，能够使人类确证自身的文化主体性地位，在重构人类文明新形态上迈出关键一步。

四、人类文明新形态的历史性生成

人类命运共同体的文化构建在现实境遇中旨在实现世界文明格局的再造。人类命运共同体之所以能够重塑世界文明格局，一方面是因为共同体理念与文化构建之间存在内在关联，另一方面是源于人类命运共同体得以构建的重要文明基础，即在社会主义文明的历史生成中形成的人类文明新形态。内生于中国特色社会主义道路、理论、制度和文化的人类文明新形态在对现代性危机的回应中释放出巨大的文明进步效能，展现出民族性与世界性、当代性与未来性相统一的鲜明特质。

在马克思、恩格斯关于资本主义文明批判的经典视域中，作为对资本主义文明的积极扬弃，社会主义文明本身就是一种"替代性"方案，马克思、恩格斯对资本主义私有制的批判、对现代政治国家的批判以及对理性主义文化的批判，都指向一种全新的文明类型即社会主义文明并为解决现代性危机提供现实可能性，这不仅仅是对资本主义制度某一方面的"革新"，而是对资本主义文明的整体超越，即"代替那存在着阶级和阶级对立的资产阶级旧社会的，将是这样一个联合体，在那里，每个人的自由发展是一切人的自由发展的条件"①，这一"联合体"就是超越资本主义文明抽象的"资本共同体"和虚假的"政治共同体"的共产主义"自由人联合体"。资本主义文明进入更高级的文明形态是历史规律使然，这种发展同时与社会共同体形态的历史嬗变和现实重建联系在一起。为深陷资本逻辑困境的现代社会重建共同体，是社会主义文明对资本主义文明超越的本质要求之一。

尽管世界社会主义运动在 20 世纪末曾由于苏联解体与东欧剧变而遭受曲折，但是历史并不会因为暂时性的波折而改变其前进方向，内蕴其中的规律也不会因为人们的主观偏好而不发挥作用。面对现代资本主义日益频发的社会危机，资本主义体系内部也出现了越来越多的批判和反思的声音，如特里·伊格尔顿所言，战争掠夺、压迫剥削、贫富差距等，当今世界的重大问题，都是马克思主义一直关注并着力解决的问题，"马克思主义是对资本主义的批判——有史以来出现过的最透彻、最严厉、最全面的批判，也是唯一大大改变了这个世界的批判"②。马克思主义对资本主义的批判始终与对人类社会发展规律的关注统一起来，批判资本主义抽象的人性观和非正义的文明发展观，否定将孤立的个人视为人类历史实践主体的历史唯心主义和虚无主义立场，揭示社会历史的演进规律并指明人的解放与共同体的发展协同并进的路向，为深层批判以个人自由主义标榜自身的西方文明提供价值支撑。只要资本主义社会危机仍然存在，马克思主义就不会缺席或退场。而作为对马克思主义

---

① 《马克思恩格斯文集》第 2 卷，人民出版社 2009 年版，第 53 页。

② ［英］特里·伊格尔顿：《马克思为什么是对的》，李杨、任文科、郑义译，重庆出版集团、重庆出版社 2017 年版，第 2 页。

的具体运用和现实发展，中国特色社会主义的成功实践无疑为马克思主义理论和社会主义文明注入了强大生命力。

在人类共同面临的风险挑战面前，中国特色社会主义道路、理论、制度和文化相较于资本主义文明的优越性不断凸显。尤其是面对当前全球性危机频发的世界形势，人类命运共同体作为应对"世界怎么了"的中国方案，是一种"具有全新思想高度的理论议题和现实紧迫感的区域性及全球性的人类解放实践"①，充分彰显了以"人类解放"为旨归的社会主义文明观的科学性和真理性。中国方案在积极推动全球化和多边关系构建过程中展现出来的应对危机的有效性和资本主义社会在危机面前的"不力表现"之间形成巨大反差，这使孕育于社会主义文明母体中的人类文明新形态越来越具有了协同普遍利益、关切共同价值、指引人类文明出路的进步意义。中国特色社会主义进入新时代，意味着科学社会主义在中国焕发出生机与活力；意味着中国特色社会主义道路、理论、制度、文化的不断发展，并拓展了发展中国家走向现代化的途径，给世界上既希望加快发展又希望保持自身独立性的国家和民族提供了全新选择。

社会主义文明从其诞生之初就以实现全人类解放为最高目标和宗旨，超越了资本主义文明立足市民社会、追求自私利益的狭隘性。人类文明新形态在社会主义文明的理论和实践基础上发展壮大，体现了民族性与世界性的辩证统一。文化既是文明得以形成的基础，也是文明得以展现的形式。中国特色社会主义与人类文明新形态孕育于中华优秀传统文化与马克思主义共同融贯而成的文化土壤。构建人类命运共同体理念所蕴含的文明意义，是对中国优秀传

---

① 刘同舫：《马克思人类解放思想论》，人民出版社 2022 年版，第 24 页。

统文化思想价值的继承，例如，"和而不同"的价值观念有利于为全人类文明交往提供和谐秩序，为维系人类文明有序发展提供"稳定剂"。人类命运共同体的构建表征着人类文明新形态的历史性生成，而人类文明新形态的"世界性"特征则内生于对中华优秀传统文化精神和马克思主义文化传统的创新性继承。

首先，人类文明新形态的"世界性"源于中华优秀传统文化精神的历史积淀。中华文明是世界上唯一从未中断过的古老文明。中国传统文化中的"天下主义""大同理想"与"和合精神"，使得中华文化"天人合一""和实生物"的思维方式迥异于西方文化"两极对立""物我二分"的思维方式。中华文化的世界观、社会观与天下观具有鲜明的协和万邦、共在共生的精神气质，而这种气质历经千年的发展积淀深刻地熔铸到当代中国人的世界观与国际观之中，为构建人类命运共同体提供了文化和价值基础。"天下观"是中国传统政治与伦理观念的集中反映，其突出特点在于兼容所有人的存在，关注"普天之下"所有人的共同利益，"天下的存在秩序必以共在性为其建构原则，创制天下就是把冲突和分裂的世界建构为兼容的天下，实现世界的内部化"①。因此，中国人对世界的理解和想象不是主客对立的，而是和谐一体的，"天下"概念本身就泛指全体社会或人类世界。梁漱溟先生指出，在西洋文化中，"最占位置者为个人与团体两级；而在中国人则为家庭与天下两级"②。在天下观中，"国家消融在社会里面，社会与国家相浑融。国家是有

---

① 赵汀阳：《天下的当代性：世界秩序的实践与想象》，中信出版集团、中信出版社 2016 年版，第 69 页。

② 梁漱溟：《中国文化要义》，世纪出版集团、上海人民出版社 2011 年版，第 159 页。

对抗性的，而社会则没有，天下观念就于此产生"①。以单一民族国家为立足点，容易导致国际交往中以"自我"为中心，过分计较自身得失而无视"他者"利益，而以"天下"为立足点，则能够有效超越民族国家间的对立性质，有利于维护全体人类的生存与发展。与西方追求自身利益和同化其他文明的思维模式根本不同，"天下观"塑造了中国人民对社会整体稳定性的追求远超于满足个人利益的基本认知，成为中国抵抗西方以"自我"为中心的文明观并拓展自身影响力的重要思想资源。针对当今全球人类共同面临的生存危机，"天下观"仍然是中国重构全球治理体系和促进人类文明共同发展的重要价值内核。

人类命运共同体以"天下"为立足点，以"和合"作为方法论处理共同体成员间的关系，最终意在实现"世界大同"的社会理想。"和合"方法论具体体现为"协和万邦"，这是中国人历来处理国际关系的基本原则。以"和而不同""他平他谓之和""讲信修睦""以邻为善"的原则与世界各国、各民族、各地区和平共处②，这是"和合精神"在国际关系中的具体体现。直到当代，"和合"依然是中国人审视与对待世界文明的重要原则之一，并被运用到中国特色社会主义文明建设事业之中，成为人类文明新形态的重要元素。中国在处理国际事务时一贯强调和平发展与合作共赢，倡导"礼之用和为贵"和"己欲立而立人，己欲达而达人"。人类命运共同体理念将和谐共生的方法原则与世界大同的理想追求落实到具体的行动中，彰显出中华文化精神的"民族性"与"世界性"的统一。

---

① 梁漱溟：《中国文化要义》，世纪出版集团、上海人民出版社 2011 年版，第 158 页。

② 参见张立文：《中国传统文化与人类命运共同体》，中国人民大学出版社 2018 年版，第 149 页。

其次，人类文明新形态的"世界性"源于马克思主义文化的塑造，其在本质上属于社会主义文明范畴，是以马克思主义为根本指导思想的文明形态。马克思主义与中华优秀传统文化共同构成当代中国的文化精神，而人类命运共同体理念既是中华优秀传统文化精神的当代价值延伸，又是对马克思主义共同体思想的继承和创新。马克思主义的人类主体意识、超越个体主义的共同体发展诉求以及无产阶级的国际主义精神都赋予了人类文明新形态以鲜明的"世界性"特质。马克思主义一向反对狭隘的民族主义，正如马克思、恩格斯所言，在社会主义运动中，共产党人的利益并不是某一个群体的特殊利益，"一方面，在无产者不同的民族的斗争中，共产党人强调和坚持整个无产阶级共同的不分民族的利益；另一方面，在无产阶级和资产阶级的斗争所经历的各个发展阶段上，共产党人始终代表整个运动的利益"①。无产阶级作为资本主义时代最具革命性的阶级，其"整个运动的利益"与人类整体利益具有一致性，因为无产阶级运动所要达到的根本目标，就是超越资产阶级政治解放的不彻底性，把政治解放引向人类解放，以此为无产阶级的自我解放创造条件。

马克思主义不以某个阶级或某个民族国家的自私利益为参照系。从人类进入阶级社会以来，以单一民族国家为载体的"文明"的发展始终建立在阶级对立基础之上，"共同利益"与"特殊利益"之间存在深刻的矛盾，而建立在私有制基础之上的"共同利益"始终代表着统治阶级的"特殊利益"。马克思揭示出资本主义构建的"虚假的共同体"中人的异化及人与社会的分裂，即人将自身视为私人的身份而非共同体中的存在来进行生产。在资本主义时代，资

---

① 《马克思恩格斯文集》第 2 卷，人民出版社 2009 年版，第 44 页。

产阶级国家作为"虚假的共同体"极力维护资产阶级利益，将资本主体性原则贯彻和运用得淋漓尽致，宣称自身代表"共同利益"并大肆宣扬，种种行径是对资本剥削劳动事实的掩盖和美化，实际上是为特殊利益的攫取披上了"文明"的伪善外衣。与此相反，共产主义运动立足人类总体，真正实现被资本主义意识形态遮蔽的"共同利益"，其必然超越市民社会、特殊阶级和作为"虚假的共同体"的特殊利益和自我中心主义。以追求共同利益为根本目标，人类命运共同体与人类文明新形态共同秉持推动人类文明和谐发展的现实目的，能够摒弃资本主义私有制滋生的个人主义发展观，克服"虚假的共同体"导致人的异化的生产力量，促进人们在构建共同体的实践中自觉创造自身发展的机遇和条件，从被迫劳动中挣脱出来，并获得自由和解放。马克思强调，"无产阶级只有在世界历史意义上才能存在，就像共产主义——它的事业——只有作为'世界历史性的'存在才有可能实现一样"[①]。无产阶级的阶级特质和历史使命决定了其必须以追求实现人类的"共同利益"和"共同价值"作为根本目标，唯有如此才能超越资本主义文明的局限，在更高级的文明形态中实现人的解放。社会主义运动具有开放性和世界性，而社会主义文明之所以能够成为超越资本主义文明的更高级的文明形态，根本原因在于它可以超越资本主义的个体主义和自我中心主义原则，打造公平正义的人类社会共同体的现实路径，实现人类整体的发展进步。有学者指出，"立足于对西方现代性的反思，中国式现代化创造的人类文明新形态得以历史性出场，反思并超越了资本主义带来的'文明的悖论'"[②]。人类文明新形态作为社会主义文明

---

① 《马克思恩格斯文集》第 1 卷，人民出版社 2009 年版，第 539 页。

② 项久雨：《世界变局中的文明形态变革及其未来图景》，《中国社会科学》2023 年第 4 期。

实践的成功模式，继承了科学社会主义的人类性原则和中华优秀传统文化的天下主义精神，并在当代中国处理与世界各国的关系过程中得到具体运用和创新发展，为人类社会在资本主义文明的不平等和非正义体系中获得解放并在新的文明高度上实现共同发展，提供了现实指引和可能条件。

人类命运共同体作为一种文化精神的实践，要求对世界文明格局加以改造与重塑。这既是一种秩序构建，也是一种文化构建。人类命运共同体的文化构建传递了"全球文明"的新发展观与人类社会共同体的进步理念。和平与发展作为当今时代的主题，也构成人类文明需要探究的现实议题。各个国家都需要思考如何在人类文明的统一性与不同民族文化的多样性之间保持适当的发展张力与均衡，促使不同文化在全球化交往中实现创造性转化，构建起符合人类社会未来发展趋势的崭新文明形态。构建人类命运共同体是对世界文明格局的再造，是对在资本主义现代性文明主导下的具有剥削性、殖民性和依附性的世界文明秩序的重构。人类命运共同体的文化构建只有在人类文明新形态的历史高度上回应现代人类社会发展的共同关切，才能充分彰显和释放推动人类美好未来实现的历史意义。

第二节　当代任务：生产条件、基本原则与精神内核

人类命运共同体的文化构建是中国积极推动世界历史发展和人类文明进步的理论方案，其当代任务可以置于存在论、认识论以及价值论等多维视角加以审视与把握。就存在论维度而言，作为"世界文学"的人类命运共同体文化根植于全球化大生产的土壤，商品

生产总过程的全球化构成人类命运共同体文化的生产条件；就认识论维度而言，将人类世界视为一个整体是有效改造世界的前提，人类命运共同体的文化构建通过实行一系列行之有效的原则来化解认识分歧，以便在实践中达成一致行动；就价值论维度而言，人类命运共同体的文化构建以全人类共同利益为基础，实现对"市民社会"与私人利益的资本主义文明体系的超越，保障人们拥有基本的权利和自由。人类命运共同体文化构建的当代任务是人类社会日益走向"命运共同"的时代产物，其内在要求推动人类创造出满足共同体内部需要的文化形式和认同形式，从而凝聚全球范围内的共同意志并达成广泛共识，推动世界历史的发展进步。

一、存在论基础：创设全球共同体形式的再生产条件

文化作为上层建筑，其产生和发展取决于特定的物质基础。文化构建的根本任务在于确立文化的存在论基础，即明确全球共同体形式的再生产条件。人类命运共同体理念作为以全体人类为主体的新型文明，其存在论基础由全球共同体形式的再生产条件所决定。全球共同体始终以世界各国的共同利益与共同命运为核心，既是一种由客观历史进程所决定的合规律性事实，又是体现世界各国共同构建的合目的性追求。积极把握和阐明全球共同体的再生产条件是人类命运共同体文化构建的前提。

创造全球共同体形式的文化构建基础，需要借鉴马克思关于文化及其构建的相关思想，从而为文化实践活动提供理论指导。马克思的文化观体现在其历史唯物主义的生成过程中，从《1844年经济学哲学手稿》到《德意志意识形态》《资本论》以及《人类学笔记》，马克思试图通过阐述生产力和生产关系、经济基础和上层建筑之间的关系来构建文化观。马克思认为，作为上层建筑的文

化，其具体样态、历史内涵和表现形式取决于特定的社会经济基础和现实生产力发展水平。社会共同体构成人类基本生存方式，各种形式的共同体本质上归属于人类共同利益的基本载体，文化的构建则成为全人类共同价值的重要载体，因而文化共同体是人类社会共同体向更高级阶段演进的结果。人类命运共同体的文化构建不仅仅停留于认识论层面的理性原则，而是进一步追问这种原则形成的逻辑和存在的基础。经济基础与生产力水平指向的是"现实的人"及其在一定社会和历史条件下所从事的物质资料生产活动。因而，文化是人类实践的创造物，产生于人改造世界的对象化劳动过程，是人的本质力量的一种对象化显现。作为精神性维度的文化是人的意志和情感的本质体现；作为物质性维度的文化是人的自由、自觉活动的结果；作为过程性维度的文化则是人的自由、自觉活动"本身"。

立足历史唯物主义探究文化的本体，必须回归经济基础之维，深入人类的生产实践活动之中找寻答案。文化作为"意识"的一部分，其存在与发展必然为第一性的"物质"所主宰。文学、绘画、音乐、体育等形式展现的文化，都是在满足个体的物质需求后才具备发展的空间和条件。如代表理性与沉思的哲学，在古希腊被视为拥有闲暇时间而产生的智慧，但人们只有具备一定的物质条件，才有闲暇时间从事精神文化生产活动。作为上层建筑，文化直接取决于不同时代的经济基础，体现当时社会的生产力发展水平，展现当时社会生活的风貌。如仰韶文化中的彩陶和精美纹饰，就代表了新石器时代下生产力发展水平（能够制作彩陶）和审美情趣（几何纹的抽象化），展现了人们日常捕猎的内容，是那一时期人类对象化劳动的时代性表达。文化植根于特定的经济基础之上，并通过各种艺术形式展现经济基础，即便文化在一定程度上展现了人们超越现实的天马行空般的想象力，但这样的想象仍然受制于特定的生产力发展水平。生产方式的变革与交往方式的变化决定了生产力发展的程度，构建人类命运共同体所依托的全球生产力，同样依靠对现存生产范式和交往体系的合理重构。这就需要明确人类共同实践的主体地位，并从全人类出发构建文化生产的全部内容，既要促进全球社会生产力发展，又要保证发展成果的共享性和持续性。

从存在论视角出发，文化构建内在包含三对统一关系。其一，主观与客观的统一。文化构建是人类的主观能动行为，正如康德所言，文化是人类诉诸理性以改造客观世界的活动，文化的改造世界功能是人类自由运用理性思维的结果。康德对文化的界定凸显了理性的存在论地位及其建构能力，但马克思则指出理性的自由和能力并非没有边界，"构建"作为一种彰显主观能动性的行为，其受到客观规律的制约。其二，历史与具体的统一。人类生产实践的方式、社会生产力的发展水平，为文化构建或提供条件或设置障碍，以正反两种效用对文化的生成施加影响。在文化构建的过程中，应当力求促使作为上层建筑的文化与不断变动和发展的经济基础达到相对同步和统一。其三，合目的性与合规律性的统一。合目的性与合规律性的有机统一与文化的特性密切相关。一方面，文化的功用不仅在于满足人类的审美需求、情感表达以及记忆传承等，而且在于其作为意识形态的功能发挥，当表现为某种意识形态存在时，文化就具备鲜明的政治和社会目的，能够反向稳定和强化其生成的经济基础。另一方面，文化具有相对独立性，文化的发展本身具有自身的规律性，文化构建应当在合乎目的与合乎自身发展规律之间找到平衡和统一。

文化的存在论视角揭示了人类命运共同体文化形成和发展的

"动力因"。坚持文化的存在论应当克服一种误区，即将经济基础作为解释现实文化的唯一要素，这一观点容易将马克思对文化的阐释推向机械决定论。文化存在论的理论自觉并不是将文化简单地视为反思的对象，而是以深层的思维方式转换为切入点来为文化构建奠定全新的人类学基础和思维方式，探寻宇宙万物从人物世界的关系出发并向之回归的文化根源，超越了对文化进行认识论与功能主义的把握。在文化存在论中，文化构建被视为与其他领域相互依存的对象性活动。在时空维度上将研究文化的视域扩大到整个人类社会的发展进程，能够发现全球历史进程的差异化事实。

地理空间的相对独立性是当前全球多样化文化的重要影响因素。马克思在《1857—1858 年经济学手稿》中指出，"人的依赖关系（起初完全是自然发生的），是最初的社会形式，在这种形式下，人的生产能力只是在狭小的范围内和孤立的地点上发展着"[①]。马克思以此表达出社会形态嬗变的问题，但这段话揭开了另一个事实：人类社会在长时间内处于相对孤立和隔绝的状态。从原始社会到封建社会，落后的生产力发展水平将人类局限在固定的空间之内，人类只能"在狭小的范围内和孤立的地点上发展着"[②]，人们之间的交往范围是极为有限的。从存在论出发，在"有限生产能力"和相对封闭的空间内生成的文化也只能是"民族的和地方的文学"，地方性文化充分保留了自身的特色，全球文化的多样性由此而来。

资产阶级与资本主义的出现带有划时代的意义，它打破了人类社会的相对隔绝状态，将世界各地存在的丰富多彩的文化整合为多样性的统一。资本主义大工业生产是人类生产力发展史上的一次重

---

① 《马克思恩格斯文集》第 8 卷，人民出版社 2009 年版，第 52 页。
② 《马克思恩格斯文集》第 8 卷，人民出版社 2009 年版，第 52 页。

大飞跃，也由此奠定了资产阶级发展壮大的物质基础。资产阶级在经济利益的驱动下不断向海外寻求和扩张市场，将整个世界裹挟进资本的旋涡。资本开辟了一个崭新的世界，开启了人类全球化的进程，也开创了全新的生产方式。蒸汽机的轰鸣将人力纺纱机丢进了历史的废墟，全球化大生产代替了自给自足的小农经济，人类生产方式的变迁和经济基础的重构也使得文化走向趋同与联合。随着人类社会生产力的发展和文明的整体进步，人对自然的依赖性也逐渐转变为人与人之间的相互依存性。人类文明不再简单生成于人与自然的活动关系之中，而是在充满人文精神世界的关系中积聚力量。"世界文学"侧面反映出人类文明超越了自然主义和认识论思维的两极性范式，由此确证了文化世界的真实性以及人类学价值。

　　在历史唯物主义的视域中，全球化是各种"民族文学"向"世界文学"演变的进程。持续数百年的全球化日益将世界结合为一个整体。"世界文学"的诞生，在生产方式上依赖于商品生产总过程的全球化，在经济基础上依赖于新兴的"全球市民社会"①。在全球化大生产和"全球市民社会"的基础之上，不同区域之间的文化交

---

　　① 学界对于"全球市民社会"概念的界定尚未达成共识，一种观点认为，"全球市民社会是指存在于国家和市场之间，在国家之上和之外运作但又与国家互动互补的非政府的网络和领域，其中追求公共目标的各种非政府组织和社会运动及其所表达的全球意识和全球价值取向是全球市民社会的核心内容和思想灵魂"（参见刘贞晔：《国际政治视野中的全球市民社会——概念、特征和主要活动内容》，《欧洲》2002 年第 5 期）。另一种观点则认为全球市民社会是市民社会的发达状态，是跨国的经济交往活动中形成的公共利益的总和（参见杨友孙：《全球化与全球市民社会的兴起》，《河南师范大学学报（哲学社会科学版）》2002 年第 6 期）。总体而言，市民社会产生于市场经济，而全球市民社会则生成于高度发达的商品经济和全球市场。全球市民社会的理念脱胎于马克思的"市民社会"理论，是马克思的市民社会理论与全球化语境结合的产物。

流也越来越频繁。文化依然在不同程度上具有各自的民族特性，但与"全球市民社会"的经济基础相对应的"世界文学"也越来越呈现丰富面貌。

人类命运共同体理念内蕴"世界文学"的价值指向，是以全人类为主体的新型文明理念，体现了人类在全球化大生产中对自身力量和前途命运的自觉认知与整体把握。人类命运共同体文化构建的存在论基础植根于全球共同体形式的再生产条件，即全球化大生产。"世界文学"根本上与文化中心主义或文化整体主义不同，只有将由西方长期主导的文化作为人类文明反思的对象，进而将世界各国的文化形式作为审视对象时，"世界文学"才真正得以诞生。构建人类命运共同体对人类文明存在的逻辑前提展开反思，明晰世界性与民族性的本质关联，为人类文明在世界范围内的发展提供广阔空间，使得文明的世界性和民族性形式在共同体的反思与构建中既能保持差异性，又能保证在交往中加强功能性统一。推动人类命运共同体的文化构建，需要准备认识全球性共同体的再生产条件对人类命运共同体的存在论奠基，积极采取具体措施以夯实全球生产基础。

第一，坚定支持与推进全球化，建构公平合理的全球化发展图式。全球化大生产是人类命运共同体文化构建的经济基础，构建人类命运共同体应当坚定不移地支持和推进全球化的纵深发展，不断增进人类社会的共同利益，旗帜鲜明地反对"逆全球化"思潮及其运动。在数百年的发展过程中，全球化一直由西方资本主义发达国家所主导，资本逻辑的宰制在社会历史中引发了一系列现实问题，如以发达经济体需求为核心的贸易结构对经济增长的边际拉动效力日益递减，导致全球经济发展滞胀；新兴经济市场对推动全球化的贡献与利益分配不匹配，导致不同国家之间的收益不均；发达国家内部贫富差距拉大，社会阶层和群体矛盾愈演愈烈；发达资本主义国家主导全球化的利益分配造成全球范围内的发展失衡，引发更多的全球矛盾冲突，由此导致一些在全球化浪潮中被边缘化的地区出现逆全球化趋势。

逆全球化与资本和市场等全球化过程相违背，阻断了区域之间的时空关联，表现为特权群体凭借自身快速发展的时间尺度来保护"自我"空间并侵犯"他者"空间。构建人类命运共同体应当注重厘清全球社会时空的属性，重视把握全球化的演变趋势，认清逆全球化的根源和本质，进而为全球化发展的良性循环提供现实"良方"。

人类命运共同体的文化构建致力于维护和推进作为经济基础的全球化大生产，在此基础上推动建立具有密切和广泛合作关系的利益共同体，构建更加契合人类整体利益的全球化发展图式。推动构建合理的全球化图式必须坚持效率与公平并重的原则。追求效率是全球化大生产的首要原则，全球化大生产通过最优化的资源配置，使资本再生产实现利益最大化，是资本逻辑在空间拓展的必然产物。然而只重效率就必然有损于公平，发达资本主义国家凭借资本、技术优势占据了全球产业链的上游，主导全球利益分配，挤压发展中国家的利益空间，使全球化成为发达资本主义国家的"专属品"。人类命运共同体的文化构建在经济基础上以公平原则对全球化发展图式进行矫治和纠偏，将关注点聚焦于新兴市场和弱势群体，使全球化的成果为更多人所共享。

第二，秉持"和而不同"原则，推动多元文化交流共鉴。"民族文学"向"世界文学"的转变，意味着人类在助推不同文化平等交流、理性交锋的历史进程中实现了对世界文明重新定位的认知自觉，表明人类文明的进步内蕴超越理性主义文明观的框架，能够运用历史的总体性方法在人类实践的基础上探索不同文化相互沟通的良性模式。人类命运共同体的文化建构对文化多元性的尊重与推动体现出"世界文学"的意蕴。其一，人类命运共同体的文化构建以文化的多元异质存在为前提。人类命运共同体的文化构建旨在寻求文化的多样化，而并非构建同质化的文化霸权。"世界文学"与"民族文学"之间并不存在非此即彼的对立，民族文化也是世界文化的有机组成部分，"民族"这个概念已经先验地包含于"世界"之中，作为"世界"的子系统而存在。民族的也是世界的，民族文化的魅力并未因全球化而有所削减，反而因其特有的民族属性和独特内涵愈显光彩。多样异质文化的存在是世界文化整体繁荣发展的前提。其二，人类命运共同体的文化构建以"和"为价值取向。人类命运共同体文化构建的目标在于，在"民族文学"的基础上生成"世界文学"，即在差异性的文化中寻找人类文化的汇聚处和共通点，生成能够反映全球化大生产条件下展现人类本质的对象化产物。私人利益和全球共同利益的矛盾是人类社会发展的历史产物，产生于社会分工不平衡和权利分配不公正的历史境遇，反映出资本主义个体逐利欲望的恶性膨胀。这一矛盾无法仅仅凭借对个体欲望的抑制得以化解，而必须在深层的文化根源中予以解决。全球化大生产迫使世界性的"交流"成为人类命运共同体文化构建的内在要求，自我隔绝、故步自封的主张只会扼杀"民族文学"的生存空间，致使"民族文学"走向衰亡，只有推动不同的"民族文学"积极交流互鉴，在交流中增进认同与共识，才能达成人类"命运与共"的"共识"，生成涵盖全体人类智识精神的"世界文学"。

增进"民族文学"之间的交流需要通过一系列的途径向现实转化。一是提升交流意识。将文化交流置于全球化背景中考察，充分认识和把握文化交流在文化发展、延续、传播中的重要地位，形成融入"世界文学"的交流自觉。二是确立交流原则。相互尊重民族文化的一律平等是文化交流的前提，文化交流应当始终秉持的态度是：不同的文化有差异之别，而无优劣之分。只有在平等的交流中才能感知彼此的文化内核，也只有在平等的文化交流中才能达成稳定的共识，达到"互鉴""互促"的目的。三是完善交流机制。着力搭建多层次、多领域的交流平台，注重民间文化、传统文化、大众文化等不同层次文化间的交流，注重发挥民间文化团体与非政府组织的作用，全方位推动文化交流，促进人类命运共同体构建中的文化发展与繁荣。

第三，宣传人类命运共同体理念，凝聚全球发展共识。文化作为一种积极能动的现实力量，能够稳定、巩固和推动经济基础的发展，对威胁经济基础的上层建筑具有抑制或改造作用。人类命运共同体中的文化问题作为思想上层建筑，既是全球化大生产时代经济基础的产物，又能够对这一经济基础产生必要的反作用。人类命运共同体的文化构建承担维护、稳定和推进全球化大生产的时代任务，能够对抗各种"逆全球化"思潮对全球生产力产生的负面影响。针对逆全球化现象以及人类文明冲突观念的冲击，人类命运共同体的文化构建试图建立大规模的文化市场与文化产业结构，以推进不同民族文化交往新秩序和人类文明发展新格局的形成，进而保证文明的高质量发展，满足全人类共生并进的需要。首先，通过文学、影视、艺术等多种载体宣传人类命运共同体理念，展示人类命运休戚与共的现实境遇，强调人类是不可分割的共同整体，从而凝聚人类命运共同体的意识，汇聚人类社会共建命运共同体的合力。其次，通过文化的约束力和导向力，潜移默化地影响人们的思维和认识，注重培育全球化主体互利共赢、风险共担的共同体意识，引导人们自觉抵制和对抗逆全球化的非理性思潮，旗帜鲜明地反对单边主义和零和博弈思维，推动人类社会走向联系更为紧密、关系更为亲和、思想更为一致的命运共同体。

二、认识论支撑：坚持处理共同体冲突的基本原则

全球化使得全世界的人们更加紧密地联系在一起，但"人类主体"成员之间存在诸多层次的复杂矛盾关系。人类命运共同体作为新型文明理念，其构建旨在处理和协调主体成员之间的矛盾与冲突，以新的国际秩序建立一个和谐美好的人类世界。共同体成员需要对共同性问题形成广泛认同与共识，制定并遵守处理共同体成员冲突的基本原则，这是人类命运共同体文化构建的关键。

人类命运共同体的文化构建在认识论上首先关涉的问题是"如何认识这个世界"。认识是主体对客观存在世界的能动反映，科学认识世界是正确改造世界的必要前提。实践是否能真正向现实转化，取决于实践主体在认识上是否正确把握了客观事物的本质和发展规律，只有正确反映了客观世界的认识，才能借助于实践活动转化成为客观现实。在"改造世界"之前，对当今人类社会发展方位的准确判断是必要的。脱离这一判断，就难以从根本上把握客观世界，进而真正对世界发展施加正向的推动力。对文化构建路径的探究，难以挣脱传统与现代、历史与当下的复杂关联。探究文化构建路径的方法论前提在于要在文明演变中寻求分析问题的认识论策略，而文化认识论的逻辑根源栖身于其所表征的生活世界及社会关系之中。因而，人类社会的各类主体需要在深入认识文化发展的趋势中形成创新改造趋向。人类命运共同体理念是对"全球共同体"这一客观世界整体和深度的把握，它不仅抓住了人类经济全球化表象背后的真相，更将聚焦点置于对人类命运的关切，着力凸显和还原"人"在世界历史发展中的主体性地位，是秉持对人类整体命运

的深切、理性思考得出的科学论断。

人类命运共同体作为全新的理念，因其对历史发展方位的精确把握和当今世界发展局势的科学概括，已经得到国际社会的高度认可，构建人类命运共同体的呼声也越发高涨。尽管现实一再印证人类社会"命运一体"、共同发展的必然趋势，但对于构建人类命运共同体的看法还未能形成全球性的共识。以美国为首的西方世界依然较为顽固地坚持地缘政治以及对抗性思维，对人类命运共同体理念抱有疑惧或拒斥的姿态。相比于将人类社会视为不可分割、荣辱与共的整体，西方世界更乐意视全球为一个充斥分裂与对立的世界，甚至主动在世界各地挑起矛盾和冲突。

西方世界为什么会忽视这一时代特征？是什么制约了西方世界的认识？资本主义世界意识到经济全球化对自身发展的重要意义，因为只有经济全球化的大生产才能将资源、劳动力等生产成本控制到最低，只有经济全球化才能为资本主义提供近乎无限的市场，攫取最大的剩余价值。在过去数百年中，经济全球化是资本主义赖以生存和壮大的源泉。然而，在经济全球化日益纵深发展、人类社会联系愈加紧密的今天，西方社会不断制造分裂与争端，与人类社会向着命运共同体迈进的发展趋势背道而驰。

西方传统的政治文化是导致西方社会行为的重要原因之一。霍布斯的"丛林假定"理论将人类社会视作互相攻伐的世界，在某种程度上奠定了西方社会思考国际政治关系的底色与基调。冷战思维的残留是另一种可能的因素。在两大力量集团的尖锐对立下滋长的对抗性思维，并未因苏联解体而就此消散。但实际上，西方社会不断制造世界性的矛盾这一局势的根源在于利益的纠葛。利益冲突是世界上最为普遍、最为久远，也是最为根本的矛盾，"利益"矛盾在矛盾体系中占据最高地位，主宰和支配其他矛盾的产生和表现方式。

马克思对此毫不讳言，"人们为之奋斗的一切，都同他们的利益有关"①。利益主导人们的思维方法与行为模式，也充当着冲突与矛盾的"发源地"角色。全球化将人类社会紧密联系在一起，造就了彼此不可分割的"全球共同体"，但全球化并不是万能的灵丹妙药，其并未彻底消弭世界的分歧与冲突。不同国家、民族、种族之间在利益、文化或意识形态上都存在或强或弱的对立与冲突，彻底达到"命运与共"显然还需要一个较长的历史发展阶段。世界交往中的历史性冲突首先指向物质性实践进程，具体表现为西方发达资本主义国家对其他国家物质利益的剥削、不同国家对物质材料的争夺。当前全球化面临的和平、发展、治理、信任四大赤字以及各种矛盾，在本质上都可以还原为不同国家间利益的冲突与对立。

构建人类命运共同体必须应对全球化中的各种利益冲突。全球化中为何会出现形形色色的利益矛盾与冲突？这是否为全球化自身的问题？作为一个容纳世界市场和全球生产力的舞台，全球化只是客观描述了世界历史发展过程中的趋势。在资本逻辑主导的全球化进程中，不断出现的利益冲突和价值冲突并非人们头脑中的虚假设想，而是对人类交往关系真实状态的反映。构建人类命运共同体积极推进不同国家和民族之间破除交往壁垒，推动不同民族的文化产品成为共同财产并由全人类共享，以此突破片面的利益冲突和虚假的价值共识。

全球化由资本主义所开启和主导，作为"过程"与"载体"的全球化推动世界各个民族与国家实现深度融合，但西方发达资本主义国家作为全球化的主导力量却让全球化图式混乱不堪，充斥着资本的血腥和铜臭。资本依靠血腥的掠夺和残酷的剥削来进行自我增

---

① 《马克思恩格斯全集》第 1 卷，人民出版社 1995 年版，第 187 页。

殖，这种增殖的手段浸透在资本的基因中。无论是世界市场初创的早期全球化，还是全球化高度发展的当今时代，资本始终以逐利作为自身的目的，这使得资本只是从自身的私欲与需要出发，追逐的是代表一小撮资产阶级的利益。利益导向自然贯穿于资本家改造世界的实践之中，他们可以为了利润不惜一切，"如果动乱和纷争能带来利润，它就会鼓励动乱和纷争。走私和贩卖奴隶就是证明"①。资本主宰了资产阶级的思维，使得资本家被"物化"为资本所宰制的"工具"，全球化内含资本的主体性思维。资本家眼中的"世界"就是供自身攫取利益的战场，在"物"的支配下的资产阶级眼中根本没有"全人类福祉"这一概念，而只有资产阶级狭隘的阶级利益。

资本主义国家通过坚船利炮强行炸碎了民族落后封闭的大门以开辟自己的原料产地和产品倾销地，在全球营造"中心—边缘"的利益分配格局，奉行"你输我赢"的发展模式，通过对世界的掠夺不断拉大南北经济发展差距，带来全球经济发展失衡，这是资本主义在全球拓展带来的现实恶果，也是西方资本主义国家的所作所为。资产阶级数百年来刻意制造的分裂、对立、战乱和冲突，皆因其中有利可图。这个"利"，不仅是资产阶级的经济利益，也包括作为整体的资产阶级在全球化过程中的种种特权。资本特权不仅体现为资产阶级对全球生产力的掠夺，而且表现为通过创造虚假的文化需要来支配人类追求私利欲望的生产，致使人类精神世界在无限需求中走向匮乏和失落。追逐私利的本质使得资本逻辑支配的文化构建本末倒置，文化构建不再为了满足人的发展需要而成为实现资本增殖的工具。

对世界的认识必须深入物质实践中去解开"物"的蒙蔽，以此

---

① 《马克思恩格斯文集》第 5 卷，人民出版社 2009 年版，第 871 页。

把握共同体内部的不平衡因素。对资产阶级的审视与反思关键在于抓住资本的行动逻辑，当今资本主义的确在"动乱和纷争"中攫取一些利益，但世界历史的发展已经充分压榨了这种受益的空间。这主要来自以下几个要素：其一，全球化的深入发展使得不同国家之间的经济交流日益深入，国家之间的共同利益大于分歧和争端，相比于动乱与纷争，和平与稳定的局势对于世界经济的发展包括资本利益的最大化具有明显的比较性优势。其二，发展中国家在全球化的进程中成长为不可忽视的力量，发展中国家与发达国家之间的绝对力量对比差距明显缩小，发达国家不可能任性妄为、肆无忌惮地挑起冲突和纷争。其三，发展中国家对现有利益分配格局不满，要求共享全球化成果的呼声高涨并为此展开一系列的抗争，迫使发达资本主义国家从激进转向相对收缩的全球化策略，同时适当地出让部分利益。其四，社会冲突的频繁爆发不断冲击和刷新人类世界的认识，恐怖主义肆虐、区域冲突频繁、生态环境恶化、传统安全与非传统安全交织在一起，在全球化时代，仅靠发达资本主义世界自身力量难以对抗巨大的社会风险，相比于单打独斗的风险，为了更好地保障自身的安全和利益，西方世界将更多倾向人类之间的相互合作。

随着世界多极化、经济全球化、文化多样化的深入发展，你输我赢的零和游戏、弱肉强食的丛林法则不再符合时代逻辑。在客观世界的变化面前，资本主义总能展现出强大的自我调节和适应能力，尽管这种调节和适应经常性地滞后于现实，但不断适应外在世界的变化是资本主义虽无法改变其根本矛盾但仍具有生命力的关键所在。资本的逐利本性必将迫使资产阶级转变思想与行为模式，这并不是空泛的臆想，而是出于对资本本性的实质把握。时代的变化、现实的需求都在倒逼资产阶级重新思考自身与世界的关系并审视和调整自身的生存策略。

资本主义国家如何选择、是否参与，是构建人类命运共同体文化的最大不确定因素。资本有其固有的行为规律，这意味着在整合主体认识时不仅要"道之以德、齐之以礼"，更加要注重的是"诱之以利"，这是将资本主义"汇编"进人类命运共同体"丛书"最为重要的途径和手段。"利益"对于所有参与主体都具有一定的吸引力，而且对于资本而言，利益是最原始也是最大的欲望。构建人类命运共同体能够做大全球利益蛋糕，刺激资本逻辑内在不可抗拒的冲动，使其共同参与人类命运共同体的建设之中。构建人类命运共同体主张在共同的价值共识中推动人类进行文化构建，引领人类文化构建的方向、交往方式及评价标准转向文明演进的时代主题，有效维护不同文化在共同体中保持民族特性，在文化构建中充分发挥对资本的反作用力，引导资本在文化生产及市场配置中合理运作，避免被资本主义文化观所渗透并肆意侵害。

人类在迈向命运共同体的过程中需要一种作为上层建筑的全球性文化，以协调不同主体之间的利益纷争、维护国际秩序以及构建和谐美丽的新世界。人类命运共同体的文化构建，应在实践中积极总结处理人类社会不同主体间矛盾冲突的经验教训，不断凝聚全球性广泛共识，"齐之以礼"以达到世界之"大同"。"共商共建共享"是构建人类命运共同体的总原则。"共商"旨在通过平等交流化解争端，通过友善沟通达成共识；"共建"是在共同认识的指导下协力应对关乎人类命运的重大事务；"共享"要求合理分配全球化的共同利益，促使参与主体达成普惠。在总体原则之下，还需要具体的理念和原则以调节利益之间的矛盾。

一是自觉把握人类社会发展规律。人类命运共同体文化构建首先要解决"如何看待这个世界"的问题，即世界各国应当如何统一认识的问题。世界各国理应自觉把握人类社会发展的规律和世界发展的大势，从认识上将人类社会视为一个真正的整体，牢固树立人类命运一盘棋的理念。相互联系、相互依赖是世界进程中的时代潮流。无论是大国还是小国、无论是发达国家还是发展中国家，正日益形成利益交融的命运共同体。从人类历史实践的主体与历史活动本身的内在关系来把握人类历史演进的客观规律，不仅要认识到包括政治、经济和文化构建在内的一切历史活动都以人们对自身利益的追求为出发点，以实现人类共同发展为最终目的，而且要把握历史实践主体的发展动因、目的性和能动性，在此过程中显现人类活动自由程度不断提升的历史阶段性与时代性特征。时代的发展决定人类社会必须团结成为一个整体，任何将自身发展与世界发展相割裂、故步自封的行径只会导致落后，偏离"世界历史"的发展轨道而走向衰亡。

二是树立全球共同利益至上的原则。世界利益与国家利益之间相互统一，在应对全球问题时，只有真正将人类共同利益置于个体利益之上，才能实现个体与整体的双赢。"尽管人类公共利益的最大化在某个时段里未必与某个国家的利益最大化能够达到一致（更可能的情况是不一致），但从'长时段'（布罗代尔）的尺度去看，或者从几乎永恒的时间性去看，那么，人类公共利益的最大化必定与每个国家或地方利益的最大化是一致的。"① 从历时态的视角来看，世界历史的推进与演变必然使得分散的地方利益逐渐融入共同的、整体的利益。如果缺乏兼容态度与整体思维，仅仅关注民族的自身利益，那么则容易在追求特殊利益的过程中走向狭隘民族主义

---

① 赵汀阳：《天下体系：世界制度哲学导论》，中国人民大学出版社 2011年版，第 32 页。

的道路。只有从把握人类社会发展进程的宏大视角出发，将世界理解为一个不可分割的利益整体，才能在当前利益与长远利益、局部利益与整体利益之间进行正确的抉择，才能明确自身在历史进程中的责任和担当，从认识论上解决世界观的问题，才能提升践行方法论的自觉自为。

三是坚持"和而不同"的处事原则。"和而不同"是处理当今国际矛盾的重要原则和中国智慧。中国古代哲学所谓的"和"具有双重意蕴。一是"以和为贵"，强调在价值目标上追求和平与安定。"和平"与"发展"代表了当今时代多数国际主体的共同愿望，然而"和"也内在蕴含了"异"的分裂倾向，其中最为突出的就是利益不一致。二是"求同存异"，主张妥善处理与协调不同主体之间的矛盾冲突和利益纠葛。差异化的利益需求容易引发主体间的矛盾与冲突，如何"求同存异"是实现"和而不同"的关键所在。不同的文明形式生成于独特的民族共同生活之中，而不同民族的共同生活在悠久的历史演进中沉淀为内部成员的心理基因。各类主体在文化交往中存在不可避免的差异性和不可通约性，如果不能发掘共同价值或形成共同意识，那么任何民族都将依照以自身的文化诉求为标准来评判甚至支配其他民族的文化活动。人类命运共同体的文化构建则试图重构全球多元文化共同发展的基本规则，致力于在全球化生产的过程中建立完整的全球化产业链条，不断增强主体之间的利益联系，在普遍的利益联系中寻找利益的最大公约数，在增进共同利益中达成更多的共识。

四是秉承互惠互利的合作理念。做大共同利益的"蛋糕"是国家之间的共同合作目标，在目标导向下不断推进各主体合作的真正达成，并强化相关政策支撑。美国国际关系理论研究者罗伯特·基欧汉指出，触发合作需要一定前提，即"通过政策协调过程，当行为者将它们的行为调整到适应其他行为者现行的或可预料的偏好上时，合作就会出现"①。各国之间能否施行相应的具体政策以推动合作，将成为决定共同体成长的关键。"他者"在资产阶级的认知世界中是与"自身"相对立的存在，是自身用以压迫、剥削、同化甚至消融的对象。在东方文化中，"他者"是"自我"利益实现的前提存在，正所谓"己欲立而立人，己欲达而达人"。有学者指出，充分考虑"他者"在古典文化中体现为一种"豫让原则"，类似于现代博弈论的"回应性"模式，以同等的价值回报他人馈赠，是一种投桃报李式的合作行为。② 人类命运共同体在文化构建中提倡的"互惠互利"，将"他者"利益的实现作为个人利益实现的前提，超越了资本主义奉行的利己主义发展模式，真正有利于世界的整体和长远发展。

三、价值论立场：把握与阐释世界文明体的精神内核

文化是价值的载体，价值通过文化得以呈现，而文化及其所蕴含的价值根源于"物质的生活关系"。以资产阶级价值为核心的文明体系根源于资本主义市民社会的哲学立场，彰显出"一切人反对一切人的战场"③的利己主义、庸俗的拜金主义等资产阶级原则，其所宣扬的"自由、民主、平等"并不具有关切人类整体的普遍意义。人类命运共同体真正以"人类社会或社会的人类"为立足点，不断提升世界各国人民的普遍交往和共同性的水平，在价值立场上

---

① ［美］罗伯特·基欧汉：《霸权之后：世界政治经济中的合作与纷争》，苏长和、信强、何曜译，苏长和校，上海人民出版社 2006 年版，第 51 页。

② 参见赵汀阳：《天下体系：世界制度哲学导论》，中国人民大学出版社 2011 年版，第 56 页。

③ ［德］黑格尔：《精神哲学》第 1 卷，韦卓民译，华中师范大学出版社 2006 年版，第 309 页。

关注人类的共同利益，不断为人类文明进步贡献智慧和力量。"人类社会"概念的提出与维持人类文明共同发展的目标具有深层契合性，它并非企图将不同的文化统一到某种优越的形式当中，相反，反对构建主导一切文化的"普世原则"，强调探索凝聚人类价值共识以促使人类和谐相处的文化发展机制，以此规范共同体成员各自文化构建及彼此文化交往的行为。具有普遍意义的价值立场的形成，彰显了构建人类命运共同体作为文明理念的精神实质，是人类命运共同体文化构建的精神内核。

"市民社会"源于古希腊时期，意指与"野蛮社会"或"自然社会"相对应的"文明社会"或"政治社会"。现代意义上的"市民社会"范畴由黑格尔提出，黑格尔最先试图将包裹于政治国家中的市民社会分离出来，从经济关系的角度提出现代市民社会的概念。黑格尔将市民社会视为其关于"家庭—市民社会—国家"三段式伦理发展链条的第二个环节，国家是包容市民社会各种弊端的更高发展阶段，国家高于市民社会并决定市民社会。马克思肯定了黑格尔关于市民社会与政治国家的两分法，但他并不认为国家是市民社会的决定性力量。在破解"物质利益难题"的过程中，马克思认识到黑格尔对市民社会与政治国家之间的颠倒关系并针对性地指出，"家庭和市民社会是国家的现实的构成部分，是意志的现实的精神存在，它们是国家的存在方式。家庭和市民社会使自身成为国家。它们是动力"①。马克思扬弃了黑格尔的"市民社会"理论，并指出不是国家决定市民社会，而是市民社会决定政治国家。尽管黑格尔揭示出市民社会中市民的逐利性，但未从物质生产和经济发展的角度解读市民追逐私利的原因，最终导向抽象性和神秘性的社会历史观。马

---

① 《马克思恩格斯全集》第 3 卷，人民出版社 2002 年版，第 11 页。

克思肯定物质劳动作为市民生存的本质属性，指出人类获得解放的现实基础在于自由的生产活动，提出超越市民社会的"真正的共同体"设想。

马克思对"市民社会"这一概念的理解经历了从外延式描述到实体性内涵分析的过程。1844年之前，马克思着重从外延的角度考察"市民社会"这一与政治国家相对应的概念，将其视为是以私有制为前提并存在交换关系的商品经济社会。为了便于行文，马克思通常在"资产阶级社会"的意义上使用"市民社会"这一概念。1844年以后，马克思开始转向更为深入的唯物主义分析，在指出"法的关系"根源于"物质生活关系"这一秘密之后，马克思开始更多地使用"物质生产关系"和"社会经济基础"来替代"市民社会"，在这一阶段，"市民社会"被视为"物质生活关系的总和"或"社会的经济结构"，这一理解是马克思运用历史唯物主义考察之后对原有思想的深化。

无论是黑格尔还是马克思，对市民社会都持辩证的态度与立场。在黑格尔的以伦理演进为线索的思辨哲学中，市民社会是以"利己"原则克服家庭压抑个人特性的高级阶段，但市民社会本身是以追逐私利为目的，受利益导向与因果律支配的利己组织，其本身存在诸多弊端。黑格尔从市民社会中人与人的相互联系出发指出，人与人之间的联合虽然是个人之间的自由联合，但这种联合更多地表现为单纯的市场交换关系，因而只是一种把他人当作手段的外在联合，其结果必然导致人的本质和伦理精神的异化，因而必然将被超越。正如黑格尔指出，"市民社会是个人私利的战场，是一切人反对一切人的战场"①，由此提出以作为普遍利益和共性代表的

① 《马克思恩格斯全集》第3卷，人民出版社2002年版，第54页。

国家来克服市民社会。马克思同样认为，作为私人利益关系总和的市民社会是一个特殊性与普遍性相分裂的私人活动的领域，市民社会的场域内充斥着特殊性、利己主义和个人主义。马克思指出，市民社会与政治国家的分离，使每个人具备了双重身份，即作为政治国家中的成员与作为市民社会中的成员。"在政治国家真正形成的地方，人不仅在思想中，在意识中，而且在现实中，在生活中，都过着双重的生活——天国的生活和尘世的生活。"① 马克思认为，"政治解放"无法超越"市民社会"的局限，他将克服市民社会与超越政治解放的限度联系起来，揭示出个体解放与共同体形成之间的历史关联。政治解放的结果无法实现共同利益，只有实现代表全部个体利益的全人类解放，才能真正推动个体摆脱市民社会利益需求的支配。当个体之间不再以利益争夺为交往前提，不仅在政治层面摆脱资产阶级强权的统治，而且逐渐在不断完善的社会分工中享有自由劳动的权利，才能为发掘"人类解放"之于现实个体的巨大意义奠定基础。

在马克思之后，"市民社会"理论研究最具有影响力的是西方马克思主义思想家葛兰西。葛兰西从文化上透视市民社会，展开了另一种解读市民社会的维度。葛兰西并不关注经济基础与上层建筑之间的决定与被决定关系，而是侧重于从文化而非经济的意义上理解市民社会，致力于揭示意识形态对生成与巩固上层建筑的重要作用。葛兰西并未坚持政治国家与市民社会的两分法，认为市民社会与政治国家同样属于上层建筑，是统治阶级借以传播自身意识形态以寻求合法性和巩固领导权的载体。在现代国家中，资产阶级将自身的意识形态渗透到艺术、文学、伦理等市民社会的日常生活世界

---

① 《马克思恩格斯文集》第 1 卷，人民出版社 2009 年版，第 30 页。

中，以此塑造与钳制大众的思想，构建从肉体到精神的全面统治模式。葛兰西甚至认为，市民社会将逐渐取代国家的地位，作为强制机器的政治国家将因"人民同意"的增长而最终沦为无用之物，消融于市民社会之中。哈贝马斯与葛兰西的看法刚好相反，哈贝马斯认为，现代市民社会是一个纯粹的私人生活领域，也即"生活世界"，而当代资本主义国家的主要危机不在于生产的无秩序状态，而在于国家对市场和经济的大规模干预。现代国家对私人生活的渗透无孔不入，强行侵占并最终吞没市民社会的空间，对生活世界的过度干预和控制将动摇现代国家的合法性基础，引发资本主义的合法性危机。

从黑格尔、马克思到葛兰西、哈贝马斯，"市民社会"在多重视角的深度透视下展开了多重面相，获取了丰富的内涵。虽然这些伟大的思想家对市民社会的认识不尽相同甚至相互对立，如马克思与黑格尔关于市民社会、政治国家的关系认识不同，葛兰西与哈贝马斯对市民社会、政治国家的融合走向的研判不同，但他们的思想仍有一些共同之处，如将市民社会作为与政治国家相对独立的存在，以及关于市民社会是交织着私欲与利己原则的生活场域的观点具有相似性。黑格尔直言市民社会是"一切人反对一切人的战场"，将斗争作为市民社会的主要表征；马克思也指出，个人在市民社会中将丧失主体性地位，被迫沦为工具性的存在；在葛兰西笔下，市民社会则充当起统治阶级在意识形态领域对个体进行设计、锻造和支配的帮凶；而哈贝马斯则指出了国家对个人生活空间无节制挤压与侵犯，使生活世界面临失序的状态。

建基于"一切人反对一切人的战场"的市民社会哲学之上的资本主义社会，终究难以生长出正义的价值体系。资本主义文化以及资本主义在世界范围内构建的文明体系是资产阶级统治意识的展现，在价值体系上，它用自由、民主、平等和正义进行自我粉饰；在实际运行中，不断暴露出伪善的一面，即为了追求利益可以不顾一切地践踏人间所有的道德律令和法则。通过政治解放而确立的"无非是市民社会的成员的权利，就是说，无非是利己的人的权利、同其他人并同共同体分离开来的人的权利"[①]，而"任何一种所谓的人权都没有超出利己的人，没有超出作为市民社会成员的人"[②]。在以资本主义现代性为主导的市民社会中，少数资产阶级因占有生产资料而占据资本，并赋予自身绝对的社会权力，得以支配其他社会成员的生产劳动。大部分的人民大众沦为无产阶级，他们的普遍利益与资产阶级的私人利益相对，构成了人类共同利益建立的现实需要。

对财富的追求欲望主导了资本主义在价值观上的发展过程，对财富无止境的追求一度使资产阶级成为所谓文明进步的代表。西方传统政治文化中历来存在对商业的敌视，追求财富被贴上了邪恶与堕落的标签，无论是古希腊的城邦政治，或是基督教传统，都将从事商业、追求财富视为不义之事。但随着近代重商主义的兴起，追求财富已经不再成为罪恶的事情。早期的自由主义思想家通过提取源于古罗马的自然法思想中的个人主义和民法传统，为资本主义的发展辩护并扫清思想障碍。霍布斯、洛克、密尔等思想家们试图以个人主义对抗共和主义，力证市场是狂热宗教的解药，商业社会是多元和谐、和平有序的文明世界。马克斯·韦伯从文化方面分析资本主义的兴起，指出新教伦理在推动资本主义精神生产中以及资产阶级文化形成中的重要地位。新教伦理主张辛勤劳动、积攒财富的

---

① 《马克思恩格斯文集》第1卷，人民出版社2009年版，第40页。
② 《马克思恩格斯文集》第1卷，人民出版社2009年版，第42页。

同时，却宣扬禁欲主义，主张节俭和理性消费，将劳动、追逐财富、为上帝增添荣耀这三者有机结合，为个体在尘世生活中追求财富清洗了污名，由此打通了尘世与天国之间的联结通道，在解决信徒个体信仰与世界观问题的同时，客观上为资本主义形态的生成提供了必要的合法性依据，促使资本主义的生产与生活方式逐渐成为社会的主导。在资本主义发展初期，资产阶级对财富的追求更多地彰显出正面的进步价值，在促进全球进步发展、人类社会整体向前推进维度具有重要意义。

当追求财富成为一种价值上的正当，资本主义文化也就成为对于资本主义私有制以及"工具理性"的辩护和表征。然而，随着资本主义的发展，这种对于财富的追求在不加节制中逐渐走向了自身的对立面，带有资本主义色彩的"民主""自由"等价值也暴露出伪善的面目。资本主义文化极力证实资本是推动经济全球化发展的主体力量，在本质上暴露出推崇资本剥削劳动的私有性文化，在阻断各民族平等交往实践中消解他们对自身文化的认同，结果必然导致世界各民族文化的同质性发展趋势，文化构建的民族性与世界性之间的关系问题被遮蔽。当资本主义从自由资本主义发展到国家垄断资本主义，进而演进为国际垄断资本主义，资本主义的文化也在长足的发展中发生了变化。如桑巴特所指出，"贪婪的攫取性"是资本主义的痼疾。高度发展的资本主义依然以财富积累为主要目标，但这种财富积累的实现却是以人类的不平等为代价，资产阶级依靠占有生产资料剥削工人劳动创造的剩余价值，在利益最大化的目标驱使下，工人在资本主义大生产中达到异化的巅峰，陷入真实的"悲惨世界"。财富的积累不再是为上帝增添荣耀，而只是成为满足资产阶级私欲的手段，"金钱"从媒介变成了主体，人的发展被物的发展所遮蔽。资本主义生产以消费为最终环节和导向，如果没有消费这一环节，就不可能获取利润并实现再生产，也就不可能实现资本的无限增殖。为了刺激消费，资产阶级不再倡导清教徒式的节俭，而以消费主义取代禁欲主义，营造出远超实际需求的消费焦虑，将人们引诱进入非理性消费的陷阱。资本主义主导的文化消费现象，暴露出资本逻辑追求欲望满足以此得到市场认可的特征。贩卖资本主义的意识形态，致使消费者成为被文化符号操纵的对象，文化产品的符号价值甚至替代了文化本身的精神意义，导致人们逐渐丧失对现实世界的反思意识和批判能力。

资本主义正在面临一场精神与文化的危机。在资本主义的发展史上，代表贪婪、攫取的经济冲动与代表权益、责任的伦理冲动曾经相互制衡，两者共同构成资本主义文化的起源，为资本主义文化的发展注入动力。但资本主义的发展逐渐使经济冲动在原本相互制衡中越发占据上风，伦理冲动被纷至沓来的消费主义、享乐主义冲击得四分五裂。在文化领域的表现就是经济冲动颠覆了资本主义社会的传统文化秩序，以自我表现、自我满足为表征的现代西方文化大行其道，致使当代资本主义文化只能在享乐奢靡、粗俗浅薄的旋涡中迂回不前。

在马克思主义视域中，资本主义文化所蕴含与宣扬的价值带有虚伪特质。资本主义文化中的"平等和自由不仅在以交换价值为基础的交换中受到尊重，而且交换价值的交换是一切平等和自由的生产的、现实的基础"①。但是，以商品交换为基础的平等本身就是一种显著的不平等，在资产阶级与工人的交换关系中，资产阶级占据生产资料而处于绝对优势，无产阶级被迫出卖劳动力，除了劳动力一无所有，资本家们与工人之间的交换不可能存在真正意义上的

---

① 《马克思恩格斯全集》第 30 卷，人民出版社 1995 年版，第 199 页。

平等。在这种交换中生成的平等，不过是以财富占有的多寡划定社会等级取代旧制度中的政治等级，是一种具有强大欺骗性质的"平等"。马克思因此指出，在资本主义社会，自由的行使就是私有财产权的行使，所谓的自由"是人作为孤立的、自我封闭的单子的自由"①，而平等则是"无非是上述自由的平等，就是说，每个人都同样被看成那种独立自在的单子"②。同样，民主也是一种政治上的奢求，"资本主义社会里的民主是一种残缺不全的、贫乏的和虚伪的民主"③，是富人操纵选举，掌控资产阶级国家政权的政治游戏。

资本主义社会以利益最大化为出发点，向全世界渗透资本主义文化，一度建立了具有殖民性和非平等的文明体系。资本逻辑主导的市民社会必将演变为私人利益的聚集地，贯彻资本的主体性原则，将世界分裂为"一切人反对一切人的战场"，世界性的交往无法抵抗资本的强大力量。在全球化的过程中，资本主义所谓的"自由""民主""平等"等价值的伪善性暴露得更加充分和彻底，所谓的"自由""民主""平等"的价值输出总体服务于资产阶级建立文明霸权的最终目的。这些价值理念背后渗透着以阶级利益划分势力范围的意识形态动机。抽象的价值在表面上似乎赋予了其他主体自由选择的权利，但实际上消解了主体在文化构建活动中对价值性和精神性层次的自由追求。可以说，资本主义世界的"自由"是资本无视时空限制、在世界范围内任意来去的自由，是资本恣意妄为、选择占领或退出某个区域或领域的自由，是围观、干涉或者挑动国家政治关系的自由。"自由"成为资本主义国家享受全球化成

---

① 《马克思恩格斯文集》第 1 卷，人民出版社 2009 年版，第 40 页。
② 《马克思恩格斯文集》第 1 卷，人民出版社 2009 年版，第 41 页。
③ 《列宁全集》第 31 卷，人民出版社 2017 年版，第 86 页。

果、逃避国际治理责任的借口和挡箭牌。"民主"则沦为西方世界无端干预他国内政，攻讦他国政治生态的"政治大棒"，西方世界以"西式"民主作为裁量世界政治的唯一标尺，必欲逼迫其他国家削足适履，融入资产阶级构建的"一元"现代性图景之中。"平等"是发达资本主义国家之间划分利益、协商对话时的平等，是发达资本主义国家在商议剥削与压榨发展中国家时的"平等"。"平等"沦为少数资产阶级内部的特权，发展中国家则被抛在"平等"的视域之外。

在历史唯物主义视域中，资本主义文明体系充斥着资本主义的利己主义原则和伪善价值，是资本主义贪婪与暴力特性在文化层面的投射，不仅不利于人类在精神智识上的全面发展，甚至将人类投置于片面发展的精神牢笼。面对资本主义文明体系的异化，全世界呼吁构建一种强调"全人类共同价值"的文明理念，力求超越个人利益的困囿，将人从唯利是图的异化金钱观的宰制以及"犹太人精神"中解救出来，真正赋予人类以自由、民主和平等的权利。任何民族和国家所凝聚的集体意识与核心价值构成其稳定发展的精神纽带，整个人类社会的发展同样如此。塑造全人类共同价值需要明确维系人类共同发展的核心价值观念及其内涵，以符合全球化发展的潮流、契合人类解释与改造世界的规律为基础，塑造全新的价值认识与评价体系。构建人类命运共同体主张以"和而不同"的共同价值主导人类社会的运行，着眼于世界各国的普遍交往和共同性水平的提升，致力于实现人的自由而全面的发展，是一种超越资本主义的新型文明体系。

人类命运共同体的文化构建以"共同利益"而非"个人利益"为出发点。超越资本主义文明体系应当以人类社会的共同利益为出发点，走出个人利益至上的局限，实现个人利益与共同利益的统一。应辩证地对待"犹太人精神",扬弃而非摒弃"犹太人精神",既要肯定犹太人追逐利益的精神和行为模式是经济社会发展的重要推动力,对人类逐利的原始冲动善加利用,又要坚决破除"犹太人精神"对个人的极端宰制,极力纠偏市民社会中泛滥的利己主义原则。只有从共同利益而非个人利益出发,才能最大限度地弥合个人利益与共同利益的分歧,在利己与利他、个体实现与整体实现之间找到平衡,也只有在个人利益与共同利益得以"共赢"的土壤之上才能生成平和、互信、包容的文化和积极、乐观、自律的精神气质,消解市民社会中极端利己主义滋生的"一切人反对一切人的战场"的分裂、对立和怨恨情绪,将文化从资本主义的纵欲、享乐、奢靡和庸俗的泥潭中拯救出来。

人类命运共同体的文化构建强调与西方价值理念截然不同的"全人类共同价值"。人类命运共同体的文化构建的立足点不是分化的、利己的私人利益,也不是"一切人反对一切人的战场"的市民社会,而是人类社会以及人类的共同利益。人类命运共同体首先是一个"利益共同体",建立在人类共同利益之上的人类命运共同体理念则是人类共同利益的理论表达,表征着人类社会的价值共识。与西方社会极力宣扬的价值理念不同,人类命运共同体强调共同价值。"全人类共同价值为人类命运共同体提供了价值观基础,确证了人类命运共同体的道义性,奠定了构建人类命运共同体的价值认同基础。"①西方价值理念植根于西方社会的历史、政治和文化传统,本质上只是代表一部分资产阶级利益的基本价值,是发达资本主义国家向世界单向推行的价值体系,未能凝结人类真正的价值共

① 林伯海:《论全人类共同价值与人类命运共同体的辩证关系》,《马克思主义研究》2021 年 11 期。

识。西方倡导的民主、自由等局限于形式，导致人们对价值的理解仅仅停留于空洞的法律条文。在由西方资本主义国家主导的全球交往体系和国际秩序中，所谓的价值理念是政治强权的话语表达，事关人民劳动和生命存在的价值原则让位于资产阶级政党的特殊利益诉求。人类命运共同体的文化构建秉持以全人类为中心的价值旨趣，将全人类共同价值视为实现人类共同发展的中介。"全人类共同价值"作为世界上各种文明之间在平等协商和交流对话中凝聚的价值共识，代表了人类社会的共同利益及其发展的必然趋向，因而其具体内涵能够为世界承认与接纳，具有真实性、可行性与普适性，能够为人类社会的良性发展提供整体性原则和依据。

人类命运共同体的文化构建以实现人的自由全面发展为最高价值。构建人类命运共同体立足马克思世界历史的理论视域，将人的发展作为历史发展的主题。与之相对的资本主义文化则将"经济必须不断增长"粉饰为一种正当的价值，致使个体迷失在利益编织的巨网中。马克思早已察觉资本主义的逐利本性并深感担忧，认为资本追求无限制利益增殖的逻辑必将导致物对人的颠倒与人的异化，人类发展史沦为物的发展史。资本为了获取利益将对物的虚假需要强加于个人，而人在资本的控制下逐渐沉溺于物欲，最终丧失对现实的批判而安于现状，加剧了个体的"单向度"程度。马克思指出，"那么单纯追求财富就不是人类的最终的命运了"①。只有不再将资本主义的扩张和发展视为必然与合理，人类才能跳出资本逻辑，逃离资产阶级设下的价值陷阱，避免在资产阶级意识形态的控制下沦为"单向度"的人，依靠世界性的团结协作最终摆脱资本与物的奴役，最终向自由自觉的"类本质"复归，实现自由而全面的发展。

---

① 《马克思恩格斯文集》第 4 卷，人民出版社 2009 年版，第 198 页。

　　构建人类命运共同体是马克思人类解放思想在中国的创新性发展。人类命运共同体的文化构建始终将"现实的人"作为世界历史发展的主体，其最终目标统一指向人的自由全面的发展。构建人类命运共同体主张在追求本国利益的同时兼顾其他国家的合理需要，在推进本国发展进步的过程中促进世界各国共同发展，摆脱了市民社会将一切人降格为工具的命运，在价值上超越了资本主义以资本增殖为最终追求的价值观念，是真正站在历史、时代和人类文明高度上思考全人类共同利益问题的建构性方案。人类命运共同体的文化构建致力于建立蕴含自由、民主和平等的价值体系，并在这一价值体系上生成一种新的世界文明，为人类社会的良性发展奠定价值基础，引领人类朝向命运与共、总体解放的目标持续迈进。

本书为国家社科基金重大项目"人类命运共同体的文化构建与国际认同研究"（19ZDA003）的优秀结题成果

【下卷】

刘同舫 著

人类命运共同体的文化构建与国际认同研究

Research on the Cultural Construction
and International Recognition of
a Community with a Shared Future for Mankind

人民出版社

刘 同 舫

　　浙江大学马克思主义学院院长、教授、博士生导师，浙江大学马克思主义理论创新与传播研究中心首席专家。教育部长江学者特聘教授，享受国务院政府特殊津贴，入选国家高层次人才特殊支持计划领军人才、全国文化名家暨"四个一批"人才、"百千万人才工程"国家级人才，被授予国家"有突出贡献中青年专家"荣誉称号，获评"高校思想政治理论课教师年度影响力标兵人物"。担任中央马克思主义理论研究和建设工程项目首席专家、国家社科基金重大项目首席专家、国家社科基金学科组评审专家。主要研究领域为马克思主义哲学，在《中国社会科学》《哲学研究》《马克思主义研究》《人民日报》《光明日报》等报刊发表论文400余篇，出版学术专著、译著、教材27部，主持国家社科基金项目9项（含重大项目4项），获省部级优秀成果奖一等奖6项，入选《国家哲学社会科学成果文库》2项。

下　卷

第四章
人类命运共同体国际认同的
历史演变与原则确证

　　国际认同是人类团结合作、共同行动以实现时代目标的思想前提，人类命运共同体理念获得普遍性的国际认同，是保障全球持续和平与安全，以及各国开放、繁荣、稳定的重要基础。对国际认同基本规定即国际认同的内涵、内容与表现的理解，是探讨人类命运共同体国际认同的历史演变与原则确证的前提。人类命运共同体的国际认同具有历史性，并处于持续推进发展的进程中。随着人类文明进程与演变，国际关系相应生成了一系列原则，现行的诸多国际关系原则为人类命运共同体构建实践提供了价值参考。构建人类命运共同体是涉及全人类福祉的系统工程，需要世界各国人民共同维护国际公平正义，共同应对全球性挑战与国际性问题，也需要国际关系原则提供保障，从而为共同体的构建注入整体认知的价值规范。

第一节　基本规定：国际认同的内涵、内容与表现

　　人类命运共同体的国际认同意味着对传统世界格局中个体与社会二元对立现象的超越，推动国际社会对"人类社会或社会的

375

人类"哲学立场的共同认可，是世界各国人民、民族国家对构建符合全人类共同利益的全球社会形态的普遍认同。人类命运共同体的国际认同是不同国家、地区在国际社会范围内的碰撞与比较中形成的共同认知以及在多种观念的互动建构中塑造的共同体认识体系。人类命运共同体的国际认同兼具批判性和超越性双重维度，既指向对资本共同体的虚假性、外在性和抽象性的反思与批判，也关涉对人类社会"自由人联合体"的积极谋划与建构，促使能够彰显人类整体利益的现实性、内在性和具体性共同体的建构成为基本共识。在人类命运共同体的国际认同体系中，规则认同属于在运行机制方面达成的共识，是国际认同的直接成果；价值认同属于对价值目标的肯定和期待，是国际认同的核心；文化认同属于对人类命运共同体追求人类共同利益的文化共识的确认，是国际认同的关键。

一、在"自我"和"他者"辩证运动中的内涵指向

"认同"一般与文化和心理层面的集体意识或共同意识密切相关。心理学对认同问题的研究主要在于揭示"自我"概念如何形成，即个体对"自我"存在的客观性、利益选择及其行为模式等方面的认识，尤其关注在这一过程中"自我"如何处理与"他者"的关系。如果说心理学较多关注以个体为单位的认同构建，那么，社会学中的社会认同理论则将重点放在分析群际关系上，认为"我们"相互形成的群体是区别于"他者"的基本身份和价值确认，并通过群际关系的视角透视群体认同的形成，认同的实质在于个人对社会所建构的角色的认同，强调社会对个体的塑造以及个体对社会的反应，突出了不同行为主体在社会的交往互动中希望促使自身在经验上同化"他者"、在情感上感化"他者"的认同机制。从社会学和

心理学的视角来看，认同的获得内在包含对"自我"的确认、肯定以及对"他者"的辩证批判。在"自我"与"他者"的辩证运动中，人类越来越认识到在世界总体中充分尊重人类文明多样性和认同自身文化价值的重要性，共同反对任何一种自私的认同对其他民族自我认同的强行输出，致力于共建世界总体的最大公约数。有学者指出，认同兼具包容性和排他性，前者把"我"变成"我们"，旨在促使个人与社会获得一种现实性的连接，后者则区分"我们"与"他们"①，意在明确自我身份的内在"归属"及其在社会范围内的唯一性和差异性作用。

认同问题总是围绕"自我"与"他者"、个体与群体、群体与群体间的关系而展开。学界对社会认同问题的阐述大多基于"自我"与"他者"的主客对立视角，认为个人自我认同的独立性和社会对个体的强制性认同要求促使个人与社会的关系陷入冲突，降低甚至忽视了认同行为的"共同"意义及其效果。为了弥合这一对立，英国社会学家安东尼·吉登斯提出，自我认同应当被理解为个体和社会互相构建的结果，他强调自我认同是个体根据自身的经历而形成，是作为一种反思性来理解的自我，个人的反思性和社会行动构成自我认同构建的两种重要因素。在世界文明的多样呈现和相互交往中，西方文明将其自身对非西方文明产生的巨大影响视为"普世作用"，非西方文明自身的特性则被遮蔽且不具备伸张的权利。西方资本主义国家持续干预其他民族与国家的发展事务，容易引发非西方文明的自我认同危机，同时也可能招致自身文明认同的危机。吉登斯坦言，由于现代性的统治与渗透，"自我"投射出

---

① 参见詹小美、王仕民：《文化认同视域下的政治认同》，《中国社会科学》2013 年第 9 期。

的仍然是一种受控制的"自我"①。在现代性的笼罩下,"自我"更多地处于接受各式各样新生活方式的被动状态。现代性中自我意识的觉醒和倾向于主体性原则的认同模式根本上依托于工具性力量,在工具理性支配下的现代主体对自身认识的定位以及对自身作为社会存在的认同感愈益受到挤压,导致自我认同在较大程度上受社会的影响和支配,由此引发的认同危机也在现代生活中不断滋生并蔓延。

人作为社会性存在,其认同问题始终涉及个体和社会的关联和互动,个体认同和集体认同密不可分。有学者指出,认同问题包含个体和集体之间的类比或类推的密切联系,个体认同问题往往"映射"关于集体的自身认同问题。②社会分类能够让个体认识到自身和他人有着共同的归属,认同感正是在对这一归属的确认中得以产生。以民族、国家、信仰、文化、政治制度等为划分标准,进而展开的对民族认同、国家认同、政治认同等不同类型认同的研究,对深入把握人类社会分化与整合的演化逻辑和内在需要不无裨益。在现代的国际体系中,民族国家是社会分类的最基本单位,也是人在社会关系中存在的基本政治规范和人们认同的归属对象。在国际社会上,"民族认同的内部建构表现为促进内部融合的爱国主义,而外部建构则是排他性的、通过差异性比较和排斥他者获得认同的民族主义"③。民族认同一般包括个体对自身民族身份的认同感以及对其他成员与自身同属一个民族群体的认识,

---

① 参见 [英] 安东尼·吉登斯:《现代性与自我认同》,赵旭东、方文译,生活·读书·新知三联出版社 1998 年版,第 58 页。

② 参见赵汀阳:《没有世界观的世界》,中国人民大学出版社 2013 年版,第 64 页。

③ 李明明:《国际关系集体认同形成的欧洲社会心理学视角》,《世界经济与政治》2009 年第 5 期。

这必然会在体现民族特性的边界之外产生对其他民族主体的对立情结和摒除心理。

21世纪，生态破坏、传染疾病、恐怖主义、局部冲突与战争等日益威胁着整个世界，各个国家需要寻求更为广泛的集体认同，以促进国际社会在关涉和平与发展的共同性利益问题上达成共识，共同谋划相应的有效措施。人类命运共同体理念顺应时代潮流，把握国际社会"你中有我、我中有你""一荣俱荣、一损俱损"的休戚与共关系，围绕不同民族和个体在维护自身利益层面的现实关切，倡导构建符合人类的整体利益，超越了民族、国家、文化和地域等局限。因此，积极推动人类命运共同体建构的必要前提和重要条件在于赢得国际社会对人类命运共同体理念的普遍认同。从当前全球治理体系和国际秩序的功能等方面寻求人类所面临生存危机的根本原因，需要通过反对"普世"主义而强化不同民族对自身独特性的认同，进而加强对人类命运共同体的国际认同。人类命运共同体的国际认同是一种建立在全球范围内普遍扩大交往和团结合作实践基础之上的新型集体认同。

人类命运共同体国际认同涉及全方位、宽领域与多层次的具体内容和实践指向，把握人类命运共同体国际认同的内涵，需要认识到"自我"和"他者"的辩证关系，具备一种"总体"的理论视域。从"自我"和"他者"的辩证关系视角出发，考察人类命运共同体的国际认同问题，需要回答谁来认同、认同什么以及为何认同等问题，即厘清人类命运共同体国际认同的主体、对象和过程。

人类命运共同体具有鲜明的"类"属性即总体属性，这是人类命运共同体国际认同形成的现实基础。人作为单个的、现实的社会存在物，是特殊的个体，同时也是处于社会历史中流动的、生成性的总体,"是被思考和被感知的社会的自为的主体存在"①。社会认同是个体对自身作为社会群体成员身份的认识以及对自身作为成员身份的价值肯定和情感依赖。人类命运共同体的认同主体是人,其对人类命运共同体认同度的达成依赖于每个个体对人类总体属性的确认和反思,而这一总体属性也是人类命运共同体国际认同成为可能的前提基础。"类"是人的存在方式:一方面"类"是人的认识对象,"类"被视为人与其他自然存在物的基本区别,自然的类存在促使人在跨越动物性之后与自然实现直接对接,而社会的类存在则表征了人存在关系的全面性和自由性;另一方面,人从普遍的、自由的存在物的视角来对待自身,人只有通过自由的劳动实践才能确认自身存在的本质。

马克思强调,旧唯物主义和新唯物主义的根本区别在于立场的分歧,前者立足市民社会,后者则立足"人类社会或社会的人类"。为了改变当时不合理的市民社会生产关系,马克思将人类社会确立为共产主义社会发展各阶段展开的基点,辩证指出资本主义推动世界市场形成的同时,也促动社会主义革命在世界范围内的爆发,为"真正的共同体"的形成提供条件。历史唯物主义揭示了研究人类社会发展规律的科学出发点——"现实的人",并指认人的本质是一切社会关系的总和,即"现实的人"以社会性的总体关系为自身根本存在状态和实践方式。历史唯物主义研判出人类社会未来的发展趋势,指出在共产主义社会里人们的存在方式呈现为"自由人联合体",在联合体中将实现每个人的自由全面发展,且个体的自由发展构成一切人自由发展的条件,而每个人的发展根本上表现为社会关系整体的进步,人的一切社会活动归根结底是为了实现自身发

---

① 《马克思恩格斯文集》第 1 卷,人民出版社 2009 年版,第 188 页。

展。可见，在历史唯物主义视域下，个人发展和社会进步是辩证统一的关系。一方面，个人是组成社会的基础，社会由人构成，人在社会中产生和发展，同样，社会也由人的关系和活动而形成；另一方面，社会是人的存在形式，个体的生命活动（包括生产实践和普遍意识的活动）是对社会生活的表现和确证。马克思认为，人的个体生活和类生活是相同的，个体的生存方式是类生活的特殊存在形式，类生活是个体生活的普遍存在形式。人作为类存在物，总是以共同的生活形式来确证自己的存在，并且需要依赖共同体以实现和维护自身的生存和发展。在这种存在形态中，整个社会制度和运行路径以人们的共同行动与生产合作为基础，激发人本质劳动的自由属性，实现个体的人与共同体之间的内在统一。

人类命运共同体理念将人类作为命运与共的总体存在，个体即各个国家的人民是命运共同体的最小细胞和现实存在形式，以民族国家为单位构成的国际社会则是命运共同体的政治单位。"构建人类命运共同体不是中国的单边行动设想，而是特定时空环境与特定观念影响下的集体行动设想与实践"[1]，人类命运共同体的国际认同旨在超越民族国家认同，构建世界性的集体认同。中国共产党人站在人类社会和全人类的立场，为解决当今世界发展难题、应对全球共同挑战贡献了构建人类命运共同体的智慧方案，追求国际社会各个国家、人民的普遍共识和集体认同是其题中应有之义。人类命运共同体国际认同的实现依赖于每个个体的认同，进而在全世界范围内达成理性认知和价值共识，并融入构建人类命运共同体的历史实践。

---

[1]　牟琛、蔡文成：《构建人类命运共同体：一项全球性社会运动的设想与实践》，《国际观察》2023 年第 5 期。

人类命运共同体理念要在国际社会范围内得到普遍认同，需要将其作为国际认同的认知和认同对象加以考察。当今世界正经历百年未有之大变局的深刻变革，机遇与挑战并存，期待与困惑同在，国际社会普遍发出"世界怎么了，我们怎么办"的时代之问，表达出对世界历史走向和人类前途命运的高度关切。回应和解决当今时代的困惑，必须澄清人类社会生存和发展的最基本问题，即人类社会的发展历史、时代方位和未来走向问题。能否找到一个符合各国人民根本利益，赢得国际社会广泛赞同和普遍欢迎的"方案"，这关系如何共同应对全球挑战，共创人类发展美好未来的重大命题。人类社会共同发展的目标和任务是分阶段提出并逐步完成的过程，针对当前阶段国际社会发展所需要解决的共同问题，人类命运共同体理念提出的发展对策具体表现为全人类共同的方式，对内实现发展、加强自信，对外寻求合作以持续共存。任何"方案"得以践行与产生成果都建立在人们对这一"方案"的高度认同和自觉实践的基础上，凝聚国际社会普遍共识是采取共同行动的先导。

构建人类命运共同体为人类社会发展擘画了新蓝图，从总体布局和构建路径等方面对未来共同体进行科学构想和实践规划，全面回答了人类社会的历史来路、时代坐标以及构建何种未来共同体的问题，通过倡导建设一个持久和平、普遍安全、共同繁荣、开放包容、清洁美丽的世界，将世界各国人民对美好生活的向往变为现实，符合全人类自身生存的需要和共同发展的主题。在构建人类命运共同体的理念中，国际关系体现为伙伴关系，国家间互相尊重主权，共同商讨国际事务；国际环境普遍安全，国际社会致力于维护公平正义，形成统一使用、普遍遵守的国际规则和秩序；发展前景繁荣广阔，国际范围内的普遍交往进一步扩大，在追求本国利益的同时兼顾他国以及人类整体利益；文明交流日益广泛，尊重文化多样化，在兼收并蓄中增进文化共识；生态体系更加和谐，遵循绿色可持续发展的理念，促进人与自然生命共同体的和谐发展。在旧的国际秩序和全球治理框架下，民族主义和特定的种族等级观念在不同领域的交往实践中展露出来，成为西方资本主义世界统摄全人类的不公正方案，人为隔绝了不同领域发展间的内在关联。人类命运共同体理念从经济、政治、文化、生态和安全等领域，指明共建共享、对话协商、合作共赢、绿色低碳、交流互鉴等具体实践方式和机制，为解决全球治理难题提供了新的思路，具有强烈的现实性意义。这一理念客观承认不同民族国家生产发展水平的非均衡性，以及不同文明主体在应对全球化进程危机和挑战时的观念与对策差异，证明了不同利益主体在追求发展这一基本领域中的共同性意向，致力于维护并推进全人类共同发展原则的连续性和统一性。人类命运共同体国际认同的对象内容为对这一全新理念和方案的认可、接受和赞同，能够在投入现实构建实践中深化对这一理念的认识和信赖。

为什么人类命运共同体理念能够成为人类社会未来发展的指向并赢得国际认同，而不是其他共同体理念或假说？其根源就在于构建人类命运共同体的实践找到了实现人类美好世界图景的现实出路。中国所推动的人类命运共同体构建能够真正把握和彰显人的主体性，尊重和维护世界的多样性和差异性，并在人类总体利益的基础上寻求更多的共同性，努力消除抽象共同体之下虚假、外在和空洞的共同性，以共同规则、共同价值、共同文化上的共识为思想基础，以多领域的合作共赢搭建真正的"共同体"，其本质不是创立以人类命运共同体理念为终极原则的存在样态，而是为人类社会发展的整体性、长远性和稳定性提供互惠互赢的思维与方法，对命运与共总体的构想与实践完美呈现出了人类这一"类"存在物的普遍而自由的特性，将民族国家核心利益一致性的追求融入全人类总体利益的发展，有利于赢得国际社会的广泛支持和认同。

对人类命运共同体国际认同的主体、对象及过程的分析彰显出这一国际认同的基本内涵，即人类命运共同体的国际认同由世界各国人民、各个民族国家在全人类共同利益基础上得以达成，是对通过协商对话、合作共赢、共商共建等方式构建起一个持久和平、普遍安全、共同繁荣、开放包容、清洁美丽的共同体方案的积极认可和普遍赞同。人类社会不同民族的文明以及具体领域的共同发展只能在共同体中得以实现和持续，人类进入到共同拥有和普遍认同的认知与实践框架是"自我"能够与"他者"交往的前提条件。正是共同拥有的社会存在和实践关系，使得彰显普遍"善"的人类命运共同体成为可能。

二、规则认同、价值认同和文化认同的内容统一性

人类命运共同体国际认同是规则认同、价值认同与文化认同相结合的统一体。规则认同是对人类命运共同体运行机制的一致认可，是国际认同实现的重要一环，也是国际认同的直接成果；价值认同是对人类命运共同体追求和维护的全人类共同价值的肯定，是国际认同持续性的关键和核心；文化认同是对人类命运共同体谋求共同利益所达成的文化共识的确认，是国际认同形成的突破口。人类命运共同体理念从基本结构、运行机制、价值目标等角度，回答了建设何种全球性社会形态的问题。人类命运共同体国际认同是世界各国基于本国利益基础之上所达成的对于构建一种国际新秩序的规则认同、价值认同和文化认同，并在推进"三大认同"内容的实现进程中促使各国人民产生对这一理念的心理情感认同和理论实践自觉。

　　人类命运共同体国际认同的内容随着人类社会实践交往的深入发展而不断深化扩展。巩固和创新国际社会共同认可、具有普遍性的国际规范和原则，是促进国际社会良好有序运行，实现合作共赢的必要前提。规则认同是人类命运共同体国际认同的现实基础。国际上普遍认为当今全球治理体系的变革正处于历史转折点，这一变革成为解决全球治理难题、谋求人类社会进步和发展的必然要求。随着西方发达资本主义国家主导的国际经济政治旧秩序的治理失灵，重建全球治理体系和国际新秩序成为迫切的时代呼声，而构建新型国际关系、建立有效的国际治理机制均离不开国际规则治理效力的发挥。只有国际成员共同尊重、认可和遵守国际规则，才能真正超越发达资本主义国家的"虚假的共同体"及其对"抽象自由"的价值追求和规范诉求，才能更好协调各方行动，在关切人类生存和发展的重大现实问题上同舟共济、合作共赢。构建人类命运共同体不是对现行全球治理体系的全盘否定，而是要克服和弥补当前全球治理体系存在的缺陷和不足，即构建人类命运共同体不是彻底推翻旧有国际秩序和规则认同，而是在扬弃旧秩序的基础上尽力化解不同民族国家之间在社会制度和经济文化层面的冲突与斗争，积极倡导彼此尊重、相辅相成的治理观念与发展逻辑。国际社会在发展历程中，已形成和积累了符合全人类利益的国际规则和宝贵治理经验，需要继续加以巩固并促使其更好发挥效力。人类命运共同体理念为国际社会正确看待、运用和遵守国际规则贡献出新视角、新策略。

　　国际规则本身就是一种全球性的共同协定，并伴随历史现实的发展而调整或变更内容，以保证不同主体对这一规则内容的认同和遵循。国际认同的基础内容在于各国对国际规则的制定、遵守与践行的认同。不同国家在全球交往中已然认识到国际规则及其话语的重要性，提升自身在国际规则制定中的话语权成为各国共同追求的目标，在此背景下容易形成相互争夺的交往体系，构建人类命运共同体旨在促成为全人类所共同认可的国际规则及其话语表达方式。

首先，规则认同包括对参与国际规则设计和制定的权利的认同。多主体参与是新型全球治理的重要特征之一，各个主权国家具有共同参与协定国际规则内容的平等权利。因而，他们都是积极构建人类命运共同体的平等参与者，国家不论大小强弱、发展程度如何，都拥有参与构建人类命运共同体的平等身份和地位，其在国际规则设计和制定中的权利也是平等的。每个权利主体在国际社会中平等参与决策以及被赋予同等的代表性和话语权过程往往能够推动其国际地位与思想智识得到巩固与发挥，全球治理日益需要汇集世界各国的智慧和力量，国际事务也越来越需要各个国家通过对话协商来解决，多数国家都致力于建立公正合理的国际规则以构建公道正义的新型国际关系。人类命运共同体旨在推动全球治理秩序的变革，倡导更多的新兴国家和广大发展中国家广泛参与国际规则的设计和制定，秉持"共商共建共享"原则，在协商对话的基础上凝聚来自不同民族、不同地域、不同文化以及不同信仰的人们的共识。人类命运共同体的规则认同就是要重塑不同主体的生产组织形式和交往实践格局，彰显民族主体与人类主体在自由存在和价值共识双重逻辑上的辩证统一，让世界各国在国际规则的制定上达成共识，尊重各个国家在国际事务中的主权平等，反对"大国霸权"或"几方共治"。

其次，规则认同还包括国际社会对各国在构建人类命运共同体实践中应当严格遵守国际规则的认同。各个国家应自觉维护和遵守国际社会在全球环境保护、生态安全、经济交往及文化交流等方面的规则，及时干预和制止破坏与违反国际规则的行为，保证构建人类命运共同体的有序健康发展。虽然国际社会在全球现代性的发展浪潮中暴露出复杂的运行态势，但资本主义主导全球现代性进程以及支配国际社会秩序的现状并没有发生根本改变，资本主义社会的基本矛盾及其衍生危机的必然性难以根除，在这一现实背景中不同主体对自身利益的追求必然与全球整体利益发展形势不可分割。每个国家都有其核心利益，但更应看到每个国家的共同利益，勠力寻求利益交汇点，不能以损害甚至扼杀他国生存与发展的合理权利来谋求本国利益的实现。联合国的成立以及联合国宪章宗旨的达成是人类深刻反思两次世界大战的教训，并致力于通过协商对话推动化解国际社会的冲突和矛盾，维持与巩固国家间和平共处状态的积极成果。一直以来，正因国际社会未能有效履行联合国的宗旨和原则，致使世界范围内各种对抗和不公的现象时有发生，但联合国宗旨和宪章仍然有效。一些西方大国长期占据全球治理的核心主导地位，凭借其经济、军事优势大肆垄断国际事务，无视甚至践踏联合国的存在及其宪章宗旨，在国际社会推行霸权主义、强权政治，插手别国事务，干涉别国内政，只愿享受发展的成果却逃避其应承担的大国义务，推行反全球化、保护主义等逆经济全球化浪潮的卑劣行径。面对日益严重的全球性问题，西方国家在国际治理中显得束手无策，他们统摄全球治理模式的行为遭到质疑和批判，一味追逐自身私利的本性暴露无遗。国际规则的生成天然强调权力属性，以往的国际规则形成了对参与成员之间不合理的利益分配，体现出以往的国际规则或国际秩序由强国主导形成的事实，强国可以根据自身的利益需要而对国际规则进行定义和解释。

人类命运共同体能够推动开创新型全球治理模式。中国作为发展中国家，绝非要争夺西方大国的"统治权"继而成为国际秩序的新领导者，在参与国际社会规则的制定与执行具体国际事务中也绝非要垄断地区和国际事务，相反，中国以其负责任的大国形象肩负着推动地区和世界和平与发展的重大责任，在参与全球治理过程中贡献着中国智慧和中国力量。在命运与共的人类社会总体中，任何强权霸权的发展之路都与人类休戚与共的生存态势相违背，任何肆意诽谤其他主体发展之路和制造世界动乱的意图也终将幻灭在人类共同的实践进程当中。中国拒绝走"国强必霸"的争权之路，而西方炮制的所谓"中国威胁论"显然是无视乃至抹黑中国和平发展事实的污蔑论调。人类命运共同体理念强调在处理国与国之间的关系时摒弃零和博弈的思维定式，通过"共商共建共享"的方式实现合作共赢，促进国际关系健康发展和全球治理有效开展，最终实现人类社会整体的长远发展利益。提升国际社会对构建人类命运共同体过程中的规则认同，有利于各国对规则的自觉维护、一致推行和积极践行。

再次，规则认同还应包括国际社会对构建人类命运共同体需要遵循的基本规范和原则的认可与接受。构建人类命运共同体要积极吸收、借鉴国际关系领域形成的一系列经验成果，继承和发扬国际社会在维护公正合理国际秩序过程中积累下来的、国际社会公认的规范和原则，使得自身在历史唯物主义的指导下，在现实的共同体组织形式推动下，确保规则制定实现科学性与实践性的辩证统一。构建人类命运共同体理应严格遵循国际社会公认的平等和主权原则、国际人道主义精神、联合国宗旨和原则、和平共处五项原则等规则，遵循历史唯物主义对现实历史发展规律的一般性揭示，在现实实践中探寻国际社会规则制定的内在规律和必然逻辑。第二次世界大战后，以美、英为代表的西方资本主义国家成为全球治理和国际秩序的规则制定者，并且通过强有力的经济、军事实力长期掌控国际组织，因此，全球治理中的规则和秩序实质上是建基于发达资本主义生产方式和经济基础之上，由西方发达国家掌握的国际社会运行规则和交往秩序。当今，全球治理危机成为国际公认的事实，对和平赤字、安全赤字、环境赤字等全球治理问题的解决需要变革国际治理体系。构建更加公平与包容的世界秩序是全球治理变革的内在要求，而平等包容的世界秩序并非建立在某国或者某种文明的价值观和体系的基础之上，只有勇于打破既定的由单一文明价值体系所衍生的不平等国际旧秩序，才能为积极寻求并构建立于共同价值观的新型国际秩序并为推动全球治理的健康发展提供新的平台。

在国际社会中，影响规则认同的因素包括社会分层、组织方式和价值观念等，这些因素决定了民族国家在一定时期内的选择范围，同时也决定了规则认同的可能性边界。在构建人类命共同体的深入推动下，规则认同的选择边界日益向协商整合的方向转变。

价值认同是一切政治制度和行动理念的根本追求，只有在价值维度上实现认同，才能真正保证人们对思想倡议的自觉建构，价值认同构成人类命运共同体国际认同的核心层次和重要内容。价值认同是认同主体对共同价值的接受、认可和赞成，是人们在共同价值上达成的一致性认识。"'人类命运共同体'所诠释的'共同价值'是在尊重文化多样性的基础上寻求各个国家普遍认可的价值观。"①在世界正发生深刻变革的时代背景下，世界各国共同面临着气候变化、资源短缺、恐怖主义、重大流行疾病、网络安全等严重挑战，当今国际社会充斥着不同国家为维护和实现本国发展利益而提出的复杂多元的价值观。随着以经济全球化为表征的全球化进程的深入

---

① 周银珍：《国际情怀与担当："人类命运共同体"建构中国国际话语权》，《宁夏社会科学》2018 年第 1 期。

发展，没有哪一个国家可以仅凭一己之力实现其现实利益。在日益扩大的国际交往中，各个国家的利益不断交汇融合，越来越成为利益攸关、安危与共的命运共同体。构建人类命运共同体致力于完善当前的国际规则和治理体系，从价值观维度揭示了由西方制定的国际规则及其评价指标背后的虚假价值观，力图超越霸权体系和西方"文化中心主义"，构建平等协作、多元共生的规范性制度体系。人类命运共同体理念的核心旨趣是促使其构建实践所产生的成果由全人类共享，在涉及关乎国际权力、共同利益、可持续发展和全球治理等议题上，凝聚人类社会所追求价值的最大公约数，达成各国普遍认同的文明观、全球治理观、可持续发展观等全球价值观，追求建设一个持久和平、政治安全、经济繁荣、文化包容、生态美丽的美好世界。

人类在本质上以相互依赖的整体为生存方式，在谋求自身发展利益的过程中不断与他人和外界进行交往和互动实践，这些为全人类共同价值的生成提供了现实基础。在《1844 年经济学哲学手稿》中，马克思突出强调人的类特性，即人是类存在物，人的存在具有双重类的属性：不仅因为人在实践上和理论上都把类视为自己的对象，而且因为人把自身视为现有的、有生命的类来对待。[①] 马克思对人的"类本质"的揭示表明人类必然存在某些共同利益，人类在对这些共同利益的追求和实现中不断确认共同利益对于自身生存和发展的价值意义，最终凝结成人类普遍向往和期待的共同价值。因此，从理论层面来看，人类拥有普遍认同的共同价值观念，人类的共同价值在不同地区和文化的传播、交流以及碰撞中逐步形成，以各民族文化的精神基因和实践积累为实现共识的理

---

① 参见《马克思恩格斯文集》第 1 卷，人民出版社 2009 年版，第 161 页。

论根基，以各利益主体在扩大交往中自主追求共同性的意愿为现实基础。2006 年，联合国教科文组织在《文化多样性与人类全面发展——世界文化与发展委员会报告》中强调，纷繁复杂的文化多样性中存在统一性，这一统一性便是人类的共同价值。哲学意义上的价值是用来表明某种关系的范畴，即客体具有满足主体某种需要的属性，亦即客体对于主体的有用性，而人的类哲学视域中的价值统一性意蕴则根本指向契合人类社会存在依据的共同力量。生存和发展是全人类的共同利益追求，实现世界各国人民对美好生活的向往是构建人类命运共同体的价值承诺。人类命运共同体承认和维护各国人民对和平、发展、公平、正义、民主、自由的普遍向往和共同追求，并且致力于在实践中积极促进这些共同价值的实现。人类命运共同体的价值体现在满足世界各国人民对美好生活的需要。和平与发展的国际背景、公平与正义的国际秩序、民主与自由的国际环境是世界各国人民的普遍向往和追求，人类命运共同体理念与方案凝聚着这一价值共识，为人们达成价值认同奠定了价值内容基础。在认识的对象维度，人类命运共同体代表全人类集体的能动性得到普遍认同，参与成员将其视为各自文化话语权得以表达、共同的价值得以实现的组织形式；在实践的主体维度，参与国家不仅获取价值共识，而且以多元化的方式获得自身认同。

　　人类命运共同体蕴含的全人类共同价值与西方资本主义国家宣扬的价值理念在如何达成人类共识的主张上存在本质区别。"全人类共同价值"揭露了资本主义企图将价值理念强加于各国作为全人类共同价值的骗局。在资本主义全球治理背景下，西方大国凭借其强势的国际话语权谋求价值观的认同，资本主义国家向世界各地推销自己的价值理念，企图将其伪装为符合全人类共同利益的最优价值选择。然而，资本主义国家的真实目的是在全世界范围内推销自身的价值观，实现资本主义的文化侵略和扩张，反映了资本主义贪婪扩张的本性。人类命运共同体理念倡导的全人类共同价值是具体的而非抽象的，倡导在人类社会普遍关注的共同利益上达成价值共识，呼吁通过"共商共建共享"的全球治理观推动国际社会在安全、政治、经济、文化和环境多重领域的和谐发展。世界各国之间的联系在经济全球化、文化多样化、社会信息化的深入发展中变得日益紧密，"一荣俱荣、一损俱损"的关系也越来越成为其真实写照，在应对人类共同面临的气候变暖、恐怖主义、重大传染性疾病、国际治理等一系列全球性问题时，任何一个国家都不具备单独应对的能力，试图退缩到自我封闭的孤岛变得不切实际。只有在涉及人类共同利益的价值取向上达成共识，加强文明交流互鉴并携手应对挑战，才能达成对人类多样文明中共同价值的真实追求，最终实现人类社会的长远利益。

马克思认为，民族国家的生产和消费伴随世界市场的开拓而日益具有世界性的特征，如果说过去的各个民族和国家处于闭关自守、自给自足的封闭落后状态，那么经济全球化的发展则打破了这种封闭落后状态，各个地区和国家成为普遍交往和相互依赖的整体，这种世界性的普遍交往和联系消除了各民族的局限性和片面性。精神生产的世界性特征使得人类可以共同创造文化和享有文化，也决定了人类能够在关涉共同利益的问题上进行沟通、达成共识。正如一些学者认为，文化认同不仅包括对民族文化、国家文化的认同，也包括对人类共同创造并且享有的文化的认同，以及在关涉人类的共同利益上所达成的共识。① 文化认同的前提是承认不同文化主体标志不同民族身份的个性，并在交互过程中存在趋同共性的可能。文化认同以诸多文化现象为出发点，注重把握文化发展的本质属性和基本规律，最终借助文化的阶梯而提升到对人性存在的意义进行深层价值的省思，这就包含了对文化的结构、转型及传播等维度的价值思考。在人类历史发展的进程中，文化认同始终承担着区分不同文化主体特色的辨析功能和超越自我异质界限的整合功能，在执行双重功能的认同进路中彰显民族文化特殊性、差异性存在的共同价值。

德国社会学家和哲学家斐迪南·滕尼斯在《共同体与社会》一书中将共同体的演变划分为血缘共同体、地缘共同体、精神共同体三个阶段。血缘共同体是共同体的最原始状态，地缘共同体在血缘共同体的基础上发展而成，表现为居住在同一地域的共同体，精神共同体则是在之前各种共同体的基础上形成和发展来的，是最高形式的、真正属于人的共同体。② 滕尼斯所述共同体，因血缘关系、地缘关系和文化关系发展而成，作为最高层次的精神共同体，需要其成员站在人类文明和文化的高度，认知、认可和最终认同人类群体的总体关联。有学者提出文化认同是一个过程，并将这一过程归纳为五个时期，最后一个阶段则为人类文化认同的大同时期，"人类文化认同的大同表现在对全人类共同的利益、发展、精神与物质需求及人类在文化交融中形成的共同文化等方面的认同"③。对文化

---

① 参见郑晓云：《文化认同与我们的时代》，《云南社会科学》2018 年第6 期。

② 参见［德］斐迪南·滕尼斯：《共同体与社会》，林荣远译，商务印书馆 1999 年版，第 65 页。

③ 郑晓云：《文化认同论》，中国社会科学出版社 1992 年版，第 83 页。

认同的阶段划分表明文化自身的内容、结构与价值在与其他文化的交融中产生新的变化，加深了文化认同进程的复杂性，但也为文化认同的主体范围、对象层次和实践领域的开放拓展提供了新的思路。人类命运共同体国际认同的关键在于文化认同，需要依托文明的交流互鉴来推动人类命运共同体理念在国际社会的深入发展。有学者提出，"文化认同是民族认同、国家认同的重要心理和精神的基础，而且是最深层的基础"[①]。人类命运共同体的文化认同强调基于"人类"这一整体性范畴来审视国家、地区以及各民族间的关系，超越某一特定国家、地域的局限，进而关切整个人类社会的生存和发展利益，达成对全人类文化的认同。与政治、经济等具体领域的认同机制不同，人类命运共同体的文化认同潜在地渗透到人类社会生活的各领域及层次，以丰富的交往形式重现人类生产与生活方式的多样性，体现为对尊重和维护人类文化多样性的普遍认可。

构建人类命运共同体需要世界各国为达成文化上的广泛共识寻找有效途径，消除文明间的偏见、隔阂与冲突，增进文明的交流互鉴。人类命运共同体的文化认同体现在对尊重和维护人类文化多样性的普遍认可。不同的民族、国家和地域孕育出具有不同特征的文明，每一种文明都是一个国家和人民的文明智慧与历史积累的结晶，代表着一个国家和民族的精神家园，因此具有自身存在的独特价值，各种文明交相辉映共同构成了世界文明的璀璨图景。人类命运共同体绝非要构建一个全世界单一的文明形态，它强调不同文明之间的协商、对话和交流，在此基础上增进文化理解、达成文化共识。人类命运共同体理念强调文明没有优劣之分，主张各种文明应相互尊重、平等相待，反对文化霸权主义，拒斥凭借文化霸权地位

---

① 邴正：《中华文明的包容性与文化认同》，《教学与研究》2024年第1期。

在全世界推行的做法，倡导通过平等的交流对话增进对其他文明与自身文明差异性的理解，在文明多样性中求同存异。"人类命运共同体跨越社会制度和意识形态的分歧和对立，寻求超越社会制度和意识形态差异的理性方案"①，这一方案的认同依靠文化的强大整合能力，通过激发不同文化之间历史交流的连续性来推动文化主体自身嵌入性与一致性的维系和发展，并在文化的交流互鉴中促使各主体对人类文化整体价值的认同和自觉融入。构建人类命运共同体要求各民族国家应当秉持开放包容的心态展开多元、多向的互学互鉴，在文明的交流与互鉴中不断推动人类社会进步，从多样文化差异性互动与变迁的总体性视角出发，发掘人类命运共同体国际认同的文化价值力量。

三、从抽象共同性到总体共同性的价值表现

无论是由资本主义构建的市民社会所表征的"虚假的共同体"，还是现代西方世界衍生的抽象共同体，都无法理解人类共同生活的真正共同体的整体样态，无法摆脱个体主义的片面性和狭隘性。人类命运共同体生成于人类社会由抽象共同体向"自由人联合体"过渡的时代，其国际认同兼具批判和建构的双重特性，具体表现出对抽象共同体虚假、外在、空洞的全面反思，对"自由人联合体"的现实、内在、具体的总体共同性的指认和期待，人类命运共同体的国际认同本质上是实现人类社会总体共同性内在需要的积极谋划。

历史唯物主义揭示了思维与存在、人与社会的关系，指出不是社会意识决定社会存在，而是社会存在决定社会意识。依据社会存

---

① 周琳娜、戴劲：《文化认同与制度式微：人类命运共同体的思考》，《学术探索》2018 年第 8 期。

在决定社会意识的原理，人类命运共同体的国际认同作为意识活动，其构建必然受到人类社会共同体发展形势的制约和影响。人类命运共同体的国际认同表现在人类对其赖以存在的共同体形式的认识、认可及不断反思中。厘清人类社会共同体的发展类型，尤其是切实判定人类命运共同体在其中所处的历史方位是深刻把握这一国际认同的基础和前提。

人的本质及其类属性深刻表明人类处于一个休戚与共的命运共同体之中。马克思从社会关系总和的角度揭示人的本质所在，并且从"现实的人"的发展视角考察人类历史，并将其划分为三大阶段。前资本主义社会表现为人的依赖性，资本主义社会则充斥着对物的依赖关系，到了共产主义阶段人们将摆脱资本逻辑中对物的依赖，实现自由而全面的发展。人类社会的发展阶段根植于生产力发展的现实基础，决定社会总体的存在形态和"现实的人"的生存方式。从马克思的共同体思想出发，可以将人的发展的社会形态演变归结为以人的依赖关系为基础的共同体、以物的依赖关系为基础的共同体、以人的全面发展为基础的"自由人联合体"。有学者将这三个阶段的共同体归结为"自然形成的共同体""抽象共同体"和"自由人联合体"[1]。马克思对"真正的共同体"的理解基于对人的本质的透彻把握，基于对人类共同生活特质的深刻洞悉。他以"真正的共同体"批判资本主义为不断获取私人利益而构建的抽象共同体，阐明以人的自由劳动和价值为本质性纽带而构筑的"自由人联合体"形式。在历史唯物主义的视域中，未来人类社会生活的共同体形态表现为"自由人联合体"，是对抽象共同体的积极扬弃，马克思称

---

[1] 参见桑明旭：《马克思对共同体发展的历史考察及其当代启示》，《湖北社会科学》2019年第4期。

之为"真正的共同体",认为其建立在生产力高度发达的基础之上,消除了私有制这一阶级存在和对立的根源。在"真正的共同体"中,社会共同占有生产资料,每个人的自由发展成为一切人自由发展的条件,人的共同存在性本质展现为真正的、丰富的、具体的现实化,这种"自由人联合体"的社会形态以"现实的人"的生产活动为出发点,并将"从事实际活动的人"的"现实生活"确立为人类朝向"真正的共同体"实践的基础。

需要明确的是,人类命运共同体并不完全等同于马克思共同体思想中的"自由人联合体",人类命运共同体处在抽象共同体向"自由人联合体"过渡的历史阶段。这一阶段的本质和根本趋势表现为由资本主义向社会主义的转变,其提出了超越现代哲学视域局限的理论要求,显现出回归人的生活世界的理论趋向,在行动上表现出现实的人走向"真正的共同体"的实践指向。人类命运共同体与"真正的共同体"的内在关系在于,"人类命运共同体主要指一种社会状态,而非社会形态;'真正的共同体'则主要用来指未来理想的社会形态"①。因而,人类命运共同体的国际认同表现为,伴随资本主义向社会主义的转变过程,人类从对资本主义主导的抽象共同性的认知与认同逐步转向对社会主义主导的总体共同性的认知与认同,企图超越抽象共同性并指认和期待未来共同体社会即"自由人联合体"的总体共同性。

首先,人类命运共同体的国际认同是对抽象共同体中虚假的、外在的、空洞的共同性的否认和批判。

马克思将资本主义国家所宣称的集体生活称为"虚假的共同

---

① 陈曙光:《人类命运共同体与"真正的共同体"关系再辨》,《马克思主义与现实》2022年第1期。

体"，资本主义的国家形式是"虚假的共同体"的直接表现。马克思认为，"正是由于特殊利益和共同利益之间的这种矛盾，共同利益才采取国家这种与实际的单个利益和全体利益相脱离的独立形式"①，同时采取"虚假的共同体"形式。"虚假"意味着在资本逻辑为主导的社会中，为了化解特殊利益和共同利益之间的矛盾，共同体采取国家这种虚假的形式，表面上市民社会和政治国家的矛盾冲突看似缓解，实则是用民主政治的形式遮蔽和掩盖了矛盾，并没有消除个体利益和共同利益的纠葛。第一，"虚假的共同体"建立在虚假的共同利益之上。"虚假的共同体"表面上作为社会成员共同利益的代言人，实际上是统治阶级实现自身利益的工具。所谓"个体的自由"只是对于在资产阶级所统摄的共同体领域内得到发展的主体才具有可能，而对被统治阶级而言则是一种新的束缚和剥削形式。在建立于生产资料私有制基础之上的资本主义制度中，国家是实现一个阶级统治另一个阶级的工具，看似代表普遍利益的国家，实则维护的却是特殊的"普遍"利益即资产阶级这一统治阶级的利益。资本主义制度下，统治阶级将自己的利益说成是普遍利益，不过是打着"普遍"利益的旗号来谋求本阶级的特殊利益，资产阶级口中所谓的"普遍"利益是一种虚假的共同利益，建立在虚假的共同利益之上的共同体只能是"虚假的共同体"。第二，"虚假的共同体"是外在于个体的异己力量。在资本主义制度统治下，被统治阶级总是处于被支配的地位，被统治的个人无时无刻不是处在"虚假的共同体"的束缚和控制之中。资本作为整合整个社会的强大力量也将其威力散布到社会的方方面面，而在异己力量支配的社会中，人们之间的联系和联合是被资本化的，这种资本化的社会联系不但

---

① 《马克思恩格斯文集》第 1 卷，人民出版社 2009 年版，第 536 页。

不能真正体现人们之间内在的属人关系，反而是对人的本质的严重遮蔽。在资本异己力量的强大统摄下，个体的个性和自由逐渐消弭，全然沦为资本增殖的工具。

资本主义抽象共同体的外在共同性表现在四个方面，第一，劳动产品外在于"现实的人"而存在。劳动产品是人现实活动的结果，但作为异己的力量同劳动者相对立。人的实际劳动构成资本主义生产的主要力量，但在资本主义生产方式下，人生产的财富越多，人自身就越贫困，物的增殖和人的贬值形成鲜明对比。人在生活过程中无法直接占有产品，只能依靠交换关系而获得，其本质的彰显必须依附于物质存在才能得到证明。第二，劳动本身外在于"现实的人"而存在。劳动不是出于人的需要所进行，反而沦为满足生存需要的一种压迫性工具和手段，劳动不属于人的本质，人在劳动中感觉到的是自我牺牲和自我折磨，劳动不再是属于自身的自主活动而是属于他人，成为与人的社会生活根本违背的实践力量。第三，人和人的关系外在于人本身而存在。在抽象共同体中，不同于自然共同体或者原始共同体阶段人和人的关系直接表现为血缘关系和生产关系，人与人的关系的实现依赖于商品交换，货币作为外在中介物，是实现这一交换的重要手段，人的主体性被彻底消解，人和人的关系外在于人本身。第四，共同体外在于人而存在。在抽象共同体中，交换价值不断被人们的经济活动生产出来，持续编织和构筑抽象共同体，而人的存在和价值被架空。在抽象共同体中，人的本质力量的发挥受制于私有财产的统治，从而消解了人的现实的存在，使人沦为抽象共同体的附属物。

抽象共同体通过资本、货币、交换等形式为其共同体谋划的共同性实际上是外在的共同性，在这种共同性掩盖之下，人是资本增殖的手段而非自身存在的目的，个体与个体、个体与社会的真实、现实、丰富的关系被资本所遮蔽，人的自主意识和能动性被逐渐消解。正如马克思所指出的，在抽象共同体中人们所形成的共同性只是平等劳动和获得工资的共同性，二者进一步被想象的普遍性的神话所渲染："劳动是为每个人设定的天职，而资本是共同体的公认的普遍性和力量。"① 资本对劳动及其价值的无偿占有导致了其抽象共同体形式的逻辑悖论，资本主义刻意掩蔽人存在的"现实性"来攫取人的劳动成果，塑造了充满人与劳动自相矛盾的生产关系和生存方式。马克思用抽象共同体来描述资本主义社会组织与传统社会共同体的区别，真实呈现出资本逻辑的人格化及其征服世界、同化所有领域的扩张历史，同时也揭示出资本主义社会生产对"现实的人"的剥削由具体到抽象的质变过程。

抽象共同体仅仅依靠资本逻辑的控制和对个体个性的压抑来满足少数人对多数人的统治，共同体成为被编造的整体幻象，剥离了个体与共同体的真实关联，表现出空洞性的一面。资本主义生产关系和交换价值即货币的现实存在形式是雇佣劳动和资本。马克思认为，在资本主义生产方式下，货币是现实的共同体，它既是人们赖以生存的手段，也是人们活动的共同产物。在抽象共同体中，一切人和物都被纳入市场交换价值体系之中，在这一体系中，交换价值和交换原则表现出超强的主宰和控制力，服务于资本增殖的核心目标，人受到物的控制和奴役，而丧失了支配和使用物的能力。人们之间的关系体现为物的关系，"现实的人"被抽象成劳动力，服务于资本增殖。随着政治经济学批判的深入展开，马克思揭示抽象共同体具体栖身于以"货币—资本"流通过程展开的社会组织中，体现了其依托传统形而上学主客二分的理性原则，导致人与人之间关

---

① 《马克思恩格斯文集》第 1 卷，人民出版社 2009 年版，第 184 页。

系的组织形式走向物化。表面上看，资本凭借其强大威力成为统摄全球的主宰力量，经济全球化的实质是资本主义主导和推动的全球化经济的扩张和发展，但本质上，抽象共同体是独立个体通过外部中介而间接形成的机械聚合，个体与共同体之间处于分裂状态，共同体依附资本的强制力量而成为独立于个体人的存在，共同体中的个人也没有建立起从自身需要出发的实质性联系，这种虚假的共同形式无法从根本上解决个体与个体、个体与共同体之间的对立和矛盾。资本宰制下的世界日益聚合为一个"整体"，这个整体以资本主义全球治理体系的面貌呈现，少数资本主义国家或资本家作为统治者打着实现全人类共同利益的旗号，标榜经济的自由放任、政治的自由民主化以及文化上的"普世价值"，在资本主义生产方式为主导的社会中，共同利益演变成一种特殊的"普遍利益"，实质上个体追求的只是符合自身利益需要的特殊利益，这就决定了资本主义主导的抽象共同体的共同性水平不可能超越特殊利益，反而受限于特殊利益。

抽象共同体虚假的、外在的、空洞的共同性难以为继，究其根源在于抽象共同体自身的内在矛盾。资本的逐利本性和扩张本质决定了资本主义必然在全球开拓市场以寻求增殖，将一种满足资本根本需要的"普遍利益"的姿态呈现于经济全球化的现代化进程，从而客观推动了经济全球化的发展，以经济全球化为先导和动力，世界各地的联系和交往日益密不可分，尤其是经济生产方面越来越需要通过社会化大生产来实现生产力的发展，但是资本主义条件下生产资料的私人占有又决定了资本的自私本性，人格化的资本以追求利益最大化为目标，充分暴露资本贪婪而缺少生产计划的随意性，生产资料私人占有和社会化大生产作为不可调和的矛盾从根本上决定了抽象共同体必然走向溃败。马克思对抽象共同体的批判性分析是对资本主义现代性的整体解构，因为任何局部的批判终将掉进资本逻辑的陷阱，他发现了抽象共同体的运作机制和资本增殖的秘密，指明对支撑抽象共同体的资本主义生产关系加以彻底的决裂性革命。因此，抽象共同体向人们昭示的共同性也将随之瓦解。人类命运共同体理念在深刻把握抽象共同体的发展逻辑基础上，通过揭露抽象共同体的真实面目，对抽象共同体制造的虚假、外在、空洞的共同性的批判和反思，进而使"现实的人"意识并践行自身的联合力量来占有全部的生产力以实现自由。

其次，人类命运共同体的国际认同彰显了"自由人联合体"的现实的、内在的、具体的总体共同性。

马克思的共同体思想设想"自由人联合体"为未来社会共同体形态，"自由人联合体"将代替资本主义生产方式为主导的抽象共同体而维护和保障每个人的自由发展，并且把每个人的自由发展作为实现一切人自由发展的前提条件。资本主义社会形态下的抽象共同体或者资本共同体采取"普遍利益"的虚伪外衣，实际上追求和实现的是少数人的统治与利益，这就决定了抽象共同体最终只能是少数人的"美好家园"，这一共同体始终与"现实的人"处于独立、异质的矛盾关系中而不可能成为大多数人的"共同体"。"资本逻辑主宰的民族国家这一反共同体形态的确立，客观上导致了其与人类社会性、公共性生存真实的对抗与紧张"①，要超越资本主义形态下的虚假、抽象的共同性，必须构建更高层次的共同体——人类命运共同体，使所有人真正成为人类"主体"，共享世界发展成果。

---

① 袁祖社：《以文明观之：人类命运共同体思想的新世界观意义》，《浙江社会科学》2023 年第 1 期。

人类命运共同体的国际认同在于对"人类社会或社会的人类"的现实需求和共同利益的确认与维护。"人类社会或社会的人类"是构建人类命运共同体的哲学立场，这表明新的共同体不同于资本主义形态下的抽象共同体，而是从人类社会的整体视域出发，关注每个现实个体、族群、民族和国家的共同需要和共同利益。人类命运共同体的共同性不是要消解不同个体、民族和国家的差异而制造出某种新的共同性，相反，这种共同性是建立在承认差异性的基础之上所凝聚而成，立足不同个体、民族和国家的差异性，真实还原"现实的人"的存在样态和发展需要，准确把握现实生产和交往实践之于共同体形成的根本作用，在国际交往中积极寻求和达成满足生存和发展的需要和利益的共识。在新的交往体系中，"'人类'有可能实际地作为一个有机整体来进行生存和发展活动"①，人类作为自由的主体在日益广泛的普遍交往实践中不断增进对共同利益的共识，从而能够自觉地作为现实主体从事各种活动，展现和发挥人的"类本质"。构建人类命运共同体正是立足人类社会生产和生活的实际，着眼于人类社会现实交往中形成的共同需要和利益，既尊重不同个体、民族和国家的差异性，把握人在生产力和交往方式的现实历史中共同生活的规律，又积极寻求建立在尊重差异性基础之上的符合全人类生存和发展的整体利益的共同性。

对共同体内在共同性的关切是人类命运共同体国际认同的又一重要表现。马克思认为，人的本质的实现与"真正的共同体"密切关联，只有全面真实展现人的本质并且促进人的本质发展的共

---

① 刘同舫：《构建人类命运共同体对历史唯物主义的原创性贡献》，《中国社会科学》2018 年第 6 期。

同体才能称为"真正的共同体"。在原始共同体或者自然共同体阶段，人们依靠血缘、氏族等纽带维系个体之间、个体和群体之间的交往，其中"血缘关系"构成原始共同体的重要基础，氏族社会是原始共同体本质的全面展现。在这一原始共同体中，个体与个体、个体与氏族之间的关系是自然属性、人身性质且内在于人的一种关系，但是受极其不发达的生产力的制约，原始共同体阶段处于非自然的、不发达的贫困状态。① 因此，原始共同体在"血缘关系"纽带之上建立的是朴素的共同性，这种原始的共同性生活方式和生产关系往往依靠一致性与集体性的价值信念而成，在这样的共同体结构中一般不会存在认同上的困境，公共生活准则成为所有成员必须遵守的强制性规范。共同体的共同性表现为建立在协作交往、平等对话的基础上生成的主体间性，而"自我"与"他者"之间的交往和对话在承认差异和寻求共识的基础上展开，这意味着共同体中的成员之间的理解与被理解构成相互统一的关系。人类社会进入阶级社会，地域和财富取代血缘关系成为人与人的新的联合方式，私人生活从公共生活领域分离出来，并在资本的驱动下产生了以逐利为目的的自主性和独立性，随着资本主义生产方式在社会中逐渐占领支配地位，资本凭借其强大统摄力将不同民族、不同国家、不同地域的人聚合到一起，商品经济下的交换关系代替血缘关系主导和勾连着人们的普遍交往。在资本或抽象共同体之中，交往主体处于不平等、不公正的资本主义全球治理秩序下，人们之间的联合和交往以资本或者货币为中介，体现为非自愿的、外在的联合，打破了血缘关系维系的原始共同体中内在于人的、朴素的共同性，制造出外在于人的抽象的共同性，个体被迫卷入资本浪潮之中而不得不受到

---

① 参见《马克思恩格斯文集》第 1 卷，人民出版社 2009 年版，第 162 页。

资本逻辑的主宰和控制。

资本主义全球治理失灵，揭示出资本共同体难以真正成为整合全世界普遍交往的有效资源，逐渐暴露出资本企图通过不断寻求增殖、征服全世界的野心。实现全人类谋求共同利益和共同发展的愿望，诉诸新的共同体的构建，人类命运共同体作为抽象共同体到"自由人联合体"的过渡形态展现出对人类社会新的共同性的寻求和期待，它始终保持着对人类社会发展规律与生产力决定性地位的高度关注，以此把握社会总体的现实状况和行动去向。按历史唯物主义的观点，推动社会变革和创造历史的主体力量是人民，寻求和构建更高水平的共同性的"人类利益"需要尊重和发挥全体人类的主体性。人类命运共同体深切关注全人类创造世界历史的主体性，将人类置于真正主体的地位，将发展符合人本质需要的生产力与促进人们之间的交往视为不可动摇的主要任务和铸就"真正的共同体"的根本路径，倡导以"共商共建共享"为原则，推动人类社会实现更高形式的普遍交往，而普遍交往的成果即全球发展的成果最终要由全人类共享。全体人类都是人类命运共同体的建设者、维护者和分享者，凸显人类在构建人类命运共同体中的主体地位和价值。在构建人类命运共同体的主体形式中，"自我"与"他者"不再处于绝对的主客对立关系，而是表现为更高价值形态上的和谐统一；同时，作为主体的人彻底摆脱被物化和沦为手段的命运，"自我"与"他者"在同一层面就共同面对的对象展开平等对话和交往实践。建立在"人类利益"基础之上的共同性，是对抽象共同体中外在共同性的否定之否定，彰显"自由人联合体"中内在于人的共同性，人类命运共同体的国际认同内含对这一内在共同性的高度关切。

人类命运共同体的国际认同还表现为对具体共同性的期待。人类社会的共同体生活具有结构性的特征，其中经济、政治、文化等是共同体的多维度展开，因此新的更高水平的共同性必然在人类社会结构上得以展现。构建人类命运共同体的框架设计和宏伟蓝图从经济、政治、文化、生态和社会等结构维度展现了一个总体性的符合全人类共同交往和发展需要的美好世界，满足人们对于共同创造一个人类美好未来的设想。人类命运共同体的共同性是丰富、具体的共同性，具体的共同性方式与形态作为人本质的现实表征都成为历史和社会现实总体关系的中介，表现在其对命运与共总体形式的蓝图的构建上。在抽象共同体中，资本追逐利润的最大化，将一切因素纳入资本主义生产和交换的市场体系之中，共同体中的多维关系均被简化为经济关系。人类命运共同体作为新的更高层次的共同体，奠基于人类真正的普遍交往实践，这种交往摆脱了资本逻辑的主宰而实现对人类社会发展的多维度、多层次领域进行总体性谋划，深入人类社会结构的发展中积极构建人类命运与共的总体性。在已经展开的人类命运共同体构建过程中，所有参与主体的价值观和方法论交流互鉴，产生了达到价值共识、推动公共生活发展的自觉意识，形成以对话合作的形式来面对客观世界的思维方式。尽管人类命运共同体在生产力水平和人存在的自由程度上还难以媲美"自由人联合体"，但是其精神内核特别是对总体共同性的指认是提升国际认同、促进人类命运共同体构建的深层力量。

最后，人类命运共同体的国际认同兼具超越性和构建性的双重意蕴。

人类命运共同体的国际认同，既是对抽象共同性的批判和否定，又指向构建超越抽象共同性的总体共同性，因而人类命运共同体的国际认同要求人们在认识上既有"破"又有"立"。"破"体现为对抽象共同性的反思和超越，"立"则体现为以构建人类命运共同体为现实实践依托而达成的对总体共同性的肯定和建构。"人类命运共同体是人类社会发展道路中基于共同利益和共同价值而自我努力、自我创造的全球性社会形态。"① 从这一角度来看，人类命运共同体的国际认同意味着对人类命运共同体全球性社会形态的认同，其建立在正确研判人类社会发展规律、把握当今世界发展趋势的基础上，旨在从历史基因和社会结构出发审视文明的差异，以寻求建立跨文化的交流框架和国际认同的"最大公约数"。在资本主义向社会主义的过渡背景下，对构建的人类命运共同体的国际认同，奠基于对资本主义抽象共同性的批判和对未来共产主义的追求，是一种兼具超越性和建构性的集体认同。

　　马克思从历史唯物主义的宏大理论视域出发，通过揭露资本主义生产方式的内在矛盾，为人类社会指明了共产主义的发展方向。对于人类社会实现从资本主义到共产主义形态演变的条件，马克思用"两个决不会"予以阐明，他认为任何一种社会形态的消亡要以这个社会形态下生产力的极度发挥为条件，同样，生产力决定生产关系，表征着新的更高一级的社会形态的生产关系的出现，最终要取决于新的生产力发展程度，"真正的共同体"也是建立在社会生产力极大发展和社会生产关系普遍完善的前提之上，每个人通过与他人的交往激发自身生产潜能并实现自身自由。当今世界依然处于马克思主义所指明的历史时代，资本主义方兴未艾，资本逻辑仍然在国际舞台发挥着强大的统治力量，但这并不表明人们即便认识到抽象共同性的弊端也只能束手无策地被动接受资本的抽象统治。生产力的发展与文明形态的更新紧密相连，二者共同推进人与人相联结的方式及其共同生活样态的更新。生产力同生产关系的矛盾运动

---

　　① 　刘同舫：《构建人类命运共同体对历史唯物主义的原创性贡献》，《中国社会科学》2018 年第 6 期。

构成社会发展的基本动力，经济全球化的日益深化与全球生产力的迅猛发展互为动力，以至于社会的物质生产力越来越需要在全球范围内实现资金、劳动力、管理等生产要素的整合和流动才能够不断向前发展，以资本逻辑为主导的抽象共同体无法满足全球生产力扩展的需求而日益成为其发展的桎梏。可见，作为经济全球化"社会形式"的资本主义全球治理格局已经日渐不能容纳其"物质内容"，在人类社会尚未完全孕育出促使资本主义崩溃瓦解的现实条件下，唯有发挥人的主观能动性，突出人作为共同社会生活的真正主体性地位，积极寻求适应全球生产力发展的新型国际治理体系，才能进一步推动人类整体利益的实现，促使人成为自由自觉的生命存在，进而保证社会生产力的发展与促进人的个性自由解放相协调、社会关系的整体稳定发展相统一。

人类命运共同体是在全球生产力发展的基础上应运而生的全新文明交往范式，人类命运共同体的国际认同本质上是跨文化的交流和认同模式，通过正确认识自我文化与他者文化的辩证互动关系，维护和保证自我文化的价值意义及其内在一致性，有效缓解了传统二元对立范式造成的文明冲突困境，进而在此核心层次上发散扩展到全球化进程的多维领域。构建人类命运共同体是中国为破解全球性治理难题、推动构建人类美好世界而贡献的智识谋略，是中国共产党在深刻把握人类社会发展规律的基础上，在资本主义全球治理赤字频发、全人类共担国际风险和挑战的现实境况中提出的顺应全球生产力发展趋势的新型国际秩序和发展方向。人类命运共同体的国际认同在对抽象共同体的批判和对总体共同体的确认中生成，从历史性和现实性的双重维度彰显出符合人类共同利益和共同价值的共同体形式。

第二节　历史演变：从资本主义全球治理到 新文明格局①

相对于集体认同、民族认同和区域认同而言，国际认同的涉及范围更为广泛，是人类在世界范围内达成的某种共识。理念是行动的先导，人类命运共同体理念能否得到普遍性的国际认同关乎其可否稳步构建的重大问题。国际认同是人类团结协作、共同行动以实现时代目标的思想前提，这一理念的全球化实践是获取和提升国际认同的土壤。从历时态的维度看，对人类共同命运的认同发轫于人类文明跨入"一体化"时代即资本主义全球治理时代，但此时的国际认同带有强烈的资本逻辑色彩，而人类命运共同体理念是超越资本逻辑的方案，得到国际社会的传播和认同。从共时态维度看，当前国际社会错误解读、恶意揣测人类命运共同体理念的现象仍屡见不鲜。基于现实境遇进一步拓展人类命运共同体国际认同的广度和深度，需要通过回顾资本主义全球治理确立以来国际认同的历史演变以充分汲取经验教训和历史智慧。

一、资本主义全球治理的格局

在《政治经济学批判（1857—1858 年手稿）》中，马克思按照解放程度的递进将人类文明划分为三大发展阶段，即人对人的依赖关系、人对物的依赖关系、人的自由全面发展阶段。从人类文明发展阶段的大历史视域来审视可以发现，资本主义发展带来物质产品

---

① 参见桑建泉、刘同舫：《人类共同体的历史演进及其 21 世纪面向》，《青海社会科学》2022 年第 6 期。

的极大丰裕，使得人类得以摆脱传统社会中的人身依附关系进入人对物的依赖关系阶段，资本主义全球治理正是在此阶段产生和发展的国际治理模式。在这一阶段中，资本逻辑通过生产方式的世界扩张、等级交往秩序的世界确立等途径在人类文明进入"一体化"时代后首次建构起资本主义全球治理的国际认同。这种认同根本上是对以同一性为核心价值的固守，资本逻辑企图以普遍主义磨灭特殊存在，否认民族认同的差异性，无视所有参与主体争取自身自由和利益的平等权利。

1. 资本主义生产方式的世界扩张

生产方式是人类在生存发展过程中获取各种生活资料的手段的集合，生产方式的革新是推动人类文明不断发展进步的基本力量。作为一种支撑人类文明发展新阶段的生产方式，资本主义生产方式无疑开创了全新的生产力发展路径。资本主义生产方式在历史发展中得到基本规定，它是以社会化的机器大生产为物质条件、以生产资料私有制为制度保障的社会经济制度。就文明比较的视域而言，相较于传统文明，"资本的文明的胜利恰恰在于，资本发现并促使人的劳动代替死的物而成为财富的源泉"[1]，从而奠定了资本主义全球治理获取世界认同的生产力基础。

在人类历史发展的长时段过程中，不同文明发展阶段的主导生产方式存在很大差别。传统文明社会中，人类依次经历过采摘狩猎为主的生产方式、刀耕火种式农业生产为主的生产方式、精耕细作式农业生产为主的生产方式的嬗变。随着传统农业文明生产技艺日渐成熟而产生的"超过劳动者个人需要的农业劳动生产率，是全部

---

[1] 《马克思恩格斯文集》第1卷，人民出版社2009年版，第176页。

社会的基础，并且首先是资本主义生产的基础"①。在传统文明社会中，人类生产力水平的提高往往通过扩大耕地面积、增加养殖数量等手段实现，人的劳动主体性纵然得到一定程度发挥但无疑尚未担当起创造财富源泉的角色。如何打破传统社会中血缘、宗法、土地等对大量劳动者及其创造性的束缚，让劳动生产得到充分涌流，成为资本主义先发地区面临的历史性议题。在资本主义率先得到发展的西欧地区，珍妮纺纱机、联动式蒸汽机等机器的使用催生了第一次工业革命的爆发，此后资本主义机器大工业生产模式逐渐在各地得到广泛应用。

追逐利润既是资本主义生产方式的本质追求，也是其内在的扩张动力。资本在原始积累的过程中曾无所不用其极，包括雇佣童工、刻意压低劳动报酬、肆意延长劳动时间、随意克扣工资等现象在早期资本主义工厂中屡见不鲜，导致劳资关系的矛盾。资本主义在全球扩张中催生了多次科技革命，广泛推进了科学技术成果的社会应用，为人类社会创造了积极成果，同时也促使人类的社会生活和价值观念产生变革，从封建的人身束缚中解放了人的创造力。因而资本主义文明合乎历史规律的演进与其外在矛盾的逐渐深化是同一历史过程。为了获取最大利润，资本主义生产方式必然会冲破民族国家的界限，"美洲的发现、绕过非洲的航行，给新兴的资产阶级开辟了新天地"②。交通工具的革命、航运技术的发展，助力资本主义生产方式在世界范围内的扩张与布局，将西方资产阶级剥削之手的触及范围扩大到全球。相较于传统生产方式，资本主义生产方式的广泛采用造就了"仿佛用法术从地下呼唤出来的大量人口"③

---

① 《马克思恩格斯文集》第 7 卷，人民出版社 2009 年版，第 888 页。
② 《马克思恩格斯文集》第 2 卷，人民出版社 2009 年版，第 32 页。
③ 《马克思恩格斯文集》第 2 卷，人民出版社 2009 年版，第 36 页。

的生产力创造效用，显现出巨大的示范效应和吸引力，与资本主义相关的一切都被视为开放和先进的代名词。资本主义生产方式相比之前的奴隶制、封建制等形式，强有力地推动了社会生产的发展，其创造的生产力比之前所有历史时期的生产总和还要多、还要大，客观上为社会向更高级形态的迈进奠定了坚实的物质基础。伴随着世界范围的殖民扩张，资本主义生产方式的优越性和吸引力在世界范围内得以展现，世界上一些发展中国家和地区在通往现代化的道路上不同程度地模仿资本主义的生产方式。

2.资本主义等级交往秩序的世界确立

资本主义生产方式在世界范围内的扩张"消灭了各国以往自然形成的闭关自守的状态"[①]，人类从此进入了联系与交往更加密切的"世界历史"时代。资本主义生产及其交往作为资本主义制度的演化形式，不是源于推动"世界历史"运动的主观动机，而是因为这种生产与交往只有在资本主义雇佣工人的方式中才能提高全球生产力，其中资本最大限度占有剩余价值的目的构成了全球生产的核心机制。马克思所说的"世界历史"并非一般意义上的整体人类文明发展史，而是特指人类社会发展到"一体化"阶段之后的历史。"一体化"的世界需要不同于民族国家内部存在的秩序，巩固资本主义全球治理的世界认同不仅需要资本主义生产方式作为生产力基础，还需要相应的等级交往作为秩序支撑。

人类文明进入资本主义阶段之前，世界上各个民族和国家之间并非全然没有交往互动。但就交往内容而言，主要是地域特色产品的互通；就交往形式而言，主要局限在经贸之间的往来；就交往频率而言，主要是低频和不持续的交往。在开辟新航路、发现新

---

① 《马克思恩格斯文集》第 1 卷，人民出版社 2009 年版，第 566 页。

大陆与交通技术飞速发展所引致的交往大潮中，各个国家及其民众之间虽然建立起了空前密切的交往关系，但"人们彼此间的世界主义的关系最初不过是他们作为商品所有者的关系"①。无论在民族国家内部，还是在世界范围，资产阶级由于对生产资料的绝对掌控，在现实中扮演着"超级商品所有者"的角色。依靠资本主义私有制的基础性支持，资产阶级所拥有的财产具有双重性质：一方面它是资产者通过剥削而得来的社会财富；另一方面它是资产者占有社会资源从而支配无产阶级的等级特权。因此资产阶级与普通民众的交往关系必定是不平等的等级关系，在民族国家内部建立起的等级秩序随着资本主义的全方位扩张被推广至全球范围，由资本主义所开辟的"世界历史"在相当长一段时间内必然为资本主义所把控。

以资本为衡量标尺的世界等级交往秩序给亚非拉等殖民地人民带来了深重灾难。以葡萄牙、西班牙、英国等为代表的先发资本主义国家，为了获得廉价劳动力并以此攫取高额利润，从非洲殖民地运送大量的黑人并将其贩卖到世界各地充当劳役或奴役。此外，早期的资产阶级为了扩张自己的领土势力范围还血腥屠杀以印第安人为代表的殖民地原住民。先发的西方资本主义国家正是凭借自身的经济优势与武力优势，在世界范围内建立殖民地。资本主义列强不仅疯狂掠夺其他国家的大量自然资源与社会财富，还依靠在殖民地培植代言人的方式控制其他国家的经济社会发展。经过机器大生产和技术革命之后，资本主义生产方式促使资本主义制度产生新的变化，垄断资本对雇佣劳动的剥削进入新的阶段，资本主义的垄断性统治加快了世界等级化格局的运行步伐。在资本主义全球治理的时

---

① 《马克思恩格斯全集》第31卷，人民出版社1998年版，第547页。

期，由于东方民族在生产方式和制度上的落后性，人类的生存空间被先发资本主义国家打造成遵循资本等级逻辑的"中心—边缘"式运转体系。

3.资本主义价值理念的世界推广

资本主义生产方式的世界扩张建构起有利于资本主义全球治理认同的物质基础，资本主义等级交往秩序的世界确立构建起有利于资本主义全球治理认同的秩序基础。资本主义要想获得全球治理的国际认同合法化和长久化，就需要发挥自身价值理念在赢取国际认同方面的独特功用。因此西方资产阶级在推动资本主义全球治理赢得国际认同的过程中，格外关注意识形态塑造与世界推广问题。

先进的生产方式带给资本主义的不仅是生产力发展和以西方为中心的等级秩序的外显优势，更有西方文明同其他文明在交往过程中的内在文化和价值优越感。众所周知，爆发于西欧的文艺复兴、启蒙运动具有无可否定的历史进步性，其所倡导的包括自由、理性在内的价值理念将矛头直接对准当时西方社会异常腐败的教会权威与等级森严的封建制度。相较于世界其他地区，西方较早地对封建文化进行批判和反思，并建立起维护资产阶级利益的价值观念系统。随着资本主义制度在西方各国的确立和巩固，自由、理性等理念的社会批判和反思功能被剥夺转而沦为奉承资本主义制度合理性的纯粹意识形态话语工具。将这些价值理念赋予"普世"力量的形象，是西方资本主义在全球范围内推行霸权统治的政治工具。在资本主义内部，人类屈从于资本；在资本主义外部，价值理念和思维方式则被装饰成统摄世界的工具，在全球治理中占据道义和话语权力的制高点。西方在向外扩张的过程中建立起了有利于自身的统治秩序，向全球推广价值理念的行为自然作为推动资本主义全球治理国际认同合法化的重要任务被确立下来。

为了达到"西化"其他地区民众的图谋，西方资产阶级将自身价值理念描述成人类共同利益的代表，这种做法的深层原因有二：其一，"普世价值"论者将西方描述成人人向往的伊甸园，将西方资产阶级信奉的价值取向描绘成世界上最先进的价值理念，其内在逻辑是世界上其他地区唯有以西方价值理念为思想指引才能在现代化发展中占据一席之地；其二，西方价值理念将西方政治经济等制度夸大为适合全球所有国家的发展制度，其所极力推销的不仅是包含特定内容的价值理念，更是西方的政治经济制度，其内在逻辑是世界上其他地区唯有采用西方政治经济制度才具备合法性与正当性。西方不仅掌握着价值观念的话语定义权，还掌握着价值观念是否先进的价值评判权，如此一来西方可以随心所欲地干预全球事务，损害甚至剥夺发展中国家的自主权。西方资产阶级主导的价值理念最终维护的是西方资产阶级的利益关系，所谓的"普世"只是带有资产阶级意识形态性的虚假面纱，其维护的不可能是全人类的普遍利益，而只能是西方资产阶级的核心利益。

4.人类命运共同体国际认同的资本认同阶段

作为一种客观生存与联系状态的人类命运共同体则可以追溯至西方资产阶级所开辟的资本主义全球治理时期。资本主义生产方式在社会历史中激活和创造出了巨大的劳动能量和生产力，各个民族、国家、洲际之间的交流屏障被打破，人类历史由民族史、区域史转向世界史，以往分布相对分散、发展较为孤立的各国、各地区民众首次被资本逻辑联结为命运共同体。资本主义主导的全球治理以维护资产阶级占有剩余价值为根本目的，但资本只有在不断扩张中才能生产剩余价值，资本主义不断突破市场边界以开辟广阔的世界市场空间，同时在客观上也推动了世界各国人民在"世界历史"

的联合中探寻共同的发展路径。

在资本主义全球治理时期的人类命运共同体内部，居于主导地位的西方资产阶级"使未开化和半开化的国家从属于文明的国家"①。从人类文明发展的视角来看，西方文明取得了对东方文明的压倒性优势并不遗余力地试图打造出"一体化"的资本文明世界。资本逻辑是资本文明得以正常运转的根本遵循，欲打造出"一体化"的资本文明世界则必须获得相应的资本国际认同。资本认同在西方世界内部的建立既要借助国家暴力机构发挥作用，也要依靠意识形态手段蒙蔽大众。"资本关系以劳动者和劳动实现条件的所有权之间的分离为前提"②，资本逻辑重构并支配着现代人的生存方式，形成以占有物质材料为基本特征的文明形式，导向人与人之间的占有与交换的物质关系。对西方世界的底层劳动民众而言，资本主义制度的确立和资本认同的建立本质上是劳动者生产生活资料被无情剥夺的过程。在东方世界，资本认同的确立则面临更加复杂的历史境遇。东方世界的文明源远流长，不同民族形成了各具特色、丰富多元的文明格局。在东方世界建构资本的国际认同，西方资产阶级采取的手段是通过坚船利炮击败东方各民族并加以控制，进而以胁迫的方式在东方世界强行推广资本逻辑。当人类文明史发展到资本主义全球治理时期，工业文明发展迅速，以其强有力的姿态和带有侵略性的势头，开始向其他各地传播，遇到了许多矛盾和冲突。工业文明时期的资本国际认同方式无疑带有鲜明的霸权和垄断色彩，不仅在西方发达资本主义国家内部建立起垄断统治，而且不断将这种统治向世界扩张，对其他民族的发展道路进行肆无忌惮的干预和打

① 《马克思恩格斯文集》第 2 卷，人民出版社 2009 年版，第 36 页。
② 《马克思恩格斯文集》第 5 卷，人民出版社 2009 年版，第 821 页。

击。在此过程中，诸多国家在世界历史中的生产和交往实践也对资本主义文明扩张形成一定制约。

资本"按照自己的面貌为自己创造出一个世界"①，以资本主义全球治理的外壳掩饰着资本逻辑大行其道的事实。资本国际认同的强化有利于资本主义全球治理的稳定，资本逻辑的内在追求并不以大多数人利益的实现作为宗旨。不可否认，资本逻辑所主导的文明类型有其客观进步意义，即资本文明创造了不同于以往的社会阶段，"一切以前的社会阶段都只表现为人类的地方性发展和对自然的崇拜"②。尽管致力于创建最具普遍性的价值认同，但资本的内在逻辑注定了资本的国际流动只会随着时间消逝不断加剧大多数民众的苦难，因为资本只有增殖自身和创造剩余价值的本能，"用自己的不变部分即生产资料吮吸尽可能多的剩余劳动"③。剥夺剩余价值以不断增强自身的控制力，资本逻辑的自我演绎导致了资本共同体内部"物的世界的增值同人的世界的贬值成正比"④的发展恶果。资本文明的发展程度越高、资本的国际认同越普遍，人的异化程度亦会随之不断加重。人类是具有发展鉴别力和发展自主性的高级生物，资本国际认同的真实意图必然会随着资本逻辑的祛魅而被普罗大众所认知，资本认同在寻求国际普遍性的时候也会遭遇反抗而陷入认同危机。

二、国际共产主义运动的兴起

建立在追逐剩余价值基础上的资本主义制度从诞生之日起就充

---

① 《马克思恩格斯文集》第 2 卷，人民出版社 2009 年版，第 36 页。
② 《马克思恩格斯文集》第 8 卷，人民出版社 2009 年版，第 90 页。
③ 《马克思恩格斯文集》第 5 卷，人民出版社 2009 年版，第 269 页。
④ 《马克思恩格斯文集》第 1 卷，人民出版社 2009 年版，第 156 页。

斥各种矛盾。资本逻辑所主导的等级秩序将东方世界置于西方世界的统治之下，资本逻辑的疯狂扩张在推动世界生产力高速发展的同时也深藏着资本带来的各种病灶与矛盾。因而，深度剖析资本国际认同危机的产生原因成为时代需要。马克思、恩格斯正是在全面透视资本主义时代症结的基础上创立了科学社会主义理论，指明了全世界被压迫民众实现解放的条件和路径，为国际共产主义运动的开展提供了理论指南。科学社会主义的世界传播与区域认同打破了资本认同在国际层面的垄断地位，在科学社会主义指导下，处于被压迫地位的东方世界日益觉醒并通过民族革命等形式反抗西方资产阶级所主导的世界秩序，从理论与现实的双重维度对资本主义全球治理进行了反思。

1.超越市民社会的新的世界历史观

资本主义全球治理是以市民社会作为治理基础的历史阶段，市民社会自然成为这个时代思想家们分析历史走向所倚重的基础概念，特别是与马克思、恩格斯同时代的部分国民经济学家更将市民社会指认为人类文明中的永恒现象，他们不遗余力地宣扬资产阶级统治下的市民社会是人类文明进化的最终样板，宣扬市民社会代表共同体演进的终极规律。其实在市民社会理论之前，不同时代的思想家们也曾试图揭示隐藏在人类历史进程中的内生规律，如古罗马思想家奥古斯丁阐释了"三位一体神学论"，意大利思想家维科论述了"历史循环论"，德国思想黑格尔则推崇"绝对精神运动论"。世界历史是人类社会整体运行取得一系列物质和精神成果的外显，以市民社会为治理基础的西方国家认为资本主义生产方式是推动历史发展的根本动力，资本主义文明是人类真正的文明形态，显现出以西方为中心编织和书写人类历史的偏见。在历史唯物主义出场之前，"历史总是遵照在它之外的某种尺度来编写"①，隐藏在人类文明进程中的客观历史规律并没有被揭示出来。

市民社会是随同资产阶级发展起来的历史阶段，并非历史的永恒现象，市民社会在历史发展中产生，也会在历史中渐进消亡。在市民社会存续期间，资本逻辑内嵌于其运转的全过程。市民社会将私利至上、个人至上奉为圭臬，它的基本原则就是利己主义与功利主义。市民社会所导致的共同体运行状态必然是把人降为工具，并"成为异己力量的玩物"②。市民社会的异化程度并没有伴随历史车轮的前行而有所减弱，所谓的"永恒现象"仅仅是资产阶级学者为了解释现实的美化说辞而已。当共同体因内部异化问题日渐严重而难以为继时，走向更高层次的共同体成为解决市民社会个人过度原子化、个体发展严重异化等问题的现实需要。

走出异化共同体状态的实践需要与超越市民社会私利逻辑的理论需要，呼唤着以改变不合理世界为理论使命的新世界历史观的出场。资产阶级的"市民社会"概念旨在肯定自身私人利益的前提下来实现普遍利益，并构建起资产阶级意识形态的整体框架，由资本主义主导推动的世界历史进程不自觉地遵循市民社会的发展需要，为市民社会治理所需的秩序拓展历史空间。与"市民社会"相比较，"人类社会"从哲学基础维度解决了个体与共同体之间、特殊利益与普遍利益之间的尖锐矛盾。历史唯物主义认为，生产力是人类社会发展的根本动力，生产力与生产关系的矛盾运动构成了人类文明前行规律的基本内容，首次揭示出隐藏在人类文明进程中的客观历史规律。市民社会虽然发现了隐藏在社会劳动中的巨大生产

---

① 《马克思恩格斯文集》第 1 卷，人民出版社 2009 年版，第 545 页。
② 《马克思恩格斯文集》第 1 卷，人民出版社 2009 年版，第 30 页。

力潜能，但无法解决生产关系与其社会化生产力的匹配问题，即市民社会始终无法化解少数资产阶级剥削多数劳动者的自我悖论。因此，伴随西方资产阶级而发展起来的市民社会共同体最终会被没有阶级对立的"人类社会"即作为"真正的共同体"的共产主义社会所取代。

2. 科学社会主义指导下的俄国社会主义革命胜利

西欧地区是资本主义的先发地区，也是资本主义内在矛盾较早充分暴露的地区。在西欧各资本主义国家，生产资料私有制不断加剧社会内部的分裂程度，"一方面是一小撮路特希尔德们和万德比尔特们，他们是全部生产资料和消费资料的所有者，另一方面是广大的雇佣工人，他们除了自己的劳动力之外一无所有"①。遭受巨大不公正待遇的底层劳动民众不断掀起工人运动来表达对资本剥削的强烈不满和反抗，在资本主义大工业较为发达的里昂、伦敦、西里西亚等地区都曾爆发过声势浩大的工人运动。1848 年《共产党宣言》发表之后，无产阶级的反抗斗争拥有了科学理论指南，"全世界无产者联合起来"成为无产阶级的行动方案，西欧地区在科学社会主义理论的指导下掀起了轰轰烈烈的共产主义运动。然而此起彼伏的西欧共产主义运动面临的是各国资产阶级和封建残余势力的联合围剿，国际共产主义运动在西欧地区屡次遭受失利特别是 1871 年巴黎公社运动失败的教训，促使马克思、恩格斯转而思考东方世界的国际共产主义运动和社会主义革命的可能性和现实性问题。

在对市民社会及其所对应的私有制形式的历史过程性的考证中，马克思注意到了东方社会的亚细亚生产方式，尤其是俄国的农业公社生产方式。在同俄国《祖国纪事》杂志编辑部和女革命

---

① 《马克思恩格斯文集》第 1 卷，人民出版社 2009 年版，第 368 页。

家查苏利奇的通信过程中，马克思论述了他关于俄国这一典型东方国家发生共产主义运动及社会主义革命的相关思想。俄国是否也要像西欧各国一样先建立起资本主义制度并经历资本主义矛盾爆发的长期历史苦楚才能跨入社会主义社会？围绕这一难题，马克思反复思考后提出，比市民社会存在时间更长、更具有原始性质的俄国农业公社与控制着世界市场的西方社会同时存在，并进一步推导出"俄国可以不通过资本主义制度的卡夫丁峡谷，而把资本主义制度所创造的一切积极的成果用到公社中来"[①]的结论。在 1882 年的《共产党宣言》俄文版序言中，马克思、恩格斯更加明确地提出："假如俄国革命将成为西方无产阶级革命的信号而双方互相补充的话，那么现今的俄国土地公有制便能成为共产主义发展的起点。"[②]马克思、恩格斯深刻认识到俄国当时由于生产的落后性并不具备进行资产阶级革命的现实条件，指出世界范围内的资产阶级革命为资本主义发展创造了条件，但并未直接激活社会主义和无产阶级革命的爆发。他们肯定俄国反对沙皇政府革命的独特性与进步意义，意识到无产阶级作为社会主义革命的历史主体地位。

马克思主义经由以普列汉诺夫为代表的思想家的传播进入俄国社会并迅速取得广泛影响。列宁则进一步继承并发扬了马克思、恩格斯关于东方社会可以跨越资本主义"卡夫丁峡谷"的理论构想，在《进一步，退两步》《马克思主义和修正主义》等文章中，驳斥了干扰俄国社会主义革命的相关言论，指出社会主义"将首先在一个或者几个国家内获得胜利，而其余的国家在一段时间内将仍然是

---

①　《马克思恩格斯文集》第 3 卷，人民出版社 2009 年版，第 575 页。
②　《马克思恩格斯文集》第 2 卷，人民出版社 2009 年版，第 8 页。

资产阶级的或资产阶级以前的国家"①。当人类文明行进到 20 世纪初期之时，世界主要资本主义国家已经步入帝国主义阶段，国际经济政治之间发展的不平衡表现为资本主义列强在殖民地划分势力范围与建构世界秩序方面存在的不可调和矛盾。因参与由帝国主义矛盾所引发的第一次世界大战而损失惨重的俄国统治者将战争损失转嫁给本国底层民众，更加激起了俄国无产阶级强烈的革命反抗意识。至此，俄国已经具备了社会主义革命的理论和实践基础，加上列宁所领导的布尔什维克政党的有力组织和发动，俄国取得社会主义革命的胜利并首次在东方世界建立起社会主义政权。

3. 俄国社会主义革命胜利引发的东方民族解放运动热潮

立足市民社会的旧唯物主义为资本主义制度的建立和发展提供着元理论的支撑，但制度的内在局限使得资本主义统治下的民众"越来越受到对他们来说是异己的力量的支配"②。作为科学揭示人类社会发展规律的新世界观，唯物史观始终致力于解除人类的自我异化并实现全人类的彻底解放。人类解放从社会制度层面而言是要建立起超越资本主义制度的社会主义制度，正是在科学社会主义理论的指导下并结合本国实际的现实运用，俄国实现了从政治解放到人类解放的历史性跨越。俄国十月社会主义革命的胜利脱胎于资本主义全球治理并开辟了新的世界历史阶段，社会主义从理论真正变为现实，打破了资本主义一统天下的世界格局。俄国十月革命对国际共产主义运动的继续开展和新型国际认同的建立具有重大的世界意义，影响并推动了东方其他民族的革命发展进程，资本主义全球治理主导下的世界历史发展受到前所未有的挑战和冲击。

---

① 《列宁专题文集：论社会主义》，人民出版社 2009 年版，第 8 页。
② 《马克思恩格斯文集》第 1 卷，人民出版社 2009 年版，第 541 页。

　　世界历史由资本主义所开辟，它在相当长的时间内也必然为资本逻辑所把控，即世界历史的开端便是资本主义全球治理阶段。在此阶段，被动卷入世界历史浪潮的东方各民族只能充当历史配角且在现实中沦为西方国家发展的附庸，中国、印度等古文明大国在此阶段沦为半殖民地、殖民地国家。反抗与压迫总是相伴相随，到19世纪末20世纪初，西方世界的剥削、压迫与东方民族的觉醒、反抗已经成为当时世界的基本矛盾，全世界形成两大对立力量：一部分是为数众多的被压迫民族；另一部分是少数拥有巨额财富和强大军事实力的压迫民族。

　　西方世界的殖民压迫必然带来民族性的反抗与斗争。俄国社会主义革命一经胜利便显现出巨大的鼓舞和传导效应，东方民族逐渐觉醒并开始以集体的形式反抗不合理的国际秩序。1920年6月，列宁抓住历史时机于共产国际第二次代表大会开幕前发表了《民族和殖民地问题提纲初稿》，专门阐述了东方各受压迫民族的民族解放问题。紧随其后的1920年9月，东方民族国家便在阿塞拜疆的首都巴库召开了第一次代表大会，来自中国、印度、朝鲜、伊朗、土耳其等37个国家或民族的1891名代表参加了会议，与会各方发表了《告东方各民族书》《告欧洲、美洲和日本劳动者书》，国际共产主义运动在东方世界的兴起与扩大不断达到新的高度。东方各民族长时期的集体反抗斗争与帝国主义力量在第二次世界大战中出现此消彼长，国际共产主义运动形势在第二次世界大战后逐渐走向高潮，特别是东欧地区以及包括中国、朝鲜、越南等亚洲地区在内的社会主义政权的纷纷建立，显著壮大了东方世界反抗西方世界压迫的整体力量。

　　4. 东西方世界的共产主义运动相互呼应

　　资本主义全球治理以剩余价值的剥夺为基础，并且"这种剥夺

的历史是用血和火的文字载入人类编年史的"①。在西方资产阶级的
裹挟之下，东方各民族虽然融入了人类社会一体化发展趋势却没有
掌握真正意义的发展自主权，在资本主义全球治理格局中，东方世
界只能在世界历史舞台上充当配角。由此可见，资本逻辑在全球范
围扩张与统治的结果只能是极少数的资产阶级受益，共同体中的
绝大多数个体并不能享受到历史进步产生的积极效应。以"先进制
度"标榜者身份自居的西方资本主义列强带给东方世界的不是繁荣
进步，反而是残酷的殖民体系和血腥的奴役压迫。在资本主义全球
治理的支配下，东方各民族的自由权利只不过是现实自由的片面形
式，被粉饰为具有自由权利的个体只是偶然的抽象存在。东方各民
族的广大民众在资本主义的干涉下不可能将命运掌握在自己手中，
更遑论实现命运的改变和实质的发展。

　　给东方世界带来深重灾难的西方资产阶级在稳固资本主义全球
治理体系的同时，采取强制认同和引诱认同的手段构建资本的国际
认同，意图为西方资产阶级统治全球的等级治理体系披上合法外
衣。但资本主义意识形态的蒙蔽无法改变资本主义全球治理造成的
等级压迫事实。"无产阶级的运动是绝大多数人的，为绝大多数人
谋利益的独立的运动。"② 实现绝大多数人命运的改变不能寄希望于
资本主义全球治理的推进，理应基于对资本主义的批判而建构起新
的世界历史观的国际认同。西方资产阶级对国内的压迫引发此起
彼伏的欧洲工人反抗运动，在全球范围内对东方世界的压迫则激
起东方各民族独立自主的反抗运动，"继东方觉醒时期之后，在当
代革命中，东方各民族为了不再仅仅充当别人发财的对象而参与

---

① 《马克思恩格斯文集》第 5 卷，人民出版社 2009 年版，第 822 页。
② 《马克思恩格斯文集》第 2 卷，人民出版社 2009 年版，第 42 页。

决定世界命运的时期到来了"①。科学社会主义的科学理论和现实确证解蔽了在世界历史中为资本主义所掩饰的生产和交换的不平等关系，内蕴将人类社会的发展落实到实际经济和社会生产领域的具体指向，强调东西方的互动交往对资产阶级预设生产与所有权关系的突破性意义。科学社会主义在东方的传播推动了共产主义运动在东方世界的开展，东西方世界的共产主义运动相互呼应并且一起构成了国际共产主义运动的整体图景，东方世界从此不再是世界历史的配角。

三、重构世界文明格局的探索

推动国际共产主义运动的全球胜利，需要以科学社会主义在世界范围的普遍认同为前提，但资本主义显然不会主动放弃其在国际认同层面已经取得的地位。第二次世界大战之后，国际政治格局发生了重大变化。一方面美国取代英国成为资本主义世界的头号霸主，另一方面苏联在第二次世界大战中的表现为其赢得了前所未有的国际影响力。美苏两国围绕国际认同主导权展开了激烈争夺，其间人类社会被撕裂为资本主义和社会主义两极对峙的格局，人类文明进程中的国际认同继资本主义全球治理之后呈现出两极对立的态势。在"冷战"对峙格局中，人类社会陷入了认同分裂，资本主义和社会主义之间的文化交流互动几乎陷入停滞。冷战结束之后，人类需要在全面反思以往发展经验和教训的基础之上开拓出新的文明相处范式。关于后冷战时代的人类发展，亨廷顿认为，在新历史节点上"以文明为基础的世界秩序正在出现"②，并提出了颇具影响力

---

① 《列宁专题文集：论无产阶级政党》，人民出版社 2009 年版，第 231 页。

② ［美］塞缪尔·亨廷顿：《文明的冲突与世界秩序的重建》（修订版），周琪、刘绯、张立平、王圆译，新华出版社 2010 年版，第 4 页。

的文明冲突论。亨廷顿将观察人类社会发展的视角从意识形态领域转换到文明角度是值得肯定的，但问题的关键是如何让具有不同特色的多元文明实现共同发展。在对待人类文明整体的发展和国际秩序调整的问题上，人类命运共同体理念提出一条根本不同于西方资本主义的辩证发展之路，主张具有差异性的不同文明可以经过交往协作达到更高水平的共同发展方式。"人类命运共同体是全球经济互利共同体、全球政治互信共同体的有机统一。"① 人类命运共同体的国际认同要求当代人类既不能臣服于资本的统治逻辑，更不能鼓吹人类的分裂对抗，而应以这一新的理论范式来引领多元文明以实现合作共赢，从打造包容型经济全球化、构建平等型国际交往关系、弘扬相互尊重型全人类共同价值三个具体维度来探索世界文明格局的重构。

1.打造包容型经济全球化

在逐利本性的驱使下，资本打破了国家之间的界限，推动经济行为从民族国家走向西欧并最终迈向全球，人类经济交往的样态从此进入全球化时代。经济全球化促进了资源在世界范围内的配置，有效提高了人类社会分工协作的效率。从人类文明的总体演进趋向而言，经济全球化有利于推动生产力的发展，较自给自足的封闭或半封闭式民族经济而言，更加代表了时代发展潮流与人类文明的进步方向。从"地理大发现"发轫至今，经济全球化总是伴随资本主义国家内部贫富差距、全球发展的"南北"鸿沟、周期性爆发的经济危机等发展问题，其根本原因在于资本在宰制经济全球化发展的过程中不可避免地将自身逻辑嵌入其中，这也注定了长期以来

---

① 王超:《论作为全球政治伦理的和平理念与规范——基于大国利益共同体与人类命运共同体之间差异的思考》,《哲学动态》2023 年第 5 期。

的经济全球化在本质上仍然是资本主宰的旧式经济全球化。走出旧式经济全球化的窠臼，必须规制和超越旧式经济全球化的资本至上逻辑，打造包容型经济全球化正是矫正旧式全球化发展偏向的最佳方案。

打造包容型经济全球化首先是对经济全球化内在进步逻辑的继续高扬。生产力是一种物质力量，是人类在满足社会性需要的进程中改造自然所形成的实践能力，生产力的发展是人类命运共同体持续演进的基本动力。经济全球化以资金、技术、人才在全球范围内的有序流动与文明化的规则制度为基础，其本质上是资源在全球范围内的配置，是推动全球生产力发展的有效手段。"去全球化"的思维没有将全球化的内在进步逻辑与资本所导致的全球化困境进行科学区分，只能得出因噎废食式地化解全球化困境的极端手段。为此，我们一方面需要继续高扬经济全球化的内在进步逻辑，另一方面需要以"去全球化"思潮的出现为契机加快改革现有经济全球化机制的不合理之处。"包容"既是中国提倡的新型经济全球化理念，也是中国正在实践的新型全球化方案。英国社会学家马丁·阿尔布劳认为，"中国在'一带一路'倡议中推进国家之间共享的多样化发展，创造了新型全球治理的可能性"[①]。"一带一路"国际合作是推动构建人类命运共同体和打造包容型经济全球化的中国方案，秉持"共商共建共享"原则的"一带一路"是具体的合作倡议，其不仅注重生产力的增长，也在经济增长的基础之上关注发展的包容性。随着"一带一路"国际合作在全球范围的深入实施，打造包容型经济全球化的中国方案必将得到更加广泛的国际认同。

---

① ［英］马丁·阿尔布劳：《中国在人类命运共同体中的角色：走向全球领导力理论》，严忠志译，商务印书馆 2020 年版，第 113 页。

"一带一路"国际合作虽源自中国，但其构建实践从属于世界历史的进程。共建国家的务实合作与交流，尤其是不同国家间媒体叙事和交往，有利于提升"一带一路"国际合作的传播力和话语权，同时为推动多领域的交往打开新局面，提高了国际社会的认同度和支持度。

打造包容型经济全球化是在现有基础上推动经济全球化体制的逐步完善。从发展主体而言，经济全球化应该是全球各个主权国家平等参与决策、享受权利、履行义务的状态。但在经济全球化的发展现实中，部分区域性经济组织具有鲜明的排他性，一些不发达国家则长期被排除在经济全球化的进程之外。从受益主体而言，经济全球化还应是全人类作为受益主体的全球化。在资本主义国家内部，资产阶级与劳动阶级的收入差距进一步加大；在整个世界的格局中，发达国家与欠发达国家的贫富差距拉大，如今"全球最富有的1%人口拥有的财富量超过其余99%人口财富的总和，收入分配不平等、发展空间不平衡令人担忧"[①]。因此，打造包容型经济全球化，需要从制度方面入手改善发展中国家的弱势地位和受益的不平等，给予发展中国家与发达国家同等的经济全球化参与权、发言权及获益权，不断扩大经济全球化的受益人群，从而让更多民众在利益共享的基础上融入包容型经济全球化的发展大潮。

2. 构建平等型国际交往关系

世界近代史既是地理大发现以来世界交融程度逐渐加深的历史，也是资本主义制度生成、确立并在全球范围内发展扩张的历史。回顾近代以来世界格局的演变历程，国家关系中的秩序尽管实现了少数主导国家的快速发展，但是以牺牲绝大多数国家和全球绝

---

① 《习近平谈治国理政》第二卷，外文出版社 2017 年版，第 480 页。

大多数民众的利益为代价。近代以来，资本文明塑造了世界文明交往的等级秩序，在历史进程中给人类社会带来了"南北"发展失衡、世界动荡不安、异质文明冲突等严重后果，显然已成为影响世界文明格局重构的主要障碍之一。针对当前国际交往中存在的不合理秩序以及不平等现象，建立公正合理的国际秩序理应成为人类发展的共同目标。等级秩序既不应被视为维持国际格局的最佳选择，更不能被视为共同体进化的"金科玉律"。

不同于等级秩序的自我中心逻辑，平等型国际交往关系倡导国际交往以相互尊重为前提。等级秩序将"自我"利益置于"他者"利益之上，它所建构的"中心—次中心—边缘"体系是一个等级森严的国际交往关系网，处于全球"中心"区域的国家通过规则制定、资本干涉、话语控制等方式固化非中心国家的"边缘"依附地位。平等型国际交往关系倡导的国际格局就本质而言是"去等级化"和"去中心化"的交往格局。平等型国际交往关系主张，尽管发展中国家和发达国家的综合实力存在客观差距，但在国际交往中应是地位平等的关系。因此，国际社会应该支持和鼓励长期处于边缘地位的国家平等参与国际事务，增强国际关系的民主性，从而改善发展中国家的依附和边缘地位。2008年全球金融危机爆发以来，美国操控国际秩序能力相对下降的同时，发展中国家力量持续增长，国际社会要求变革等级秩序格局的呼声日益高涨。早在第二次世界大战结束之后，《联合国宪章》已经确立了包括"维护国际和平与安全"在内的"四大宗旨"和包括"所有会员国主权平等"在内的"七项原则"。全球经历过两次世界大战和美苏争霸的冷战，世界各国人民都渴望建立起公正合理的国际秩序和稳定、持久的交往关系。由此可见，构建平等型国际交往关系不仅拥有现实的依靠力量，更能够获得世界各国人民的情感和道义支持。

平等型国际交往关系超越了等级秩序所奉行的霸权逻辑，它倡导国际交往中的平等协商。在现实的国际交往中，等级秩序主导下的秩序格局秉持的是零和思维。零和思维忽视了合作共赢的现实情境，误以为国际社会是相互斗争的角斗场，只有你输我赢的结局。暴力手段是等级秩序支持者所经常采用并粉饰的行为手段，由于暴力本身的巨大破坏力与恐吓效应，居于等级秩序顶端的国家往往通过军事威胁、暴力战争、武装干涉等行为实现其操纵地缘政治走向的霸权追求，并为暴力行径披上"公平正义"的虚假外衣。第二次世界大战后，美国打着"保护人权"和"维护世界和平"的旗号，在朝鲜、黎巴嫩、越南、伊拉克、索马里、科索沃等地所发动了多次战争，达到了其控制他国资源、干涉他国内政的目标。平等型国际交往关系主张摒弃对抗性思维和霸权性暴力，主张全球共同事务应由世界各国共同商议决定，相关国家均享有充分的参与权与话语表达权。要想根本上超越由西方资本主义主导的国际秩序与交往关系模式，必须立足多民族立场，从全人类的视角思考国际关系的演变规律对于国际秩序重构的意义，超越传统主权国家规定国际交往秩序的狭隘视域，重视多元民族主体参与经济全球化进程的本质需要。处理国际事务时坚持事情本身的是非曲直标准，并非依据意识形态或政治制度的异同而针对某些国家进行干扰或打压，这是平等型国际交往关系的理想样态，也应成为未来国际交往的现实常态。

3.弘扬全人类共同价值

在共同体的历史演进过程中，血缘、职业等都曾发挥过重要作用，它们至今仍是联结不同类型共同体的现实纽带。人类社会之间的联系日益密切，无论是从当下生存利益维度还是就未来发展诉求维度来看，人类都已经成为命运交融的共同体。与此同时，当代人类社会的基本特征是民族的多样、肤色的各异与文化的多元。由于人类在共同生活和交往中形成了特定的关系结构和一定的实践能力，并由此产生与之相匹配的价值观念，因而，社会主体在日益紧密的共同实践中自然生成共同的价值追求，而难以接受强制性输入的外来价值观念。构建人类命运共同体既需要共同谋取利益与共同应对挑战作为物质纽带，也需要全人类以"和平、发展、公平、正义、民主、自由"的全人类共同价值作为精神纽带。对未来发展前景的共同价值判断、对人类走向何处的共同价值选择、对未来生活的共同价值追求正是当今时代的全人类共同价值。全人类共同价值是中国在把握人类社会发展规律基础上提出的符合全人类共同利益的价值表达。

西方资产阶级在批判腐朽封建统治的基础上提出的"自由、民主、人权"等理念是人类发展进步过程中的重要文明成果，也是启蒙思想家们在价值维度上畅想人类美好生活的价值诉求。但资本主义全球化以来，被西方国家奉为超阶级、超国家的绝对化思维方式，逐渐演化为意识形态工具，彻底抛弃了自由、平等、民主等核心价值理念的本真意涵，"完全背离了启蒙时代以来人类孜孜追求的以人为主体的'共同体'发展道路"[1]，特别是严重忽视了这一整套话语体系本身所蕴含的维护人民群众利益的价值追求，不仅使得其本身的价值关怀严重流失，甚至放任这些思想观念沦落为侵害普通民众利益的意识形态工具。走在人类发展的十字路口，维护并追求真正反映共同利益的全人类共同利益，就要基于人类发展的全球化实践，大力弘扬并自觉捍卫反映人类利益的共同价值。

---

[1]　刘同舫：《构建人类命运共同体对历史唯物主义的原创性贡献》，《中国社会科学》2018 年第 7 期。

全人类共同价值是超越性理论范畴，它反映了全球化时代全人类的发展愿望和利益需求，映射出当代人类希冀建立共同体生活状态的美好愿望。在构建人类命运共同体的实践中重构世界文明格局，既需要以全人类共同价值凝聚各国人民的共识，也需要以全人类共同价值引领多元文明的共同发展。追求和平、发展、公平、正义、民主、自由的全人类共同价值是最能够代表人类共识、获得广泛认同的标志性理念，表明了人类生存发展所要守护的底线价值。丢弃和平理念，人类将陷入无休止的对抗与战争。无视发展理念，人类将被贫困、饥饿所困扰。践踏公平理念，人类将因为偏私而陷入分裂。摒弃正义，人类将没有判定是非曲直的基本标尺。缺失民主理念，专制独裁将会在人类社会大行其道。没有自由理念，人类将丧失发展的自主空间。此外，全人类共同价值还指明了人类命运共同体应该努力的价值方向。人类的文明史曾经饱受战乱之苦，应该将和平作为不懈的价值追求。绝对贫困、发展鸿沟依然是当代难题，人类应该共同努力实现共享式发展。公平正义的缺失是制约全球治理效能的痼疾，人类应该重视并共同捍卫公平正义的价值理念。人类命运共同体理念兼顾考虑每个国家追求全人类共同价值时坚守自身民族特色的现实需求，最终谋求共同价值与特色的核心价值实现和谐统一。无论是处理国家之间相互关系还是国际事务，真正意义上的民主都未能成为常态，实质民主应成为未来人类社会的一种内嵌生活方式。自由意味着发展权利和义务的统一，当代人类需要继续为追求自由持续奋斗。当然，全人类共同价值整体中的多重理念并非彼此孤立，它们可以在人类命运共同体的现实构建中获得有机统一。

进入 21 世纪，世界文明格局在生产方式维度、国家秩序维度、价值共识维度进一步得以重构，人类社会命运的相互联系程度空前加深，人类生活在"你中有我、我中有你"的命运共同体中，人类命运诉说的是人类的整体现实生活状况和未来发展前景。在新的时空场域中，共同命运蕴含着空前丰富的内容。首先，共同命运蕴含着广泛的人类共同利益。在经济层面，全球范围的商品流通、贸易自由可以满足人们多样化和多层次的美好生活需求。在政治层面，国际政治规范、国家交往原则的有效遵守可以减少人类内部的冲突与对抗。在文化层面，不同文化背景的人们围绕文学艺术、民俗风情等展开交流可以丰富人们的精神世界。在社会层面，物联网、信息技术的发展可以使人们更加清晰地认识到共同体的演进方向。在生态层面，地球家园的生态环境保护是关系到每个个体生存利益的重要事项。其次，人类共同命运蕴含着诸多的人类共同挑战。逆全球化、贸易保护主义思潮已成为经济全球化及其全球治理机构正常运转的阻碍；单边主义、霸权主义的行径危害着国家政治秩序的稳定；不同文化之间的隔阂仍然在文明交流过程中屡见不鲜。无论从共同利益维度还是从共同挑战维度来看，当代人类社会都已成为名副其实的命运共同体。推动构建更加符合民众美好生活期待的人类命运共同体，除了要继续维护并扩大人类的共同利益，更需要团结起来共同应对各种全球性的风险挑战。加深对人类共同利益和全球性风险挑战的科学认识，无疑可以促进对共同命运认同的最大化可能。

在推动构建人类命运共同体的进程中积极探索世界文明格局的重构，必须审慎思考并认真对待资本主义和社会主义的关系。苏联解体致使国际共产主义运动遭遇严重挫折，"社会主义失灵论""历史终结论"随之甚嚣尘上。中国坚持守正与创新的统一，成功发展壮大了中国特色社会主义事业，击碎了各种唱衰中国、唱衰社会主义的论调。反对或攻击社会主义的言论背后隐含"西方中心主义"和"价值独断主义"思维，这种思维无视价值观念所依存的具体主体实践，也忽视自身在影响"他者"价值选择中所负的责任，消解了其他民族对自身价值的判断和认同感，最终导致不同价值话语表达之间的冲突。从当今世界资本主义和社会主义的整体力量对比来看，世界基本格局仍然存在经济发展的不平衡性。尽管资本主义国家近年暴露出诸多发展弊端，但资本主义依然拥有很强的生存韧性和自我调节能力。在今后相当长一段时间内，社会主义和资本主义将共同存在，我们必须认真思考资本主义和社会主义是何种意义的命运共同体。资本主义全球治理以来的发展经验启示我们，既不能臣服于资本主义的统治逻辑，也不能运用冷战思维与资本主义相处。构建人类命运共同体，是一种重构世界文明格局的积极探索，是在与资本文明共处的条件下探索构建一种超越资本主义的新型文明。中国特色社会主义担当起了探索建设社会主义现代化文明的历史重任。从全面建成小康社会到基本实现社会主义现代化再到建成富强民主文明和谐美丽的社会主义现代化强国，中国正在按照社会主义现代化发展的战略安排稳步前行。不同于资本文明，中国正在建设的现代化文明能够用美好生活逻辑超越资本逻辑。中国式现代化推动时代前进的世界意义在于，可以为广大发展中国家摆脱资本逻辑而实现自主现代化提供经验借鉴。

各种文明只有秉持交流互鉴的态度，才能创造多元文明合作共赢的美好发展前景。尽管前现代的传统文明没有全部演变成现代文明，但它们却为现代文明的多元共存格局奠定了重要基础。生活在地球不同区域的人群创造出了特色各异的璀璨文明，他们共同构成了人类文明的基本图景。回顾人类文明的发展史，人类文明发展演进的过程呈现出多中心或多元化特质，多元文明之间的交流推动了各文明自身的繁荣，如中国古代四大发明的传播和应用推动了欧洲文明的现代转型。由此可见，文明的交流互鉴是人类文明发展过程中的常态。在当代的时空场域中，人类文明呈现多元并存的基本格局，人类文明包括但不限于中华文明、日本文明、印度文明、伊斯兰文明、欧洲文明、拉美文明、非洲文明等体系。如果考虑到各个民族长期以来的历史文化习俗的特殊性，当代文明体系内部的划分会更加具体和多元，人类文明的合作共赢与共同价值的确认以承认不同文明形态的差异性为前提。解决好现代社会对文明发展的挑战及其本身滋生的矛盾，需要以不同文明主体之间的和谐相处为中介，以持续发展为目标。不同民族之间思维方式、语言使用、风俗习惯等方面存在的差别是历史长期累积的结果，各类差异既不应被当作判断文明优劣的特征加以对待，更不能被夸大为文明之间的冲突根源。延续至今的多种文明在演进过程中皆保存下了生存发展的智慧，而其他文明只有以尊重的眼光加以审视才能将有益自身的文明要素加以创新运用。人类文明发展史启示我们：处理好多元文明之间的关系是关乎人类命运共同体演进的重大问题，文明之间的关系若处理恰当，人类命运共同体就能在和平的环境下实现发展与跨越；若处理不当，不同文明之间就会发生对抗甚至战争。

增进人类命运共同体的国际认同，需要世界各国秉持超越"自我"与"他者"对立的总体性视域。人类命运共同体的国际认同，意味着世界各国对全人类共同价值的认同、对符合时代进步潮流的先进人类文化的精神认同。国际认同将在构建人类命运共同体的过程中发挥出巨大的实际效能，各个国家在共建人类命运共同体的过程中应避免对共同性的抽象论争，转而持有既能捍卫自身权益又能照顾其他国家合理利益关切的总体性视域，即各国在新时代发展进程中生发出更多总体的共同性，从而不断为人类命运共同体的构建筑牢根基。在人类命运共同体的构建中，共同价值重视对全人类主体产生共同的有效性，本质上是表达主客体统一的哲学范畴，摒弃了西方价值理念的绝对话语，在全新的人类实践基础上重新审视自由、民主、平等、公正等价值理念的时代性，重构实现这些价值的制度和秩序性条件，促使真正体现全人类共同价值追求的理念内容充分彰显和表达。构建人类命运共同体是全球各国民众勠力同心的过程，同样也是世界文明格局的重构过程。只有不断增强国际认同并强化对生存发展状态的普遍价值共识，全人类才能团结起来，汇成积极应对各种风险与挑战的强大力量，最终在共建美好地球家园的实践中实现人类命运的持续改善。

第三节　原则确证：国际关系规则的演变

构建人类命运共同体是关涉全人类福祉的伟大工程，需要世界各国人民齐心协力，在国际交往中遵循平等、公正、合理的原则，从而维护世界和平，实现共同繁荣。人类命运共同体倡导的国际交往原则并非政治家与思想家的空想，而是根植国际关系规则的演变历史，对其演变成果的主动扬弃。国际关系规则在演变进程中生成了一系列规范性原则，如国际主体交往中的平等和主权原则、国际社会中的人道主义原则，联合国宪章确立的"四大宗旨"和"七项原则"，以及规制国际关系的和平共处五项原则等。在现行的诸多国际关系原则和人类命运共同体构建实践之间，前者为后者奠定了规范性基础和标准，后者在遵循上述原则的基础上对其予以进一步丰富和发展。人类命运共同体构建的国际交往原则，蕴含面向未来的先进性和传承过往的延续性特征，遵守其原则能够更好地推动人类命运共同体的国际认同。

一、确立"平等"和"主权"原则

《威斯特伐利亚和约》由《奥斯纳布鲁克条约》和《明斯特条约》两部分组成，是罗马帝国与法兰西、瑞典及其盟友之间订立的和平条约。作为近代国际关系史上的第一个多边条约，该条约结束了长达 30 年之久的欧洲国际性战争，规制了欧洲内部的国际关系。虽然该条约具有浓厚的区域性色彩，但首次确立的"平等"和"主权"原则符合近代世界范围内国家关系建构的需要，具有世界普遍性意义，是国际关系规则发展史上的重要里程碑和分水岭，成为国与国交往必须遵守的国际关系规则之一。《威斯特伐利亚和约》对国家主权、和平解决国际争端以及保障人权等原则的商讨和规定，逐渐从理论抽象走向现实实践，为不同国家以人类主体身份参与国际事务和全球交往提供了规则保障，为构建人类命运共同体和重塑当前全球治理体系提供了范本。人类命运共同体理念作为中国特色社会主义构建新型大国外交之方略，历来视国与国之间的主权平等是国际交往的首要原则，人类命运共同体的构建必将积极遵循《威斯特伐利亚和约》确立的"平等"和"主权"原则。

1.《威斯特伐利亚和约》主张的"平等"原则

"平等"原则是建构新型国际关系必须遵守的基本原则。作为近代国际关系史上的第一个多边条约，《威斯特伐利亚和约》对于确立国际关系的"平等"原则具有重要意义。《威斯特伐利亚和约》中的"平等"原则，主要体现在承认《奥格斯堡和约》订立的宗教信仰自由原则继续有效，同时修改"教随国定"原则以限制君主对宗教事务的绝对领导权两个方面。

　　《奥格斯堡和约》是神圣罗马帝国皇帝查理五世与德意志新教诸侯签署的宗教和约，该和约对帝国内部的宗教关系进行了规定：神圣罗马帝国各邦不得以宗教为借口试图发动战争；必须承认路德新教与天主教的宗教信仰自由，路德新教与天主教享有相同的平等地位；拟定"教随国定"原则，即赋予德意志诸侯有权决定自己的宗教信仰及其在其境内的臣民的宗教信仰；不承认加尔文教及再洗礼派等新教教派；新教诸侯在《帕绍条约》以前就占有的教产，继续由其占有。《奥格斯堡和约》的签订瓦解了天主教在德意志境内独霸天下的局面，赋予路德新教在德意志境内的合法性，是路德新教与德意志天主教平权的法律依据。

　　"平等"原则在《威斯特伐利亚和约》中主要体现为两个方面：一是承认订立宗教信仰自由原则的《奥格斯堡和约》继续有效。如《奥斯纳布鲁克条约》第 5 条规定，"1552 年达成的《帕绍条约》、为 1555 年宗教和约收录和援引，于 1556 年在奥格斯堡被肯定，此后在神圣罗马帝国的各种议会中，经皇帝和信仰新教、天主教的各选帝侯、邦君、邦国一致同意，维持其效力，保持其神圣与不可侵犯性"①。二是《威斯特伐利亚和约》限制了《奥格斯堡和约》拟定的"教随国定"原则，以钳制君主对宗教事务的权威。所谓"教随国定"是指，"受谁统治，就接受谁的信仰"，即德意志臣民只能信仰在其境内由德意志诸侯决定的信仰对象。《奥格斯堡和约》第 23 条规定，"任何阶层不得强迫其他阶层及其臣民改信他所信仰的宗教"，或者"违背当权者的意愿以任何方式为其提供保护和庇护"②。

---

　　① 转引自李明倩：《〈威斯特伐利亚和约〉与近代国际法》，商务印书馆 2018 年版，第 158 页。

　　② 王银宏：《人性、宗教信仰与帝国秩序——1555 年〈奥格斯堡宗教和约〉及其规制意义》，《史学月刊》2019 年第 11 期。

在以往的经济全球化交往实践中，西方世界割裂了平等诉求与平等交往之间存在的特殊性和普遍性关系，试图以普遍消融特殊，将西方自身的平等价值视为普遍存在，而把其他主体的平等价值诉求和意愿视为特殊存在。

《威斯特伐利亚和约》对"教随国定"原则的限制体现在两个方面：设置宗教事务的基准年份和承认加尔文教的合法性。在设置宗教事务的基准年份方面，《威斯特伐利亚和约》规定 1624 年为宗教事务的基准年份，即 1624 年时无论以何种方式曾被信仰过的宗教教派，都可以继续被民众选择信仰，君主有权改变国教，但无权干涉臣民信仰非国教以外的其他宗教教派的自由，这就意味着生活在新教区域的天主教徒也可以自由地开展他们的宗教活动。[1]在《威斯特伐利亚和约》中限制"教随国定"原则的条文随处可见，如第28 条规定，"属于奥格斯堡教派的教徒，特别是奥本海姆的居民应重新掌管他们的教堂和教区"，若想要加入奥格斯堡教派可以在指定的时间和地点，如私人居所或由教长及邻区的教长指定地方进行宗教活动。[2]同样地，《奥斯纳布鲁克条约》第 5 条也对"教随国定"原则作了如下限制，即"那些天主教君主的新教徒子民们，和1624 年时尚未公开或私下信仰新教之君主的天主教子民们，以及那些在和约公布之后该与其领主进行不同信仰的子民们，享有一切信仰自由，在其进行私人礼拜仪式或在其公会进行宗教典礼时，不得受到任何阻碍，或受到任何人身伤害，或被任何人询问，甚至应

---

① 参见李明倩：《〈威斯特伐利亚和约〉与近代国际法》，商务印书馆2018 年版，第 158 页。

② 参见《国际条约集》（1648—1871），世界知识出版社 1984 年版，第8 页。

该在其居住区域中为其提供便利"①。尽管《奥斯纳布鲁克条约》存在诸多限制和不足，但其确立了国家内部关于宗教的基本规约，将国家从宗教信仰分裂的危机中救赎出来，维持了一定程度的信仰自由和国家统一性，以法律形式规定并维持着子民的共同生活。

在承认加尔文教的合法性方面，《奥格斯堡和约》将加尔文教派以及再洗礼教派排除在合法性宗教之外，而《威斯特伐利亚和约》却赋予了加尔文教派以合法性地位，肯定加尔文教徒与路德新教享有平等的权利，如《威斯特伐利亚和约》第 50 条规定，"黑森的伯爵夫人埃米莉·伊丽莎白夫人及其子威廉先生……应分享本合约所带来的利益，无例外地享受……条文所规定的其他各邦所享有的同样权利"②。通过限制"教随国定"原则，君主们对宗教事务的绝对领导权遭到遏制③，先前就已受到挑战的教皇权力也随之受到进一步剥夺。在《威斯特伐利亚和约》之前，教皇至少在名义上拥有以下权威，即发布"褫夺教权"的教会管辖权；开除教籍权；禁锢思想与迫害"异端"的国际执法权；策划和发动国际战争的无限战争权。但是，在交战双方和谈时期，教皇使节来到威斯特伐利亚仅仅只是听取会议而已。④

---

① 转引自李明倩：《〈威斯特伐利亚和约〉与近代国际法》，商务印书馆 2018 年版，第 158 页。

② 《国际条约集》（1648—1871），世界知识出版社 1984 年版，第 12 页。

③ 需要说明的是：君主对宗教事务的绝对领导权遭到遏制，并不意味着教皇的权力得到增强。在《威斯特伐利亚和约》签署之前，教皇的权力在帝国范围内已经受到挑战，但是，在各邦内，邦君依然按照"教随国定"原则对臣民的宗教信仰予以干涉，《威斯特伐利亚和约》的签署使先前已经受到挑战的教皇权力进一步衰落，这表明，欧洲三十年战争的爆发，依靠宗教来维持帝国及邦国的稳定已经成为不可能。

④ 参见李家善：《国际法学史新论》，法律出版社 1987 年版，第 62—68 页。

2.《威斯特伐利亚和约》体现的"主权"原则

国家的"主权"是当代国际社会进行政治实践的基础,"主权"原则是维持国际秩序与国际法稳定运行的重要组织原则。根据《奥本海国际法》的规定,所谓"主权者"是指,在中世纪的西欧国家中建立起来的一种"中央集权组织",它由国王直接领导下的官员和法院组成,目的是要拆解封建君主与封建领主存在的人身与契约的关系,并阻止享有自治权的领土扩张,最终树立起排他性的中央权威。① 从《奥本海国际法》对主权者概念的界定,可以看出领主权是凸显主权者资格的重要表现之一。《威斯特伐利亚和约》中关于"主权者资格"的探讨对当代"主权"概念和"主权原则"的形成具有重要意义。《威斯特伐利亚和约》对"主权者资格"的探讨主要分布在"领土变更"条文以及"邦君权"规定两个方面。

首先,《威斯特伐利亚和约》中的"领土变更"条文反映了封建领主对土地性质的认识发生变化。领土问题是关涉国家主权的重要问题,对一定范围内的领土具有管辖权是现代国家主权资格的重要表征。虽然《威斯特伐利亚和约》没有确立现代国际法意义上的"主权"原则,但《威斯特伐利亚和约》中涉及的"领土变更"条文却真实反映了封建领主对土地性质在认识上发生了转变,即土地从作为"单纯生产资料以及维护封建权益的基础,转变为实行有效行政管理和实际军事控制的区域"②。

"领土变更"问题在《威斯特伐利亚和约》中主要以两种形式

---

① 参见李明倩:《〈威斯特伐利亚和约〉国际法地位再考察——以合约与主权原则的关系为中心》,载《外国法制史研究》,法律出版社 2012 年版,第58—76 页。

② 李明倩:《〈威斯特伐利亚和约〉与近代国际法》,商务印书馆 2018 年版,第 161 页。

呈现：对瑞典、法国的领土进行赔偿以及对德意志诸侯的土地予以补偿。对瑞典的领土赔偿主要体现在，《奥斯纳布鲁克条约》承认瑞典对波罗的海区域的领土主权，瑞典获得帝国席位，成为帝国封臣中的一员，可以名正言顺地干预帝国事务。《奥斯纳布鲁克条约》第 10 条规定：皇帝与帝国愿意接纳瑞典女王以及她的王位继承者为帝国诸侯，同意女王陛下及其继承人日后可以以领主身份出席帝国议会，在议会中获得席位，并且承认自己是皇帝及帝国的封臣，要效忠皇帝。在"领土变更"问题中，法国是领土赔偿的最大赢家，获得了所赔领土的完全所有权，以及赔偿领地的全部"管辖权和主权"。德意志诸侯也在这次领土变更中有所收获，如巴伐利亚获得上巴拉丁、萨克森拥有了卢萨提亚、勃兰登堡获得了东波美拉尼亚到波兰边界的大部分地区等。①

其次，《威斯特伐利亚和约》中的"邦君权"体现了对领土内最高统治者自主权利的规定。所谓"邦君权"是指德意志诸侯各邦君所享有的权利，具体条文内容为"所有罗马帝国的选侯、邦君和各邦"都应该确认和享有他们自古以来就有的权利，如拥有的特权、享有的自由和优惠以及领土权的自由行使，无论这种权利是出于宗教的理由，还是政治的考虑或礼遇性的表示，均不应受到任何因素的干扰。②《威斯特伐利亚和约》又进一步规定了"邦君权"的具体内容，即德意志诸侯各邦君享有投票、宣战和结盟等权利。国际社会对主权的保护形式以国家在参与过程中所履行的国际义务为前提，但由于组成国际社会的诸多主权国家存在话语表述和价值诉求

---

① 参见李明倩:《〈威斯特伐利亚和约〉与近代国际法》，商务印书馆 2018 年版，第 161—163 页。

② 参见《国际条约集》(1648—1871)，世界知识出版社 1984 年版，第 16 页。

的差异性，国家主权的基本持有及其国际保护的实现，最终取决于诸侯各邦君内在法律的实现程度。《威斯特伐利亚和约》规定，今后在审议帝国的相关事务中，德意志诸侯各邦君应不受任何阻碍地享有"投票权""制定和解释法律权"、对外"宣战权"、对内"征税、征兵、驻兵、构筑工事"等权利。[①]

封建领主对土地性质的认识发生变化的反映和对领土内最高统治者自主权利的规定，构成《威斯特伐利亚和约》探讨"主权者资格"的具体内容，体现了该合约对"主权原则"的确立。在确立"主权原则"的前提下，《威斯特伐利亚和约》承认多方国家主体通过相互交往与协作而维持整个国际社会运转，奠定了以国际会议协商的方式来解决国家之间争端的方法论基础，并对现有的国际秩序形成直接约束力，同时在本质上体现了人类文明的进步。

3. 关于《威斯特伐利亚和约》是否确立"主权"原则的争议

西方国际法学界基于《威斯特伐利亚和约》对"领土变更"问题的厘定及其对"邦君权"的规定，普遍认为《威斯特伐利亚和约》确立了国家"主权"原则，是近代国际法诞生的重要标志。有学者指出，欧洲 30 年战争的结束终结了中世纪神圣罗马帝国的命运，《威斯特伐利亚和约》创设了国家"主权"原则，一举击垮了罗马天主教皇一统天下的"世界主权"[②]。中国学界普遍认同西方国际法学界对《威斯特伐利亚和约》的观点。如有学者将《威斯特伐利亚和约》视为近代国际法诞生的标志[③]，有学者认为，《威斯特伐

---

① 参见《国际条约集》（1648—1871），世界知识出版社 1984 年版，第 16 页。

② 参见 J. Westlake, *Chapters on the Principle of International Law*, Cambridge University Press, 1894, p.66.

③ 参见周鲠生：《国际法大纲》，商务印书馆 1931 年版，第 5 页。

利亚和约》对近代国际法的发展乃至对国际行为都有一定的影响。①

然而，在《威斯特伐利亚和约》签署 350 周年之际，西方有些学者开始质疑对《威斯特伐利亚和约》的看法，认为以往对《威斯特伐利亚和约》的看法主观性较强，属于人为地抬高了它的国际法地位，《威斯特伐利亚和约》根本没有确立"平等"和"主权"原则，它只是在"自治的政治单位"之间建立起一种相互联系的制度而已②。这些学者认为，现行的国际法与条约难以保障诸多国家主权在国际社会中的平等实现，诸多主权国家作为国际社会的组成成员，是具有独立行为的主体，其自认为合理的行为容易受到他国的无端牵制，因而在处理国际事务上的机会并不均等。

《威斯特伐利亚和约》及其价值在西方国际法学界引起的争议焦点在于其是否确立了"主权"原则。赞同《威斯特伐利亚和约》确立"主权"原则的学者认为，尽管《威斯特伐利亚和约》第 65 条对"邦君权"之一的"结盟权"进行规定，即"此种结盟不得针对皇帝和帝国，也不得反对公共和平和本合约，同时也不得损害每一邦对皇帝和帝国作出的宣誓"③，但在《威斯特伐利亚和约》签署后的 150 多年中，皇帝在德意志诸侯各邦行使结盟权的过程并未给予任何阻扰，对结盟过程的各种限制实际上形同虚设。质疑《威斯特伐利亚和约》确立"主权"原则的学者指出，《威斯特伐利亚和约》仍然承认德意志各邦的帝国成员身份，没有正式提及"主权"概念，相反它进一步稳固了中世纪时期的领主法概念。因为在《威

---

① 参见刘达人、袁国钦著、胡娟勘校：《国际法发达史》，中国方正出版社 2007 年版，第 81 页。

② Andreas Osiander, "Sovereignty, International Relations, and the Westphalian Myth", *International Organization*, Vol.55, No.2, 2001.

③ 《国际条约集》（1648—1871），世界知识出版社 1984 年版，第 16 页。）

斯特伐利亚和约》缔结之后的 158 年中，邦国仍旧将皇帝视为其实际或名义上的领主，如派代表参加帝国议会、缴纳公共税收，甚至建立联合军队等事务，各邦都要通过帝国议会集体实施主权才能进行，即使这种集体活动的效率非常低，仍然无法否定帝国作为一个集体主权国家存在的事实。也有学者介于完全肯定与全盘否定之间指出，如果从《奥本海国际法》对"主权"概念的界定看①，《威斯特伐利亚和约》并未确立"主权"原则，一是《威斯特伐利亚和约》对"邦君权"的规定，确实与现代国际法中对"主权"概念的界定有一定的差异；二是邦君们虽然因拥有领土主权而享有一定的独立性，但他们仍处于帝国框架之中，帝国法律和皇帝律令依然是绝对权威。但是，如果将《威斯特伐利亚和约》置于更宽广的视域之下予以考察，就会发现《威斯特伐利亚和约》确立了国家"主权"原则，《威斯特伐利亚和约》赋予各邦宣战权、媾和权、结盟权，即间接地承认了邦君的国际法主体地位。从当时主权的具体实现程度看，帝国实力的强弱是其维护主权的根本条件，不合理的国际法、章程及其衍生的霸权政治容易对发展程度较弱的国家主权产生侵害，最终固化了不平等的国际关系。

德国著名学者马克斯·布劳巴赫认为《威斯特伐利亚和约》确立了国家"主权"原则，他指出，在 1648 年以前，神圣罗马帝国确实是以"连贯的帝国史"样态存在，而在《威斯特伐利亚和约》签署之后，神圣罗马帝国的"连贯史"就演变成德意志各大邦国的

---

① 《奥本海国际法》认为，"主权"是指"在国家统治者的权力在国内高于一切的情况下介绍到政治理论中并发展起来的"，即"主权主要是国内宪法权力和权威的问题，这种权力和权威被认为是国内最高的、原始的权力，具有国家内的排他性职权"（参见［英］詹宁斯、瓦茨修订：《奥本海国际法》第一卷第一分册，王铁崖、李适时、汤宗舜等译，中国大百科全书出版社 1995 年版，第 94 页）。

"特别史"，"帝国的连贯史"已成为无足轻重的部分。① 恩格斯同样认同西方国际法学界对《威斯特伐利亚和约》的看法，即《威斯特伐利亚和约》确立了国家"主权"原则，他认为从三十年战争起，神圣罗马帝国就只是一个名义上的国家，因为德意志诸侯各邦的权力越来越大，几乎接近自主，而法国和瑞典也基本承认《威斯特伐利亚和约》的签署，赋予了德意志诸侯不服从皇帝的意志和权力。② 笔者赞成布劳巴赫与恩格斯的观点，认为《威斯特伐利亚和约》确立了"主权"原则，《威斯特伐利亚和约》的签署宣告了以宗教为手段维持帝国秩序方式的破产，从此，经济、政治成为德意志诸侯竞争的核心因素，表现出现代国家主权核心竞争意识；《威斯特伐利亚和约》中的领土变更条款，反映出封建领主对土地变更性质的认识，已经具有现代国家领土管辖权的印记；《威斯特伐利亚和约》中的"邦君权"，表征着现代国际法主体意义上的主权资格。

4.人类命运共同体理念与《威斯特伐利亚和约》的关系

国际关系演变积累的一系列公认原则和精神，为构建人类命运共同体奠定了基础。《威斯特伐利亚和约》确立的"平等"和"主权"原则，为人类命运共同体的国际认同夯实了原则基础。而人类命运共同体的国际建构在承继《威斯特伐利亚和约》确立的"平等"和"主权"原则的基础上，在其提出初衷以及建构方式两个层面超越了《威斯特伐利亚和约》的局限性。人类命运共同体理念具有鲜明的反对霸权主义和强权政治的态度，为重构国际政治经济秩序奉献了独特智慧，有利于增强不同国家在国际交往中维护自身主权独立的自主意识。只有当参与主体的力量对比向有利于所有参与者发展时，平

① 参见〔德〕马克斯·布劳巴赫等：《德意志史：从宗教改革至专制主义结束》第二卷上册，陆世澄、王昭仁译，商务印书馆1998年版，第289页。

② 参见《马克思恩格斯全集》第22卷，人民出版社1965年版，第22页。

等合理的国际秩序才可能真正确立。

人类命运共同体理念提出的初衷异于《威斯特伐利亚和约》。《威斯特伐利亚和约》订立的初衷是为了终结已经持续 30 年的欧洲战争，旨在恢复欧洲的和平与安全，《威斯特伐利亚和约》其实是一部调整欧洲国家关系的"区域法"，从这一点来讲，它其实与人类命运共同体理念并无内在的关联。有学者指出，在《威斯特伐利亚和约》签署之初，其确立的"平等"和"主权"原则，一开始与其他文明确立的规制本地区的法律条约相比并不具有优越性，但是在日后殖民扩张的过程中，逐步取代了其他文明的国际法律体系，才使自身获得唯一正当性。① 然而，人类命运共同体从构想之初，就将维护全球性的伙伴关系视为自身宗旨。当今世界各国交往频繁，虽然会受到各种危机的影响，但世界交往程度日益加深的总趋势不会变，世界成为"你中有我、我中有你"的命运共同体，在承继联合国的宗旨和原则的基础上，积极构建以合作共赢为核心的新型国际关系。正是放眼全球的国际视域，使得作为中国贡献给世界的智慧与方案的人类命运共同体构建，超越了《威斯特伐利亚和约》仅限于调整欧洲地区的和平与安全的"区域法"特性，受到世界各国的普遍认可。

人类命运共同体理念赢得世界认可的方式同样异于《威斯特伐利亚和约》。尽管《威斯特伐利亚和约》确立了"平等"和"主权"原则，但这一原则最初并不具有优势，因为在欧洲之外还存在着其他文明条约规制着部分地区的政治秩序。《威斯特伐利亚和约》之所以能够最终战胜其他文明条约并获得自身唯一的正当性，即从一

---

① 参见何力：《人类命运共同体视角下的国际法史与文明互融》，《厦门大学学报（哲学社会科学版）》2019 年第 6 期。

个调整欧洲地区和平与安全的"区域法"演变成具有调整全球国际关系新秩序必须遵守的普适性原则，是在伴随着欧洲充满暴力和血腥的殖民掠夺与殖民扩张中行进的。[①] 在欧洲殖民扩张中，殖民地、半殖民地人民逐渐意识到自身并未获得殖民者的任何尊重，民族国家只有奋起反抗、争取自身民族独立，才能在世界文明秩序中赢得一席之地。在欧洲殖民的历史进程中，强国极力推行霸权主义和对外扩张策略，以各种手段迫使发展中国家屈从就范，也引起发展中国家在一定范围和领域中的反抗，要求国际社会形成主持公正、具有平等执行力的公共秩序。随着殖民地、半殖民地人民反抗斗争的高涨，"平等"和"主权"原则才逐渐上升为群体性的理性自觉。

人类命运共同体理念在充分尊重国家主权、遵循国际公认的规则基础上，倡导合作共赢而赢得了国际认可。近代国际关系在演变中积累了一系列国际公认的规则，这些规则自然成为构建人类命运共同体的基本遵循。人类命运共同体理念继承了《威斯特伐利亚和约》制定的"平等"和"主权"原则，致力于以和平的方式构建新型国际关系；秉持决不能以大欺小、以强欺弱的态度，反对单边主义、坚持多边主义，力争开拓对话不对抗、结伴不结盟的国际交往新思路。坚守各个国家主权平等始终是规制国际关系的重要准则，是联合国及其相关组织、机构必须遵守的基本底线。"平等"和"主权"原则强调，任何国家无论大小、强弱、贫富，主权和尊严必须得到各国的尊重，每个国家都有权自主选择适合本国发展的社会道路和社会制度，决不容许任何国家干涉他国内政。人类命运共同体理念在遵循国家"平等"和"主权"原则的基础上，提倡以和平方

---

① 参见何力：《人类命运共同体视角下的国际法史与文明互融》，《厦门大学学报（哲学社会科学版）》2019年第6期。

式处理国际纷争，"打破了国强必霸、弱肉强食的形而上学思维逻辑，展现了一种公平正义、合作共赢的全新哲学思维理念"①，具有超越《威斯特伐利亚和约》的内在优越性。

二、明确"四大宗旨"和"七项原则"

第二次世界大战后，消弭战争、永葆和平成为世界各国人民的普遍愿望。《联合国宪章》于 1945 年在美国旧金山签署，作为联合国组织的总章程，明确了联合国的"四大宗旨"和"七项原则"。《联合国宪章》的"四大宗旨"和"七项原则"为人类命运共同体理念奠定了原则性基础，人类命运共同体理念在承继《联合国宪章》宗旨和原则的基础上进行了合理化和时代化的创新，被写入联合国多项决议。

1.人类命运共同体理念对《联合国宪章》的宗旨和原则的承继和创新

《联合国宪章》共分 19 章 111 条，明确了联合国的"四大宗旨"和"七项原则"。这"四大宗旨"和"七项原则"成为第二次世界大战后国际交往必须遵守的基本原则，这些原则在构建人类命运共同体的过程中理应得到基本遵循。

其一，人类命运共同体理念承继了《联合国宪章》的宗旨和原则。《联合国宪章》明确了四大宗旨，即维护国际和平与安全；发展国际友好关系；增进国际合作、促进人权保护；联合国处于协调各国行动的中心地位。为了保证"四大宗旨"的落实，《联合国宪章》又规定了联合国及其成员国必须遵守的"七项原则"，即会员国一

———————

① 王义桅：《时代之问　中国之答：构建人类命运共同体》，湖南人民出版社 2021 年版，第 72 页。

律主权平等；会员国要忠实履行会员义务；会员国要以和平方式解决国际争端；会员国不得对他国动用武力或进行武力威胁；联合国对某个国家采取行动时，其他国家不能对这一国家提供协助；在维护国际和平与安全方面，联合国有权要求非会员国遵守相关原则；除执行决议之外，联合国不得干涉他国内政。从国际交往体系和关系结构的演变历史看，"七项原则"的基本内涵与解释适用性依赖特定的条件和背景。在国家之间交往日益密切的情况下，任何国家自身的发展都深受各种国际规章和制度的影响，因此，我们需要在坚持《联合国宪章》原则的基础上对其进行时代化阐释。

人类命运共同体理念继承《联合国宪章》的基本精神。联合国作为维护国际和平的世界性组织，离不开中国的支持，中国作为维护世界和平的中坚力量，历来重视联合国的作用。世界形势正在发生深刻变化，人类正在面临前所未有的难题与挑战，联合国作为维护世界和平的国际性组织，必须要秉持"公平正义的旗帜，讲公道话，办公道事"[1]。联合国作为维护世界和平的国际组织，必须捍卫《联合国宪章》的宗旨和原则，一定要反对单边主义，践行多边主义承诺，力促以政治途径解决冲突，发挥联合国的政治和道义优势，消除贫困，实现可持续发展，中国也将一如既往地支持联合国的工作。[2] 这些倡议和主张既是人类命运共同体理念对《联合国宪章》宗旨和原则的遵循，也是人类命运共同体理念对《联合国宪章》精神继承的体现。党的二十大报告在阐释中国特色大国外交时强调，构建人类命运共同体要以《联合国宪章》宗旨和原则为基础的国际关系基本准则，"反对一切形式的单边主义，反对搞针对

---

① 《习近平谈治国理政》第一卷，外文出版社 2018 年版，第 250 页。
② 参见《习近平谈治国理政》第一卷，外文出版社 2018 年版，第 251 页。

特定国家的阵营化和排他性小圈子"①。"共商"意味着要集思广益、让各国充分贡献自己的智慧;"共建"是指各国要各尽所能、通力打造合作平台;"共享"则意味着让更多合作成果惠及更多的国家和人民。倡导"共商共建共享"的全球治理理念,是《联合国宪章》尊重会员国无论大小、一律平等,倡导以合作对话解决国际争端的重要体现。构建人类命运共同体提倡的全球治理理念,体现了人类社会历史的整体进步与共产主义理想相互融合的目标高度,突破了传统国际关系的片面性,超越了国家和民族自身发展的狭隘性,站在全人类共同价值和人类社会共同发展的制高点上,凝聚坚不可摧的全球生产力。

《联合国宪章》签署之初,传统安全风险是国际社会面临的主要风险,这些风险主要表现为:发达资本主义国家对殖民地、半殖民地国家人民实行的殖民压迫以及殖民地、半殖民地人民掀起的争取民族独立与民族解放的反抗斗争、以美国为首的西方资本主义阵营与以苏联为首的东方社会主义国家展开的东西对抗、广大发展中国家与少数发达国家之间存在的南北差距,以及霸权主义和强权政治等。②强调国家主权平等、力促以和平方式解决国际纠纷、倡导不干涉内政等原则,成为《联合国宪章》规制国际关系的首要准则。当今世界,和平与发展仍然是时代主题,人类所面临的风险已然不同于《联合国宪章》签署之初,非传统安全风险正在逐渐取代传统安全风险,成为全球的主要挑战,"逆全球化思潮抬头,单边主义、保

---

① 习近平:《高举中国特色社会主义伟大旗帜　为全面建设社会主义现代化国家而团结奋斗——在中国共产党第二十次全国代表大会上的报告》,人民出版社 2022 年版,第 62 页。

② 参见张贵洪:《联合国与人类命运共同体》,《当代世界与社会主义》2018 年第 1 期。

护主义明显上升，世界经济复苏乏力，局部冲突和动荡频发，全球性问题加剧，世界进入新的动荡变革期"①。然而，在应对这些非传统安全风险时，联合国与《联合国宪章》开始显现出滞后性和不足之处。

针对世界经济增长出现动能不足、国际社会贫富分化日益拉大等问题，中国先后酝酿并提出共建"丝绸之路经济带"和"21 世纪海上丝绸之路"②；设置"丝路基金"、成立"亚洲基础设施投资银行"、加快金砖国家"新开发银行"建设等策略。③ 通过"一带一路"国际合作推动各类区域共同体建设，从而为世界经济稳步增长注入微型机与活力。中国无论发展到什么程度，都不会颠覆现行的国际体系，始终是世界和平的建设者和维护者。随着世界各国参与经济全球化的进程不断深入，人类需要形成成果共享、风险共担的联合体，共同确立契合人类整体发展需要的治理体系。中国致力于维护人类文明发展的多样性与具体路径的多元化，重视世界历史进程中不同主体国家的利益和价值诉求。针对网络安全问题，中国主张互联网绝不是法外之地，在尊重各国网络主权和网络发展权的同时，倡导共建互联网命运共同体，营造绿色、健康、风清气朗的虚拟空间。面对全球性危机，中国在与世界各国密切协作，以自身行动诠释和贯彻人类命运共同体理念，并为人类应对气候变化等全球性危机提供了坚实的合作动力。

中国针对非传统安全风险提出的应对策略和主张，是人类命运共同体理念在继承《联合国宪章》宗旨和原则基础上的生动彰显。

---

① 习近平：《高举中国特色社会主义伟大旗帜　为全面建设社会主义现代化国家而团结奋斗——在中国共产党第二十次全国代表大会上的报告》，人民出版社 2022 年版，第 26 页。

② 参见《习近平谈治国理政》第一卷，外文出版社 2018 年版，第 287—293 页。

③ 参见《习近平谈治国理政》第二卷，外文出版社 2017 年版，第 515 页。

根据世界历史发展的新形势，中国秉持传统文化"和而不同"、相互包容的精神实质，倡导以对话协商解决问题的方式，进一步创新和发展了《联合国宪章》的宗旨和原则，为国际社会应对非传统安全威胁的挑战提供了新的国际交往理念和践行路径。人类命运共同体理念摒弃以往各国之间存在征服与顺从的不对等对话方式，重视不同主体在交往过程中对自身价值需求的表达，主张发展中国家可以借助自身优势实现跨越式成长，推崇全方位多领域协作发展的路径，展现出人类社会发展构建全新理论与思维方式的可能。

2.人类命运共同体理念被写入联合国多项决议

人类命运共同体理念作为中国贡献给世界的智慧与方案，获得国际社会广泛认可并先后载入联合国多项决议，成为维护世界和平与安全的重要补充。载入联合国多项决议，既是对联合国和平发展"初心"的回归，也是对世界人民追求和平发展愿望的呼应，有力地推动了这一理念成为全球性共识。

第一，联合国社会发展委员会决议收录了人类命运共同体理念。联合国社会发展委员会是联合国经济及社会理事会之一，它的主要职能包括四个方面，即研讨国际社会领域的发展趋势；就社会发展的目标及政策给出建议；对妇女、青年、老龄人、残疾人、社会治安与犯罪控制等领域采取的措施提出问题和建议；与具有联合国咨商地位的非政府组织建立工作关系。鉴于中国对构建中非命运共同体的贡献，联合国社会发展委员会于2017年2月10日将构建人类命运共同体写入联合国"非洲发展新伙伴关系的社会层面"决议①。

---

①　《"构建人类命运共同体"首次写入联合国决议》，《人民日报》2017年2月12日。

第二，联合国安理会决议收录了人类命运共同体理念。中国作为联合国安理会常任理事国之一，始终致力于维护世界的和平与发展，紧随时代潮流为维护世界和平与安全贡献中国智慧和中国力量。在新的全球历史形势下，人类命运共同体理念为世界整体性发展出谋划策的智识方案，反映了联合国安理会机构改革的新趋势，即要在尊重联合国及安理会的基础上，倡导以对话协商的方式解决国际争端，树立可持续发展的安全观，通过打造亚洲区域共同体的建设，推动人类命运共同体的国际认同。[①] 注重发挥联合国及安理会的重要作用，呼吁以区域共同体推动构建人类命运共同体，符合世界历史发展的潮流，受到国际社会的普遍认可。2017年3月17日，人类命运共同体理念首次载入联合国安理会决议。

第三，联合国人权理事会决议收录了人类命运共同体理念。联合国人权理事会是联合国系统中的政府间机构，它的目标是在世界范围内加强和促进人权保护工作，维护各国人民的人权免受侵害。中国作为联合国人权理事会成员之一，在人权领域倡导多边主义、呼吁合作共赢的人类命运共同体理念，受到联合国人权理事会的充分认可，将其写入联合国人权理事会决议。人类社会的风险可能无法通过任何一个国际组织或部门得到妥善解决，如果能够基于多元整合视角，通过理论规范与实践遵循的密切结合，或许能够得到更为合理的化解。在化解人类社会风险方面，人类命运共同体理念从维护全人类共同利益出发，在追寻全人类共同价值的同时，避免特权阶级对人权或价值的边缘化，使之走向人类文明终极关怀的发展轨道。2017年3月23日，人类命运共同体理念被写

---

① 参见《习近平总书记系列重要讲话读本》，人民出版社2016年版，第265—266页。

入联合国人权理事会关于"经济、社会、文化权利"和"粮食权"两个决议。

构建人类命运共同体理念先后被写入联合国多份决议中，并正在从理念转化为行动，产生日益广泛而深远的国际影响，成为解决人类共同面临难题的中国智慧和中国方案。这一理念站在全人类整体利益的高度审视国家与国家的关系，超越了国家之间的文明差异，从人类的整体、长远利益出发，致力于寻找到世界各国人民对美好生活向往的最大公约数。

第二次世界大战对人权的极度毁损给人类造成沉重打击，人人渴望人权、人人希望得到尊重成为战后各国人民的普遍愿望。基于世界人民的期望，签署于 1945 年 6 月的《联合国宪章》庄严宣告：为了使后人不再遭受 20 世纪两次世界大战给人类造成的灾祸，必须重申基本人权、要尊重人格及价值、今后性别无论男女及国家无论大小都一律平等，国际社会必须创造条件以维护正义，认真履行国际法及国际条约赋予的义务，坚持不懈地促进社会进步及民生改善。[①] 为了更好地落实关于人权问题的宣言，《联合国宪章》在正文相关条款中，分别从种族、性别和语言等方面，进一步强调了关于人权保障的相关规定，并提议设立人权委员会，以保障人权问题的具体落实。

1948 年和 1966 年联合国大会又相继通过了《世界人权宣言》和两个国际公约，即《公民权利和政治权利国际公约》和《社会经济文化权利国际公约》。《世界人权宣言》全面继承和发展了《联合国宪章》关于人权保护的规定。《世界人权宣言》发布的目的在于，

[①]　参见刘海年：《从〈联合国宪章〉〈世界人权宣言〉到构建人类命运共同体——国际人权保障的过去、现在与未来》，《人权》2018 年第 5 期。

为所有人民和国家制定人权保护的标准，希望个人与社会组织机构能够始终铭记本宣言，以教育激发对权利与自由的尊重，以国家及国际措施保障这些权利和自由得以实施。①《世界人权宣言》倡导以平等及非歧视性原则，对待公民享有的经济、政治、社会及文化发展权利。

《世界人权宣言》和上述两个国际公约的共性在于视国际人权保护为人类共同价值诉求，并为此专门设立了相应的配套制度。这些制度以"软法"的形式为世界各国受到人权迫害的人们提供了各种帮助，《世界人权宣言》在消除种族歧视、保护妇女儿童权益、禁止酷刑等方面均有积极意义，是国际人权保护的核心价值体现。

人类命运共同体理念始终将人权事业作为重要一环。人权议题是全球治理中的重要组成部分，其以实现人权为最终目标来进行全球治理，具体内容包括对全球范围内的人权问题进行治理和对影响实现人权的全球性因素进行规定，这不仅需要依靠国际社会在国家交往中切实保障人权，而且取决于公平正义的全球制度环境。中国是国际人权事业的积极保护者与参与者，曾四次当选联合国人权理事会成员。早在《联合国宪章》向世界庄严宣告要注重国际人权保护时，中国就已派代表团参加《联合国宪章》的制定，并提出了一系列富有建设性的意见和建议，如"一切国际争议不得诉诸武力；各国各民族不论大小强弱应当一律平等；尊重各国领土完整和政治独立；明确侵略的要件和定义；在国际托管领土（实际上是殖民地）方面应尽量保障当地居民安全和福利，促进其教育以期能成独立自主之国家，应加强经社理事会职能，促进在教育及文化方面的国际

---

① 参见刘海年：《从〈联合国宪章〉〈世界人权宣言〉到构建人类命运共同体——国际人权保障的过去、现在与未来》，《人权》2018 年第 5 期。

合作"①，这些富有建设性的提议及其蕴含的精神实质被内化到《联合国宪章》的宗旨和原则中。

党的十八大以来，中国始终坚持将人权发展的普遍原理与中国具体实际相结合，走适合中国国情的人权发展道路，将"生存权"与"发展权"视为首要人权，呼吁国际社会以"公正、公平、开放、包容"的心态看待广大发展中国家的人权发展问题。"我们要秉持合作共赢的思想，从根本上改变人权领域以老大自居、一味指责别国人权政策的傲慢做法，在尊重各个国家人权政策的基础上，积极探索形成人权政策的协调机制，找到最多切合点，寻求最大公约数，建设一个各国人权事业共同推进发展的世界新格局。"② 人类命运共同体理念在人权保护领域的思想贡献受到国际社会的广泛赞同和认可。2017 年 3 月 23 日，联合国人权理事会第 34 次会议通过了关于"经济、社会、文化权利"和"粮食权"的两个决议，明确表示要"构建人类命运共同体"。

三、倡导和平共处五项原则

第二次世界大战结束以后，亚非拉地区的人民纷纷掀起民族解放运动，赢得了民族解放和独立。随后，冷战局势使得这些获得民族独立不久、仍然积贫积弱的国家发展受挫，因而公正合理的国际政治新秩序成为诸多主权国家的迫切要求，和平共处五项原则正是这一历史背景下的产物。和平共处五项原则由中国倡导，印度和缅甸两国积极响应，最终在万隆会议得到进一步阐发和扩大，其旨在

---

① 刘海年：《从〈联合国宪章〉〈世界人权宣言〉到构建人类命运共同体——国际人权保障的过去、现在与未来》，《人权》2018 年第 5 期。

② 李君如：《人类命运共同体：中国人的世界梦》，人民日报出版社 2020 年版，第 134 页。

维护亚洲地区的和平与安全，核心以"互相尊重领土主权、互不侵犯、互不干涉、平等互惠及和平共处"为国与国之间的交往原则。和平共处五项原则原本是为维护亚洲地区的和平与安全，但因其内蕴普适性特征，顺应历史发展趋势和潮流，逐渐成为调整国际关系必须遵守的基本原则。为维护世界共同利益发挥重要作用，人类命运共同体理念及其具体实践遵循和发展了这一原则。

1. 和平共处五项原则的确立过程

近代以来，西方资本主义为了开拓海外市场，开始入侵东方社会，中国、印度、缅甸成为众矢之的。西方列强对中国的入侵，破坏了中国的小农经济，改变了中国的社会结构。马克思指出，通商口岸的开设，西方商品的大量涌入，导致中国手工业生产方式趋于破产，随之社会结构也发生了相应的变化。[①] 中国虽未像印度一样完全成为西方的"猎获物"，但在一系列不平等条约之下，逐步沦为半殖民地半封建社会。中华人民共和国成立后，在《中国人民政治协商会议共同纲领》中确立了保护本国独立、自由及领土完整，拥护国际和平与友好，反对侵略与战争的外交原则。[②]1949 年 10 月 1 日，毛泽东同志在《中华人民共和国中央人民政府公告》中向各国政府宣布："凡愿遵守平等、互利及互相尊重领土主权等项原则的任何政府，本政府均愿与之建立外交关系。"[③] 这是完成民族独立和人民解放的中国，第一次亮出的具有鲜明民族主义特征的外交原则，这一外交原则成为和平共处五项原则出场的序曲。

和平共处五项原则的提出顺应了世界历史发展潮流，符合世界

---

① 参见《马克思恩格斯论中国》，人民出版社 2018 年版，第 7 页。
② 参见《中国人民政治协商会议共同纲领》，人民出版社 1952 年版，第 17—18 页。
③ 《毛泽东文集》第六卷，人民出版社 1999 年版，第 2 页。

多数国家对良好国际秩序的向往，逐渐从区域性国际交往规则上升为世界性国际交往规则。和平共处五项原则最早出现于《关于中国西藏地方和印度之间的通商和交通的协定》序文之中。1953 年 12 月，中印两国政府就西藏问题展开谈判，最终签署了和平共处五项原则的协定。在协定序文中，中印两国政府以互相尊重领土主权、互不侵犯、互不干涉、平等互惠以及和平共处作为两国外交的基本原则。同年，周恩来总理访问印度，他指出，世界各国无论大小强弱，也不论其采用何种社会制度，均可以和平共处；各国人民都有权选择自己的国家制度及其生活方式，各国人民的民族独立和自主权利必须得到应有的尊重；世界各国如果都遵循和平共处五项原则处理外交关系，世界和平就有可能成为现实。自提出以来，和平共处五项原则成为中国政府处理国际关系的基本方式，在国际上逐渐破解资本主义的极左思潮和教条主义对中国的禁锢，为中国走向世界创造有利的国内外环境，同时在国际社会呼吁和平与发展的时代主题。

　　和平共处五项原则成为中国、印度、缅甸处理外交关系的基本原则。中缅两国的外交原则。在西方资本主义的侵略之下，缅甸完全沦为了英国的猎获物，直至 1947—1948 年，印度和缅甸才相继摆脱英国的殖民统治，获得民族独立。赢得民族独立后的缅甸，旗帜鲜明地将如下原则作为自己的外交承诺，即缅甸政府以国际公平与正义为原则，与世界各国建立友好合作关系，接受普遍认可的国际法原则，拒绝将战争视作国家政策的工具。[1]1954 年 6 月 28 日至 29 日，周恩来总理访问缅甸，中缅两国发表《联合声明》，强调

---

　　① 　参见范宏伟：《推动构建人类命运共同体——中缅确立"和平共处五项原则"的经验与启示》，《首都师范大学学报（社会科学版）》2019 年第 3 期。

中印两国签署的和平共处五项原则同样适用于中缅关系，同时认为这项原则具有普适性，即如果所有国家都能遵守和平共处五项原则，不同制度的国家之间实现和平共处就有了可能和保证，由于战争威胁而产生的恐惧也将消解于互信互利的国际关系之中。[①]1954年底，缅甸总理回访中国，中缅两国发表会谈公报，重申和平共处五项原则是指导两国关系的基本原则，缅甸总理的回访增强了中缅奉行和平共处五项原则的信心和决心。和平共处五项原则经得起时间考验，不断与时俱进，成为指导各国关系的基本原则。在和平共处五项原则发表 60 周年之际，习近平总书记指出，在新的世界历史形势下，和平共处五项原则的精神并没有过时，意义也没有淡化，作用也并未削弱。[②] 和平共处五项原则针对新的世界历史形势和全球性问题同样具有一定规约作用，应当发掘其为中国维持与周边国家和地区的稳定发展所贡献的积极因素，致力于为全人类谋取最大限度的共同利益保驾护航。由中国倡导、印度和缅甸两国积极响应的和平共处五项原则，因其符合世界历史发展的潮流，像《威斯特伐利亚和约》一样逐渐褪去区域性条约的特性，而被世界各国广泛接受，成为战后调整新型国际关系必须遵守的基本规则。

2.和平共处五项原则内蕴普适性特质

与《威斯特伐利亚和约》不同，和平共处五项原则从其提出之初，便致力于实现世界的普遍和平而具有普适性特质。中印两国在签订《关于中国西藏地方和印度之间的通商和交通的协定》时，周恩来总理指出，和平共处是中国对东南亚的政策，为了实现亚洲和平，中国政府愿意看到和平共处五项原则"能够运用到亚洲的所有

---

① 参见《中缅两国总理联合声明》，《人民日报》1954 年 6 月 30 日。

② 参见习近平：《论坚持推动构建人类命运共同体》，中央文献出版社2018 年版，第 130 页。

国家，这是很有利的。亚洲国家相互间要和平相处，彼此相信"[1]。在中印两国总理发表《联合声明》中再次强调，和平共处五项原则不仅适用于中印两国，而且适用于世界各国之间的外交关系。[2] 同年底，中缅两国发表会谈公报时进一步强调，为了实现世界的和平与安全，中缅两国愿意看到和平共处五项原则能够为世界各国所采纳，和平地区的扩大有助于缓解紧张的国际局势，从而世界的和平事业就有了更好的保障。[3] 从中印、中缅的联合声明可以看出，三方都试图向亚洲以及亚洲以外的国家和地区，推行和平共处五项原则，但三方同时认识到，让所有国家立刻接受和践行和平共处五项原则的时机尚未成熟，只能试图通过呼吁区域性集体安全和亚洲地区主义的方式向世界范围内推广和平共处五项原则。

和平共处五项原则在处理国家关系的问题上具有普适性特质，符合世界历史发展的潮流，因而能够被诸多国际条约和文件所采纳。例如，在1955年万隆会议通过的《最后公报》中，提出十项原则的《关于促进世界和平和合作的宣言》在采纳和平共处五项原则的同时，又对其作了引申和阐发；1970年联合国大会通过的《国际法原则宣言》，其列举的原则与和平共处五项原则之间具有内在的紧密联系；1974年联合国确立的《各国经济权利和义务宪章》关于国际经济关系基本准则的规定，多次沿用和平共处五项原则。

与《威斯特伐利亚和约》不同，旨在维护亚洲地区和平与安全的和平共处五项原则，是以和平方式获得自身的合法性与正当性。众多亚洲国家和欧洲国家都宣称遵守和平共处五项原则，愿意在坚

---

① 中共中央文献研究室编：《周恩来年谱一九四九——一九七六》上卷，中央文献出版社1997年版，第391页。

② 参见《中印两国总理联合声明》，《人民日报》1954年6月29日。

③ 参见《中缅两国总理会谈公报》，《人民日报》1954年12月13日。

持和平共处五项原则的基础上，与其他国家发展外交关系①。以往正确处理国际关系和维护和平发展的实践证明，和平共处五项原则已经被大多数亚洲国家所认同和遵循，且帮助诸多国家建立起全新合作方式和共同利益的支点，持续为国家之间建立更多共同利益汇合点提供恒久动力。

3.人类命运共同体理念需要遵循和平共处五项原则

当今世界，和平与发展仍是时代主题，但人类面临的风险已经不同于和平共处五项原则提出之初，恐怖主义威胁、全球金融动荡和生态环境危机等问题为人类带来了前所未有的挑战，这些新挑战呼唤能够应对"大发展、大变革、大调整"局势的新的国际交往原则。人类命运共同体理念就是中国在审视新的世界历史形势与继承和平共处五项原则的基础上提出的构建新型国际关系的智慧方案。

其一，人类命运共同体理念需要始终坚持遵循国家主权原则。国家主权原则是国际交往的基本原则，从确立"主权和平等"原则的《威斯特伐利亚和约》，到确立"四大宗旨"和"七项原则"的《联合国宪章》，再到万隆会议倡导的和平共处五项原则，都将国家主权视为国际关系交往的首要原则。人类命运共同体理念遵循尊重国家主权原则，强调尊重国家主权是人类命运共同体理念的首要基础。2017年1月18日，习近平主席在联合国日内瓦总部演讲时强调，主权平等是规制国际关系最重要的原则，是联合国及其下属机构以及各种社会组织机构必须遵循的首要原则，主权平等的真理性

---

① 如中国、阿富汗、缅甸、柬埔寨、锡兰、印尼、老挝、尼泊尔、波兰、越南和南斯拉夫等（转引自范宏伟：《推动构建人类命运共同体——中缅确立"和平共处五项原则"的经验与启示》，《首都师范大学学报（社会科学版）》2019年第3期）。

在于国家不分大小强弱一律平等，各个国家都有权自主选择本国的社会制度及其发展道路，其他国家无权干涉。正是基于对尊重国家主权原则的强调，构建人类命运共同体被写入《中华人民共和国宪法》，与和平共处五项原则共同成为新时代中国特色大国外交的重要方略。构建人类命运共同体正式载入中国宪法，代表了中国处理国际关系法律规章的最高宣言，反映了中国更加注重从世界各国之间的友好合作关系来把握全球治理和国际秩序，认识到建立平等的国际关系是达到互利共赢的前提条件。

其二，人类命运共同体理念需要遵循和平共处五项原则促进世界和平与发展。和平共处五项原则以"互不侵犯、互不干涉"为原则，倡导以和平方式构建新型国际关系，通过呼吁加强区域性集体安全，构建亚洲区域和平，逐渐延展和平共处五项原则的调节范围。人类命运共同体理念从两个方面继承并发展了和平共处五项原则：倡导以和平方式构建人类命运共同体，通过打造区域共同体的方式推动构建人类命运共同体。在倡导以和平方式构建人类命运共同体维度，党的二十大报告指出，"中国坚持在和平共处五项原则基础上同各国发展友好合作，推动构建新型国际关系，深化拓展平等、开放、合作的全球伙伴关系，致力于扩大同各国利益的汇合点"[①]。展望未来，中国将始终不渝走和平发展的道路，推动构建新型国际关系。"推动构建人类命运共同体"已然写入《中华人民共和国宪法》序言，中国"坚持和平发展道路，坚持互利共赢开放战略，发展同各国的外交关系和经济、文化交流，推动构建人类命运

---

① 习近平：《高举中国特色社会主义伟大旗帜　为全面建设社会主义现代化国家而团结奋斗——在中国共产党第二十次全国代表大会上的报告》，人民出版社 2022 年版，第 61 页。

共同体"①。构建人类命运共同体显现出中国针对世界历史形势的变化，构筑起世界的中国与中国的世界紧密联系的秩序形式，反映出中国对建立更加合理正义的国际秩序的探索。

其三，通过打造区域共同体的方式推动构建人类命运共同体。和平共处五项原则虽蕴含普适性特质，但考虑到各国在短期内接受和平共处五项原则的非现实性，中印缅三国通过强调地区集体安全、亚洲地区主义的方式来激发和平共处五项原则的生命力。人类命运共同体理念遵循并发展了和平共处五项原则，倡导通过打造区域性共同体以推动构建整体性的人类命运共同体。共建亚洲命运共同体就是以打造区域共同体的方式推动构建人类命运共同体的实际表现之一，要通过打造亚洲命运共同体的方式推进构建人类命运共同体。打造非洲命运共同体也是推动构建人类命运共同体区域性实践的重要方案，"中非历来是休戚与共的利益共同体和命运共同体，加强同非洲国家的团结合作是我国长期坚持的战略选择"②。强化睦邻友好，坚持"与邻为善、以邻为伴"的理念，注重与周边国家的互利互通，推动构建周边命运共同体，是以区域共同体推动构建人类命运共同体的重要实践路径。构建人类命运共同体在和平共处五项原则的基础上，提出重塑国家与国家之间关系的价值与目标，在构建国际关系的路径与目标上，和平共处五项原则与人类命运共同体理念存在内在的一致性，两者是小目标与大目标、近期目标与长远目标的统一。③ 但是，人类命运共同体理念与和平共处五项原则

---

① 《十九大以来重要文献选编》（上），中央文献出版社 2019 年版，第 336 页。

② 《习近平总书记系列重要讲话读本》，人民出版社 2016 年版，第 271 页。

③ 参见柳华文：《推动构建人类命运共同体：法律化及其落实》，《厦门大学学报（哲学社会科学版）》2019 年第 6 期。

之间仍有差异。和平共处五项原则已经为国际社会所接受和认可，成为国与国交往必须遵守的法律原则，已上升为国际法的层次；而构建人类命运共同体的主张，虽已引起国际社会的强烈反响，但要上升到国际法的层次尚需时间。

近代国际关系在演变的过程中积累了一系列公认原则，这些原则在构建人类命运共同体中得到了继承和发展。人类命运共同体理念继承《威斯特伐利亚和约》确立的"平等"和"主权"原则，但又超越《威斯特伐利亚和约》的初衷，获得了正当性存在方式；遵循《联合国宪章》明确的宗旨和原则，在分析当前世界面对的非传统安全风险的基础上积极提出应对策略；延续万隆会议确立的和平共处五项原则，强化国际法思维，努力推动人类命运共同体在国际社会落地生根，真正使得中国智慧成为世界心声。

第五章
人类命运共同体国际认同的
现实可能与构建策略

人类命运共同体理念契合时代主题，回应了人类社会发展的现实要求。人类命运应由全世界人民自主掌握，事关人类社会发展的规则与事务应由全球人民共同参与、协商制定，这是人类命运共同体理念顺应时代发展趋势和实现全球人民"共生共荣"美好愿景的现实需要。当代世界发展是否具备了促成人类命运共同体理念为国际社会认同的现实可能？在复杂多变的世界局势中推动构建人类命运共同体的国际认同都有哪些路径选择？回答这些问题，对推进人类命运共同体的理论建构和实践展开意义重大。就当今世界发展现状而言，全球政治经济文化融合发展的历史趋势为人类命运共同体理念获得国际社会的普遍认同奠定了坚实的现实基础。处在经济全球化深度演进的转型期以及全球治理体系面临危机与变革的紧要关头，进一步提升人类命运共同体构建的国际认同，应积极承担引领经济全球化持续良性发展的历史使命，促进人类命运共同体理念成为全球良性对话合作的"世界语言"；构建起诸多国家在交流语境中能够反映全人类共同价值旨趣与理性选择的话语体系，着力于解决现有国际体制与国家独立发展需求之间的冲突，促使正义的观念和公正的国际秩序在不同主体国家及不同发展阶段中达成共识，为人类命运共同体理念获得广泛的国际认同营造更好的国际环境。

第一节　现实可能：经济、政治和文化层面

人类命运共同体理念在回应时代重大现实问题、展现大国责任担当中引起国际社会的强烈反响和普遍关注。国际认同的形成源于人类命运共同体理念是为国际社会发展提供前瞻性思考的中国方案，它之所以能够弥合中西方在全球治理体系中的认识鸿沟，向世界传递了中国与世界各国生存与共、命运相连的发展诉求，得益于当今社会生产总过程的经济全球化与世界市场体系造就的世界经济融合发展趋势，建基于文化构建与世界文明体形成发展促成的全球文化和谐共生以及世界普遍交往与"世界人民大团结"态势下的全球政治良性发展格局。当今世界经济、政治、文化层面的发展与融合为实现人类命运共同体的国际认同创造了良好的外部条件，提供了现实实现的可能性。

一、经济层面：生产过程的全球化与世界市场体系

社会生产的全球拓展在广度和深度上不断增强，使资源市场、消费市场超越民族、国家的界限和藩篱，形成不可逆转的全球化及世界市场体系。全球共同市场和世界普遍交往产生了与之配套的世界市场体系和全球治理体系，为人类超越各种形式的特殊利益、形成全人类的共同利益，直至演化成人类休戚与共的命运共同体，提供了物质基础和经济条件，也为人类命运共同体获得国际社会的广泛认同奠定了直接、厚实的现实基础。全球化与世界市场体系在经

过不同的历史阶段发展之后，为越来越多的国家带来发展机遇，同时也引发了公共性危机，人类命运共同体理念积极抓住机遇、善于应对挑战，在世界市场所创建的全球生产力和物质基础上引导其可持续地发展，与其他国家建立起信任的合作关系。

全球化首先是经济的全球化，但经济全球化并非横空出世，它反映了社会生产总过程中全球经济密切关联、依存度不断提升的历史进程，体现出构建人类命运共同体在当代出场的客观必然性。马克思、恩格斯虽然没有明确使用"全球化"这一概念，但在《德意志意识形态》《政治经济学批判（1857—1858 年手稿)》《资本论》等著作中，他们从物质生产实践出发，围绕世界市场问题揭露了全球化的本质、过程和逻辑。资本主义在全球范围内的扩张，打破了闭关自守的民族和国家壁垒，迫使各个区域由封闭走向开放，在生产社会化、国际化进程中造就了世界市场。马克思主义深刻揭示了物质生产、精神生产走向全球化的发展趋势，指明了人类命运共同体理念在全球化与世界市场体系基础上出场的可能性和必然性。

经济全球化是生产社会化程度日益提高以及社会生产总过程全球扩张的必然结果，表征着原本局限在民族国家范围内的生产、分配等社会生产总过程在全球范围内实现的必然逻辑。经济全球化发展的动因以及演进逻辑，在于资本主义生产方式及资本在全世界范围内的扩张，以及市场经济体制在世界范围内被不断推广。在生产、分配、交换、消费这一社会生产总过程的运行体系中，马克思将生产力视为历史发展的最终动因，认为经济全球化的推动力主要源于生产力的提高。随着社会生产力发展到机器大工业时代，资本主义生产、分工愈益超出民族国家的界限。"分工的规模已使脱离了本国基地的大工业完全依赖于世界市场、国际交换和国际分工。"① 各个国家、地区和民族原本自给自足的生产生活空间，被统一裹挟进资本主义生产方式的作用场域。"一切生产资料因作为结合的、社会的劳动的生产资料使用而日益节省，各国人民日益被卷入世界市场网，从而资本主义制度日益具有国际的性质。"② 在马克思看来，世界历史的转向与世界市场体系的构建并不是黑格尔精神意义上的自我运动，而是以生产力发展为基础的自然和物质演变不断扩展的过程。资本的生产逻辑打破了一切时空限制，全球生产和世界经济的发展日益成为持续变动的总体。生产的进步以及资本主义社会化大生产促使分配、交换、消费打破了民族国家的地域限制，使民族国家之间普遍、全面的社会联系由此生成，为经济全球化的形成和演进奠定了重要基础。

生产的全球化作为决定性动因推动经济发展的各个环节在全球范围内展开，使各国经济以资本主义经济为中心，联结为一个环环相扣的整体。建立在社会化大生产基础之上的资本主义经济，以资本增殖为主要动机和目的。为了维持资本主义私有制以及最大限度地谋取全球发展利益，资产阶级不断开拓、利用新的市场，把生产力、消费市场转移到世界其他国家和地区。"资产阶级奔走于全球各地"，并到处落户、开发、建立市场联系，以实现"不断扩大产品销路的需要"③。资产阶级突破民族、国家的限制，促进分工协作的发展和生产要素在全球范围的自由流动，为资本主义社会的经济发展注入了不可估量的活力。依随资本积累的增加，资产阶级将资本的触角延伸至世界各地的每一个角落。当今时代，社会生产总过程的全球扩张推动经济全球化的深入发展成为不可逆转的历史

---

① 《马克思恩格斯文集》第 1 卷，人民出版社 2009 年版，第 627 页。
② 《马克思恩格斯文集》第 5 卷，人民出版社 2009 年版，第 874 页。
③ 《马克思恩格斯文集》第 2 卷，人民出版社 2009 年版，第 35 页。

趋势。

资本主义生产社会化内在地要求人类在社会化大生产条件下冲破自然地理位置的地域限制，使各国、各地区在密切联系的交往中趋向于相互融合与相互依赖的状态。英国学者吉登斯曾将全球化定义为"世界范围内的社会关系的强化，这种关系以这样一种方式将相距遥远的地域连接起来，即此地所发生的事件可能是由许多英里以外的异地事件而引起，反之亦然"[①]。在经历蒸汽时代和电力时代两次产业革命后，资本主义以社会化大生产的巨大力量，驱动了经济全球化进程的发展演进。尽管真正意义上的经济全球化自20世纪70年代以来才在世界范围内兴起，但时至今日，以网络信息技术为核心的知识与技术进步已然带给了社会生产力新的革命性飞跃和深刻变化。资本主义社会化具有无限扩张的趋势，开创了以满足资产阶级利益为目的而征服世界的历史进程，不断打破地域性限制而拓展世界市场，在全世界各民族和各领域之间构建起相互依赖的经济关联。机器的大规模使用、交通工具和通信手段空前发达，被压缩的世界经济生产与交往的时空极大地提升了经济要素在全球范围的快捷、自由流动，几乎所有国家、地区都在不同程度上被纳入统一的市场体系，或被动或主动地成为世界市场的参与者、缔造者。进入21世纪，社会生产总过程的全球拓展势头强劲，促使融入全球生产和流通体系的世界各民族、国家之间的相互依存度不断攀升，对世界市场发展的依附性也在日益加深，经济全球化在世界范围内"愈演愈烈"。

世界市场催生的经济全球化发展到今天，为打破世界各民

---

① [英国]安东尼·吉登斯：《现代性的后果》，田禾译，黄平校，译林出版社2000年版，第56—57页。

族、国家之间的封闭状态提供了强劲动力。经济全球化是世界市场形成发展的必然结果，世界市场则在当代以经济全球化的形式呈现，两者之间互为因果。世界市场为无限增殖的资本发展提供了沃土，推动了经济全球化的生成。经济全球化进程的深入发展则为世界市场的全球扩张创造了必要条件，二者互促互进，共同引发了全球经济秩序的变革。资本主义生产的主要手段是榨取剩余价值，根本目的是资本增殖。当资本主义国内市场不能满足资本增殖的目的时，资产阶级就必然遵循资本发展逻辑，克服阻碍生产发展、限制消费市场等条件，开启资本的全球扩张，"资产阶级社会的真实任务是建成世界市场"以及"确立以这种市场为基础的生产"①。从历史实践来看，资产阶级正是凭借生产力优势"把所有地方性的小市场联合成为一个世界市场"②，世界市场的形成促使商品、技术等各种要素在世界范围内加速流通，促使商品生产、分配、交换、消费在全球范围内扩展，"各国人民之间的民族分隔和对立日益消失"③，以往封闭孤立的各个民族、国家发展成相互依存的整体。经济全球化全面提升世界各民族、国家的经济交往关系，带动世界各国由孤立走向联合，加快了世界市场体系的发展进程。

日臻发展完善的经济全球化和世界市场体系为人类社会发展迈向更平等、更合理以及更多元的新世界秩序提供了广阔的空间，为国际社会普遍认同利益交融、命运与共的人类命运共同体理念打下了坚实的经济基础。随着社会生产总过程的全球化，"资本主义经济全球化所开拓的世界市场也不再只是某些霸权国家的附属品，而

---

① 《马克思恩格斯文集》第 10 卷，人民出版社 2009 年版，第 166 页。
② 《马克思恩格斯文集》第 1 卷，人民出版社 2009 年版，第 680 页。
③ 《马克思恩格斯文集》第 2 卷，人民出版社 2009 年版，第 50 页。

是越发成长为不由单一主体成员主宰的独立自主的世界体系"①。构建人类命运共同体是全球化发展以及世界市场体系演进的必然结果，体现出中国对世界经济发展趋向的顺应和把握。

人类命运共同体理念在包容均势、多元共治的世界经济发展趋势中得以生成，并付诸实践。在开放的市场体系中，人类的生存、发展带有鲜明的世界性。各个国家在融入全球化过程中利益息息相关，带有更大包容性的全球经济成为绝大部分国家的发展需求，不同类型、不同发展程度的国家正在积极实行开放政策参与世界贸易体系，它们在将国内市场拓展成全球市场的过程中，均在不同程度上享受到经济全球化带来的红利。全球各国在经济全球化浪潮席卷下共同进退，在客观上为致力于实现各方利益最大公约数的人类命运共同体的国际认同提供了必要条件。

中国首倡的人类命运共同体理念，不是偶然为之，而是对经济全球化态势下世界市场体系发展趋势敏锐洞察与主动迎合的结果。人类命运共同体理念既顺应世界发展大势，主动推进全球"共同发展、共同繁荣"的议题，为维护世界各国共同利益和人类社会发展注入了强劲动力，又提供了消解经济全球化负面影响的建设性方案。资本主义生产方式主导下的经济全球化不能造就世界各国的共同发展、普遍繁荣，也不能引导人类走向大同世界，反而由于资本逐利性的内在弊端衍生出诸多迫使人类必须共同面对的全球性问题：第一，"市场经济的竞争、经济全球化使世界不同类型国家之间和同一类型国家之间的发展不平衡加剧"②。资本主义国家始终是

---

① 刘同舫：《构建人类命运共同体对历史唯物主义的原创性贡献》，《中国社会科学》2018 年第 7 期。

② 栾文莲：《全球的脉动——马克思主义世界市场理论与经济全球化问题》，人民出版社 2005 年版，第 160 页。

非平衡的经济全球化中的主要受益者，而资源、财富等分配不均问题则是构成不同发展程度国家间实质不平等的根源以及影响全球各国互利共赢的主要障碍。第二，脱胎于经济全球化的全球治理体系以及国际合作关系格局一直以来受发达国家操控世界的强权主义所裹挟，导致现行全球治理体系应对世界发展变化新问题的有效性不足，代表发展中国家经济利益需要的诉求不能得到切实回应，世界经济发展持续低迷。第三，在金融资本主导的全球化阶段，发达资本主义国家为谋取最大利益，通过金融资本的非生产性积累不断掠夺发展中国家的财富，严重损害其他民族、国家的生存发展空间和权益，以致自由、民主和平等等人类追求的共同价值遭到无情践踏。第四，西方发达资本主义国家一直以来占据着经济全球化的制高点，但随着新兴经济体的迅速崛起，逐渐改变了既有的世界经济格局，这些国家一方面拒绝接受平等的国际合作关系、反对均衡的经济全球化分配格局，另一方面又将各类危机问题归咎于经济全球化的发展，导致"逆全球化"思潮暗流涌动。这些问题背后折射出"金融资本主导的全球化内含以非生产性积累为工具破解生产性积累困境逻辑悖论的破产"①。金融资本尽管表现为一种全新的生产样态，但实际上依然是资本生产逻辑的全球扩张，使得全球化的推进与资本增殖的逻辑固化为世界市场发展的结构性危机，衍生出以新自由主义为主要表征的自由民主悖论，也表明当前的经济全球化发展存在着缺乏普惠性与共享性等弊端。

破解全球发展难题，推动世界经济平衡稳定发展，亟待新的理念引领经济全球化走向正轨。以习近平同志为主要代表的中国共产

---

① 乔玉强：《互动与形塑：人类命运共同体与全球化的互构式发展》，《社会主义研究》2020年第4期。

党人以马克思主义的世界历史观深刻洞察了全球发展动态，对当今国际形势变化和经济全球化态势进行科学判断分析，主张各国之间只有本着更加包容、普惠和公平的方式共同应对全球问题，共享经济全球化发展红利，才能推动实现全球经济的可持续性发展。作为消解经济全球化负面影响的人类命运共同体理念，是对世界经济发展态势的理论总结，也是中国为推动世界经济增长贡献的中国方案，其对于解决全球矛盾，推动经济全球化朝着"开放、包容、普惠、平衡、共赢的方向发展"①具有重要引领作用。

历史唯物主义表明，人类社会将会顺应全球化深度演进及世界市场体系发展的历史趋势。人类命运共同体理念是顺应全球化与世界市场体系发展潮流，开辟马克思主义新境界和促进人类社会发展的科学理论和伟大实践。建基于经济全球化发展趋势的人类命运共同体理念所追求和勾画的是世界各国在经济全球化发展大潮中共同进步、普遍繁荣的未来图景，"在谋求自身发展中促进各国共同发展，不断扩大共同利益汇合点"②。在新的世界历史形势下，需要揭示资本逻辑由于根深蒂固的矛盾走向自我否定和必然灭亡的规律，确认构建人类命运共同体在不断前进的世界社会主义运动中明晰全球生产力发展与谋取人类共同利益之间的内生关系。人类命运共同体理念以人类共同发展为根本价值遵循，是契合大多数国家呼吁分配关系变革、共享经济全球化红利发展诉求的新思维、新方案。

既顺应经济全球化的发展趋势，又旨在克服其内在悖论的人类命运共同体理念，必然在具体实践过程中得到国际社会的普遍认

---

① 《习近平谈治国理政》第三卷，外文出版社 2020 年版，第 46 页。
② 《习近平谈治国理政》第一卷，外文出版社 2018 年版，第 331 页。

同。经济全球化深度演进与世界市场体系日臻发展完善，在深刻变革世界经济格局过程中为全人类带来了长足发展，也为人类命运共同体的出场和在场提供了物质基础和实践场域。人类命运共同体理念既反映出中国对经济全球化深度演进趋势的顺应和把握，又展现出中国致力于实现全人类互惠互利、共生共赢的世界情怀。经济全球化及世界市场体系本身蕴含的资本逻辑的内在否定性需要以人类命运共同体理念为引领才能彻底克服。

二、政治层面：普遍交往与"世界人民大团结"

人类命运共同体理念是世界历史语境中全球普遍交往所形成的产物。共同体的形成源于人类的交往协作，人只有依赖社会才能弥补缺陷，只有在普遍交往协作中才能存续。有学者认为，"在社会状态中，他的欲望虽然时刻在增多，可是他的才能却也更加增长，使他在各方面都比他在野蛮和孤立状态中所能达到的境地更加满意、更加幸福"①。当今时代，全人类的普遍交往深刻改变着世界各国间的时空距离，全球治理的方式与世界秩序的运行正在发生重大变化。"人类生活在同一个地球村里，生活在历史和现实交汇的同一个时空里"②，形成了休戚与共的命运共同体。人类命运共同体的构建与交往体系的完善是同一历史进程。当今世界的普遍交往进一步加深了各国之间的协作互助，在对世界未来发展走向这一重大课题的思考中，人类社会正在形成相互依存的共同体，这已逐渐成为世界人民的共识。普遍交往与共同发展的动力机制，为人类命运共同体理念获得国际社会的广泛认同提供了政治基础。

---

① ［英］大卫·休谟：《人性论》，关文运译，商务印书馆 1980 年版，第 526 页。

② 《习近平谈治国理政》第一卷，外文出版社 2018 年版，第 272 页。

1.马克思的交往理论的当代延展

关注人类社会发展状况，需要从哲学高度审视人类命运共同体的理论形态。马克思的交往理论构成人类命运共同体的学理支撑，人类命运共同体则是马克思的交往理论在当代中国的理论升华与科学实践。"交往"作为马克思主义哲学中的重要范畴，不仅包括人与人、人与自然的交往，也分为"物质交往"和"精神交往"维度，是涵盖社会生成、社会关系的最为广泛的概念。它"是对在一切领域中所发生的人与人之间物质的与精神的联系及变换过程的概括，也就是指在一定历史条件下发生的现实的个人、阶级、社会、集团、国家之间互相往来、相互作用的活动过程"①。"社会——不管其形式如何——是什么呢？是人们交互活动的产物。"② 马克思思想视域中的"交往"是阐释人类历史发展规律的重要理论范畴。在《德意志意识形态》等著作中，马克思、恩格斯揭示了普遍发展的生产力与世界普遍交往是民族历史转向世界历史的根本动力。基于普遍的交往，单个民族的变革将广泛地影响到世界其他民族，地域性的个人也将转变为世界历史性的、经验上普遍的个人。世界交往的普遍发展是生产力普遍扩展的前提，世界历史中普遍的个人的形成是实现全人类自由和解放的基础。而由资本主义所主导创造的全球分工体系与交往方式，在造成人的异化的同时，也为人的解放创造了巨大的生产力。在马克思的论述框架中，生产进步、人类交往与社会发展、人类解放构成动态且有机结合的循环链。

世界普遍交往的发展进程在一定程度上决定了社会形态的更迭。马克思揭示了人类社会从封闭隔绝走向开放融合，并推动社会

---

① 韦定广：《"世界历史"语境中的人类解放主题：19—21世纪全球化与马克思社会主义理论》，人民出版社2004年版，第166页。

② 《马克思恩格斯文集》第10卷，人民出版社2009年版，第42页。

形态演进的发展逻辑与历史趋势。民族国家能否超越地方局限性的约束取决于世界交往的发展程度，在马克思看来，"各民族之间的相互关系取决于每一个民族的生产力、分工和内部交往的发展程度"①。民族之间的关系以及民族本身的整个内部结构均取决于"内部和外部的交往的发展程度"②。单个民族、国家外部交往的发展程度，对社会形态的演进具有一定的决定性作用。基于共同发展的需要，各交往主体之间在世界普遍交往中结成相互需要和彼此依赖的关系，推动社会形态的不断演进，为贯彻落实人类命运共同体理念开辟了切实可行的实践路径。

人类解放是马克思交往理论的价值归宿，而世界范围内的普遍交往是实现人类解放的必由之路。从交往角度出发，人类社会交往既受生产生活需要的驱动，也是人的本质发展的结果，人类解放在一定程度上取决于世界普遍交往的深度和广度。人的社会本质与交往内蕴的社会属性高度统一。人的真正的社会联系作为人的本质，使得人在一切活动中有"和同类交往的需要"③，任何民族、国家，只要置身于人类社会系统之中，就无可避免地要进行交往实践。交往的发展为人的全面发展提供了必要途径，"一个人的发展取决于和他直接或间接进行交往的其他一切人的发展"④。一定地域或民族的局部或封闭式交往，制约着人们对世界及其自身的认识、改造。随着物质生产水平的提高，人类交往的内容和形式不断深化复杂并推动交往空间的不断扩大，直至形成马克思所概括的"普遍交往""世界交往"，人类对世界的认识发生根本转变，狭隘的、地域

---

① 《马克思恩格斯文集》第 1 卷，人民出版社 2009 年版，第 520 页。

② 《马克思恩格斯文集》第 1 卷，人民出版社 2009 年版，第 520 页。

③ 《马克思恩格斯文集》第 1 卷，人民出版社 2009 年版，第 225 页。

④ 《马克思恩格斯全集》第 3 卷，人民出版社 1960 年版，第 515 页。

性的个人最终将生成为世界历史性的、经验上普遍的个人。人类解放在现实意义上是一个世界性命题，脱离世界普遍交往的人类解放根本无从实现。"世界性普遍交往对于人类解放的必要性并不仅表现为发生学意义，而且构成本质实现的内在前提。"① 生产发展、制度变革等方面尽管都是人类解放的必备条件，但马克思同样高度注重以全人类相互依赖为基础的世界普遍交往的重要性并明确指出，以交往的普遍性为基础，"是个人全面发展的可能性"②。既成的世界历史进程表明，全球化的自在状态根源于资本增殖逻辑及其衍生的新自由主义形态，阻碍了人类社会的普遍交往和自由发展。只有在多元主体积极参与的交往中不断积累生产力，自在的全球化状态才有可能转向以人类文明的整体进步和人类自由解放为目标的自觉形式。人类解放"是以生产力的普遍发展和与此相联系的世界交往为前提的"③，两者共同构成实现人类解放的必备条件。

人类在普遍交往中形成的彼此依存状态，构成人类命运共同体出场的客观条件，而增进人类命运共同体国际认同则是对普遍交往下世界发展的自觉适应与主动谋划。各个民族在融入世界性的交往体系过程中，逐步形成紧密依存的生产、生活方式，为人类命运共同体的形成提供了现实可能。马克思阐释了各民族、国家之间的交往广度和深度决定彼此依存的共生关系，揭示了人类向世界历史转变的内在动因，"各民族的原始封闭状态由于日益完善的生产方式、交往以及因交往而自然形成的不同民族之间的分工消

---

① 韦定广：《"世界历史"语境中的人类解放主题：19—21 世纪全球化与马克思社会主义理论》，人民出版社 2004 年版，第 153 页。

② 《马克思恩格斯文集》第 8 卷，人民出版社 2009 年版，第 171 页。

③ 《马克思恩格斯文集》第 1 卷，人民出版社 2009 年版，第 539 页。

灭得越是彻底，历史也就越是成为世界历史"①。伴随各民族的普遍交往，"一个以物为中介的世界性联系开始建立起来"②，世界各国在深入密切的联系中形成了相互依赖、环环相扣的关系网络，人类的生存、发展愈加带有世界性。马克思的交往理论对世界历史发展的重大预判，揭示了人类历史演进的客观规律和世界发展的时代诉求，构成人类命运共同体理念的思想基础及其实现国际认同的理论依据。

2. 普遍交往与全人类共同命运的关联

马克思的交往理论提供了探究社会发展规律的新视角，为理解人类社会在世界普遍交往中的发展趋势提供了科学的分析框架。当今世界各国间政治、经济的普遍交往把世界连成一个统一的整体，人类命运的休戚与共、密切关联，充分证明了马克思交往理论的正确性。历史发展表明，只有在世界普遍交往的现实语境中，人类命运共同体理念才能从中国方案跃升为"全球共识"。

随着全球交往的空间范围与交往关系日益扩大，狭隘的民族交往逐渐过渡到普遍性的世界交往中，世界各国不断摒弃了以往闭关自守的生活状态，开始从"孤立的点"走向融合发展的共同体。民族内部交往的历史逐渐成为全世界民族交往的历史。"交往是使世界普遍联系"，同时"也是历史向'世界历史'转变、实现历史形态更迭的动力机制"③。在世界普遍交往时代，各个民族、国家加入到错综繁复的交往序列之中，生成全面的依存关系，这种依存关系

---

① 《马克思恩格斯文集》第 1 卷，人民出版社 2009 年版，第 540—541 页。

② 孙承叔：《真正的马克思：〈资本论〉三大手稿的当代意义》，人民出版社 2009 年版，第 357 页。

③ 任平：《走向交往实践的唯物主义——马克思交往实践观的历史视域与当代意义》，人民出版社 2003 年版，"导言"第 2 页。

比以往任何历史时期都更深入。世界普遍交往不断深化使各民族、国家联结成休戚与共的命运共同体。在这一共同体中，单个民族国家的发展离不开世界其他民族国家，任何民族、国家无论大小强弱都不可能在自我封闭的孤岛中应对人类面临的诸多危机，实现繁荣发展。构建人类命运共同体以应对人类共同的矛盾问题为出发点，以谋求人类共同发展为落脚点，要求"基于'共同发展'和'合作共赢'的理念建立起真正的普遍交往"①。伴随历史向世界历史的转变，人类社会的交往活动逐渐展现出普遍交往的实践逻辑，诸多民族和国家在世界历史展开普遍交往的过程中不断汲取优于自身发展的积极成果，铸就不断开放的交往体系。作为顺应人类历史发展规律的新思想以及契合世界人民要求共同发展的国际交往新理念，人类命运共同体理念已经实现从"一方领唱"到"众声合唱"的多重跨越，正在世界普遍交往广度和深度的进一步拓展中获得国际社会的广泛认同。

世界普遍交往关联全人类的共同命运，但这并不意味着不同民族、国家之间差异、分歧和矛盾的自动消除，相反，各主体间的交往发展到一定程度，必然由利益争夺引发民族、国家间的制度对立、意识形态冲突乃至革命战争，这就迫切需要新的价值理念——构建人类命运共同体予以纠偏、指引。资本主义生产方式和资本原始积累既是世界交往的"助推器"，也是掀起人类互相残杀、腥风血雨的"绞肉机"。第二次世界大战以来，霸权主义、冷战思维成为资本主义强国推行资本扩张的强制手段，引致一系列区域性、世界性危机问题。马克思、恩格斯从人类社会发展的客观规律出发，

---

① 刘同舫：《构建人类命运共同体对历史唯物主义的原创性贡献》，《中国社会科学》2018 年第 7 期。

指明了人类在共同社会形态背景下化解战争的可能以及世界交往的最终方向，即共产主义。"对革命的恐惧只是人们的利益互相对立的结果，只要大家的利益一致，就不会有这样的恐惧。"①世界交往的普遍深入促使世界人民连为一体，形成了共同的发展目标和发展愿景，使得每一个民族、国家的利益与世界整体利益息息相关。

"志合者，不以山海为远。"随着人类生存发展越来越具备世界性特征，世界人民愈益清醒地认识到资本逻辑下"弱肉强食"的丛林法则及"赢者通吃"的零和思维，不但不能缔造美好未来图景，而且将加剧人类滑向战争、对抗边缘的风险。在人类普遍交往的深度和广度得到空前拓展的当今时代，面对人类的全球性困境，扩大交往、谋求共同发展成为全球人民的迫切诉求。从人类社会发展的思维方法上看，人类命运共同体理念是针对经济全球化形势而提出的引领世界普遍交往的方法论。它将人类社会作为一个整体来对待，运用系统性思维来谋划并规范人类普遍交往的过程。人类命运共同体理念体现了追求世界和平稳定发展的价值取向，为世界的融合发展指明了方向，是应对全球发展难题的可行性方案。

人类社会发展史是人类交往发展的历史，人类在世界普遍交往中形成相互依存的整体，形成"世界人民大团结"的客观历史趋势，为人类命运共同体获得国际认同提供了现实可能。世界普遍交往是维系人类命运共同体的重要纽带，是通往人类解放的必然途径，世界人民的团结则是人类社会的"黏合剂"，缺失团结精神和意识必将使得人类命运共同体沦为无从实现的乌托邦空想。世界普遍交往促成了各民族、国家之间的密切往来，人类命运共同体理念则是顺应世界普遍交往趋势，显现出人类社会休戚与共、共同发展的前瞻

①　《马克思恩格斯全集》第 2 卷，人民出版社 1957 年版，第 609 页。

性和方向性。中国主张民族国家无论大小、强弱应和平共处、共同繁荣，追求实现人类社会和谐共存、互惠共荣的发展愿景正在成为多数国家的战略共识。人类命运共同体理念以维护人类整体利益为价值追求，成为其在国际社会受到广泛关注与认同的关键所在。

3."世界人民大团结"奠定人类命运共同体的认同基础

当今世界正处于大变革、大调整时期，和平与发展仍然是时代主题。21 世纪是人类联系日益密切、走向和平发展大道的新世纪。人类命运共同体之所以能够被国际社会认同为指引全球未来发展方向的治理方案，除了当前世界普遍交往为其营造了良好的和平环境之外，各国相互联系、依存程度日益加深，国际形势总体上由紧张趋向缓和、由对抗转向对话，以及世界人民趋于融合发展的"大团结"形势都为人类命运共同体的国际认同奠定了基础。著名社会学家涂尔干在吸收滕尼斯"共同体"思想的基础上提出了以机械团结和有机团结为核心的社会团结理论，为探讨构建人类命运共同体的国际认同问题提供了丰富的理论养分。"没有人类团结，就没有国际社会的和平环境；没有国际社会的和平环境，就没有整个人类的合作发展；没有整个人类的合作发展，构建人类命运共同体便会遥遥无期。"[1] 在"世界人民大团结"的时代背景下，促进共同发展的合作力度不断增大，各民族和多领域的资源及潜能得到优化整合，多方对话合作的平台得以积极搭建，高质量的组织共建和成果共享逐步实现。

"世界人民大团结"的历史发展大势为实现人类命运共同体国际认同创造了良好的外部条件。在世界普遍交往的新时代，要实现人类命运共同体理念的认同离不开全人类的团结互助。涂尔干认

---

① 张国清：《论人类团结与命运共同体》，《浙江学刊》2020 年第 1 期。

为，劳动分工产生了团结以及社会整合，群体共同道德规范则构成社会团结的精神基础。世人如何形成有序社会、打造共同体必须依靠团结，"团结的作用不仅在于能够使普遍的、无定的个人系属于群体，它还能使人们具体的行为相互一致"①。当今世界各国家、地区"一荣俱荣、一损俱损"的依存关系，为世界人民走向团结提供了可能性，助力于全球各国对人类命运共同体理念的认同和支持。世界政治经济格局的变革改变了全人类命运，当前全球殖民体系和冷战对峙不复存在，和平、发展、合作、共赢已成为时代潮流，国际力量对比朝着有利于维护世界和平的方向发展。20 世纪，人类不仅见证了亚非拉民族解放运动、社会主义革命运动的胜利，而且目睹了世界大战、美苏冷战的终结以及殖民主义、独裁专制的崩溃。随着全球多极中心的逐渐形成，社会制度、意识形态的对立、对抗已被和平共处所取代，过去大国称霸的局面业已成为历史，不同社会制度国家间形成"双赢""多赢"的发展新格局，"世界人民大团结"成为历史发展的趋向。

把握人类交往的世界性特征，应对全球人民的共同挑战是人类命运共同体理念的内在要求。当今世界"和平力量的上升远远超过战争因素的增长，和平、发展、合作、共赢的时代潮流更加强劲"②，伴随经济全球化深度演进，世界性的社会生产和交往消除了各民族、国家之间的界限与隔阂，将人类相互依存的联系程度提升到了前所未有的程度。人类命运共同体理念的提出是中国将世界各国的普遍交往关系置于人类社会整体视域中，对人类社会未来发展趋势的深刻把握，是对"建设一个什么样的世界，如何建设这个世

---

① ［法］埃米尔·涂尔干：《社会分工论》，渠东译，生活·读书·新知三联书店 2000 年版，第 68 页。

② 《习近平谈治国理政》第二卷，外文出版社 2017 年版，第 538 页。

界"这一重大问题的时代解答。人类命运共同体理念超越了世界各民族、国家在普遍交往中的隔阂和纷争，为推动人类社会实现永久和平、共同发展提供了不竭动力。人类命运共同体理念革新了人类交往的价值观念，摒弃了资本增殖的价值需要，超越了资产阶级狭隘的价值观和交往观，有效维持长期以来在世界历史的普遍交往中铸就的全球交往体系，并在此过程中推崇平等合作的价值准则。世界各国人民在普遍交往中愈益趋于团结，注重维护本国在交往中的平等地位和权利，坚持在相互尊重、平等对待的基础上实现互利互惠、共同繁荣成为普适性的共识和世界人民的共同心声，构成人类命运共同体理念获得国际认同的重要条件。

人类命运共同体理念的提出主要是针对当前世界交往格局的等级差异问题以及适应国际社会对更高层次交往模式的需要，其并不仅仅是一种批判性道德理想，更是一种建构性、共享性的交往秩序与普遍展开的体系。随着世界普遍交往的深入发展，世界各国对人类休戚与共、互利共赢发展目标的共同关切，汇聚了各国人民共建美好世界的最大公约数，构建人类命运共同体的观念日益深入人心。普遍交往与共同发展的动力机制，为人类命运共同体理念获得国际社会的广泛认同提供了政治基础和条件。

三、文化层面：文化构建与世界文明体的发展

人类社会的发展史是一部不同文明交流、互鉴、融合的发展史，不同文明的交流和融合推动着人类社会的发展与进步。文明作为人们在生产实践活动中创造的产物，对规范和引导人的行为、建构和维系社会发展发挥着重要作用。世界多元文明的平等对话和交流有利于世界各民族在相互理解、求同存异中凝聚共识，进而形成对人类命运共同体理念的认同。世界文明具有多样性、差异性，这

是不争的历史事实。随着全球化的加速，跨文化交流变得越来越普遍，人类文明进程从以西方国家为主导的单向控制模式，转向为由多个文明体相互交流、兼容并蓄的共同发展模式，世界各国愈加注重包容具有鲜明地域性、民族性特征的文明形态，尊重不同国家的历史传统和文化，积极进行文化对话交流，创造新的人类交往范式。文化构建与世界文明体的形成与发展，是回应国际社会共同诉求的积极力量，也构成人类命运共同体理念得以被国际社会认同的坚实的文化基础。

1. 文化构建强化人类命运共同体的普遍认同

面对世界百年未有之大变局，世界文明将走向何处是摆在全球人民面前的时代课题。人类命运共同体理念强调和谐共处、繁荣共生的发展模式将打破"文化冲突"的固有偏见，其蕴含着不同民族文化包容互鉴的价值取向，为世界文明发展指引了正确方向。然而，国际社会不乏对这一建构性方案的质疑与指摘，"新殖民主义"等论调一度甚嚣尘上。文化构建的本质旨在通过探求人类社会的文化世界来关注人自身的生存与发展状况。人类命运共同体的文化构建渗透于人类生活的各领域和多方面，展示了人类生活方式和价值思维的新变化，能够审视人类的生存方式、生活态度及存在意义的深层问题。在复杂的国际舆论环境下，文化构建能够辨清、展现人类命运共同体理念的文明意蕴与核心要义，驳斥、打消个别国家对这一理念的主观性曲解以及毫无事实根据的恶意中伤，有助于增强构建人类命运共同体国际认同的广度与深度。

只有放眼于整个人类文明长河，人类命运共同体理念才能被充分理解。以相互依存、共同发展为诉求的人类命运共同体的国际认同，需要依托和谐的文明秩序。世界各国在普遍交往中谋求不同文明、价值观的共同点，生成了具有共性的世界文化，对人类命运共同体的形成和发展发挥着重要影响。人类命运共同体理念倡导的人类文明包容互鉴的积极主张，表明人类命运共同体不是抽象、虚无的"空中楼阁"，而是具有深厚历史文化积淀的理论智慧。人类命运共同体理念"内嵌于马克思主义文化发展的新形态，深耕于中华优秀传统文化"，它"既契合了我国文化转型的发展要求，又明晰了世界文明的未来走向"①。文化构建的过程本身具有鲜明的群体性和共通性，随着构建人类命运共同体的现实展开，文化构建并不是简单传播思想观念和意识形态的工具，而是在融入人类文明各领域的过程中塑造人的多维实践。文化构建将人类命运共同体基于不同文化和谐共生的新思维方式，倡导世界文明在交流互鉴中实现长足发展的核心理念，以"和实生物，同则不继""和羹之美，在于合异"等意象。生发于"东西方文化交流和人类整体发展的情境中，使人类命运共同体在历史记忆和精神涵养中更具人文深度"②。这对于促使人类命运共同体占据对外交流、交往的道义高地，增进其在国际社会的认知、认同效应具有重要推动作用。

在当今时代人类命运休戚与共的大背景下，异彩纷呈的文化形态构成文化构建的基础底色，而文化构建对于强化人类命运共同体理念国际认同的重要意义在于，为世界各国理解人类命运共同体理念的内涵与价值取向开辟了现实道路。文化构建不是对东西方文化的因循守旧，而是在超越文明优劣论、文明冲突论和历史终结论的基础上，指明以中华优秀传统文化、中国革命文化和社会主义先进文化三大"母体"资源为文化基底的人类命运共同体，是引导世界

---

① 洪晓楠、顾燕：《构建人类命运共同体的文化逻辑》，《新疆社会科学》2021年第2期。

② 徐伟轩、吴江海：《人类命运共同体文化建构的目标、挑战与路径》，《思想理论教育》2021年第1期。

文明对话交融发展的原创性理念和倡议。解决人类共同面临的危机，共创美好生活家园，"需要文化文明力量"①。在多元文明共生共存的当今世界，促进尊重和认同人类不同文明体系，强调世界各种文化"和而不同、兼收并蓄"等先进理念，是人类命运共同体获得普遍认同的重要保障。文化构建是不同群体获得经验性体悟和情感性共鸣的基础，其突出强调了对风俗习惯、价值理念以及情感心理的尊重，旨在使人类获得超越语言与意识形态差异的理性认知和规范实践。作为增进人类命运共同体国际认同的深层力量，"文化建构的现实观照正是在弥合'意识形态偏执'、化解'价值鸿沟'、填补'话语洼地'的过程中，提升人类命运共同体的理念通融性、价值通约性和话语感染性"②。世界文化的变迁以人类在新的世界历史进程中生存和交往实践方式的变革为依据，代表着人类寻求共同价值方式的转换。人类命运共同体的文化构建正是表征着对人类生存意义与深层文化本质演变的自觉反思和把握。人类命运共同体的文化构建助益于世界各国在全面理解人类命运共同体文化意蕴和时代魅力的基础上，形成对人类命运共同体内涵及价值取向的科学认识与普遍认同。

　　文化构建本身具有统摄功能、再生产功能和超越功能，其实质是一种萃取思想精华、确立价值共识的新生过程。人类命运共同体理念顺应了世界多元文明和谐共存的历史潮流，展现出各文明之间的平等性和包容性，是 21 世纪促进全球文化差异化共生和追求人类文明发展进步的中国方案。但如果对人类命运共同体理念作孤立、狭隘的理解，将难以推进其国际认同的普遍实现；如果脱离文

---

　　① 《习近平谈治国理政》第三卷，外文出版社 2020 年版，第 465 页。

　　② 徐伟轩、吴江海：《人类命运共同体文化建构的目标、挑战与路径》，《思想理论教育》2021 年第 1 期。

化构建，国际社会可能受到西方资本主义强国恶意诋毁、刻意曲解人类命运共同体的话语影响，直接致使这一理念的国际叙事导向与国际传播认知的偏差。无论世界文明呈现出何种程度的差异性和复杂性，世界各国人民始终是人类命运共同体的组成部分。文化构建的积极作用，不只限于实现价值融通，消除不同民族国家的价值疑惑或文化隔阂，凝聚世界各国追求人类文明交互发展的共识，更在于其是推动世界文明发展的重要力量，能够为人类命运共同体的国际认同提供价值观支撑。

2. 世界文明体的形成发展深化人类命运共同体的国际认同

世界文明体的形成、发展为实现人类命运共同体的国际认同提供绵绵不断的社会进步动力和历史发展契机。美国知名学者亨廷顿指出："如果人类有朝一日会发展一种世界文明，它将通过开拓和发展这些共性而逐渐形成。""在多文明的世界里维护和平还需要第三个原则，即'共同性原则'：各文明的人民应寻求和扩大与其他文明共有的价值观、制度和实践。"① 人类命运共同体理念所倡导和奉行的正是差异文明"和而不同、兼容并蓄"的原则，其与西方政治思维以及世界文明发展大势不谋而合。随着信息文明时代的到来，世界性的物质生产与精神生产的普遍交往将打破不同文化间的时空壁垒，促使世界多元文化交相辉映。世界文明的融合发展是不同民族在新的时代背景中普遍认同的生存和发展模式，由人类内在的民族精神、时代价值和伦理规范等构成相对稳定的生存方式和交往关系，世界文明的融合发展为推动国际社会广泛认同人类命运共同体理念提供了前所未有的历史契机。

---

① ［美］塞缪尔·亨廷顿：《文明的冲突与世界秩序的重建》（修订版），周琪、刘绯、张立平、王圆译，新华出版社 2010 年版，第 295 页。

　　人类命运共同体是基于理解世界多元文化与化解文化冲突之上构思的文明交流框架。不同文明之间并不存在先天绝对的冲突，既有的文明冲突大多是出于政治或经济目的被人为制造。当今时代，多元文化的融合发展势头有增无减，但全球文化的差异性、异质性乃至对立性并未消解，文化多样性也无法消除，全球化必然永远与文化多样性相伴随。西方资本强国凭借优势主导权占据着世界文化领域的高地，长期以来以本国利益至上为基点，从霸权思维和冷战思维出发，以等级性、优劣性置换世界文明的异质性、差异性，将不同于资本主义的其他文明视为异类甚至敌人。从斯宾格勒、汤因比再到亨廷顿等西方学者，均从西方文明观出发以所谓的"文明冲突"理解世界文明的本质关系。在文明交锋与冲突态势下，世界应当何去何从，成为全球人民亟待破解的重大时代课题。"一切历史冲突都根源于生产力和交往形式之间的矛盾。"① 不同文明形态之间的矛盾并非源于自身，而是生产力与交往形式矛盾在文明形态上的显现。文明间的差异从来都不是阻碍世界文明发展的根源，而是推动人类文明进步的精神动力，文明间的矛盾、对抗在当今时代的显现不是文明冲突的激化，而是促进世界文明发展进步的动力机制。人类文明不能自发地实现从低到高的发展，"没有对抗就没有进步。这是文明直到今天所遵循的规律"②。在世界普遍交往的历史发展大势中，各个国家在共同发展的利益链上实现互利共赢，多元文明在命运攸关的共同体中和谐共生是不可逆转的历史趋势。

　　世界文化交相辉映所带来的大繁荣、大发展构成人类命运共同体获得广泛认同的文化根基与底色。马克思曾指出，以往地方的和

---

　　① 《马克思恩格斯文集》第 1 卷，人民出版社 2009 年版，第 567—568 页。
　　② 《马克思恩格斯全集》第 4 卷，人民出版社 1958 年版，第 104 页。

民族的闭关自守状态，被各民族各方面的互相往来、互相依赖所代替，"物质的生产是如此，精神的生产也是如此"①。世界历史意义上的文明交往与融合，反对文明之间的冲突，使原本狭隘、片面的地域性或民族性文明生成发展为世界性文明。在经济全球化大背景下，不同文明交流、交汇、交往的深化发展，打破了世界各民族文化的差异性和隔绝性，使得文明冲突论、历史终结论等论调带来共同价值的认同危机。中国主张"以文明交流超越文明隔阂、文明互鉴超越文明冲突、文明共存超越文明优越"②，旨在倡导建立世界异质文化之间包容并蓄、和谐共存的文化秩序，实现人类文明的永续繁荣发展，这一价值导向与世界文明发展大势不谋而合。世界文明的繁荣发展以潜移默化的方式规范并塑造着所有参与主体的实践活动，赋予人类共同的文化构建活动以原初根据和终极意义，超越了政治经济体制对文化构建活动的支配。

世界文明的演进史表明，多元文明在平等对话、交流互鉴中和谐共生，既是世界文明发展的动力源之一，也是构建人类命运共同体国际认同的必由之路。随着全球各国在世界市场中紧密相连，世界文明体的形成和发展将成为必然。由工业革命推动建立的世界市场把各文明国家的人民紧密联系起来，"以致每一国家的人民都受到另一国家发生的事情的影响"③。不同民族文明的异质性、差异性构成了世界文明多样化形态，但不同文明之间在碰撞、交流、交融过程中取长补短、博采众长，为世界文明的融合发展铺垫基石，从实质上推进了世界文明的延续和发展进程。

共生共存、相互交织的世界文明为构建人类命运共同体的国际

---

① 《马克思恩格斯文集》第 2 卷，人民出版社 2009 年版，第 35 页。
② 《习近平谈治国理政》第二卷，外文出版社 2017 年版，第 513 页。
③ 《马克思恩格斯文集》第 1 卷，人民出版社 2009 年版，第 687 页。

认同提供了丰富的文明意蕴和强劲的精神动力。在人类数千年的文明发展史中，众多民族共同创造了灿烂辉煌的人类文化瑰宝，中华文明、古希腊文明、埃及文明、伊斯兰文明、印度文明等古老文明为人类文明奠基，共同书写了人类文明的历史叙事，绘就了多元文明包容并蓄的历史文明画卷。不同文明形态没有高低优劣之分、只有特色之别，在各种文明间的交流和碰撞过程中，唯我独尊、尊己卑人的做法必然被历史摒弃。"全人类共同价值是凝聚了人类不同文明关于价值的理解而形成的价值共识，是反映了世界各国人民普遍认同的价值理念的最大公约数，是超越了意识形态、社会制度和发展水平差异的价值同心圆。"① 世界文明体的形成与发展充分证明，基于平等相待而非居高临下，彼此包容而非相互排挤，秉持兼收并蓄的包容精神，世界各国不同文化可以"并育而不相害"。

多样性世界文明的和谐共生，是推动构建人类命运共同体理念国际认同的积极力量。世界历史进程的新进展为更深层次、更宽领域的跨文化交往提供了契机。"在这种文化交往中，中国作为西方世界的'他者'出场，通过对'现代性'内涵的丰富与拓展，形成了自己的文化心理，明晰了自己的文化身份，并以此建构了坚实的文化自信。"② 文化自信促使中华文明为人类提供正确的精神指引和强大的精神动力，推动全球各国走上平等相待、共享人类文明发展成果的正义大道。人类文明姹紫嫣红，文明多样性"带来交流，交流孕育融合，融合产生进步"③，依托于世界性的文化交流互鉴，世

---

① 张志强：《弘扬中华文明蕴含的全人类共同价值》，《哲学动态》2022年第8期。

② 邹广文、王纵横：《人类命运共同体与文化自信的心理建构》，《中国特色社会主义研究》2017年第4期。

③ 《习近平谈治国理政》第二卷，外文出版社2017年版，第524页。

界各国在接纳、吸收其他国家民族文明成果的差异性、独特性的同时，使特色鲜明、纷纭复杂的文明呈现出极强的关联性和共通性，这种关联性构成人类命运共同体理念被国际社会广泛认同的关键。加强人类命运共同体文化构建的国际认同，需要掌握人类文明的辩证演化，在辩证统一中把握文明形态的发展，从世界历史的共时性和历时性维度推进文化构建进程、拓展文化交流渠道、促进文化学习互鉴，促成不同文明之间的良性互动关系，促使多元化的文化构建思维自觉融入人类共同命运之中。

人类社会的进步离不开文明的发展和思想观念的变革，人类命运共同体理念的提出显示出世界文明的新自觉。世界各国交往联系的深入促使文明之间的交流联系日益密切，构成人类命运共同体理念生成的重要背景框架。习近平总书记强调指出，应该"让文明交流互鉴成为增进各国人民友谊的桥梁"以及"维护世界和平的纽带"①。在人类文明相互交织的世界里，不同文明间的交流互鉴为世界文明对话提供了可能，为人类发展提供了强大的精神支撑，构成推动实现人类命运共同体国际认同的不竭动力。

当今时代，全球政治、经济、文化融合发展的大好趋势，为人类命运共同体获得国际社会的普遍认同奠定了现实可能。经济全球化深度演进与世界市场体系日臻发展为人类命运共同体的出场和在场提供了物质基础和场域；世界性的社会生产、交往以及"世界人民大团结"将人类相互依存联系提升到了前所未有的程度，为推动人类社会实现永久和平、共同发展提供了不竭动力；文化构建助益于消除不同民族国家的价值疑惑或文化隔阂，为世界各国追求人类文明共同发展凝聚共识。然而，随着世界普遍交往深度演进和经

---

① 《习近平谈治国理政》第一卷，外文出版社 2018 年版，第 262 页。

济全球化的持续推进，影响人类命运共同体国际认同的挑战不断凸显。经济全球化发展的内在悖论与危机以及西方发达国家对中国理念、中国方案的污名化，阻碍了人类命运共同体被国际认同进程，亟待中国推动世界参与，全方位、多层面予以破解。

第二节　构建策略：价值、制度、利益与话语

中国共产党基于全球发展格局和人类整体利益，提出构建人类命运共同体理念，这一理念在理论发展与现实实践中逐渐得到了全球人民的广泛接受和国际社会的积极响应。面对诸多全球性危机和挑战，实现人类命运共同体的国际认同仍需从广度和深度上继续推进，在互动中传递不同文化符号的真实信息，达成不同主体间的价值共识和共赢共享，推动实现文化认同、政治互信和经济互联。进入新时代，如何促使人类命运共同体理念深入人心，进而实现深层次的国际认同是中国乃至全球面临的重大课题，这要求构建人类命运共同体在价值共识、制度选择、利益协调以及话语体系等方面发挥内在优势。中国要以"人类社会"的哲学立场凝聚价值基础，增进世界人民对人类命运共同体的自觉认知和价值认同；以更加健全的制度策略参与全球治理，弥补当前国际治理体系的弊端；以更加积极的姿态融入经济全球化，推动利益共享基础上的全球经济良性发展；构建国际传播话语体系，加深传播者和接收者之间的共同理解，从而实现人类命运共同体国际认同的全方位构建。

一、价值共识：奠定哲学立场与共同价值基础

凝聚价值共识是增进人类命运共同体国际认同的基本前提。人类命运共同体的国际认同内在包含全球各国在相互承认、尊重差异的基础上对其背后承载的共同价值的认同。相互承认是人们建构理想共同体的基础，能促使各民族得到同样的承认和平等地位，由此形成一个价值共同体。明确人类命运共同体的哲学立场与共同价值基础，凝聚世界人民求和平、谋发展、促合作的共同期盼，是构建人类命运共同体国际认同的重要前提。

1."人类社会"的哲学立场奠定人类命运共同体国际认同的理论基础

实现人类命运共同体的国际认同必须以马克思的哲学理论为支撑。从哲学立场追问人类命运共同体何以可能，体现了马克思主义对人类命运的深层眷注和终极关怀。围绕这一议题展开研究，为探讨马克思的哲学思想与人类命运共同体的结合提供了重要的理论生长点。马克思全部理论的立脚点是"人类社会"，归宿点是"一切人的自由发展"，这无不彰显出解放全人类的崇高哲学旨趣。[①]"人类社会"的哲学立场奠定了"真正的共同体"的实质根基，避免了将"虚假的共同体"与人类命运共同体混为一谈的思想倾向，为构建人类命运共同体国际认同奠定了深厚的理论基础。

人的自由全面发展构成马克思共同体思想的根本落脚点。马克思通过批判黑格尔、费尔巴哈的"市民社会"以及抽象的人学理论，瓦解了旧唯物主义的思想根基，转向了"人类社会"的哲学立

---

① 参见田鹏颖：《历史唯物主义与"人类命运共同体"》，《马克思主义研究》2018 年第 1 期。

场。基于对"现实的人"及其"类本质"的思考，马克思把人的解放确立为判断人类社会共同体是否真实的标准，实现了对"虚假的共同体""资本共同体"的全面超越。西方思想家用逻辑推演的方式思考人的本质以及共同体的实质基础，他们基于旧唯物主义即市民社会，抽象思考人的"类本质"进而提炼共同体的生成根基。在黑格尔那里，抽象的精神及其自由是历史发展的唯一动力和追求，共同体和市民社会则是绝对精神的外化以及精神自由得以实现的理想状态。费尔巴哈在"对单个人和市民社会的直观"中，诉诸"类"的抽象人学，把"抽象的、普遍的爱"作为共同体的纽带。以绝对精神和普遍之爱为基底的抽象共同体，并没有夯实共同体的实质根基，不能发挥推动人类发展的现实作用，反而会导致人类发展陷入以"市民社会"为立足点的"虚假的共同体"和"资本共同体"。马克思对资本主义社会的"虚假的共同体"的批判表明，不同形式的共同体对其成员个体发展状态的影响截然不同。资产阶级社会中的人存在于社会之外，而"真正的共同体"的构建必须以人的自由全面发展为根本主旨，促使人与社会的共生并进。马克思在哲学革命中确立的"人类社会"哲学立场为构建"真正的共同体"奠定了实质根基。

"人类社会"概念最集中地体现了马克思对人这一类存在物的理解。旧唯物主义哲学的立脚点是市民社会，而新唯物主义的立脚点则是"人类社会或社会的人类"。人的本质决定了人是具有"类"属性的类存在物，"通过实践创造对象世界，改造无机界，人证明自己是有意识的类存在物"①。存在于一定社会关系中的个人属于共同的种属——人类。人类不是离群索居地生活在现实世界之外的抽

---

① 《马克思恩格斯文集》第 1 卷，人民出版社 2009 年版，第 162 页。

象物，而是始终以共同体的形式生存、发展构建属人的世界，"人就是人的世界，就是国家，社会"①。根据这一论断，"人类社会"构成马克思共同体思想的核心哲学立场。

马克思"人类社会"的哲学立场，为构建人类命运共同体的国际认同奠定了理论基础。"只有在共同体中，个人才能获得全面发展其才能的手段，也就是说，只有在共同体中才可能有个人自由。"② 这表明人在社会生产实践活动中必然结成密切关联、相互依赖的共同体形式以维持生存发展并获取自由。从马克思关于人类社会形态历史演进的整体描述看，资本主义社会的对抗性矛盾达到顶峰并最终走向消亡。当人类社会中人与人之间的对抗性关系逐渐消解，共产主义社会形态逐渐彰显出世界历史性的发展趋势。只有在共产主义时期的"真正的共同体"的构建中，人的实践主体性和社会实体性才能实现有机统一。作为马克思共同体思想在当今时代的延续、升华，人类命运共同体理念指涉人与人之间内在的社会关系以及一体化的自由状态，是对抽象共同体的全面超越。尽管生活在地球上的各国人民在长期的历史实践中遭遇纷繁复杂的意识形态冲突和价值分歧，面临着资本主义全球化发展不平衡、不合理的矛盾困境，但是整个人类社会从未脱离共同体的组织形式，始终体现出人所固有的"类"属性。世界普遍交往的深入不断推进人类共同利益交汇点逐步扩大，促使各民族国家在是非、善恶等问题上达成共识，在和平稳定、共同繁荣等根本点上形成一致的价值追求，均有助于为人类命运共同体的国际认同提供绵延不断的精神力量。

---

① 《马克思恩格斯文集》第 1 卷，人民出版社 2009 年版，第 3 页。
② 《马克思恩格斯文集》第 1 卷，人民出版社 2009 年版，第 571 页。

以"人类社会"为立场，以人类的共同发展为目标来诠释人类命运共同体理念，既在历史向度上表征社会形态发展的崭新阶段，又在未来向度上显现出人类在追求共同进步与繁荣发展上的一致性。人类命运共同体的"人类社会"立脚点，是对资本主义社会理论地基的彻底否定，昭示了"人类解放"的价值诉求。"这一立脚点决定了它能够在全球化时代引领各个个体、民族和国家的前进方向，为最终实现'真正的共同体'奠定世界历史性的基础。"① 在世界历史中，不存在能够统摄一切国家的行为主体，只能以人类解放作为构建实践的价值认同基础，以此汇聚共同体构建的思想智识与行动力量。人类命运共同体的价值主体是整个人类，价值核心是互利共赢、共同发展，这意味着全球各国将在"人类社会"的立足点上建设和实现共生、共荣的美好世界。伴随世界各民族国家相互依存的程度逐渐加深，"人类社会"这一高度凝练的哲学话语已经变成全球事实。全人类日益成为一个命运攸关、休戚与共的有机整体，这在客观上为赢得人类命运共同体的全球认同提供了现实契机。因此，只有以"人类社会"为基本立足点，从人类整体利益出发，不断提升人类各民族利益的共同性水平，满足各国人民共同发展的普遍诉求，才能消除各国、各民族之间的价值冲突与意识形态隔阂，切实凝聚起全人类普遍认可的价值共识。

2. 共同价值为人类社会发展提供新的价值引领

共同价值是人类命运共同体的基本价值遵循，也是构建人类命运共同体国际认同的重要精神力量。不同民族、国家的人民结成的人类社会不仅有赖于广泛的社会生产协作与普遍交往，而且需要确

---

① 刘同舫：《构建人类命运共同体对历史唯物主义的原创性贡献》，《中国社会科学》2018 年第 7 期。

立人类共同认可的价值标准，凝聚人类价值共识。倘若缺乏以共同价值为核心的价值共识，无法形成人类社会发展的合力与动力，就不可能有人类命运共同体的落实。只有从人类社会的整体视域理解人与人、共同体与共同体的关系，树立全人类生死与共、休戚相关的价值共识，反对、超越为了个体利益而牺牲共同体利益的狭隘的利己主义思维，人类命运共同体才能成为世界人民自觉追求的价值目标。

构建人类命运共同体的国际认同离不开价值共识的凝聚作用。人的本质以及人类社会的共生关系结构，决定了人类必须生成有利于人类生存、发展的价值共识。"真正的共同体"的实现需要以价值共识为基础和纽带维持人与人之间的实践关联，促进人类实现自由全面发展。全人类共同价值内蕴的自由、民主等观念与资本主义推崇的价值理念根本不同，它体现了具体国际交往实践和社会关系民主化的特征，呈现出一切民族、国家和人民的殷切期盼和真诚向往。如果共同体的各行为体之间不能在关涉人类未来命运的重大关切上达成广泛的价值共识，共同体势必发展为充斥意识形态斗争或文化冲突对抗的一盘散沙，面临走向崩盘解体的危险。人类命运共同体作为人类社会最高层次共同体的理论假设，其实践与认同有赖于世界不同民族、不同信仰的国家和人民达成"利益交融、安危与共"的价值共识。

契合人类发展需求的全人类共同价值颠覆了资产阶级"利己"的价值观，弥合了"利己"与"利他"的矛盾冲突，消弭并化解了世界多元价值观的分歧，为人类实现共同理想提供了方向指引。在资本逻辑和自由主义思想的支撑下，西方资本主义强调个人自由和利己主义的先天性，企图将抽象的自由推崇为终极价值，忽视个人的自由实践和生存方式的现实条件。资本主义的自由建立在特权阶级对绝大多数工人阶级自由权利的剥削基础之上，导致工人阶级仅能获得维持生命存在的少量自由，进而衍生出固定的私有财产掠夺行为和阶级对立状态。西方国家以利己主义为基本遵循，采取个体本位的价值取向，强调个体利益优先，最终确立了以利己主义为主要内容的自由秩序。从《道德情操论》《国富论》开始，亚当·斯密从原子式的个人出发，指出人的本性是自私自利的，即"每个人生来首先和主要关心自己；而且，因为他比任何其他人都更适合关心自己，所以他如果这样做的话是恰当的和正确的"①，亚当·斯密的理论为资产阶级的个人主义价值观提供支撑。西方发达国家以维护和实现自身利益需求为原则，忽视乃至葬送发展中国家的利益诉求，引发了世界范围内的斗争冲突、贫富分化等诸多全球问题；基于不同的社会制度、思想价值以及意识形态等因素，不断出现威胁人类生存的矛盾危机，全球范围内的斗争摩擦也此起彼伏。而中国明确提出的和平、发展等全人类共同价值，作为构建人类命运共同体的基本价值遵循，契合世界各国人民要求共同进步、共同繁荣的美好愿望，为全人类共生、共存、共荣的发展前景奠定了牢固的价值基石。

为了破解和消除人类社会发展困境，迫切需要世界各国凝聚价值共识，建立符合人类共同利益的价值规范，以化解多元价值间的分歧、冲突。超越意识形态纷争的自由、民主、正义等理念是全人类普遍接受的价值规范，但世界各国对这些价值的认知与追求存在明显差异，尤其是西方发达国家基于抽象的人性假设或出于维护自身利益的需求，将自由、民主等价值包装成合乎人性

---

① 　[英] 亚当·斯密：《道德情操论》，蒋自强、钦北愚、朱钟棣、沈凯璋译，商务印书馆 2020 年版，第 102 页。

与理性的价值追求并肆意宣扬，致使不少民族、国家受到蒙蔽进而陷入虚无主义的思想泥潭。中国共产党以强烈的历史使命感和人类情怀凝练出真正符合人类发展诉求的全人类共同价值，为构建人类命运共同体奠定了深厚的价值基础。如果缺失全人类共同价值的引导，人类命运共同体将失去价值根基，社会个体就不可能相互认同，不可能按照共同生存和发展的原则相互协调，以共同解决所面临的愈演愈烈的全球问题。弘扬全人类共同价值有利于保障国际交往方式的制度公平性和价值正义性，加强人类在解决全球共同问题时的合作程度，促使人类命运共同体理念成为人类共同追求的程序正义和结果正义密切结合的理想图景。在构建人类命运共同体的国际认同过程中，必须将凝聚全人类共同价值作为维系人类命运共同体的精神纽带，增进全人类命运与共的价值信念，引领并推动世界不断发展。

3. 以共同价值超越西方价值理念

推动实现人类命运共同体的国际认同，要以彰显人类共同发展诉求的共同价值超越西方价值理念。凝聚构建人类命运共同体的价值共识，不是湮没全球各国不同文明、价值的特色和差异，将西方价值理念强制推行于世界各国，而是在包容文化差异、弥合价值鸿沟的基础上，凝聚最大价值公约数，推动体现人类共同利益诉求的全人类共同价值取得各个国家的普遍认可。因而人类命运共同体的价值认同建立在谋取共同长远发展价值取向基础之上，指引着人类在多维领域中承认差异性并实现开放合作的构建实践，最终有效化解国际交往的逻辑困境并形成开放包容的认同。

体现人类共同利益诉求的全人类共同价值契合了世界文明演进的发展需求，揭露了西方价值理念的虚伪性与腐朽性，为构建人类命运共同体的国际认同奠定了科学价值基础。资产阶级在资本逻辑宰制以及全球扩张进程中进一步将抽象的自由、平等、民主、人权等价值作为统领世界永恒的价值理念，并以此来评判甚至瓦解其他国家原有的政治、经济制度，妄图使世界其他国家地区依照西方价值理念来重塑其政治、经济制度，以实现资本主义国家最大化谋取利益的阴谋。西方价值理念被西方学者、政治人物赋予特定的意识形态色彩，成为西方资本强国牟取霸权的意识形态工具。弗朗西斯·福山曾声称，西方的自由民主制度是"人类意识形态演化的终点"和"人类政体的最后形式"[1]。诸如此类的强制输出西方价值理念的行为体现出西方发达国家对欠发达国家历史文明与现实发展诉求的漠视。

历史实践证明，西方价值理念不是应对全球问题、引领全球发展的灵丹妙药，其内在的虚幻性、伪善性在全球化进程中暴露无遗。西方价值理念出于自身的非兼容性、抽象性而引发文化、政治的保守主义、封闭主义乃至强权主义，正在遭到越来越多发展中国家的拒斥和批判。马克思、恩格斯曾批判西方资产阶级"自由、平等、民主"等价值理念的虚伪性，指出统治阶级为了达到其统治的目的，必然把自己的利益包装成社会全体成员的共同利益，"赋予自己的思想以普遍性的形式，把它们描绘成唯一合乎理性的、有普遍意义的思想"[2]。习近平总书记指出，如果不加甄别地用西方资本主义评价体系衡量中国发展，只要不符合西方标准就要被批判、攻击，后果只能是被动挨骂。[3]西方价值理念既不是世界人民追求的

---

① ［美］弗朗西斯·福山：《历史的终结与最后的人》，陈高华译，孟凡礼校译，广西师范大学出版社 2014 年版，第 9 页。

② 《马克思恩格斯文集》第 1 卷，人民出版社 2009 年版，第 552 页。

③ 参见《习近平谈治国理政》第二卷，外文出版社 2017 年版，第 327 页。

真正符合人类发展需求的全人类共同价值，也不能成为人类命运共同体的价值基础。"价值观不是存在于永恒的完美之中的静态因素，而是在持久发展过程中的实用成就。"①全人类共同价值对以往的全球性价值观念进行重新审视和构造，对西方价值理念进行范式革命，完全站在世界各国及其人民的共同发展及长远利益的立场上，结合正在展开的人类社会实践来塑造全新的价值认知体系和认同秩序，高度契合人类认识和改造世界的一般规律。

西方发达国家以维护自身利益和霸权地位为目的肆意宣扬自身的价值理念，试图用西式"民主""自由"等一元价值代替世界多元价值。全人类共同价值与西方价值理念存在本质差异，前者是以全人类实际发展利益为基础实现各国价值认同的最大公约数，而后者则是以抽象的、狭隘的人性为基础企图在全球范围内实现话语霸权和现实宰割。"和平、发展、公平、正义、民主、自由，是全人类的共同价值，也是联合国的崇高目标。"②人类共同价值兼顾全人类的当前利益与长远利益、特殊利益与共同利益，超越了霸权主义和"西方中心主义"，承载了人类社会未来发展的美好愿景。中国积极倡导凝聚全人类共同价值，在尊重价值差异与文化多样性的基础上促进不同民族国家的和平共处、交往合作，致力于在不同文明交流交融过程中推动实现人类社会的共同进步。西方强势输出的价值理念，不能推动人类社会共同发展，反而会引致世界多元价值、文明之间的冲突。如果不能厘清两者的本质区别甚至将两者混为一谈，把资产阶级的特殊发展要求、标准当作衡量其他国家的唯一价值标准，必将陷入西方资产阶级的意识形态陷阱，引发诸多难以解

---

① ［英］马丁·阿尔布劳：《中国在人类命运共同体中的角色：走向全球领导力理论》，严忠志译，商务印书馆 2020 年版，第 14 页。

② 《习近平谈治国理政》第二卷，外文出版社 2017 年版，第 522 页。

决的全球性问题，甚至葬送人类发展前程。文明和价值作为贯穿人类历史的主要思维和精神，为共同体的构建提供了最为广泛的认同力和践行力。人类命运共同体的文化构建和价值认同，揭示出西方价值理念的现实悖论——偷换人类追求共同价值的真实目标、掩盖其霸权意识的自由主义价值观，向全人类展示共同价值通过合作协商建立参与全球治理机制的精神内核，为提升多方主体国家在全球治理中的参与率和话语权提供价值支撑。中国共产党积极倡导代表人类共同利益与发展诉求的共同价值，主张在尊重不同国家价值多元的前提下交流对话、共荣共生，妥善处理不同民族、国家之间因价值取向不同而导致的"文明冲突"，致力于实现人类追求共同进步的理想愿景。在承认世界价值多元化基础上形成的契合人类普遍利益、理想目标的共同价值，体现了人类社会共同发展的美好愿景，是超越西方价值理念以推动构建人类命运共同体国际认同的关键所在。

"人类社会"的哲学立场构成人类命运共同体理念的理论根基，全人类共同价值则是"人类共有精神家园的最大公约数，成为打造人类命运共同体的价值观基础"①。人类命运共同体理念勾勒出了对世界大同的憧憬和追求，彰显了中国愿与世界不同民族、国家共生共荣的世界情怀和天下担当，全人类共同价值则表达了人类命运共同体的信仰、信念、理想和追求，包含为何构建人类命运共同体以及构建什么样的人类命运共同体的总体构想。②人类命运共同体理念反对任何国家将自身价值强加给他国，倡导在尊重各国差异的基

---

① 秦宣、刘鑫鑫：《共同价值：打造人类命运共同体的价值观基础》，《中国特色社会主义研究》2017 年第 4 期。

② 参见孙伟平：《"人类共同价值"与"人类命运共同体"》，《湖北大学学报（哲学社会科学版）》2017 年第 6 期。

础上发挥全人类共同价值的引领作用，在此过程中推出更加符合世界各国实现共同发展的全新话语体系，促使人类共同捍卫属于自身价值诉求的权利。推动人类命运共同体的国际认同离不开全人类共同价值这一基本遵循，只有以求同存异的精神审视和包容世界文化及其价值观的差异性与多样性，以"共商共建共享"的发展理念满足人类发展价值诉求，才能促使世界人民在遵循全人类共同价值的基础上实现对人类命运共同体的深度认同。

二、制度选择：打造责任共担的全球治理体系

全球治理体系通过制定具有规范性、约束力的国际规章制度来引导各行为主体，其以制度为核心，以规则治理和多边治理为主要机制，是一套旨在维持国际政治经济秩序正常稳定运转的制度规范。全球治理体系的核心在于，通过对话协商、和平谈判以整合和调解不同主权国家之间的利益发展诉求，增进全人类共同利益。以西方发达资本主义国家为主导形成的既有全球治理体系，在妥善解决国际矛盾分歧，维护国际关系和平、稳定发展方面曾一度发挥了积极作用，具备一定的历史合理性与正当性。但随着世界政治经济格局发生重大变革，资本强权主导下的全球治理体系越发难以回应解决国际形势发展的诸多挑战，其不完善性缺陷和陈旧性弊端不断暴露。既有的"全球治理体系试图依托资本逻辑的支撑形成的方案来应对与消解经济全球化发展所产生的各种跨国危机，企图在旧的国际政治框架内解决新问题"，而"这一应对方案与错误认知正是全球治理体系的弊端所在"①。当今世界，旧的全球治理体系日益暴

---

① 刘同舫：《构建人类命运共同体对历史唯物主义的原创性贡献》，《中国社会科学》2018 年第 7 期。

露出其内在的发展困境，如责任分担机制的缺失、权责关系的错位等。面临国际和地区热点问题频发以及全球治理多元分化与不确定性的挑战，需要世界各国在安危与共、兴衰相伴的大局中重新审视世界发展模式与道路，进行有利于人类生存发展的制度选择。中国积极推动全球治理体系朝着更加公正合理方向发展，把构建以共同繁荣为旨趣的人类命运共同体作为推动全球治理良性发展的战略方案，促进实现人类社会的可持续发展。

全面提升全球治理水平，是在推动人类命运共同体实践的基础上增进其国际认同的必然抉择。中国在积极参与全球治理体系改革和建设进程中，既不是被动迎合也不会全盘否定当下的全球治理体系和模式，而是要为全球治理提供"共商共建共享"的中国方案，促进国际社会各行为主体平等地参与全球治理，发展成果由所有参与主体共同分享。世界各国参与全球治理必须"秉持共商共建共享的全球治理观，倡导国际关系民主化"①。构建人类命运共同体的实践过程既生产着物质生活，同时也生产着全人类社会关系。生产力的发展程度为实现社会共同发展提供前提条件，而社会关系的进展反映出人类社会日益增长的共同生活的实现程度和发展需要。只有不断展现人类命运共同体理念的科学性与前瞻性，才能在合作解决全球性问题过程中增强中国全球治理观的权威性，增进国际社会对人类命运共同体的普遍认同。

1.推进全球治理理念创新，促进世界包容性发展

理念引领行动，方向决定出路。变革全球治理体系必须推进全球治理理念创新，促进世界包容性发展。在全球化时代，多元文化价值共存共生，探索包容发展、互利共赢的全球治理理念，有利于

---

① 《习近平谈治国理政》第三卷，外文出版社 2020 年版，第 47 页。

促进全球治理体系的深度变革和良性发展。西方价值理念无法维持和平稳定的国际话语环境，反而不断诱发全球认同危机，导致地缘动荡、文明摩擦以及恐怖袭击等各种乱象。人类正逐步迈入"失序"的世界，"我们的世界，我们的生活，正在被全球化和认同的对立趋势所塑造"①。解决全球治理的"失灵"困境，必须摆脱全球治理存在的各种难题，推进人类社会可持续发展，就必须着眼于全球发展短板，以新的治理理念推动全球治理由此及彼、由点到面、由表及里的纵深变革发展，扭转在原有全球治理体系下混沌无序的国际关系，以破除当前阻碍人类社会整体发展的藩篱。

真正合理的全球治理体系应以全人类共同利益为价值基础，才能促进全球治理方略得以有效实施。中国在走近世界舞台中央的过程中对全球治理形成了准确认知与定位，在中国特色大国外交实践中淬炼的人类命运共同体理念，是对近现代国际关系中形成的"均势"和"霸权"两种国际秩序的超越，是一种新型国际秩序观。②在构建人类命运共同体的实践推动下，越来越多的国家及其人民将在重新调整全球治理体系的过程中形成本国的价值观自信，共同反抗任何一种价值观对其他价值的渗透和侵害，因而能够在世界各国有关价值观的讨论中引起共鸣并达成共识。全球治理体系应由全球共建共享，完善全球治理体系应由各国共同来努力。中国提出"共商共建共享""新型国际关系""正确义利观"等重要理念，向世界传递了追求包容发展、合作共赢的正义之声，也为全球治理提供了正确的价值导向，极大地引领全球治理走向健康发展的轨道。

---

① [美] 曼纽尔·卡斯特：《认同的力量》（第二版），曹荣湘译，社会科学文献出版社 2006 年版，"导言"第 1 页。

② 参见徐艳玲、李聪：《"人类命运共同体"价值意蕴的三重维度》，《科学社会主义》2016 年第 3 期。

　　从国际视域出发，中国根据国际社会的发展要求，努力塑造以合作共赢、共同繁荣为目标的全球治理体系。人类命运共同体理念被联合国大会所认同、采纳，表明中国发展理念正因其合理性和有效性得到国际社会的高度认可。中国主张每个主权国家遵守共同规则，超越"国强必霸"的西方现代化逻辑，鼓励和支持各个国家走合作共赢、共同繁荣的发展道路，致力于打造促进各国包容性增长的普惠模式，创建和谐共生的发展共同体，保证国际秩序健康发展，维护人类共同利益。中国致力于打破旧的全球治理体系所引发的经济全球化失衡格局，超越中心边缘的国际秩序及其狭隘的历史观，基于各国人民的根本利益和全人类的共同发展需要，积极构建更加平等正义的交往关系。中国强调不同国家应在承认国家认同、民族认同的基础上观照世界，强调通过国际契约、国际合作建设一个合乎人类共同利益的正义世界。在未来发展中，中国应进一步以变革全球治理体系为目标的新兴大国身份，以更加积极的姿态和新的理念引领全球治理，促进人类命运共同体理念得到全球人民发自内心的普遍认同与拥护。

　　2. 变革全球治理体系，推动形成互利共赢的共生关系

　　在全球治理变革的历史转折点上推进全球治理变革，形成互利共赢的共生关系，是关涉人类维护共同利益的大势所趋。西方发达国家作为全球治理的主要推动者，长期以来坐拥全球治理的主导话语权。然而，"西方启蒙现代性主导的旧全球化实践主张一种同质化的排他性意识形态，由此造成了'合法性认同'与'抗拒性认同'持续紧张、冲突和对抗的全球结构性认同危机"①。随着经济全

---

　　①　马瑞科、袁祖社：《优良制度理性与人类命运共同体——"认同型全球化"的制度性证成逻辑》，《内蒙古社会科学（汉文版）》2021 年第 4 期。

球化的纵深发展，全球人民愈加呼吁多元、包容的治理框架。以中国为代表的新兴大国正在为引领全球治理良性运转发挥重大积极作用。中国走在深度参与全球治理变革的大道上，唯有继续担当变革者的角色，推动全球治理朝向更加合理有效的方向发展，推进全球治理体系取得实质性进展，才能助力实现人类命运共同体的国际认同。变革全球治理体系与推动构建人类命运共同体国际认同是彼此促进、有机统一的历史过程。超越全球治理体系中的弱肉强食逻辑，代之以相互包容、互利共赢的共生关系，是中国将自身发展理念跃升为国际规范，提升人类命运共同体国际认同的重要途径。

变革全球治理体系，不是全盘否定原有体系，而是在顺应国际合作与发展潮流的基础上对既有全球治理体系的改革和完善。更合理的全球治理体系应具备以下标准：第一，平等标准。合理的全球治理秩序的平等性，意味着世界各主权国家平等参与国际事务，共同承担时代责任，具有对等的权利和义务，即同一权利、义务关系普遍适用于发展程度相近的主权国家。主权国家不论大小强弱均能够对国际秩序的调整、发展趋势产生影响。第二，共享标准。合理的全球治理体系的共享性，意味着不同主权国家合理、平等地享有经济全球化发展成果与红利，以化解国际社会发展不平衡问题。第三，协作标准。合理的全球治理体系的协作性，意味着世界不同主权国家和人民遵循共同发展原则，针对全球性问题加强国际社会的交流、协作，共同致力于全球治理体系的建设与改革，维护人类共同利益。在全球性危机持续爆发的当今世界，置身事外的旁观者态度已然不合时宜，不仅不利于化解全球性危机，而且会使得自身遭遇危机的辐射和侵害。

面对全球性危机，各国需要以审慎态度投入全球化建设和全球治理体系的完善过程，积极发挥自身在世界历史中的主体能动性作用，表现出更加成熟的全球化意识和愈益主动的人类价值认同。在更加合理的全球治理秩序中，不同的主权国家之间不再是简单的弱势对强势的从属或依附关系，也不是国家与国家独立、单一的交往关系，而是复杂的互利共生关系，将有助于推动人类命运共同体的国际认同。

经济发展、生态环境以及社会稳定是全人类的共同诉求，然而这些方面都在不同程度上存在威胁全人类健康、稳定生产发展的全球性问题。普遍性的利益交融使大多数国家成为全球共同利益链上的重要一环，任何一个环节发生问题，整体发展都可能陷入困境。解决威胁人类生存发展的全球性问题，需要各个国家共同商议和出力解决。中国以人类命运共同体为价值支撑，理性认识弱肉强食、强权独霸绝不是人类共生共存、和平相处最终实现永续发展的正道。摒弃带有明显的利己性、排他性色彩的全球治理方案，坚持和平、合作、共赢，反对战争、对抗、零和，是推动全球治理健康发展的唯一正确选择，要求各国通力合作解决全球性问题，在求解全球困境中兼顾他国利益与自身发展。

中国明确提出要提高"在全球经济治理中的制度性话语权，构建广泛的利益共同体"[①]，这表明了中国变革全球治理体系的决心和魄力。基于对不合理全球治理模式的纠偏，中国必须通过对话而不对抗、结伴而不结盟的方式实现求同存异，始终尊重世界各国发展道路的自主选择与重大关切，推动全球治理体系的良性变革，这是作为人类命运共同体理念国际认同的必然抉择。

[①]　《十八大以来重要文献选编》（中），中央文献出版社 2016 年版，第792 页。

3. 打造责任共同体，促进全球治理主体权责共担

推动人类命运共同体的国际认同需要打造责任共同体，以责任共担、权责一致为原则的全球治理体系为制度支撑，倡导世界各国为共同解决关涉彼此存亡发展的危机问题群力群策、承担责任。"全球治理是人类的共同事务，关涉到人类的整体利益"①，它不仅要求广泛参与，同时还要求责任共担。完善全球治理体系，需要强调参与治理主体的道德责任，在此基础上以协商的方式重塑治理活动，重构参与个体与共同体之间责任共担的联合机制，从而形成良善的国际秩序。解决全球治理的短板问题必须以责任共担、权责一致的全球治理体系为依托，打造责任共担的共同体，通过协商来调节世界各国的权责关系，为人类命运共同体理念获得世界人民的支持与认可奠定重要基础。

责任共担的共同体强调各国共同承担全球治理责任并共享全球化发展的红利。"就构建人类命运共同体的宏大叙事而言，责任从来都不是单向度的，而是交互式的。"②责任共担的共同体的核心要义在于，为全球政治经济的健康可持续发展提供稳定的责任共担机制，促使世界各国成为全球治理中权责一致的参与主体。责任共担要求世界各国作为国际社会的平等成员，应不分大小、强弱共同参与全球治理，在全球发展困境中承担共有而差异的责任，享受实质而对等的权利；权责一致是指世界各国应坚持权利义务相统一的原则，既共享世界经济发展利益，又共同承担各种矛盾问题爆发后的责任义务。

世界各国在享受经济发展"红利"的同时，应共同承担起维护

---

① 蔡拓：《全球治理的反思与展望》，《天津社会科学》2015 年第 1 期。

② 徐艳玲：《大变局下的价值、利益、责任、发展：人类命运共同体理念丰富意蕴的立体化呈现》，《人民论坛》2020 年第 22 期。

世界发展的责任担当，以人类命运共同体理念为导向引领世界各国树立并明确全球治理的责任意识、责任范围。当今人类社会已经发展成为命运与共的共同体，任何国家都不能在规避责任的同时享有特殊权利。全球发展的联动性意味着离开全球的普遍发展将难以实现个体的长远发展，树立参与全球治理的责任意识、明确各国参与全球治理的责任范围是推动全球与各国自身发展的必由之路。所有国家都应力所能及地承担起应有责任担当。发达国家因占据资源、技术、经济实力等优势，应主动承担起与自身实力相称的国际责任，走在全球发展的最前沿，突破传统全球治理体系旧框架的藩篱，解构不合时宜的单边保护机制，最大限度地提升全球治理时效；发展中国家因长期处在全球治理的边缘位置，必须在经济全球化发展大潮中合理定位自身能力、国际地位，要矫正全球发展问题与己无关的不负责姿态，加快发展、增强国力，适度适时地承担起能力范围内的治理责任，进而积极争取有益于自身发展诉求的治理权利。中国所提出的构建新型大国关系与构建人类命运共同体的构想更符合去中心化的全球主义国际秩序的现实需求，有助于中国在全球转型期为国际规范体系的设立、调整与维护发挥引领作用。实现多元合作是全球各国共担责任的关键，"即崛起国与守成国之间、东西方之间、大国与中小国家之间、国家与非国家行为体之间都需要广泛合作。这种合作是在去中心化的全球主义世界中各大国应负有的最基本的责任"[1]。大国责任反映出构建人类命运共同体的基本要求与重建去中心化的全球治理秩序的出发点内在一致。在大国责任视角下，人类命运共同体构建与国际秩序重构的进程要关注多维

---

① 崔顺姬：《反思全球转型背景下的大国责任》，《国际关系研究》2020年第 4 期。

参与主体，着重把握多方主体塑造公共责任价值的有效方式。

中国主张的以世界人民福祉为中心的全球治理体系，是对西方国家主导的本国利益至上的全球治理体系的超越。随着全球化在经济、科技、信息领域的加速推进，世界体系发展的不平衡性进一步加深，金融、生态、安全等诸多领域的问题超越国界演变为日益突出的全球性问题。而原有全球治理体系未能满足解决全球性问题的需要，推动全球治理体系变革成为世界各国应对共同挑战的大势所趋。

面对世界何去何从的重大时代课题，中国将增进人类共同福祉作为推动全球治理体系变革的最终诉求，将构建人类命运共同体确立为全球治理变革的中国方案。对个体和共同体的关系探究构成人类命运共同体内主权国家参与全球治理的前提，其以国家或个人的自由本质定位其历史存在形式，为共同体的治理指明方向，在治理过程中拓展全人类自觉能动性的空间。作为社会主义大国，中国在求解人类解放的时代课题中首倡人类命运共同体理念，构建并推广这一主张合作共赢、普遍安全及共同繁荣的全球性倡议任重道远。

新的历史条件下，全球治理体系处于重要的调整期和重塑期，需要以人类命运共同体理念为导向对全球治理体系予以革新和调整。在当前全球性问题频繁爆发的大背景下，现有全球治理体系的滞后性越来越不能够保证国际社会的和平安全与国际秩序的稳定发展。"全球治理体系未能反映新格局，代表性和包容性很不够。"[①]难民危机、种族主义、网络安全、恐怖主义以及公共卫生等领域的全球治理赤字不断加大，严重威胁到国际政治经济秩序的稳定，亟待快速、有效的跨国协调、全球合作予以应对。西方发达国家在资

---

① 《习近平谈治国理政》第二卷，外文出版社 2017 年版，第 479 页。

金、技术、影响力等方面占有优势，占据全球治理格局的主导地位，理应成为全球治理的重要力量。然而，少数西方大国以一意孤行的态度逃避责任，导致责任与权利的错位，致使全球治理陷入失序和混乱。在以"中心—边缘"为特征的全球治理体系中，新兴国家力量"仍不足以抗衡发达国家的优势地位"①，导致现有治理能力需求同传统治理机制的力量呈现出明显的"不对称"，全球治理在很大程度上是"半球治理"②。面对全球治理体系的应对不足和治理失灵，如果全球治理体系、治理理念不能紧跟世界发展秩序、格局的新变化，将对全球稳定发展造成极大风险。事实表明，以人类命运共同体理念为指引调整和变革全球治理体系势在必行。

全球治理体系变革由全球性问题倒逼产生。改革和完善全球治理体系，破解全球性问题正在成为国际社会的一致共识。应对现行全球治理体系失灵的巨大挑战，必须思考如何才能更好地贯彻《联合国宪章》的宗旨，推动世界政治经济的良性发展。中国提出的人类命运共同体理念，旨在变革全球治理体系不合时宜的陈旧理念，是在继承和弘扬《联合国宪章》宗旨原则的基础上，对旧有的全球治理思维方式的超越和创新，为推动国际社会良性互动提供了新的战略机制，必将对未来全球发展产生积极的深远影响。

构建人类命运共同体对旧有全球治理方案的超越，需要在全球治理变革的实践中获得国际社会的普遍接纳与认同。在今后参与全球治理体系的变革和调整中，中国应当继续以充分的战略定力和耐力，团结广大发展中国家，稳定平衡大国关系，加强与国际组织的协调合作。构建人类命运共同体应当成为保证未来人类社会发展稳

---

① 刘友法：《全球治理面临八大挑战》，《人民日报》2013 年 1 月 19 日。

② 参见吴志成、何睿：《国家有限权力与全球有效治理》，《世界经济与政治》2013 年第 12 期。

定的基本趋势，具体表现为探索全球资源的分配与再分配的均衡性问题，改革全球生产关系与社会关系以保障一切参与主体平等实现公共生活和共同管理。针对不同治理领域采取不同措施，循序渐进地提升全球治理话语权，引导全球治理体系的参与国以共同利益为关切，共同解决全球性问题，推动和引领全球治理朝着合作、平等、正义、共建与共享的目标迈进，推动国际社会更加自觉地认同、接纳人类命运共同体理念。

三、利益协调：推动合作共赢的全球经济发展

推动互融互促、合作共赢的全球经济发展，将为实现人类命运共同体的国际认同奠定坚实物质基础。马克思指出，共同利益"首先是作为彼此有了分工的个人之间的相互依存关系存在于现实之中"①，"'思想'一旦离开'利益'，就一定会使自己出丑"②。马克思深刻揭示了资本主义社会推动世界历史进程的特殊规律，科学预见"自由人联合体"替代资本主义社会"虚假的共同体"的必然趋势。根据马克思的论述，人类社会生产力发展的人民立场必将取代资本逻辑。对利益的追求构成人类开展生产交往活动的动力以及推动人类社会走向合作发展的关键。经济全球化背景下，人们对共同利益有了新的认识，即在具有共同利益的世界各国之间，存在着"一荣俱荣、一损俱损"的"共振效应"。对于社会制度、意识形态迥异的国家而言，实现人类命运共同体的国际认同是各方对经济利益发展诉求的满足。以共同利益为处理国际关系的基础，是人类命运共同体理念走向实践并获得国际认同的前提和关键。"构建人类命运共同体理念主张以

---

① 《马克思恩格斯文集》第 1 卷，人民出版社 2009 年版，第 536 页。
② 《马克思恩格斯文集》第 1 卷，人民出版社 2009 年版，第 286 页。

发展为第一要务。"① 中国提倡大力推动互融互促、合作共赢的全球经济发展模式，促成全球经济的繁荣发展，同世界各国一道朝着普惠、共赢的方向迈进，使各国家、地区更均衡地共享全球化发展红利。只有在实践上拓展和丰富世界各国人民的合作机制，才能不断增强世界人民的获得感，提升国际社会对人类命运共同体理念的认同。

1. 秉持包容性发展理念，推动全球经济发展实现普惠共享

人类命运与共、共同发展是契合各国人民利益需求的战略共识。秉持包容性发展理念，推动全球经济发展实现普惠共享是人类命运共同体国际认同的重要环节。在世界经济格局经历大变革的情势下，"国际金融危机把中国推到了世界经济和国际社会矛盾的前台，西方国家存在着利用'捧杀'和诋毁两种形式遏制中国的暗流，但世界经济多极化和多种利益诉求的分化又为中国提供了反遏制的联合力量"②，为推动全球经济发展实现普惠共享以及人类命运共同体国际认同提供了有利条件。积极倡导全球各国秉持包容性发展理念，推动全球经济发展实现互融互助、合作共赢，既是人类命运共同体理念的题中之义，也是推动国际社会认同人类命运共同体理念的不二抉择。

当今时代，大多数国家处在环环相扣的全球供应链、价值链等链条中，利益共生不断深化为"一荣俱荣、一损俱损"的关系网。经济全球化为世界财富累积增长创造了历史性机遇，也为世界经济发展的不平衡、不稳定性提供了土壤。一国发生经济危机必将波及周边国家，地区性危机带来的负面效应甚至会扩散和蔓延全球，导

---

① 乔茂林：《构建人类命运共同体：一种新型现代发展理论》，《哲学研究》2022 年第 9 期。

② 裴长洪：《后危机时代经济全球化趋势及其新特点、新态势》，《国际经济评论》2010 年第 4 期。

致民族国家的利益冲突日益加剧、各国之间的发展不平衡问题更加凸显。在资本主义国家主导的"中心—边缘"这一不平等的世界经济体系下，全球经济发展失衡问题日益加深。资本主义生产方式在全球化进程中依然表现出强大影响力，导致全球化运行形成合乎资产阶级利益的偏好，因而国际秩序仍然朝向符合资本主义不断扩张的需要、符合资产阶级强权意志形式的方向发展。部分国际组织的观念及其行为缺乏客观性和中立性，国际交往和交流的话语表达及其价值取向总体上呈现出迎合资产阶级特殊利益的鲜明趋向。与此同时，资本主义文明也通过自身优势对世界各领域的权利和资源加以控制，并以此对其他民族的文明施加压力，以有效维护特权利益的长久持存。尽管当代资本主义文明的实现形式在多元文明的冲击下更加民主化，但资产阶级的统治性质并没有根本改变。发达资本主义国家在推行资本全球扩张过程中，以弱肉强食的"丛林法则"对发展中国家和欠发达国家展开一系列倾轧行为，尤其是长期盘踞在全球价值链以及国际分工体系中心的美欧等发达国家，出于扩大垄断资本利益的需求，不断将廉价制造业、生态问题等发展压力转移给发展中国家，导致发展中国家在维护实现自身发展利益诉求过程中举步维艰。发展中国家的利益受损，严重阻碍了全球经济的健康平衡发展，发展不平衡则从经济问题演变为当今世界诸多矛盾的主要根源所在。

解决全球经济发展不平衡困境，必须首先树立包容性发展理念，以"共商共建共享"为原则，促进世界各国在平等对话中共同推动全球利益的合理分配与世界经济持续发展。包容性发展理念的核心要义就是求同存异，包容不同国度、不同市场共生共存，让所有国家、群体均能参与到全球生产和分工体系之中，避免不同国家的人民因制度、政策与意识形态的差异遭到他国歧视或排挤而不能平等地分享全球经济发展红利。世界各国在利益高度交融进程中，必须在关注自身利益增长的同时兼顾他国合理关切，在谋求自身发展中促进各国共同发展，真正树立起利益共同体意识，寻求各方利益的最大公约数，实现自身利益和共同利益的平衡发展。

从现实经济层面看，人类命运共同体理念是对资本逻辑宰制下的全球经济理念濒于破产的反思，也是对当今世界重新构建新的合理经济秩序的积极回应。经济全球化的本质是由资本支配的世界市场不断形成与扩张的历史进程。站在当今时代构建人类命运共同体的历史高度，经济全球化生产出的全球公共财产，虽然为共同体的构建提供了重要物质基础，但仍带有鲜明的阶级狭隘性和保守性。因此，需要人们寻求共同利益的交汇点并探求实现共同发展的方式。全球经济治理应该以共享为目标，寻求利益共享，实现共赢目标。在顺应世界经济发展的建构逻辑与时代要求的实践过程中，追求利益共享、实现合作共赢是全球经济发展的光明大道，也是促进人类命运共同体理念在更广泛范围内实现国际社会认同的正确选择。

2.打造平等普惠的发展模式，推动全球经济治理向公平公正方向发展

人类命运共同体理念强调兼顾各国发展的利益诉求，旨在打造平等、普惠的发展模式，推动全球经济治理向公平公正方向发展，凝聚世界各国追求共同进步和共享发展的价值共识。既有的全球经济治理格局由于受到治理机制滞后、缺乏平等对话的交流平台的限制，不能顺应全球各国追求共同利益的发展趋势，导致世界各国在面对国际金融危机等全球性挑战中陷入困境。然而，弱肉强食、穷兵黩武不是人类共存之道，世界各国理应成为全球经济发展的参与者和受益者，需要遵循平等互信、合作共赢的原则，共同维护国际

公平正义。

中国站在统筹国内国际两个大局的战略高度，冲破制约经济发展的旧框架，以合作共赢为价值引领，积极创建各国相互理解、共担共享的对话平台，让各种发展活力充分迸发。在改善全球经济治理机制过程中，需要及时认识与把握国际政治经济格局新变化，倾听发展中国家要求平等对话、共同进步的利益诉求，提升发展中国家在全球经济治理中的发言权，确保世界各国在全球经济合作中机会平等、权利平等；需要坚持多边主义，推动多边合作体制深化发展，推动发达国家与发展中国家在全球经济发展格局中实现地位平等，促进国际经济秩序朝着平等公正、合作共赢的方向发展，促使经济全球化进程更加具有包容性与可持续性；需要科学应对和防范经济全球化带来的严峻挑战，着力解决世界各国发展的公平公正问题，为全球经济健康发展注入平等、公正的"正能量"，以促进人类命运共同体得到国际社会的广泛支持和认同。

3.坚持走协同联动的合作道路，推动全球各国共赢发展

以联动合作、利益共享为基础打造利益共同体，推动全球各国共赢发展，是人类命运共同体国际认同的有效路径。在全球经济深度融合的背景下，几乎所有民族、国家都被裹挟进经济全球化的洪流之中，打造国际合作新平台，积极实现世界各国之间政策沟通、设施联通、民心相通，为全球经济发展增添新动力，将有力地推动人类命运共同体的国际认同。

展开超越单一民族国家利益的多元主体合作，加强国家之间彼此协调、配合与联动是应对复杂的国际经济形势和全球治理挑战的客观需要，也是在促进全球经济发展基础之上构建人类命运共同体国际认同的必由之路。当今世界，各国不断深化的依赖关系增加了全球经济的不确定性、系统性风险，在全球性经济风险面前，没有

哪个国家、地区能够独善其身。解决全球性问题需要开展广泛联动的国际合作，促使全球经济发展普惠各方，打破零和思维，坚持"共商共建共享"的原则。随着构建人类命运共同体的实践推进，人类越来越认识到共同利益构成国家获得利益的重要组成部分，并在客观上推动了个人利益的不断调整，促使各国拓宽合作领域以扩大共同利益、夯实自身利益。应对共同挑战，全球各国必须坚持平等协商的联通互动，充分发挥本国技术、资源等优势，参与国际分工和合作中，优化全球资源能源配置，以互联互通为合作发展基础，携手推动实现世界共同繁荣发展。

人类命运共同体国际认同的动力在于不断促进世界各国之间实现协同联动的广泛合作。在全球经济发展安危与共、荣损相依的新时代，世界经济繁荣稳定的关键不在于单个国家的经济繁荣稳定，而在于国家之间的协同合作与良性互动。中国应当继续秉持合作共赢的理念，在治理机制上提倡最大公约数原则，扩大合作领域，创新合作方式，促使世界各国之间、国际组织与地区组织之间进一步加强沟通合作，照顾彼此利益关切，共同应对各种全球性挑战，共同谋求全球经济可持续发展。只有不断提高经济发展效率，促进全球经济红利分配形成互利共赢的新局面，才能在最大限度上推进人类命运共同体的国际认同。

4.打造开放发展模式，实现全球各国经济互惠共赢

开放发展是全球经济发展的必然趋势，国际分工和全球产业链的形成、成熟，决定了坚持开放发展是实现全球互利共赢的根本之道，而实现人类命运共同体的国际认同，必须在深入推进开放型世界经济，促进全球各国开放发展、互惠共生的基础上才能实现。中国必须在深度融入经济全球化过程中，着力提升对外开放的广度、深度，推动全球各国经济实现互惠互赢、共同繁荣。

任何战略构想都需要在开放发展、互利共赢中凝聚共识。在开放的世界经济体系中，实现全球范围的经济繁荣发展不是某一国家的独角戏；在全球性问题的困扰面前，没有哪个民族、国家能凭一己之力应对挑战、独善其身。从全球经济发展大势来看，开放促进共赢，封闭导致落后。不同民族和国家对共同利益的追求，客观上要求开创更多领域的国际合作来获取发展机遇，实现自身利益与共同利益兼容并进以削弱全球风险带来的威胁。人类命运共同体的构建通过主动提供公共服务而增强各国对维护共同利益的自觉认同。然而，当今世界仍然面临着保护主义、单边主义抬头，多边主义和自由贸易体制遭受重创等严峻挑战。孤立主义、保护主义等政策对于全球治理问题而言无异于"剜肉医疮"，短期内似乎能缓解发展重压，但从长远出发将对本国及全球经济发展带来难以弥补的损害。若一意孤行地斩断世界各国之间开放交流的关系链，让世界经济退回到孤立封闭的岛屿，这严重违背了时代的发展潮流，必然引致全球经济发展的失衡与动能不足。中国需要以更加积极的开放性政策加强国际合作，构建广泛的利益共同体，促进实现经济全球化再平衡和世界共同繁荣发展。中国必须奉行互利共赢的开放战略，深度融入世界经济，在更广阔的视域中积极打造能让世界各国展示形象、开展贸易的开放型合作平台，寻求世界各国利益交汇点，推动建设开放型世界经济；必须坚决反对各种形式的贸易保护主义、孤立主义，反对任何以邻为壑、转嫁危机的意图和做法，防止治理机制封闭化、规则碎片化；要寻找"共商共建共享"的可能性，坚持开放合作的世界经济发展模式，坚持大小国家一律平等地参与世界经济发展全过程，致力于把自身发展同全球各国发展紧密联系起来，推动国际经济交流合作的经济利益、成果更好地惠及包括发展中国家在内的所有国家与人民。

中国始终坚持开放发展、合作共赢理念，致力于在开放中推进全球互联互通、实现互利共赢、共同繁荣，为促进世界各国经济联动增长、谋划全球经济发展的未来前景给出了全新、合理的可行性方案。中国应继续成为开放型世界经济的建设者、贡献者，坚定不移发展开放型世界经济，切实提升世界各国人民在全球经济增长中的获得感、满足感，促使人类命运共同体的国际认同不断深化。

5. 推进"一带一路"国际合作，推动人类命运共同体落地实践

"一带一路"国际合作的实施是构建人类命运共同体的重要举措。人类命运共同体的国际认同，需要各成员国建立起广泛的交往关系，在彼此信任、合作发展的基础上达成共识。作为以促进发展中国家和世界经济繁荣发展为目的的中国倡议，"一带一路"国际合作是对现有国际体系的有益补充，致力于为共建"一带一路"国家提供互利共赢的发展契机，为全球经济发展注入新的动力，为人类命运共同体的国际认同打下坚实基础。

"一带一路"国际合作顺应世界经济格局大变革的新时代，是基于现实需求的战略选择，彰显出人类社会对共荣共生理想世界的美好追求，将为人类命运共同体的国际认同注入新的活力。"一带一路"国际合作立足发展的共同性和长期性，着眼于全人类追求和平发展的共同价值，推动世界历史朝向更加包容、开放、平衡的方向发展，在同世界各国的合作中展示中国自身的发展道路和机遇，以期塑造各国实现自身发展与世界发展有机统一的全球格局。中国提出"一带一路"国际合作旨在推动世界经济复苏，"一带一路"国际合作"不是某一方的私家小路，而是大家携手前进的阳光大

道"①。在利益共享上，"一带一路"国际合作着眼于世界人民追求繁荣发展的共同梦想，寻找更多利益交汇点，把中国和世界融通起来，为经济发展注入新的动力。深入实施"一带一路"国际合作将契合不同国家的发展需求，加强中国与共建"一带一路"国家的合作关系，为中国和沿线各国经济增长提供新的重要动力源，推进全球经济稳定发展。

从全球经济关系来看，"一带一路"国际合作在推动全球经济发展的实践中为世界各国增进彼此了解、互信提供了便利，有助于凝聚构建人类命运共同体的全球共识。"一带一路"国际合作被纳入多个共建国家或国际组织的战略规划之中，如俄罗斯的欧亚经济联盟、哈萨克斯坦的"光明之路"计划、越南的"两廊一圈"规划、印尼的"全球海洋支点"计划以及欧盟的"容克计划"等。② 世界多国对"一带一路"国际合作的积极回应，表明人类命运共同体理念以互惠共赢的魅力赢得了众多国家的认可与认同。共建"一带一路"旨在促进中国与世界各国共享全球经济发展成果。为实现这一目标，中国应在共建"一带一路"的导向下加强针对性，联通发达经济体和发展中经济体，营造发展上互尊互信、经济上互利共赢的共生关系，汇聚、平衡全球经济发展的新旧力量；推动经济多层次、多领域的合作机制，丰富、创新国际合作交流机制，在基础设施和交通、文化交流、国际贸易、投资、金融、农业、工业等多领域加强合作，促进发达国家与沿线新兴经济体积极展开对话交流；以互利共赢、和平合作、责任共担为原则，推进贸易自由化与投资便利化，打破贸易保护主义壁垒，

---

① 《习近平出席中英工商峰会并致辞》，《人民日报》2015年10月22日。

② 参见刘伟、王文：《新时代中国特色社会主义政治经济学视阈下的"人类命运共同体"》，《管理世界》2019年第3期。

推动形成联通中国与全球各国的统一的大市场；秉持"共商共建共享"原则，积极实施与共建国家发展战略的对接，在经济优势互补中凝聚发展合力，以最大限度地促进联动发展，满足各方的利益追求，进而在共担责任、共迎挑战、共享利益的实践中深化世界各国尤其是共建"一带一路"国家对人类命运共同体的认同。伴随"一带一路"国际合作空间的不断开辟，各国在参与合作中获得自身应对全球风险的能力、资源和方式，进而以优势互补为导向，推动人类谋取共同利益范围的扩展和全人类共同价值认识程度的深化。

　　从理论与现实的双重角度看，推进全球经济发展是提升构建国际认同的现实助推力量。人类命运共同体不是抽象的、虚假的共同体，而是以实际的共同利益为基础的利益共同体。要促进人类命运共同体在更广范围、更深程度上实现国际认同，必须以人类社会发展前景为出发点，关注人类共同利益的维护与实现问题。这就要求以人类命运共同体理念为导向，推进全球经济持续健康发展，寻求世界人民共同利益的最大公约数，把各民族、国家的局部利益同人类社会的整体利益、根本利益相结合，在尊重世界各国共同发展诉求的基础上，寻求利益汇合点，引导全球经济发展最大化实现世界各方利益，使世界各国联结成为命运攸关、休戚与共的利益共同体。中国倡导构建符合世界普遍利益要求的人类命运共同体，维护和发展开放型世界经济，极大凝聚了全球经济发展的共识。在未来发展中，只有将人类命运共同体的共赢发展与持续发展等理念落实到具体的全球经济发展实践之中，在不断巩固人类命运共同体已有发展平台的基础上，吸引更多国家在合作共赢的实践中实现全球经济可持续增长，才能为人类命运共同体的深入推进奠定牢固的物质基础，进而促使世界各国人民广泛认可和普遍认同人类命运共同体的价值理念。

四、思想表达：构建破解危机的传播话语体系

面向国际社会传达中国声音、推动人类命运共同体理念被世界人民接纳认同是当前建构国际话语体系的重要内容。话语是传递信息、塑造思想的载体，是达成价值认同的有效工具。"话语间的交锋与融合成为国际秩序演进的关键动力，也为国际关系理论创新提供了丰富资源。"[①] 只有构建基于危机共识、融通中外的国际传播话语体系，才能取得国际话语权建设的良好效果，进而不断增强中国话语影响力感召力。中国力求创新对外宣传方式，加快构建中国话语和中国叙事体系，提出融通中外的新概念、新范畴和新表述，超越意识形态争论的局限，坚持正确的发展观与义利观，在学理支撑、有效传播等方面做足功课，使得人类命运共同体理念与世界不同国家及人民的思维习惯和思想表达方式相契合，进而获得世界人民的理解与认同。中国深刻意识到提升国际话语权必须以人民的发展需要为生命之基、力量之源，并在具体构建实践中注重凝练国外人民听得进、信得过的特色话语，使其能够心悦诚服地理解并认可。

1.达成破解认同危机的共识

就人类命运共同体国际传播的现状而言，存在着话语表达目标与话语体系建构实践的背离。集中体现在人类命运共同体理念在国际舆论场中，始终面临着个别西方发达国家的恶意曲解和部分发展中国家的质疑和误解，对人类命运共同体的国际传播扩散造成干扰

---

① 陈拯：《"话语势能"构建与国际话语塑造》，《中国社会科学》2023 年第 12 期。

和挑战，严重影响人类命运共同体在全球范围获取国际社会的广泛认同。必须高度关注并破解人类命运共同体在国际社会接受性难题，注重以价值共识为支撑提升人类命运共同体的国际认同。

应对和解决全球性问题需要建立不同民族、国家所普遍认可的新的世界秩序和全球治理理念，以保障推进世界的可持续性发展，这已成为国际社会的普遍共识。然而，多元文化价值在经济全球化进程中日渐呈现出交流、交融、交锋发展态势，世界不同国家由于文化传统等差异或对立，导致价值观念的冲突乃至对抗成为不可避免的时代课题。人类命运共同体理念主张摒弃狭隘的民族主义、保守主义，坚持以世界人民的共同利益和人类文明的发展进步为最大追求，以世界共战难关、融合发展为主旨。而一些西方国家为了最大限度地维护本国在世界范围内的霸权地位，将中国视为打破当今世界政治经济秩序的最大威胁，恶意诋毁人类命运共同体理念并非重塑、完善世界秩序的良方。一方面以资本主义国家至上的霸权思想建构出与中国立场、态度、价值迥异的文明冲突论、历史终结论等冲突性议题，营造世界文明价值不可调和的矛盾对立，同以发展共享为目标的人类命运共同体形成对峙；另一方面又制造散播"中国威胁论""新殖民主义论"等污名化、抹黑中国的论调，并竭力将西方的自由民主制度设定为人类社会发展的最终模式，试图遮蔽甚或扭曲人类命运共同体为世界谋发展的真正价值追求，降低、消解国际社会对人类命运共同体理念的认知与认同。如若任由西方错误腐朽言论肆意发酵、宣扬，人类命运共同体将难以得到国际社会积极的舆论支持和认同。这就要求我们必须善于借助西方世界的知华、懂华人士发声去"污"；"应积极反'污'，依靠中国学者主动回应西方学者的污名化论调；要主动除'污'，积极做好'人类命运共同体'国际传播工作；须全面破'污'，构建以中国话语为核心的国际竞争性话语体系"①。国际话语的交流和传播效果与话语主体密切相关，构建人类命运共同体的国际话语表述需要依靠中国共产党和中国人民，展示中国特色社会主义的实践道路与人类命运共同体理念的契合性——对全人类共同生存与发展的眷顾，由此在国际社会发挥话语的效能。

话语体系是话语理念、内容的现实表达，只有经过有效的国际传播，人类命运共同体理念蕴含的核心价值、内容才能在广泛理解认知中获得国际社会深度认同。在复杂的国际环境中应对各种抹黑中国的谬论关键不在于规避被污名、丑化的挑战，而在于建构并借助融通中外的话语体系，掌握话语表达主动权，把人类命运共同体理念打造成国际认同度高的世界性命题，以更好地向世界传达这一理念的价值吸引力和感召力。任何国家所倡导的政策主张或价值理念能否在国际社会产生影响力，取决于其是否以全人类共同发展的利益为根本考量。人类命运共同体理念以制度赋能助推中国经验、中国智慧在国际社会中发挥积极效力，不断提升中国在国际话语权力量和话语传播上的认同度。增进人类命运共同体的国际话语影响力，促进其在国际社会的广泛了解和认同，需要打造易于被国际社会接受的能够反映时代所需、适应实践要求的国际话语体系，思考如何将话语内容优势转化为话语传播优势，夯实人类命运共同体的理论基础，提高其科学性和权威性；必须厚植中国话语优势，消除各种误解，针对各国文化传统的差异，精确定位、消除制度冲突的文化根源，展现人类命运共同体作为"各美其美、美美与共"思想的理论升华，是对"建设什么样的世界、怎样建设世界"这一关乎

---

① 蔡文成：《西方学者有关"人类命运共同体"的污名化论调、危害及其正确应对》，《理论探索》2021 年第 3 期。

人类命运问题的中国解答；必须不断增强讲述好中国故事、传播好中国声音的话语效力，彰显人类命运共同体理念的合理性与前瞻性，使全球人民认清并摆脱"中国威胁论""新殖民主义论"等错误言论的价值干扰，进而从事实认同走向价值认同，实现对人类命运共同体理念的真正认同。

2. 丰富人类命运共同体的国际传播话语体系

推动人类命运共同体国际认同，必须丰富话语传播内容，培育人类命运共同体话语体系的生长土壤，从中国传统文化之源、马克思主义理论之柱和现实的实践之基等维度出发，深入挖掘人类命运共同体话语体系建设的文化资源和理论支撑，精心构建能够反映时代所需、适应实践要求、体现文化融通的话语体系。

第一，从文化资源角度挖掘、凝练人类命运共同体的价值追求，增进国际社会了解人类命运共同体的精神实质、内涵和原则。中华文化蕴含天人合一的宇宙观、协和万邦的国际观、和而不同的社会观，为人类命运共同体理念提供了深厚的文化支撑。中华民族历来崇尚和平，经过数千年历史沉淀的中华文化形成了独特的魅力和吸引力。中国文化重视和合理念，将世界视为一个相互联系、共同发展的整体，"天人相类""以和为贵"诠释了对全球各国和谐共生的理想追求，"民胞物与""协和万邦""天下大同"和"亲仁善邻，国之宝也"体现出包容互促的友好邻邦关系。中华文明蕴含了"己欲立而立人，己欲达而达人"和"万物并育而不相害，道并行而不相悖"等博大精深的立身处世之道。这些优秀的文化资源有助于丰富人类命运共同体理念的精神文化底蕴，促进其在国际文化交流、交融中增强自身的吸引力、防御力。

中华文明以"礼"和"仁"为表里定义天下，表征的是一种能够把冲突最小化的世界文化制度，这种文化制度又定义了一种以和为本的世界政治制度。秉持"怀柔远人、和谐万邦"天下观的人类命运共同体理念体现了中国文化以天下为己任的担当精神，与人类追求共同进步、繁荣发展的价值理想相融相通，对于实现人类命运共同体的国际认同具有天然的道义优势。因此，将中国文化"天下大同"的理想追求融入人类命运共同体之中，形成具有普遍效应的话语表达体系，对于促进世界各国在精神文化层面达成共识，推动人类命运共同体理念在国际社会的顺利传播与认同具有重要意义。展示中国优秀文化的价值内涵和精神实质，以人类共同价值减少分歧、凝聚共识，并不是要否定世界其他民族国家的特殊价值，而要依据不同国家、民族的文化和价值信念进行调适，注重与人类各种文化和谐共生，促进实现中华优秀文化的国际性、创造性转换以及中国话语与世界话语的融通。在国际社会积极有效地传播中华优秀传统文化，也是筑牢民族文化根基的必然要求。在人类文明发展进入相互融合的全球化境遇中，提升中华优秀传统文化的国际认同既要积极建构自身文化的主体意识，又要探索文化传播所依靠的人类深层心理基础和价值机制。

第二，拓展和推动人类命运共同体理念的对外传播，必须以理论的彻底性夯实人类命运共同体的国际话语根基。人类命运共同体的国际认同包含对其内蕴理论基础的认同，深刻阐明中国与世界各国实现共赢发展的真实意图以及坚定走和平发展道路的决心，从理论上打破"国强必霸"的思维逻辑，需要从马克思主义理论中深入发掘人类命运共同体的理论基础，为人类命运共同体的国际认同提供理论支撑。

马克思的共同体思想、世界历史理论等共同构成了人类命运共同体的理论支柱。马克思的共同体思想为构建人类命运共同体话语体系提供了厚重的话语资源。在马克思的理论框架中，人作为处在一定的社会关系中的类存在物，不可能孤立地存在，个人只有在与他人结合成的"真正的共同体"中，才能获得自身的发展和自由的实现。共同体"破除了契约形式对人的抽象处理（使人处在分离、独立的状态），而是尊重人的实质能力，让人与人亲密贯通、自由联合起来"①，构成了个人生存与发展的重要前提，只有超越"虚假的共同体"，构建"真正的共同体"，个人才能在共同劳动的社会大生产中挣脱资本等异己力量的支配，并在融入世界历史进程的物质生产、精神生产中实现自由与全面发展。在批判"虚假的共同体"的逻辑叙事中，马克思完成了"真正的共同体"的建构。马克思指出，"虚假的共同体"中"人人只顾自己，谁也不管别人，所以大家都是在事物的前定和谐下，或者说，在全能的神的保佑下，完成着互惠互利、共同有益、全体有利的事业"②。马克思进而强调彻底消除人与人、人与自然之间对立的"真正的共同体"，体现的正是"自由人联合体"这一人类最理想的社会形态。由相对独立的个人联合成的"虚假的共同体"，是一个阶级反对另一个阶级的联合，是对被统治者来说的新的桎梏和压迫，而"在真正的共同体的条件下，各个人在自己的联合中并通过这种联合获得自己的自由"③。中国所倡导的人类命运共同体理念，是对马克思"真正的共同体"思想的创造性提升和发展，强调人类整体发展的共同利益，超越了"西方中心主义"，蕴含着对人类共同价值和共同身份的认同。人类命运共同体理念所确立的共同体本位，"是对个人本位的自由主义意识形态、阶级本位的社会主义意识形态以及等级和权威本位的保

---

① 董山民：《如何超越形式共同体构建的困境——基于马克思主义共同体思想的辨析》，《哲学动态》2021 年第 8 期。

② 《马克思恩格斯文集》第 5 卷，人民出版社 2009 年版，第 205 页。

③ 《马克思恩格斯文集》第 1 卷，人民出版社 2009 年版，第 571 页。

守主义意识形态的和解，它不是一种将人类人为构建的社会单元，而是一个尊重人类天性的共同体"①。马克思通过政治经济学批判揭示了市民社会的意识形态本质，对以个人为本位的共同体展开工具性和形式性的批判，将"真正的共同体"建立在变革现存生产方式的基础上，追求社会成员之间的平等互利和普遍利益。马克思的共同体思想为人类社会指明了迈向"真正的共同体"的发展方向，而人类命运共同体理念的提出与实践则是朝向"真正的共同体"迈出的现实步伐。

马克思的世界历史理论为加强人类命运共同体话语体系的建设提供了丰富的话语素材和重要的方法借鉴。人类命运共同体理念反映了马克思"世界历史理论逻辑与当代世界和中国发展的历史逻辑、实践逻辑的统一"②。马克思认为，"历史向世界历史的转变，不是'自我意识'、世界精神或者某个形而上学幽灵的某种纯粹的抽象行动，而是完全物质的、可以通过经验证明的行动"③。以物质逻辑为基础的世界历史观确立以后，马克思以世界历史来指称与人类命运紧密关联起来的历史。基于对人类社会走向世界历史发展趋势的深刻洞察，马克思指出生产力发展和交往关系日益密切，必然促使各民族、国家的区域性历史逐渐发展成世界历史。以马克思的世界历史理论审视当今世界发展现实，世界各民族、各国之间的交往呈现出由孤立隔绝到融合发展、彼此依存的发展脉络。人类历史向世界历史的转变，为人类命运共同体的生成

---

① 赵可金、马钰：《全球意识形态大变局中的人类命运共同体》，《国际论坛》2020 年第 2 期。

② 张雷声：《唯物史观视野中的人类命运共同体》，《马克思主义研究》2018 年第 12 期。

③ 《马克思恩格斯文集》第 1 卷，人民出版社 2009 年版，第 541 页。

提供了深厚的现实土壤。基于对世界历史发展阶段、本质的准确把握，人类命运共同体理念应运而生。在世界各国融合发展的历史大背景下，全球各国必须直面并共同解决诸如世界经济持续低迷、恐怖主义袭击、重大传染性疾病肆虐以及生态危机等攸关人类发展走向的全球性问题，以保障人类迈向马克思所阐明的"真正的共同体"。

马克思的世界历史理论构成人类命运共同体理念当代出场和在场的历史坐标。马克思认为世界历史的形成根本依赖于人类劳动的创造及其对生产方式的改变，资本主义的支配导致了严峻的全球性危机，同时也指向构建"真正的共同体"的现实需要和必然趋势。构建人类命运共同体把握了世界历史走向社会主义、共产主义的阶段性规律，为全球治理体系和全球生产方式的变革指明方向。从马克思世界历史理论出发，阐明人类命运共同体的价值意蕴，宣传人类社会迈向历史发展新阶段的世界意义，有助于全球人民站在世界历史发展的高度认同人类命运共同体的价值追求，进而将之作为应对世界发展困境的新的价值选择。

马克思认为，人类"对于'从何处来'这个问题没有什么疑问，但是对于'往何处去'这个问题却很模糊"①。基于关怀人类社会发展的世界视域和责任意识，马克思通过共同体理论、世界历史理论为人类社会的发展趋向提供了理论指引和方向指引。尽管马克思的思想不断遭到西方资本主义国家的抹黑与围剿，但在2008年的全球金融危机后，"回到马克思"重新占据理论高地，成为学界热议的学术话题，充分证明了马克思主义在与各种错误思潮的斗争中愈辩愈明，在中国式现代化伟大征程中越有力量。以马克思主义理论

---

① 《马克思恩格斯文集》第10卷，人民出版社2009年版，第7页。

为基础，阐明人类命运共同体对促进人类共同发展的科学性及世界意义，有助于回击西方发达国家的恶意诋毁，有助于增强人类命运共同体在国际社会的解释力与说服力。

第三，突出和强调中国式现代化的宏大叙事，彰显中国关注人类福祉、力求解决全球治理危机、推动不同国家共同发展的国际话语叙事，引发人类命运共同体的全球共鸣。随着综合国力的提升，中国在国际舆论场上高度强调中国气派、中国风格，体现中国理念和中国思维。从世界历史发展的总体历程看，人类命运共同体处于从抽象共同体向"真正的共同体"过渡的阶段，以实现人类自由地参与合作、实现共同利益为阶段性目标，为不同国家和平合作寻求最大利益和价值共识，展示出中国开放包容的国际话语。增进人类命运共同体在国际社会的权威性与认同性，必须进一步凝练和总结中国在完善全球治理体系、构建新型国际关系以及实施"一带一路"国际合作等方面为全球政治经济发展具有的历史性贡献，形成一套从理念到逻辑、从逻辑到实践的完整话语体系，并将其转换为能够被外界易于理解、接受的语言和话语。

对外传播中国在经济发展、扶贫脱贫、生态保护等方面为全球发展的历史性贡献，要基于中国式现代化与"一带一路"国际合作话语的内在关联，传播中国应对全球发展困境的中国方法和中国声音，增强中国式现代化的国际影响力。中国式现代化蕴含站起来、富起来、强起来的深刻变化，是中国根据自身实际情况采取不同于西方现代化的独特道路。在宏大叙事上，中国式现代化的成功实践为中国和世界各国的发展提供了新天地，构成人类命运共同体对外传播的最好表达。"一带一路"国际合作是中国式现代化不可或缺的组成部分，是推进中国与世界良性互动的实践方略；"一带一路"的共享、合作的话语自信源于中国式现代化的实践基础，是中国式现代化内涵在国际社会的充分彰显，而中国式现代化的国际传播是"一带一路"国际合作话语传播的内在要求。在未来提升国际社会对人类命运共同体的深度认同，必须以中国式现代化为基本依托，进而丰富人类命运共同体的对外传播话语体系。

构建国际性传播话语体系并非"自说自话"的话语宣传，而是需要克服跨文化传播中的语言障碍，促进人类命运共同体被国际受众所理解和认同。构建以增进人类福祉为旨归的话语体系，需要凝练融通中外的话语和表述，其核心是概念、命题和范畴。能否凝练出中国同国际社会都能够理解和接受的概念，以形成更多的价值共识，是提升人类命运共同体国际传播力的关键所在。部分产生于中国传统文化土壤、具有浓厚地方色彩的术语难以被国际社会清晰理解，而国际社会的话语模式与流行概念不能完满解释人类命运共同体理念所蕴含的为全人类谋福祉的价值旨归，这就要求我们必须善于提炼标识性概念，打造融通中外、易于为国际社会所理解和接受的新概念和新表述，着力将人类命运共同体理念打造成中国提升国际影响力的重要切入点。在宣传语言上，应当选择、凝练恰当的话语内容进行传播，摒弃晦涩难懂的词汇和语言，运用国际社会容易接受的方式进行宣传，最大限度地消除国际社会对人类命运共同体的偏见和误解，调和世界各国对人类命运共同体的认识差异与构建新型国际秩序的意见分歧，凝聚人类命运共同体在价值追求、基本原则等方面的全球共识。

当今时代，全球治理赤字、发展赤字与和平赤字等问题已经成为影响人类社会和平稳定发展的突出因素，推动实现普遍安全、共同繁荣的理想愿景任重道远。在全球性危机造成现代人类生存困境的境遇下，展现中华优秀传统文化与社会主义核心价值观蕴含的大国使命和责任担当，是有效应对迫切问题、传播具有中国智慧的实践方案和提升国际话语权的必要路径。人类应该如何破解发展困境成为摆在全球人民面前的重大命题。解决人类的共同挑战，世界各国不能挑起冲突、制造隔阂，而是需要推进合作、携手共建人类命运共同体，造福世界人民。作为引导全球共建美好世界的中国方案，人类命运共同体理念"既是对现实主义、新自由制度主义以及依附理论等理论困境的回应和批判，也是对当前国际经济话语权失衡、国际政治话语权失序、国际文化话语权失范等现实困境的回应和批判"①。然而，不同民族国家受到陈旧逻辑的束缚和文化思维、价值取向的差异性影响，使得人类命运共同体不断遭到"理念与规范之争"②的质疑，同时，而国际舆论场中"西强我弱"固有格局未发生实质性改变，导致人类命运共同体的国际传播受到不同程度的话语排挤。在国际传播工作的积极推动下，世界各国对中国的核心价值和制度力量的优势形成了较为清晰的认识，即中国的执政方式和治理经验不仅不会对世界构成威胁，反而能够提供积极的制度赋能和价值补益。当前，人类命运共同体在获得国际社会广泛认同的征途中仍然任重道远，需要进一步增进人类命运共同体理念的对外传播效力，"加强国际传播能力建设，增强国际话语权，集中讲好中国故事"③，以切实搭建起能够增进世界人民理解与认可中国理念的媒介与桥梁，提升人类命运共同体的国际认同。

人类命运共同体理念顺应了当今世界政治经济发展趋势，是对

---

① 刘勇、王怀信：《人类命运共同体：全球治理国际话语权变革的中国方案》，《探索》2019 年第 2 期。

② 刘传春：《人类命运共同体内涵的质疑、争鸣与科学认识》，《毛泽东邓小平理论研究》2015 年第 11 期。

③ 《习近平谈治国理政》第二卷，外文出版社 2017 年版，第 333 页。

全球人民的互利共赢、共同发展诉求的积极回应。人类命运共同体的国际认同是关涉经济利益、全球治理与文明发展的系统工程，这意味着中国要守正笃实、久久为功，始终秉持凝聚推动人类社会互利共赢、共荣共生的现实力量与价值共识，促进人类命运共同体在更大程度上得到国际社会的广泛认可与普遍认同。

第六章
从普遍性迈向总体性的人类命运共同体

在人类命运共同体的构建中，国际社会的广泛认同、协同治理的全球性和实现各政治主体的平等性发展具有现实必要性。通过对共同利益的整合与创造，实现对现实困境的化解和规避，打破关于身份政治的差别对待和利益区隔的藩篱。通过加强国际合作，实现全球生产力的充分发展与权责分布的再平衡，提高多方参与主体对全人类共同价值的认同深度与广度。作为人类命运共同体关键要素的共同价值、文化建构与国际认同具有深刻关联性：共同价值是文化建构的核心，文化构建是国际认同的关键，国际认同是共同价值与文化构建的实现结果。通过剖析共同价值、文化构建与国际认同之间的辩证关系，明晰共同体的"抽象的普遍性"与"具体的总体性"特征，寻求破解全球性困境的有效途径，势必为人类命运共同体的构建提供跨越式发展的动力。

第一节　共同价值、文化构建与国际认同
之间的辩证关系

构建人类命运共同体作为全球化时代孕育而生的国际治理新方

案，其内在的诸多要素相互交织，共同作用于人类命运共同体的理念认知与实践推进。共同价值、文化构建和国际认同作为构建人类命运共同体的关键要素，三者之间呈现出密切的逻辑关联，在价值共识、文化观念与认同行为三个层面交互促进人类命运共同体的现实生成。三者的辩证关系在实践中表现为，共同价值是文化构建的核心，文化构建是国际认同的关键，而国际认同则是共同价值与文化构建的实现结果。从人类命运共同体构建的长远历程看，文化构建作为人类的历史性存在与实践方式，彰显了人类作为"对象性存在物"的特殊性。在具体的实践展开中，人类通过自身的实践活动形塑了独特的文明存在样态，将获得国际认同视为自身文明发展的重大任务。充分认识共同价值、文化构建与国际认同之间的内在关联，有利于进一步准确理解促进人类命运共同体形成与发展的关键因素和核心力量，推动人类命运共同体实现从普遍性认知到总体性生成的历史飞跃。

一、共同价值是文化构建的核心

价值作为一种关系性存在，表征着客体对主体的效用与意义，主体自身需求的差异使得事物的价值评判往往因人而异。但是，价值评判具有主体性特征并不意味着人与人之间在价值方面永远无法达成共识，因为人作为"类存在物"在总体性上存在一定共性，而价值评判的共性意味着事物对人的价值也存在共通之处，这些具有共性的价值就是共同价值。学者普遍认为，"共同价值是人类主体作为共同的价值主体，以人类主体的共同需要为基础形成的价值选择和价值实践"[①]。全人类共同价值与作为个体所需求的特殊价值

---

① 李文君、潘于旭：《"'人类命运共同体'与'人类共同价值'"学术研讨会综述》，《哲学动态》2018 年第 4 期。

是普遍与特殊的关系，人类命运共同体的文化构建以共同价值为核心，但也必须兼顾个人的特殊价值。对"共同价值"的内涵与外延进行分析，明晰共同价值与文化构建的内在关联，以共同价值为依托塑造共同文化，是推动人类命运共同体文化构建的应有之义。

1. 共同价值的微观探析

共同价值的形成是减少国际合作中的干扰因素、实现平等合作与公正分配的关键所在，对价值共识的凝聚与践履意味着不同国家参与构建共同体的意愿在不断加强。"和平、发展、公平、正义、民主、自由，是全人类的共同价值"[1]，这一论断是我们剖析人类共同价值的基本前提。

在这一理解前提的基础上，学界对共同价值与其他价值形态进行了深入比较。有学者区分了"共同价值"与"价值共识"，认为二者不能等量齐观，原因在于：共同价值属于客观范畴、存在范畴，而价值共识属于主观范畴、认识范畴；共同价值反映的是主客体关系，而价值共识则属于主体间的认识关系。[2] 有学者比较了"共同价值"与"普世价值"，指出"普世价值"是一种封闭僵化、零和博弈的价值，而"共同价值"是开放包容且共享共赢的价值。[3]

共同价值是世界多元文化交流、交融之后形成的具有总体性特征的价值形态，其内部各价值要素既相互区别又相互联系，耦合成为人类共同的价值体系。全人类共同价值超越了以国家个体的价值观为本位的评判准则，重构人类对自身发展和文明延续的价值自

---

① 《习近平谈治国理政》第二卷，外文出版社 2017 年版，第 522 页。

② 参见李永胜、肖圆圆：《论共同价值的几个问题》，《吉首大学学报（社会科学版）》2019 年第 2 期。

③ 参见杨伟宾、李学勇：《共同价值：超越西方普世价值的人类共享价值》，《思想教育研究》2016 年第 9 期。

信，不仅体现了中华优秀传统文化和中国特色社会主义现代化精神，而且广泛凝聚了世界各国不同文明的积极要素。人类命运共同体依托的全人类共同价值是世界各国、各民族、地区或社会群体摒弃偏见、求同存异的结果，是人类合作与文化构建得以实现的精神纽带。我们应将"和平、发展、公平、正义、民主、自由"视为一个价值整体，也应明晰其在人类命运共同体文化构建中发挥的不同作用，明确不同价值要素的现实导向与规范作用。从客观结果上看，构建人类命运共同体拓展了不同文明之间交流的渠道，突破了强势价值与弱势价值互动的不平等性，促使以往相对独立的价值系统走向开放互动的"总体"。在全球化时代，全球性价值理念的缺失迫切需要重建新的价值体系，构建由多种民族和不同地区文化形态不断交流、融合生成的"世界文化"，形成"共生""共存"的伦理信念，为人类命运共同体的实现奠定坚实的价值基础。

2. 共同价值在文化构建中的功能定位

和平、发展、公平、正义、民主、自由是全人类的共同价值，其内部各个价值理念的功能定位存在差异，对人类命运共同体文化构建的意义也各不相同。在价值表达的话语体系中，和平与发展是人类历史发展的潮流，公平与正义塑造不同主体间密切交往的普遍秩序和合理法则，民主与自由反映现代文明进程中政治组成的核心要义，这些价值理念是人类在生活实践中形成的普遍性认知，彰显了全人类共同实践的主体性和秩序性相统一的特质。从生成论的视角来看，全人类共同价值并非僵化不变，而将伴随社会历史条件的发展变化不断衍生出新的内涵。在民族历史向世界历史转变的过程中，共同价值也逐渐实现了从区域性发展到世界性认同的转换。全人类共同价值的形成与文化构建之间是双向互动的关系，文化构建为共同价值的形成提供思想底蕴，共同价值的生成与弘扬则有利于促成新的文化形态。人类命运共同体的文化构建的根本目标在于，从人类普遍认可的共同价值出发，构建一种开放包容、合作共赢的"文化共同体"，进而为经济共同体、政治共同体以及生态共同体等人类命运共同体具体样态的实现提供精神动力与思想合力。

和平是人类命运共同体文化构建的重要前提。"合则两利，斗则两伤"，和平是世界平稳向前发展的必要条件，和平的世界秩序为不同文化之间的交流与互鉴提供了良好的外部环境。"缔造和平的第一步可能应该是认识到持续不断的战争确实是双输的游戏，任何人，即使不是博弈论学者，也可以看出这一点。"① 战争极大摧毁人类创造的物质与精神财富，其造成的破坏性影响可能需要几十年甚至上百年的时间才能修复。更可怕的是，战争遗留的敌对情绪将成为世界各政治主体交流与融合的巨大障碍，减缓了世界融合的速度。对和平价值理念的认同是构建人类命运共同体的灵魂，只有立足和平价值理念，民心相通的真正实现才具有现实可能。就人类命运共同体的文化构建而言，对和平的追求为文化共生与交融创造了良好环境，对和平价值的认同将促使各文化主体以更加包容、平和的心态去理解和接纳异质于自身的文化形态，这对构建人类命运共同体与塑造新的文化形态具有积极意义。

发展是人类命运共同体文化构建的实践旨归。发展是事物能够永葆生机活力的关键所在，也是人类文化进步的重要表征。"发展是唯一的道路，然而，如果不能找到一个合适的方法将市场与社会、环境目标结合起来的话，这种发展模式非但成本很高，而且还

---

① ［美］罗伯特·赖特：《非零和时代：人类命运的逻辑》，于华译，中信出版社 2014 年版，第 58 页。

将有损公平。"① 社会的发展必须实现经济、政治、文化、社会与生态的全方位发展，文化的发展则为其他维度的发展提供思想引领与价值支撑。人类命运共同体文化构建不仅是一种精神层面的呼吁，更是现实层面的实践活动。人类命运共同体的文化构建一方面可以推动全球文化的发展，促进世界不同文化形态的交流、融合与创新；另一方面可以成为打通政治、经济等壁垒的着力点，成为连接国家、民族与地区的纽带，从而建立真正意义上的"文化共同体"或创建一种新的文明形态。对发展价值理念的认同能够防止全球资源和公共权力的私用与滥用，有效保证每个参与主体拥有生产资料、共享发展成果、自主生产和管理，从而凭借共同体的力量获得更为高效的发展方式。因此，发展始终是人类命运共同体文化构建的目标，也是推动人类命运共同体实现进程的内生动力。

公平与正义是人类命运共同体文化构建的道德准则。世界存在方式的多样性决定了人类创作的丰富性，而文化作为人精神活动的产物，受到人主体性影响的同时不可避免地会呈现出多元性，从而衍生出文化的多元性矛盾。公平与正义作为一种道德价值规范，其在文化构建中的意义不仅体现在能够推动更加公平正义的"文化共同体"的实现，而且体现在能唤醒和促成人们的公正意识，使得人们逐渐意识到自身在文化交流、发展以及构建新文明形态过程中所处的不平等地位，从而致力于打破这种不平等带来的压迫与奴役，建立一个更有利于文化形成、传播与发展的良性共同体。以往人们对公平正义的理解往往聚焦于分配领域，但事实上，"正义的范围不限于分配，而是涵盖了支持或破坏压迫的所有社会过程，包括文

---

① ［美］迈克尔·爱德华兹：《积极的未来》，朱宁译，肖欢容校译，江西人民出版社 2006 年版，第 10 页。

化"①。公平与正义价值的实质指向全人类或全体成员对社会资源的合理享用，实现资源和财富的最大限度共享。

公平与正义一般诉诸制度或机制发挥作用，以保证社会发展成果朝向最大公约数的实现，促使个体认识到社会整体利益是其个人利益得以实现的前提。正如罗尔斯所言，"秩序良好的社会是一个由公共的正义观念加以有效调节的社会。在这样的社会里，每一位公民都被认为已经达到了广义的（与狭义相对的）反思平衡"②。同理，秩序良好的"文化共同体"能够对文化正义达到反思平衡，能够将公平与正义作为文化发展的道德准则，意识到不平等的现状并自觉追寻文化平等。"在一个全球道德共同体中，有关正义的主张既可以巩固权威的地位，又可以真正地惠及全人类中的大部分人。这样的一个共同体，其基础将会是某种最低限度的公正程序观，它会优先设置那些体现了程序公平性的制度，还会培育一种共同政治文化，以及论证和协商的习惯，这样的制度必然取决于该政治文化和这些习惯"③。对公平正义价值理念的认同有助于推动共同体合乎秩序地展开生产和治理活动，在规范人类的生产和交往实践中形成合乎道义的价值规范，进而在人类命运共同体的构建中促使权利、机会和利益等得到公正的分配。在公平正义的正向规范下，共同体构建与文化发展之间相辅相成、相得益彰。

民主是人类命运共同体文化构建的智识策略。"民主"这一概念自提出之时就与政治息息相关，思想家往往将以它为代表的政体

---

① ［美］艾丽斯·M.杨：《正义与差异政治》，李诚予、刘靖子译，中国政法大学出版社 2017 年版，第 185 页。

② ［美］约翰·罗尔斯：《作为公平的正义——正义新论》，姚大志译，上海三联书店 2002 年版，第 52 页。

③ ［英］安德鲁·赫里尔：《全球秩序与全球治理》，林曦译，中国人民大学出版社 2018 年版，第 361—362 页。

视为人类孜孜以求的理想政治制度。但是，民主不仅是"政治共同体"的价值追求，也是"文化共同体"构建的核心原则。只有让参与者拥有决策权，真正的民主才有可能实现。"文化共同体"的民主性表征为，在共同体成员共同参与的一种文化构建实践中，文化选择与价值评判的权利应当由民主的全体参与者共同决定，而非仅仅由部分霸权国家或强权主体裁决。在文化种类的选择上，非主流文化形态应当具备表达自身文化诉求的权利，其文化形态理应在国际社会中获得广泛尊重；在文化价值评判上，不以政治或军事实力的高低为标准来衡量文化价值的大小或优劣。概括而言，民主能够保障文化共同体的有序构建，促进文化交流互鉴过程的和谐有序展开。在人类文明演进的历程中，文化共存与和谐发展是美好的愿景，而在民主价值的推动下，文化的共同构建和包容发展有可能得到广泛实现。在人类命运共同体的文化构建中，充分的民主参与和民主决策是人类命运共同体理念开放性、包容性的深刻体现，也是世界各个国家、民族以及地区等文化载体实现文化融合、共生与发展的有力保障。

自由是人类命运共同体文化构建的核心价值。自由是人类追求的永恒价值，人类一直在为挣脱各种枷锁、实现真正的自由而不懈奋斗。美国精神分析学家弗洛姆曾指出，"资本主义把人从传统的束缚中解放出来，促进了积极意义上的自由的增长"，但"它同时使个人更孤独、更孤立，并使他深深感到自己的微不足道、无能为力"①。机器大工业的发展使得人沦为机器的附庸且遭受资本的宰制，人类受到的剥削与压迫比以往任何时候都更加深重。对于现

---

① ［美］埃里希·弗洛姆：《逃避自由》，刘林海译，国际文化出版公司2007年版，第76页。

代人而言，资本逻辑的宰制与科学技术发展的负面效应使得人类陷入新的"自由"困境之中，人类如何以文化为媒介构建共同体来摆脱压迫、奴役与威胁变得十分重要和紧迫。"真正的自由，只有通过与他人的关系才能获得，因为在一个内部相连的世界中，在你安全之前我永远不可能安全；在其他人感到满足之前，一个人也不可能圆满。"① 马克思、恩格斯曾在《共产党宣言》中指出，"每个人的自由发展是一切人的自由发展的条件"②，只有所有人获得自由全面的发展，整个社会才能实现普遍自由。对自由价值理念的认同意味着人类对自由发展必然规律的把握，进而摆脱资本主义自由观的束缚，通过不断提高生产生活的自由程度，朝向实现人的自由全面发展的目标迈进。"文化共同体"作为人类命运共同体的重要组成部分，为人类实现非物质领域的普遍精神自由奠定基础。

3. 以共同价值形塑共同文化

共同价值的形成为不同文化间的交流、融合与创新搭建了桥梁，人类命运共同体的文化构建必须基于人类的共同价值。全人类共同价值作为一种内在规约性力量，是差异性文化得以兼收并蓄、齐头并进的助推器，是塑造共同文化或文化共同体的核心要素，能够有效打破主体间世界的合作壁垒。我们必须"在理论上审视当今世界的多元性价值现实，打破'西方中心主义'的价值理念，回答人类共同价值何以可能的问题"③，建构一种兼具主体性、多样性与

---

① ［美］迈克尔·爱德华兹：《积极的未来》，朱宁译，肖欢容校译，江西人民出版社 2006 年版，第 228 页。

② 《马克思恩格斯文集》第 2 卷，人民出版社 2009 年版，第 53 页。

③ 刘同舫：《构建人类命运共同体对历史唯物主义的原创性贡献》，《中国社会科学》2018 年第 7 期。

主导性的新文化形态，以此引领世界文化的革新与发展，进而为人类命运共同体的构建奠定文化根基。

人类命运共同体在全球范围内所共享的共同价值——和平、发展、公平、正义、民主、自由，构成了全球社会共同分享的价值原则，也成为世界性文化构建的推动性力量。有学者指出，应该重新评估各种文明的地缘政治和地缘文化的价值观，形成一种新地缘政治价值尺度，这一价值尺度可以被概括为"新世界"，其具体内容包括：和平、自由、各种文明的独特性和平等相待、各种文明的独立性与文明之间的相互依存和相互作用、平等和相互尊重以及繁荣昌盛和幸福。① 利洛夫所倡导的新地缘政治价值尺度，其具体内容的表述与人类命运共同体对人类共同价值的强调并非完全一致，但其理念背后蕴藏的价值观却完全契合。人类共同价值是全球化时代塑造兼收并蓄、和谐并包的新文化形态的重要基础，也是推动世界文化发展样态实现历史性转变的内在动力。在人类命运共同体的构建中，共同价值不断得到完善，虽然具体的价值理念尚未凝练成型，但主要指向世界各国和人民在共同发展的需要基础上产生的价值共识，在具体的实践中表现为促进世界普遍交往和人类社会良性发展的价值规范。

任何文化的形成都离不开其内在价值观的柔性规约。表现形态千差万别的地缘性文化在深层的价值原则中必然存在共性根基，因而世界性共同文化的构建必须以寻找价值共识为突破口。价值的共享性、共通性与共融性深刻影响地缘性文化的共生共存，价值原则的高度抽象性及其"尊异求同"的立场能够有效规避文化多元发

---

① 参见 [保] 亚历山大·利洛夫：《文明的对话：世界地缘政治大趋势》，马细谱、葛志强、余志和等译，社会科学文献出版社 2007 年版，第 126—127 页。

展的消极力量。人类命运共同体理念倡导的和平、发展、公平、正义、民主、自由原则，是在世界范围内得到广泛认可的全人类共同价值，是世界共同文化赖以生发的现实基础。和平、发展与自由规定了共同文化构建的价值旨归，公平、正义、民主则为共同文化的形成确立了规范基础。只有以全人类共同价值为基础，才能汇聚人类命运共同体的磅礴伟力。

二、文化构建是国际认同的关键

人类命运共同体理念在国内已经达成了广泛共识，但在获得国际认同方面依然任重道远。人类命运共同体如何实现国际认同，构建新型全球性文化形态是解答这一问题的关键所在。人类文化的构建必须建立在对现存发展模式的反思和批判基础之上，需要实现新的文化交往和发展方式，以扬弃西方文化发展模式，彻底解除西方价值理念加在他人身上的枷锁，进而将文化的构建与人类生活及其创造性活动紧密关联。基于和平、发展、公平、正义、民主、自由的全人类共同价值的存在与倡导，人类命运共同体的文化构建不再是"无源之水、无本之木"，异质性文化之间也具备了交流与合作的基础。

1. 文化从个体化到共同化的流变

文化是人类精神活动的产物，它的形成与发展具有多样性、历史性与流变性特征。文化的多样性体现在个体文化创造与群体文化归属的非单一性或异质性，而个体文化与群体文化之间是对立统一的关系。差异性个体造就了形形色色的文化样态，而其相似之处则为群体文化提供了存在依据。随着经济全球化进程的不断深入，群体文化的生成场域渐次突破了民族、国家的地理或政治划界，它在冲突与交汇中逐渐向着世界文化的方向前进，而文化的历史性与流变性则体现在文化从个体文化到群体文化再到世界文化的发展过程之中。

个体文化—群体文化—世界文化的发展序列并非静态呈现，而是一个动态的演变过程。"优胜劣汰""弱肉强食"的自然法则不仅适用于生物界，而且适用于文化界。不同文化样态之间的异质性与征服欲决定了文化的演变过程不可能风平浪静，而是充满冲突与竞争。正如美国学者亚历山大·温特所说，"文化是一个自我实现的预言"，因为文化的施动者决定了共有知识存在与否，而文化的负载者之间互相竞争，"这种竞争成为结构变化的不竭源泉"①。在温特看来，文化竞争的根源体现在五个方面：一是同种文化存在不同逻辑之间的内在矛盾；二是文化施动者无法彻底社会化致使共有知识不可能存在；三是共有知识产生的非本意结果；四是外力震动；五是文化内生的创造力。②温特揭示了文化之间的竞争性，却否认了共同文化（知识）存在的可能性，其核心依据在于"文化施动者无法彻底社会化"。他对文化施动者社会程度的判断具有客观性，从文化施动者社会化的不可能性推论出共同文化不存在也不具备逻辑上的合理性，但却在过度抽象化的推论中使其理论预设丧失了现实解释力。因为"共同文化存在与否"的问题取决于如何理解"共同"以及能够实现多大程度上的"共同"。诚如温特所说，具有彻底性的"共同"并不具备存在的可能性，但是人作为"类存在物"，其所包含的共性能够映现于文化创造之中，而这些具有"家族相似性"的文化形态实际上实现了某种程度的"共同"，尽管它只是某些群体或共同体之中的

---

① ［美］亚历山大·温特：《国际政治的社会理论》，秦亚青译，上海人民出版社 2014 年版，第 182 页。

② 参见［美］亚历山大·温特：《国际政治的社会理论》，秦亚青译，上海人民出版社 2014 年版，第 182 页。

"共同文化"，就其实质而言依然属于"共同文化"。

"共同文化"的存在确证了人类命运共同体能够构建世界性文化的现实可能性。"共同文化"的形成是一个动态的发展过程，它受特定客观历史条件的制约，也受现实人类理性智识的主观影响。面对全球治理体系和国际秩序中等级鲜明的文化交往现状，世界各民族想要在全球化进程中传承自身的特色文化并争取平等的国际话语权，必须积极塑造"共同文化"以解决个体与共同体的矛盾，努力构建真正体现自由和民主的文化共同体。"文化未来发展的特质在很大程度上依赖于过去，即所谓文化基础对于决定未来趋向发挥着重大作用。"[①] 在文化积淀的基础上形成一种凝聚全球共识、符合全人类共同价值的文化形态，需要在已有的文化形态中选择一种或几种与人类共同价值之间存在一致性和共通性的文化作为积淀，才能在未来引领整个人类文化的发展趋向，促成全球文化在"百花齐放"的基础上实现积极互动与融合。

2. 文化与国际认同要素的联动效应

文化与政治、经济等具有天然联系，因而文化认同是国际认同得以实现的关键要素之一。文化是凝聚人心的"精神担当"，它构成政治交往、经济共赢的底色，文化认同的实现为政治认同、经济认同等认同形式的实现奠定了基础。

首先，文化认同构成政治选择与政治认同的基石。"当文化的价值注脚提供了行为准则和社会规范时，个体成员对文化模式的承认、认可和遵从决定了社会秩序的形成和政治制度的构建。"[②] 民

---

① ［美］威廉·费尔丁·奥格本：《社会变迁——关于文化和先天的本质》，王晓毅、陈育国译，浙江人民出版社 1989 年版，第 152 页。

② 詹小美、王仕民：《文化认同视域下的政治认同》，《中国社会科学》2013 年第 9 期。

族的文化心理在某种程度上可以决定政治的发展方向，因为长期的文化传承与思想积淀促使分享共同民族身份的群体更易于接受和建构类似甚至相同的政治模式。文化扎根于个体生活的主客观环境之中，潜移默化地搭建起个体政治选择的框架，并逐渐形成了一种文化自觉，成为左右政治认同的重要影响因素。它所确立的价值规范与心理特质影响着兼具生物性与社会性的个体的政治选择与认同，因而文化认同是实现政治认同的基石。"文化认同侧重的是民族成员不可退出的族属命运，而政治认同则凸显了社会成员选择、判断和评估的主观价值意旨。"[1] 这意味着文化认同更具稳定性，而政治认同会随着社会成员主观意愿的流转而变化，只能引导却无法建立天然的联系。文化认同在现代社会的形成中具有重要作用，与人类文明交流互鉴、共同繁荣的目标连接在一起。人类命运共同体的文化构建以共同的价值观和心理特征为纽带，是培育文化认同和塑造共同价值的重要平台。而在引导政治成员进行政治选择与政治认同的过程中，文化因素将潜移默化地影响社会成员主观意愿的变化。

其次，文化交流为经济发展与合作提供内生动力。文化认同是经济认同的重要推手。根据历史唯物主义理论，文化作为个体精神活动的产物，归根到底受到经济因素的制约与决定。马克思、恩格斯强调经济因素对文化形成与发展发挥决定性作用，但同时也承认文化对经济发展具有反作用。有学者认为，文化或价值取向与经济体制相对应，并且经济发展方式的转变与其说是经济层面的追求，倒不如说是精神层面的、文化层面的推动。[2] 这一观点揭示了文化

---

① 詹小美、王仕民：《文化认同视域下的政治认同》，《中国社会科学》2013 年第 9 期。

② 参见李义平：《论经济与文化的耦合与发展》，《经济学家》2012 年第 6 期。

与经济因素的双向互动，肯定了文化对于经济发展的积极影响。马克思主义作为诞生于西方的思想体系，却引导着中国社会建立起了具有中国特色的社会主义市场经济，实现了经济实力的跨越式增长，赢得了国际社会的广泛认同。这已然证明，文化的发展虽然在根本上由经济因素所决定，但其也能成为经济发展的推动力量。

文化与政治、经济具有天然联系，在这种联系的纽带中，能够通过文化认同促进国际认同。政治、经济等领域与文化的结合，呈现出不同的方式，开启了跨文化主体之间交流与合作的通道，架起了增进主体间共识的桥梁。不同民族之间的文化交流产生于特定的时空场景，个体文化身份的构建与人类整体文明的进步同频共振。人类命运共同体的文化构建能够充分唤醒诸民族对自身文化共同体的自觉意识和高度认同，与政治认同、经济认同以及社会认同相比，文化认同的实现更具现实可能性，因而其必将成为国际社会弥合分歧、增进合作与实现价值认同的重要选择。

3. 以文化构建推促国际认同实现的有效路径

人类命运共同体的文化构建是实现人类命运共同体国际认同的前提与基础。无论是文化构建还是国际认同，最终目的都是致力于寻求不同利益主体之间的合作，凝聚全球力量来应对全球化滋生的现代性危机。合作是手段而不是目的，"是一个路径而非固定的模式，其中的关键问题是对话，这是所有社会解决问题的基础"[1]。合作是搭建利益主体之间桥梁的重要手段，文化"对话"则为不同利益主体之间合作的开展提供了契机。在影响合作可能性与现实性的众多因素中，文化领域的认同感更容易凝聚且影响深远。政治为

---

[1] ［美］迈克尔·爱德华兹：《积极的未来》，朱宁译，肖欢容校译，江西人民出版社 2006 年版，第 23 页。

各行为主体划定了意识形态边界，它具有强烈的主权归属意识；在总体经济利益一定的情况下，经济主体之间不可避免地存在激烈的竞争关系，而这种竞争关系势必会消解彼此之间合作的可能性与程度；社会从来不是均质的整体，不同层级的边界交错形成复杂的社会结构和社会形态，而不同的社会之间甚至可能存在激烈的冲突。古往今来，只有文化能够跨越地域和意识形态等界限实现平等对话。国际认同一般在文化交流和融合的过程中通过多方体验得以共同完成，在文化交流中形成的文化认同不仅是对自我民族身份的确认，而且有利于加强文化融合和推动文化共同体的建构。只有以文化构建为基础，推动世界主体之间的交流与合作，才能有效推动国际认同的实现。"文明相处需要和而不同的精神。只有在多样中相互尊重、彼此借鉴、和谐共存，这个世界才能丰富多彩、欣欣向荣。不同文明凝聚着不同民族的智慧和贡献，没有高低之别，更无优劣之分。文明之间要对话，不要排斥；要交流，不要取代。"①

凝聚共同价值的新文化形态为打破政治和经济的壁垒、形成沟通与对话的平台提供了契机。美国学者亚历山大·温特曾区分三种依托共有观念结构建构起来的无政府文化形态：霍布斯文化、洛克文化与康德文化。在这三种文化形态中，国家之间的关系分别对应"敌人""竞争对手"与"朋友"。其中，温特所定义的"康德文化"与构建人类命运共同体文化之间存在一定契合之处，因为"康德文化"是指基于各国之间的共有观念，"国家的相互定位是'朋友'角色，朋友之间相互承担义务：不使用暴力解决争端，在出现侵略

---

① 中共中央文献研究室编：《习近平关于全面建成小康社会论述摘编》，中央文献出版社 2016 年版，第 123 页。

的情况下相互帮助"①。温特构建主义层面上的无政府"文化"与我们传统意义上理解的文化并不相同，他所区分的三种文化形态更像是基于文化共识建立起来的三种国际治理体系，但是这种理想化的建构方式存在内在局限，即在经济全球化催生的新型国际关系中，国家与国家之间是否属于纯粹意义上的"敌人""竞争对手"或"朋友"，答案是否定的。因而，温特的无政府文化建构方案只能是一种理论预设，在现实的国际关系中并不存在真正的霍布斯文化、洛克文化或康德文化。但不可否认，温特建立在文化共识上的国际关系建构方案，对我们进一步思考文化构建在国际治理体系形成与发展中的作用具有一定的启发意义。在全球性交往中，各个参与主体间不是表现为某种静态的、泾渭分明的交往关系，而是在竞争关系或伙伴关系之间动态转换与交织，这种错综复杂的交往关系无形中增加了建构全球性治理体系的难度。因此，需要衡量参与主体之间的主导性交往关系，在此基础上达成共识和推动共同体建设，积极开展对话协商、共同制定规则，形成能被广泛接受的新型文化，从而推动共同体的国际认同。

以全人类共同价值为基础构建新型文化，能够有效提升人类命运共同体的国际认同。英国社会学家马丁·阿尔布劳认为，在构建人类命运共同体过程中，国家文化的自主性"将为自身找到栖息之所，并且得到其他文化的尊重；那时，它们将会找到成功合作的共同基础，践行否认教条主义、通过经验和辩论可以纠正的实用的普遍主义"②。而实用普遍论观念为处理全球事务、实现全球治理提供

---

① ［美］亚历山大·温特：《国际政治的社会理论》，秦亚青译，上海人民出版社 2014 年版，"中文版前言"第 XXXIII 页。

② Martin Albrow, *China's Role in a Shared Human Future: Towards Theory for Global Leadership*, Globe China Press, 2018, p.31.

了一种"转文化空间","在那个空间中，相互对话的各种文化能够并且常常形成确保人类未来的共同认识——一种全球普遍论。它并不因此让源自个人经历和文化认同的个人信息或民族信念失效"①。阿尔布劳所说的"转文化"是指两种文化碰撞、交融后各自发生改变后形成的一种新的文化形态，而"转文化空间"则是"转文化"发生转变的场域。阿尔布劳认为，所有文化均具有"转文化"性质，即"转文化性"，但"通过转文化性可以传达的并不仅仅是文化之间的交流。我们还谈及没有具体民族或本土理念的新文化的发展"②。阿尔布劳的"转文化"理念提醒我们在人类命运共同体的构建中，文化之间的碰撞与交流的结果充满了不可预测性，因为两种文化或者多种文化在互动的过程中，可能产生一种新的文化，也可能演变成一种"转文化"。无论是新的文化形态还是"转文化"，其价值内核及其产生的社会效应始终无法预料，而它们对人类命运共同体构建的价值也变得未知。但是，不同文化交融结果的不可预测性是否意味着这种文化发展完全无法掌控呢？笔者不以为然。文化是价值观的表现形态，价值观是文化的内在灵魂。文化共同体的构建是决定人类文明能否得以延续、展示丰富生命力的主要因素。世界上不同民族具有各自的文化形式，形成了对自身文化圈层特定的归属感，同时也因共同的价值理念而能形成相互确认的关系。虽然世界上的文化形态千差万别，但不同文化的影响力也迥然不同。如何构建一种具有正向价值的文化形态并广泛传播，从而引导其他文化形态的发展，是实现人类命运共同体文化构建的题中之义。

---

① Martin Albrow, *China's Role in a Shared Human Future: Towards Theory for Global Leadership*, Globe China Press, 2018, p.49.

② Martin Albrow, *China's Role in a Shared Human Future: Towards Theory for Global Leadership*, Globe China Press, 2018, p.63.

　　构建达成广泛共识的文化形态，是通过文化认同提升国际认同的有效方式。亨廷顿认为，"文化和文化认同（它在最广泛的层面上是文明认同）形成了冷战后世界上的结合、分裂和冲突模式"[①]，而后冷战时期各世界主体间最重要的差别并非存在于意识形态、政治或经济层面，而是文化领域。亨廷顿为后冷战时代世界面临的冲突与困境提供了一种解释模式，他将世界战争的根源归结于文化冲突，重申了文化冲突在世界秩序重建中的重要作用。世界文化的丰富性决定了不同文化之间可能存在冲突与竞争，文化是一个"舞台"，"各种政治的、意识形态的力量都在这个舞台上较量。文化不但不是一个文雅平静的领地，它甚至可以成为一个战场，各种力量在上面亮相，互相角逐"[②]。

　　文化领域的冲突与竞争促使我们必须思考如何实现文化认同的问题，是采用霸权的方式实现文化的强制性认同还是在互相尊重的前提下开启平等的文明对话？人类命运共同体建构的新文化形态选择在文明平等对话的基础上，摒弃中西文化之争，以文明交流互鉴为前提，推动文化融合以及差异性文化之间的尊重和认同。每个民族在历史演进中都会形成各具特色的文化传统和精神特质，而在人类共同的生活世界中构建良好的文化交流环境，能够使不同的文化在碰撞和融合中汲取营养并焕发新的价值色彩，能够为世界的持续发展提供丰富的文化形式。因为文化差异与文化冲突之间并不具备必然的因果联系，亨廷顿意识到了文化差异可能导向的最坏结果，却忽视了不同文化之间的对话可以开启文明的融合与创新，甚至加

---

　　① ［美］塞缪尔·亨廷顿：《文明的冲突与世界秩序的重建》（修订版），周琪、刘绯、张立平、王圆译，新华出版社 2010 年版，第 4 页。

　　② ［美］爱德华·W.萨义德：《文化与帝国主义》，李琨译，生活·读书·新知三联书店 2016 年版，"前言"第 4 页。

速世界的深层次统一，建立更为广泛的命运共同体。虽然人类命运共同体的文化构建是实现国际认同的关键，但文化构建本身只是一种手段，其真正目的在于推动世界加深对人类命运共同体理念的认知，进而增进人类命运共同体的国际认同。只有人类命运共同体理念获得世界性认同，各个参与主体才有可能进一步融入人类命运共同体的构建过程之中，推动国际秩序向更加美好的方向发展。

三、国际认同是共同价值与文化构建的实现

在文化形态多样的全球性社会，任何政治主体在试图获得世界范围内"他者"的主动认同以形成共同体时，都会面临如何实现国际认同这一严峻考验。诉诸武力的消极认同不仅无益于共同体的存续，反而会成为瓦解共同体的主导因素。只有处理好个体认同与集体认同的关系，以"和平、发展、公平、正义、民主、自由"的全人类共同价值为基础，构建主体性、多样性和主导性相统一的新文化形态，才能在纷繁复杂的国际环境中，提出具有说服力的全球治理方案，赢得国际社会各参与主体的积极认同。

1.国际认同的现实可能性

"认同"虽然在国际政治理论中被广泛使用，但国内外学者并未对这一概念进行明确界定。有学者认为，"认同"的内涵应包含两个方面——身份认同与观念认同，二者既有侧重又相互统一，构成"认同"的完整内涵。[①]身份认同主要包含行为体的自我认同、行为体对另一行为体的认同以及行为体对某一群体的认同，观念认同则包含自我发展过程中形成的"内生的认同"以及与"他者"交

---

① 参见夏建平：《认同与国际合作》，世界知识出版社 2006 年版，第15 页。

往过程中形成的共识即"外生的认同"①。这一观点在横向维度上区分了"认同"的不同类别，但相对忽视了对"认同"的发生学考察。在当今时代人类社会发展样态日趋多元且相互交往日益密切的境遇下，凝聚价值共识、增强国际认同是构建人类命运共同体的重要任务，为了探寻更加有效的认同构建路径，在发生学意义上探究"认同"何以生成、澄清"认同"概念的现代内涵显得更加必要。"认同"是一个过程性概念，是行为主体的主观能动性发挥与对象性世界的自身呈现之间双向互动的结果。认同行为的发生受到诸多要素的影响，既可能基于行为主体的已有认知而瞬间产生，也可能在客观对象不断展开自身的过程中缓慢发生。同时，认同感产生之后并不具备绝对的稳定性，在由表及里、去伪存真的对象性认识活动中，行为主体对认知对象的态度可能存在从认同到不认同或者从不认同到认同的转变过程。对国际交往而言，认同的产生与维持需要在自我认同的前提下，探寻"自我"与"他者"的共同交往基础，以此培育和发展彼此之间的承认与认同关系。"认同"行为的过程性与流变性特征，要求我们必须思考，在人类命运共同体国际认同实现的过程中如何保持认同的持续性，以及如何促使一些主体从不认同转向认同并形成对共同体的共识性认同。

马克思认为，人的本质在其现实性上是一切社会关系的总和。从人的本质规定性出发，个体认同可以隶属于不同的认同类别。从内容来看，认同可以被划分为政治认同、经济认同和文化认同等；从主体来看，认同可以被分为个体认同与群体认同（或集体认同）；从范围来看，认同可以分为区域性认同与国际性认同。现代人的自我认同是多种认同的总和，其由民族、国别、性别、职

---

① 夏建平:《认同与国际合作》，世界知识出版社 2006 年版，第 49 页。

业以及信仰等综合因素共同决定。在当今世界，国家认同也是多种认同的总和，一个国家能否在世界范围内得到广泛认同与支持，取决于经济实力、文明形态与道德范式等诸多因素的共同影响，在这些因素获得总体性承认的基础上，国家的国际性认同才能实现。按照认同实现的难易程度，国际认同最难实现，因为国际认同的实现需要大量的行为主体达成共识，但是涉及的行为主体越多，他们就越难以在文化、风俗习惯和政治立场等方面达成一致，因此认同结果越难实现。国际认同实质上是一种集体认同，而"集体认同是指建构行为体个性的内在品质。对个人来说，这意味着躯体和个人思想经历；对机构（organizations）来说，这意味着组织成员和共同的信仰，还意味着使个体成员们作为一个'我们'行事的制度"①。集体认同的产生奠基于四个基本利益需求和美好愿景：物质的安全（physical security）、"本体论的安全或者与世界关系的可预言性"、作为独立行为体被承认以及获得发展的愿望。②认同思维强调主体在认知和认同过程中的地位与作用，突出主体的行为与心灵、利益与价值的共生。在构建人类命运共同体的过程中，认同的产生不仅受制于物质因素，而且受到在特定情境中主体能动意识的影响。对基本利益诉求和美好愿景的满足，使得行为主体在共同体中能够获得足够的安全感与自我认同感，从而有利于达成对共同体的认同。

尽管共同体能够满足个体对安全与自我认同的需求，但任何一

---

① ［美］约瑟夫·拉彼得、［德］弗里德里希·克拉托赫维尔主编：《文化和认同：国际关系回归理论》，金烨译，浙江人民出版社2003年版，第74页。

② 参见［美］约瑟夫·拉彼得、［德］弗里德里希·克拉托赫维尔主编：《文化和认同：国际关系回归理论》，金烨译，浙江人民出版社2003年版，第74页。

个共同体的国际认同的实现还必须处理好个体认同与集体认同之间的关系。个体认同与集体认同是共同体认同中重要的层级结构，它们之间始终保持着一定张力，这种张力为共同体划定了边界，也可能衍生成为共同体中的不稳定因素。个体的自主性决定了他可能会为了重申自身权利的合法性而从群体或共同体中脱离出来，成为共同体发展的对抗性力量。在个体—群体—共同体的层级结构中，认同的达成离不开一个具有公信力的"权威"。

对集体认同的渴求使得单一国家主体的政治正当性发生了变化，传统以有效输出和技术支持为依托的正当性可能面临供应不足的问题，"所有国家和社会秩序都需要获得权威和正当性；而单靠粗暴力量是没法维系这种权威和正当性的。所有大国都需要努力把实施低级的高压政治的能力转化成正当的权威"①。如果某个国家以暴力的方式实现"他者"的强制认同，极有可能引起被强制主体的反抗。个体与集体寻求共同价值的过程必然伴随对诸多价值要素的认知和选择，共同价值也是在对诸多要素的整合中得以完成。随着文化融合和认同的展开，个体与集体的多领域关系被不断整合和调节，人们对文化中内蕴共同价值的认识不断深化。抛开暴力手段，以共同价值为核心构建新文化形态是政治主体在经济全球化时代通过文化认同进而实现国际认同的必由之路。

2. 遵循共同价值是实现国际认同的必要前提

"和平、发展、公平、正义、民主、自由"是人类普遍认可的全人类共同价值，人类命运共同体国际认同的实现必须以全人类共同价值为基础，达成国际共识。国际认同除了面临个体认同的复杂

---

① ［英］安德鲁·赫里尔：《全球秩序与全球治理》，林曦译，中国人民大学出版社 2018 年版，"中文版序"第 7 页。

性之外，还需要应对国家间自我认同具有的排他性难题。因而，有学者十分悲观地表示："难以达成纯粹的集体认同，这也表明难以消除国家之间自我认同的动力。"① 诚然，消弭国家之间的分歧，跨越种族、文化、历史传统等"沟壑"，达成国际合作，实现国际认同存在一些无法逾越的障碍，但在困难重重的国际交往中，全人类共同价值依然是求同存异、弥合分歧与实现认同的重要突破口。虽然在国际关系交往中存在一个不争的事实，即发达国家之间冲突的调适与认同的达成更容易实现，而发达国家与发展中国家或欠发达国家之间却存在较大的合作壁垒。无论是发达国家还是发展中国家抑或欠发达国家，都拥有渴望和平、谋求发展、倡导公平正义与追求民主自由的价值共识。全人类共同价值理念作为共同体构建过程中个人、社会和国家理性诉求的具体形态，始终以文化的形式展示自身并发挥作用。文化在共同体中的作用状况决定了共同价值的实现程度，作为人类理想的共同价值应当以文化交流为载体，进而不断拓展并落实到其他领域，以获取国际社会中的真正认同。

中国共产党领导中国人民开辟了具有中国特色的社会主义道路，实现了经济的跨越式发展并创造了"中国奇迹"。但随着中国的迅速发展，"中国威胁论"甚嚣尘上，部分西方媒体开始妖魔化中国，认为中国必然按照"国强必霸"的逻辑开启新一轮征程，人类命运共同体理念被某些国家误解为中国对世界实现掌控的手段。这些污蔑与诋毁贬损了中国形象，扭曲了人类社会发展中的合理价值取向，对中国在世界交往中获得"他者"认同产生了负面影响。

---

① ［美］约瑟夫·拉彼得、［德］弗里德里希·克拉托赫维尔主编：《文化和认同：国际关系回归理论》，金烨译，浙江人民出版社2003年版，第78页。

国家之间的竞争加剧了不同政治参与主体的不信任感，使得各主权国家赢得世界性的国际认同面临着巨大挑战。但是，我们应当认识到，共同体实现国际认同的关键主要来源于两方面：一方面是这一倡议本身具备的吸引力、说服力与领导力；另一方面是作为其倡议者的中国的国际影响力，只有中国在国际社会中赢得更多话语权，得到其他主权国家的普遍认同，中国构建新国际秩序的倡议才能引起"他者"的认同与参与。

对于国际认同实现的途径，存在将军事和经济实力视为获得认同的决定性因素的错误倾向。有学者指出，"一个大国或者超级大国要赢得认同，主要取决于其军事和经济实力"[①]。在国际关系的构建中，存在四种人类需求的基本动机——欲望、精神、理智和畏惧，而欲望、精神和理智将直接影响国家对待合作、冲突与风险的态度。[②] 基于人类需求的基本动机，勒博提出了国际交往中存在的"本体论安全"理念，即国际交往中体系层面的动机与压力会对国际秩序的构建产生积极与消极的双重影响：通过正规方式促进参与主体遵循共同的价值观与国际惯例，确立国际秩序的合法性，是"本体论安全"的积极影响；通过非正规方式如施加压力，迫使参与主体对被排斥在国际秩序之外产生畏惧，则是"本体论安全"对于国际秩序构建的消极影响。只有以全人类共同价值推促国际认同的实现，才能积极构建新型国际关系，建立具有正当性、合理性以及合法性的国际秩序。勒博的观点并非完全错误，因为经济实力能够让国家在世界格局构建中拥有话语权，扩大影响力，而军事实力

---

① ［美］理查德·内德·勒博:《国际关系的文化理论》，陈锴译，上海社会科学院出版社 2015 年版，第 386 页。

② 参见 ［美］理查德·内德·勒博:《国际关系的文化理论》，陈锴译，上海社会科学院出版社 2015 年版，第 400 页。

往往具备一定威慑力，但就其实质而言，以经济实力获得的认同更多的是一种利益交换，军事实力实现的则是一种强制认同。这些认同不具备稳定性与长期性，且并非真正意义上的认同。

共同价值的认同总是生成于特定的情境，诸多价值要素在个体与集体的交流互动中进入认同过程。在人类命运共同体的国际认同中，全人类共同价值发挥着重要作用，传统认识论和认同思维对价值因素的忽视导致认同过程缺乏总体性，也容易造成主体的意识与现实境遇的断裂现象。只有以全人类共同价值为基础，推动国际主体间的自主认同，才能建立稳固的合作关系，推动世界秩序的良性发展。

3. 构建新文化形态是实现国际认同的重要手段

在漫长的国际交往史中，短暂的合作与结盟屡见不鲜，人们也曾组建过不同形式、目的的共同体，但这些共同体都只是昙花一现。德国、法国、意大利、比利时、荷兰和卢森堡等国曾为了实现欧洲一体化，组建了"欧盟"政治共同体。欧盟于1993年成立，成立后曾大大加速了欧洲一体化进程，但英国"脱欧"拉开了这一政治共同体解体的序幕。缘何过去的国际合作均未达到理想的合作效果呢？原因在于，"几乎所有的'合作'都以'大棒'——以削减援助、各种各样的制裁、军事干涉和商业或外交报复相威胁——和'胡萝卜'——许诺给予更多援助、贸易让步、国际谈判桌上的席位或外国军队的保护——为基础"[①]。这种强制"他者"对自身价值观念、政治体制以及文化内核产生认同的行为始终难以为继，最终只能招致认同者的抵制与反抗。

---

① ［美］迈克尔·爱德华兹：《积极的未来》，朱宁译，肖欢容校译，江西人民出版社2006年版，第125页。

　　真正具有持续性的国际合作是以文化构建为基础的合作，因为文化作为人类精神活动的产物，在共同价值观的影响下具有共通性，具备交往的"亲和力"。世界各国只有拥有共同文化的归属感与共同命运的意识自觉，才能紧密地连成一个整体。在总体性的认同思维视域中，共同价值在主体的意识域和具体的情境中为共同文化的形成提供驱动力，实现主体意识与客观情境的有机统一；同时主体的认同行为在具体情境中生成，为共同价值的构建提供认同基础，最终促使共同体的认同成为连续不断的过程。以文化构建增进国际认同的关键在于：形成主体性、多样性和主导性相统一的文化自觉，推动世界文化在物质层面、政治层面以及精神层面的赓续发展，发挥新文化形态的统摄、再生产和超越功能，打造兼容并包、永续发展的世界文明体。

　　文化构建能够为国际认同的实现搭建桥梁，而文化交流是政治共建、经济共享的助推器。世界文化形态种类繁多，不同的文化之间既能交流融合，也存在对立与冲突。在民族国家内部或民族国家之间，"可能都存在着种种文化认同的类型，它们与'民族文化'相当不同，有时甚至还有冲突。在当代世界里，这些种类林立的'文化认同'与'民族文化认同'之间，经常出现了难以配对、不相吻合的情况"①。不同文化之间的冲突、对立和差异性，以及文化认同的障碍和难度并不能否认国际性文化认同的趋向。各主权国家之间实现普遍认同具有历史必然性，这种必然性体现在世界人民对和平与发展的共同追求、对公平与正义的渴望以及对自由与民主的神圣向往。"人们逐渐意识到，一个可接受的最低秩序，必须限制国家

---

　　① ［英］汤林森：《文化帝国主义》，冯建三译，郭英剑校订，上海人民出版社 1999 年，第 133 页。

发动战争的自由，而且，必须创建国际规则，去影响各国的国内结构和组织，赋予国内个人和群体以权利和义务，并且努力体现某种'普遍共同善'的理念。"① 因而，以全人类共同价值为核心构建兼容并包、兼收并蓄的新文化形态，能够在民族国家或地区之间形成一种向心力，引导多文化形态的融合与突破，并以文化认同为基础推动政治认同、经济认同与社会认同等，实现真正意义上的国际认同。世界人民对"普遍共同善"理念的渴求能够成为以文化认同促进国际认同的不竭动力，必然促使人们建构一种新的文化形态。

自由与民主是人类命运共同体文化构建所必需的价值基础，是人类文明发展趋向"普遍共同善"的内在依据和根本动力，对个人和全人类的发展具有积极意义，不仅可以降低全球治理的风险和社会成本，也可以增强多方协商共治的合法性。而"普遍共同善"理念的形成具有长期性和渐进性，在这一过程中，如何促使人类通过文化交流的方式来实现政治共建、经济共享，成为考验当代人类实践智慧和理性选择的重要论题。

现实生活中国际认同的实现是多种因素共同作用的结果，是各种积极因素相互作用形成的"合力"。"国际合作能否达成，不仅与权力的大小、利益的多少有关，而且还受到认同的影响，行为体之间积极的认同可以极大地促进它们之间的合作，相反，消极的认同是行为体合作关系的障碍。"② 以威逼利诱的形式形成的认同是一种消极认同，不利于国际认同的良性发展，而以共同价值和文化构建为基础形成的认同则蕴含着积极力量，能够助推国际认同的实现，为共同体的形成奠定牢固地基。在构建人类命运共同体的过程中，国际

---

① ［英］安德鲁·赫里尔：《全球秩序与全球治理》，林曦译，中国人民大学出版社 2018 年版，第 5 页。

② 夏建平：《认同与国际合作》，世界知识出版社 2006 年版，第 17 页。

认同能够有效促进国际合作、实现共同发展，而国际认同的形成需要不断地对人类社会的发展观及方式进行更新，树立主体意识和客观情境相互塑造的认同理念以及历史与方法相统一的过程性认同思维。人类命运共同体国际认同的实现必须发挥诸多构成要素的合力作用，运用全人类共同价值的引导力，发扬世界新型文化的融合力，借助经济腾飞的推动力，生成和维持人类命运共同体的国际认同。

厘清共同价值、文化构建与国际认同之间的辩证关系，能够为我们解答全球化时代人类命运共同体文化构建与国际认同如何实现的问题提供正确思路。作为日益强大的发展中国家，中国的世界影响力与日俱增，其倡导的人类命运共同体理念为应对全球性难题与化解全球性危机贡献了中国智慧、展现了中国力量。只有以全人类共同价值为基础，建构一种兼收并蓄的新型文化，人类命运共同体才能在诸多全球性治理方案中脱颖而出，获得国际社会的广泛认同，开启一个全新的人类发展时代。

第二节　共同体的"抽象的普遍性"与"具体的总体性"

共同体具有"抽象的普遍性"与"具体的总体性"特征，两大特征的有机统一是共同体生成与壮大的关键所在。在人类命运共同体的认同机制建构中，全新达成的原则和延伸的时空对共同体的国际认同的形塑具有积极作用，能够揭示共同体"抽象的普遍性"的内在规律，同时有助于巩固对"具体的总体性"的基本把握，进而推动共同体在"抽象的普遍性"与"具体的总体性"的辩证统一中实现共建与完善。共同体的"抽象的普遍性"决定了共同体构建原则的适用范围不局限于某一个或某几个特定的时空，而是普遍适用于人类历史发展的不同时空；共同体的"具体的总体性"则表明，不同的构建原则在同一历史时空可以共存。在原则与时空的交互调适中，共同体能够实现"抽象的普遍性"与"具体的总体性"的有机统一。

一、"抽象的普遍性"：同一原则在不同时空的适用

马克思认为，在分析具体的经济形式时，"既不能用显微镜，也不能用化学试剂。二者都必须用抽象力来代替"[①]。"抽象力"作为一种分析方法，其应用范围并不局限于具体的经济形式，也能用来剖析共同体的形成与流变。共同体作为具有共同利益、目标以及价值观的个体组成的社会集合体，为成员提供了强烈的身份认同与集体归属感，是差异性个体秉持相同原则、追求相同目标、遵守共同价值规范的有机统一。这种统一不仅体现在物质层面的资源共享和互助合作，而且体现在精神层面的相互认同和情感共鸣。共同体的成员通过持续社会互动与沟通，共同维护和发展这一集体的身份与目标，使之成为一个充满活力与凝聚力的社会实体。共同体的形成与发展历史悠久、历久弥新，以不同的表现样态存在于人类社会演进的各个历史时空之中。在不同历史时空中，共同体可以表现为

---

① 《马克思恩格斯文集》第5卷，人民出版社2009年版，第8页。马克思对"抽象"的理解在其思想发展的不同阶段存在差异：在思想形成之初，马克思将批判的矛头对准了抽象哲学，批判其思维内容与思维方式的抽象性以及对人、历史与社会的抽象理解，并在扬弃抽象哲学的过程中逐渐建构起自身的哲学理论大厦；在思想成熟之后，他将"抽象"视为解剖资本主义制度的方法论原则之一，赋予"抽象"以方法论意义（参见王英：《辩证法的具体性——马克思与黑格尔的逻辑学比较研究》，东北师范大学出版社2015年版，第25—28页）。

利益共同体、情感共同体以及命运共同体，也可以表现为政治共同体、经济共同体与文化共同体等。这些不同表现形式中的共性特征无法从表面现象中获得，而必须借助"抽象力"来洞悉其蕴含的普遍性原则。对不同共同体形式抽丝剥茧，能发现总有一些具有高度抽象性的共同体原则普遍存在于人类历史发展的不同时期，适用于人类历史演进的各个阶段。

1. 具有"抽象的普遍性"的共同体原则

无论是中华优秀传统文化论及的"家""国""天下"这三种共同体形态，还是马克思主义追寻的"真正的共同体"，抑或当今世界各社会主体结成的"利益共同体""政治共同体"以及"文化共同体"等，都包含普遍适用的共同体原则。具有"抽象的普遍性"的原则与人类追求的共同价值相契合，为共同体的存续提供了基本依据，为共同体的发展提供了方向保障，确立了共同体的价值规范。价值原则规范了共同体系统的理想目标，为人类社会的生产和交往实践深入发展指明方向，体现了人类命运共同体对现有全球生产关系难以容纳日益发达的生产力这一困境的揭示，进而有助于强化人类的普遍交往。

主权原则是国际交往中不可逾越的共同体的核心原则。国家主权曾被很多思想先哲所探讨，如霍布斯、洛克与黑格尔等，他们都揭示了国家主权不可侵犯、分割和让渡的本质性特征。国际交往中的主权原则与多元国家的主权观念密不可分，而不同国家的主权观在不同时代境遇下的具体内容和表现形式有所差异。面对国际社会一体化发展的趋势，固守绝对的主权并不明智，需要顺应时代发展的要求，建构合理的国际主权原则。"虽然主权表示国家的自然地理范围，但它也意指着一种由话语构成的规范性原则——这种原则给某种具体的秩序提供合法性保障。"① 在前威斯特伐利亚时代，宗教神权曾在欧洲占据统治地位，威斯特伐利亚体系的建构与运用则成为了国际关系发展的转折点，主权原则逐步成为国际关系的中心原则。主权原则的合法性在世界范围内的确立，对全球治理体系的形成具有重要的规范性意义，克服地域和民族国家界限的命运共同体必须遵循主权原则搭建的合法性框架。当前的国际交往奠基于主权原则之上，拥有相对稳定的内在结构，主权是国际政治主体"是其所是"的根基所在，除去特殊情况下国际政治主体遭遇的强制性秩序重组，如经历世界性的大灾难或大变革等情况，主权原则始终是世界秩序重建须臾不可离开的基础性原则。

平等原则是维护共同体成员合法权益与责任共担的根本法则。"如果说在这个个体的世界上存在着共同体的话，那它只可能是（而且必须是）一个用相互的、共同的关心编织起来的共同体；只可能是一个由做人的平等权利，和对根据这一权利行动的平等能力的关注与责任编织起来的共同体"②。共同体成员之间在身份、地位、财富、学识等方面均存在不同程度的差异，这些差异体现了不同个体的独特性。正如马克思所言，人不是隐居世界之外的抽象存在物，"人就是人的世界，就是国家，社会"③。虽说"人生来平等"，但对"现实的人"而言，在很多方面尤其是社会财富与资源的分配方面仍存在着诸多不平等。共同体存在的意义不在于打破现状，将社会财富与资源"归零"后再重新分配以实现绝对的平等，而是旨在创

---

① ［加拿大］斯蒂文·伯恩斯坦、威廉·科尔曼主编：《不确定的合法性：全球化时代的政治共同体、权力和权威》，丁开杰等译，社会科学文献出版社2011年版，第72页。

② ［英］齐格蒙特·鲍曼：《共同体》，欧阳景根译，江苏人民出版社2003年版，"跋"第186页。

③ 《马克思恩格斯文集》第1卷，人民出版社2009年版，第3页。

造一种积极的社会环境，使得弱势群体、被剥削阶级的合理诉求与合法权利被尊重并获得公正对待，敦促共同体成员在享受权利的同时积极承担建设共同体的责任与义务。因此，共同体中蕴含的平等原则包含着双重含义：一是平等地享受权利，二是平等地承担义务。在平等原则的贯彻之下，既不存在共同体成员的高低贵贱之分，也没有不劳而获的特权阶层。

正义原则是共同体化解矛盾的道德规范。划定共同体成员权利与义务的边界，并不意味着可以一劳永逸地规避共同体的内部冲突。人作为复杂的社会动物，始终存在产生矛盾、陷入冲突的现实可能性。当矛盾与冲突发生时，正义原则充当评判是非曲直的价值准绳，为公共决策的合法性与正当性提供论证依据。无论是追寻程序正义还是结果正义，对正义原则的强调始终是对法典律令的有益补充，是为共同体有序生活确立道德规范的关键内容。在对未来共同体发展的构想中，凌驾于公共利益之上的私人利益逐渐被消除，多元主体之间的合作逐渐深化，生产力得到高质量提升，这些理念与当前共同体构建的正义原则相一致，产生了适用于支撑未来人类社会和文明进步的基本价值原则。由于正义原则解释的主观性特征，人们对于"何为正义""如何践行正义"等问题无法彻底达成共识，但正义原则在个体之间共识的达成却是促成共同体形成的重要纽带。

自由原则是共同体成员发挥个体自主性的重要保证。自由作为人类着力追寻的终极价值，反映了人类期盼跳脱出一切束缚的真实渴望。"自由与共同体可能会发生摩擦与冲突，但缺少其中一个或另外一个，都不会有满意的生活。"[①] 个体若想在共同体中寻求归属

---

① [英]齐格蒙特·鲍曼：《共同体》，欧阳景根译，江苏人民出版社2003年版，第72页。

感与安全感，势必以牺牲部分成员自由为前提，因而强调集体性的共同体与崇尚自主性的个体自由不可避免地互有抵牾。共同体为个体成员的活动类型与范围划定了边界，但并非完全限制个体自由。"一个真正有效的共同体必须被正式地组织成为一般单位，或者成为集体机构，在个人能够从中获得自主权的同时，对其他人而言，集体自主权就是判断共同体是否成功的标准。"[①] 个体自主权与集体自主权之间的冲突与对立，是个人与集体关系在共同体发展中不断调适的映现。共同体的构建并不是依靠单个个体的自由活动，而是一个"自我"与"他者"相互依存、相辅相成的过程，因而为获得自由全面发展的个体与其构建共同体的自由意志具有内在统一性。

民主原则是共同体集体决策的客观遵循。共同体的有序运行离不开科学且高效的集体决策，而民主原则是集体决策科学、高效的有力保证。民主原则强调以人民为中心，贯彻民本位思想，充分发挥人民的自主性，凝聚集体智慧，提升共同体成员的集体参与感。民主作为与制度、政策直接相关的原则，同时也表现为一种价值观念，其以共同体成员协商和决策的具体实践为载体。英国学者齐格蒙特·鲍曼认为，随着地方性偏狭观点和"地方意见领袖"的慢性死亡，现时代只有两种权威能够给人安全感：一种是具备专业知识的专家权威，另一种则是人数众多的数量权威。[②] 在具体决策过程中，专家权威对专业知识与素养的高要求决定了他们只能是共同体中的少数，其中的"意见领袖"能够成为集体决策的引导者，而数

---

① ［加拿大］黛安娜·布赖登、威廉·科尔曼主编：《反思共同体：多学科视角与全球语境》，严海波等译，社会科学文献出版社 2011 年版，第 28 页。

② 参见 ［英］齐格蒙特·鲍曼：《共同体》，欧阳景根译，江苏人民出版社 2003 年版，第 76—77 页。

量权威是共同体成员共同作用形成的权威，其意见是共同体中大多数人达成的共识，充分保障了集体决策的民主性。数量权威生动体现了共同体中的民主原则，强化了共同体成员的主人翁意识，对民主共同体的建构具有积极意义。在共同体内部产生分歧时，遵循民主原则是消除观点分歧、达成集体共识的有效途径。因而，民主原则是形成共同体集体决策必须遵循的客观法则。

共享共担原则是共同体集体性的根本体现。共享共担原则作为对权利共享、义务共担的一种道德规约，能够为弱势群体提供安全庇护。但是，这一原则也成为特权阶层与既得利益者拒斥共同体的原因之一。因为权利共享意味着削弱特权，在弱化特权阶层尊严、价值与荣耀的同时强化了个体与个体之间的平等性，而义务共担则使既得利益者必须出让自身的部分利益来维持共同体的存续。"我们需要把握人人共享的共同利益，调节不平等实力，并调和文化多样性和价值观冲突。从本质上讲，秩序之所以是一个政治问题，其原因就在于，我们很难找到一种正当的全球政治形式，能够'包打天下'，一口气应对所有上述三个方面的挑战。"[①] 出于保护自身利益的考虑，特权阶层与既得利益者会拒绝任何试图打破现有秩序的尝试，从而成为共同体发展的阻碍，但历史的洪流并不会因为少数人的意志而改变前进的方向。在世界日益联结为一个整体之际，人类命运的休戚与共决定了权利的共享与义务的共担。共享共担原则是保障大多数共同体成员权益的重要准则，是正义原则与平等原则的体现和补充。

安全原则是保障共同体成员生存权益的基本原则。从历史生成

---

① ［英］安德鲁·赫里尔：《全球秩序与全球治理》，林曦译，中国人民大学出版社 2018 年版，"中文版序"第 1 页。

角度看，共同体主要是人类在处理人与自然的关系时，为抵御外界风险以维持个体生存需要而结成的社会合作关系，因而对个体安全的保护是建构共同体的基本要求。随着社会生产力的发展，人类逐渐从自然的束缚中解放出来，但各种致命性武器的发明、生态环境的恶化等不断使人的生命安全面临新的威胁，安全需求仍旧是人类迫切需要满足的首要需求。针对全球化引发的人类生存和发展困境，有必要对安全原则及其价值展开深入探索，确立并完善合理的安全原则，以预防因资源、信息等因素的不对等而造成的全球危机。

共同体原则作为共同体存续的核心原则划定了共同体的行动范围与功能定位，是理解共同体本质规定性的关键。共同体的"抽象的普遍性"源于其构建原则的普遍适用性，而同一原则的跨时空适用为在全世界范围内建构的共同体提供了理论依据与现实遵循。

2. 共同体建构原则的普遍适用性

学界对共同体的理论研究因滕尼斯《共同体与社会》的问世而掀起热潮，但现实的共同体并非近代社会的产物，实则古已有之，"共同体"一词的出现最早可追溯至 14 世纪。原始社会中的家庭、氏族等都可以被视为共同体的一种具体样态，而在"地理大发现"的推进之下，共同体指涉的范围与功能变得愈益丰富并日趋多样化。无论共同体的形态如何变化，支撑其形成与发展的核心原则却始终保持不变。共同体建构原则打破了时空界限，在不同时期、不同类型的共同体中同样适用。

共同体建构原则之所以具有普遍适用性，是因为共同体"是其所是"的本质规定性从未更迭。从区域性共同体到民族性共同体再到全球性的人类命运共同体，主权、平等、正义、民主和共享共担原则始终是消解共同体中确定性与自由之间张力的总体性原则。虽然学界对构建人类命运共同体的具体原则各抒己见，如有学者认为

"打造人类命运共同体，要秉承聚同化异、平等对话、合作共赢、共同但有区别的责任原则"①，有学者却主张要坚持对话协商原则、"共商共建共享"原则以及平等正义和均衡正义相结合的原则②，但这些原则本质上仍未跳脱出共同体原则的核心框架，只是共同体原则的现实表征与具体表达之间的差异。透过现象看本质，抛开形形色色的共同体存续形式的差异不难发现，支撑共同体和谐有序运转的内部"齿轮"从未更迭，而这些"齿轮"就是亘古不变的共同体原则。

　　除了共同体的本质规定具有稳定性特征之外，共同体原则具有普遍适用性的另一个重要原因在于，作为打造和发展共同体的主体始终没有发生根本性转变。无论世事如何变迁、时代如何更替，人们对美好生活的向往从未改变，对生存、发展的渴望从未改变，对自由、平等、正义等核心价值的不懈追求从未改变，而这为共同体原则超越时空界限成为具有普遍适用性的原则规约奠定了基础。马克思曾说，"在国家中，人——虽然是以有限的方式，以特殊的形式，在特殊的领域内——是作为类存在物和他人共同行动的"③。人作为类存在物，其本质规定性中既包含异质于他人的个性，也包含相似于"他者"的共性。人类共性的存在为共同价值的形成奠定了基础，为共同体原则在差异性个体之间达成共识提供了可能。人类对自由、正义、安全等抽象价值的渴望，促使人与人之间摒弃各自为营的私心杂念，谋求适合人类共同生存与发展的外部环境，共同

---

① 王寅：《人类命运共同体：内涵与构建原则》，《国际问题研究》2017年第5期。

② 参见游博：《论人类命运共同体的构建原则》，《学校党建与思想教育》2020年第8期。

③ 《马克思恩格斯文集》第1卷，人民出版社2009年版，第32页。

体便应运而生。如何达成基本原则的共识是中国在处理国际关系中始终关注的基本问题，从和平共处五项原则的外交话语，到构建人类命运共同体所秉持的诸多价值原则，均反映了中国依据时代背景和主题变化而不断贡献中国智慧并提升国际影响力。共同体原则作为确保共同体有序运行的规范与尺度，集中反映了人类对美好生活、理想社会的向往，而这种向往并不会随着时空的转换而迁移甚至消失，具有"抽象的普遍性"的共同体原则始终对人类而言具有强大的解释力、说服力与吸引力。

从方法论层面看，共同体建构原则的普遍适用性为打造现实的共同体提供了概念框架与发展方向。打造现实的共同体需要"理念先行"，只有搭建起共同体构建的概念框架，才能高屋建瓴地指导共同体的建设。共同体建构原则划定了共同体内部运转的活动边界，确立了共同体成员从事自主性活动的道德规范，为打造一个积极、健康的共同体奠定了基础。完美的共同体不会从天而降，它总是在现实的不断发展中逐渐臻于完美，正是在共同体原则的理念引领之下，现实的共同体正不断完善，跨越了民族、文化、种族、政治以及信仰等的障碍，将世界联结成为一个整体。从现实层面来看，共同体建构原则为评判共同体的好坏程度与进步性质确立了标准。共同体原则作为共同体行动的法则与标准，不仅能够引领共同体的良性发展，而且构成共同体价值评判的准绳。任何有违共同体原则建构初衷的行为，都将成为共同体发展路上的绊脚石。以共同体构建原则为评判指标，通过检审现有共同体的不足，能够推动国际社会形成批判性反思和变革现存治理体系与秩序的自觉意识，进而在现实中形成多元主体参与共商、多边主义的制度保障，以应对挑战并走向未来。能够为共同体的修缮提供"药方"，推促共同体的发展与完善。

各种共同体看似千差万别，实则内蕴一些普遍性因素。只有从具体的共同体形态中抽象出普遍性规律，才能充分理解人类对共同体心生向往的缘由，并致力于构建现实的共同体。从历时性的角度看，共同体原则的"抽象的普遍性"集中体现为同一原则在不同时空的适用性；从共时性角度思考，共同体原则还具有"具体的总体性"特征，即不同的共同体原则可以在同一时空条件下共存，形成共同体发展的内部架构，推动共同体实现全方位发展。共同体原则的"抽象的普遍性"与"具体的总体性"在共同体内部达成的基本平衡，使得共同体既能满足个体的多样化需求，又能维系其自身的个性化发展。

二、"具体的总体性"：不同原则在同一时空的适用

共同体除了具有"抽象的普遍性"特征之外，还具有"具体的总体性"特质。"具体总体性"是对部分与整体关系的辩证理解，其消解了部分与整体二元对立的解读框架，在承认部分重要性的基础上确立了整体的统领性地位。共同体的"具体的总体性"特质彰显了共同体原则的时空共存性，是不同原则在共同体内部的冲突与调和。把握共同体的"具体的总体性"特征，有助于更好地理解具有差异性的共同体原则缘何能够在同一历史时空中并存，进而回答共同体动态发展的未解之谜。

1. 卢卡奇与科西克的"具体的总体性"之争

卢卡奇是系统讨论辩证法"具体的总体性"的代表性学者。根据卢卡奇的判断，黑格尔是最先发现"具体的总体性"意义的哲人。但黑格尔在创建自身体系的过程中，始终被禁锢于思维与存在、内容与形式的二重性之中，"虽然他的思想始终注意克服一切抽象，但是内容在他看来仍然带有'特殊性的污点'（他在这

里很有点柏拉图主义的味道）"①。思维与存在、内容与形式的二元对立以及对精神绝对统治地位的肯定，使得黑格尔的"具体的总体性"概念存在一定局限性。卢卡奇认为，"总体性"是马克思主义与资产阶级思想的根本分歧，这一范畴是马克思从黑格尔思想中继承而来的方法论精华，"总体范畴，整体对各个部分的全面的、决定性的统治地位（Her-rschaft），是马克思取自黑格尔并独创性地改造成为一门全新科学的基础的方法的本质"②。卢卡奇通过比较马克思与黑格尔思想中的总体范畴，明确了马克思对黑格尔思想的继承与发展关系，指明了马克思在黑格尔思想基础上实现的革命性发展。"抽象的总体性"范畴总是与具体的历史实践息息相关，是由多个内在环节构成的统一体，但诸多环节本身并不具有现实意义，只有作为总体的构成部分起作用才能确证自身的地位和功能。因而，"抽象的总体性"是以人类历史为载体而形成的范畴，其需要扎根于具体的实践之中。马克思的"总体性"范畴使人们对资本主义的异化现实形成了更为清晰的诊断，他以意识与行动相结合的方式干预现实，从而实现了理论与实践的统一。

卢卡奇批判"庸俗唯物主义者"只是对社会生活规定进行直接的、简单的再现，而不对其展开进一步分析并将其融为一个"具体的总体"，他认为仅仅用抽象的、孤立的规律来解释事实，必将导致批判与反思活动变得"粗率和无知"。卢卡奇始终强调"总体性"在分析部分时的绝对优先性，认为对"总体性"统治地位的理解

---

①　［匈］卢卡奇：《历史与阶级意识》，杜章智、任立、燕宏远译，商务印书馆2017年版，第62页。

②　［匈］卢卡奇：《历史与阶级意识》，杜章智、任立、燕宏远译，商务印书馆2017年版，第70页。

构成了解读辩证法的中心问题。在卢卡奇看来，"总体性"的辩证法看似离现实很远，它对现实的构造似乎也很"不科学"，但实际上它是理解和再现现实的唯一方法，"具体的总体是真正的现实范畴"①。卢卡奇将"抽象的总体"置于现实历史载体之中，以此说明人类社会总是处于从过去到现在和未来的不断流变过程，即任何历史现象和实践只有置于"具体的总体"并与这一过程连接起来才会具有现实意义。

卡莱尔·科西克则认为，"在唯物主义哲学中，具体总体的范畴首先要回答什么是实在的问题"②，只有对"具体的总体"进行唯物主义审视之后，才能将它视为认识论原则和方法论训条，而"实在是一个具体的总体，是一个结构性的、进化着的、自我形成的整体"③。科西克坚持"具体的总体性"范畴在其本体论意义上具有优先地位，并将这一范畴与"实在"关联起来。在科西克看来，对"实在"的具体认识实质上是一个将事实具体化的过程，在这一过程中，人们必须遵循整体与部分统一、现象与本质统一、总体与矛盾统一的方法论原则。"具体总体的辩证法并不幼稚地渴望毫无遗漏地认识实在的一切方面，并不指望提供包含全部无穷方面和特性的'总体'图景……这种实在观把实在看作是具体的，看作是一个有结构的（因而不是混沌的）整体，一个进化着而不是一成不变的整体，一个处在形成过程中的整体，而不是只有某些部分或部分的

---

① ［匈］卢卡奇：《历史与阶级意识》，杜章智、任立、燕宏远译，商务印书馆 2017 年版，第 54 页。

② ［捷克］卡莱尔·科西克：《具体的辩证法——关于人与世界问题的研究》，傅小平译，社会科学文献出版社 1989 年版，第 22 页。

③ ［捷克］卡莱尔·科西克：《具体的辩证法——关于人与世界问题的研究》，傅小平译，社会科学文献出版社 1989 年版，第 23 页。

排列变化的现成整体。"① 科西克揭示了总体的结构性特征，否认总体是现有部分简单的排列组合，而是将其视为不断生成与发展的动态过程。

科西克批判了将整体实体化的行为，认为这一行为将整体当作高于事实的自主性进行处理，为主观主义提供了理论依据，存在以"更高实在"践踏事实的危险。对"具体的总体性"的高扬，致使科西克拒斥"抽象原则方法"。科西克认为，"抽象原则方法往往会造成虚假的总体化和实体化……这种抽象原则造成的总体是空洞的总体，它把实在的丰富内容当作不可理解的非理性渣滓处理掉了"②。科西克将"具体总体"视为一个复杂的认识过程，认为"具体总体"包含着三大要素：一是摧毁"伪具体"，摒弃拜物教现象和虚构的客观性；二是认识现象的历史性，从而揭示人类的个别与一般的辩证关系；三是认识现象的客观内容与意义，认识其客观作用及在社会整体中的历史地位。③ 与"具体的总体"相对立，科西克批判了"虚假的总体"的表现形式——"空洞的总体""抽象的总体"和"恶的总体"，认为"虚假的总体"的形成均是在对"总体"的理解中忽视其蕴含的辩证法性质之后产生的必然结果。通过批判"虚假的总体"，科西克阐明了"具体的总体"辩证法内含的三重特性：其一，"具体的总体"并不能够包罗万象，无法认识或解释一切社会现象；其二，"具体的总体"具有结构性，排列组合并非具有随意性和无序性；其三，"具体的总体"内蕴发展性，总处于不

---

① ［捷克］卡莱尔·科西克：《具体的辩证法——关于人与世界问题的研究》，傅小平译，社会科学文献出版社1989年版，第23—24页。

② ［捷克］卡莱尔·科西克：《具体的辩证法——关于人与世界问题的研究》，傅小平译，社会科学文献出版社1989年版，第35页。

③ 参见［捷克］卡莱尔·科西克：《具体的辩证法——关于人与世界问题的研究》，傅小平译，社会科学文献出版社1989年版，第37页。

断进化和发展流变之中。具体性、结构性和发展性是科西克总体的基本特征和规定，他认为人类历史的演进总体上遵循着超越于局部或孤立事实的客观性，主要表现为社会制度的客观实在性，指出要想克服部分与整体的矛盾，关键在于确立能够辩证看待并运用社会制度的具体主体。部分与整体的相互联系意味着"孤立的事实是一些抽象，是一些人为地从整体中割离出来的要素，它们只有置入各自的整体之中，才能成为具体的真实的。同样，当一个整体的各要素尚未分化，尚未被规定时，它只是一个抽象的、空洞的整体"①。在科西克看来，认识到部分与整体之间密不可分的联系才能有效避免对部分的虚无化和对整体的抽象化理解。

科西克对"具体的总体性"的认知与卢卡奇并不相同。卢卡奇承认总体之于部分的优先性，认为总体在理解其与部分的关系时具有前置性地位。科西克却认为部分与总体的先在性具有相互性，离开整体谈论部分或离开部分谈论总体都将陷入抽象和虚幻之中。科西克反对将总体僵化在高于部分的抽象中，强调总体是在与各部分的互动中形塑自身的，他指出，"使整体实体化，并且在整体和它的部分（事实）之间偏爱前者，这是导致虚假总体（而不是具体总体）的一个途径"②。卢卡奇与科西克关于总体与部分关系的不同认知有利于深入理解"具体的总体性"的辩证法意蕴，把握共同体的"具体的总体性"特征，进而探寻共同体原则的时空共存性。

2. "具体的总体性"：共同体的辩证法意蕴

具有"抽象的普遍性"的共同体实际上也蕴含"具体的总体性"

---

① ［捷克］卡莱尔·科西克：《具体的辩证法——关于人与世界问题的研究》，傅小平译，社会科学文献出版社1989年版，第27—28页。

② ［捷克］卡莱尔·科西克：《具体的辩证法——关于人与世界问题的研究》，傅小平译，社会科学文献出版社1989年版，第33页。

特征，总体与具体的关系问题是共同体必须解决的难题，共同体的总体性认知与具体建构之间的张力需要加以辩证审视。具体展露了事物的特殊性表征，是共同体的微观构造；"总体"彰显了事物的普遍性特征，是共同体的宏观呈现。具体融入总体时，必须将自身的特殊性让位于普遍性，以寻求不同具体事物之间的共性，而共性是共同体实现身份认同的基础。共同体的"具体的总体性"特性要求将总体性置于具体性之前，在承认总体性的基础上，探索差异性个体耦合的条件与可能性。强调共同体中总体性的优先地位并非摒弃一切具体性，而是追求总体性与具体性的对立统一，在高扬总体性的统领地位的同时捍卫差异化的具体性。

具体之间的差异滋生了共同体的内部矛盾，因而总体与具体的关系问题衍生出一个新问题，即总体与矛盾的关系问题。具体并非消极被动地服从于总体，而是创造共同体的能动性力量。抽象的共同体观念将现存社会视为永恒在场，认为其无条件地容纳具体的事实，彻底切断了具体与真实总体性的关联，从而难以产生通过实践来解决具体矛盾、建立真实总体性的意识。科西克认为，回答"总体与矛盾的关系"的关键"不在于是承认总体高于矛盾还是相反，因为这样的划分恰好遮蔽了总体和矛盾的辩证性。没有矛盾，总体是空洞的、静止的；在总体之外，矛盾是形式上的、任意的"[①]。科西克在理解"总体与矛盾的关系"时强调三个原则：一是总体与矛盾的辩证关系是划分唯物主义"总体"概念与结构主义"总体"概念的区别之一；二是在将"总体"概念视为理解社会现象的手段时，总体是经济基础和上层建筑的总体，且经济基础

---

① ［捷克］卡莱尔·科西克：《具体的辩证法——关于人与世界问题的研究》，傅小平译，社会科学文献出版社1989年版，第37页。

起着决定作用;三是指出人是真正的历史或实践主体。因为"只要人基本上或完全被直观为总体框架中的一个客体,只要人作为人类客观——历史实践主体的根本重要性没有得到承认,社会实在就不可能被当作具体总体来认识"①。总体与矛盾并非简单的二元对立关系,而是相辅相成的辩证统一关系。共同体中的矛盾由具体衍生出来,拥有特殊性的具体天生具备的排他性特征。"差异性具体"之间的对立冲突既可能成为共同体解体的原因,也可能演变成为共同体自我更新的推动器。避免具体之间的极端对立,推动具体之间的沟通融合,才是实现共同体"具体的总体性"的必然选择。

马克思认为,每一个社会有机体"本身作为一个总体有自己的各种前提,而它向总体的发展过程就在于:使社会的一切要素从属于自己,或者把自己还缺乏的器官从社会中创造出来。有机体制在历史上就是这样生成为总体的。生成为这种总体是它的过程即它的发展的一个要素"②。共同体的发展势必使得一切形成共同体的要素服从于共同体总体完善的需要,并从共同体中不断生发与创造出对共同体永续发展有利的新要素。从本质上来看,共同体始终处于不断发展与完善的过程之中,只有把握其发展的"具体的总体性"特征,才能使共同体的内部结构与外部形象日趋完美。正是基于"具体的总体性"特征,共同体的构建过程才能获得克服资产阶级统治及其强制性价值规范的内在依据,促使各主体在具体的实践中实现自主发展,从而推动自身的健全、完善。共同体的"具体的总体性"揭示了共同体内部可能存在的冲突与对抗,因而必须以更加辩

---

① [捷克]卡莱尔·科西克:《具体的辩证法——关于人与世界问题的研究》,傅小平译,社会科学文献出版社1989年版,第30页。
② 《马克思恩格斯全集》第30卷,人民出版社1995年版,第237页。

证的方式予以审视，在统筹共同体各要素的基础上实现总体跨越。把握共同体的"具体的总体性"特征是辩证理解共同体的有效途径，只有明晰这一特征，才能揭开共同体内部差异性原则时空共存的奥秘。

3. 共同体差异性原则的时空共存性

诸多共同体构建原则之间既有共通之处，也存在一定冲突，如不加限制地强调个体自由可能会折损整个共同体的平等与正义原则，并演变为动摇共同体稳定的破坏性因素。然而，共同体原则之间的非本质性差异是保证不同行为主体根本利益的必然要求，差异性诉求在同一共同体中同时被满足，能够增加共同体结构的稳定性，避免由于部分主体需求被忽视或利益受损而演变成为共同体的分裂因素。在对共同体原则"兼容性"问题的讨论中，学界对正义原则与平等原则、自由原则与安全原则之间的兼容性问题存在争论。

首先，关于正义原则与平等原则能否兼容的问题。罗尔斯曾假设了一种共同体的"原初状态"，以此构成对公平的基本契约的论证。罗尔斯认为，处在"原初状态"中的人们将会选择以下两个原则："第一个原则要求平等地分配基本的权利和义务；第二个原则认为社会和经济的不平等（例如财富和权力的不平等）只有在其结果能给每一个人，尤其是那些最少受惠的社会成员带来补偿利益时，它们才是正义的。"[1] 这两个原则作为实现正义的两个方面，体现了罗尔斯理论中正义原则与共同体价值的内在契合性。罗尔斯认为，这两个原则在优先性上存在差异，并"承认自由相对于社会经济利

---

[1] ［美］约翰·罗尔斯：《正义论》（修订版），何怀宏、何包钢、廖申白译，中国社会科学出版社 2009 年版，第 12 页。

益的绝对重要性"①。但是，罗尔斯对正义原则中差别原则的描述，即通过建立补偿机制来实现"正义"，背离了共同体建立的价值初衷。罗尔斯的差别原则优先考虑弱势群体的最大利益，最终指向共同体中所有成员的发展目标，但他却忽视了不同参与主体的权责关系，由此在主体的具体实践和贡献维度上有失公正。因为假定"补偿利益"能够弥合社会和经济的不平等实际上已然践踏了平等的底线，受惠最多的社会成员可能只需要出让极少的利益就能实现所谓的"正义"，这种"正义"意在促进主体间平等但实则进一步加剧了社会的不平等状况。

英国学者 G.A. 科恩认为，罗尔斯创造了一种基于生产原则的机制论，并把正义等同于原初机制的产物。为了申明自身的争议主张，科恩在为社会主义进行辩护的过程中，曾描绘了两种不同的"野营旅行"计划：一种是基于平等、互惠的原则组织起来的旅行，而另一种则是基于市场交换和对所需用具严格私有的原则之上。科恩认为，大多数人都会被第一种"野营旅行"模式所吸引，因为它不仅传递的是一种伙伴关系，而且能够有效地提高效率。在第一种"野营旅行"中，人们必须遵循激进的机会平等原则与共享原则，"差异是大量存在的，但我们相互理解，而且我们这一野营计划的精神，保证了不存在任何人可在原则上予以反对的不平等"②。科恩推崇的"野营旅行"模式虽然是社会主义，但这种社会主义与共同体存在某些相似之处，因为它具备如下要素：预设了等级差异不存在；共同目的在于度过一段美好的时光；机会均等使私人能够达成

---

① ［美］约翰·罗尔斯：《正义论》（修订版），何怀宏、何包钢、廖申白译，中国社会科学出版社 2009 年版，第 49 页。

② ［英］G. A. 科恩：《为什么不要社会主义？》，段忠桥译，人民出版社 2011 年版，第 16 页。

合作共识，受到平等和互惠原则的规范。科恩与罗尔斯关于正义问题争论的焦点在于"正义原则与共同体原则能否兼容"的问题，罗尔斯对其给出了肯定回答，而科恩却认为二者无法兼容，因为承认激励性不平等存在的正当性，肯定差别原则的合理性实际上就意味着对共同体原则的抛弃。

其次，关于安全原则与自由原则能否并存的问题。人作为社会性动物，不可避免地将与"他者"发生联系。共同体对个体最大的吸引力在于共同体对个体安全的保障，个体自愿出让部分自由置换生命或精神的安全。当个体试图融入共同体获得安全庇护之时，为了确保"他者"的权益不被侵犯，个体必须出让一部分自由以符合共同体发展的规范，因而共同体内部的安全原则与自由原则之间势必会出现冲突与对抗，英国学者齐格蒙特·鲍曼将其称为"确定性与自由之间的冲突"。鲍曼相信，人们无法一劳永逸地解决"确定性与自由之间的冲突"，但不断地尝试与探索，在经验的累积与智识的发展中，人们应对这种冲突的方式将不断进益，进而使共同体以更好的方式呈现。安全原则与自由原则之间的冲突并非不可调和，这两种原则都是为了更好地维护大多数成员的权益，它们反映的是共同体与个体之间的张力问题。安全与自由在任何时空都是人类生存发展的必然追求，寻求二者关系的良性平衡才是共同体中安全原则与自由原则兼容性难题的破解之道。

对正义原则与平等原则冲突的理解，实质上忽视了在现实的共同体中永远难以实现绝对的正义与平等，因为追求绝对的平等必然要求现有社会资源的重新分配，这对部分从正当途径获取财富的人而言却是非正义的。平等原则强调贡献程度相同的主体获得等价的回报，而不是依据共同体中参与主体数量来评判回报公正与否。现存国际秩序中的平等远没有考量具体主体的能力及其实施途径的影响，难以构成获得正义性的凭据。在共同体中，正义与平等之间的平衡是维持共同体良性发展的必要保证，正义原则与平等原则之间并非无法共存、非此即彼的关系，它们在同一共同体中同样适用。在化解共同体内在矛盾的过程中，必须实现"具体的总体性"的方法自觉，方能在把握不同原则具体性的同时找到适合共同体的总体发展方向。

三、原则与时空的交互困境及其调适

共同体原则的高度抽象性决定其在运用到具体时空维度的过程中可能出现不相适应的问题，抽象与具体的矛盾始终交织于共同体原则的构建与实施过程。破解共同体原则与历史时空不相适应的困境，必须实现共同体原则与历史时空的交互调适，推动二者交互调适的主体是"现实的人"。"现实的人"能够发挥主观能动性以有效革除共同体原则与历史时空之间存在的冲突与不适之处，在坚持"抽象的普遍性"与"具体的总体性"相统一的辩证法中，提升共同体原则的时空适配性，为构建跨越时空的人类命运共同体奠定基础。共同体原则与历史时空交互调适的辩证法是将共同体原则置于人类历史的总体性中予以考察，并寻找挣脱时空局限与束缚的、具有普适性的共同体原则。

1. 原则与时空的交互困境

共同体原则具有高度抽象性，当它被运用于构建具体形式的共同体时，将面临特定历史时空中原则"水土不服"的困境。由于地域和文化习惯的差异，共同体原则被人们所理解、接受的程度迥然有别。共同体范围越大，原则与时空交互调适的困难也会越大，因为它必须实现更大范围内的"具体的总体性"。在共同体的建构过程中，原则与时空交互调适的困境主要体现在三个方面：一是利益的冲突性；二是民族文化的排他性；三是原则解释的主观性。这些困境的存在增加了共同体成员达成共识的难度，阻碍了共同体原则跨越时空的推广与落实。

首先，共同体中个体利益与集体利益之间存在冲突，这使得正义原则与平等原则难以全面贯彻。集体利益作为对共同体中大多数人利益的保护，可能会造成少数人的利益受损。而"任何共同体，首先都是利益共同体"[①]，正义原则与平等原则要求共同体成员利益共享与责任共担，即自身利益获得共同体庇护的同时要承担起建设共同体的责任。少数群体为了确保自身利益的最大化，会牺牲"他者"利益来维持自身利益获得的持续性，这种现象在资本主义社会比比皆是。马克思曾不遗余力地批判了资本主义制度的逐利本性，揭露占人口极少数的资本家垄断社会的大部分财富，对人口占大多数的人民进行剥削、奴役与压迫的卑劣行径。马克思认为，促使资本家"连在一起并发生关系的唯一力量，是他们的利己心，是他们的特殊利益，是他们的私人利益"[②]。在资本逻辑塑造下的现实社会中，实现个体利益与集体利益的绝对平衡几无可能，利益的生产与分配环节中潜藏的不平等势必会造成结果的不平等。罗尔斯主张的"差别原则"虽然在主观上具有确保弱势群体社会正义实现的初衷，但其在贯彻执行中却是举步维艰，这反映了正义原则与公平原则全面实现的现实困境。罗尔斯希望在"差别原则"引导下建立的社会中，"任何人都不会因为他在自然资质的分布中的偶然地位或者社

---

①　康健：《从利益共同体到命运共同体》，《北京大学学报（哲学社会科学版）》2018 年第 6 期。

②　《马克思恩格斯文集》第 5 卷，人民出版社 2009 年版，第 204—205 页。

会中的最初地位得益或受损而不同时给出或收到某些补偿利益"。①他看到了社会利益分配的不平等，但并没有将不平等的根源归结为生产分配方式，而是将其归结为出生时的"偶然因素"以及不同价值观之间的斗争，具有强烈的唯心主义色彩。罗尔斯提供的唯心主义方法论只能局限于在利益分配时对弱势群体的"关注"，无法真正解决个体利益与集体利益之间的冲突，对两者利益冲突的解决仍然需要诉诸历史唯物主义。

其次，民族文化的排他性增加了不同共同体之间相融合的困难，致使共同体原则难以在不同时空中获得真实的普遍认同。每个个体的成长均离不开其生长环境中民族文化的浸润，民族文化构成个体心理培育与交流交互的底色，也是其认同感与归属感形成的最初来源。包含语言、传统习俗、服装等方面在内的民族文化的多样性与差异性，是世界文明存在样态丰富性的彰显。对自身民族文化的认同，是增强民族凝聚力的强大内在动力，尊重与保护民族文化遗产的多样性已经成为世界各族人民迫在眉睫的重要任务。但民族文化的多样性与差异性也成为区域间隔阂甚至冲突产生的思想文化根源。对自身民族文化的高度认同强化了文化接受上的排他性，增加了不同共同体之间融合的难度。如何跨越时间与空间的阻隔，削弱不同民族文化之间的排他性，开启不同文化之间的交流与对话，是实现共同体原则"抽象的普遍性"与"具体的总体性"相统一所不得不面对的现实挑战。

最后，原则解释的主观性致使跨越时空的交互共识很难达成。共同体原则归根结底是人类主观精神创造的产物，人的思维活动会

---

① [美] 约翰·罗尔斯：《正义论》，何怀宏、何包钢、廖申白译，中国社会科学出版社 2009 年版，第 78 页。

随着时间的推移以及空间的变化而发生改变，他们对原则的认识、解释也会不断变化。原则认知的变动不居增加了不同主体之间的沟通成本与共识达成的难度，受到认知结构、情感倾向、意志等主观因素的影响，原则的解释与实践之间始终存在一定张力。共同体原则对解释主观性的克服可借助解释权威的出现，这种权威依靠自身影响力能够促使"他者"产生对共同体原则的信任与认同，进而一定程度上弥合不同主体对共同体原则思想内核的解释分歧。在全球规则制定的过程中，面临主导者、解释者与裁决者如何保持中立的难题。如果当国家跨越地区与政治界限成为全球性国家时仍存在永恒的威胁，某些国家和经济组织始终想在世界占据支配地位并使自己的行为正当化，那么世界将演变成一种"政治竞技场"。强化自身权利正当性的政治初衷使得任何政治参与主体都想成为全球规则的制定者，遵循利己主义原则来解释共同体原则的精神内核，这无疑增加了共同体原则时空调适的难度。需要进一步指出的是，虽然诸多参与主体之间由于各自对共同体原则的认识、解释不同而形成一定程度的差异性，但这种差异符合共同体构建的需要，能够在共同体的构建日臻成熟中实现结构性和谐，在此过程中形成的"共同体原则"也能够为其成员所普遍认同。

尽管共同体原则与历史时空的交互调适存在多重困境，但人们在这些困境面前并非无能为力。遵循"抽象的普遍性"与"具体的总体性"相统一的调适方法，根据客观条件发挥人的主观能动性，是破解共同体原则与历史时空交互调适困境的有效途径。

2.现实的人：原则与时空的交互主体

虽然共同体是一种抽象的普遍存在，但处于共同体中的人是具有实在性、能动性的"现实的人"。"现实的人"是共同体原则与具体时空互动的施动者，也是共同体原则与历史时空交互的承担者。

人不是抽象地蛰居于共同体之外的独立个体,其社会生存与交往的复杂性决定了参与社会活动的多样性以及身份的多重性,所以个体本身也具有总体性特征。卢卡奇指出,"总体的范畴绝不是把它的各个环节归结为无差别的统一性、同一性"①。总体性范畴对认识对象和认识主体均具有规范性价值,其方法论意义在于明确:"只有当进行设定的主体本身是一个总体时,对象的总体才能加以设定;所以,为了进行自我思考,只有不得不把对象作为总体来思考时,才能设定对象的总体。"②当人们在认识并融入共同体的过程中,个人必须将自身作为一个整体,在把握自身复杂性的同时意识到生存需求的基础性与总体性,唯有如此,才能拥有对共同体满足总体需求的清醒认知。以"现实的人"作为共同体的主体,表明共同体的构建不能脱离人类社会动态性生成的总体过程,且必须凭借总体性范畴才能透彻把握共同体形成的事实及规律,从而构建起以"现实的人"为基本载体和根基的共同体。卢卡奇认为,当人的总体性与世界隔离之后,人类本身便只具有道德规范性意义,只具备规定和命令的性质,而无法真正参与创造客体的活动。人在改造对象性世界的过程中,必须与对象性世界建立联系,忽视人与世界的关联性,人的"改造"活动必然沦为抽象的精神活动。

"现实的人"是共同体原则的践行者,其发展带着所处时代的烙印。"推动文化演进和社会复杂性的动力其实就是自相矛盾的人性:人类绝对是群居动物,深谙合作,同时也洞悉竞争。"③人的需

① [匈]卢卡奇:《历史与阶级意识》,杜章智、任立、燕宏远译,商务印书馆2017年版,第57页。

② [匈]卢卡奇:《历史与阶级意识》,杜章智、任立、燕宏远译,商务印书馆2017年版,第71—72页。

③ [美]罗伯特·赖特:《非零和时代:人类命运的逻辑》,于华译,中信出版社2014年版,第19页。

求与欲望是一把双刃剑，它既是推动人类文明发展与社会进步的永动机，又是破坏社会规则、引发社会动荡的始作俑者。共同体原则正是对复杂人性的内在规约，将人与人之间的竞争控制在有利于共同体发展的范围之内，成为规范人类活动的社会与价值尺度。人的发展受到所处历史时空的限制，但同时又能发挥主观能动性去打破时空界限，规避风险，创造发展的有利条件，实现对生活世界的改造。共同体最初诞生于人与自然的对抗之中。为了摆脱自然对人类发展的限制以及避免突发自然灾害带来的毁灭性打击，人类寻求群体的力量来克服自然对人的统治。随着人征服自然，拉开创造人类新文明的序幕，人们对共同体功能与价值的需求也与日俱增。构建更加美好的共同体成为应对新文明形态潜在风险的题中之义，而其构建原则也变得日益清晰。共同体的真正构建，不仅需要通过构想与其基本原则高度契合的现实制度或机制以促进主体实现合作参与，而且需要依靠明确的价值目标来培育人们共同构建的共同体意识和精神。因而从根本上来说，共同体原则的确立是人发挥主观能动性与其所处的自然和社会环境交互调适的结果，其最终目的指向了人类未来的美好生活。

人类智力的开发与科学技术的发展，推动了人的思维活动的进步。从对安全的庇护到对自由、民主的渴求，人们正是在所处生活与历史时空的变化中强化了对共同体功能的认知，也使共同体的结构在同时空的不断调适过程中日趋完善。在共同体原则的落实中，虽然存在个体利益与集体利益的冲突、民族文化排他性的干扰以及原则解释主体性的困境，但依托于具有主观能动性的人，推动主体间的交流与沟通，势必能够在种种时空条件的限制与阻碍中找到达成共识的现实路径。正如英国社会学家阿尔布劳所说，"原则相辅相成，在本土根深蒂固。我这样说旨在强调，正是文化之间的相互接触加快了妥协的进程"①，而文化交流是化解原则之间冲突与矛盾的方式。将共同体原则置于不同的时空条件下予以审视，寻求原则适配的条件性与普遍性，找寻跨越时空界限的具有"抽象的普遍性"的客观规律，从而构建能够普遍适配、达成广泛共识的新原则，而这些新原则的形成，是人类反思经验性事实而凝结的智识策略，是共同体原则的时空性延展。

"现实的人"作为共同体原则与历史时空交互调适的主体，能够在对象性活动中运用自身的智慧实现共同体原则与历史时空的有机适配，这种适配主要体现在两个方面：一方面，推动对共同体原则认知的不断深化，以使其适应具体时空下共同体发展的现实条件；另一方面，在未被共同体原则渗透的时空中，推广共同体原则以期建立一个新的共同体。在神权占统治地位的时代，上帝神圣不可侵犯，拥有至高无上的权力，人性被淹没在神性的光辉之中，人们对自由、平等的渴望被压制，任何主张脱离神权统治的言论都被视为异端邪说；在封建专制大行其道之时，王权的绝对统治、阶层的固化致使人民的生存与发展权利被专制政权所剥夺，而无处不在的思想灌输更是麻痹了人们的思想，强化了专制统治的"合理性"。随着社会生产能力的发展、思想文化水平的提高，思想哲人对现实世界展开批判性反思和主体性探究，笼罩在神权与王权之上的谎言被揭穿，自由、民主、平等、正义等共同体原则陆续在世界范围内传播开来，神权与王权所建立起的旧世界最终被一个尊重人权与个体利益，追求个体与集体双赢的新的共同体所取代。

作为历史主体的人与共同体的关系表现在二者的交互行动之

---

① Martin Albrow, *China's Role in a Shared Human Future: Towards Theory for Global Leadership*, Globe China Press, 2018, p.70.

中，这一交互行动始终发生在主体的生活世界并在其中不断生成社会关系的总和。人不仅是共同体的创造者，而且是在共同体中形成的产物。"现实的人"在互动交往中生成的共同体不是哲学意义上的抽象世界，而是包含主体的情感、意愿、交互活动，以及不断发展的社会生产力在内的生活世界。人既是共同体原则的确立者，也是共同体原则的践行者，人与人之间的主体交互活动，展开于共同体原则不断被解释与言说的过程中，逐渐克服共同体原则时空转换的"水土不服"，从而推动不同地区、种族与文化样态之间达成共识，催生获得广泛认同的新的共同体形态。

3. 共同体原则与历史时空交互调适的路径

共同体原则跨越历史时空的交互调适是一个主客体互动的过程，"现实的人"作为共同体原则得以在不同时空中完成交互调适的主体性因素，固然对调适结果起着关键性作用，但调适结果还取决于时空界限能否被打破、共同体原则自身吸引力的强弱以及共同体原则践行效果的优劣。

科学技术的发展打破了时空壁垒，为共同体原则跨越时空的传播奠定了基础。马克思认为，科学技术的发展会造成人的异化，"技术的胜利，似乎是以道德的败坏为代价换来的……甚至科学的纯洁光辉仿佛也只能在愚昧无知的黑暗背景上闪耀。我们的一切发明和进步，似乎结果是使物质力量成为有智慧的生命，而人的生命则化为愚钝的物质力量"①，但他同样也积极地从正面评价科学技术的功用，认为科学技术的发展在短时间内创造了庞大的工业帝国，引发了生产力的巨大飞跃，具有重要的社会意义。当今时代，科学技术的突飞猛进不仅引起了生产力的变革，更改变了人类的生活与交往

---

① 《马克思恩格斯文集》第 2 卷，人民出版社 2009 年版，第 580 页。

方式。从轮船、飞机到宇宙飞船，交通工具的革新不断拓展人类活动的边界，消弭了地域之间的阻隔，真正实现了"地球村"并向着"宇宙村"的方向迈进；从书信、电话到互联网通信，通信技术的发展打通了人与人跨地域沟通的屏障，大大提升了交流与沟通的效率，极大降低了交流成本，推动了文化与思想的跨时空流动；从文字、影音图像到音频视频，储存技术的发展使现代人也能通过阅读、观赏了解几千年前的历史与风土人情。科学技术对时空隔阂的不断消解，促使共同体原则跨越地域、穿越时空而流动与传播，在人的主体性作用下被更多的人接受并运用于构建新的共同体之中。

共同体原则本身的吸引力决定了不同时空的交互主体是否自愿加入共同体中成为共同体的一员，并推促原则认知被不断强化和坚持。鲍曼认为，"共同体主义者所梦想的共同体，其魅力依赖在于对简化（simplification）的允诺；从它的逻辑限度上说，简化就意味着许多的相同性和最低限度的多样性"①。在鲍曼看来，理想的共同体是高扬共性，并同时保留个性。在构建共同体的过程中，"相同性"与"多样性"之间并不存在必然的冲突，"相同性"是共同体能够存在的前提，而"多样性"是共同体持续发展的保证。正是"相同性"与"多样性"之间的动态平衡，确保了共同体在稳定中求发展的可能性，离开"多样性"的共同体势必陷入僵化的境地。为消解以往抽象的个体与共同体之间的矛盾，既要保证个体性的发展需要，又要使个体性对共同体保持开放状态以免陷入自我封闭的困境，由此共同体的构建才有可能成为推动个体发展的真实力量。"现实的人"的需求多种多样，如生存需求、发展需求、情感需求以及

---

① ［英］齐格蒙特·鲍曼：《共同体》，欧阳景根译，江苏人民出版社2003年版，第184页。

安全需求等，依据共同体原则构筑的共同体，对人的一系列现实需求的满足程度集中反映了这些原则吸引力的强弱程度，它必须实现"相同性"与"多样性"之间的平衡，才能同时满足个体与共同体发展的双重需求。

　　共同体原则能否在不同的时空中同样适用，还必须通过实践来检验。以正义原则为例，英国学者安德鲁·赫里尔认为，从程序正义的角度出发，将程序神圣化来构建共同体"是一个天真的做法"。因为程序正义将受到四重因素的影响：政治参与主体推广自身价值观的渴望；特定种类的、隐含的规范性预设；对结果公平和公正的承诺；程序与实力之间的复杂关系。[①] 在实现程序正义的过程中，各政治参与主体总是试图支持与推广自身认同的价值观，影响了共识的达成效果；规范性预设往往指定了程序合理性、正当性和有效性的解释者与裁决者，可能从一开始就埋下了滋生不平等的隐患；程序正义衍生出的对结果正义的渴求会无形中降低全球决策与裁决的速度与效率；而政治参与主体的实力高低，可能会影响程序的制定、实施以及监督，出现违背公平正义初衷的问题。如何实现有效的政治能动性，避免冗杂的、无意义的程序干预，是正义原则在实际践行过程中必须面对和思考的问题。通过实践的检验，人们对包括正义在内的共同体原则的认知将愈益清晰，能够根据具体的历史条件优化其践行路径，以期能够经得起时间与实践的双重考验。

　　在共同体构建与发展的过程中，不同共同体原则指涉的问题域、目标以及价值导向存在非原则性的差异，不可避免地会产生

---

　　① 参见［英］安德鲁·赫里尔：《全球秩序与全球治理》，林曦译，中国人民大学出版社 2018 年版，第 363 页。

冲突。当共同体原则之间发生冲突时，是否存在调和这种冲突的既定标准与原则？对于这一问题，美国学者迈克尔·J.桑德尔提出了一种解决方案，即将正义原则置于所有价值的首位，称其为"诸价值的价值"。桑德尔认为，"正义不仅仅是作为偶然的因素被权衡和考虑的许多价值中最重要的一种价值，而且更是权衡和估量各种价值的定律（means）。正是在此意义上，正义作为'诸价值的价值'，并不将自身看作是它所规划之诸多价值的同类物。当诸价值间的相互冲突与诸善观念间的相互竞争无法解决时，正义即是彼此赖以和解和调节的标准"①。在桑德尔看来，现代资本主义民主社会依据政治自由主义所推崇的公共理性来保障人们的价值诉求，实则限制了人们共同探讨发展与价值问题的权利，他主张以公平正义的理性对待共同体构建的现实意义，实现共同体成员对善的价值追求和认同。桑德尔的解决方案具有一定合理性，当自由、平等、共享共担等原则被侵蚀之时，这种侵蚀行为可以被视为非正义行为，因为其不符合正义原则所确立的价值规范，因而社会普遍正义实现与否构成了对共同体原则践行效果的重要检验标准。桑德尔对正义原则的价值定位及其调停社会冲突功能的描绘也存在一定局限。正义原则内蕴的个体差异性以及实践中的可操作性问题，都有可能削弱这些原则的有效性。因此，探索一种能够获得广泛认同的普遍性正义原则以解决社群内部的冲突和矛盾，就变得尤为迫切。

成功实现共同体原则与历史时空的互动调适，关键在于明确原则与时空调适的指导准则和操作规范。这要求我们在原则与时

---

① ［美］迈克尔·J.桑德尔：《自由主义与正义的局限》，万俊人等译，译林出版社2001年版，第20页。

空背景的协调过程中，制定出既具有深远影响力又能实际指导行动的价值规范，以及切实可行、高效灵活的调适策略，确保共同体原则不仅在理论上得到认同，而且在实践中得到有效执行，从而在不断变化的历史时空中保持其活力和适应性。具体而言，要坚持人的主体性地位，发挥人的主观能动性，调动现实主体构建与完善共同体的积极性，形塑共同体原则与历史时空交互调适成功的主观条件；确立正义原则在共同体原则内部调适中的首要地位，将正义原则作为检验共同体实践效应的标准，满足共同体原则与历史时空交互调适成功的客观要求；坚持"抽象的普遍性"与"具体的总体性"相统一的调适方法，探寻共同体原则与历史时空双向互动的契机，将历史与现实相结合、兼顾共性与个性、强调整体的优先性地位，形成共同体原则与历史时空交互调适成功的方法论自觉。

人类命运共同体作为当代全球共同体构建的行动蓝图，是贯彻抽象普遍性与具体总体性相统一的典范，深刻体现了普遍性原则与具体实践的有机结合。通过形成共同体原则与历史时空交互调适的方法论自觉，人类命运共同体在全球多元文明繁荣的时代不断突破文化认同的地域藩篱，实现了一种关切全人类的总体性认知与总体性建构。人类命运共同体始终着眼于具有共同价值追求和共同发展目标的"现实的人"，在历史与现实的交融中，为构建一个持久和平、普遍安全、共同繁荣、开放包容、清洁美丽的世界提供了中国方案。这一方案不仅是普遍共同体原则与具体历史时空相适应的典范，也是推动全球治理体系变革、促进国际关系民主化的重要力量。通过倡导合作共赢、共同发展，人类命运共同体理念为全球面临的挑战提供了新的思路和解决方案，为构建更加公正合理的国际秩序贡献了中国智慧。

第三节 "新轴心时代"的文化突破与国际认同

"轴心时代"产生的人类文明精神的重大突破性成果，在当今时代仍然迸发蓬勃的生机与活力，奠定了现当代文明发展的精神根基。从"轴心时代"到"新轴心时代"[①]的文明跨越，是文明发展的总体性超越。在"新轴心时代"，人类命运共同体通过对文化的总体性认知，实现了文化形态的世界性突破；通过新文化形态的总体性建构，在文化认同的基础上不断实现人类命运共同体的国际认同。人类命运共同体的文化构建坚持以人类为主体的社会治理，突出以全人类共同价值和利益为中心的驱动及协调过程，这有助于实现在真正的人类意识引领下展开"类本质"的构建活动，使得参与主体在构建过程中逐步形成追求自身发展的自觉意识。人类命运共同体对世界格局的总体性建构，推动越来越多的国际主体认同这一建构性方案的合理性和科学性。

一、"新轴心时代"：全球多元文明的繁荣

在社会生产力的持续推动下，人类社会经历了从"轴心时代"到"新轴心时代"的历史性跨越。时代的跨越催生了人们对西方主导建立的现代世界秩序的反思与重构，撼动了个别超级大国的统治

---

① "新轴心时代"也被称为"第五文明时期""新启蒙时代"或"第二轴心时代"，首次提出"第二轴心时代"的是卡伦·阿姆斯特朗和尤尔特·卡曾斯（参见程竺：《走向第二轴心时代的跨文化研究》，《浙江大学学报（人文社会科学版）》2004年第6期）。"新轴心时代"这一观点是相对于"轴心时代"而言，它主张人类抛弃极端个人主义所追求的价值目标，从全人类的利益出发，实现对科学技术和物质生产的自觉控制，主张通过国家间的平等协商来构建人类命运共同体。

地位，迎来了文明发展的新纪元。面对文化霸权主义、文化殖民主义以及依附性世界文明的弊端及其发展困境，建立新的世界文明格局迫在眉睫。全球化的发展为不同文明的世界性传播提供了舞台，在未来世界文明秩序的形成过程中，文明的多元化将是必然趋势。在多元文明繁荣的"新轴心时代"，任何单一文化形态都无法成为世界文明的"主导者"，任何试图重拾文化霸权的行径必将被历史的洪流所抛弃。

1. 从"轴心时代"到"新轴心时代"：文明跨越的历史变迁

"轴心时代"这一概念最初由雅斯贝尔斯提出。他认为，在"轴心时代"，各主要文明形态都达到了一个对人类状况进行反思的新阶段，这种反思构成了"轴心时代"的根本标志。雅斯贝尔斯将公元前 8 世纪至公元前 2 世纪指称为"轴心时代"，认为当时的几大主要文明形态——中国、印度、希腊等，在基本隔离的状态下都思考了人类生活与生存样态的问题，并致力于追寻"共同善"①。雅斯贝尔斯相信，"轴心时代"产生的观念为其后人们历史意识与现实观念的形成奠定了基础，人类的自我觉醒开始于"轴心时代"的观念觉醒。对于雅斯贝尔斯"轴心时代"概念的理解，学界讨论已久，但仍未达成共识。有学者认为，就现象层面而言，"轴心时代"只不过是"历史巧合"②。也有学者认为，"轴心时代"概念并非一个事实性概念，而是一种理论假设，用来证明人类文明存在共性，若将其与具有历史客观性的"中古时代""启蒙时代"相提并论，这一

---

① 参见 [德] 卡尔·雅斯贝尔斯：《论历史的起源与目标》，李雪涛译，华东师范大学出版社 2018 年版，第 8 页。

② 陈方正：《论"轴心时代"的"两种文化"现象》，《江海学刊》1999 年第 1 期。

概念将失去其存在的合法性。① 在雅斯贝尔斯提出"轴心时代"之初，"轴心时代"概念本身尚不完全具备事实性特征，各大文明地区文化繁荣景象的出现也可能只是"历史巧合"，但不可否认的是，"轴心时代"掀起的精神变革具有划时代意义。"轴心时代"的影响力和渗透力潜藏于当代社会发展现象背后，成为推动社会发展的重要精神力量。

在雅斯贝尔斯之后，沃格林和艾森斯塔特进一步发展了"轴心时代"的相关理论和假设，使其拥有了比较文明史和比较世界史的研究论域，产生了巨大的理论效应。随着世界历史的纵深发展，关于"轴心时代"的研究不断深入，人们的认识边界也逐渐拓展，在理解"轴心时代"的基础上寻求文化超越。伴随"轴心时代"理论的发展，有学者提出人类社会已经在 20 世纪 60 年代之后进入"新轴心时代"，呈现出两大特征：一是对西方模式的迷恋被逐渐消解，人们渴求更加多元化的社会发展与文明探索；二是推动新世界体系构建的政治与经济力量不断涌现。② 在"新轴心时代"中，任何权力主体妄图支配全人类发展的行径都将被否定，非西方国家的独立自主意识得到肯定，由此推动形成以合作发展为主要方式的新型全球治理体系和国际关系。"新轴心时代"的提出打破了"西方中心论"的神话，结束了霸权主义国家"一统天下"的局面，形成了多个区域性的政治中心、经济中心与文化中心。尽管这一历史时代仍处于发展状态，其最终能否建立一个新的全球治理体系取决于各种势力的博弈，但它对传

---

① 参见张汝伦：《"轴心时代"的概念与中国哲学的诞生》，《哲学动态》2017 年第 5 期。

② 参见郭长刚：《"新轴心时代"与全球治理体系变革》，《探索与争鸣》2020 年第 3 期。

统全球治理体系的挑战与超越，推进了当代新世界秩序的建立和发展。

在"轴心时代"向"新轴心时代"转变的过程中，科学技术的发展发挥了不可替代的巨大作用，它打破了世界各大文明形态在地理上的隔绝状态，加速了文明的交流与融合。尤其是信息化技术的突飞猛进，大大提升了文化交流的速度与频次，加快了文明对话与融合的历史进程。但是，科学技术的发展从来都是一把双刃剑，它在推动全球多元文明繁荣发展的同时，也使差异性文明之间的竞争和冲突变得愈益激烈。在信息爆炸时代，直接的、便捷的文化交流削弱了对话机制的调和作用，挤压了差异性文化展开彼此认同"缓冲空间"，消磨了人们认识非同质性文化的耐心。因此，"新轴心时代"既为全球多元文明的繁荣提供了机遇，也使文明的对话与合作面临着新挑战。

2. 多元化："新轴心时代"全球文明发展的历史趋势

有学者认为，"不太可能发生的事情是，任何一个单一的意识形态或者世界观就能为 21 世纪的价值和伦理提供一个整体性的框架或宏观论述"①。多元化是"新轴心时代"全球文明发展的历史趋势，也是世界文明迸发出生机与活力的关键所在。21 世纪，没有一种文化形态能够在世界历史的发展中"一枝独秀"，占据绝对的领导地位，推行文化霸权主义终将被历史的洪流所淹没。面对全球化发展浪潮，"新轴心时代"的全球文明发展必然朝着多元化的方向不断向前，实现文明发展的阶段性"跨越"。

1877 年，摩尔根在《古代社会》一书中首次论及文明的阶段

---

① ［英］安德鲁·赫里尔：《全球秩序与全球治理》，林曦译，中国人民大学出版社 2018 年版，第 364 页。

性演进问题，指出文明的发展经历了从蒙昧到野蛮再到文明的发展阶段，这三个阶段遵循单向的进化顺序。人类历史上曾出现过六个标准的原生态文明，即"美索不达米亚、埃及、中美洲、南美洲、中国和南亚印度河河谷的文明"①。尽管六个原生态文明具体发展过程各异，但他们都经历了较为相似的演进历程："一个发展的趋势一直在引领着人类，引领人类来到文明的边缘——从部落扩大到村落，再扩大到更大更复杂的结构，继而合并成酋邦。"②从唯物史观的角度出发，文明演进的过程实质上始终受到"一根红线"的制约，而这根贯彻始终的"红线"就是经济发展。生产工具的进步与生产方式的变革促使生产力水平发生了翻天覆地的变化，人类社会生存空间发生了从部落到村落再到酋邦的嬗变，人们对物质世界的认知不断加深，人类精神变革的领域持续拓宽，新的文明形态得以形成。

早期人类的生存状态在地理上体现为互相隔绝，这使得早期的文明形态往往在空间上表现为彼此区隔，如世界四大古代文明（古代埃及、古代巴比伦、古代印度和古代中国），它们虽然偶有交流，但总的来说处在各自独立发展的阶段，从这一点看来，人类文明形成之初便具有多元性特征。在这一阶段，各个文明的独立地位和价值需求得以确认，并获得较为开阔的发展空间。而只有当共同价值建立在人的自由的生存活动基础之上，文明多元性的持续发展才能真正得到保证。"文明是由一个或多个社会和国家历史上形成的。这些社会和国家具有共同的宗教、文化和道德价值观，并组

---

① ［美］罗伯特·赖特：《非零和时代：人类命运的逻辑》，于华译，中信出版社 2014 年版，第 115 页。

② ［美］罗伯特·赖特：《非零和时代：人类命运的逻辑》，于华译，中信出版社 2014 年版，第 115 页。

成了多元文明的历史和多元文明的当代世界体系。"① 早期的文明形态随着科学技术的进步与地理大发现逐渐走向融合，开启了资本主义文明。马克思曾这样形容资产阶级开启的时代："一切固定的僵化的关系以及与之相适应的素被尊崇的观念和见解都被消除了，一切新形成的关系等不到固定下来就陈旧了。一切等级的和固定的东西都烟消云散了，一切神圣的东西都被亵渎了。人们终于不得不用冷静的眼光来看他们的生活地位、他们的相互关系。"② 在马克思看来，资产阶级开启的时代是一个始终处于变动不居的时代，观念的碰撞、文明的竞争与消解在这一时代不断加剧，加速了文明的融合，创造了符合资本主义发展的全球化文明。

在构建人类命运共同体中，文化融合实质是站在更高的立场上探寻对差异性文明之间矛盾的重新协调，使得在多元文化中寻求价值共识成为多方主体内在的发展需要。资本主义文明在过去很长一段时间曾在国际文化交流中占据了主导地位，拥有话语主动权，但随着社会主义国家的出现与发展，尤其是中国特色社会主义实践取得了举世瞩目的成就，世界文明的发展呈现出多元化的趋势。

3."新轴心时代"：谁来"主导"世界文明？

在"新轴心时代"，无论是物质文明还是精神文明的发展，均不存在文明发展的绝对"主导者"。"几百年时光飞逝，一个个不同的文明兴起又衰落，但文明本身却越来越兴盛，越来越庞大，也越

---

① ［保］亚历山大·利洛夫：《文明的对话：世界地缘政治大趋势》，马细谱、葛志强、余志和等选译，社会科学文献出版社 2007 年版，第 6 页。利洛夫认为，"文明"是物质文化和精神文化的集合体，他常常将"文明"与"文化"作为同义语使用，认为二者概念具有互换性。笔者认为，并非所有的文化形态都可以称之为文明，文明是文化"取其精华、弃其糟粕"之后的结果。

② 《马克思恩格斯文集》第 2 卷，人民出版社 2009 年版，第 34—35 页。

来越复杂。"① 面对繁荣兴盛但复杂多变的文明发展态势，任何试图主导世界文明发展的国家，都包含推行文化霸权主义和文化帝国主义的险恶用心。"全球化需要规则，而非统治者。我们可以提出建议但绝不能强加于人，因为领导者和追随者之间的差别不仅在于他们对权力的认识存在差异，更在于其不同目标的影响力完全不同。"② 面对"新轴心时代"文明的多元发展趋势，世界需要的是确立新的价值规范，挖掘新的责任主体以引领世界文明的发展，而非多元文明的主导者或统治者。

亨廷顿曾提出文明冲突论，他认为文明的冲突将决定世界地缘政治的发展方向与现实状况。在此之后，也有学者对文明冲突论提出了质疑，主张"文明对话论"，认为不同文明之间的交流与对话将不断确立新的地缘政治范式。如利洛夫认为，构成当今世界的八种文明形态——欧洲文明、中华文明、俄罗斯文明、印度文明、伊斯兰文明、日本文明、拉丁美洲文明和非洲文明都具有自身的独特性，它们"都具有同等价值，都有自己的历史、传统、价值和文化"③，而人类未来的发展将取决于这些文明的对话与互利合作。人类文明具体体现在生活世界的各个方面，不同民族的文明形式在具体的历史中形成自身的文化结构和价值特征，文明对话寄托于各民族文化思维和精神的沟通，进而凝聚促进人类文明整体发展的动力。文明冲突论看到了世界文化的参差与不同

---

① ［美］罗伯特·赖特：《非零和时代：人类命运的逻辑》，于华译，中信出版社 2014 年版，第 114 页。

② ［美］托马斯·P.M. 巴尼特：《大视野大战略：缩小断层带的新思维》，孙学峰、徐进等译，世界知识出版社 2009 年版，"前言"第 6 页。

③ ［保］亚历山大·利洛夫：《文明的对话：世界地缘政治大趋势》，马细谱、葛志强、余志和等译，社会科学文献出版社 2007 年版，"寄语中国读者"第 1 页。

文明之间的碰撞，但文明与文明之间并非必然走向冲突与对立。在人类开启认知革命之后，人类思维方式与交流方式的演进已经为不同文明之间的合作与对话奠定了基础；在当代开启智能革命之后，人类文明进程进一步加速。可以预见，未来文明发展的趋势必然超越"西方中心论"的主导趋势，走向世界多元文明的并存与融合。

世界文明多元发展格局的确立与传统政治格局的消解息息相关。在西方主导世界发展的时代，西方文明一直在文明的传播与发展进程中拥有话语主动权，衍生了由西方文化霸权、文化殖民与非西方文化依附共同构成的文明图景。传统政治格局的确立为西方文明的全球扩散提供了舞台，而西方文明影响的扩大反过来强化了这种政治格局。利洛夫认为，文明将在世界政治发展中起到决定性作用，原因在于：文明取代了冷战时期的集团联盟，保持了世界体系的均势，构成了当代世界最紧密的大型聚合体。[①] 利洛夫夸大了文明在世界秩序构建中的作用，文明只能是世界体系构建的"突破口"，尚无法决定未来世界秩序的走向。相对于经济领域的激烈竞争，文明领域的对话与沟通可能更趋平和，不同文明之间的共性或相似性为世界性的协作与联合提供了契机。世界之所以能够成为一个紧密的"大型聚合体"，根本原因在于各国际交往主体之间利益的盘根错节与文明的相融相通。

非西方国家的迅速崛起，打破了传统政治格局确立的世界秩序，使多元文化拥有在世界舞台展示自身的更好机会，推动新的世界政治秩序的建立，而政治中心的多元化进一步催生了多元文明繁

---

① 参见［保］亚历山大·利洛夫：《文明的对话：世界地缘政治大趋势》，马细谱、葛志强、余志和等译，社会科学文献出版社2007年版，第27—28页。

荣的文明格局。"多元文明的当代世界和多元文明的当代世界政治格局要求建立新的世界秩序，即有别于两极和一超多极的世界秩序。"① 在多元文明对话的"自我"与"他者"关系中，只有双方各自的自主性和独立性得到承认，各自的特色和优势得以充分展现，且在对话中都处于平等地位，人们才能从差异性、多元性的文明中发掘出普遍性的价值共识。新的世界格局要求破除地缘政治的偏狭与保守倾向，以更加开放、包容的心态去迎接具有差异性的政治和文明的共同发展。

中华民族拥有五千年的灿烂文明，孕育了丰富的历史文化资源，为世界文明秩序的构建提供了丰富的文化资源。从中华优秀传统文化到中国人民的革命文化再到社会主义先进文化，儒家传统的仁爱精神与人类共同价值的伦理规范结合交融于一体，中华文明是世界多元文明格局的促成者而非新文化霸权的缔造者。英国社会学家马丁·阿尔布劳列举了中国拥有的8个可以领导世界的优秀品质——执行力、效率、合法性、尊重、对等互惠、尊崇、超验与创新，而这些优秀品质共同构成了中国独特的世界领导者形象。"在20世纪中，中国显示她有能力让其古老的文化适应现代化过程，她拥有足够的韧性，可以承受现代化带来的震荡。没有其他任何大国拥有类似的一系列品质，这些品质让中国适合担任全球领导角色。"② 美国学者迈克尔·爱德华兹也表达了相似的观点，认为未来国际社会的发展面临着两种选择："是回到过去那种臭名昭著的单边主义和超级大国主导世界的时代，还是建设一个以民主协商、责

---

① ［保］亚历山大·利洛夫：《文明的对话：世界地缘政治大趋势》，马细谱、葛志强、余志和等译，社会科学文献出版社2007年版，第66页。

② Martin Albrow, *China's Role in a Shared Human Future: Towards Theory for Global Leadership*, Globe China Press, 2018, p.37.

任分担为基础的多元、合作的国际社会。"① 面对这两种选择，他建议选择后者，并认为在建立多元合作的国际社会的过程中，"中国将发挥巨大而重要的作用"②。

文明对话和融合的可能性源于不同文化的交汇，且新的文明形式和价值共识也在交汇处得到呈现。中国为文明对话和融合积极营造开放包容的国际环境，在构建人类命运共同体中极力推动文化由封闭走向开放。中国以和平谋发展的决心、以交流促合作的积极作为，对世界文明的发展以及多元格局的形成具有不可磨灭的贡献。摒弃文明冲突与对立，建立合作对话机制，构建具有世界性的人类文明新形态，是破解当代世界政治与文化困境的必然选择，也是"新轴心时代"全球多元文明繁荣的时代呼唤。

二、总体性认知：实现文化突破的人类命运共同体

在多元文明包容并进的"新轴心时代"，面对愈演愈烈的全球性危机，摒弃零和博弈的竞争思维，推动异质文化的交流互鉴、深入合作，实现世界文明的总体性认知，是各国家主体和谐共生的必然选择。人类命运共同体作为中国提出的应对世界性难题的建构性方案，其新文化形态是充分汲取中华优秀传统文化、革命文化以及社会主义先进文化"母体"资源之后形成的新型文化，是对世界多元文化的总体性认知与文化突破，是凝聚价值共识、孕育国际认同的摇篮。

---

① ［美］迈克尔·爱德华兹：《积极的未来》，朱宁译，肖欢容校译，江西人民出版社 2006 年版，"中文版序言"第 1 页。

② ［美］迈克尔·爱德华兹：《积极的未来》，朱宁译，肖欢容校译，江西人民出版社 2006 年版，"中文版序言"第 1 页。

1. 文化落差：物质文化与非物质文化的发展失衡

美国社会学家威廉·费尔丁·奥格本（William Fielding Ogburn，1886—1959）曾在《社会变迁：关于文化和先天的本质》中用"文化滞后"来解释世界上出现的许多问题。所谓"文化滞后"是指物质文化的变革与更新速度快于非物质文化，表现为国家与社会的治理模式等非物质文化的发展落后于科学技术等物质文化的发展。[①] 物质文化的突飞猛进使得世界各国的地理界限被迅速消除，人类在没有作好"准备"之前便被历史裹挟着向前，被迫开启全球性的共同生活。在历史向世界历史跨越之后，"国际社会出现了一种国际和跨国人权文化，这一人权文化涉及一种在广泛范围内大家共享的共同语言，一个包容性的道德词汇，以及一种权威性和制定完善的规范性结构，很少有群体会想着要让自己不受该结构的约束"[②]。全球化对以国家为基本单位的共同体边界的冲击使特定的文化、传统和生活方式被迫向世界展开，新的国际结构的出现必然蕴含了对正义与道德的制度性和规范性实现的迫切需要。然而，由于非物质文化如全球治理模式、文明对话机制等的发展严重滞后，国际社会交往的制度与规范的建立尚处于初步发展阶段，以至于在应对蜂拥而至的国际挑战时显得手足无措。

物质文化与非物质文化发展失衡形成的"文化滞后"迫切要求从整体性视野出发实现对全球文化发展趋势的总体性认知，探寻应对当前全球文化发展困境的解决之道。如何实现物质文化与

---

① 参见［美］威廉·费尔丁·奥格本：《社会变迁：关于文化和先天的本质》，王晓毅、陈育国译，浙江人民出版社1989年版，第106—112页。

② ［英］安德鲁·赫里尔：《全球秩序与全球治理》，林曦译，中国人民大学出版社2018年版，第353页。

非物质文化之间的协调发展是当今世界人类文明发展的焦点问题，其中协调发展的方式和制度创新具有重要战略意义。通过全面重整全球治理体系和国际秩序来完善不同类型文化的融合路径，能够在更高层次上把握人类文明未来发展的现实取向。美国学者罗伯特·赖特曾在《非零和时代：人类命运的逻辑》中剖析了三种错误的文化理论，即"文化演进论""文化平衡论"与"文化病毒论"，这对我们探究世界文化的发展趋势具有启发意义。赖特认为，"文化演进论"的立论基础在于"人类心灵的统一性"与人性的本质具有同质性，从而预设了人类精神的一致性，得出文化演进总能跨越种族、区域等因素，朝着同一方向发展的结论。但事实上，"文化演进论认为人类文化经历了一个进步的阶梯，并将西方文化置于最高层，这无疑等于是用学术用语来包装已经太过弥漫的欧洲优越主义"①。而"文化平衡论"则预设了文化本质上会保持平衡，实际上忽视了人类产生新观念、新技术的能力以及改造现实社会的差异性、非平衡性，"浪漫"地以为人类社会内部只有团结并无竞争，从而使理论本身丧失现实解释力。鼓吹"文化病毒论"的英国学者理查德·道金斯认为，文化像病毒一样能够在个体与个体之间迅速复制与扩散，并对文化传播者产生负面影响。赖特认为，"文化病毒论"低估了文化因子对社会影响的广泛性，文化传播的展开并不局限在个体与个体之间，而更多地表现为群体与群体之间，且文化因子的传播并不像病毒传播一样具有随意性，事实上它可以在传播主体的影响下进行有目的性的传播与扩散。

---

① ［美］罗伯特·赖特：《非零和时代：人类命运的逻辑》，于华译，中信出版社2014年版，第9—10页。

无论是"文化演进论""文化平衡论"还是"文化病毒论",都没有真正揭示出当前世界文化发展困境的症结。文化具有两种完全对立的用途:它既是统一的力量,也是分裂的力量。如何在不同文化的博弈中将聚合的力量最大化,避免文化的分裂是必须予以审慎对待的问题。应对当前"文化滞后"的解决方案在于既要认识到文化发展的历史趋势,承认异质性文化之间的竞争,遏制文化本身蕴含的分裂性力量,引导差异性文化之间的交流与融合。要在对世界文化总体性把握的基础上,建构一种集主体性、多样性与主导性于一体的新文化形态,实现对当前多元文化形态的历史性突破。有学者指出,全球化的纵深发展正在创造一种"地球新文明",这种新文明形态主要具备五大特征:一是理性;二是科技、工艺发展到最高阶段的技术文明;三是多元性;四是人类价值空前复杂的综合;五是它受到理智的最终主导,可以克服共同体中存在的负面天性和行为举止。[①]"地球新文明"与人类命运共同体构建的新文明形态的本质相契合。人类命运共同体实现的文化突破洞悉了世界文明发展的新趋势,其倡导文化发展必须回归人类生活世界,在生活世界中形成普遍的对话和交往境遇,推动工具理性与价值理性的协调统一,实现文化融合与文明格局重塑的同步展开。人类命运共同体的文化突破,能够弥合物质文化和非物质文化发展的落差,是增添世界文明新能量、把握世界文明新格局的伟大尝试。

2. 文化突破:人类命运共同体对文化形态的重构

有学者曾对主导当今世界发展的文化基础提出了疑问:"国际

---

① 参见 [保] 亚历山大·利洛夫:《文明的对话:世界地缘政治大趋势》,马细谱、葛志强、余志和等译,社会科学文献出版社 2007 年版,第156—157 页。

社会曾经一度是建立在欧洲或西方文化的基础上，那么，现在，国际社会已经壮大、脱离了这一文化基础了吗？如果是，那么它现在的文化基础又是什么呢？"① 这促使我们思考：人类命运共同体构建的新文化形态是否已经成为当今世界的文化基础？如果是，它又是如何实现对西方主导的文化形态的超越？

人类命运共同体构建的新型文明是对"文明类型论""文明冲突论""历史终结论"的超越，它依托于全球化时代的共同体意识与全人类共同价值，形成了容纳古今中外文化的精神气度，是破解当前世界文化发展困境的治世良方。对于"如何构建人类命运共同体文化"，学界"仁者见仁、智者见智"。一是有学者认为，重建"精神丝绸之路"是人类命运共同体文化构建的有效途径，即以丰厚的中华优秀传统文化为资源，利用古丝绸之路的文化积淀与"一带一路"国际合作搭建的实践平台来实现人类命运共同体文化构建。② 二是有学者指出，面对文化民族主义、文明优越论、文明冲突论以及文化霸权主义等的挑战，我们应当打造"文化场"、关注"问题域"、坚持"中国性"，唯有这样，才能冲破文化隔阂，构建人类命运共同

---

① ［英］安德鲁·赫里尔：《全球秩序与全球治理》，林曦译，中国人民大学出版社 2018 年版，"中文版序"第 8 页。

② 参见陈强：《"人类命运共同体"的文化构建与"精神丝绸之路"》，《西北民族大学学报（哲学社会科学版）》2016 年第 4 期。"精神丝绸之路"的提法最初由日本学者池田大作提出，他曾表达对人类之间心灵交流匮乏的忧虑，认为必须依靠"精神的丝绸之路"才能开拓文化交流，实现人类的心灵相通（参见［日］池田大作：《佛法·西与东》，王健译，四川人民出版社 1996 年版，"前言"第 2 页）。但是，池田大作提出文化交流的核心是"佛教"，因而其倡导的"精神的丝绸之路"实际上是一种"宗教"的丝绸之路，而构建人类命运共同体所倡导的"精神丝绸之路"实则是一种"文化丝绸之路"，二者本质上存在差异。

体文化。① 三是有学者指出，应坚持世界多元文化交流互鉴、中国传统文化普遍心理建构、主动向外推介中国文化以及实现中国文化传播媒体的多元融合。② 四是有学者认为，文化构建的可能性一方面源于人类"新文明复兴"，另一方面源于新人文主义的发展。③ 笔者认为，人类命运共同体构建的新文化形态具有自主性、多样性与主导性相统一的文化自觉，突破了民族、地域和政治界限，实现了对人类文化形态的重构，创建了一种新的"世界文学"。正如英国社会学家马丁·阿尔布劳所说，"命运共同体"概念是一个"转文化概念"，它不属于单一的民族文化，而是一个跨文化、被所有文化共有与共享的概念。他认为，"命运共同体"概念"肯定能唤醒作为共同体特征的共同理解，唤起命运理念传达的目的感和方向感……成为属于全人类的文化遗产中的一个核心概念"④。中国积极推动人类解放事业的整体进步，不仅构成了当今世界多元发展的核心组成，而且创造了新的文明现代化发展路径。人类命运共同体在本质上彰显了人类文明的终极关怀和价值自觉。

传统文化的积淀、革命文化的变革精神以及社会主义先进文化的包容开放性为人类命运共同体实现文化突破提供了深厚底蕴。有学者曾指出，"中国和中华文明在世界政治、经济和文化中所起的作用越来越大。任何人都无法取代或削弱这种作用。如果没有中国

---

① 参见骆郁廷、张蓓：《构建人类命运共同体的文化挑战与应对》，《思想政治教育研究》2019 年第 5 期。

② 参见项久雨、侯玉环：《论人类命运共同体文化构建的三重意蕴》，《江淮论坛》2019 年第 5 期。

③ 参见叶小文：《人类命运共同体的文化共识》，《新疆师范大学学报（哲学社会科学版）》2016 年第 3 期。

④ Martin Albrow, *China's Role in a Shared Human Future: Towards Theory for Global Leadership*, Globe China Press, 2018, pp.28–29.

参与或者反对中国参与，当代世界的任何一个重大问题都无法得到圆满而持久的解决"①。当代中国的影响力与领导力同中华文明的深厚底蕴密不可分。中华优秀传统文化确立的道德规范与价值理念，为新的历史条件下实现文化突破奠定了基础②。"中华民族之所以存在，因为中国文化存在；而中国文化，离不了儒家。"③儒家文化崇尚仁爱精神，致力于实现世界大同，而大同世界可以被称为共同体的雏形；中国人民的革命文化扬弃了封建文化，做到"取其精华、弃其糟粕"，凸显了中国文化的革命性与开创性；社会主义先进文化摒弃了资本主义文化与社会主义文化的二元对立，确立了"世界人民大团结"的政治理念与政治话语，回应了"国强必霸"的质疑

---

①　[保] 亚历山大·利洛夫:《文明的对话:世界地缘政治大趋势》，马细谱、葛志强、余志和等译，社会科学文献出版社 2007 年版，"寄语中国读者"第 2 页。

②　关于儒家文化与中国和平崛起之间的关系，美国学者约翰·米尔斯海默提出了质疑。米尔斯海默认为，中国深受儒家文化的影响并不意味着其和平崛起具有必然性，原因在于:一是儒家思想"没有反映中国漫长历史上历代统治者实际的国际政治言论和国际政治思想，也就并没有准确描述千百年来的中国战略文化";二是"少有历史证据表明中国一直按儒家思想的原则行动"(参见 [美] 约翰·米尔斯海默:《大国政治的悲剧》(修订版)，王义桅、唐小松译，上海人民出版社 2015 年版，第 420 页)。米尔斯海默指出，中国文化不仅受到儒家思想的影响，而且更多地传承了"战备范式"的政治思维，这种政治思维甚至压倒了儒家思想。米尔斯海默之所以会对中国文化产生误解是因为他将中国文化简单地等同于儒家文化，从而消解了中国文化的丰富性与包容性。儒家文化对当代中国文化形成的深远影响是毋庸置疑的，但当代中国文化的精神内核并不局限于儒家文化。儒家思想随着封建专制统治的覆灭逐渐失去了其文化统治地位，新文化运动掀起的思想革命以及西方文化的碰撞、融合，造就了当代的中国文化，因而儒家文化并不能完全代表中国传统的战略文化，这也解释了为何中国并未"一直按儒家思想的原则行动"，但儒家文化蕴含的"仁"理念与"和"要素仍然是中国文化的思想底蕴，它为中国的和平崛起以及人类命运共同体的构建确立了基本的文化价值规范。

③　梁启超:《儒家哲学》，中华书局 2015 年版，第 8 页。

之声，能够以更加开放、包容的姿态迎接世界文化的丰富多样性，坚持兼收并蓄、兼容并包、携手并进，加速了世界文明的交流与融合进程。"文明的共同概念不会排斥单个文明的概念。同样，单个文明的概念也不会抹杀个人、民族和种族的自我认同或独特性。世界上的文明不会忽视个体、人民自我认同的力量和意义。"①"中国的历史经验说明，中国不仅有能力吸收不同传统文化，而且还能借鉴自己和西方的政治经验，详细展开治理的原则体系。其结果将是一种独特结构：西方马克思主义与中国古老价值观和管理传统，尤其是中共的治理经验的结合体。"② 这种结合体不断突破自身，开创了新的人类文明形态，对世界性文化的发展起到重要推动作用。在人类命运共同体对文明新形态的创造过程中，如何协调不同国家间的利益矛盾和价值冲突成为问题的关键。"人类命运共同体以及作为该理念之外化、具体化的中国主张和正义主张，已经构成了塑造未来世界的文化隐喻，上升为引领世界历史走向的一种'普遍性'原则，具有深远的世界历史意义。"③ 人类命运共同体建构的新文明形态消解了民族、地区和习俗等方面的隔阂，创设了文化积极沟通与交流的良好氛围，实现了世界文化认知的总体性突破。

三、总体性建构：通往国际认同的人类命运共同体

资本主义全球治理体系在应对现代性危机的问题上日渐表现出乏力之势，世界呼唤重塑全球治理秩序以抵御与日俱增的全球

---

① ［保］亚历山大·利洛夫：《文明的对话：世界地缘政治大趋势》，马细谱、葛志强、余志和等译，社会科学文献出版社 2007 年版，第 6 页。

② Martin Albrow, *China's Role in a Shared Human Future: Towards Theory for Global Leadership*, Globe China Press, 2018, p.75.

③ 李君如、罗建波等：《人间正道：构建人类命运共同体》，中国外文出版发行事业局、外文出版社 2021 年版，第 53 页。

性威胁，人类命运共同体应运而生。"全球化政治的含义并不是既定的：它必须是被建构起来的。"① 人类命运共同体对世界格局的总体性建构及其传达的价值理念，使得越来越多的世界主体认同了这一建构性方案。人类命运共同体理念从宏大的全球视域及相应的思维逻辑出发，着眼于人类社会未来发展的前景，在具体交往和构建的实践中达成交流互鉴的基本原则，为人类文明的整体进步提供价值引领，展现出深切的人类情怀和世界历史意义。人类命运共同体的世界性建构方案用实践证明了跨越文化、历史和传统秩序的共同体不仅具有理论上的可行性，也具备现实可能性。

1.应对全球性危机的不同建构方案

"世界混乱无序，各国之间却又史无前例地相互依存，从而构成了种种威胁：大规模杀伤性武器在扩散，国家解体，环境恶化，种族灭绝现象层出不穷，以及有可能将冲突推向人类无法控制或无法想象地步的新技术正在扩展。"② 面对全球化进程纵深发展带来的一系列问题，关于未来社会与国际秩序的构建，国外学者曾进行了一些有益的探索，对世界未来走向进行了预测，提出了新的全球治理方案，但这些方案的现实合理性仍有待商榷。

第一，"认清趋势并减缓趋势论"。美国学者罗伯特·赖特认为存在两种拯救世界的方法：一是"认清什么是不可避免的趋势，

---

① [加拿大]斯蒂文·伯恩斯坦、威廉·科尔曼主编：《不确定的合法性：全球化时代的政治共同体、权力和权威》，丁开杰等译，社会科学文献出版社2011年版，第73页。

② [美]亨利·基辛格：《世界秩序》，胡利平、林华、曹爱菊译，中信出版集团2015年版，"序言"第 VIII—IX 页。

并接受这种趋势"①,"不可避免的趋势"主要包括科技的广泛传播、致命武器获得的便捷性与巨大的破坏性以及资本和技术的全面全球化。二是"减慢物质文化改变世界的速度;让不可避免的趋势以慢一些的速度逐渐展开"②。赖特对世界发展趋势的认知清晰而深刻,但他应对"不可避免趋势"以拯救世界的方案经不起推敲和检验。以科学技术为核心的物质文化的发展具有不可逆性与不确定性,物质文化的突飞猛进与社会制度的更新迭代之间的非同步性是产生社会治理难题的主要原因之一。科学技术虽为人类所创造,但其产生的结果却无法完全顺应人的主观意愿。科学技术的发展是克服全球性危机的重要解决方案,但同时又创造着新的人类危机。放缓物质文化的发展速度,固然能够减缓未来"不可避免趋势"的展开进程,但也面临着陷入人类无法解决当前危机的尴尬境地。因而,以放缓物质文化发展速率为条件来克服全球性危机的方案并不可取。伴随广大发展中国家和地区在国际社会中所起作用的日益增强,资本垄断物质文化生产以获取剩余价值的生产逻辑将得到抑制。但全球治理体系仍需要完善,全球性危机未能得到根除,不同领域文化的发展只能通过世界各地不同领域更加广泛的全球协调来推动,而不是仅仅通过物质文化发展速度的减缓来实现。

第二,"以佛法推促东西方文化交流论"。有学者主张通过"佛法"构建"精神的丝绸之路"来实现文化交流,从而推动区域共同体的实现,因为"佛法的世界性和宽容性必然使它能够西渐,并对

---

① [美]罗伯特·赖特:《非零和时代:人类命运的逻辑》,于华译,中信出版社 2014 年版,第 253 页。

② [美]罗伯特·赖特:《非零和时代:人类命运的逻辑》,于华译,中信出版社 2014 年版,第 255 页。

西方人的生活和思想产生极大影响"①。以佛法推进东西方文化交流对区域共同体构建具有一定启发性意义，但是佛法不可能成为"精神的丝绸之路"产生世界性影响的主要手段。佛法作为佛教之人修身修心的内在法门与规范法则，其影响范围十分有限。对于不信奉佛教的人而言，佛法不仅无法在他们心中产生文化共鸣甚至可能成为引发文化冲突的根源。古往今来，信仰差异产生的文化冲突抑或战争比比皆是，以佛法推促"精神的丝绸之路"，实现东西方文化交流这一思想的正向效益可能微乎其微。

第三，"以'制度利益'取代'国家利益'论"。有学者指出，未来一种新型的"制度利益"观念会取代"国家利益"观念，世界将向着自由与发达的方向演进。②"制度利益"取代"国家利益"成为推动世界发展与交往的内驱力在短时间内可能无法实现，因为自《威斯特伐利亚和约》确定主权的优先性规范至今，国家主权的神圣不可侵犯始终是国际交往不可僭越的底线。"国家利益"具有民族性与阶级性相统一的特征，是在国际交往中发挥作用和影响最为持久的因素，也是民族国家在国际社会中制定外交政策和参与全球治理体系建设的主导动因，还是评判一个国家对外交往策略和行为是否正当的最终依据。捍卫"国家利益"自始至终是国际交往的出发点与落脚点，新型制度的出现也许会提升国际主体的参与积极性，维护新型国际关系的稳定性，但这种"制度利益"的生命力与可持续性依然是奠基于对"国家利益"的尊重之上，无法完全取代"国家利益"成为世界历史发展的

①　[日]池田大作：《佛法·西与东》，王健译，四川人民出版社1996年版，"前言"第3页。

②　参见[英]安德鲁·赫里尔：《全球秩序与全球治理》，林曦译，中国人民大学出版社2018年版，"中文版序"第3页。

主导性力量。

自世界历史开启以来，人类对全球治理体系改革的探索从未停止，但在应对全球性危机时的效能降低，导致全球治理赤字扩大，国际社会期望新的全球治理体系方案。"摆在我们人类手中的选择菜单是多样的，从自我毁灭到顺畅地适应新环境，并且实际上还包括一个充满冲突与苦难的、漫长而动荡不安的中间期的调整阶段。"① 无论是"认清趋势并减缓趋势论""以佛法推促人类命运共同体论"，还是"以'制度利益'取代'国家利益'论"等方案，都在应对全球性危机的过程中存在"短板"，无法成为解决全球争议、克服全球危机的有效方案，难以赢得全世界的广泛认同。

共同体的建构性内涵指向从世界各国的多元文化资源中凝练出人类普遍认同并遵循的价值秩序，从而确立起公共性的价值关系，以便对理想的生活世界和实践路径进行合理设计、检验和评价。"共同体不是既定的，而是不断协商下的一种关系。"② 人们对共同体的认知与接受度实际上揭示了一种实践性的关系范畴，即认知与接受主体与共同体之间的持续互动。共同体只有不断敞开自身的不同面向，人们才能在对其价值规范的认知中实现对其存在必要性和可能性的认可，从而成为其中的一员；同时，人们对共同体效用的期待可能会促使共同体本身不断进行调试，以便更好地吸引更多的人加入共同体之中。面对全球化的持续冲击，我们似乎面临着两种选择：走向一个更大的支离破碎的、长期存在的"共同体"；或者走向

---

① ［美］罗伯特·赖特：《非零和时代：人类命运的逻辑》，于华译，中信出版社 2014 年版，第 XIV 页。

② ［加拿大］黛安娜·布赖登、威廉·科尔曼主编：《反思共同体：多学科视角与全球语境》，严海波等译，社会科学文献出版社 2011 年版，第 2 页。

一个具有全球规模的共同体。[①]

2. 人类命运共同体国际认同的现实挑战

在全球化的浪潮中，世界各国处于复杂的关系联结网络，这种关系网结构虽然加深了各参与主体之间的依赖感，但新型共同体并不会自发产生。"全球化不仅仅是关于国家的拆解或解构，它也是一个重建的过程，即一个重塑政治共同体之规范基础的过程。"[②]融入已有的共同体还是重新构建一个新的共同体，这是各参与主体自我选择的结果，他们的选择固然会受到所处关系网络的影响，但同时也会被更具说服力的选项所吸引。"选择者要使周围的人相信，对于旨在实现共同善的政治行为来说，这些关系是卓越的，也是代价最小的。"[③]全世界关于共同体的构想多种多样，人们既可以选择遵守旧世界秩序构建起来的共同体，也可以重新建立一个新的共同体。即使多维价值理念的冲击、资源分配均衡的困难以及安全形势的风险等因素对构建新的共同体形成了挑战，但改革和完善更加公正合理的全球治理体系仍然势在必行。摆在世界人民面前的选择多种多样，如何使人类命运共同体成为被全世界广泛认同并自愿加入的共同体实践仍面临许多挑战，尚需要付出巨大的努力。

第一，人类命运共同体的总体性建构得到国际社会的广泛认

---

① 参见 [加拿大] 黛安娜·布赖登、威廉·科尔曼主编：《反思共同体：多学科视角与全球语境》，严海波等译，社会科学文献出版社 2011 年版，第 5 页。

② [加拿大] 斯蒂文·伯恩斯坦、威廉·科尔曼主编：《不确定的合法性：全球化时代的政治共同体、权力和权威》，丁开杰等译，社会科学文献出版社 2011 年版，第 80 页。

③ [加拿大] 斯蒂文·伯恩斯坦、威廉·科尔曼主编：《不确定的合法性：全球化时代的政治共同体、权力和权威》，丁开杰等译，社会科学文献出版社 2011 年版，第 37 页。

同，但也面临来自国际社会的误解。国外有学者认为，全球化产生了新的合法性危机，即适合性危机，这种危机在破坏国家代表性的同时，也会损害个人的自主性。"主权使领土边界以及与之相连的民主框架成为命运共同体之界限，而全球化恰恰对主权概念提出了质疑：个人的自主性得不到保证，而且，合法治理的规范根据也受到怀疑。"① 而解决"适合性危机"的途径在于建立一个世界性政治共同体，这种共同体以个人自主性为政治生活的基础，以世界性民主作为合法性的标准。在全球化的展开中，针对个体主权的霸权主义和强权行为依然存在，导致国家之间政治决策和价值观念的矛盾激化，因而需要以保护一切个体主权的自主构建为前提，确立共同发展作为价值指引的人类命运共同体。至关重要的是，不仅要理解"每一种理论立场是如何在那些要求新的合法政治秩序的全球化隐喻的基础上建立起来的，而且还要理解，这些隐喻如何能够将它们自己合法化为一种权威性叙述——这种权威性叙述暗示他人如何为自主的、民主的全球政治创建一种战略构想"②。人类命运共同体的形成是历史发展的产物，但需要在政治立场、理论立场林立的国际环境中证明自身的合法性，使得自身内蕴的价值规则获得承认，进而转化为一种权威性叙述，赢得"他者"的广泛认可，这是影响人类命运共同体获得国际认同的挑战之一。

　　第二，科学技术的发展与国际认同的实现之间始终存在"间距"，这是人类命运共同体完成总体性建构需要面对的另一大挑战。

---

　　① ［加拿大］斯蒂文·伯恩斯坦、威廉·科尔曼主编：《不确定的合法性：全球化时代的政治共同体、权力和权威》，丁开杰等译，社会科学文献出版社2011 年版，第 87 页。

　　② ［加拿大］斯蒂文·伯恩斯坦、威廉·科尔曼主编：《不确定的合法性：全球化时代的政治共同体、权力和权威》，丁开杰等译，社会科学文献出版社2011 年版，第 74 页。

有学者指出，发达的科学技术缩短了人类之间的"物理空间"，但由于资本主义与共产主义、个人主义与整体主义等的对立致使东西方不同文化人群之间的心灵交流较为贫乏，东西方形成了各自独立的文化，呼吁"经过东西文化的交流来连接人类之心灵是当务之急"①。打破文化壁垒、建构新型文化形态固然是化解人类命运共同体国际认同困境的选择，但如何实现东西方文化之间的沟通、融合仍然困难重重。不同民族、国家或地区之间只有摒弃政治偏见、利益纠葛、文化冲突与种族差异等因素的干扰，才能建构起适应当前国际社会良性发展的治理秩序，而现阶段的秩序建构始终与技术发展存有"鸿沟"，且各种不利因素的桎梏未能解除，这都将成为阻碍新型国际治理秩序建构的"拦路虎"。科技作为推动构建人类命运共同体的重要手段和路径，摒除资本逻辑和西方自由主义裹挟的外衣之后，能够对人类文明的进步产生巨大促进作用。以科技创新推动生产力的高质量发展和共同体的高效构建，促使科技成果转化为优质的全球公共产品，理应成为人类命运共同体考量秩序建构的重要内容。如果人类命运共同体建构的速度无法匹配科技发展的速度，势必出现克服由科技发展引发的生存问题时的力不从心，这必然使得科技逐渐演变为影响全球性建构方案获得国际认同的"离心力"。

3.人类命运共同体国际认同的现实可能

人类命运共同体理念获得国际认同，需要国家、社会和个人在不同层面向世界人民分享这一伟大理念的现实可能性。国际认同的实现只是人类命运共同体实现的重要一环，如何实现从理论认同到

---

① ［日］池田大作：《佛法·西与东》，王健译，四川人民出版社 1996 年版，"前言"第 2 页。

行动自觉的转变仍需进一步探索。"不管经济往来如何密集和强劲，它不能轻易或自动转化为一个大家共享的共同身份意识或者一个共享的共同体。"① 经济的迅猛发展的确为共同体的形成注入了一剂"强心针"，但"真正的共同体"的出现必须由一个在世界范围内拥有广泛影响力的国家进行引导，因为它不会自发出现，更不会从旧世界中自动转化而来。促使我们思考的是，在国际交往中，人类命运共同体如何实现国际认同？要回答这一问题，我们必须澄清实现人类命运共同体国际认同的可能性与如何克服认同障碍。

随着高质量发展深入推进、高水平对外开放不断扩大，中国将持续为世界经济发展提供强大动力。关于中国经济的未来发展趋势，国际社会产生了三种不同的认知：第一种观点认为，中国经济未来将持续保持高速增长，并最终超越美国。第二种观点认为，在中等收入陷阱、环境恶化等因素的影响下，中国经济未来能否继续实现增长仍未可知。第三种观点认为，中国经济的发展速度将放缓，最终可能会走向崩溃。三种观点对中国经济未来发展的预测截然不同，他们对中国未来经济发展状况判断的态度可能影响对人类命运共同体的认同。中国从建构性实践的思维出发，追求自身经济发展的高质量目标和经济共同体的正义性准则，在世界各国展开的国际经济交往关系中把握平等、正义原则，站在人类社会的立场上为建立平等互信、合作共赢的国际新秩序贡献力量。中国的现代化实践已用事实证明，中国将继续保持经济的持续增长，并不断扩大自身的国际影响力来推动人类命运共同体的国际认同。

构建人类命运共同体需要整合不同阵营行为主体的力量，根据

---

① ［英］安德鲁·赫里尔：《全球秩序与全球治理》，林曦译，中国人民大学出版社 2018 年版，第 355 页。

人们对共同体的认知程度与参与态度，可以将与构建人类命运共同体相关的行为主体划分为四类：共同体低认知群体、渴望共同体群体、漠视共同体群体与拒斥共同体群体。"共同体低认知群体"是处于社会、政治或文化等核心生活圈之外的边缘性人群，社会生活较低的参与感与社会行为的弱影响力逐渐消解其社会参与的积极性，从而在调和个人与社会矛盾的张力中对公共生活缺乏关注度，导致共同体的功能、价值与定位等问题滞留于其认知范围之外。"渴望共同体群体"是对身份认同拥有迫切欲求的群体，他们既包含长期被社会边缘化却依然对共同体保持热情的社会主体，也囊括渴望获得更广泛社会认同的个体。"漠视共同体群体"是对共同体存在一定认知，但对自身的现状较为满意，融入或建构新的共同体对于他们的现实境遇而言并无实质性的改变，因而面对新共同体的出现采取淡然处之的态度。"拒斥共同体群体"则主要涉及张扬个性的社会群体，他们在个人与社会的关系中更加注重对个体权利的维护，认为共同体存在威胁其个体利益的风险，对他们而言，成为共同体的一员"弊大于利"，意味着牺牲部分个体权利，因此，他们谴责和排斥共同体。个体是共同体的基本组成要素，共同体是个体存在和发展的前提条件，不同个体在相互作用中对共同体发展趋势产生的影响，使得共同体的具体表现形式不尽相同。人类命运共同体是全球化时代世界范围内的不同个体相互依存、相互推动的产物，其核心目标仍然是促进个体与共同体之间的统一，这使得只有扬弃不和谐的个体性因素，才能实现这一目标。为增强人类命运共同体自身的吸引力，我们必须有针对性地对待这些群体，提升这四类行为主体对于人类命运共同体的认同度和参与度。

一是要提升"共同体低认知群体"与"漠视共同体群体"对公共自治的认同感，使其意识到人类命运共同体的优越性。"共同体低认知群体"与"漠视共同体群体"囿于共同体信息的匮乏与立场的摇摆性，他们在共同体的碰撞过程中发生分化，逐渐演变成为共同体建设的中立者或反对者。低群体性的认知特点虽然不是认知障碍问题，但也为共同价值的形成带来了一定困扰。需要提前规避正在酝酿的潜在群体矛盾，保证这两类特定群体关于共同体的正确意识能够在社会公共行动中得以正确形成。这种关于共同体的正确意识是政治行动、经济交往、文化融合等因素分别或共同作用的结果，而命运共同体理念"却捕捉了这种意识：那些并非我们有意为之的力量塑造了我们政治行动的处境"①。这一理念强调的"命运"并非"宿命论"上对人类发展"定数"的崇拜，而是在生存论意义上对人类生存处境的深刻剖析。

二是要增进"渴望共同体群体"对人类命运共同体的归属感。"全球化的程度，包括文化运动和日益增长的联系的强度和广度相关的归属感"，使得"越过预先定义的文化差异或者原来的偏僻领域，建立在全球化程度上的国际联系对于共同体建设变得至关重要了"②。共同体成员对共同体的归属感一方面源于成员对共同体的核心理念、价值规范以及运行方式等方面的认同，另一方面源于共同体在多大程度上能够为其成员提供"庇护所"。前者是吸引共同体成员实现身份认同的条件，后者则使得共同体成员形成更为重要的命运相连、休戚与共的使命感。共同体的构建是摆在当今人们面前的重大现实课题，它并非从观念的立场出发能够予以把握的过程，

①　[加拿大] 斯蒂文·伯恩斯坦、威廉·科尔曼主编：《不确定的合法性：全球化时代的政治共同体、权力和权威》，丁开杰等译，社会科学文献出版社2011 年版，第 39 页。

②　[加拿大] 黛安娜·布赖登、威廉·科尔曼主编：《反思共同体：多学科视角与全球语境》，严海波等译，社会科学文献出版社 2011 年版，第 29 页。

而是始终与人类共同的生存方式保持内在关联，是人类生存方式演进到当今社会必须面对的现实任务。共同体能够对现代人生存方式产生重要的塑造效用，即共同体对其成员的庇护不仅是从生存意义上满足基本需求，而且是要创设富足的"精神家园"。这种精神上的庇佑在人类命运共同体中体现为对多种精神需要的尊重、包容与满足，体现为强调"共同"却并不倡议"趋同"的"精神家园"建设理念，这为少数处于弱势地位的群体提供了"精神家园"存在合理性的确证。

三是要增强"拒斥共同体群体"对人类命运共同体的信任感。在个体与个体之间达成信任相对容易，但建立群体与群体之间的信任往往存在一定困难。群体之间信任达成的不稳定性与群体自身结构的复杂性密切相关。个体自主性作为个人意志的体现，既能对共同体产生信任，也会怀疑共同体存在的合理性与正当性，因而构建人类命运共同体需要关注个体的平等诉求、正义观念和发展需要，真正把握个体作为共同体成员的自主性和反对一切压迫的自由权利，为促成个体之间的价值共识提供可能。在一个良性的共同体中，群体涉及的范围越广，统一性意见越难达成，越容易在负面情绪的煽动下滋生不信任的因素。"判断一个新制度安排的合法性，可以根据它们在多大程度上尊重或者保卫了自主性这一价值"[①]，人类命运共同体的国际认同，不仅需要保护共同体成员的自主性，也需要及时关切每一位成员的合理诉求、捍卫其合法利益，提升共同体成员的认同感和信任度。

"轴心时代"汇聚了人类历史上的灿烂文明，启迪了无数仁人

---

① ［加拿大］斯蒂文·伯恩斯坦、威廉·科尔曼主编：《不确定的合法性：全球化时代的政治共同体、权力和权威》，丁开杰等译，社会科学文献出版社2011年版，第49页。

志士的心灵。21世纪，在人类的期盼与呼吁中，"新轴心时代"带着开创人类崭新文明的伟大使命如约而至。伴随科技和文化的进步，"新轴心时代"的开启超越了"轴心时代"的范围和深度，实现了巨大的时代跨越及水平提升。面临现代性发展后果和新的世界性难题，人类渴望凝聚在一起，共同应对来自全球各大领域的冲突和危机。中华文明立足多元文化包容并进的"新轴心时代"，秉承人类情怀和世界视域将人类命运共同体作为应对世界难题的建构性方案予以提出，推动异质文化的交流互鉴、深入合作，实现对世界文明的总体性认知和对全球治理体系的合理化重构，在把握时代发展脉搏中既贡献了中国智慧也实现着自身文明的伟大复兴。

结　语

　　肇始于启蒙运动的现代性发展已然历经了从现代性方案到全球现代性危机的嬗变之路，经济全球化的推演与资本主义现代性的扩张相辅相成，由西方资本主义主导的现代性进程及其衍生的矛盾困境在全球化时代被无限放大，对人类社会的发展前途和人的生存境遇带来不可回避的负面影响。追溯全球现代性问题之源起，其问题之根本症结在于启蒙运动构想的现代性方案及其开启的资本主义世界秩序。启蒙理性内蕴瓦解封建神学压制的力量和萌生"自我筹划"现代性的潜能，呈现出自相分裂的辩证特性，在与资本主义运行逻辑的结合中必然导致工具理性对价值理性的覆盖，进而引出西方思想家激烈争论的"韦伯问题"，即资本主义现代性之合理性发展的根本动力是什么？人类社会未来的现代性发展指向何处？

　　"韦伯问题"在全球化时代不断发酵，现代性的矛盾困境俨然沾染了全球范围内复杂多维的矛盾关系，资本主义宰制的"虚假的共同体"难以根除全球现代性的痼疾。这一时代困境衍生出更深层次的问题亟待回答：人类如何共同生活？马克思所预想的"真正的共同体"如何构建？日益强大的中国将解决自身的现代性发展问题同应对全球现代性危机统筹考虑，创造性提出并持续性推进马克思现代性方案的当代实践——构建人类命运共同体，将复杂的现代性社会结构与人类社会的发展命运结合起来，既推动了中国特色社会主义现代化进程的伟大事业，又为人类社会的未来发展指明了方向。

欧洲在历经地理大发现、文艺复兴和科学革命等几大历史性事件的洗礼之后逐渐崛起，率先进入现代社会。"现代"独立于"传统"的"分水岭"问题关涉对于现代性的界定，现代性在时间意义和观念意义上的本质性规定问题在西方学界存有争议。现代性绝不仅仅是一种时间维度上的年代断裂，更应是启蒙精神的想象性建构和本质性弘扬，是主体性的觉醒。由此可见，现代性既是现代化过程的必然结果，是在现代化过程中生成的特征与属性；又是现代化过程的根本动力，它设想并允诺了社会发展的理想形态，敦促社会发展形态从传统向现代转型。从传统向现代的转型，标志着社会发展形态的演化和进步。

启蒙运动开启了现代性发展的序幕，成为现代性方案的"摇篮"，在凸显现代性力量的过程中起着至关重要的作用。从启蒙运动的现代性方案和实际的现代化发展进程来看，现代性所允诺的理想社会形态与现实的现代化过程之间存在明显差距甚至逐渐发生背离。在马克思看来，现代性是发展的辩证法，是一个矛盾的综合体。在肯定现代性正面效应的同时，他对现代性的负面作用秉持批判态度。马克思、恩格斯的著作中虽然没有明确出现"现代性"这一命题和范畴，但可以明显看出其论述深刻揭示了现代性的鲜明特征及其价值意义，认为现代性是历史的必然，对人类文明进步具有正向作用。马克思对现代性方案的辩证分析不仅涉及"资本现代性"的经济学意义，而且与资本主义现代性的总体历史进程和全球性困境密切关联，经历了从异化的现实逻辑到商品拜物教抽象逻辑再到资本全球化统治的深刻考辨之进路。

资本逻辑"霸权"及其经济全球化扩张，正是现代性本身辩证特性的写照，也是马克思批判资本主义现代性的辩证法与生存论前提。全球现代性的危机逐渐体现为科学技术发展的无边界性与伦理规范的无底线性之间的矛盾，对能源开采的无节制性与环境破坏的不可逆性之间的矛盾，人在对物质需求得到空前满足的背后却是被资本牢牢主宰。人类创造了现代性，但生活在"地球村"里的人们却处在一个由"陌生人"构成的迷失的共同体中。现代性是未竟的事业，全球现代性更是处于未完成状态。如何在变动不居的危机中设定界限，对全球现代性逻辑加以警惕与限制的相关议题，已经引发了国际内外学者的广泛讨论。其中，西方学者对全球现代性危机进行了理论回应，提出了重塑真正"共同体"的多种拯救方案，但这些理论设想具有明显的立场偏向和先验预想，不能真正解决全球化时代的现代性问题。

韦伯将资本主义合理性作为其现代性反思的起点，鞭辟入里地明辨了西方社会理性化进程中悲怆的现代性历史命运，即意义的消逝和自由的丧失。在他看来，随着现代性对世界之神秘性的祛魅，人的个性和自由成为被迫顺从工具理性主导的官僚社会体制下的牺牲品。韦伯感叹工具理性在价值问题上的无能，表现出对西方现代性历史命运的悲观情结。随着资本主义全球化的推进，资本主义主导的世界历史在人们心中固化了"中心—边缘"及"文明—野蛮"的二元性思维，而全球现代性问题频发和危机加剧的时代境况激发了西方学界企图从"共同体"维度挽救现代性的多种尝试与为化解全球现代性危机施计的理论警觉，主要表现为建立全球公共秩序的设计思路，尤以哈贝马斯的"交往共同体"、福柯的"话语共同体"和亨廷顿的"大西洋共同体"设想最具时代针对性。

哈贝马斯扬弃了韦伯纵容现代社会理性发展的思想，他指出缺失对科学技术范式特征维度的把握是韦伯贬损工具理性功用以及现代社会前途的根本原因，他进而分析科学技术自身带有的反思意识的范式特征，认为生活世界的合理化依靠交往理性而非工具理性得以建立，交往理性能够破解工具理性的现代性困境，使理性作用机制的核心从绝对管制社会转变为主体间的相互沟通，沟通促使主体间在"陌生人"社会场域中获得以有效事实为共识语境的相互承认和理解关系。哈贝马斯考察了皮尔斯的共识理论，改善了"交往共同体"概念，认为交往共同体为主体间有效沟通的共识语境提供了现实的背景，保证了主体间交往理性和行为的持续有效。

与哈贝马斯对工具理性的交往共同体改造不同，福柯拓宽了启蒙理性的内涵，开辟出一条独特的现代性反思路径，即探讨超越现代性逻辑主导的"陌生人"社会的可能性。他将现代性的问题从理性批判范式转向权力关系分解的考察，将康德的"界限意识"解读为启蒙理性的内核，以语言为媒介创建"话语共同体"的视角来缓解主体间交往的现代性矛盾，提出话语共同体界域内主体的限度的概念，即用共同体的话语秩序规约主体的言行举止。

亨廷顿则将全球范围内的现代性经济、政治、军事等话语体系交往的交锋和对抗解读为文明冲突论，蓄意构建以"欧美中心主义"为主导的"大西洋共同体"，从而将其他外来文明同化到西方文明体系中。亨廷顿并不讳言西方社会的现代性沉疴难除，他指出全球现代性危机的根本原因在于世界格局的多极化、文明的多元化和冲突，而全球性战事能否避免取决于世界各国对多样性的维护程度，而世界各国所维护的多样文明实质是以欧美为中心尤其是以美国为领导的西方文明，他竭力赞同并推动实现"大西洋共同体"的构想。

哈贝马斯、福柯和亨廷顿分别从交往行为、权力话语和文明冲突角度，在批判现代性的过程中饱含对全球现代性危机的忧虑和破解困境的努力，客观上彰显了重塑"共同体"的需要与发展趋势。

但由于全球现代性发展的波动性、复杂性和不确定性，他们试图建立的"共同体"理论设想持有一定的立场偏向和先验预想，与全球化时代迅速变化的现代性问题之间存在着滞后和脱节。哈贝马斯的"交往共同体"依赖于生活世界为之提供普遍的共识语境，但全球现代性复杂背景下生活世界的拓宽必然造成生活于其中的主体间共识背景的减少，"交往共同体"也易出现以私利为取向、与有效要求相分离的交往行为，因此，他所预设的通过规范秩序来协调引领主体沟通的效能也会大打折扣。福柯建基于语言之上的"话语共同体"在强调"界限意识"的同时，将对工具理性的批判转移到对权力话语体系的建立，弱化了对工具理性在现代性社会发展中的消极作用的认知。亨廷顿则过分夸大了"文化"在促进世界各国"和平共处"中的作用，坚持欧美诸国构成以西方文明为核心的"大西洋共同体"，与现实的全球一体化发展趋势格格不入。随着经济活动跨越国界的加强，多样文明的差异和意识形态的差距将缩小，全人类将体验更具共性的文化主题和意识形态感受。

在困扰现代人社会生活的多重危机和现代哲学的种种问题中，重塑共同体是否可能以及凝聚全球范围内的文化共性和价值共识何以可能的问题，无疑成为鲜明的时代课题。西方思想家对共同体的重建的积极探索，却由于缺乏关于人的存在和总体性历史视界，难以追究全球现代性的"陌生人"社会等困境之根底，在重建共同体的探索上缺乏深层次的思虑。依循马克思历史唯物主义的基本观点，对现代社会的批判与超越不能停滞于观念上的方法论层面，而要深入人的生存状态与所处社会结构的关系中进行考察。

马克思将前现代社会中人的生存方式概括为人的依赖关系，当时的社会结构对外表现为以不同政治领域为核心的经济、文化活动的被动依附，对内体现为由公共政治权力自上而下整合统一私人生活领域的机械团结，即确立了唯一合法价值规范的传统。传统社会"共同体"塑造的价值规范是出于维护社会稳定和凝聚社会成员的需要，社会成员秉持对"共同体"一致的价值信念，人的依赖关系模式下不存在价值认识上的社会困境。随着社会结构的分化和社会分工的扩展，人的生存方式由传统过渡到现代，马克思将现代社会中人的生存方式阐释为"以物的依赖性为前提的人的独立性"，人独立生活的空间逐渐扩大，人与人之间形成了以彼此迥异的功能分化和互补为主要形式的整合联袂。社会结构的分化也带来价值规范的分化，人们不再将"共同体"的价值规范视为生存信念，而更希望成为自身价值的立法者。传统社会"共同体"的权威虽保存了社会整体价值的一致性和稳定性，但却因政治强制的权力意志而束缚了人的独立个性和自由生活。现代社会"共同体"的分化致使人的自由权利和价值空间达到唯我独尊的"极化"，在相互交往中更容易发生摩擦，导致"陌生人"社会的诸多现实矛盾和价值冲突的困境。由传统社会结构到现代社会结构的变更形式昭示着人类命运始终与社会共同体的结构形式及价值规范的共识密切相关。

在马克思看来，现代性的根本问题在于社会发展方式，他试图用整体的历史发展视域剖析传统社会与现代社会的关联性及现代社会的阶段性。他坚信，随着资本主义现代社会的解体和物的依赖性的衰亡，人类社会将通向"真正的共同体"的形态。马克思的"真正的共同体"思想是从资本现代性演变趋势中分析得出的结论，他关于"真正的共同体"的思想构设形成于对现代性的批判思路中。马克思确立了资本逻辑与哲学相结合的现代性批判范式，将现代性的批判从理性范式转移到现实的市民社会场域，意味着马克思解决现代性矛盾困境的对策集中于对市民社会共同体的探索，他在对现代资本主义社会的异化形式分析中揭示其"虚假的共同体"的实质面相，诊断出资本主义现代性问题的根源在于资本对人的本质劳动和生活的抽象统治，其深层危害是对现代人自由发展需要的虚假满足。马克思进而提出"自由人联合体"的设想。

构建人类命运共同体是当代中国提出的新型理念，秉承了马克思的"类哲学"思想，承载了中华优秀传统文化中的"和合"价值思维。人类命运共同体理念契合马克思关于社会形态历史演变的理论，清晰把握了当前全球化时代人类社会发展的历史方位。人类社会依然处于各种物的依赖关系的发展阶段，现代性的矛盾困境伴随全球化的高度发展而加剧扩散，威胁着现代人的生存和发展。在全球现代性危机严重膨胀的环境中，人类命运共同体理念依然保持对人类社会未来发展的希望，坚决拥护马克思对资本主义现代社会阶段性的定位和通向"真正的共同体"历史必然性的勘定，洞悉全球现代性危机与人类利益诉求之间的现实关系，打造"利益共同体"以实现人类利益的共赢共享；透视人类生存价值之于缓和现代性矛盾的深层力量，整合人类共同价值以强化共同体意识，从"共同体"的视角探索人类命运的终极课题，建立冲破"虚假的共同体"和乌托邦"共同体"幻象的人类社会，是对马克思历史视域中"真正的共同体"的现时代阐发。

构建人类命运共同体的理论与实践是对当今全球化时代现代性危机的现实考虑和实践应对，其真实把握了人类社会发展必然性的时代需要，是马克思现代性方案的当代实践。经济全球化强力推动并一度主宰了世界历史的进程，但人类社会现代化进程的错综复杂导致全球现代性危机根深蒂固，资本主义的扩张破坏了世界经济发展的稳定性，西方大国的强权政治扰乱了全球治理的有序性，西方文化推广渗透的价值理念侵犯了世界多样文明的发展权利，战争威胁、信息隐患、能源匮乏、生态灾难和价值湮灭、信仰迷失等问题全球扩散，对人类社会的发展前途提出了严峻挑战。而新科技革命和互联网的全球联动促使人类命运的交往交互达到前所未有的进度，人类社会现代化进程的紧密相关性必然造成现代性危机的多维牵动，逐步凸显的现代性危机都在经济全球化的力量催化中发生了彼此交融的作用，人类社会面临的挑战也向全人类的生存发展提出严酷考验。人类社会的全球现代性危机在深层次上溯源于人的生存状况的悖逆现实，包括人与自然难以和谐共生的危机越发威胁着人自身的生存方式，人与人之间缺乏平等公正的社会交往进而阻碍了整个社会的生产发展，人自身价值信仰的不确定性必然侵害人的幸福生活。人类命运共同体理念致力于实现全人类共生共荣，主张整合全人类智慧来解决全球问题，揭示资本主义社会借用现代理性粉饰其对人抽象统治的逻辑实质，探寻新的共同体机制和合作模式，为缓解全球现代性危机和摆脱资本物化束缚提供共同体理念的中国方案。

构建人类命运共同体的实践在回应全球危机的现实进程中凸显了人类共济共担的现实要求和共生共存的永久主题，意识到当今世界人类共同价值认识的众口难调是资本逻辑支配下"虚假的共同体"的基本表征，也是全球现代性危机复杂难解的根本原因。"虚假的共同体"妄图将世界不同文化趋同西方文明，施行狭隘的"民族主义"和"文化相对主义"。然而，当人们盲目追求西方文明倡导的价值理念，势必会在世界市场的自由化发展和缺乏制度保障的境遇下相互竞争、彼此侵害，最终共同毁灭。为了化解人类命运的现代危机和人的生存危机，中国提出必须在构建人类命运共同体的实践中建立人类普遍认同和自觉遵循的价值体系，它立足经济全球化危机下建立人类共同价值的迫切需要，深刻把握当前建立人类共同价值体系的现实可能性，承认全球化时代由资本现代理性支撑的自由、民主和人权等价值理念在反映现阶段人类社会发展需要层面上的客观性，同时也坚决与西方将其价值理念进行全球渗透及和平演变的意图展开斗争和论战；肯定并关注现代理性所无法遮挡的生成性实践价值的重要意义，提出通过协商包容等具体措施实现对人类业已普遍接受的价值理念进行全球性体制机制完善和系统化管控，以确保人类在普遍认同共同价值的同时做到自觉遵循和协同践行。

构建人类命运共同体是中国应对全球现代性危机以及促进实现全人类共生共存价值目标的独特智慧和积极贡献。中国致力于推动构建人类命运共同体，不断以新发展为世界提供新机遇，推动建设更加美好的世界，为解决当前人类面临的各种危机和挑战贡献了中国方案，为完善全球治理注入了强大正能量。在构建人类命运共同体的实践推动下，日益增多的国际组织彰显了人类社会在建立共同价值体系上的理论和实践自觉，逐步构筑合作共赢的利益共同体、开放包容的伦理共同体、协商共担的责任共同体以及和谐共生的命运共同体。人类命运与共的意识突破了反全球化与逆全球化二元对立的零和博弈思维，冲击了资本主义现代理性维持的价值同化及话语霸权体系，切实把握涌动在马克思主义科学理性下的辩证批判精神，尊重并发掘不同民族文明的价值资源，在危机侵袭时寻求共同力量，在价值冲突中探索共识路径，逐渐形成在全球化时代构建人类命运共同体的实践基础。人类命运共同体的构建路径始终践行人类社会的整体观，在实践中探寻拓展马克思预示的通达"自由人联合体"所需要的现实条件，展现中国在处理国际社会问题以及为其他民族国家的现代化道路提供有益借鉴的大国担当，在引导各国通过协商合作解决现代世界的多重矛盾中，注重分析并利用经济全球化发展的基本规律以实现丰富物质前提和社会生产力的联合创造与共享。构建人类命运共同体实践正在挣脱全球资本主义现代性之物的依赖关系的桎梏，开启趋近"真正的共同体"理想的发展道路，充分彰显马克思世界历史理论的方法论自觉和对人类命运的现实关怀。

人类命运共同体与人类文明新形态是习近平新时代中国特色社会主义思想的重大理论创新、话语创新，深刻把握人类命运共同体理念与人类文明新形态的时代价值和历史意义，厘清两者之间的内在关联，将为自觉推动构建人类命运共同体、解决世界发展进程中的共性问题，深度阐发21世纪马克思主义文明观、谱写人类文明发展新篇章注入强大能量。

构建人类命运共同体超越了"以我为尊"的"文明优越论"，开启从普遍联系转向命运共同的文明新形态。在唯物史观视域中，资本主义文明的全球形态与世界历史的进程具有同构性。资本的"降临"打破了各个地方、各个民族相互隔绝和孤立的状态，使分散的地方志和民族志转向统一的世界史，一切国家的生产和消费都具有世界性特质，人类社会成为一个普遍交往、相互联系的有机整体。在此意义上，"资本"开启了经济全球化时代，推动了人类社会首次实现整体命运的交汇。世界历史与全球化进程构成了人类命运共同体的历史前提和现实平台，但这一前提和平台存在的前提和合理性尤为值得审视。由资本主导的世界历史和全球化从一开始就具有不平等性，工业革命助推西方经济社会全面迈进工业化时代，遥遥领先于其他国家。资本主义文明不可避免地生成"以我为尊"的"文明优越论"心态，并按照自身的面貌，试图将世界塑造为一个高度同质化的资本主义世界。资本主义文明将无产阶级视为资产阶级的剥削对象，将东方文明视为西方文明的附庸，在一国范围内表现为少数资本家对多数无产阶级的剥削和掠夺，在世界范围内则是使"东方从属于西方"。马克思认为，资本主义是一种"将多数人的劳动变为少数人的财富的阶级所有制"，而资本主义文明"每前进一步，不平等也同时前进一步"。世界历史使资产阶级与无产阶级、东方与西方成为普遍联系的整体，但远非真正意义上的"命运共同体"。构建人类命运共同体致力于破除"文明优越论"的迷思。人类命运共同体理念坚持"共商共建共享"的原则，秉持大小国家相互尊重、一律平等，主张在经济全球化进程中，各国权利平等、机会平等、规则平等。构建人类命运共同体依托"一带一路"和亚投行等平台，通过世界范围内的经济合作，提升发展中国家在全球产业链层级中的地位，在助力全球经济发展中实现经济再平衡，进一步消弭南北差距，打造更加牢固的利益共同体，实现合作共赢、共同发展，将全球化引向平等、公平和正义。构建人类命运共同体将打破资本主义文明塑造的"一部分人统治另一部分人、东方从属于西方"的全球化图式，建立起一种去中心化而又彼此联系、相互依赖的人类文明新格局，使人类社会从单纯的普遍联系转向真正的命运共同、休戚与共，开启相互平等、责任共担的人类文明新形态。

构建人类命运共同体超越了"以我为主"的"文明冲突论"，塑造从对立冲突转向多元统一的人类文明新形态。资本主义在全球化的进程中利用政治、经济、意识形态等手段，建构起以资本逻辑为核心的世界体系，引发了遍布全球的生态危机、贫富差距和地区冲突等现实问题。资本逻辑吞噬一切只为增殖的诉求，使具有地域性、历史性的文明被动承受和顺应资本逻辑的扩张，并将"以我为主"的基因深深嵌入资本主义文明的底层逻辑，造就了资本主义文明在处理"我"与"他者的关系上""先天不足"，这成为资本主义文明强调竞争多于合作、对立优于统一、一元胜过多元的根源。"文明冲突论"是对"以我为主"的资本主义文明观的理论辩护。亨廷顿通过夸大文明之间的差异性并将其政治化，进而将世界范围内的一切冲突归咎于东西文明之间的互不相容。按照"文明冲突论"，世界将无可避免地陷入到各种冲突和斗争之中，这与资本主导的全球化现实颇为一致。资本主义文明在实践中先入为主、预设冲突的立场也引发了世界和平、发展、治理和信任的严重赤字。西方世界用"文明冲突论"解释人类社会中冲突和矛盾，其实质是用文明的冲突来粉饰和掩盖资本逻辑的恶行。构建人类命运共同体将擘画和而不同、多元统一的世界文明新图景。人类命运共同体理念秉持以人为本的社会主义逻辑，将每个人的存在与发展作为最高的价值理念。这决定了人类命运共同体并非"以我为主"，而是力图在"我"与"他者"之间寻求对话和沟通。与"文明冲突论"不同，人类命运共同体理念主张合作多于竞争、统一优于对立、多元胜过一元，呼吁摒弃资本主义文明下的文明冲突、冷战思维等陈旧观念，以文明交流超越文明隔阂、文明互鉴超越文明冲突，为处理不同文明之间的关系提供了新的视角。在尊重文明个性，积极寻求文明共性，主张求同存异、用协商对话取代对立冲突的人类命运共同体，在实践中已经得到世界各国的普遍认可，将为人类开启和而不同、多元统一的文明新形态。

人类命运共同体理念超越了"以我为准"的"历史终结论"，开启了以共同价值引领的人类文明新形态。资本主义文明不仅热衷于在横向比较中标榜自身的优越，更试图在历史的纵向维度上为文明的发展划定"休止符"，将资本主义文明指认为人类文明的终极形态。福山的"历史终结论"反映了资本主义文明这种"以我为准"的独断论心态。在"历史终结论"看来，资本主义的自由、民主和市场经济体制必将成为人类文明的标杆，历史前进的"马达"在资本主义文明戛然停摆，未来所有的可能性已经穷尽，资本主义文明成为世界共同的目标和追求。"历史终结论"的实质，无非是资本主义试图垄断"民主"和"自由"的最终解释权，为资本主义文明寻求合法性依据。西方的自由和民主正在褪下"一般等价物"的神圣光环，成为人类重新反思的对象。"历史终结论"本身未能终结历史，反而深陷被历史"终结"的尴尬。究其原因，主要在于资本主义文明将"自由"和"民主"视为空泛的"概念容器"。人类命运共同体理念认为，自由和民主是不同文明的共同追求，但对自由和民主的理解应当根植于民族国家的具体历史文化传统和现实情况。构建人类命运共同体致力于打破资本主义文明对"自由"和"民主"等价值解释权的垄断，为世界文明多元发展带来新一轮的思想解放。

在唯物史观视域中，持续运动、不断变化是历史发展的固有铁律，生产力与生产关系的相互作用必将推动人类社会和人类文明不断实现形态的更替。"历史终结论"以静止的眼光看待文明的发展，必将被历史发展所"终结"。我们正在见证人类文明形态由"旧"向"新"变迁的历史性进程，而只有借助马克思主义的理论智慧方能确保我们与历史同向而行。人类命运共同体理念主张扬弃而非摒弃资本主义文明，展现了运用马克思主义唯物辩证法的历史自觉。为资本主义文明与社会主义文明提供交流互鉴的平台，使社会主义文明在充分吸取资本主义文明的合理成分、不断克服资本主义文明的弊端并最终完成文明形态更替，这是历史赋予人类命运共同体理念的时代重任，也是构建人类命运共同体的发展指向。

附　录

附录一　构建人类命运共同体对历史唯物主义的原创性贡献 *

构建人类命运共同体是习近平新时代中国特色社会主义思想的一项具有战略高度和现实紧迫感的理论命题与伟大构想，它以批判性重塑当代全球治理体系为旨归，充分彰显了当代中国共产党人的理想追求和智识精神。领会与把握这一伟大构想必须面对和承担的首要任务是：在历史唯物主义的理论视域下，全面深入地检审资本主义全球化所建构起来的世界秩序及其全球治理体系。重审、反思已有的资本主义世界秩序，绝非只有历史唯物主义这一理论进路，但其理论视域无疑具有最为彻底的批判性取向。在历史唯物主义的理论阐述中全面深入地检视、反思和批判资本主义世界秩序是构建人类命运共同体的本质性前提。中国共产党进行的探索在深层意义上真正揭示和阐明了全球资本主义时代人类处境本身存在的问题，有益于促成一种更加符合人类本身的世界秩序的建构，能够推动全球化向合理良序的方向发展，其内在精神在现时代依然具有崇高性和吸引力。人类命运共同体理念是为破解全球性治理难题贡献的中国智慧和中国方案，这一方案秉持对全球资本主义体系的批判性立场，这种批判性不仅针对当代的国际政治经济秩序，而且针对当代

---

* 本文以首篇位置发表在《中国社会科学》2018 年第 7 期。

的智识精神景观，是对 21 世纪历史唯物主义发展的原创性贡献。

一、人类命运共同体的哲学立场

马克思在《关于费尔巴哈的提纲》第十条中提出："旧唯物主义的立脚点是市民社会，新唯物主义的立脚点则是人类社会或社会的人类。"[①] 他从"立脚点"的角度区分了新旧唯物主义之间的差异。所谓"立脚点"，即是观察或判断事物时所处的地位、坚持的立场和采取的视域。马克思认为，以费尔巴哈为代表的"旧唯物主义"是一种"直观的唯物主义"，由于"不是把感性理解为实践活动的唯物主义，至多也只能达到对单个人和市民社会的直观"[②]，故其立脚点是"市民社会"。而当他确定了人类解放的终极目标后，曾一度作为社会批判武器的"市民社会"则随着"人类社会"的出场而淡出他的理论视域。马克思的"新唯物主义"从主体方面去理解"对象、现实、感性"，把它们都当作感性的人的活动，因而能够超越"直观的唯物主义"，从社会关系的角度去理解人的本质及其现实性特征，展现出"新唯物主义"以"人类社会或社会的人类"为立脚点的理论特质。在马克思看来，新旧唯物主义的区分在于它们之间截然不同的"立脚点"，也就是"市民社会"与"人类社会"的视域差异，这一视域差异深刻地揭示了资本主义经济全球化与人类命运共同体之间哲学立场的根本分歧。

1."市民社会"与资本主义经济全球化

从学术传承的意义上看，马克思最初对"市民社会"的批判考察源自黑格尔的思想启迪。他肯定黑格尔对政治国家与市民社会的

---

① 《马克思恩格斯文集》第 1 卷，人民出版社 2009 年版，第 502 页。
② 《马克思恩格斯文集》第 1 卷，人民出版社 2009 年版，第 502 页。

区分所突出的政治解放的历史意义，但又揭示出黑格尔囿于精神层面实现二者转化的方法，归根结底是无限地发挥精神的统摄作用以吞没一切存在。黑格尔在《法哲学原理》中指出："市民社会，这是各个成员作为独立的单个人在一个形式的普遍性中的联合，这种联合是通过成员的相互需要，通过法治作为保障人身和财产的手段，并通过一种外部秩序来维护他们的特殊利益和公共利益而建立的。"[①] 在黑格尔的理解中，"市民社会"包含两个原则：一是市民社会成员作为独立的单个人把自身作为特殊的目的，二是每个市民社会成员都必须通过普遍性形式的中介才能使自身得到满足。因此，有论者认为："黑格尔在此对市民社会的基本界定遵循的是斯图亚特、亚当·斯密这些古典经济学家的自由市场模式。"[②] 黑格尔的市民社会原则包含着正反两方面的内容：一方面，市民社会使具体的个人从古代或中世纪的共同体束缚之中解放出来，使自身作为特殊目的获得了合法性，也促使个人生活和主体意识获得了前所未有的自由空间；另一方面，市民社会是满足个人私利的自由市场社会，具体个人之间的关联只是一种普遍性形式的联合，即成员之间关联性的建立无非是为了满足彼此之间的需要或自然欲望。黑格尔的"市民社会"概念实际上是对资本主义社会的另一种表述，旨在突出其与政治国家的对照以及同家庭的关联。市民社会的正反原则呈现出从家庭到市民社会和国家的推演逻辑，标志着以理性精神为载体的市民社会自我演进的跃迁和深化，体现了黑格尔对自由和政治哲学概念的抽象理解。

---

① ［德］黑格尔：《黑格尔著作集　第7卷：法哲学原理》，邓安庆译，人民出版社2016年版，第296页。

② 王小章：《从"自由或共同体"到"自由的共同体"：马克思的现代性批判与重构》，中国人民大学出版社2014年版，第46页。

　　马克思批判性地吸收了黑格尔对于市民社会的描绘与理解。日本学者望月清司认为，"马克思将市民社会看成是与人的共同本质相分离的、利己的人（homme）的权利领域"①，并用于指称作为近代政治革命结果而产生的近代市民社会，"其本身同时还存在着无政府性竞争和追逐营利体系的奴隶制（市民社会的奴隶制）"②，据此理解，整个市民社会就是一场"露骨的"追逐营利的"普遍运动"③。在这场"普遍运动"中，市民社会成员由于受到自身自然禀赋和后天条件的限制，必然会在市民社会内部形成区别和分化，也就是黑格尔指出的个体分属于各方面的特殊体系而形成了"等级的差别"。黑格尔早已指明，作为精神特殊性的客观法"在市民社会中不但不消除人的自然不平等（自然就是不平等的始基），反而从精神中产生不平等"④。基于此，马克思一方面承认市民社会是生产力与交往形式相互作用的经济基础，另一方面指认市民社会由于被资产阶级掌控而带有鲜明的阶级属性，并展开对市民社会存在的深层根源的探寻，认为市民社会伴随资产阶级的出场而发展起来，其本身蕴含着等级性，是从生产与交往的等级关系中生成的组织形式。

　　随着资本主义经济全球化的扩展和深入，市民社会的等级性结构也随之嵌入到"世界市场"的范围内。在资本主义经济全球化的意识形态叙事中，现代世界范围内的主权国家、国际组织、族群组

---

　　①　［日］望月清司：《马克思历史理论的研究》，韩立新译，北京师范大学出版集团、北京师范大学出版社 2009 年版，第 208 页。

　　②　［日］望月清司：《马克思历史理论的研究》，韩立新译，北京师范大学出版集团、北京师范大学出版社 2009 年版，第 208 页。

　　③　《马克思恩格斯文集》第 1 卷，人民出版社 2009 年版，第 316 页。

　　④　［德］黑格尔：《黑格尔著作集　第 7 卷：法哲学原理》，邓安庆译，人民出版社 2016 年版，第 342 页。

织、跨国公司以及个体公民都是世界市场中普通的、平等的主体成员。但各层次的主体成员在经济实力、政治影响、生活水平等方面都现实地存在着等级差别，而且这些差别以它们固有的方式发挥作用，并表现出自身的特殊本质。由此，资本主义全球化显示出两种既相互矛盾又相互关联的特征：一方面在形式上宣称所有主体成员都是平等的，另一方面又在实质上使不同的主体成员形成等级差别，在经济上形成"先进—落后"的发展格局，在文化上形成"文明—野蛮"的文明史观，在政治上则形成霸权主义的国际秩序。尽管资本主义生产方式的发展带来了经济全球化，并历史性地建构出一个世界市场，但它并没有形成与之相应的民主化、法治化及合理化的全球善治秩序，在现实推进中通过全面的商品化和物化而制造了人与人在相对封闭空间内的疏离，导致全球社会中不同民族国家在非自主选择的交往实践中形成了不平衡的发展空间，使得经济全球化和世界市场始终只能是部分霸权主义国家的附属品。

全球化过程中所形成的霸权主义是市民社会等级性结构的政治表现，市民社会的殖民特性是霸权主义得以形成的重要原因。在《德意志意识形态》中，马克思、恩格斯就指出："市民社会包括各个人在生产力发展的一定阶段上的一切物质交往。它包括该阶段的整个商业生活和工业生活，因此它超出了国家和民族的范围，尽管另一方面它对外仍必须作为民族起作用，对内仍必须组成为国家。"① 随同资产阶级发展起来的"真正的市民社会"内在地要求海外殖民，现代世界的市民社会不可能只是一国之内的自由市场社会，其伴随资本主义经济全球化的蔓延必然成为超出民族和国家的世界市场，催生这一结果的过程就是"殖民扩张"。黑格尔看到

---

① 《马克思恩格斯文集》第 1 卷，人民出版社 2009 年版，第 582 页。

了市民社会对经济自由的趋附，认为市民社会能够彰显人的自我意识，进而促使人进入市民社会的生产环节以获致自由，他指出："市民社会受这种辩证法推动而超出自身之外，首先是超越这个特定的社会，以便向它之外的其他民族去寻求消费者，从而寻求必需的生活数据，这些民族或者缺乏它所生产过剩的物资，或者一般地在工艺等方面落后于它。"① 诸如自由贸易、海外扩张以及随之而来的战争等体现市民社会殖民性特征的历史作为，正是黑格尔"世界历史"的现实起点。在黑格尔看来，一切发达的市民社会都必然被驱使走向殖民事业，它们之间只不过存在着零散与系统的区别。黑格尔的市民社会理论是从市民与社会的伦理关系向度揭示市民社会与政治国家之间的冲突，指出市民社会将原本在伦理世界中相互统一的实体与个体分离开来，澄清了市民社会作为"个人私利战场"的本性。在具有等级性和殖民性的世界市场中，所谓的"发展"其实只能是"片面发展"，而不可能是"共享发展"。这种发展模式不是将全人类都作为"命运共同体"的主体成员，不是为了满足所有主体成员的需要，也不是为了促进所有主体成员的全面发展，而是为了满足一些拥有"资本"和"霸权"的主体成员的利己主义的需要与欲望。不同主体成员之间的普遍联合，无非就是一种形式上的联合，其普遍性也只是"抽象的普遍性"，即"一种内在的、无声的、把许多个人自然地联系起来的普遍性"②，根本无法走向人类真正的联合与解放。

2."人类社会"与人类命运共同体

由于市民社会本身的局限性以及资本主义经济全球化存在的等

---

① ［德］黑格尔：《黑格尔著作集　第 7 卷：法哲学原理》，邓安庆译，人民出版社 2016 年版，第 375 页。

② 《马克思恩格斯文集》第 1 卷，人民出版社 2009 年版，第 501 页。

级性和殖民性问题，全球发展日益呈现出不平衡、不合理的矛盾状态：一方面，一切民族国家的生产和消费成为世界性现象，整个世界日趋一体化和同质化；另一方面，在资本关系所到之处，各种新的经济差异和政治等级被不断地再生产出来。结果，"由跨国资本主导的特定全球化形式表现为一种'单向度的全球化'，即发达国家单方面主导、渗透和支配不发达国家的全球化模式"[①]。正是基于这种"单向度的全球化"的发展状况，西方资本主义国家主导形成了一套"西方中心主义"的全球治理体系。无论是世界市场的形成还是全球治理体系的出现，都有助于将整个现代世界更加紧密地联系在一起，并使得原本分散的国家、民族之间逐渐形成互相依存的结构性关系，通过集中整合资源使全球生产力获得更大提升，也形成把国际社会成员凝聚起来的精神"黏合剂"，由此客观地推动全球性共同体的发展。但是，资本控制全球化发展的基本逻辑没有根本转变。由于当前的世界市场和全球治理体系都是以具有高度逐利性的资本作为治理全球的主要手段，因而，在这种历史条件下所形成的全球性共同体不过是立足"市民社会"视域的"货币共同体"或"资本共同体"。马克思在《资本论》中曾探讨了资本逻辑在全球范围内扩张的现实特征，以物质生产过程为切入点揭示剩余价值的攫取对资本关系再生产的推动作用，阐释了资本生产方式与剩余价值积累模式随着世界历史的推进已经产生的新变化。在资本逻辑的推动下，通过世界市场和全球治理体系的运作，资本主义国家内部的利益结构扩展到全世界范围内。诚如马克思、恩格斯所说，资产阶级按照自己的面貌为自己创造出一个世界，而这个世界与资本

---

① 郗戈：《超越资本主义现代性——马克思现代性思想与当代社会发展》，中国人民大学出版社 2014 年版，第 136 页。

主义国家的内部格局具有"同构性"：在国内，"资产阶级使农村屈服于城市的统治"；在世界范围内，"使农民的民族从属于资产阶级的民族"①。全球性的"资本共同体"如同"国家"一样，本质上还是一种"虚假"的共同体，也存在着某些占据霸权地位的主体成员把自身的特殊利益伪装成人类普遍利益的现象。

然而，随着社会生产总过程的全球化，一切民族国家的生产和消费都逐渐具备世界历史性特征，并由单一主体支配转向多元主体共治。治理主体的深刻变化使得人类社会的发展有可能超越压迫性的全球资本主义再生产过程，克服"单向度的全球化"的发展状况，摆脱"西方中心主义"的全球治理体系，从而走向更平等、更合理、更多元的新世界秩序。在全球资本主义世界体系之后将有可能出现一个新的"世界体系"，它不再是"西方中心主义"式的"一国独霸"或"几方共治"，不再是为霸权主义国家利益服务的资本体系，而是奉行双赢、多赢和共赢的新理念，实现了对资本逻辑主导全球化过程的扬弃与超越，以人类公共利益为共同体发展的新的经济基础，力求打造出由各国共同书写国际规则、共同治理全球事务、共同掌握世界命运的人类命运共同体，从而在共同发展中最大限度地实现各方利益的最大公约数，共享经济全球化的发展成果。这就是中国倡导构建的人类命运共同体。

在历史唯物主义的理论视域中，"共同体"范畴在时空上的演进形态是从"自然形成的共同体"经由"虚假的共同体"走向"真正的共同体"。在这一历史延展过程中，人类命运共同体作为体现马克思主义政治哲学逻辑的全新世界图景构想，为世界秩序的构成方式注入了一种新的实践观念，必将使人类的存在方式和思维方式

---

① 《马克思恩格斯文集》第 2 卷，人民出版社 2009 年版，第 36 页。

发生深刻变革，从而极具针对性地回应从"虚假的共同体"向"真正的共同体"转变过程中所产生的一系列全球性治理难题和挑战。资产阶级国家"虚假的共同体"在历史上的特殊社会革命时期具有存在的必要性，它也曾流露出普遍利益发展的理念，但却在资产阶级将自身特殊利益伪装成普遍利益的理性狡黠中成为无产阶级的外在枷锁，从而失去现实存在的合理性。虽然人类命运共同体和"真正的共同体"在现实基础和哲学理念上存在着一定的张力，但由于人类命运共同体本质上是对资本主义全球化历史进程的"拨乱反正"，充分昭示了"人类解放"的价值诉求和发展理念，故其基本立脚点或者说哲学立场必然是"人类社会或社会的人类"。

在社会理想的意义上，人类命运共同体以"人类解放"或"真正的共同体"为价值诉求，这意味着它是从"人类社会或社会的人类"的哲学视域出发对现存不合理的世界市场体系和全球治理体系进行反驳与批判的。这种反驳与批判不是要把人类命运共同体当作完美的、固化的客体性存在，不是当作与资本主义全球化相分离的形态而同资本主义全球化相对立，而是要在批判资本主义全球化的过程中发现、阐释和建构出更符合人类社会发展规律及诉求的新世界图景。伊格尔顿指出："马克思正是在现实逻辑失灵、步入自相矛盾的死胡同的情况下，找到了一个理想化未来的轮廓。未来的真正景象就是现实的破产。"① 人类命运共同体理念的批判意义就在于把现行的世界市场体系和全球治理体系所掩盖的剥削性社会关系揭示出来，从而打破资本主义意识形态制造的社会发展假象，切断这一虚假意识形态的再生产，反抗与这种意识形态相适应的观念、概

---

① ［英］特里·伊格尔顿：《马克思为什么是对的》，李杨、任文科、郑义译，重庆出版集团、重庆出版社 2017 年版，第 61 页。

念和思维形式，反对以往各种"共同体"形式将人类解放视为凝固的、脱离感性实践的实体存在，将"真正的共同体"当成个人自我价值与自由实现的条件，旨在结束那种将资本主义永恒化的精神状态的产生方式，并在此基础上探索出一条更加符合人类社会发展的历史通道。

人类命运共同体作为走向"真正的共同体"的世界历史性阶段，必须自觉地从"人类社会或社会的人类"的哲学立场出发，变革世界市场体系和全球治理体系，发展全球性社会生产力，即对全球范围内的物质利益关系进行革命性变革，逐渐把人们从全球资本主义的束缚中解放出来，并在促进生产力发展和深化普遍交往的基础上不断扩大人类的共同利益交汇点，提升人类利益的共同性水平，将利益的共同性与人的个性解放保持内在和谐，成为内在于人的现实实践并提升人的自我发展意识的本真力量，使人类在实践中认识到自身利益需要的根本性地位，减缓乃至化解不同主体成员之间的特殊利益冲突。

二、人类命运共同体的现实指向

无论是基于"市民社会"的资本主义经济全球化，还是立足"人类社会"的人类命运共同体，其现实表现和现实发展都是世界历史进程中的一部分。因此，构建人类命运共同体，超越资本主义全球化及其治理体系，必须把握马克思实践哲学中的物质生产和交往形式两大基本范畴，在世界历史的理论视域中审视与考察人类命运共同体的实践逻辑，并将人类社会不同的地域和发展阶段纳入共同发展的历史逻辑之中。

马克思、恩格斯在《德意志意识形态》中指出："大工业创造了交通工具和现代的世界市场，控制了商业，把所有的资本都变为工业资本，从而使流通加速（货币制度得到发展）、资本集中"①，由此开创了世界历史。全球化是社会生产逐渐发展而突破地域界限的产物，是民族历史转向世界历史发展的现实形态。随着资本主义工业化的全球扩展以及资本主义经济全球化的深化发展，世界范围内的个体、族群、民族和国家之间的交往联系更加紧密，人类历史也实现了从自然形成的地域性民族史向资本逻辑主导的世界历史的转变。在这一转变过程中，一方面，资本无限增殖、扩大和宰制的逻辑，必然要求打破一切民族国家的闭关自守状态，把一切自然形成的区域性生产和消费变成由资本支配的世界性生产与消费，这使得一切民族国家的发展越来越受到世界市场体系的结构性限制，受制于资本主义经济全球化的固有矛盾；另一方面，由于世界范围内相互影响的活动范围在演进发展中不断扩大，各民族的原始封闭状态在"日益完善的生产方式、交往以及因交往而自然形成的不同民族之间的分工"②的影响下也不断被消灭，从而形成了全球性的利益依赖关系以及全球性的经济、政治和文化的普遍交往。在世界历史进程中，无论是全球资本主义矛盾的爆发，还是任何一国的经济动荡或政治冲突，都可能通过世界市场体系和全球治理体系蔓延到整个世界政治经济体系，扩展为对全体人类生存与发展的严重威胁。这无疑是以否定性的形式肯认了世界各国具有越来越广泛的共同利益和价值共识，其中最显著的就是各国共同面临诸多全球性治理难题。"这个世界，各国相互联系、相互依存的程度空前加深，人类生活在同一个地球村里，生活在历史和现实交汇的同一个时空里，越来越成为你中有我、我中有你的命运共同体。"③就此而言，

---

① 《马克思恩格斯文集》第 1 卷，人民出版社 2009 年版，第 566 页。

② 《马克思恩格斯文集》第 1 卷，人民出版社 2009 年版，第 541 页。

③ 《习近平谈治国理政》第一卷，外文出版社 2018 年版，第 272 页。

在现代世界历史进程中，构建人类命运共同体具有非常明确的现实指向：必须克服资本逻辑支配下的世界市场体系危机并在深化普遍交往中提升人类利益的共同性水平，从而为变革、完善世界市场体系与全球治理体系以及为实现"共商共建共享"的全球治理观奠定坚实的物质生产基础和精神智识基础。

1. 资本逻辑与异己力量的形成

从世界历史的演进历程来看，以资本逻辑为中心的资本主义大工业生产最终促成的世界历史不同于以领土占有和宗教统治为主导的古代或中世纪历史，它是以贸易自由和经济一体化为主导的现代历史。有论者指出："这一过程，超出了原有自然法基础上形成的以耕作（cultivation）为法理根据的殖民秩序，而将这种以基督教普遍性为基础的'文明化任务'转化成了以商业资产阶级为基础的'商业化运动'（commercialisation mission）。与前者不同，后者所形成的世俗化的世界秩序中，其格局不再是意识形态的冲突，也不需要寻求一种在神权意志下进行的平等教化。相反，则更希望在一种差序世界格局中，维持贸易的垄断与利益的最大化。"[1] 为了在世界历史中获取最大限度的财富和利益，资本逻辑惯于在不断扩张的世界范围内以自我调节的方式完善资本运行的结构，以掩饰其剥削本性来堵塞被控制对象的质疑和回击。马克思对这种"维持贸易的垄断与利益的最大化"有更为深刻的认识。他指出，在现代世界历史进程中，资本的自我增殖本性必然推动资产阶级在全球范围内扩展资本主义的生产方式，并形成一个以资本主义生产方式为主导的世界市场体系。这个世界市场体系构成了资本主义经济全球化的基本运作

---

[1]　章永乐：《万国竞争：康有为与维也纳体系的衰变》，商务印书馆2017年版，"序二"第29页。

机制，也构成了现代世界历史的现实基础。因为以世界市场体系为基础而形成的资本主义全球化运动使人类摆脱了地域性的发展局限和对自然的崇拜，突破了传统的政治、经济和文化方面的区隔与藩篱，整个世界由此呈现出一体化、同质化的发展趋势。但自 20 世纪以来，日益一体化的世界市场格局和同质化的世界历史发展趋势不仅没有实现人类社会的共同发展与人的主体性解放，反而成为人类自身的异己性压迫力量与强制力量，形成了世界市场的"异己性支配秩序"，出现了"抽象成为统治"的最根本事实。诚如有论者所指出的："资本的唯一本性就是无限增殖自身，而资本为了增殖自身，就必须把一切都纳入资本逻辑的强大的抽象同一性之网中。在资本主义社会里，这种'抽象的力量'是以资本增殖为核心的市场交换价值体系具体体现出来的。'交换价值'和'交换原则'成了压倒一切的主宰力量，在它的无坚不摧的强大同一性'暴政'下，人与物的一切关系都被颠倒了，不是人支配和使用物，而是物反过来控制和奴役人。"[1] 受资本逻辑统摄的全球交换过程所奉行的价值原则在根本上与物质利益及经济效益增长的需要相迎合，而与现实主体之间基于生存和发展需要展开的交往实践相分离，结果直接导致了人的价值意识抽象统一于资本主义构筑的普遍价值体系中。

在《德意志意识形态》中，马克思、恩格斯指出，随着资本主义在欧洲的兴起以及交通和贸易的发展，特别是伴随这种发展而加速的殖民扩张，大规模的全球贸易活动将世界彻底联系在一起，原本分散的民族、国家与区域之间逐渐形成了相互依赖的关系，普遍联系的世界历史进程得以形成，人类历史也开始了向世界历史的转

---

[1]　王庆丰：《〈资本论〉的再现》，中央编译出版社 2016 年版，第 212—213 页。

变，这种转变使得每一民族的变革都依赖于其他民族。这表明每个人的世界历史性活动已经成为经验事实，并且在这些内含世界历史性特征的个人活动之间能够产生经验上普遍的共同利益。"这种共同利益不是仅仅作为一种'普遍的东西'存在于观念之中，而首先是作为彼此有了分工的个人之间的相互依存关系存在于现实之中。"① 共同利益原本是社会生产力发展逐渐彰显人的本质力量和自由发展的表征，然而，在资本主义全球化的历史条件下，随着社会生产总过程的全球化以及生产分工的发展，"各个人所追求的仅仅是自己的特殊的、对他们来说是同他们的共同利益不相符合的利益，所以他们认为，这种共同利益是'异己的'和'不依赖'于他们的，即仍旧是一种特殊的独特的'普遍'利益，或者说，他们本身必须在这种不一致的状况下活动，就像在民主制中一样"②。在现代世界历史进程中，虽然每一个主体成员在摆脱种种地域的、民族的、文化的局限之后，与整个世界市场的物质、精神生产都发生了实际联系，但在资本主义的世界市场体系中，这种实际联系却衍生出一种完全异己的力量，这种力量威慑和驾驭着发生实际联系的每一个主体，使得主体成员"越来越受到对他们来说是异己的力量的支配（他们把这种压迫想象为所谓世界精神等等的圈套），受到日益扩大的、归根结底表现为世界市场的力量的支配"③。世界市场存在于社会辩证发展的现实过程中，涵涉被压迫国家对资本的依附关系与实现自身解放诉求之间充满张力的运动，根本暴露出人类交往关系异化的弊端。

马克思指出，这种完全异己的力量往往被抽象的思辨方式想象

① 《马克思恩格斯文集》第 1 卷，人民出版社 2009 年版，第 536 页。
② 《马克思恩格斯文集》第 1 卷，人民出版社 2009 年版，第 537 页。
③ 《马克思恩格斯文集》第 1 卷，人民出版社 2009 年版，第 541 页。

为"世界精神"的圈套，从而把对世界秩序的理论解释引向了神秘主义的方向。但是，"凡是把理论引向神秘主义的神秘东西，都能在人的实践中以及对这种实践的理解中得到合理的解决"①。马克思在对社会形态演进历史的探索中确立了人类社会的逻辑落脚点，表明人类社会的理论语境不仅关涉社会现实的变化，而且指向人的思维观念的改变，而人的观念的转变在实践的促动下得以完成。人类历史的发展进程早已表明，"历史向世界历史的转变，不是'自我意识'、世界精神或者某个形而上学幽灵的某种纯粹的抽象行动，而是完全物质的、可以通过经验证明的行动，每一个过着实际生活的、需要吃、喝、穿的个人都可以证明这种行动"②。由此可见，构建人类命运共同体作为对世界市场体系和全球治理体系的变革与完善，并不仅仅是一种批判性的道德理想，更是一种建构性、共享性的交往秩序体系。在这一交往秩序体系中，"人类"有可能实际地作为一个有机整体来进行生存和发展活动，即在普遍交往中所形成的共同利益基础上作为一个现实主体来实现自身本质的活动，从而规定和展示自身的"类本质"。

2. 普遍交往与共同利益的建构

在马克思对人类社会发展的历史唯物主义分析中，"交往"与"普遍交往"占有独特的地位，构成了其分析社会历史的突破口之一。早在《穆勒评注》中，马克思对于"交往"就有深刻的认识，他指出："不论是生产本身中人的活动的交换，还是人的产品的交换，其意义都相当于类活动和类精神——它们的真实的、有意识的、真正的存在是社会的活动和社会的享受。"③"交往"在马克思

① 《马克思恩格斯文集》第 1 卷，人民出版社 2009 年版，第 501 页。
② 《马克思恩格斯文集》第 1 卷，人民出版社 2009 年版，第 541 页。
③ 《马克思恩格斯全集》第 42 卷，人民出版社 1979 年版，第 24 页。

看来具有本源性的意义，是一种"类活动和类享受"以及"社会的活动和社会的享受"，也就是人的"类本质"和"社会本质"，是人的本性或人的本真形态。对"交往"的认识，在马克思后来的思想中有更进一步的发展。他在1846年写给安年科夫的信中指出："社会——不管其形式如何——是什么呢？是人们交互活动的产物。"①这一论述表明作为现实生产过程的人类社会发展本身离不开交往，"交往"构成了现实生产过程中不可或缺的环节，甚至在人类社会发展史上具有本质性的意义。随着人类生产方式和能力的进步，交往也逐渐从物与物的交换转变为以技术为中介的更为便捷的形式，且交往形式的多样化发展在人类历史向世界历史的进行中的作用越来越突出。有论者指出："人类历史的发展，只能以解放交往而不是束缚交往为根本路径，世界历史的变革根本性的就是要破解资本主义生产方式、社会制度等对人类的交往所造成的各种束缚，从而把人从资本主义的交往异化之中解放出来。"②人的生命存在的内在结构中的生产与交往维度是辩证统一的关系，其中，交往构成了表征人的生命存在固有特性的深层依据，这一依据的支撑作用在全球化的推进中更趋显明，形成了人与自然、人与社会以及人与人之间的交往在全球范围内共同展现的局面。当然，这只是马克思哲学从存在论层面对"交往"所作的剖析，而一旦将"交往"落实到历史的、具体的社会结构层面，则会呈现出不同的表现形式。

在资本主义全球治理体系中，"交往"的落实形成了一种理念与事实相背离的国际秩序：在理念层面宣称所有民族国家不论大小都是普遍平等的主体成员，但在事实层面却构筑出不平等的、霸权

---

① 《马克思恩格斯文集》第10卷，人民出版社2009年版，第42页。

② 王海锋：《历史唯物主义世界观的当代阐释》，中国社会科学出版社2016年版，第249页。

主义的等级结构，并且这一等级结构被资本主义国际分工不断地巩固加强。这种国际秩序通过生产力的发展和交往关系的变革，逐渐消灭了生产资料、财产和人口的分散状态，使得生产资料和财产聚集在少数人的手里，形成了少数资产者对多数无产者的统治。这一统治状态决定了它只能是小部分人的"美好世界"，却不可能是大部分人的"共同体"。大部分底层民众并没有充分共享到全球化的发展成果，他们在生物学意义上被当成"人类"的一员，却没有在共享发展成果的意义上成为"人类"的成员。虽然资本主义全球化打破了地域性、封闭性的生产方式，建立了人类之间的普遍交往，使得人类共同利益成为世界历史条件下"所有相互交往的人们的共同利益"，但资本主义阶段的"共同体"形式是其特殊的生产方式和关系的产物，其核心内容是获取与维护特殊利益。在资本主义生产方式占主导地位的社会状态中，每个主体成员追求的只是自身的特殊利益，共同利益则成为一种特殊的"普遍利益"，而且其共同性水平不仅没有超越特殊利益，反而受到特殊利益的制约，主体成员的劳动在追求这种特殊利益中呈现出普遍的异化状态。

为了超越特殊的、独特的"普遍利益"形式，人们必须在深化全球化发展过程中建立真正的"普遍交往"，推动人类形成新的共同体，即一种将所有人都视为共享全球发展成果的主体成员的人类命运共同体，使得具有更高水平共同性的"人类利益"成为具体的现实。人类命运共同体是在世界范围内由每个民族国家和地区组成的共同体形式，必定产生复杂、多维的交往关系。因此，构建人类命运共同体需要对人们在全球交往关系中的现实地位进行具体分析，并在生产力发展的基础上重塑一种能够支持人类命运共同体的交往关系结构。在塑造新的交往关系结构的过程中，构建人类命运共同体作为一种新的世界图景构想，欲要实现凝聚集体认同、指导集体实践的历史愿景，就必须具备能够在不同的个体、族群、民族和国家等主体成员中唤起共同需要、共同向往的吸引力。这种"共同"并不意味着取消不同主体成员之间的差异，而是立足差异，坚持不断突破原有区域性的狭隘交往，借助世界交往的契机积极参与和拓展世界市场，并在不同主体成员的普遍交往中寻找更高层次的共同性，积极推动各民族国家的现代化历史进程。构建人类命运共同体要求自觉地从"人类社会或社会的人类"的哲学立场出发，基于共同发展与合作共赢的理念建立起真正的普遍交往，从中寻找和实现一种新的共同性，即从人类的生产关系和生活空间中寻找和实现更高水平的共同性。在这种新的共同性中，人类的"交往实践"是平等、合理、多元的联合与共享，能够通过共同的实践努力推动人类解放的理想走向现实，进而实现人类价值的差异性与共同性的统一。从这个意义上说，构建人类命运共同体具有共同创造人类美好未来的伟大历史意义，它意味着坚持交流互鉴与合作共赢，意味着进一步发展社会生产力、释放社会创造力，从而推动建设一个开放包容和共同繁荣的世界，并使所有主体成员共享人类发展成果。

当然，我们必须清醒地认识到，构建人类命运共同体的中国方案不是要把现行的全球治理体系全盘推翻，而是要克服现行全球治理体系的缺陷，使之更加合理公正。在当前历史条件下，构建人类命运共同体是在资本主义全球化及其治理体系的基础上进行的世界秩序结构的改造与提升。对现行全球治理体系的改造与提升必须继承资本主义全球化所创造的物质生产基础和精神文明基础。全球化过程长期以来推动了世界市场生产和交往要素的流动，为构建和拓展人类共同实践的空间奠定了基础，人类在此过程中逐渐形成的相互依赖的关系为共同体成员的身份认同提供了现实条件。构建人类命运共同体旨在超越西方"主体—客体"之间对立的思维模式，承认"和而不同"的协作方式，彰显出更大的包容性，使全球治理体系更加公正合理。因此，对全球化的构成内容进行历史性分析是构建人类命运共同体的内在要求，我们必须洞悉其产生危机的根源，揭示其历史文明价值，并在此基础上正确认识和处理全球化过程中社会主义与资本主义的关系问题。

三、人类命运共同体的实现路径

现代世界历史进程中的全球化问题，实质上是资本主义全球治理体系所导致的经济发展危机、霸权主义危机和西方文化中心主义问题。对于坚持马克思主义世界历史理论的全球化论者而言，面对一系列的治理难题首先需要回答的是，在资本主义全球治理体系产生危机之际，全球化本身所蕴含的世界历史价值、人类文明价值是否也应该一同受到质疑？我们必须追问和厘清资本主义全球治理体系产生危机的原因，同时还必须进一步探求，资本主义全球治理体系产生的危机是否会阻碍全球化的扩大与深化？即必须明晰全球化形成的根本原因，明确这一根本原因与资本主义全球化之间的相关性何在。为了回答这一系列问题，我们不能笼统地对待全球化，必须对全球化的构成内容进行具体分析，进而阐明全球化对于世界历史、人类文明的价值。

从历史唯物主义的理论视域出发，我们可以将全球化具体地区分为"作为承载生产力普遍发展的全球化"和"作为规范人类普遍交往的全球化"两个层次。前一个层次指的是社会生产总过程的全球化，是全球化的"物质内容"；后一个层次指的是世界市场体系和全球治理体系的形成与发展，是全球化的"社会形式"。这两个层次相互影响、相互作用：前者是后者的动力之源，具有根本性，为后者的建立提供物质性支撑；后者是前者的阶段性文明结晶，具有衍生性，为前者的发展提供价值正当性论证。根据英国学者 G.A. 科恩的"发展命题"——"生产力趋向发展贯穿整个历史"[1]，生产力的普遍发展趋势具有自主性，从根本上是为了解决人类自身的物质匮乏问题。生产力作为一种主动的创造性力量，在面对人类历史中的各种挑战时，既需要寻找、建构能够引领历史前进方向的交往形式，也必须根据不同的历史条件不断调整、变革交往形式，由此才能推动社会历史的持续、普遍发展，这一过程体现了生产力与交往形式相互作用的辩证法。"交往形式进一步发展，作为人的生活的'现实的条件'，它与人的活动之间会不断呈现这种'适应—矛盾—递进'的状态和过程。起初这些不同的交往形式，是自主活动的条件，后来却变成了它的桎梏，它们在整个历史发展过程中构成一个有联系的'交往形式'的序列：已成为桎梏的旧交往形式被适应于比较发达的生产力，因而也适应于更进步的个人自主活动方式的新交往形式所代替"[2]，"新的交往形式"又会变成桎梏，然后被更新的交往形式所代替。世界范围内生产与交往的冲突在资本主义主导的全球化进程中已然成为常态，难以单方面依靠生产力的发展或交往秩序的完善得到一劳永逸的解决，但二者的冲突并不意味着总是处于分割状态，"物质内容"的全球生产始终对普遍交往的"社会形式"具有基础性作用，人类能够通过逐渐形成的共同发展意识在生产和交往实践的冲突中寻求和谐统一。因此，全球化的"物质内容"始终是世界历史中的一个自主性力量，而其"社会形式"既是"物质内容"的历史结果，同时也必须承受其"物质内容"的

---

① ［英］G.A. 科恩：《卡尔·马克思的历史理论——一种辩护》，段忠桥译，高等教育出版社 2008 年版，第 163 页。

② 聂锦芳：《批判与建构：〈德意志意识形态〉文本学研究》，人民出版社 2012 年版，第 479 页。

历史检验和历史变革。

基于全球化的两个层次区分，我们可以更深入地理解现代世界历史进程中的全球化问题。资本主义全球治理体系作为全球化的"社会形式"之一，其所产生的危机并不直接意味着全球化的"物质内容"应该被质疑或否定，辩证地看，它恰恰是全球化的"物质内容"所需要面对的新的历史挑战。资本主义全球治理体系的危机是资本主义生产方式以具有高度逐利性的资本作为治理全球事务之主要手段的发展性危机，也是这一治理体系不再适应全球化的"物质内容"的总体性危机，在深层次上根源于资本主义制度存在的基本矛盾。一旦由资本主义支配的全球治理体系爆发危机，那么，一切资本主义国家和具备资本主义生产条件的其他国家都将难以幸免。在美国等资本主义国家的主导下，全球治理体系一直朝着霸权主义的方向演变，这使得各民族国家参与全球治理体系的核心目标都是维护自身国家安全而不是共建共享普遍安全的世界。中国自身日益强大的影响力加剧了该体系的瓦解，但中国强大的影响力仅是其瓦解的重要因素之一，更为致命的或许还是该体系自身存在的问题。资本逻辑主导的全球治理体系在现实运行中必然维护西方资本主义国家在全球化中的利益和地位，在此过程中形成的国家权力结构惯于将治理精力投注在意识形态的斗争、权力范围的划分等行动策略上，在应对全球问题时就会显得无能为力。如果要消除资本主义经济全球化及其全球治理体系所产生的种种负面效应，就必须贡献更加符合作为承载生产力普遍发展的全球化的新构想，即构建一个更能推动全球生产力普遍发展，更为平等、公平和多元的人类命运共同体。

应当用历史的眼光来审视全球化的发展过程，进一步探索全球治理体系的变革之法，以求全球化的"社会形式"能够成为引领历史发展的交往形式，而不是在其成为阻碍和限制历史发展的同时，还通过生产资本主义意识形态来证明自身的存在价值。构建人类命运共同体应是通过建构新的全球治理体系以推动全球生产力普遍发展的世界历史过程，它指向的是一个保存民族独特性而又超越民族国家视域的全新世界体系。人类命运共同体与资本主义全球治理体系一样，面对的是全球化的发展与危机问题，但其处理方式却与资本主义全球治理体系截然不同，它着眼于社会主义意义上的共享共建和合作共赢，追求的是普遍安全和共同繁荣的世界。从"人类社会"的哲学视域来看，资本主义全球治理体系不仅无益于解决全球化问题，反而加剧了全球性的矛盾与冲突。这种全球治理体系试图依托资本逻辑主导的方案来应对与消解全球化发展所产生的各种跨国危机，企图在国际政治框架之内来解决新问题，认为全球化产生的新问题只是复杂化的跨国问题，并没有超越民族—国家体系。与此不同，人类命运共同体把人类的整体发展问题作为考量对象，通过切中全球化中诸多危机的要害，向世界传递出中国走和平发展道路的信号，为世界各国如何应对共同问题和复杂趋势提供全新的思路。以创造和保护人类共同利益作为自身目标，追求的是具有更全面、更高层次的共同性的全球治理体系。

在当前历史时期，为了克服资本主义全球治理体系的弊端，构建人类命运共同体的关键在于发挥其对全球化的引领作用。首先，人类命运共同体作为一种反思性、批判性的理论体系，为全球化及其治理体系提供价值正当性论证，帮助人们反思全球化进程中面临的多重危机。其次，通过价值正当性论证，形成公平合理的全球性公共生活，创造更加平等和多元的世界秩序。为实现这一引领作用，构建人类命运共同体的根本任务在于从"人类社会或社会的人类"的马克思主义立场出发，自觉秉持一种更加能够丰富人的本质之现实性的全球治理观，坚持建构出能够驯服和驾驭资本、吸取资本主义一切肯定成就的共享型全球治理机制。人类命运共同体随着全球时代和形势的变化而不断调整构建方案的具体实施策略，体现中国促进世界民族国家尤其是发展中国家共同参与和实现进步的哲学视角与价值立场。

　　有论者指出，马克思"将资本主义的基本矛盾尖锐化而导致的社会主义与跨越资本主义的'卡夫丁峡谷'而建立起来的社会主义严格地区别开来"，认为两者的主要区别就在于"前者是建立在'资本主义的一切肯定成就'基础上的社会主义，是'资本主义后'的社会主义，而后者则是有待于'吸取资本主义一切肯定成就'的'资本主义前'的社会主义，所以它处在资本主义生产方式同一序列上"①。就此而言，中国特色社会主义的实践道路在当前全球资本主义体系中，与资本主义生产方式处于同一序列上，它有待于吸取资本主义一切肯定的成就。根据这条实践道路贡献出来的人类命运共同体的伟大战略构想，其最重大的历史意义就是发展了马克思所揭示的另一条改造和变革全球资本主义体系的道路。这条道路同样是以生产力的普遍发展以及与此相联系的世界交往为前提，但它的逻辑立足点是"现实的人"广泛联合的、必然的实践活动，蕴含对资本主义主导的全球化中人类实践的普遍异化的扬弃；在吸收各个国家优秀文明成果的基础上所创立的能够凝聚不同民族、不同信仰、不同文化、不同地域人民的共识的社会主义道路，从而将所有民族国家都纳入更加平等、合理、多元的人类命运共同体之中。在当前的时代，这条道路不仅要求"资本主义前"的社会主义吸收一切资

---

　　① 陈学明等：《中国道路的世界意义》，天津出版传媒集团、天津人民出版社 2015 年版，第 228 页。

本主义的肯定成就，而且要求社会主义国家秉持平等共享的原则帮助其他落后的国家走上更加合理持续的现代化道路。

在构建人类命运共同体的历史过程中，社会主义与资本主义的关系问题以新的形式、新的作用展开。在人类命运共同体的实践旨趣中反思全球化问题，开辟出一个重新理解世界历史进程的新视角，即把世界历史进程理解为反资本主义全球化的全球化建设过程。"反"资本主义全球化的人类命运共同体建构恰恰构成了全球化的合理动力，而对资本主义全球化的"反"，不仅仅是理论生成上的"反思"，更是结合了中华文明传统的马克思主义式的"拨乱反正"，其中"反思"是认清世界历史的发展进程和规律，"拨乱反正"则是发挥社会主义的力量重建全球治理体系。正如有论者所指出的，必须"将资本主义世界体系同样视作可以在实践中发生变化，并现实地在不同经济制度与要素的博弈过程中蕴含着自我改造与扬弃可能的综合性主体，在这一体系通过资本逻辑对社会主义国家施加影响、进而将其内化于自身的同时，社会主义的逻辑也在这种为其摄纳的过程中促使这一体系发生重大而深刻的变化"①。资本主义被社会主义取代的历史进程是充满复杂矛盾斗争的辩证运动过程，全球化问题的爆发与全球治理体系变革的形势促使这一辩证运动呈现为更趋曲折和富有张力的实践过程。中国视角在世界范围的突显表达出其批判资本主义现代性路径和重塑全球治理体系理念的需要。

---

① 鄢一龙、白钢、章永乐等：《大道之行：中国共产党与中国社会主义》，中国人民大学出版社 2015 年版，第 40 页。

四、人类命运共同体的理论效应

马克思认为："哲学家们只是用不同的方式解释世界，问题在于改变世界。"① 对于马克思来说，历史唯物主义本身不仅是一种"解释世界"的哲学体系，更是一种力求"改变世界"的革命学说。作为一种革命学说，它要求批判性地认识资本主义世界，也要求建构性地阐明一个新世界的性质、特点、构成和原则。就此而言，历史唯物主义就是马克思主义的"世界观"，通过对资本主义社会异化的批判和现实的人的感性实践的确定，获得了建构性力量的现实基础和历史形态，展现了马克思主义关于人类社会发展的根本立场、总体观点和方法论，始终蕴含着批判性与建构性相统一的理论特质。对资本主义世界的批判性认识是阐明一个新世界的理论前提，而对一个新世界的建构性阐明则是批判资本主义世界的理论指向。但这一理论指向的呈现不仅与批判资本主义世界相关，也与社会现实的发展水平相关。构建人类命运共同体的实践彰显了社会现实力求不断发展完善的内在要求，也为历史唯物主义建构性地阐明一个新世界奠定了基础。所以，重视在历史唯物主义视域下探讨人类命运共同体问题的同时，我们还必须思考人类命运共同体何以将历史唯物主义带入一个新的思想和历史高度的问题。人类命运共同体作为一种全新的人类文明成果和人类社会存在形态，有其特定的演进轨迹和历史逻辑，昭示了对历史唯物主义的理论自觉和推动世界历史发展的意义。这意味着历史唯物主义和人类命运共同体的关系问题包括两个密切相关的内容：历史唯物主义视域下人类命运共同体的阐释问题和历史唯物主义自身在人类命运共同体中的创新发展问题。后一个问题实质上即是人类命运共同体的理论效应问题，

① 《马克思恩格斯文集》第 1 卷，人民出版社 2009 年版，第 502 页。

其中最重要的是如何引导历史唯物主义成为全球化时代的一种建构性世界观，因为在当代全球化语境中人类命运共同体命题的出现构成了诠释历史唯物主义的新路径，也使得历史唯物主义具有了新的思想形态。

随着资本主义全球化浪潮的兴起，人类社会的发展出现了世界历史性的变化。在全球资本主义出现以前，世界上不同民族和国家的人民基本处于相互隔离的状态，各民族的生产方式、交往实践也较为封闭。从社会历史的意义上看，"全人类"尚未作为有机整体进行各种生存和发展活动，人类并未作为一个主体获得逻辑规定性和相应的现实性内容。资本主义全球化的发展改变了这一历史状态，并推动了人类历史向世界历史的转变，形成"各个人的全面的依存关系"①，由此构成了历史唯物主义的重要研究对象。正是针对资本主义全球化的现实状况，历史唯物主义的研究视域超越了民族国家的地域性视界，更加注重从全球性的角度来思考和研究人类社会的发展道路问题，"改变只注重于从一个国家、民族的视域来观察和谈论问题的方法，转向用全球化的观点来思考和研究社会发展问题，用全球性思维来补充和完善民族性思维"②，这种研究视域的全球性拓展无疑更加符合历史唯物主义自身的要求。事实上，马克思的历史唯物主义本身就蕴含着全球性视域，世界历史理论的阐发也充分表明，人类的共同发展是一项全球性的事业。

全球性视域的形成不是停留于全球性的生产和交往实践在世界历史中存在的事实，而是在这一全球性运作事实的基础上展开哲学批判与超越，澄明全球性事业发展的动力和规律，突出人类主体共

①　《马克思恩格斯文集》第 1 卷，人民出版社 2009 年版，第 542 页。

②　丰子义：《全球化与唯物史观研究范式》，《北京大学学报（哲学社会科学版）》2005 年第 4 期。

同存在与发展的现实历史意义，以挖掘人类解放的现实根据和条件。然而，由于资本主义全球化及其构筑的世界市场和全球治理体系所带来的是一种不平等的、霸权主义的国际秩序，使得全人类在共享全球化发展成果的意义上不仅没有成为真正的"人类"主体，反而带来了巨大的经济压迫、政治冲突和生态危机，最终发展为全球性的"风险社会"。自东欧剧变以来，全球化基本上就是资本主义全球化。时代境遇决定了以往的历史唯物主义针对全球化问题的研究更多是以批判性反思为主，虽然它在一定程度上也通过批判全球化的不合理之处揭示出了改造之道，但其理论态度主要还是批判性的。

构建人类命运共同体的历史性出场改变了这一研究状态，推动并促使历史唯物主义发生建构性转向。如前所述，资本主义全球化所引发的许多世界性新问题无法在"西方中心主义"的国际秩序中被有效地分析和解决，因为现有的全球治理体系备受资本逻辑的支配，本身具有等级性和殖民性弊病，缺乏一种体现国际民主、主权平等和共享成果的世界公共性特质。因此，凡是涉及世界性共同发展的问题，无论是经济、政治层面还是文化、生态层面，基本上都超出了现有全球治理体系的处理能力，这迫使我们面对当代社会的思想变迁，从马克思走向当代，并形成新的理论思考与理论建构。中国秉持"共商共建共享"的全球治理观，积极发挥负责任大国的作用，主动参与全球治理体系的改革和建设，在共同参与中将新的全球治理体系的实施从观念或制度性话语权的建构推向更为现实的治理实践之中，呼吁各国人民同心协力构建人类命运共同体，为世界的发展贡献了中国智慧和中国方案。人类命运共同体是人类社会发展道路中基于共同利益和共同价值而自我努力、自我创造的全球性社会形态，它立足"人类社会"的哲学立场，力求促进人类在真正的"普遍交往"中形成具有更高共同性水平的人类利益，在变革全球治理体系的基础上推动全球生产力的均衡发展，为实现人类社会更美好的世界图景奠定坚实的物质和精神基础。历史唯物主义所构设的人类解放，是在本体论、认识论和方法论维度和谐统一的"真正的共同体"基础上的全面解放，在批判现存状况的基础上赋予自身现实的建构性指向成为其必要路径。而构建人类命运共同体是趋向"自由人联合体"的最高阶段，为走向"真正的共同体"提供了现实的逻辑中介。较之于历史唯物主义对于资本主义全球化的批判性研究而言，构建人类命运共同体更需要历史唯物主义自身的结构性转变、拓展与提升，即把历史唯物主义的重心从批判性世界观转变、拓展和提升为全球化时代的一种建构性世界观。历史唯物主义本身就是马克思主义的世界观，是马克思主义对于人类社会的总体性看法和观点，始终蕴含着批判性与建构性的统一。而建构性世界观就是在批判资本主义全球化及其全球治理体系的基础上，预见性地判断、阐明和规划由各种社会领域、社会要素和社会关系所构成的人类命运共同体的基本结构、内在机制、运行方式、发展方向和价值目标等一系列重大问题。具体而言，在构建人类命运共同体的过程中，历史唯物主义如何在自身的思想形态中把握人类命运共同体的一般本质和发展规律，如何批判性地揭示人类命运共同体与全球性"货币共同体"或"资本共同体"的本质性差异，如何凸显构建人类命运共同体在人类社会发展道路中的价值目标，如何预见性地指出人类命运共同体发展过程中的客观问题，创造性地规划人类命运共同体的发展道路和世界图景等，这些都是历史唯物主义在全球化时代悬而未决的理论问题和迫切需要解决的实践问题。作为一种建构性世界观的历史唯物主义具有以下几项基本特征：

首先，建构性世界观的主体支撑是中国特色社会主义道路。在构建人类命运共同体的历史实践中，历史唯物主义作为一种建构性世界观，以构建人类命运共同体的历史意识指向人类未来的存在形态，同时又坚持"纯粹经验的方法"[①]，从现实生活的经验性序列结构出发改造世界，既与现实达成有原则的妥协，又积极参与变革和优化现实的存在形式。这种立足现实而高于现实的建构性世界观必须拥有主体性支撑，它能够代表人类社会的发展方向，凝聚人类的共识和意志，并为构建人类命运共同体提供最坚实可靠的历史性示范。随着中国特色社会主义实践道路的拓展和中华民族伟大复兴进程的推进，中国特色社会主义进入了新时代，这一新的历史方位意味着当代中国的实践道路达到了高度的理性自觉，具有参与和引领世界历史进程的理论信心和实践意志，不仅能够为发展中国家走向现代化的途径提供全新选择，而且能够为破解全球性治理难题贡献智慧和力量。构建人类命运共同体是中国特色社会主义道路的结晶，也是中国参与全球发展和治理过程的战略举措，中国特色社会主义道路的示范性必将推动历史唯物主义在构建人类命运共同体的实践中提升成为一种建构性世界观，向世界各国表明必须结合本国国情和实际来构建自身发展道路的永恒法则，进而重新获得普遍性意义。

其次，建构性世界观的核心关切是提升全人类共同性水平、维护全人类的共同利益。全球化时代之所以面临着诸多治理难题，主要原因在于当代世界是一个前现代、现代和后现代相互交织的复合体系，各种利益因素、文化因素和价值理念相互作用与相互冲突，使得世界面临的不稳定性、不确定性因素尤为突出。因此，破解全球性治理难题，关键在于构建一个既能容纳差异、尊重各方诉求，

---

① 《马克思恩格斯文集》第 1 卷，人民出版社 2009 年版，第 519 页。

又能提升共同性水平、凝聚全人类意志的命运共同体。构建人类命运共同体是真正站在历史的、时代的、人类的高度思考全球化未来走向的"建构性方案"，这一全新的建构性方案要求历史唯物主义不仅能够批判性地认识资本主义全球化，而且能够将自身的革命功能转化为超越现代性的建构性意识，在维系人类生存、开创人类未来存在方式的道路上展现自身的理论创造能力。通过构建人类命运共同体，历史唯物主义超越资本主义文明的理论叙事就"不再只是以阶级革命的方式实现人类解放的理论，也是一种唤醒人类超越资本主义文明形成以维系人类存在的救亡理论，阶级革命内涵的人类取向以一种人类的立场直接地凸显出来"①。尽管人类命运共同体与历史唯物主义叙事中的"自由人联合体"存在一定的历史距离，但它能够超越资本主义的革命行动取向和"国强必霸"的发展宿命，为人类解放的可能性创造现实条件和新的逻辑。

最后，建构性世界观的伦理信念是全人类的共同价值。在全球化时代，世界范围内的各种冲突与较量、人类所面临的诸多生存危机，固然根源于利益冲突，但也与更为合理的全球价值理念的缺失有关，因而，迫切需要在提升人类利益共同性水平的基础上重建全球性的价值共同体。马克思、恩格斯曾在《共产党宣言》中指出："各民族的精神产品成了公共的财产。民族的片面性和局限性日益成为不可能，于是由许多种民族的和地方的文学形成了一种世界的文学。"②从辩证法的角度来看，普遍性存在于特殊性之中，共性存在于个性之中，马克思、恩格斯所说的"世界文学"正是由多种"民族和地方的文学"所构成的，这正是全人类共同价值的社会现实基

---

① 罗骞：《中国特色社会主义建设实践的理论自觉——论历史唯物主义功能及其内涵的当代转化》，《江苏大学学报（社会科学版）》2012年第2期。

② 《马克思恩格斯文集》第2卷，人民出版社2009年版，第35页。

础。构建人类命运共同体必须以"和平、发展、公平、正义、民主、自由"等全人类共同价值为前提，从而确立"共在"与"共生"的伦理信念，并坚持以共同价值引领各个主体成员自身的历史与实践。这就要求历史唯物主义不仅要在理论上审视当今世界的多元性价值现实，打破"西方中心主义"的价值理念和资本主义主导"现代性唯一"的神话，终结西方发达资本主义社会主导世界历史线性发展的模式，回答全人类共同价值何以可能的问题，而且还要站在"人类社会或社会的人类"这一哲学立场上去指导实践，建构出鲜活的、深入人心的全人类共同价值理念，进而促进人类命运共同体的建设。

构建人类命运共同体已经成为在全球化时代检验和充实历史唯物主义的社会现实，同时也是促使历史唯物主义获得创新发展的重大课题。历史唯物主义如何在把握人类命运共同体的过程中获得自身的深化发展成为当代马克思主义哲学创新的重要契机。历史唯物主义对人类文明的省思表明，尽管以往的历史主要表现为阶级斗争的过程，但共同体却是人的基本存在方式。面对当代全球化运动中的诸多现实问题，历史唯物主义理论迫切需要从对人类命运共同体的认识中建构新的学说，从而审视自身理论的科学性，进而通过建构性的发展将历史唯物主义带到新的思想高度。以往的历史唯物主义研究范式往往只是从不同的角度批判性地解释全球化，而真正的问题则在于建构性地阐发全球化，立足人类自觉的实践观念，阐发人类命运共同体，将人类的共同命运意识从传统的思维框架中解放出来，这既是人类命运共同体带给历史唯物主义的理论效应，也是历史唯物主义作为全球化时代建构性世界观的理论任务。

在马克思主义理论体系中，对于人类命运共同体的研究，我们应当秉持动态的、发展的历史眼光：人类命运共同体不是自在的世界性实体，而是世界历史进程中全球化的实践成果。对于历史唯物主义的研究，我们也应秉持现实的、创新的理论态度：历史唯物主义不是超历史的"历史哲学理论"，也不是传统教科书所阐述的"普遍原理体系"，而是在批判人类社会实践中不断建构发展的理论体系。在历史唯物主义的理论体系中，社会实践遵循人与物的双重维度，现实的人的实践为思维与存在的统一提供了合理形式，历史唯物主义建构社会共同体的开端和优势就在于将一切人的社会存在形式都视为现实的实践去解读，由此恢复资本逻辑中被资本的物化属性所遮蔽的实践活动准则。正是由于历史唯物主义自身的"时代境遇"和"理论指向"，才使得其研究范式必然随着社会现实的发展而进一步调整、深化。构建人类命运共同体作为全球化时代最为任重道远的历史任务，其本身就构成了历史唯物主义所面对的最重大、最根本的"社会现实"，这必将带动历史唯物主义基本原理在当代世界的创新与发展。

附录二　当代中国马克思主义的哲学境界 *

　　习近平新时代中国特色社会主义思想是当代中国马克思主义，蕴含深厚的哲学基础，它对世界历史出现的新情况、新特点和新问题进行敏锐把握和科学研判，创造性回答了"构建何种意义的当代马克思主义"以及"如何构建当代马克思主义"的深层问题。在对世界市场扩张、国际交往深化以及全球治理体系变革等现实形势的深刻洞悉中，习近平新时代中国特色社会主义思想体现出将世界历史转变与哲学思想变革相统一的历史观；在解答"时代之问"上展现出中国特色社会主义制度的显著优势，显现了对现实问题的规律性认识与实践活动的创造性探索相统一的方法论；对"中国之问"与"时代之问"之间深层关联的厘清，以及对现实问题与理论生成过程之间内在逻辑的把握，展露出体系意识与创造"人类文明新形态"①并举的世界观；在社会历史的实践进程中始终保持对现实把握的总体性视域和超越性旨趣，饱含着哲学使命与哲学意义深度融合的时代价值。习近平新时代中国特色社会主义思想蕴含的大历史观，要求在世界历史的宏观视域中形成现实问题与实践遵循自觉结合的方法论，并促使具有积极建构性的世界观在方法论的展开过程

---

　　* 本文以首篇位置发表在《中国社会科学》2021 年第 9 期。

　　① 习近平：《在庆祝中国共产党成立 100 周年大会上的讲话》，人民出版社 2021 年版，第 14 页。

中得以澄明，并发展了马克思主义的价值论。从历史观、方法论、世界观和价值论维度阐发当代中国马克思主义的哲学境界，不仅高度契合中国共产党对马克思主义理论精髓与实践走向的充分自觉，而且推动了当代中国马克思主义固有的理论属性与实践特色在新时代背景下的透彻展开和深化发展。

一、世界历史的转变与历史观的生成性变革

随着世界历史和全球化进程的总体发展与阶段性变化，中国人民的前途命运与人类社会的整体走向更加密切交织，对新历史阶段的发展方向和现实路径的精准把握构成了当代中国马克思主义的时代课题。党的十八大以来，中国共产党系统阐述了新时代发展当代中国马克思主义的基本取向，即在新的历史条件下探索理论与实践融合统一的新方式。在这个前提下，形成了包含习近平经济、生态文明、外交、法治和强军思想等在内的新理念，构成了习近平新时代中国特色社会主义思想的重要组成部分。新理念既明确了认识和反思现存世界的基本态度，又提供了自觉解读和把握时代精神的叙事理路，体现出中华民族历史发展与世界历史转变相互交汇、人类历史的现实演进与历史观的生成性变革彼此融合的辩证意义。中国共产党在广泛参与世界历史的进程中把握其现实转变的深层原因，并将这种转变理解为历史视域中的"现实"与现实意义上的"历史"有机统一的过程，体现了历史观的生成性意蕴。历史观的生成性特质强调在实践中求解现实问题。习近平新时代中国特色社会主义思想蕴含的历史观以马克思的世界历史理论为思想依据，基于长远性和整体性的世界历史发展趋势，贡献了破解当前世界发展困境和未来世界治理秩序的中国方案，彰显了对世界历史转变的真知灼见和对未来世界历史走向的深邃洞察。

唯物史观确证了世界历史现实生成和演进的客观性与实践性意蕴。在当代中国马克思主义的理论视域中，世界历史的进程包含了人类历史整体性的存在状态、活动方式以及追求自由的路径。经济、生态文明、外交、法治和强军思想作为习近平新时代中国特色社会主义思想的重要组成部分，是中国共产党基于中国社会的阶段性发展来反省世界历史的内在规律和发展趋向所生成的理论成果。习近平经济、生态文明、外交、法治和强军思想聚焦于相关的现实领域所表达的思想观点和展开的实践活动，形成了各领域自身特有的理论系统，并在逻辑和现实的双重意义上对领域内的基本论题与主要任务进行了解答。这些领域自身子系统的完成与中国特色社会主义整体理论系统的形成相互规定，子系统在整体系统中获取了更为完整的现实意义，同时确证了中国特色社会主义建设实践在当代世界历史中持续生成的统一性旨趣，彰显了习近平新时代中国特色社会主义思想对现实生活中具体领域发展的系统性自觉，并彰显出更高层次的历史观的系统性发展。

在新时代，推进当代中国马克思主义的发展必须将思想观念与具体实际相结合，审视处于不断变化中的人类社会。面对世界历史转变带来的冲击以及把握这一现实转变的新要求，中国共产党在践行新时代的历史使命中展现出哲学思维的变革伟力与创新发展的实践魄力，为推动世界历史的发展提供了全新的理论智慧和实践方案。习近平总书记基于理论与实践相结合的方法论，深入洞察世界历史的发展规律，阐发了关于经济、生态文明、外交、法治和强军思想以及其他各领域的重要论述，其中蕴含的哲学范畴和基本观点，为理解现存的世界历史框架提供了理论导向。从理论的形成过程和思想的阐述方式来看，习近平新时代中国特色社会主义思想所阐述的范畴、观点和思维都清晰可见创新与变革的基本思想。经济思想强调"新发展理念""高质量发展"和"现代化经济体系"等范畴，突出全面深化改革和社会主要矛盾转换等新论断，注重把握经济全球化的历史潮流，力图"让发展成果惠及更多国家和民众"①，使发展国内经济与构建新型经济全球化的战略需要逐渐融合，为推动经济发展提供理论指引；习近平生态文明思想强调"美丽中国"的范畴，深刻阐发"两山论""绿色发展"等新理念，立足人类历史的宏观视域探索人与自然和谐相处的模式，揭示全人类创造更高层次生态文明的历史意义；外交思想包含"一带一路"国际合作、构建人类命运共同体等新思路，澄明了中国特色社会主义进入新时代对世界交往和世界历史发展的重大意义；法治思想强调坚持中国特色社会主义法治道路与全面推进依法治国深度融合的核心要义，形成了国家治理体系建设与全球治理体系变革相联结的发展图式；强军思想强调"党的绝对领导""军民融合"和"政治建军"等范畴，致力于打造人民军队的新风貌，创造性地提出"和平必须以强大实力为后盾，能打赢才能有力遏制战争，才能确保和平"的论断②，在关键历史节点将激发人民军队战斗力与维护世界和平的使命关联起来。这些涉及不同领域的思想论述自成一体，又相辅相成、相得益彰，具有严密的理论脉络，达到了历史逻辑与实践逻辑相统一的理论高度，反映了中华民族历史发展与世界历史转变的密切联系。

习近平新时代中国特色社会主义思想形成与发展的重要动因和基本线索在于对世界历史转变的深刻洞见，构建了将世界历史的现实转变进程与历史观相统一的叙事方式。马克思指出，"整个所谓

---

① 习近平：《开放合作　命运与共——在第二届中国国际进口博览会开幕式上的主旨演讲》，《人民日报》2019年11月6日。

② 习近平：《努力把马克思主义立场观点方法学到手——关于军事辩证法》，《解放军报》2016年6月1日。

世界历史不外是人通过人的劳动而诞生的过程，是自然界对人来说的生成过程"①。这蕴含了深刻的生成性历史观，展露出双重生成性进路：人的主体性力量的历史性生成和从自然史向人类史的生成进程。当代中国马克思主义体现了马克思主义世界历史理论与现实的世界运行形势的深度结合。习近平总书记在纪念马克思诞辰200周年大会上的讲话中指出，"学习马克思，就要学习和实践马克思主义关于世界历史的思想"②，强调马克思、恩格斯关于在生产和交往方式不断扩展和完善，推动历史向世界历史转变的预言已然成为现实。从习近平总书记对经济、生态文明、外交、法治和强军思想的阐释中可以发现，他对世界历史伴随现实环境和条件的变化而不断转变的情势保持敏锐洞察力，也反映了他对现实世界历史转变中衍生的困境和危机的科学预判。"人类交往的世界性比过去任何时候都更深入、更广泛，各国相互联系和彼此依存比过去任何时候都更频繁、更紧密"③，这意味着世界历史的转变已深刻嵌入全球性问题的产生与蔓延、人类生产与交往方式的变化之中。习近平总书记将世界历史的大变革和大调整视为"百年未有之大变局"，强调这一转变是辐射经济、政治、社会、文化、军事和外交等各领域的体系性变局，涉及人类社会存在与发展的未来走向。在把握世界历史的现实变化中，习近平新时代中国特色社会主义思想将世界历史理解为通过人类的生产与交往活动而不断化解人类生存和发展矛盾的生成过程，彰显了历史观的生成性变革思维和开放性理论视域。

---

① 《马克思恩格斯文集》第1卷，人民出版社2009年版，第196页。

② 习近平：《在纪念马克思诞辰200周年大会上的讲话》，人民出版社2018年版，第22页。

③ 习近平：《在纪念马克思诞辰200周年大会上的讲话》，人民出版社2018年版，第22页。

习近平新时代中国特色社会主义思想对世界历史转变的哲学洞见彰显了回应"时代之问"的世界眼光。习近平总书记曾指出，"我们的国家发生了天翻地覆的变化，中华民族迎来了从站起来、富起来到强起来的伟大飞跃。无论是在中华民族历史上，还是在世界历史上，这都是一部感天动地的奋斗史诗"①，展现了中国的持续快速发展为推动世界历史进步贡献的伟大力量。将中华民族历史的变化与世界历史的整体转变视为人类历史发展的同一过程，体现了中国共产党以世界历史的转变与中华民族历史发展的深层关联为契机来判定时代方位、提出"时代之问"的融合性视域。"时代之问"的提出依托于对世界历史转变中蕴含深刻矛盾的捕捉。在 2018 年亚太经合组织工商领导人峰会上的主旨演讲中，习近平总书记回顾了近代以来世界历史的运行轨迹，揭示了单边主义等路径是以谋取少数人利益为目的的资本扩张过程，其结果只会加剧世界经济的不确定性和风险性，同时在生产力的普遍发展中也孕育出与资本主义制度相抗衡的内在力量。面对世界历史的转变，习近平总书记指出，"一个时代有一个时代的问题"②。当社会生产总过程的全球化发展逐渐突破资本扩张的狭隘诉求时，世界历史的转变将获得更大的发展空间，中华民族的历史演进也将迎来更多的发展机遇。习近平总书记在洞悉世界历史发展新契机的基础上判定中国特色社会主义进入了新时代，并针对新时代面临的世界性问题提出了新的思想论断，其中蕴含对世界历史转变与世界体系塑造之间关系的研判，在不断解答"时代之问"中体现了中国发展进入新的历史方位给世界发展带来的信心和希望。"我国国际影响力、感召力、塑造力进一

---

① 《习近平谈治国理政》第三卷，外文出版社 2020 年版，第 326 页。
② 《习近平谈治国理政》第三卷，外文出版社 2020 年版，第 456 页。

步提高，为世界和平与发展作出新的重大贡献。"① 中国对世界的贡献核心在于发挥中国治理对世界体系的"塑造力"，重构资本主义主导世界历史进程中形成的全球治理体系，为人类共同面临的生存和发展问题提供科学的解答方案。

习近平新时代中国特色社会主义思想始终贯穿着把握世界历史转变和未来世界历史发展走向这一主线，在理论逻辑上，彰显了真理性与现实性相统一的历史哲学的生成性意义。马克思、恩格斯在《德意志意识形态》中系统阐释了世界历史理论，为解答"历史之谜"和揭示世界历史发展规律而形成的唯物史观，内在蕴含逻辑与历史相统一的历史观。马克思认为，人类历史活动的发展"并不是在他们自己选定的条件下创造，而是在直接碰到的、既定的、从过去承继下来的条件下创造"②。马克思的世界历史理论为当代中国马克思主义发展提供了理论支撑，并成为中国共产党应对时代课题的智慧源泉。习近平总书记所阐述的经济、生态文明、外交、法治和强军思想，既是中华民族应对时代问题的新治理思路，又是构成世界历史未来走向的支撑力量。习近平新时代中国特色社会主义思想对世界历史理论与中国发展的深层关系的深刻揭示，充分体现了对马克思的世界历史理论的继承与发展。"中国作为国际资本主义的生存条件，在世界历史中经历了资本主义发展阶段，因而产生了工人阶级——共产党的社会阶级基础。这就造成了历史发展的普遍规律在中国实现的独特方式"③。中国始终在与其他国家的联系互动中

---

① 中共中央党史和文献研究院编：《十九大以来重要文献选编》（上），中央文献出版社 2019 年版，第 5 页。

② 《马克思恩格斯文集》第 2 卷，人民出版社 2009 年版，第 470—471 页。

③ 刘奔、任洁：《历史发展规律的普遍性和各民族发展道路的特殊性》，《教学与研究》2007 年第 3 期。

探索并确证自身的发展道路。中国共产党深刻认识到世界历史转变过程中人类社会得以发展的历史前提，在世界历史中注重把握不同民族发展的客观规律性与人民主体能动性的关系，努力推动世界历史向促使人类整体与个体在更为开放、宽阔的范围内获取自身话语权普遍表达和自由发展的方向转变，展现了在批判性继承人类以往历史的过程中把握未来总体发展趋势的大历史观。"历史是从昨天走到今天再走向明天，历史的联系是不可能割断的，人们总是在继承前人的基础上向前发展的"①。中国共产党对新时代历史方位的判定，正是基于深刻的历史性审思。当代中国马克思主义蕴含的历史观以世界历史进程中产生的生产和交往方式为基础，通过具体生成的总体性过程呈现人的世界历史性生存和发展的新境遇，并在现实扩展的世界交往中发挥习近平经济、生态文明、外交、法治和强军思想的作用，以把握世界历史发展的未来走向。

习近平新时代中国特色社会主义思想将世界历史的现实转变视为时代契机，展露出深植于现实社会发展进程的生成性特质。在实践逻辑上，中国在历史实践中从被动卷入现代化到主动追求和创造性构建自身的现代化道路，在世界历史的发展中把握前进的方向，促使现实的人的社会性存在转变为历史中的世界性存在，并在此基础上开创"人的自由全面发展"的全新境遇。各个国家的历史实践都是民族性与世界性的有机统一，"在世界交往中得到了充分发展的民族特色，本身就是世界历史的规定"②，在当代世界历史进程中，中国推动全世界各民族在解决共同性问题中构建"互利共赢"

---

① 习近平：《领导干部要读点历史——在中央党校 2011 年秋季学期开学典礼上的讲话》，《学习时报》2011 年 9 月 5 日。

② 刘奔、曹明德：《从观念的历史叙述到现实的历史叙述——论文化比较研究的方法论问题》，《哲学研究》1996 年第 1 期。

的人类文明。当代中国马克思主义将世界历史的转变与历史哲学的生成性变革相统一，对人类社会的共同生存和发展需要进行时代性阐发，昭示了理解人类的共同性存在与人类社会整体生存智慧的大历史观。习近平总书记在阐释这一大历史观的基本思想观点和原则时强调，我们理应从世界和中国发展的大历史视域中认识当代中国社会发展的现实，"只有在整个人类发展的历史长河中，才能透视出历史运动的本质和时代发展的方向"①。习近平新时代中国特色社会主义思想在辩证把握世界历史的转变中体现了对历史观的丰富和发展，其旨在将人类社会共同生存的既成状态、现实发展和未来走向之间的逻辑关系置于时空交织的纵横关联中，既从世界历史的横向转变维度解释中华民族作为世界文明史的重要组成部分所发挥的独特作用，即"世界上没有一个民族能够亦步亦趋走别人的道路实现自己的发展振兴"②；又从世界历史的纵向转变维度把握人类社会总体发展的阶段和形态，指出"尽管我们所处的时代同马克思所处的时代相比发生了巨大而深刻的变化，但从世界社会主义 500 年的大视野来看，我们依然处在马克思主义所指明的历史时代"③。当代中国马克思主义揭示了洞悉世界历史转变与推动历史观的生成性变革和开放性发展的辩证统一关系，不仅注重从历史的阶段性特征出发阐释人类社会的普遍规律与趋势，而且突出在生成过程中的社会历史对既定世界历史框架的决定作用，拓展了人类社会发展的选择空间，推动人类社会多元发展模式的构造，为历史观的生成性和开

---

① 习近平:《在纪念马克思诞辰 200 周年大会上的讲话》，人民出版社 2018 年版，第 7 页。

② 习近平:《在纪念孙中山先生诞辰 150 周年大会上的讲话》，人民出版社 2016 年版，第 5 页。

③ 《习近平谈治国理政》第二卷，外文出版社 2017 年版，第 66 页。

放性发展构建了历史科学性与价值规范性相统一的基本理念。

二、规律性认识与创造性实践的方法论融合

当代中国马克思主义彰显了历史发展进程中人类社会的存在状态，不断深化对中国共产党执政规律、社会主义建设规律和人类社会发展规律的认识，确立了解决时代问题的基本思路和实践方法，蕴含着历史的认识方法与实践方式相统一的方法论，展现了强烈的问题意识和问题导向。《中共中央关于全面深化改革若干重大问题的决定》明确表示："要有强烈的问题意识，以重大问题为导向，抓住关键问题进一步研究思考，着力推动解决我国发展面临的一系列突出矛盾和问题。"① 问题意识和问题导向是捕捉与解答现实问题的精要所在，真正把握并解决问题需要从哲学高度对现实问题进行反思和批判，并诉诸指导全面深化改革开放的具体实践。在习近平总书记的问题意识思维中，现实问题呈现出由基本问题、重大问题、关键问题和突出性问题等不同维度所构成的结构层次。中国共产党将对现实问题的剖析与对中国式现代化发展规律的不懈探索是同一个过程，不断创造性地认识现实问题的复杂结构，科学把握中国特色社会主义建设事业的历史经验和发展规律，昭示问题的现实指向与全球意义，确立了在人类不断拓展和深化的交往实践中合理阐释并解决现实问题的基本原则。逐层阐析并逐个破解问题的过程是将世界的发展、人类文明的进步等共同问题置于人的感性实践中予以解决。在精准把握维护世界各国利益和促进共同发展的基础上，根据时代主题的变化而掌握现实问题的全球性和民族性特征，

---

① 中共中央文献研究室编：《十八大以来重要文献选编》（上），中央文献出版社 2014 年版，第 497 页。

进而在问题导向中表达对主体实践的要求。习近平总书记对共产党执政规律、社会主义建设规律和人类社会发展规律辩证关系的认识的深化，以及将"三大规律"统一于相互联系和共促发展的历史进程，形成了在实践中认识、探索和解决现实问题的辩证思维方式。

当代中国马克思主义的发展逐渐确立了创造性实践原则和解决现实问题的新方向：以问题倒逼实践的方式向问题导向与实践创新相结合的方法论推进，在中国特色社会主义改革和发展实践中突出系统性的辩证思维方法。在世界历史进程渐趋复杂的情势下，中国共产党逐渐认识到既要从现实问题出发把握历史规律并求索解决策略，又必须促使自身理论与现实世界紧密结合。当代中国马克思主义体现了人民实践活动的主体性和创造性，从全人类不断扩展的实践领域中揭示现实问题的规律，展现出系统性的哲学境界。关于习近平经济、生态文明、外交、法治和强军思想等重要论述，科学回答了当代中国面临的重大现实问题，将中国共产党在时代中推动理论和实践发展的问题意识与问题导向进一步具体化，同时也促进了对现实问题生发规律的科学认识和系统把握。对现实问题的规律性认识与实践的创造性要求紧密相连，体现在中国共产党的新时代实践具备自我超越的创造性意义。从现实问题中把握矛盾转化及问题解决的整体方法与辩证思维，彰显出习近平新时代中国特色社会主义思想作为指导现实实践的理论体系的科学性，以及作为现实实践过程中不断超越现存状态方法论的系统性。

问题是时代的声音。对新时代所面临的诸多现实问题的深刻认识构成了习近平新时代中国特色社会主义思想的理论特质。习近平新时代中国特色社会主义思想之所以能把握新时代的历史方位和实践路向，关键在于对问题意识的高度自觉和坚持贯彻，既致力于解决现实中凸显的问题，又对可能产生的新问题保持高度敏锐的洞察力。首先，确立了新时代需要解决的基本问题，即"新时代坚持和发展什么样的中国特色社会主义"以及"怎样坚持与发展中国特色社会主义"的问题。其次，对"八个明确"和"十四个坚持"的阐述体现了对经济、生态文明、外交、法治和强军等领域存在的重大问题的关注，强调"解放和发展社会生产力是社会主义的本质要求，是中国共产党人接力探索、着力解决的重大问题"①，重大问题构成了坚持和发展中国特色社会主义这一基本问题的重点内容。再次，强调在实践中抓住关键问题，以顺应世界普遍交往的发展趋势。习近平总书记在推进"一带一路"建设工作5周年座谈会上指出，要"解决好重大项目、金融支撑、投资环境、风险管控、安全保障等关键问题"②，这些关键问题体现了中国共产党在实践中对现实问题的透彻分析和精准把握。最后，洞察了阶段性发展的突出问题。基于经济社会发展不同历史时期的全局性、战略性和特殊性，在发展链条中聚焦当下社会现存的突出问题，如社会生产发展中不平衡不充分的矛盾、全面深化改革和脱贫工作中"两不愁三保障"的落实难题以及全球治理中发展空间不平衡等问题。这些国内问题与全球性问题紧密相连、相互渗透，是全球化所引发的世界性问题在中国的具体呈现和直接结果。全球性问题表现为在世界各国不同程度存在的普遍性问题、在不同民族和地区相互缠结的复杂性问题以及威胁人类生存而必须解决的迫切性问题等，它们在加深全球治理难度的同时也加剧了中国发展与治理的风险，使得完善全球治理和促进共同发展的必要性日益凸显。习近平总书记把解决中国现实问题定位为应对全球性问题与促进人类社会文明发展的历史性契机，根

---

① 习近平：《在纪念马克思诞辰200周年大会上的讲话》，人民出版社2018年版，第18页。

② 《习近平谈治国理政》第三卷，外文出版社2020年版，第488页。

据人类生存安全的需要、社会生产发展的程度和时代主题来发掘并诊断中国现实问题的结构层次及其相互转化的条件，顺应了在相互理解和交往的世界历史中谋求发展的时代潮流。从世界历史的发展过程看，这些现实问题共同构成了新时代必须妥善解决问题的整体内容。在发现问题中揭示对客观规律的认识和预判，体现了习近平新时代中国特色社会主义思想所蕴含的鲜明问题意识以及对现实问题生成的本质和规律的逐层揭示。

习近平总书记对新时代现实问题的总体把握和分层审视，呈现出不同层次的问题之间相互交织的关系结构，揭示了问题系统中清晰的逻辑脉络和本质规律，在确立新时代历史方位的同时，提出坚持和发展中国特色社会主义的"八个明确"的理论认识和"十四个坚持"的实践方针，说明了新时代面临的现实问题实质上具有一定的交织性。习近平总书记在考察脱贫攻坚工作面临的突出问题时将其与解放和发展社会生产力的重大问题相结合，在积极参与和构建世界交往方式关涉的经济、生态文明、外交、法治和强军等领域的关键问题上注重将其与中国特色社会主义发展道路的基本主题相联系，并强调党的自身建设在层次鲜明的"问题群"中所具有的根本地位与作用。当代中国马克思主义在实践中不断发展和成熟的标志是形成了对现实问题的规律性认识。问题意识反映在现实问题的结构把握上，体现为对现实问题本质规律的深刻揭示。基于习近平总书记通过实践揭示问题生发的客观规律和提出解决问题的根本方法，可以反观现实问题之间的结构层次：核心问题、中介问题和外层问题及其相互印证和逻辑展开，呈现出由内而外、层级有序的三层问题系统，其中内在层次对外在层次具有基础性意义，外在层次对内在层次具有应用性价值。在习近平总书记的叙事逻辑中，坚持和发展中国特色社会主义这一基本问题处于核心层次，核心问题具有基础性和先在性，是认识和解决其他问题的依据。习近平总书记在"不忘初心、牢记使命"主题教育工作会议上的讲话中强调，"'守初心、担使命，找差距、抓落实'是一个相互联系的整体，要全面把握，贯穿主题教育全过程"①，党的领导是各项事业取得胜利的根本保证，这要求我们将整治党内存在的突出问题置于结构的核心位置；中介问题是由核心问题推导而来，是核心问题与外层问题之间的过渡环节，体现国家发展全局的战略意义在经济社会重要领域的全面敞开，习近平总书记强调的重大问题和关键问题都发挥中介性作用，主要涉及全面深化改革开放事业中需要解决的重大问题；外层问题是中介问题继续推导的结果，属于中国特色社会主义理论在实践中与世界交往经验相联系的层面，事关"国家安全"和"大国外交"等问题。这三层问题紧密相连、环环相扣，形成了具有严密逻辑的有机整体，展现了习近平总书记对现实问题结构的总体性把控与规律性认识，即基本问题、重大问题、关键问题和突出性问题在特定的时代环境和客观条件下可以相互转化，其转化隐含了对不同问题域的顶层设计和改革方式的规律性探索。

习近平新时代中国特色社会主义思想所展现的现实问题的三层结构和本质规律共同揭示了新时代党和国家发展面临的新形势，"既解决老问题，也察觉新问题；既解决显性问题，也解决隐性问题；既解决表层次问题，也解决深层次问题"②，在把握和化解问题的过程中深化对中国特色社会主义建设和改革的历史、理论与实践三重逻辑相互贯通的整体性认识，显现出以实践为前提和出发点的

---

①　习近平：《在"不忘初心、牢记使命"主题教育工作会议上的讲话》（2019 年 5 月 31 日），《求是》2019 年第 13 期。

②　中共中央党史和文献研究院等编：《习近平关于"不忘初心、牢记使命"论述摘编》，中央文献出版社、党建读物出版社 2019 年版，第 194 页。

深刻而敏锐的问题意识。中国共产党始终重视论述与发挥新理念、新论断和新思路的实践性，并在实践过程中深化对现实问题结构的规律性认识，彰显了当代中国马克思主义关于解释世界与改造世界之间相互贯通的深层哲学智慧，并致力于发掘新的现实问题、构建新的生产与发展方式来解释世界的历史自觉。然而，要达到"改变世界"的思想高度需要反复求索。中国共产党在认识现实问题和把握其结构性规律的过程中展现了通过实践来解决问题的思维逻辑。现实问题产生于人类实践中主观需要与现存状态的矛盾和纠结，只能解决于实践活动中。唯有增强问题意识和坚持问题导向，才可能在鲜活的实践进程中提出现实问题和认识时代课题。在理论与实践的相互作用中不断生成的问题意识，促使中国共产党在实践经验中勇于正视时代问题，通过分析与解答时代问题来变革思维、深化实践。中国共产党在发现问题的同时持续求解对问题"何以存在"以及"如何解决"的认知和判定，体现了中国共产党依靠创新性实践解决现实问题的实践观点。

问题意识根源于人民主体的创造性实践。习近平新时代中国特色社会主义思想体现了将人民群众引导进入社会实践领域的基本思想，形成了作为历史主体的人民通过创造性实践活动展开和丰富全部人类历史过程的现实路径。习近平总书记深刻把握中国人民特有的主体性与其实践的创造性之间的联系，高度评价中国人民在推动社会历史发展中所具有的创造性力量。习近平总书记强调，"尊重人民主体地位和首创精神"[①]，昭示人民主体共同创造历史是必然选择。对人民主体实践的创造性认识及要求贯穿于当代中国马克思主

---

① 习近平：《在纪念马克思诞辰 200 周年大会上的讲话》，人民出版社 2018 年版，第 17 页。

义理论与实践相统一的历史进程中。习近平总书记指出，中国特色社会主义建设的多项改革举措来自人民群众的发明创造，应当将人民主体创造的原创性成果的实践经验予以总结和推广，为未来坚持和加强实践的创造性指明方向。在经济领域，"鼓励引导支持基层探索更多原创性、差异化改革，及时总结和推广基层探索创新的好经验好做法"①；在生态文明领域，主动引导应对气候变化的国际合作；在外交领域，积极推动构建人类命运共同体的实践路径；在法治领域，形塑并发展推进改革与施行法治相统一的实践思维；在强军和科技领域，"加快研发具有自主知识产权的核心技术，更多鼓励原创技术创新，加强知识产权保护"②。习近平总书记对具体领域的社会实践要求，旨在凸显作为历史前提的人民主体发展契合自身本质力量的实践需要，进而创造有益于人类社会发展进步的伟大历史。

习近平总书记秉持问题意识与问题导向的实践思维，立足推进社会历史发展的实践方法，将求索人类社会存在和发展遭遇的问题，包含于对现实实践的"应然"追问中，确立了"改变世界"的实践方法。这一探寻事物发展规律及其未来走向的过程必然包含对既定的、现成的客观世界的问题意识发掘，以及对人与世界总体的持续性存在关系的实践探索。对现实问题的规律性认识与创造性实践要求相统一的思维方式强调从实践出发反观问题本身，习近平总书记在讲话中多次强调以"实践证明"为依据，坚信中国共产党和人民群众只有通过深入开展的经验活动才能真正把握问题的本质。

---

① 习近平：《紧密结合"不忘初心、牢记使命"主题教育　推动改革补短板强弱项激活力抓落实》，《人民日报》2019 年 7 月 25 日。

② 习近平：《贯彻新发展理念推动高质量发展　奋力开创中部地区崛起新局面》，《人民日报》2019 年 5 月 23 日。

他始终坚持"深入观察世界发展大势，深刻体察中国特色社会主义伟大实践"①，在思维与现实存在的辩证互动中达到实践探索与问题意识相统一，其哲学思维在反映现实中突出了实践的基础性地位，承认只有从现实实践前提出发才能促使实践思维和方法在问题中不断生成。习近平总书记强调，"要解释现实的社会问题，开什么处方治什么病，首先要把是什么病搞清楚"②，中国共产党对现实问题的变革意识是凭借对问题域的改变来实现的，而问题域的改变必须依托于创造性的实践，问题意识的产生以现实问题存在的本质规律为基本尺度。对现实问题的本质规律性认识体现了从内在结构上理解中国问题与全球性问题的共通性，展露出其问题意识和问题导向的世界性意义，在历时性维度实现由国家或地区的狭隘性向世界历史性转变；在共时性维度共建问题解决的合理秩序和良好环境，使中国在攻克自身发展难题中为突破全球性问题提供独特经验和针对性措施。因此，问题结构的本质规律性和实践的创造性是新时代的现实问题与改革发展得以统一的客观条件，现实问题结构变动的规律为实践的主体性和创造性生成提供基石，主体实践的创造性发展为问题域的转变提供动力支持。现实问题结构的规律与创造性的实践要求相互渗透的过程，极大增强了现实生活不同领域的实践之间的张力和开放性空间，体现了其从问题与现实的相互关系出发把握人类社会的方法论意义。

三、体系意识与形态构建相互推进的世界观

在马克思主义的理论视域中，人与世界之间的矛盾及其产生

---

① 习近平：《在党的十九届一中全会上的讲话》（2017 年 10 月 25 日），《求是》2018 年第 1 期。

② 习近平：《一个国家、一个民族不能没有灵魂》，《求是》2019 年第 8 期。

的认识关系、实践关系和历史关系等，总是展开于具体的历史条件和社会实践框架之中。中国共产党在具体的历史条件下激发人民主体的创造性活动，促使人民敞开自我超越的实践空间并逐渐实现自身主体性的发展和解放，总体上表现为体系意识与"人类文明新形态"构建相互推进的过程。体系意识的树立与贯彻表征为中国共产党在主动参与全球交往和治理中把握系统整体关系的同时，建构具体领域思想论述的体系。当代中国马克思主义紧密结合新时代的创造性实践，从全球视域出发重新审视和理解中国社会发展的各个领域，形成了突破传统建构性理论的体系意识，是颇具中国特色的实践经验和马克思主义世界观的时代表达。当代中国马克思主义的体系意识深刻诠释了"改变世界"的世界观意义，在哲学层面上形成了当代中国马克思主义理论体系的概念框架和解释原则，这对于进一步深化中国特色社会主义话语体系和治理体系的建构具有深远意义。体系意识的构建与运用以对新时代的省思为立足点，注重阐发新时代的社会发展实践与人类文明逻辑之间的辩证关系，整体上彰显出将时代性关切落实到现实发展中的哲学意旨。在认识论维度，积极的体系意识是对人的现实生存方式的能动思维；在辩证法维度，体系意识的现实化能够促使人的社会发展实践达成批判性与建构性的统一。习近平总书记对经济、生态文明、外交、法治和强军思想的体系化要求，精准地把握和满足了新时代破解中国社会现实难题和世界治理体系困境的理论需要，符合马克思主义思维变革的精神实质。人类社会是不断发展进步的，世界工业化进程催生了现代工业文明，同时也呼唤新的社会文明形态，新的文明形态的构建是社会生产方式变革的必然产物。"人类文明新形态"以构建人类命运共同体为契机达成当代社会存在和发展的基本共识。习近平新时代中国特色社会主义思想通过对现代人类社会生存与发展的整体环

687

境和实践要求的自觉反思，反映了推动"现实的人"将自身思维意识、行动策略融入新时代整体变革浪潮中的根本旨趣。其推动新时代和新世界不断扬弃旧的体系并构建新的框架，促使中国特色社会主义事业的世界观不断生成并彰显积极的建构性意义。这种新的世界观的出场，历经对中国特色社会主义道路、制度和国家治理体系的建立与健全过程，以及在参与完善全球治理体系的过程中对人类文明形态的积极探索，形成了体系意识与"人类文明新形态"构建相互推进的进程，充分表明人民主体的实践活动所具有的世界观的建构性意义。

体系意识与"人类文明新形态"构建的相互推进，体现了当代中国马克思主义的发展路径。习近平总书记对经济、外交、生态文明、法治和强军思想的体系化阐述，以实践为基本视域把握马克思主义理论体系的时代要求，强调从总体上把握人类社会的生存、发展和价值等向度，对每一领域与环节内容的阐释都深刻贯穿和透显着强烈的体系意识，不仅回应了"人类文明新形态"构建的现实要求，而且为当代中国马克思主义理论体系的形成和发展提供了扎实的理论生长点。体系意识在构建人类命运共同体的时代契机中与"人类文明新形态"构建融合为相互推进的统一过程。"推动构建人类命运共同体，推动共建'一带一路'高质量发展，以中国的新发展为世界提供新机遇"①，中国特色社会主义在创造"人类文明新形态"过程中既开创了当代中国马克思主义的理论体系建构路径，同时又为世界社会主义建设注入生机，彰显了促进新时代人类社会整体发展的理论与实践严密结合的系统性意义。体系意识与"人类文

---

① 习近平：《在庆祝中国共产党成立 100 周年大会上的讲话》，人民出版社 2021 年版，第 16 页。

明新形态"构建的相互推进过程也形成了一个层次清晰、逻辑严密的系统，基于整体性视角把握事物和现实运动的普遍联系，并探寻发展的最佳结合点和突破点，其系统的科学性意义在马克思主义世界观和方法论的理论视域下得到具体展开，是马克思主义基本原理与当代中国实践密切结合的理论成果，为当代中国马克思主义理论体系的建立与完善指明了方向。

习近平新时代中国特色社会主义思想对中国新发展阶段的深刻把握，反映在中国共产党正确处理整体与部分之间关系的过程中。习近平总书记在经济、生态文明、外交、法治和强军等领域的思想是中国特色社会主义建设的历史逻辑、理论逻辑和实践逻辑的辩证统一，彰显了中国特色社会主义制度和国家治理体系的优越性。"一个国家选择什么样的国家制度和国家治理体系，是由这个国家的历史文化、社会性质、经济发展水平决定的。"① 中国特色的国家治理体系是在新时代特定的历史条件下创立和发展的，根本上是一种系统完备、逻辑缜密的科学体系。在经济领域，强调"全面贯彻新发展理念，加快改革开放步伐，加快建设现代化经济体系"② 的基础性地位，指出中国"将积极参与全球治理体系改革和建设，推动国际政治经济秩序朝着更加公正合理的方向发展"③，将中国自身经济体系的建立纳入全球治理体系的完善中；在生态文明领域，强调"要加快构建生态文明体系，做好治山理水、显山露水的文章"④，从而为社会历史发展提供生态文明维度的规律性认识，在促进生产

---

① 《习近平谈治国理政》第三卷，外文出版社 2020 年版，第 119 页。

② 习近平：《深入学习贯彻党的十九届四中全会精神　提高社会主义现代化国际大都市治理能力和水平》，《人民日报》2019 年 11 月 4 日。

③ 《习近平谈治国理政》第三卷，外文出版社 2020 年版，第 437 页。

④ 《贯彻新发展理念推动高质量发展　奋力开创中部地区崛起新局面》，《人民日报》2019 年 5 月 23 日。

力解放的同时形成人与自然关系的良性发展模式；在外交领域，指出应当"坚持独立自主的和平外交政策，坚持互利共赢的开放战略，不断拓展同世界各国的合作，积极参与全球治理，在更多领域、更高层面上实现合作共赢、共同发展"①，以提升中国在复杂的国际形势中处理国际关系的境界与能力；在法治领域，要求"加快形成完备的法律规范体系、高效的法治实施体系、严密的法治监督体系、有力的法治保障体系，形成完善的党内法规体系"②，并推动各个体系交互促进、协同发展，为辩证地把握党的领导与依法执政、依宪执政之间的关系提供了实践遵循；在强军领域，明确了"建立健全中国特色社会主义军事政策制度体系"，提出了"创新军事战略指导制度，构建联合作战法规体系，调整完善战备制度"的建构要求，以有效提炼并掌握军事领域的根本规律、价值和方法。习近平总书记对不同领域思想体系建设的要求和实践表明，以历史与现实条件为前提的思想发展历程，本质上是对人类社会总体生成过程及其意义的切实领会。

习近平总书记系统把握不同领域思想体系的建立与整个思想体系建构之间的辩证统一关系，体现出以实践为基点把握自成一体的范畴、环节与思想整体关系的体系意识。体系意识整体上呈现在对新时代不同领域和各个部分理论层次的阐释与论证过程中，显现出当代中国马克思主义的能动反映论。习近平总书记明确表示发展当代中国马克思主义要秉承辩证唯物主义和历史唯物主义的世界观，"深刻认识实现共产主义是由一个一个阶段性目标逐步达成的历史过程，把共产主义远大理想同中国特色社会主义共同理想统一起

---

① 习近平：《在纪念马克思诞辰 200 周年大会上的讲话》，人民出版社 2018 年版，第 22 页。

② 《习近平谈治国理政》第二卷，外文出版社 2017 年版，第 119 页。

来"①，将马克思主义世界观具体落实到实现中国特色社会主义共同理想的现实发展与建设道路中。经济、生态文明、外交、法治和强军等主要领域思想体系的建立，为当代中国马克思主义整个思想体系的建构奠定了理论着力点。经济、生态文明、外交、法治和强军领域思想体系的建设问题，不仅关涉社会历史发展的实践导向，而且是其整个思想体系建构的重要构成部分，只有厘清各部分思想体系之间的关系，才能明晰整体思想体系建构的方向。习近平新时代中国特色社会主义思想的体系建构为各领域、各层次的思想体系建立提供了理论制高点和话语保障，为区分各领域思想体系及其与其他领域建立关系提供基本依据。习近平总书记在纪念马克思诞辰 200 周年大会上的讲话中指出，"马克思主义极大推进了人类文明进程，至今依然是具有重大国际影响的思想体系和话语体系"②，马克思主义对世界的改造和对中国的影响，主要得益于其思想体系和话语体系在历史中的作用。中国共产党在历史的具体实践中开创了当代中国马克思主义思想体系的建构历程，这一过程体现了中国共产党发挥马克思主义思想力量的体系意识。习近平总书记多次强调将促进国家治理体系现代化和推动全球治理体系变革紧密结合起来，表明其思想中充盈的体系意识既符合马克思主义哲学的基本要求，又展现了当代中国马克思主义在动态生成的体系之中把握时代精神的理论自觉。

新的历史方位要求我们把握时代课题，凝聚"人类文明新形态"构建的合力。中国特色社会主义理论体系伴随新时代的实践进程得

---

① 习近平：《在纪念马克思诞辰 200 周年大会上的讲话》，人民出版社 2018 年版，第 16—17 页。

② 习近平：《在纪念马克思诞辰 200 周年大会上的讲话》，人民出版社 2018 年版，第 11 页。

到进一步发展和完善。探索当代中国马克思主义的发展路径以提升自身的国际话语权，加速了"人类文明新形态"构建的过程。作为推动世界交往方式与国际秩序变革的建设性方案，构建人类命运共同体成为中国解决人类文明发展中的共性问题、促进人类社会共同发展的重要指导方针，提倡世界各国将自身的发展与人类社会整体进步深度结合起来并置于广泛的共同实践中，在构建过程中为人民打造全新的生存状态和实践方式，构成了塑造和引领"人类文明新形态"构建的历史选择与时代契机。中国特色社会主义进入新时代，中国共产党创立并发展了层次严密、内在统一的全新思想体系，为国际政治经济秩序的调整和完善贡献了独特经验与思想智慧。针对人类社会巨大而深刻的变化及其实践发展中的新特征，习近平总书记提出人类命运共同体理念，有力回应了人类社会和未来世界发展走向的重大课题。人类命运共同体是关于全球治理体系未来走向的全新理论阐述，越来越受到全球的普遍关注并在历史实践进程中得到反复确证。"一带一路"国际合作推动了人类命运共同体的现实落地，习近平总书记在推进"一带一路"建设工作5周年座谈会上总结道，"我们同'一带一路'相关国家的货物贸易额累计超过5万亿美元，对外直接投资超过600亿美元，为当地创造20多万个就业岗位"[1]，这表明"一带一路"国际合作的实践在现实中为人类命运共同体构建的广泛推行提供了重要引擎。"凝聚各方共识，规划合作愿景"[2]正由期冀转化为现实，人类命运共同体的现实构建超越了现代资本主义主导的文明形态，以开放式的共同实践为确立文明形态转型的范式、凝结实践合作的共识创造可能。

---

[1] 《习近平谈治国理政》第三卷，外文出版社 2020 年版，第 486—487 页。
[2] 《习近平谈"一带一路"》，中央文献出版社 2018 年版，第 218 页。

　　构建人类命运共同体的现实进程为"人类文明新形态"开拓了崭新的实践方式、奠定了全新的实践基础。构建人类命运共同体的新理念、新思路是对人类社会生存与发展方式高瞻远瞩的创新性成果，实质是对人类实践方式的当代重构，开掘了一种以实践空间的拓展为基本道路的建设性力量，同时为"人类文明新形态"构建的实践方式开创了多元可能性。中国特色社会主义以新时代中国社会的主要矛盾转化和现实问题叠加为问题导向，以构建满足人民美好生活向往的理想状态为价值旨趣，体现了中国共产党将人民主体性、社会历史总体性和实践探索性融为一体的建构性路向。习近平总书记明确指出，人类社会仍然处于马克思主义经典作家所指明的以物的依赖性为基础的人的独立性生存和发展阶段，人的生存和发展方式集中体现在经济社会和技术社会两个层面上。在经济社会层面，表现为对生产关系发展的阶段性特质的重视，指出在新时代推动我国经济社会发展"要勇于全面深化改革，自觉通过调整生产关系激发社会生产力发展活力"①，对全球生产关系的协调需借助于构建人类命运共同体的实践来创新发展方式和增长动能，"让世界经济走上强劲、可持续、平衡、包容增长之路"②。在技术社会层面，展示为对社会生产力和科技发展的高度关注，强调对全球生产关系和经济政治秩序的调整必须依托于社会生产力的发展与变革。无论是对经济社会中生产关系维度的重视，还是对技术社会中生产力维度的推崇，都反映出重新认识社会存在的实践基础。构建人类命运共同体所彰显的实践方式在具体历史中表现为人民主体的创造性与

---

　　①　习近平：《在纪念马克思诞辰 200 周年大会上的讲话》，人民出版社 2018 年版，第 18 页。

　　②　习近平：《论坚持推动构建人类命运共同体》，中央文献出版社 2018 年版，第 379 页。

历史过程的合目的性的统一，展现了人们在建构性实践中实现自身主体性的全面发挥与按照自身能动意识来认识并改造客观世界相统一的过程，形成了以理想的建构蓝图来规划现实的实践进路。这一新的实践方式注重把握主体建设力量与客观历史条件之间的张力，以达到主体性建设的理想性与现实性的和谐统一，为"人类文明新形态"构建奠定了新的实践基础，注入了思想动力，也为构建未来人类社会的生存和发展方式提供了全新方向。习近平总书记在多次讲话中表明，"新时代坚持和发展中国特色社会主义，根本动力仍然是全面深化改革"①。这确定了"人类文明新形态"构建的实践指向：在全面深化改革的实践中充分吸收全球生产的历史经验成果，同时通过不断拓展的历史实践处理好中国特殊性与世界普遍性的辩证关系，促进人与世界和谐关系的形成，在实践根基上尊重既有共识、扩大现有共识以及达成未来共识。

体系意识与"人类文明新形态"构建在相互推进的动态过程中展现出当代中国马克思主义建构性意义的世界观。习近平总书记强调，"我们要坚持用马克思主义观察时代、解读时代、引领时代，用鲜活丰富的当代中国实践来推动马克思主义发展"②，这意味着对马克思主义基本原理的具体理解和实际运用必须随时代变化及其差异特性而赋予新的含义，表现为新时代的体系意识与"人类文明新形态"构建相互推进的全新世界观。中国特色社会主义社会建设的成就融入人类社会历史进程中，能够"提升人类共同性水平、维护

---

① 习近平：《在党的十九届一中全会上的讲话》（2017 年 10 月 25 日），《求是》2018 年第 1 期。

② 《习近平谈治国理政》第三卷，外文出版社 2020 年版，第 76 页。

全人类的共同利益"①。这就显示了体系意识与"人类文明新形态"构建之间的内在关联：体系意识的自觉为"人类文明新形态"构建奠定了根基，"人类文明新形态"构建在不断深化的体系意识中得以广泛推行；"人类文明新形态"构建的演进为推动体系意识的建构提供了新的理论方向，体系意识的历史命运只有在文明形态发展到较高程度才能彰显自身优势。体系意识与"人类文明新形态"构建的内在关联通过人类命运共同体的实践进入彼此确证、相互推进的历史进程，形成了融为统一整体且彰显建构性意义的世界观，这一全新世界观的形成是对马克思主义世界观和传统建构理论的重大突破与创新。习近平总书记从对现实发展需要的研判到建构性实践导向的认识有其发展的必然逻辑，在当代具体实践中洞悉整个人类社会的基本趋势和持续发展的可能，体现了促使历史主体的价值需要转化为新时代发展内在动力的理论选择，彰显了以面向世界历史的宏大视域审视社会现实并把握时代脉络的建构性原则，这一原则在关切人类发展命运的理性自觉中又创新和丰富了体系意识与"人类文明新形态"构建相互推进的世界观意义。

四、哲学使命与哲学意义融会贯通的时代价值

当代中国马克思主义将追求中华民族的伟大复兴和执守人民现实幸福视为自身的历史使命，这一使命与维系人类文明赓续的历史任务密切相连，在一种开放的境遇中把握人与世界的和谐关系及其生成，体现了中国共产党探求人类社会共同存在和发展方式的哲学使命。哲学作为人类思想史上的精华，肩负着时代赋予的在认识世

---

① 刘同舫：《构建人类命运共同体对历史唯物主义的原创性贡献》，《中国社会科学》2018 年第 7 期。

界中改变世界、在改造旧理论中创造新思想的使命。当代中国马克思主义正是在改造一切旧的社会生产方式和治理体系中承担了为新时代打造全新的发展格局提供思想武器的哲学使命。当代中国马克思主义面临双重哲学使命：一是促使自身实现现代化重构与世界性突破，即推动中国特色社会主义现代化建设实现理论现代化在哲学层面的转型，在世界性的理论框架和话语系统中生成直接应对现代化潮流的独创性理念，同时逐渐形成世界性哲学发展的视域并展开对现代化实践的哲学重建，从而促使全人类共同探索世界历史未来发展的走向；二是回应新时代要求拓展世界性视域以完成中国现代化任务的历史使命，中国在世界范围内以现实实践为依托而形塑重构世界性哲学的目标，包含着创新和发展当代中国马克思主义的内在要求，即必须深刻阐明中国式现代化的历史实践与世界历史的辩证关系，进而为中国式现代化的创新发展构建完整的哲学叙事范式。当代中国马克思主义的哲学使命使得自身的历史观、方法论和世界观的意义得到进一步凸显，才能将对社会有机体的透视与对人类社会整体的历史说明有机结合。中国共产党始终围绕人类社会整体文明进步的基本命题，结合马克思主义经典论断将"时代之问"转换为自身的现实课题，并将现实课题置于"两个大局"中予以反思与追问，彰显了其构成中国特色社会主义理论体系内核的哲学意义，也体现了其在新时代坚持与发展马克思主义的价值观意蕴。习近平新时代中国特色社会主义思想对哲学使命的认识与履行，依托于在不断深化的实践中寻求世界的辩证统一，其过程势必展现思想依次递进和丰富深化的哲学意义，哲学使命与哲学意义形成了彼此映照、相辅相成的深层关联。中华民族伟大复兴和中国特色社会主义道路在世界历史中除了受到生产方式和交往秩序等共同因素的必然影响，也势必受到各民族文化和现实境况等个性因素的塑造，这决定了哲学使命与哲学意义之间融会贯通的过程必定蕴含具体性和多元性的现实取向。哲学使命与哲学意义的内在融贯开启了一种全新的思想境域，它昭示着创造和改变世界的实践活动确证人类命运与共的本质意识的前提依据，厘定了基于新时代历史方位的生存境遇和与之相伴映现的价值旨趣。对时代价值的确立，为马克思主义的新时代阐释和发展开辟了全新理路，在根本上确保人民作为现实实践主体和价值中心地位，从而揭示中国社会历史的发展是紧密围绕这一价值中心辩证展开的历史进程。

哲学使命与哲学意义的融会贯通不仅构成了中国特色社会主义理论和实践共同发展的哲学基础，而且为马克思主义在新时代中国的发展提供新的思想活力。立足中国特色社会主义建设进程中的理想性与现实性、个体性与社会性之间的辩证运动，当代中国马克思主义对现实生存和普遍交往的过程进行整体性考察，对"建设新世界"的伟大壮举进行系统性指导，展示了统摄各领域和多方面的逻辑结构。习近平总书记关于经济、外交、生态文明、法治和强军思想等方面的科学论述，从不同领域和视角回答了新时代坚持和发展中国特色社会主义的相关问题以及需要完成的现实任务，总体呈现出内涵丰富、逻辑严整的科学系统。新时代所面临的新任务显示了哲学使命与哲学意义在现实历史中的契合，是对新时代中国共产党价值追求的辩证认识。从中国共产党确证的现实任务中省思哲学使命与哲学意义的深层结合，能够在总体上把握未来世界和历史的变化与发展趋势，使得当代中国马克思主义在指导人类社会未来发展中暴露出系统的开放性和多元性。

习近平新时代中国特色社会主义思想蕴含丰富的使命观和实践论旨趣，明确了当代中国理应担负起的历史使命，蕴含了理解中国特色社会主义实践生成过程的哲学使命思维。党的十八大以来，中国共产党多次郑重申明马克思主义在当代社会呈现的新特征以及亟待完成的历史使命，"我们所做的一切都是为人民谋幸福，为民族谋复兴，为世界谋大同"①。中国共产党在履行自身发展的时代任务时始终秉持为人类社会整体进步贡献力量的自觉意识，以实现中国治理与全球治理相行并进的"辩证综合"。哲学使命体现于中国特色社会主义的时代任务中，也依附于当代中国马克思主义历史使命的推进中，显现出治国理政的丰富内容与实践导向辩证统一的使命观。在经济领域，"必须看到，决胜全面建成小康社会的艰巨任务、实现中华民族伟大复兴的历史使命，对我们党提出了前所未有的新挑战新要求"②，明晰了实现中国特色社会主义经济发展的基本使命指向；在生态文明领域，"生态环境是关系党的使命宗旨的重大政治问题，也是关系民生的重大社会问题"③；在外交领域，"我们应该志存高远、敢于担当，着眼本国和世界，着眼全局和长远，自觉担负起时代使命"④，以民族复兴和国家发展为根本使命推动大国外交的实践进程；在法治领域，"要以严格的执纪执法增强制度刚性，推动形成不断完备的制度体系、严格有效的监督体系，加强理想信念教育，提高党性觉悟，夯实不忘初心、牢记使命的思想根基"⑤；在强军领域，习近平总书记阐述了坚定的使命意识对于军队建设发展的关键作用，认为"全面提高我军加强党的领导和党的建设工作质量，为实现党在新时代的强军目标、完成好新时代军队使命任务提供坚强政治保证"⑥。这些领域的历史任务，不仅凸显了党在推进

---

① 《习近平会见联合国秘书长古特雷斯》，《人民日报》2018 年 4 月 9 日。
② 《习近平谈治国理政》第三卷，外文出版社 2020 年版，第 71 页。
③ 《习近平谈治国理政》第三卷，外文出版社 2020 年版，第 359 页。
④ 《习近平谈治国理政》第三卷，外文出版社 2020 年版，第 435 页。
⑤ 《习近平谈治国理政》第三卷，外文出版社 2020 年版，第 549 页。
⑥ 《习近平谈治国理政》第三卷，外文出版社 2020 年版，第 383 页。

国家治理发展上的宏大叙事，而且反映了当代中国马克思主义将其哲学使命融入实践的崭新境界。

当代中国马克思主义的哲学使命与一般哲学使命的不同之处在于，它是贯穿于新时代历史使命和现实任务展开全过程的基本线索，能够通过超越现状、面向未来的思维方式与实践方法来展示自身。习近平总书记所阐述的经济、生态文明、外交、法治和强军等领域的历史任务中蕴含着探求人类解放以及人与世界相处模式等深刻哲学命题的使命。这一哲学使命与历史任务的相互确证，构成社会现实展开的双重维度，是改变现实、改造世界实践活动的价值旨趣的凸显。习近平总书记对中华民族伟大复兴和人类社会持续进步的历史任务的自觉认识与实践遵循彰显了独特的哲学使命观。在引领中国发展和民族复兴层面，习近平总书记提出，"全面建成社会主义现代化强国、实现中华民族伟大复兴，是新时代中国共产党的历史使命"[1]，以加强治国理政来推动中国式现代化进程，提升人民的物质生活水平和精神境界，在根本上契合马克思主义关于人类解放的价值诉求。在促进人类社会发展层面，习近平总书记指出："中国共产党人和中国人民完全有信心为人类对更好社会制度的探索提供中国方案。"[2] 面对"世界百年未有之大变局"，习近平总书记科学揭示了不同发展道路之间更为和谐的相处方式，开辟了将中华民族伟大复兴与人类文明持续发展之路共融同行的新局面。习近平总书记对中国与世界共同发展历史任务的深刻把握，将关涉人类解放的哲学话语内嵌于对现实生活的规范性价值诉求中，蕴含

---

[1]　习近平：《在党的十九届一中全会上的讲话》（2017 年 10 月 25 日），《求是》2018 年第 1 期。

[2]　习近平：《在庆祝中国共产党成立 95 周年大会上的讲话》，人民出版社 2016 年版，第 14 页。

着超越人类现存实在趋向"应然"解放状态的价值指向，在实践进程中凝结人与世界和谐共生的统一关系，这在根本上继承和践行了马克思主义的哲学使命。

当代中国马克思主义紧紧围绕实现中华民族伟大复兴和为人民谋福祉的历史任务展开，在对人民群众追求美好生活的需要的深层关切中展现出追寻自由和解放的哲学意义。人的解放和自由全面发展以及人与世界的和谐关系是人类社会的永恒主题。中国特色社会主义的实践指向符合人的生存和发展需要的方式，它基于现实的实践过程理解人类解放以及人与世界关系等问题，既代表了中国共产党和中国人民探索方式的特色和优越性，又体现了中国特色社会主义实践与人的本质内在相关的价值意义。"中国特色社会主义道路是当代中国大踏步赶上时代、引领时代发展的康庄大道"①，中国共产党致力于对中国发展道路的进一步整合，逐渐汇集形成了"八个明确"的核心要义和"十四个坚持"的基本方略，它们来源于社会生活的诸多领域，逐渐汇合并构成了有机统一的新时代社会发展理论。在中国共产党所凝练的价值共识的引领下，中国人民形成了维护中国式现代化发展的自信和自觉，呈现出推动世界历史性生成和发展的宏大视域与思想活力。中国特色社会主义的理论与实践将一切益于拓展人类自由和解放的力量凝聚起来，在世界交往中以平等、宽容的态度和合作共赢的宗旨协调处理与"他者"的关系，并切实将这种原则意识与信念落实为人们自觉的生活方式和价值观念。

习近平新时代中国特色社会主义思想的哲学使命与哲学意义在深入开展中国特色社会主义的建设实践中融会贯通、相互生成，是

---

① 《习近平谈治国理政》第三卷，外文出版社 2020 年版，第 184 页。

当代中国马克思主义的真理光芒与其时代价值相统一的必经环节。价值与真理的辩证统一是人类社会进步的内在条件，也是马克思主义哲学的基本原理。"真理原则与价值原则的根本一致性和总体上的统一性，总是在人们的具体的历史活动中实现并表现出来的。真理和价值之间具体的历史的统一，突出地表现为二者的相互贯通、相互引导和检验标准的一体化。"① 哲学使命与哲学意义相互生成的过程揭示了当代中国马克思主义的哲学思维，即思想的真理性透过现实实践彰显出与之相统一的价值性。这既是对中国共产党领导的中国社会发展理论与实践的经验总结，也是对中国特色社会主义进入新时代给予真理性把握的内在要求，形成了在认识历史总体规律和基本趋势的基础上展开客观实践的价值性指向。在习近平总书记的思想阐释中，哲学使命与哲学意义在对共产党执政规律、社会主义建设规律和人类社会发展规律的深化认识中相互融合，植根于中国与世界之间愈益开放性的实践活动中。习近平总书记坚信，"在实践中求真知，在探索中找规律，不断形成新经验、深化新认识、贡献新方案"②。追求人的解放以及实现人与世界和谐共处的哲学使命并非单纯的主观对象性活动，追求哲学使命中显现契合人类生存与发展真实需要的哲学意义也并非指向主体对客体的消融，两者需要通过实践的现实生成和变革来推动。习近平总书记对中国与世界共同发展的基本规律的探索和整体认识，是基于其对规律的科学运用而达到现实实践成效的肯定，是遵循历史客观规律与发挥人民主体性自觉高度统一的过程，从而揭示了当代中国马克思主义的真理

---

① 萧前、李秀林、汪永祥主编：《辩证唯物主义原理》（第三版），北京师范大学出版集团、北京师范大学出版社 2012 年版，第 314 页。

② 习近平：《在庆祝海南建省办经济特区 30 周年大会上的讲话》，人民出版社 2018 年版，第 7 页。

性和价值性的统一在哲学使命与哲学意义中的融会贯通。

哲学使命与哲学意义的融合对当代中国马克思主义发展的作用在于促使其内含的时代价值得到明确界定和深刻彰显。当代中国马克思主义兼具理想性与现实性的双重维度，它们之间的相互设定与互促关系在新时代中国社会主义现代化建设实践中充分显现。中国共产党对当代中国马克思主义的理解和建构诉诸现实的实践范式，将其与中国特色社会主义建设实践经验和理论体系关联起来，为确证当代中国马克思主义理想性和现实性的双重维度奠定了基础。哲学使命与哲学意义的融会贯通展现的是当代中国马克思主义的实践论与价值论的深度结合，使其成为推动当代中国马克思主义的理想性与现实性在新时代实现内在统一的"集大成者"。新时代明确了中国社会主要矛盾的历史性变化，从而超越了脱离实践的纯粹理性思维而赋予当代中国马克思主义以具体、丰富的现实性维度。现实性维度总是以鲜活的形式与理想性维度保持适度张力，探寻二者之间的连接点成为构建当代中国马克思主义的主要路向。哲学使命与哲学意义相互融贯的过程，促使中国社会着力建立与人民群众本质力量相一致的存在方式和社会状态的路径得以澄明，廓清了新时代构建人们对美好生活需要的价值旨趣，使当代中国马克思主义关于人的全面自由发展的理想性维度与建立高度发展的生产实践的现实性维度达到具体的、历史的统一。

立足新时代中国特色社会主义发展阶段所面临的新形势及人民日益增长的美好生活需要，中国共产党带领全国人民深化了中国式现代化的建设实践，逐渐形成了新的思想观点和实践范式，不断拓展和丰富了当代中国马克思主义理论体系。思想观点的转变推动实践范式的变革，习近平总书记对世界历史和全球趋势的理性认识，包含了对现实问题深层结构的规律性认识和整体性把握，促使作为人们的内在本质力量的实践主体性从社会生活中生发出来。在从问题意识与问题导向、实践范式与思维变革、体系意识与"人类文明新形态"构建相互融合的过程中，内蕴于习近平新时代中国特色社会主义思想中的历史观、方法论、世界观和价值论的哲学境界不断彰显出来，这种哲学境界通过现实实践的确证展示出宏大的哲学视域与思想的真理性和科学性，使实践因具有哲学真理力量的指引而凸显其超越现存境况的价值性意蕴。中国式现代化的理论阐释与实践指向澄明了当代中国马克思主义的哲学境界，向人们昭示了在人与世界相互作用的张力关系中寻求辩证共存的中国智慧。发掘当代中国马克思主义的哲学境界具有深刻的启示性意义：深入学习习近平新时代中国特色社会主义思想，必须立足更高的哲学立场，以探寻中国特色社会主义建设的理论与实践和当代中国马克思主义的内在关联及其整合思路，在掌握具体的理论体系与思维方法的基础上领悟、贯通并运用其中的真理和智慧，使其真正内化为人的自由和解放的本质意识与推动社会发展的现实动力。

附录三　马克思唯物史观叙事中的
劳动正义 *

　　劳动正义问题是关涉人的生存方式和社会价值的重大议题，在多维学科视域中具有重要的地位。劳动正义伴随着人的存在方式的变迁和社会结构的变动而呈现出不同的形式，这种形式上的多样与劳动观念上的差异密切相关，其实质反映出正义诉求背后不同阶级之间的利益关系。劳动正义问题对人的自由本质和劳动力量的深层关怀始终深嵌于历史发展之中，而在资本主义主导的生产方式和社会关系中，"资本正义"与劳动正义之间的矛盾是资本主义社会发展的重大挑战。马克思唯物史观的构建与其对劳动正义问题的阐发紧密关联，他抓住了资本主义时代劳资关系的轴心，并从人类劳动本质出发，通过审视劳动方式和劳动关系的历史演变来为探讨劳动正义以及其他正义性问题提供真实的起点①。马克思唯物史观叙事

---

　　*　本文以首篇位置发表在《中国社会科学》2020 年第 9 期。

　　①　学界对马克思劳动正义思想的研究成果主要集中在对马克思正义理论的解读中。"塔克—伍德命题"是马克思正义理论研究中的经典论题，针对这一问题，学界大都认为马克思肯定一般的正义理念，但谴责资本主义社会的抽象正义观，并基于此对劳动正义问题展开了不同视域的阐释。有学者基于道德哲学批判的视域，揭秘马克思的劳动正义与其人性正义论的关系（参见李长成：《马克思的市民社会正义批判思想探论》，《伦理学研究》2019 年第1 期）。有学者从政治经济学批判的视角阐释马克思的劳动正义思想在其正义

中的劳动正义思想，既在政治哲学层面揭示了资本主义时代私人生活与公共领域在正义观念上的矛盾，又在世界历史的理论层面阐明了将人的劳动前提建立在既有秩序之上的资本逻辑及其现实展开。生产过程中劳动与资本关系的形式转换在资本逻辑支配下暴露出诸多难题：劳动正义赖以存在的合法性根据是什么？劳动正义与现实生产领域的正义原则和社会结构性正义主题的关系如何？从传统生产领域的劳动方式到技术性劳动形态的转变对重新理解劳动正义问题和全球社会公共生活方式有何意义？这些难题成为理论研究面临的新挑战。探寻和明确劳动正义问题要立足彰显人存在的自由本质需要，扬弃资本主义社会中劳动与现实生命发展相对立的抽象原则。

一、马克思唯物史观叙事中劳动正义的层级结构

马克思以"现实的人"为历史出发点，开启了以"人类社会或社会的人类"为理论立足点的唯物史观叙事。他在对黑格尔理性思辨和费尔巴哈人本主义历史观的批判与超越中明确了历史的本质，

体系中的理论地位（参见房广顺、司书岩：《论马克思恩格斯正义思想的深刻内涵》，《马克思主义研究》2019年第2期）。有学者基于法哲学批判视角，探索马克思劳动正义思想与权利正义、分工正义等正义观的内在关系（参见欧阳英：《马克思的权利观、正义观与生产力观》，《哲学研究》2019年第8期）。还有学者从意识形态批判的维度切入，肯定马克思劳动正义在其整个社会正义价值中的根本意义（参见毛勒堂：《马克思的劳动正义思想及其当代启示》，《江汉论坛》2018年第12期）。学界基于马克思的正义观视域来解析劳动正义思想，准确定位了劳动正义在马克思正义思想框架中的历史地位，对于彰显马克思批判思维中劳动正义的逻辑进路和时代意蕴具有积极意义。但马克思的批判思维和方法基于人类社会的总体发展逻辑，其正义论具有历史唯物主义根基，其劳动正义思想属于历史唯物主义正义观的视域范畴。只有从唯物史观叙事中探究马克思劳动正义思想的发展脉络，才能在更深层次上透视其具体展开的历史语境，进而理清马克思在批判中建构的思维方法。

肯定了物质生产劳动之于人的现实存在及其全部生活的基础性地位，创立了唯物史观的基本叙事方式和思维逻辑。在马克思的唯物史观叙事中，"现实的人"如何以劳动的方式存在是逻辑起点，劳动对人类本质的规定性贯穿于整个逻辑进路之中，实现劳动自由与正义并推动其转化为人类解放的现实力量构成了逻辑归宿。马克思始终将劳动正义视为考察人类社会历史正义与否的根本尺度，在唯物史观的叙事框架中呈现了以物质生产活动为基础的劳动关系和社会关系，将劳动正义与生产正义、社会正义的关系问题置于现实的物质生产实践中加以考察。马克思的唯物史观与其劳动正义思想的展开具有叙事上的一致性，旨在揭示人类劳动与"现实的人"的生存方式、人类社会形态的深层关联，表征为劳动正义的逻辑先在性、围绕生产正义的总体展开、以社会正义的主题为参照的三重结构。

马克思将人的现实生存境遇同超越现实的价值追求关联起来，在历史进程中彰显出劳动正义在人与世界关系中的逻辑先在性。马克思在确证劳动正义逻辑先在性地位的基础上，明确了"现实的人"的劳动在具体生产领域的总体展开，体现了对生产领域和社会公共生活中正义性思想的审视。因此，马克思的劳动正义思想的三重结构呈现为由内及外、相互设定的层级结构。

马克思的劳动理论是其阐发劳动正义思想的基石，他立足人独特的存在方式，在人类劳动与社会历史的互动中，深刻把握人类存在的劳动根基。马克思在唯物史观叙事中澄明人的内在规定，通过确证劳动的本质地位来为人的内在超越性提供可能。他在对黑格尔和费尔巴哈历史观的批判中揭示了"现实的人"的根本立足点，确定了以人的现实活动为主体的历史观。在《1844年经济学哲学手稿》中，马克思重审了黑格尔以"自由精神"为主体而循环行进的历史观，扬弃了其唯心史观所依托的思辨形式，肯定了其辩证法的否定性原则所蕴含的推动性与创造性力量，并将其辩证法本质的载体还原为现实中的人及其实践活动。在《关于费尔巴哈的提纲》中，马克思通过反思费尔巴哈将人的感性存在与其实践活动相分离的历史观，摒弃简单抽象的哲学推演方法，在哲学变革的高度上将人的劳动阐释为对象性的感性活动，即体现了人对自然能动关系的物质生产实践，并进一步指出，"环境的改变和人的活动或自我改变的一致"，只能被合理地理解为"革命的实践"①，由此确认了人的实践在人与世界关系中的核心地位。《德意志意识形态》的完成标志着以生产逻辑为基础的唯物史观的形成，表明马克思的理论叙事重心已由"实践"向"物质生产"过渡。马克思将物质资料生产方式视为唯物史观的基础，提出了"生产关系""交往方式"和"所有制形式"等劳动范畴，着重从物质生产劳动的具体方式认识社会历史与结构的客观规律，揭示了人类劳动实践的社会条件限制和社会关系规定。

马克思在澄清"现实的人"与其社会关系问题的基础上明晰了劳动的正义性思想价值。他在阐述"现实的人"的存在本质时揭示了人在生存、生产过程中对正义的需要，认为"现实的人"是"从事活动的，进行物质生产的，因而是在一定的物质的、不受他们任意支配的界限、前提和条件下活动着的"②存在物，"现实的人"在来源和存在方式上都体现出受动性与能动性的双重特征，展现于自然与社会的双重维度。当人在社会交往中扩大物质生产劳动时，其存在方式就会被各种社会关系所限定，人通过实践创造新的社会关

---

① 《马克思恩格斯文集》第 1 卷，人民出版社 2009 年版，第 500 页。
② 《马克思恩格斯文集》第 1 卷，人民出版社 2009 年版，第 524 页。

系，显现出人在诸多社会关系中对正义的需要。人对正义的需要在实现自身生存发展中逐层显示出来，即从通过物质生产劳动满足"生活的第一需要"，发展为从事复杂多变的实践活动以实现自身独特生存方式延展的需要，进而在劳动的推动下产生更新、更高级的需要。在分析人的自然存在需要与社会存在需要的相互关系时，马克思认为人的自然存在需要只有在社会存在框架中才能真正实现，他犀利地指出现代市民社会中实现人的生存需要的结构性矛盾，即个人在社会公共生活中热衷于追求自身的权益而与他人陷入利益冲突时，"每个人都互相妨碍别人利益的实现，这种一切人反对一切人的战争所造成的结果，不是普遍的肯定，而是普遍的否定。关键倒是在于：私人利益本身已经是社会所决定的利益，而且只有在社会所设定的条件下并使用社会所提供的手段，才能达到；也就是说，私人利益是与这些条件和手段的再生产相联系的"[①]。在马克思看来，物质生产是劳动本质力量发展的必然要求，而劳动逐利性则是资本主义发展的必然结果并阻碍劳动能力的真正发展，这一指认隐含着马克思对正义价值问题的思考，即如何超越自然人纯粹利己需要以满足社会共同体普遍需要。尽管他并未直接论述劳动正义的理论内涵与实现方案，但已经提出人能够且需要按照社会规定的正义尺度和价值进行劳动。

马克思的劳动正义思想，是以"现实的人"的劳动实践及其需要为出发点来规定正义理念的存在依据和价值旨趣，蕴含了对劳动活动与交往过程中主体自由及其相互间公平、和谐正义价值的诉求。[②] 劳动正义在任何时代对人与社会的发展都是重要的理论和实

① 《马克思恩格斯文集》第 8 卷，人民出版社 2009 年版，第 50 页。
② 参见毛勒堂：《劳动正义：一个批判性的阐释》，《上海师范大学学报（哲学社会科学版）》2016 年第 5 期。

践课题，构成了人与人的社会关系的合理性前提，是马克思政治哲学视域中的特殊范畴。我们不仅需要依靠政治经济学、社会学和法学等予以技术性分析，而且需要从哲学的理论高度予以整体把握。只有劳动正义才能接近人的本质诉求和现实需要，使劳动成为人自身创造历史的实践过程。

随着马克思对"现实的人"的存在方式与物质生产劳动的深入分析，劳动正义的逻辑先在性地位在唯物史观的理论叙事中愈渐凸显，这既是唯物史观理论成熟的表征，也是促使人在现实社会生产中领会到自身劳动的本质力量的历史必然。马克思的劳动正义思想经历了抽象批判与现实超越的深层推进过程。他在批判抽象正义观念中划清了现实劳动的正义性与唯心主义、人本主义抽象正义观的原则界限，反对黑格尔从抽象的实践理念分析市民社会的运行机制，摒弃了以抽象的方式批判抽象的思维方法，并在深究社会生产力与生产关系变革的维度上解剖了费尔巴哈强调人生幸福的人本主义正义观，最终在物质生产领域指认"劳动"为市民社会的主要内容。通过对人的存在的辩证理解，马克思将人的劳动理解为有限性与无限性的内在统一，认识到劳动正义对人存在发展的本质力量。马克思认为，人总是在具体的历史条件下才能从事劳动，而劳动的本质力量使人拥有不断超越历史规定、营造自我发展空间、逐步走向解放道路的根本动力。马克思将劳动正义视为一种本质力量，其促使人在历史发展中彰显超越的本性，进而使人"认识到产品是劳动能力自己的产品，并断定劳动同自己的实现条件的分离是不公平的、强制的，这是了不起的觉悟，这种觉悟是以资本为基础的生产方式的产物，而且也正是为这种生产方式送葬的丧钟"①。劳动创造

---

① 《马克思恩格斯文集》第 8 卷，人民出版社 2009 年版，第 112 页。

了社会发展所需的物质产品以及生产过程中的社会关系，工人在劳动实践中的分工、劳动产品的社会流动体现了人与人之间的社会关系的物化，社会关系的总和以生产关系为主要形式，成为人证明自身存在的基本方式，劳动充当人与自然界的纽带，劳动正义则构成人化自然以及社会生产组成的生活世界。马克思对劳动正义与具体社会生产关系的分析表明，劳动作为人的本质力量在现实社会生活与物质生产领域具有复杂多变性。

马克思在唯物史观的理论基础上揭开了历史向世界历史行进的一般过程，阐明了社会生产力普遍发展的历史动力，在世界历史的宏大叙事中重新审视人与世界的关系，澄清劳动本质的复杂性，挖掘劳动正义性价值的存在根据。人与世界的关系主要表现为人与自然、人与人的社会关系两个层面。在人与自然的关系层面，"人们生产自己的生活资料，同时间接地生产着自己的物质生活本身"①。生产劳动使得人在自然存在中超越自身、在与自然的矛盾关系中达成内在统一，使人与世界在世界历史进程中结合为动态的否定性统一关系。在人与人存在的社会关系层面，马克思强调从人的社会关系角度来省思人的存在，在社会关系中考察人与世界的关系，突出劳动把人、自然、社会三者辩证统一起来的实践本质。马克思阐释了劳动作为人的存在方式的基础地位，并在交往范围日益扩大的世界历史进程中，从劳动正义出发反思人生存于现实生活世界结构中的深层根据问题：劳动正义如何在具体的物质生产活动和社会生活实践中确证自身的逻辑先在性地位？笔者认为，马克思在唯物史观理论叙事中所体现的劳动正义思想始终与生产正义、社会正义的主题密不可分，并在唯物史观的发展中澄明了劳动正义在与生产正

---

① 《马克思恩格斯文集》第 1 卷，人民出版社 2009 年版，第 519 页。

义、社会正义"共在"层级结构中的逻辑先在性地位。

在马克思的唯物史观叙事中，生产正义处于"现实的人"存在方式的核心层级，生产正义原则是劳动正义价值的具体化，在总体展开中体现了劳动正义的需要①。马克思认为，正义是处于持续创生中的运行原则，劳动正义作为人本质的存在方式和价值追求，内在规定了人感性地确证自身存在过程的现实性。人在现实的物质生产过程中逐渐认识到劳动正义的需要，但这种自我认识致使人在生产领域中的劳动正义诉求与私利欲望之间的矛盾愈加复杂，人既意识到劳动正义能够契合人本质的存在而推动人走向自由解放，又在具体的劳动活动中为满足自身生存和发展需要，而不断展开扩张性的物质生产。在人类物质生产的历史中，生产方式的变革和生产关系的调整构成了正义原则的决定性因素，生产正义成为马克思探寻正义原则经济根源和制度前提的新向度。马克思指出，劳动正义需要在经济领域表现为生产正义原则，揭示了生产正义之于人的存在和社会发展的动力之源。在马克思看来，物质生产"是一切历史的基本条件"②，人领会到物质生产劳动逐渐确证了自身存在的合理

---

① 劳动正义和生产正义是马克思劳动正义思想结构中两个不同位阶的基础范畴，彼此既相互联系又相互区别。其中，劳动正义更为根本，指"人是目的不是手段"的劳动最本原的基质性正义和"有意识的自由的活动"正义；生产正义是劳动正义的具体呈现和展开，是第一性物质生活生产和由之产生的第二性精神生活生产的现实化"生活的生产"正义。换言之，"劳动正义"是就马克思的劳动"类本质"的意义上而言，从根本上与劳动的异化性非正义区隔开来；"生产正义"是就马克思政治经济学批判论域的"生产、分配、交换、消费"结构中的物质生产环节而言的生产性正义，即生产、分配、交换、消费各环节虽然有时两两互为前提而又始终彼此依存，但生产最终起着决定性作用，由"生产、分配、交换、消费"结构中所产生出来的正义问题归根结底是一种生产性正义（参见《马克思恩格斯文集》第8卷，人民出版社2009年版，第5—21页）。

② 《马克思恩格斯文集》第1卷，人民出版社2009年版，第531页。

性，围绕生产总体展开的方式来表征生活状态，这种生产方式"是他们表现自己生命的一定方式、他们的一定的生活方式。个人怎样表现自己的生命，他们自己就是怎样。因此，他们是什么样的，这同他们的生产是一致的"①。马克思充分肯定生产在展现人类力量上的核心作用，在"生产什么""怎样生产"的问题上凸显了正义性原则，认为生产方式决定生产正义原则的内容和实质，唯有生产方式的正义才能确保生产关系的正义，使人在把自然关系变更为属人关系的生产中明确正义范畴的规定性，即生产正义作为现实变化的层级既塑造着多重矛盾关系构成的正义的存在状态，又从根本上回应了渗透于人本质力量的劳动正义需要。

在马克思看来，生产正义推动了社会正义主题的形成，折射出劳动正义价值在社会正义主题中的体现程度，肯定劳动正义内蕴的共产主义正义观。唯物史观的社会正义主题旨在通过构建正义的社会关系而走向"自由人联合体"，潜在肯定了人之发展需要的内在动力，依托以生产方式变革为推动力的构建逻辑展现社会正义的内涵指向。唯物史观揭示了个体利益与普遍利益的内在冲突，主张只有重构正义的生产方式才能培养人对现实正义的自主认识。马克思认为，生产正义是人类意识对社会关系的反映，决定着社会正义的内容和形态的变迁，由变革生产方式而确立起来的社会正义必定在一定历史时期形成总体的层级结构，即形成社会共同体的正义秩序与基本遵循，社会关系的正义发生变革必定产生影响生产方式及其正义尺度的力量。"马克思从社会发展阶段上肯定了'正义'存在的社会形态性，即是某一生产方式下的正义，但作为'生产方式下的正义'绝不是马克思所追求的社会正义，他所追求的社会正义是

---

① 《马克思恩格斯文集》第1卷，人民出版社2009年版，第520页。

人类解放视域下的社会正义。"① 唯物史观叙事基于社会形态理论来
把握社会正义存在的历史背景，借由生产正义的现实动力中介与劳
动正义的根本价值诉求形成了双向辩证的呼应式层级结构。

　　马克思的劳动正义思想具有由内及外的层级结构划分，也指向
相互对照的多样层级性发展。马克思立足"现实的人"及其存在方
式的理论视域，在唯物史观的理论叙事中将劳动视为人的生存根
基，使劳动的正义性诉求成为人类历史前进的内在动因，并在阐释
人与世界的现实关系中形成了人、自然和社会"三位一体"的矛盾
性结构，其在现实的社会历史进程中表现为劳动正义、生产正义和
社会正义深度耦合而成的系统性正义层级结构。在这一结构中，劳
动正义作为基始层次，体现了人本质力量的正义需要；生产正义是
劳动正义的核心层级，塑造了人类社会现实发展方式的正义原则；
社会正义是劳动正义的表层结构，生产正义则衍生出人与社会整体
关系的正义规范。以劳动正义为基点的层级结构与唯物史观的理论
叙事框架具有内在逻辑的一致性，马克思在分析人类劳动形式演变
的过程中，夯实了其正义思想历史性观念的唯物主义基础，实现了
正义思想从劳动本质维度向生产领域、社会整体结构的深入探进。
在物质生产领域的核心层次，生产方式与生产关系的复杂矛盾性必
定使得劳动正义范畴带有多样性现实特征。随着生产方式的正义问
题延展到社会关系的总体层次，马克思转而从社会存在的视角求索
现实正义的深层根据，在肯定生产正义为社会正义必要条件的同
时，强调基于物质生产发展来获取伦理、政治、文化等领域所滋生
的正义观念，促使这些正义观念为社会正义总体的存在提供合理性

---

　　①　牛小侠：《马克思双重向度"社会正义观"的当代阐释及意义》，《吉
林大学社会科学学报》2018 年第 4 期。

论证，从而为走向"自由人联合体"指认正义性存在方式的基础。

二、马克思对劳动"非正义性"的前提批判与历史解构

马克思唯物史观的创立与其对异化史观的扬弃是同一历史过程，劳动异化是异化史观的建构基础，构成了马克思批判资本主义社会中非正义性劳动生产的理论切入点。生产正义和社会正义问题集中表现在资本主义社会中。在资本主义社会中，人的本质被遮蔽，劳动活动产生异化，非正义劳动成为人形成劳动自觉意识的主要障碍。马克思既高度评价资本主义社会运作中劳动的历史动力作用，更在对异化劳动的解密中阐明"资本正义""经济正义"支配下非正义劳动生产的存在形式与危害，呈现了资本主义私有财产的制度根源和理论前提，从劳动异化和私有制的关系视角打开了劳动正义问题的解答思路。

马克思将资本主义社会视为考察人的生存方式和劳动过程的主要场域，根据生产正义和社会正义在资本主义社会的现实表征，辩证地阐发了劳动的双重属性。马克思肯定生产正义对社会正义的奠基作用，认为物质生产劳动在资本主义社会充分发挥了人的本质力量，肯定"资产阶级在它的不到一百年的阶级统治中所创造的生产力，比过去一切世代创造的全部生产力还要多，还要大"①。但他同时指出，资本主义生产方式并未彰显人的本质力量，明晰了资本主义主导的生产正义、社会正义与劳动正义之间的矛盾。在马克思看来，资本主义的生产方式推动劳动从体现劳动者本质力量的实践活动转变为资本增殖所需的生产要素，将"活劳动"置换成积累剩余价值的手段，促进资本的扩大再生产，在这一过程中资本与生产之

---

① 《马克思恩格斯文集》第2卷，人民出版社2009年版，第36页。

间的非正义交换暴露无遗。资本主义生产方式促使现实生产能力和劳动者的自由生产意识获得一定程度的解放，然而，虽然劳动生产率得到提升，劳动者却面临每况愈下的生存困境。在对资本主义生产过程的批判中，马克思意识到劳动成果与产品所有权的分离是资本剥削劳动的必然结果，指认这一后果是资本主义社会中劳动"非正义性"的体现，即人类劳动被动融入资本增殖的同一过程，成为达致资本主义社会正义与生产正义的条件。

在《1844 年经济学哲学手稿》中，马克思将研究对象从人类劳动转换到资本主义社会中的"异化劳动"，发现"异化劳动"背后的"现实的人"的存在样态的异化，认为"异化劳动"是对人本质力量的颠倒和异化，在资本主义社会表现为工人阶级的劳动异化。马克思从劳动产品、劳动活动、人自身的"类本质"以及社会关系的维度阐述了劳动异化问题，其中，在论述工人与资本家的社会关系时，他指出"一个人同他人相异化，以及他们中的每个人都同人的本质相异化"①。在资本主义社会制造的劳动异化中，资本家也被无形地异化为虚假的主体，其实质是将自身抽象化为资本（物）的支配权力。马克思从"经验事实"的维度分析劳动异化的必然性，解构了"异化劳动"的非正义表征。他将资本主义生产方式置于历史的发展逻辑中进行考察，针砭整个资本主义社会关系的"事实正义性"表象，即"只要与生产方式相适应，相一致，就是正义的；只要与生产方式相矛盾，就是非正义的"②。资本家以与资本主义生产方式相匹配的资本主义社会正义观为雇佣劳动制度的合理性辩护，将不符合资本增殖的生产视为非正义劳动，而在马克

---

① 《马克思恩格斯文集》第 1 卷，人民出版社 2009 年版，第 164 页。
② 《马克思恩格斯文集》第 7 卷，人民出版社 2009 年版，第 379 页。

思看来，真正的劳动"非正义性"是资本家对工人劳动的剥削所导致的。

马克思在反思资本主义生产方式过程中解构了由"资本正义"所引致的劳动"非正义性"，认为未能彰显正义的劳动在现实生产领域是"资本正义"逻辑强行压制劳动力发展的必然后果。资本主义在缔造劳动生产与资本增殖相统一的历史过程中创造了劳动自觉依附于资本的"正义"规则，将资本主义工厂幻化为"温和监狱"的"正义"社会图景。伴随对生产领域物质基础和经济根源研究的推进，马克思在资本主义生产关系中把握了"资本正义"与资本生产劳动"非正义性"之间的历史同构性，生产正义问题通过生产力发展与资本增殖的相互依存得以显现。资本逻辑在资本主义生产方式中证实自身增殖的"天然正义"，即资本获取的生产增殖得益于其本身生发的价值而非源于劳动力的创造，从而创设出社会生产与劳动无关的"资本正义"。生产力的产生和增长是依附于资本主义生产方式的动力要素，生产劳动在保证资本增殖的过程中确证了"资本正义"的理论基础。"资本正义"的实现包含对物质财富和剩余价值的极度贪婪、对劳动者物质生产劳动能力的霸权统治以及对个人与社会关系的抽象颠倒，物质生产在加深资本普遍"正义"的同时也裹挟着强制性话语，企图使整个社会生产领域在潜移默化中接受资本逻辑的宰制。人的劳动不是天生采取雇佣的形式并依靠于资本，而是在物的关系笼罩下逐渐形成对"资本正义"的推崇和对资本抽象统治的趋附。马克思发现："劳动所生产的对象，即劳动的产品，作为一种异己的存在物，作为不依赖于生产者的力量，同劳动相对立"①。"资本正义"并非资本家天生的幻想，而是"异化劳

---

① 《马克思恩格斯文集》第 1 卷，人民出版社 2009 年版，第 156 页。

动"的产物，"资本正义"一经产生就会以法权的形式确认劳动能力与劳动条件相分离的正当性，进而将物质生产规定为与"资本正义"相一致的"劳动正义"，这种忽视了人本质力量的劳动无法真正实现生产力水平的高度发展。

马克思在解剖"资本正义"中将研究的触角深入经济生活领域，从资本主义经济领域的"正义"现象入手，解构了现实生产中的非正义因素。"资本正义"和劳动"非正义性"之间的关联依随物质生产力的发展而逐步凸显为"经济正义"与劳动"非正义性"的必然关联。在经济利益的驱动下，资本逻辑从对生产资源的暴力掠夺转化到对经济活动和金融资源的隐性掌控。资本逻辑逐渐将"资本正义"的目的寄托于经济利益领域，将追求经济利益的最大化、合法化的"经济正义"视为资本"天然正义"的实现。资本逻辑宰制下的经济利益增长成为生产力发展水平的判定标准，经济生产与交换的最终目的是实现利润增长。人类生产劳动是决定社会结构和生产方式的基础，而资本逻辑主导的"经济正义"理念彻底颠覆了劳动之于社会整体发展的根基地位，必定造成劳动正义与"经济正义"相背离，无法带来经济利益的劳动被视为对"经济正义"原则的违背。马克思认为，在资本主义"经济正义"的社会关系中，生产劳动最初以占有和获取基本生存资源为目的，劳动正义本质上符合人自由本性的正义价值，但以物质利益和经济效益至上的"经济正义"致使追逐物质财富成为首要目的，社会关系被嵌入经济体系之中，根本体现人自身价值的劳动方式被遮蔽，劳动演化成单纯追求经济利益的现实力量，其"非正义性"的现实表征逐渐扩散，"而这首先又只有通过异化的形式才有可能"①。工人在生活中遭受的种种压

---

① 《马克思恩格斯文集》第 1 卷，人民出版社 2009 年版，第 205 页。

迫都根源于劳动异化，劳动的非正义性正是反映了劳动异化与社会现实的正义要求之间矛盾，即非正义终将导致政治权力与现实利益的抗衡。因为对于资产阶级而言，物质生产之外的一切劳动都是非正义的，人的类本质以及人与人关系的异化在生产劳动的异化中逐步工具化。

在揭示资本主义社会中劳动的非正义性时，马克思展开了对资本主义社会生产方式中的抽象"经济正义"观和现实经济利益关系的双重批判，并对资本主义社会总体关系及其"正义"原则进行深度批判，认为资本生产中劳动的"非正义性"始终与体现人本质力量的"劳动正义"相违背，因此，必须挖掘出深藏于经济利益和社会整体关系中的"合理性"存在根由。在分析经济利益关系时，马克思指责资产阶级政治经济学借用"经济事实"掩盖"社会现实"的企图，揭露经济运行中以物质利益为量化标准来规定劳动运作的非正义实质。针对资产阶级经济学家对资本生产的辩护，马克思通过剖析资本主义经济活动方式和生产关系，创造性地把握了限制资本主义生产力发展的根源——资本本身，即资本增殖固化了经济发展的模式，最终导致非正义的劳动。

马克思从资本主义私有制的根源处对劳动的"非正义性"进行了前提性批判。他指出，资本主义生产关系中使资本价值得以保存和实现增殖的正义尺度，以及经济生活中人们所渴求的自由、平等的正义秩序，都是资本主义私有制伪造的虚假"外衣"，都要依靠私有制和资本力量共同构筑的"锁链"才能获得保证。马克思在《资本论》中着力批判了资本主义制度，深刻透视资本主义私有制度下劳动的"非正义性"及其对人的否定力量。正如马克思在分析资本主义生产剥削方式时所指出的："从资本主义生产方式产生的资本主义占有方式，从而资本主义的私有制，是对个人的、以自己劳动为基础的私有制的第一个否定。但资本主义生产由于自然过程的必然性，造成了对自身的否定。这是否定的否定。"①资本主义在私有制基础上所建立的经济运行规律，开启了对劳动力无情的压制和奴役的历史进程。马克思认为，资本主义制度本身带有剥削的非正义属性，资本主义剥削的形成根源于私有制内生的普遍性社会关系，进而明确了资本主义制度建基于阶级对立式思维的实质，而剥削的秘密隐藏于生产劳动的合法性支撑之下，"资本主义生产过程在本身的进行中，再生产出劳动力和劳动条件的分离。这样，它就再生产出剥削工人的条件，并使之永久化"②。马克思批判了资本主义制度的剥削本性及其不断衍生的消极力量，认为私有制度所安排的社会关系遮蔽了劳动的正义性价值需要。他从制度根源上对资本主义劳动的非正义因素所展开的批判，在唯物史观的叙事中是关于历史前提的批判。他将资本主义社会生产置于人类历史演进的过程中，指明资本主义生产方式在私有制度支配下无法克服的必然矛盾及其所昭示的暂时性、阶段性的历史"正义性"。

三、劳动关系悖论的求解与劳动正义的实现

马克思在对资本生产劳动"非正义性"进行历史解构和前提批判时，澄明了"资本正义""经济正义"在现实生产过程中的剥削实质。马克思对资本逻辑支配下劳动方式的剖析涵盖经验事实和社会历史现实的双重维度，体现了逻辑与历史相统一的研究方法。马克思所解析的劳动正义问题，归根结底旨在揭秘劳动能力与劳动所得之间的悖论：一是从劳动与资本的外在关系分析"资本正义""经

---

① 《马克思恩格斯文集》第 5 卷，人民出版社 2009 年版，第 874 页。
② 《马克思恩格斯文集》第 5 卷，人民出版社 2009 年版，第 665—666 页。

济正义"与劳动正义的异质性矛盾；二是从劳动内部运行的关系探求劳动能力与劳动所得的分立式冲突，并在此过程中从劳动自由和人的自由发展的高度求解劳动关系的悖论，得出资本主义生产方式中劳动关系非正义的阶级性和暂时性特质，明确劳动正义才是真正体现人本质力量的价值诉求。马克思阐明了实现劳动正义所面临的现实障碍，澄清了劳动正义具有符合人类劳动自由本性和现实劳动动态生成的双重特质，以唯物史观的立场和方法扬弃现实的劳动关系困境，为实现劳动正义奠定基础。

在唯物史观的视域中，劳动关系是社会生产关系中最基本的组成，劳动关系必然涉及劳动与资本、劳动者与资本持有者之间的关系。马克思对资本主义生产方式中"资本正义""经济正义"和劳动"非正义性"内容的阐发，实质上体现了其对劳动与资本关系的深刻理解，证实了生产力发展未能破除"资本正义""经济正义"对劳动正义诉求的压制，进而从这一历史困境中揭示了劳动与资本的固有矛盾。在马克思看来，生产力的发展致使资本主义生产方式的社会化模式得以巩固，构建了迎合社会生产需要的正义价值体系，掩盖了生产过程中的非正义性实质，抹杀了劳动在生产过程中的正义诉求。资本主义生产方式致力于发掘并极力占有劳动能力，强行催动人的劳动价值与经济利益的增殖需要相一致。资本主义以物质利益为"正义需要"置换了劳动正义的价值理念，它们强调资本生产劳动的巨大能量，以"自由""解放"为诱饵将劳动者引向资本的扩大再生产中，以规避审视和质问劳动能力与个人所得之间的关系及其正义问题。资本自身的生产使得劳动的物质利益组成逐渐成为资本主义生产链的重要一环，而劳动正义却被资本积累与经济增长的价值所吞噬，使得资本与劳动能力的交换演变为固定的经济关系。马克思在分析劳动与资本关系的变化中指出，"历史的过程使在此以前联系着的因素分离开；因此，这个过程的结果，并不是这些因素中有一个消失了，而是其中的每一个因素都跟另一个因素处在否定关系中：一方面，是自由的工人（可能性上的），另一方面，是资本（可能性上的）"①。尽管劳动与资本之间的关系形式发生了变化，但资本占有劳动的实质未变，只不过在劳动与资本之间将产生"否定性"的对抗关系，劳动所具有的一切生产力均化为资本的内生力量，劳动正义的社会需要也被资本的"物性"及其统治强力所遮蔽。

马克思从交往关系的维度探析资本主义生产关系，洞悉了资本主义社会的本质以及剩余价值生产过程中劳动与资本的深层矛盾。马克思认为劳动与资本关系的矛盾形式已在剩余价值生产中从资本对劳动的直接占有转变为商品、货币和资本对劳动关系的颠倒。马克思着重从交换和分配领域揭露剩余价值剥削劳动的独有方式。他认为，资本主义生产方式在交换领域通过劳动与资本的市场结合生成了更强劲的生产力，劳动与资本的交换关系在表面上遵循着正义原则，但实际上"工人在把自己出卖给资本家以前就已经属于资本了。工人在经济上的隶属地位，是通过他的卖身行为的周期更新、雇主的更换和劳动的市场价格的变动来实现的，同时又被这些事实所掩盖"②。劳动者遵循着资本持有者所制定的以自由、民主和平等为核心要义的"正义规则"，在交换地位上已然具有非正义性。而资本持有者正是利用劳动生产剩余价值的潜能，才将货币转化为能够再次购买劳动力特殊商品的资本。在分配领域中，马克思指出，资本家将劳动等同于一般商品而支付劳动力价值，无视劳动能力的

---

① 《马克思恩格斯文集》第 8 卷，人民出版社 2009 年版，第 156 页。

② 《马克思恩格斯文集》第 5 卷，人民出版社 2009 年版，第 666 页。

"使用价值本身具有成为价值源泉的独特属性"①，劳动与资本的冲突在分配领域表现为资本迫使劳动不断创造剩余价值的强制剥削。劳动与资本关系的实质在于凭借简单商品交换的"正义原则"抹平了劳动者与资本持有者在现实交往中可能存在的非正义性。

劳动与资本的外部关系促进马克思对劳动内部关系进行省思。他洞察到劳动能力与劳动所得之间的深层矛盾。马克思以资本主义生产方式为参照，对比劳动自由理想中的正义价值，从劳动能力的开掘、劳动客观条件的初始持有和劳动成果的实际获取等层面深思劳动内部关系的正义性。在劳动能力层面，他肯定劳动能力在彰显劳动正义性中的基础地位，认为劳动能力的正义性标志着人对自身生活的合理预期和自由选择，同时客观分析了资本主义生产中劳动能力自由选择的限度，即"这里所谓自由，一方面，是指工人支配他作为商品的劳动能力，另一方面是指他不支配任何别的商品，一贫如洗，没有任何实现他的劳动能力的对象条件"②。在现实的资本主义生产过程中，雇佣劳动作为一般劳动活动与获取价值增殖的二重性，使得劳动正义既要履行实现人本质力量的天然职责，又要满足资产阶级对它的"正义"需要，即只有生产出剩余价值的劳动才称得上"正义"。资本所有者强行占据劳动的客观条件，致使劳动者为了生存必须出卖劳动力，从而被迫放弃了自身对劳动能力的支配和交换自由的权利，这一有限的自由构成了资本主义非正义劳动关系的基石；在劳动客观条件层面，资本家在资本原始积累中对劳动客观条件暴掠攫取，否定了劳动者对劳动客观条件的初始持有，将"大量的人突然被强制地同自己的生存资料分离，被当做不受法

---

① 《马克思恩格斯文集》第 5 卷，人民出版社 2009 年版，第 195 页。
② 《马克思恩格斯全集》第 32 卷，人民出版社 1998 年版，第 42 页。

律保护的无产者抛向劳动市场"①，劳动者在客观条件的限定中被迫从事依附于资本的雇佣劳动；在劳动成果层面，马克思认为雇佣劳动关系中的劳动成果完全由资本持有者操控，劳动客观条件和生产资料的私有性无法确保劳动者的自由权利与机会，资本主导的分配机制必定将劳动者的权利排除在外，最终造成劳动能力与劳动所得之间不可调和的矛盾。

化解劳动关系悖论是马克思审视人类历史和劳动自由的理论主题，最终旨在求解劳动关系悖论中确定真实的劳动正义价值。马克思将劳动视为人的本源性存在方式，将劳动正义置于充实人的现实的生存意义、提升人的生命质量的优先地位，而劳动关系悖论归根究底是劳动与劳动者之间的对立。马克思认为，资本、商品对劳动能力、劳动的客观条件、劳动交换以及劳动成果所得的全面支配，使劳动者的权利在生产的各个环节处于绝对"失语"状态，这与劳动者通过生产过程发挥自身潜能和维护自身权利的诉求相违背。劳动既包含了对人的自由解放的承诺，又隐藏着戕害人性的倾向，体现劳动者本质力量的劳动活动具有促进人的自由的积极意义，而依附于资本逻辑所衍生的生产劳动则具有压制自由的弊病，劳动的双重悖论使得劳动关系的理论叙事变得复杂多样。

马克思从契合人自由本性的劳动活动出发，把劳动关系阐明为"现实的人"的存在及其在人类历史进程中自我实现程度的真实反映，在反思现实劳动关系中把握劳动正义价值。唯物史观自创立起就以实现劳动正义价值为重要关切。马克思肯定物质生产劳动是人类劳动的基本方式，物质生产劳动本质上决定了人的总体生活的表现形式。他认为"劳动不仅在范畴上，而且在现实中都成了创造

---

① 《马克思恩格斯文集》第 5 卷，人民出版社 2009 年版，第 823 页。

财富一般的手段"①，无论是社会生产和经济发展的问题，还是伦理道德和哲学思辨的难题，都离不开对劳动的现实把握。在马克思看来，劳动构造了现实的社会历史，人与世界之间通过劳动建立起基本价值关系。唯物史观关注人的本质存在及其自我实现，并在历史进程中追求劳动的自由和解放。真正凸显人的主体性、体现人文关怀的劳动解放，才是劳动状态和劳动关系正义性的真实表征和价值诉求。

将劳动正义奠基于人的本质存在方式，把劳动的解放阐释为劳动正义的价值诉求，构成了马克思唯物史观叙事中最基本的理论关怀。马克思在洞察资本主义劳动方式和劳动关系中确立了实现劳动正义的两个基本方面：一是"解蔽"并深刻透视社会历史中实现劳动正义所面临的现实障碍，二是基于共产主义的正义价值理想探求实现劳动正义的路径。马克思认为，劳动解放的实现与对现实劳动异化、自由丧失和物质贫乏的克服是同一过程，尽管人在本质上是自由劳动创造的存在，但现实中诸多束缚人本质力量的异质性关系总是构成人生存状态无法割裂的部分。人的劳动创造了资本生产和社会所需要的价值，但其社会权利却没有得到保障，而资本的无限积累和雇佣工人贫困的加剧在生产扩张中形成了固定的结构性关系，工人所获劳动报酬只能在资本主义生产需要所容许的范围内进行调整，创造财富与越发贫困之间的对立成为困扰劳动正义的顽固"病灶"，阻碍了人对劳动正义问题的觉醒。马克思从资本主义生产过程分析贫困的致因，认为资产阶级想方设法延长工作日，鼓励雇佣工人之间的竞争以加剧劳动强度，导致工人创造的价值与其所得财富成反比。立足对资本逻辑和私有制的批判，马克思进一步追究

---

① 《马克思恩格斯文集》第 8 卷，人民出版社 2009 年版，第 28 页。

无产阶级贫困问题的根源，指出私有财产及其滋生的权力关系是造成贫困问题的根本原因，"尽管私有财产表现为外化劳动的根据和原因，但确切地说，它是外化劳动的后果"①。只是想单纯改变劳动与资本之间的不合理关系，根本无法改写工人在劳动关系中的被动地位和贫困境遇的历史。马克思将克服贫困问题、实现劳动正义的路径聚焦于消灭资本主义私有制，提出消灭私有制是践行共产主义劳动正义观的首要关切，必须消除私有制的经济根基和政治法权依附，通过对异化现象的批判向人们展示自由解放的境界，使人在对现状的反省中形成将自我意识贯彻到革命、批判的实践中去的思维，达到人对自身本质的"真正占有"。

四、劳动生产形态的转变与劳动正义问题的重置

立足劳动正义性问题的探析，马克思说明了劳动方式和劳动关系的理论性质与原则。随着唯物史观的发展，马克思从世界历史和全球化的角度对劳动方式与劳动关系的变化提出了新的见解。资本主义生产的扩展加速了人类历史的整体性发展，马克思认识到资本主义生产方式在世界历史阶段中的作用，明确了资本与技术进步的合流及其对劳动生产形态和劳动关系变更的影响，并以此为着眼点揭示了人类社会在世界历史进程中发展的客观规律。马克思从人类社会形态和社会关系总体的变动中，反思劳动主体及其性质的变化，确认了技术性劳动生产形态与知识性经济生产关系的实质内容，从而对资本逻辑支配劳动的状态展开深刻批判，探讨了扬弃资本逻辑主导的历史条件。在马克思的世界历史理论的视野下，劳动正义问题从与资本的直接对立关系中转换到劳动中的"知识产权"领域，

---

① 《马克思恩格斯文集》第 1 卷，人民出版社 2009 年版，第 166 页。

劳动正义价值如何实现的问题在资本主义全球化时代被搁置，对劳动正义问题的重构仍然归诸资本主义私有财产法权制度之内。

纵观马克思的世界历史理论，技术进步及其与资本的融合改变了劳动能力的基本构成和劳动生产形态。马克思承认资本主义生产扩张开启了世界历史的客观事实，认为资本主义寻求剩余价值的生产方式和逐利性在世界历史演化中没有改变，为了实现以世界市场为基础的生产方式的全面社会化，资本主义通过扩张资本的生产方式和制度手段实现了与科学技术的结合。资产阶级在世界历史进程中逐渐意识到，要想获取更多剩余价值，必须克服不同民族主体参与全球生产格局的界限，深切感受到科学技术在生产过程中对克服生产限制、攫取物质利益的强大效用。在世界历史发展进程中，资本持有者为了使生产资源在世界范围内实现最优配置以获取财富积累最大化，必定倾力推动科学技术的发展，以此重塑劳动能力的技术构成，并在技术进步中创造新的劳动生产形态。马克思在对"异化劳动"批判中逐渐阐释了技术性劳动的思想，他建构了科学技术的对象化、异化及其扬弃的理论叙事，澄明了技术性劳动在资本掌控的世界历史中逐渐被视为人的"类本质"并引导人发展的逻辑。随着资本与技术的联合，技术进步成为劳动能力的主要构成，技术性劳动成为人本质力量和"类本质"活动的集中体现，技术化性劳动生产自然被粉饰为解放人的力量。

随着世界历史的发展，劳动生产形态的新特点在于技术进步成为人与自然关系的中介力量，这种新特征在深层次上指向技术进步中全球劳动关系的变化。技术进步通常表现为人类改造自然和社会生产能力的增强，在既定的技术背景下，技术系统效能的增加，容易被理解为人的能力的增加。技术进步中的生产方式旨在塑造社会生产与人的劳动解放需求相一致的模式，倾向于将与生产效率、经济效益相一致的客观价值作为劳动能力与技术效能发展的测量标准。马克思对生产劳动中的工业扩展和技术进步进行深入分析，指出劳动中技术因素比重的提升会增强劳动者在生产过程中的组织力量，劳动者在反省资本剥削中积蓄了抵制能力，但工人的对抗性运动却无法从根本上改变资本对劳动的抑制关系。尽管资本增殖与技术进步是同一个历史过程，都旨在为世界历史的发展提供物质支撑，但资本对技术仍具有控制权，技术进步中劳动关系形式的变化依然隶属于资本逻辑扩张下的生产范围。技术进步对人力、技能等可变资本的要求不断提升，催促劳动者为获取文化、知识和技能来提高自身劳动生产力而投入更多的精力、时间等成本。资本主义生产过程在改变劳动能力构成的同时，实现了资本积累方式的更新，资产阶级通过购买高科技含量的机器提高劳动生产率，以获取更多剩余价值进而扩大再生产。

资本通过与技术进步的结合实现了对劳动关系愈加隐秘化的控制，造成并加深了劳动关系中资本积累和劳动收益的分化，扩展了资本对劳动能力的剥削空间。资本主义生产方式具有生产物质商品与阶级剥削的天然二重性特征：确立了劳动与所有权相统一的"正义"规则，即资本家对工人劳动过程及其产品拥有绝对所有权；构造了劳动力为资本增殖服务的非正义关系。资本主义生产过程的展开促使劳动力愈益成为生产剩余价值的依附力量，而技术进步在生产过程中发挥主要推动作用。技术进步通过缩短生产过程中损耗的社会必要劳动时间而改变了资本的有机构成，使得不变资本中的知识信息因素相应增加。技术对资本扩张的加持粉饰了资本主义生产方式的内在矛盾，营造资本逻辑自我消化和调节矛盾的能力不断提升的假象，其中，最主要的特征体现在其所确立的内在组织机制对经济生活的制度安排与执行产生的影响。技术进步确立了对"技术—经济"活动系统的自组织机制功能,其所确立的组织机制深刻形塑了独特的分配制度和"正义"标准。"正义"制度关注经济主体投入生产劳动过程中的正义诉求,在其中"占统治地位的只是自由、平等、所有权和边沁"①。技术进步确立了生产过程中"正义"原则的自由特质,通过提高劳动的技术构成来确证劳动方式对"自由"本性的诉求,致使劳动者"自主"成为经济生产过程中的"生力军"而丧失支配生活的自由权益,从而强化了"经济正义"的合理性。

资本通过与技术的结合而确立了新的生产组织方式,这种生产组织方式将人的劳动所创造的价值主要归功于技术进步,以助推劳动方式的变革来实现与所有权相对等的"正义"关系,最终诱导劳动主体在"资本正义""经济正义"环境中放弃了对劳动正义的诉求,其实质是对劳动正义问题的消极搁置。技术进步促进了劳动生产力的提高,技术性劳动生产模式推动劳动服务于资本增殖和经济增长的目的,使得劳动正义与"资本正义""经济正义"之间的冲突得到"消解"。但其背后隐藏着对技术权力的盲目崇拜。拒斥人性的现实冲突和劳动生成过程中的矛盾,反映了追捧技术性劳动能力为"终极实在"的过程论思维局限,势必造成对劳动生产价值的颠覆,导致劳动正义问题的实质内容被消极搁置。正义价值冲突关系的"消解"前提是劳动的技术构成与劳动方式的解放程度、社会生产的需求相一致,即劳动正义的诉求在资本主义生产方式制造的正义价值形态中得以"实现"。但"资本正义"价值形态是追求物质利益诉求的观念反映,本身包含深层的内在悖论:"资本正义"以劳动的历史性、矛盾性为生产基础,却企图在生产过程中摒弃和遗忘劳动的

---

① 《马克思恩格斯文集》第5卷,人民出版社2009年版,第204页。

历史性、矛盾性，坚信技术进步能够激发劳动的无限活力以建立摆脱生产有限性的世界。技术进步中生产领域的正义价值形态通过技术权力建构了解决一切难题和挑战的终极意义，以资本主义主导的生产领域的正义价值涵盖并超越了所有正义价值目标，妄图在生产过程中实现不同领域的正义价值观念的统一，把人的生存本性与物质生产世界的普遍联系割裂开来，把劳动的工具性与目的性分离开来，忽视劳动作为一个整体的关系性存在，瓦解了劳动关系、社会关系与人的存在方式之间的密切关联，造成以劳动正义作为评价生产过程的尺度向被动接收生产方式抽象评判的转变。

技术进步中劳动生产形态和劳动关系的改变及其对劳动正义问题的搁置，根本原因在于对技术权力来源的忽视，而在技术权力与劳动权力的关系视域中审视劳动正义必然引起对劳动正义问题的重审。技术进步通过提高劳动的技术构成提升了生产效率，掩盖甚至否定了劳动作为满足人基本生存需要的根基地位，但在摧毁劳动的历史性和矛盾性后却并未确立技术性劳动的根基地位。生产过程中的劳动能力与体现劳动者生存需要的本质力量相背离，致使生产领域的劳动正义问题隐匿未彰。劳动是整个生产过程中的基本动力，技术性劳动的无限"活动性"及其对传统劳动局限的克服伴随技术的不断进步而愈加突出，但作为"活动性"范畴的技术性劳动所内含的本体论设定却被刻意"遗忘"。与一般的经济生产活动不同，技术进步中的劳动生产具有天然的不确定性，"不确定性即由于信息缺乏而使得准确预期某事的不可能性或区分相关或不相关数据的不可能性"[1]，技术发展预期的"不可能性"表明技术难以掌握

---

[1]　Frances J. Milliken, "Three Types of Perceived Uncertainty about the Environment: State, Effect, and Response Uncertainty", *Academy of Management Review*, Vol.12, No.1, 1987.

生产需要的发展趋势。技术性劳动方式虽然展示出在物质生产上的强劲功能，但仍无法使劳动的本性得到充分释放，它事先设定了劳动过程与资本增殖、经济增长目的相一致，终将因抑制劳动自由发展而以无效告终。技术性劳动是劳动特殊的存在形态，其存在根基和载体是劳动本身，技术进步中的劳动正义依存于劳动本真正义理念的表达，但技术性劳动方式与生产关系是资本主义生产方式的附庸，孕育于其中的劳动正义理念被强制与经济生产过程的价值需要相契合，实际上体现了劳动能力与劳动所有权在全球化生产领域内产生了新的分离形式。马克思在分析资本主义生产方式时指出"异化劳动"与私有财产形成了相互作用的关系，即劳动在私有财产的关系中被异化为工人的生产和资本家的所得。在世界市场中，劳动正义的问题被放大为世界范围内的生产、分配与劳动者所有权的实现问题。

在资本逻辑主导的当今全球化社会和技术性劳动关系中，全球性的资本积累和贫困分化在各主体国家之间形成了以"知识产权"为核心议题的新的等级形式。"知识产权"问题事关劳动财产和所有权的主要问题，在全球化以及技术创新时代显得尤为突出。为了与劳动能力和劳动所得之间正义关系相呼应，应对"知识产权"给予制度形式的保护。但保护"知识产权"的制度仍然为资本逻辑所掌控，就变成保护资本持有者的利益，而非维护劳动能力与劳动所得的对等，便违背了劳动正义的价值本义。马克思在阐发劳动能力与所有权分离中说明了私有财产的起源问题，认为私有财产是"劳动借以外化的手段，是这一外化的实现"[1]，同时指出私有财产是劳动外化的产物，证明劳动的对象化给劳动者在生产领域带来了有

---

① 《马克思恩格斯文集》第 1 卷，人民出版社 2009 年版，第 166 页。

限的所有权。"知识产权"是劳动者在一定时期对其成果的所有权，其现实特质及制度安排源于私有财产和私有权理论，在技术性劳动为主的全球化时代，"知识产权"与劳动正义性问题产生密切关联。而在资本逻辑施行支配强权的语境中，资本持有者为了掠夺更多利益，抑制劳动者发出的抗议，从制度层面确定知识生产权力的独占性和成果占有的排他性，实际上是采取资本主义私有财产权的方式、利用技术的高效率来应对知识生产中劳动与资本之间的利益冲突。罗尔斯认为，正义的主题表现为"社会主要制度分配基本权利和义务，决定由社会合作产生的利益之划分的方式"①，即对"知识产权"的制度设计旨在化解现实的利益冲突，但寄生于资本逻辑关系中的"知识产权"制度本身就是资本持有者的利益主张及其理性选择，知识从产出到转化为现实生产力的过程涉及创造者、传播者和使用者等多方权利主体，不同权利主体力量的悬殊必然导致制度设计向强势的利益主体倾斜，造成利益的多元分化和冲突，导致了不同主体国家对知识生产中强权倾向的制度惯性和路径依赖，这种全球范围内"知识产权"制度的非正义性在现实的劳动正义问题上必将造成难以弥合的鸿沟。

在资本主义社会历史结构中审视劳动正义及其内部关系的演变问题，是马克思唯物史观叙事所包含的基本思想。马克思在唯物史观的建构中阐明了劳动正义、生产正义和社会正义的层级结构，对全部资本主义社会的基石即资本的人格化与资本逻辑主体性质疑，敏锐地洞悉资本主义生产结构的内在矛盾及其造成的劳动"非正义性"问题，揭露以资本主体为基点、建立在物质利益有用性上的正

---

① 　[美] 约翰·罗尔斯：《正义论》（修订版），何怀宏、何包钢、廖申白译，中国社会科学出版社 2009 年版，第 6 页。

义价值尺度的弊端，指责"资本正义""经济正义"原则否定劳动正义本真内涵的内在局限。马克思在批判资本主义社会生产过程中体现的劳动正义思想，是以"现实的人"的本质存在及其生存方式为理论前提，并基于此确立了社会生产生活中劳动的正义性规范；反对颠倒劳动与资本主客体地位而把物质利益视为立法准则，指出其后果在于劳动规范基础的缺失。马克思劳动正义思想中内蕴解放的叙事、对美好未来社会生活的构想、物质生产走向的规范力量以及对现实社会存在的批判等向度，向我们展现了解读正义思想的重要问题域和研究生长点。解决劳动正义性问题的关键在于探寻以何种方式通达正义性的规范基础，从而揭示资本主义强权话语对人类劳动正义与交往自由的扭曲，最终将劳动正义问题的化解归本于人的劳动本身，这构成马克思价值理想的根本前提和本真意义。我们只有在对劳动正义的不断追求中，才能免于资本生产逻辑所制造的异化劳动的消极影响，一以贯之地保持"人的本质力量"的自我超越性。虽然社会生活中的劳动正义，在不同的生产发展阶段都带有局限性，但在现代社会，我们应该坚持以劳动正义的原则扬弃资本和技术力量所奠定的社会公共生活正义观念的规范基础。马克思的劳动正义思想蕴含对社会生活"理应如此"的价值诉求，是从理想的价值状态出发批判现实社会并超越现存状况的实践哲学，促使人们在全球化发展的现代社会中挖掘和培植劳动正义的规范资源并形成价值共识，最终促进人们在社会交往中实现"自由联合"和团结协作。

附录四 "第二个结合"与文化主体性的 巩固 *

内蕴世界文明普遍性特质的马克思主义为 20 世纪初遭遇苦难和屈辱的中国人民提供了改变自身命运的强大理论武器。然而，如何将马克思主义运用于中国革命实践，如何在实践中发挥马克思主义的思想伟力，成为一代中国马克思主义者面临的重大问题。经过长期的探索，中国共产党在总结正反经验的基础上，提出将马克思主义基本原理与中国具体实际相结合的理论命题。历史证明，这一"结合"是保证中国社会主义事业在革命、建设和改革时期行稳致远的重要法宝。中国特色社会主义进入新时代，习近平总书记多次指出中华优秀传统文化对于推进社会主义事业建设的重要性，在庆祝中国共产党成立 100 周年大会上的讲话中首次提出要将"马克思主义基本原理同中华优秀传统文化相结合"①。将马克思主义基本原理同中华优秀传统文化相结合是继将马克思主义基本原理与中国具体实际相结合后的"第二个结合"。2023 年 6 月，习近平在文化传承发展座谈会上强调"第二个结合"对于巩固文化主体性的重

---

* 本文以首篇位置发表在《思想理论教育》2024 年第 1 期的"本刊特稿"栏目。

① 习近平：《在庆祝中国共产党成立 100 周年大会上的讲话》，人民日报 2021 年 7 月 2 日。

要意义 ①。如何把握"第二个结合"对巩固文化主体性的深刻内涵，这一问题值得深入发掘和系统思考。对此，学界已经提出了诸多具有参考价值的观点，但现有研究成果大多基于"中华优秀传统文化"的视角，论述中华优秀传统文化对中国式现代化建设和文化主体性巩固的意义。理解"第二个结合"对文化主体性的巩固作用，需要厘清文化主体性的内涵，回答文化主体性何以需要巩固，在此基础上探究"第二个结合"巩固文化主体性的可能性，侧重从马克思主义基本原理的角度考察"第二个结合"与文化主体性的关系，进而补充和深化对"第二个结合"与文化主体性巩固之间关系的研究。

一、文化主体性及其为何需要巩固的问题

把握理论命题首先需要明晰其中的核心概念与问题，"第二个结合"巩固的对象是"文化主体性"，理解这一理论命题必须从理解"什么是文化主体性"入手。围绕"什么是文化主体性"可以提出以下问题：第一，在对马克思主义基本原理的一般理解中，只有人或集体才构成主体，主体性是关于"现实的人"或某一"类"人的哲学话语，文化何以具有主体地位，文化何以表征主体性意味？第二，"第一个结合"推动了中国革命、建设和改革事业在经济、政治和文化等领域的进步，为何谈及"第二个结合"的重要意义时，却更加侧重于社会意识或上层建筑层面的文化主体性？第三，改革开放以来，我国文化建设如火如荼，进入新时代，社会主义文化事业和社会主义文化强国建设逐渐呈现出大发展、大繁荣的形势，在这一背景下为何需要巩固文化主体性？

---

① 习近平：《在文化传承发展座谈会上的讲话》，《求是》2023 年第 17 期。

关于"文化"何以具有主体性的问题。理解"文化主体性",首先需要追问什么是"主体性"。国内学界从 20 世纪 80 年代开始对主体性问题进行了持续争论,就形成的基本共识而言,主要是将主体性理解为主体所具有的某种属性,强调在主体与客体或主体与主体的关系中理解主体和主体性的内涵①。在"'第二个结合'巩固文化主体性"这一理论命题中,"第二个结合"需要巩固的是当代中国语境下的文化主体性,当代中国正是命题所涉及的"文化主体性"中的"主体"。因此,当我们讲到"文化主体性",不是以文化本身作为主体,而是意指在文化层面上彰显当代中国作为主体的特殊性质。

关于为何需要突出"文化主体性"的问题。当代中国在与世界上其他民族、国家的交往过程中凸显的"主体性"具有多重表现,如中国的领土、领空、领海、人口、资源、环境等因素在地理环境层面突出了当代中国的主体性,中国式现代化的经济成就在经济基础层面展现了当代中国的主体性,等等。然而,这些表现尚且不能完全说明当代中国之为当代中国的特殊属性。自然地理层面上的边界或资源无法决定民族和国家的社会特征,而经济基础虽然从根本上决定了一个国家"走什么路"的问题,但也不能全然反映某一民族、国家社会生活的全部内容。唯有文化,不仅能够反映经济基础的根本性内容,而且文化具有的相对独立性使其可以留存和反映那些不完全体现于经济基础的当代形态,并深刻影响着某一民族、国家精神生活和社会生活的基因和根脉。对于一个民族、国家来说,最能够凸显自身鲜明特质、使自身区别于他者的主体性正是文化主体性。

---

① 参见魏小萍:《"主体性"涵义辨析》,《哲学研究》1998 年第 2 期。

关于"文化主体性"为什么需要巩固的问题。进入新时代以来，中国共产党高度重视文化强国建设，在中国式现代化的进程中文化事业建设不断迎来新的发展。然而，在当代中国语境下，面对"文化主体性"存在哪些方面亟待巩固的问题，需要立足当代中国文化主体性的双重内涵来加以分析。

处于当代中国语境之中的文化主体性具有双重内涵。在世界范围内，能将中国与其他民族、国家主体性区分开来的因素首先是中国历史，而历史对现实的影响只有通过文化的形式才能得以实现。因此，中华优秀传统文化是当代中国语境中文化主体性的第一重内涵。习近平总书记指出："中华民族具有百万年的人类史、一万年的文化史、五千多年的文明史。"[①] 文化和文明是历史的"活化石"，中华文化和中华文明反映了中华民族悠久绵长的历史。每一历史时期的文化都反映着特定时期人们的生产方式和生活方式，但在历史传承过程中，有些文化能够长期留存，有些文化由于不适合特定时代的生产方式和生活方式而泯于历史之中，有些文化在新的实践中转化了形式和内容并以新的形态传承下来。文化以复杂且包容的形式涵盖了一个民族的历史与现实。"人们自己创造自己的历史，但是他们并不是随心所欲地创造，并不是在他们自己选定的条件下创造，而是在直接碰到的、既定的、从过去承继下来的条件下创造"[②]，影响着在历史中活动的"现实的人"的最直接、最深切的"条件"就是生于斯、长于斯的文化。在世界范围内能够凸显、区别出"当代中国"特殊内涵的是"历史中国"，而"历史中国"的集中体现就是中华优秀传统文化，中华优秀传统文化构成了"当代中国"

---

① 习近平：《在文化传承发展座谈会上的讲话》，《求是》2023 年第 17 期。
② 《马克思恩格斯文集》第 2 卷，人民出版社 2009 年版，第 470—471 页。

主体性的深层次依据，而"当代中国"的文化主体性首先指向中华优秀传统文化。

区别当代中国与世界其他民族、国家文化主体性的第二重内涵是"社会主义文化"。在实然层面上，中国始终坚持社会主义道路，保证了国家政权的社会主义性质，社会主义公有制的生产方式以及党的领导决定了当代中国的文化必然以社会主义文化为主流。中国共产党成立以来，中国革命、建设与改革实践早已将社会主义文化融入中国人生活世界的方方面面。在应然层面上，面对当前国际共产主义运动处于相对低潮的局势，在中国式现代化正在创造人类文明新形态的背景下，"走出去"的当代中国文化愈发要求以社会主义文化宣扬自身的鲜明特征。

当代中国的文化主体性既包含中华优秀传统文化的内涵，又包括社会主义文化的内涵，两种内涵之间存在着自发的张力。马克思主义是孕育于西方文化土壤、诞生于资本主义社会，代表无产阶级利益的科学理论；中华优秀传统文化的核心——儒学思想发端于春秋战国时期，最初代表奴隶主阶级的利益，历经汉代"独尊儒术"以至宋明之际理学的兴盛，成为封建地主阶级利益的思想文化表征。马克思主义与中华优秀传统文化具有时间、空间、立场和方法等多个维度的显著差别，在"自觉的意识层面更多地表征为冲突"[1]。中华优秀传统文化在悠久的历史传承过程中不可避免保留了部分落后的文化因素，甚至在马克思主义传入中国并得到广泛传播的"五四"时期，"打倒孔家店"的口号也在不断传播。从一开始马克思主义与中华优秀传统文化之间就存在着矛盾和张力。"第

---

① 何中华：《马克思与孔夫子：一个历史的相遇》，中国人民大学出版社2021年版，第5页。

一个结合"即将马克思主义与中国具体实际相结合的主张在一定程度上弥合了中华优秀传统文化与马克思主义之间的思想差距，但在"第一个结合"中，中华优秀传统文化只是作为中国具体实际的历史文化背景和理解前见而存在，"第一个结合"只是在一定程度上承认了中华优秀传统文化与马克思主义的关联性，是对两种文化传统张力的缓和。然而，既然作为以文化方式表征出来的中国和中华民族的主体性，中华优秀传统文化与马克思主义就必然在各个层面交融、碰撞，在对当代中国理论与现实问题的理解和把握上，必然遇到中华优秀传统文化的主体性与马克思主义的主体性的张力问题。海内外一些"新儒家"妄图主张"儒化共产党"，借马克思主义之"型"行尊孔复古之礼，当然是违背社会历史运动客观规律之举，但那种主张"全盘西化"、抛弃中华优秀传统文化的观点必定陷入历史虚无主义的泥沼。中华优秀传统文化与马克思主义作为文化主体性的两个不同方面，究竟体现为何种关系，在中国式现代化日益推进的今天，成为我们不得不直面和回答的重大理论与实践问题。

二、"第二个结合"巩固文化主体性的可能性

作为当代中国文化主体性的两个组成部分，马克思主义与中华优秀传统文化的确存在张力性的关系，在"第二个结合"的过程中，二者之间的张力性关系既越发凸显，又获得了转化的可能性。张力性关系意味着二者在思想文化维度上存在异质性，然而，两种异质性的思想文化的碰撞，却往往也能孕育更加具有生命力的新的文化形态。马克思主义基本原理与中华优秀传统文化的结合，既有视域基础，也存在内容本身的契合性；既是以马克思主义的立场、观点和方法对中华优秀传统文化的扬弃，又是以中华优秀传统文化为理

论根基与思想源泉，展现中国化马克思主义世界性意义的过程。"第二个结合"彰显了文化自信的精神力量，"让我们掌握了思想和文化主动"①。

承认马克思主义基本原理与中华优秀传统文化之间存在张力性关系，是理解"第二个结合"对于文化主体性巩固作用这一命题的前提。在"第一个结合"中，马克思主义基本原理与中国具体实际的张力表现为理论与实践的矛盾，其中，在一定程度上影响中国社会走向的传统文化只是作为"前因"和"背景"，并未被纳入"第一个结合"的问题核心。但随着马克思主义中国化进程的深入，马克思主义基本原理与中华优秀传统文化的相遇和碰撞变得不可避免。"第二个结合"的提出，不仅意味着对这一重大理论与现实问题的重视，而且以高度的理论自觉宣告了当代中国共产党人对待和处理这一张力性问题的积极态度，有助于全社会在更大范围内增强对社会主义中国的文化主体性认同。

从马克思主义的理论视域来看，将马克思主义基本原理与中华优秀传统文化相结合，是马克思主义理论创新的重要路径。马克思的思想同样是伴随马克思对具体民族、国家特殊情况的深入关注而不断发展深化的。在青年时期，马克思深受黑格尔哲学的影响，注重从世界历史的普遍性角度把握人类社会的运动状况，直至与恩格斯合著《共产党宣言》时，他仍鲜明地指出，随着资本主义世界市场的形成和发展"民族的片面性和局限性日益成为不可能，于是由许多民族的和地方的文学形成了一种世界的文学"②。随着革命实践的深入，马克思逐渐关注到不同民族、国家具体情况的特殊性。在

---

① 习近平：《在文化传承发展座谈会上的讲话》，《求是》2023 年第 17 期。
② 《马克思恩格斯文集》第 2 卷，人民出版社 2009 年版，第 35 页。

对法国 1848 年革命以及 1851 年的波拿巴政变的历史分析中，马克思指出法国国情的特殊性和典型性，将其与作为资产阶级社会典型形式的英国相区分，尤其是注意到法国独有的社会文化心理对于革命运动的影响。晚年马克思在与俄国民粹主义者的通信中，更是多次提出不能将其"关于西欧资本主义起源的历史概述彻底变成一般发展道路的历史哲学理论"，强调"极为相似的事变发生在不同的历史环境中就引起了完全不同的结果"①，指出俄国国情既不同于英国或西欧，也不同于作为殖民地的东印度地区②，对俄国现实道路的思考需要从其自身的实际状况出发。可见，马克思愈发关注世界历史普遍性对具体民族、国家社会背景特殊性的关系。以往学术界论及马克思思想发展的趋向时，主要认定其为"第一个结合"即马克思主义必须与中国具体实际相结合提供了理论依据。从深层次上看，马克思思想发展的这一趋向还蕴含着另一层意思：马克思主义作为一种科学理论，只有具体问题具体分析才使其成为科学；只有先把握具体的特殊性，才能上升到抽象的普遍性；与特殊性相结合，增益的是马克思主义自身的普遍真理性。

进入 20 世纪以后，马克思之后的马克思主义者不断深化对民族、国家特殊性视域的关注，将马克思主义基本原理与各自民族、国家的文化传统相结合，推动了马克思主义的创新和繁荣。卢卡奇将马克思主义哲学与黑格尔哲学传统相结合，聚焦"总体性"的哲学范畴，对马克思主义哲学创新提出了自己的观点；犹太知识分子本雅明则将马克思主义与犹太教传统的"弥赛亚"精神相结合，开创了弥赛亚主义的马克思主义；萨特试图改变存在主义哲学，将马

---

① 《马克思恩格斯文集》第 3 卷，人民出版社 2009 年版，第 466 页。
② 参见《马克思恩格斯文集》第 3 卷，人民出版社 2009 年版，第 587 页。

克思主义哲学与存在主义相结合，建立了存在主义的马克思主义理论体系。此外，还有将马克思主义与阿拉伯民族思想相融合的"阿拉伯马克思主义"，等等。这些"创新形态"虽未必在立场、观点和方法上坚持马克思主义的理论本色，甚至走向马克思主义理论范围之外乃至对立面，但其创见为马克思主义思想界乃至世界思想界提供了富有自身特色的理论架构。反观马克思主义在 20 世纪的发展路径，我们可以发现许多镶嵌在"马克思主义"名下的思想都融入了学者自身所熟知的传统文化资源。他们之所以将马克思主义基本原理与各自的文化传统相结合，缘于他们各自依托的文化传统构成了他们"创新"马克思主义的"源头活水"。

创新、发展马克思主义既可以"返本"，如从马克思的经典文本中发掘前人未曾关注到的概念、范畴或论述；也可以"开新"，即尝试将马克思主义与不同文化传统碰撞融合以培育新的理论形态。对于中国的马克思主义者而言，"开新"最有可能加以运用且得心应手的文化传统就是中华优秀传统文化，因为中华优秀传统文化构成了中国人民生存和生活的基调和背景。在合理的程度和范围内将中华优秀传统文化与马克思主义基本原理相结合，是理论界推动马克思主义创新发展的一条"阳关大道"。

从中华优秀传统文化的角度来看，中华优秀传统文化与马克思主义基本原理之间的张力存在转化的可能，意味着中华优秀传统文化能够满足与马克思主义基本原理相结合的条件。

首先，两者得以"结合"的条件来自中华优秀传统文化传承的代际嬗变和现时代形态。一方面，正如语言、概念本身在历史的传承中内涵可能嬗变一样，由于旧有（往往是落后）的生产力和生产关系的消亡，传统文化也必然在保持相对稳定的流传中有所转变。中华优秀传统文化在社会进步、发展的进程中必然受到其正向引力的作用，自觉扬弃不合时宜的成分。另一方面，当代人对传统文化的理解总是基于当下社会背景而展开的。无论是所谓传统文化，还是传统文化中的优秀成分，无不是在当代人的理解和认定中成为"传统文化"或"优秀传统文化"，是站在当代中国立场上的"传统文化"或"优秀传统文化"。当然，文化的传承有赖于经济基础和物质载体等的遗存，但在较为发达的生产力和生产关系的地基上，人们对传统文化的承认和优秀传统文化的选择必然带有某种"进步"色彩。实际上，当今中国能够与马克思主义基本原理相结合的并不是两千年前的中华文化，而是 21 世纪传承下来的中华优秀传统文化。

其次，两者得以"结合"的条件还在于中华优秀传统文化在内容上与马克思主义基本原理具有契合之处。"'结合'不是硬凑在一起的。马克思主义和中华优秀传统文化来源不同，但彼此存在高度的契合性。"[1] 在中华优秀传统文化中，"天下为公、讲信修睦的社会追求""民为邦本、为政以德的治理思想""革故鼎新、自强不息的担当"以及"把人安放在家国天下之中"的态度等[2]，均能与马克思主义基本原理产生共鸣。"民为邦本、为政以德的治理思想与人民至上的政治观念相融"[3]，其中，人民至上观念正是中国化马克思主义以中国话语的形式予以提出和论证的。正如当代中国语境中的"中华优秀传统文化"必然带有对当下社会背景的理解，"马克思主义基本原理"也是当代中国人理解和认识的"马克思主义基本原理"，马克思主义基本原理和中华优秀传统文化的融合具有时空叠加交汇下的双向性。

---

[1] 习近平：《在文化传承发展座谈会上的讲话》，《求是》2023 年第 17 期。
[2] 习近平：《在文化传承发展座谈会上的讲话》，《求是》2023 年第 17 期。
[3] 习近平：《在文化传承发展座谈会上的讲话》，《求是》2023 年第 17 期。

最后,"结合"并非不加选择地将两种文化全盘融合,得以"结合"的条件还来自马克思主义在"结合"中的主导地位。"中国特色社会主义道路首先是社会主义,这是从马克思那里来的",巩固文化主体性,"守的是马克思主义在意识形态领域指导地位的根本制度"这个"正"①。在马克思主义与中华优秀传统文化的关系中,决定矛盾双方转化的主要方面是马克思主义。"第二个结合"不是"文化复古",而是强调在传统文化中寻找优秀成分以推动马克思主义理论和实践的创新。只有明确和坚持"第二个结合"的基本立场和价值目的,才能完整把握"第二个结合"巩固文化主体性的真切内涵,真正推进"第二个结合"的实践工作。

尽管将马克思主义基本原理与中华优秀传统文化相结合可能存在"理论风险",但马克思主义与中华优秀传统文化在当今中国的语境中既具有融合的视域基础,也存在内容的契合性,使"第二个结合"具备巩固文化主体性的理论可能和现实根基。"第二个结合"的实质表现为坚持马克思主义的指导,运用马克思主义基本原理辨别传统文化中的优秀成分,在马克思主义与中华优秀传统文化的内在融合中,推动具有中国风格、中国气派的中国化时代化马克思主义新形态的生成过程。

三、"第二个结合"对文化主体性的实践推进

如果说"第一个结合"重点回答了马克思主义在中国实践中的应用问题,体现了理论与实践之间的辩证关系,那么"第二个结合"则主要关注的是两种差异性理论的融合与创新问题。"第二个结合"是立足中国式现代化的新征程、世界百年未有之大变局提出的深刻

---

① 习近平:《在文化传承发展座谈会上的讲话》,《求是》2023年第17期。

时代命题。党的十八大以来，中国共产党提出了"将马克思主义基本原理与中华优秀传统文化相结合"的重大命题，不仅切实巩固和发展了当代中国的文化主体性，而且在世界舞台上展现了社会主义中国的自我主张和文化担当。

党的十八大以来，中国共产党将马克思主义基本原理与中华优秀传统文化相结合，一方面，在坚持马克思主义的基本立场、弘扬中华优秀传统文化中，巩固中华民族的文化自信；另一方面，将中华优秀传统文化作为宝贵的精神财富，积极汲取中华优秀传统文化的资源，以中华优秀传统文化的养分推动中国化时代化马克思主义的发展。

坚持以历史唯物主义的基本观点审视中华优秀传统文化，旗帜鲜明地与历史虚无主义和文化虚无主义作斗争，牢牢守住中华优秀传统文化的"根脉"。历史虚无主义和文化虚无主义是改革开放以来我国社会中较具破坏力的错误思潮，不仅歪曲、攻击中国革命和中国特色社会主义事业，而且将矛头对准中国历史和中华优秀传统文化。历史虚无主义和文化虚无主义思潮假借"学术研究"的幌子，对中国革命和中国特色社会主义事业展开批评，往往带有较强的政治色彩。伴随着中国式现代化的顺利推进以及社会主义核心价值观的深入人心，历史虚无主义和文化虚无主义思潮在政治维度上的影响力逐渐衰微。然而，在文化维度上，由于中国历史、中华文化本身不直接关联于我国的社会主义制度和路线，历史虚无主义和文化虚无主义思潮便呈现出对中国历史和中华优秀传统文化歪曲、解构之势。就其手段而言，历史虚无主义和文化虚无主义或是以看似客观公正的"论证"引导受众进行所谓的"理性思考"，如片面、孤立地分析历史，将近代中国积贫积弱的处境归根于中华优秀传统文化或中国历史的某些传统；或是在对历史文化论题的讨论热潮中混淆视听，如歪曲历史事件、解构民族英雄形象等。中国历史和中华优秀传统文化呈现了中华民族来时的路，忘却自身的历史、解构传统文化无疑是自废武功、自掘坟墓。

注重从生产方式和生活方式的层面巩固、革新中华优秀传统文化的存续根基。生产方式和生活方式塑造着相应的生产关系和交往关系，形成了与之相适应的社会意识的现实基础。家庭和以家庭为基础的宗法关系是维系中华优秀传统文化的基本单位与核心纽带，这一"单位"和"纽带"从未发生断节是中华优秀传统文化之所以数千年赓续不绝的重要社会基础。党的十八大以来，习近平总书记多次强调家风建设，注重革命家风的培养和传承，注重维护家庭——作为中华文化传承的基本社会单位，以家风文化建设铸牢中华优秀传统文化在新时代的精神根基与社会根基，并积极宣扬革命家风，以革命家风建设涵养和推动中华优秀传统文化的创造性转化和创新性发展，为弘扬中华优秀传统文化奠定了社会关系基础。家风建设和革命家风传承鲜明体现了中国共产党贯彻马克思主义基本原理，是传承中华优秀传统文化的实践创举。

中国共产党积极汲取中华优秀传统文化的资源，助力中国化时代化马克思主义的创新发展。依托中华优秀传统文化的本土资源推动中国化时代化马克思主义的创新发展，突出表现为在坚持马克思主义立场、观点和方法的基础上为其实践应用提供更具体化和现实化的策略。马克思主义科学论证了人类解放的实现目标、基本途径、主体动力等问题，中华优秀传统文化中虽也有对大同社会的美好理想，包含对人民群众作为历史推动者地位的朴素唯物主义认识，但并未达到科学社会主义的理论高度。将马克思主义基本原理与中华优秀传统文化相结合，主要体现在以中华优秀传统文化中蕴含的精神品质与独特价值体系等资源，助力马克思主义基本原理的实践运用。在新时代中国特色社会主义实践中，中国式现代化和人类命运共同体伟大设想的提出充分体现了这一点。

中国传统的"和合共生"理念是推动构建人类命运共同体的重要思想资源。共产主义是马克思主义人类解放思想的最终目标，而"构建人类命运共同体是马克思'真正的共同体'的当代选择，是为最终实现每个人的自由而发展架构的现实通道和关键环节"①。人类命运共同体构想的提出，既以马克思主义基本原理作为基础的理论依据，也是从中华优秀传统文化中汲取思想资源的结果。构建人类命运共同体是马克思"真正的共同体"思想的当代体现，但要赋予马克思"真正的共同体"现实的、时代的新特征，不能仅仅从西方思想传统中寻求借鉴，"在西方历史上从来没有产生过天下一体的包容性思想"②。与之相反，中华优秀传统文化中的"和合"思想、"和而不同、兼收并蓄"的文明共存观，为人类命运共同体的理论构想和实践推进提供了理论参考。当今世界，"逆全球化"思潮和现实的加剧趋势、国家之间的局部战争或零和博弈状况以及利益或意识形态的"冲突"，使各民族、国家忽视了自身命运归根结底是休戚与共的事实。中华优秀传统文化中基于"和合"理念的文明共存观为协调各国之间冲突与矛盾提供了基本价值遵循，为人类命运共同体构想的可行性提供了文化层面的保障。

中华优秀传统文化是中国式现代化展现自身、超越西方现代化道路的思想依据。中华优秀传统文化是中国式现代化的文化主体性的重要方面，中国式现代化概念的提出和推进不同于"现代化在中

---

① 刘同舫：《人类命运共同体的历史唯物主义沉思》，人民出版社 2023 年版，第 444 页。

② 张飞岸：《马克思与人类命运共同体》，中国财经出版传媒集团、中国财政经济出版社 2021 年版，第 187 页。

国",其着重在于对"中国"这一规定性的凸显,而最具表现力的特质就是独具特色的中华优秀传统文化。中国式现代化的提出,无疑是对中华优秀传统文化的深度自觉与自信。中国式现代化之所以能够避免陷入西方资本主义现代化的困境,既是坚持马克思主义科学真理的结果,也是中华优秀传统文化提供思想贡献的成果。西方资本主义文化建基于对工具理性的高度认同,马克思·韦伯就将西式现代化的实质视作工具理性对前现代性的祛魅,而中华优秀传统文化以其对价值理性的关怀,能够对西式现代化"起到濡化、矫正、加魅的作用,解决的是文化滋养与精神家园的问题"①。推动中国式现代化要接中国的"地气",而中华优秀传统文化中独特的文化因子和精神要素,构成了中国式现代化不竭的精神动力。

"第二个结合"既推动了中华优秀传统文化的时代转化,又为马克思主义的当代发展提供了中国智慧。在深入贯彻"第二个结合"的过程中,当代中国文化主体性的两个方面不再彼此分立,而是统一于更高层次的中国化时代化马克思主义之中。"第一个结合"解决了马克思主义"引进来"之后"怎么办"的问题,"第二个结合"则回答了已扎根中国的马克思主义如何发展的问题。将马克思主义基本原理与中华优秀传统文化相结合既在实践上取得了重大成就,也意味着更具中国特色、中国风格、中国气派的中国马克思主义新的形态的历史性生成。置身国际共产主义运动陷入低潮的历史背景中,中国共产党人承担着向世界宣告马克思主义真理性力量的时代任务。当代中国马克思主义是当之无愧的 21 世纪马克思主义,中华民族伟大复兴是居于世界进步力量之领先地位的历史前提。随

---

① 沈湘平:《中国式现代化道路的传统文化根基》,《中国社会科学》2022 年第 8 期。

着"第二个结合"的不断深入推进,当代中国文化主体性不再表现为遭遇外来文化主体性时的被动映衬,而是表现为主动走向世界,在世界舞台上自信展现当代中国马克思主义理论与实践成就的自我主张。

附录五　相关前期研究成果

一、期刊论文

1.《当代中国马克思主义的哲学境界》,《中国社会科学》2021年第9期。(独撰)

2.《马克思唯物史观叙事中的劳动正义》,《中国社会科学》2020年第9期。(独撰)

3.《构建人类命运共同体对历史唯物主义的原创性贡献》,《中国社会科学》2018年第7期。(独撰)

4.《启蒙理性及现代性:马克思的批判性重构》,《中国社会科学》2015年第2期。(独撰)

5.《马克思人类解放理论的叙事结构及实现方式》,《中国社会科学》2012年第8期。(独撰)

6.《以唯物史观理解中国式现代化理论》,《哲学研究》2023年第3期。(独撰)

7.《马克思主义哲学面向实践的方式》,《哲学研究》2021年第12期。(独撰)

8.《马克思"革命的实践"论断对环境与人关系的回答》,《马克思主义研究》2024年第6期。(独撰)

9.《"人体解剖"与"猴体解剖"的辩证关系论》,《马克思主义

研究》2023 年第 3 期。（独撰）

10.《"文明三论"的理论构思及其价值审视》，《马克思主义与现实》2024 年第 1 期。（独撰）

11.《论"各种关系回归于人自身"对"人的解放"主题的开解》，《马克思主义与现实》2022 年第 4 期。（独撰）

12.《人类文明新形态的内在依据：生产方式的创新性发展》，《北京大学学报（哲学社会科学版）》2023 年第 1 期。（独撰）

13.《人类命运共同体的文化构建与文明新能量的增添》，《武汉大学学报（哲学社会科学版）》2024 年第 2 期。（独撰）

14.《共同富裕的历史唯物主义审视》，《浙江大学学报（人文社会科学版）》2022 年第 1 期。（独撰）

15.《人类命运共同体对全球治理体系的历史性重构》，《四川大学学报（哲学社会科学版）》2020 年第 5 期。（独撰）

16.《人类命运共同体文化建构的逻辑进路》，《江海学刊》2024 年第 1 期。（独撰）

17.《21 世纪马克思主义研究的多重张力及其进路》，《江海学刊》2022 年第 2 期。（独撰）

18.《技术进步中正义困境的生发与消解》，《江海学刊》2021 年第 4 期。（独撰）

19.《"第二个结合"与创新空间》，《教学与研究》2024 年第 6 期。（独撰）

20.《"新轴心时代"的文化突破与国际认同》，《学术研究》2025 年第 3 期。（独撰）

21.《人类命运共同体文化构建的"母体"资源》，《山东社会科学》2024 年第 1 期。（独撰）

22.《社会主义道路：人类文明新形态的科学与道义制高点》，

《当代世界与社会主义》2024 年第 2 期。（独撰）

23.《节奏的历史与历史的节奏——〈共产党宣言〉对资产阶级的历史分析及其蕴含的方法论》，《当代世界与社会主义》2023 年第 1 期。（独撰）

24.《"一切人的自由发展"命题的前提反思》，《思想理论教育导刊》2023 年第 10 期。（独撰）

25.《中华民族发展史进程中的当代中国马克思主义创新》，《思想理论教育导刊》2022 年第 11 期。（独撰）

26.《以唯物史观理解新质生产力》，《马克思主义理论学科研究》2024 年第 4 期。（独撰）

27.《人类命运共同体的文化构建与国际认同——访国家社会科学基金重大项目首席专家刘同舫》，《马克思主义理论学科研究》2023 年第 10 期。（独撰）

28.《将构建人类命运共同体思想落到实处》，《红旗文稿》2018 年第 21 期。（独撰）

29.《国际关系规则的演变与人类命运共同体国际关系原则的确立》，《浙江学刊》2025 年第 2 期。（独撰）

30.《人类文明新形态对资本逻辑的超越》，《浙江学刊》2024 年第 2 期。（独撰）

31.《人类命运共同体国际认同的三个基本问题》，《学术界》2025 年第 1 期。（独撰）

32.《超越"中西文化之争"：从"比较式对话"到"合作式对话"》，《学术界》2020 年第 4 期。（第二作者）

33.《从风险社会到命运共同体：基于现代性理论的审视》，《学术界》2018 年第 3 期。（第二作者）

34.《习近平文化思想的战略思维》，《学习与探索》2024 年第 4

期。（第一作者）

35.《论人类文明新形态的价值立场》，《南京社会科学》2024 年第 1 期。（独撰）

36.《构建人类命运共同体：人类共同利益的生成逻辑与实践指向》，《南京社会科学》2022 年第 10 期。（独撰）

37.《中国式现代化对"西方中心主义"的破解》，《北京师范大学学报（社会科学版）》2024 年第 1 期。（独撰）

38.《"新唯物主义"与人类命运共同体的哲学根基》，《北京师范大学学报（社会科学版）》2023 年第 4 期。（独撰）

39.《人类共同价值建设的伦理旨趣与中国方案》，《重庆大学学报（社会科学版）》2023 年第 1 期。（独撰）

40.《人类命运共同体：全球化发展的公正逻辑》，《华南师范大学学报（社会科学版）》2019 年第 3 期。（第二作者）

41.《构建人类命运共同体与文化气度的形塑》，《南京师大学报（社会科学版）》2024 年第 1 期。（独撰）

42.《生产方式的历史性变革：中国式文化现代化的实践前提》，《社会科学辑刊》2025 年第 1 期。（第一作者）

43.《全球现代性问题与人类命运共同体智慧》，《福建论坛（人文社会科学版）》2019 年第 9 期。（独撰）

44.《全面深化改革与新型社会关系的发展》，《浙江社会科学》2024 年第 8 期。（独撰）

45.《人类命运共同体的文化构建及其世界意义》，《浙江社会科学》2023 年第 7 期。（独撰）

46.《共同价值的"建构效应"：走向人类命运共同体》，《求是学刊》2022 年第 5 期。（第二作者）

47.《人类命运共同体对普遍交往关系的创造性重塑》，《河海大

学学报（哲学社会科学版）》2022 年第 5 期。（独撰）

48.《从"文明优越"到"文明共生"——破解"西方中心论"》，《理论视野》2021 年第 2 期。（第二作者）

49.《马克思共同体思想的文明意蕴》，《中央民族大学学报（哲学社会科学版）》2024 年第 4 期。（独撰）

50.《人类文明新形态的政治基础：国家治理体系的现代化》，《思想战线》2023 年第 6 期。（第一作者）

51.《人类命运共同体理念的建构性实践》，《中国高校社会科学》2025 年第 2 期。（独撰）

52.《唯物史观视域中的人类命运共同体与新型全球化》，《甘肃社会科学》2019 年第 4 期。（第二作者）

53.《人类命运共同体文化构建的当代任务及其哲学阐释》，《宁夏社会科学》2024 年第 4 期。（独撰）

54.《人类命运共同体的关键要素及其内在关联》，《南京社会科学》2025 年第 1 期。（独撰）

55.《人类命运共同体理念的实践基础》，《世界民族》2024 年第 1 期。（独撰）

56.《人类共同体的历史演进及其 21 世纪面向》，《青海社会科学》2022 年第 6 期。（第二作者）

二、报纸文章

1.《加快建设社会主义文化强国》，《人民日报》2024 年 9 月 27 日。（独撰）

2.《坚定文化自信　创造属于我们这个时代的新文化》，《人民日报》2023 年 11 月 8 日。（独撰）

3.《在传承与发展中推动新时代文化繁荣》，《人民日报》2023

年 8 月 31 日。（独撰）

4.《引领人类文明进步的发展方向》，《人民日报》2023 年 5 月 22 日。（独撰）

5.《凝聚起共同奋斗的磅礴力量》，《人民日报》2022 年 9 月 9 日。（独撰）

6.《新时代的中国人民更加自信》，《人民日报》2018 年 10 月 9 日。（独撰）

7.《在增进文化认同中坚定文化自信》，《人民日报》2018 年 4 月 25 日。（独撰）

8.《马克思的思想尺度》，《光明日报》2024 年 5 月 20 日。（独撰）

9.《必须坚持人民至上》，《光明日报》2023 年 2 月 17 日。（独撰）

10.《加快构建高水平社会主义市场经济体制》，《光明日报》2023 年 2 月 13 日。（独撰）

11.《在党的领导下推进和拓展中国式现代化》，《光明日报》2022 年 10 月 17 日。（独撰）

12.《在坚持和加强党的全面领导中开创历史伟业》，《光明日报》2022 年 7 月 1 日。（独撰）

13.《历史主动精神的理论意蕴与实践要求》，《光明日报》2022 年 1 月 14 日。（独撰）

14.《理解中国式现代化新道路需要把握的几对重要关系》，《光明日报》2021 年 8 月 20 日。（独撰）

15.《深刻认识改革开放的历史必然性及其实践价值》，《光明日报》2018 年 8 月 13 日。（独撰）

16.《"伟大社会革命"论的马克思主义理论逻辑》，《光明日报》2018 年 4 月 3 日。（独撰）

三、论文转载

1.《马克思的思想尺度》，《新华文摘》2024 年第 16 期全文转载。（独撰）

2.《"人体解剖"与"猴体解剖"的辩证关系论》，《新华文摘》2023 年第 17 期全文转载。（独撰）

3.《马克思主义哲学面向实践的方式》，《新华文摘》2022 年第 9 期全文转载。（独撰）

4.《构建人类命运共同体对历史唯物主义的原创性贡献》，《中国社会科学文摘》2018 年第 11 期全文转载。（独撰）

5.《全面深化改革与新型社会关系的发展》，《高等学校文科学术文摘》2024 年第 8 期全文转载。（独撰）

6.《人类文明新形态的内在依据：生产方式的创新性发展》，《高等学校文科学术文摘》2023 年第 2 期全文转载。（独撰）

7.《全球现代性问题与人类命运共同体智慧》，《高等学校文科学术文摘》2019 年第 6 期全文转载。（独撰）

8.《构建人类命运共同体对历史唯物主义的原创性贡献》，《高等学校文科学术文摘》2018 年第 5 期全文转载。（独撰）

9.《人类文明新形态的政治基础：国家治理体系的现代化》，《社会科学文摘》2024 年第 11 期全文转载。（第一作者）

10.《"新唯物主义"与人类命运共同体的哲学根基》，《社会科学文摘》2024 年第 3 期全文转载。（独撰）

11.《重思马克思"全部社会生活在本质上是实践的"经典论断》，中国人民大学《复印报刊资料·哲学原理》2024 年第 11 期全文转载。（第一作者）

12.《以唯物史观理解新质生产力》，中国人民大学《复印报刊资料·哲学原理》2024 年第 8 期全文转载。（独撰）

13.《"文明三论"的理论构思及其价值审视》，中国人民大学《复印报刊资料·文化研究》2024 年第 7 期全文转载。（独撰）

14.《"新唯物主义"与人类命运共同体的哲学根基》，中国人民大学《复印报刊资料·中国特色社会主义理论》2023 年第 12 期全文转载。（独撰）

15.《"人体解剖"与"猴体解剖"的辩证关系论》，中国人民大学《复印报刊资料·马克思列宁主义研究》2023 年第 8 期全文转载。（独撰）

16.《以唯物史观理解中国式现代化理论》，中国人民大学《复印报刊资料·中国特色社会主义理论》2023 年第 8 期全文转载。（独撰）

17.《重思"解释世界"与"改变世界"的经典命题》，中国人民大学《复印报刊资料·哲学原理》2022 年第 9 期全文转载。（独撰）

18.《全球现代性问题与人类命运共同体智慧》，中国人民大学《复印报刊资料·哲学文摘》2020 年第 1 期全文转载。（独撰）

四、出版著作

1.《人类命运共同体的历史唯物主义沉思》，人民出版社 2023 年版，入选"国家哲学社会科学成果文库"。（独著）

2.《人类解放何以可能——马克思解放事业的当代阐释》，中国人民大学出版社 2024 年版，国家出版基金项目、"十四五"时期国家重点出版物出版专项规划项目、当代马克思主义哲学研究文库。（独著）

3.《唯物史观与中国式现代化》，北京师范大学出版社 2023 年版。（独著）

4.《马克思人类解放思想论》，人民出版社 2022 年版。（独著）

5.《历史哲思与未来想象》，社会科学文献出版社 2022 年版。（独著）

参考文献

一、马克思主义经典著作

1.《马克思恩格斯文集》第1—10卷，人民出版社2009年版。

2.《马克思恩格斯全集》第1卷，人民出版社1995年版。

3.《马克思恩格斯全集》第2卷，人民出版社2005年版。

4.《马克思恩格斯全集》第3卷，人民出版社2002年版。

5.《马克思恩格斯全集》第30卷，人民出版社1995年版。

6.《列宁专题文集》第1—5卷，人民出版社2009年版。

7.《列宁选集》第1—4卷，人民出版社2012年版。

8.《毛泽东文集》第三卷，人民出版社1996年版。

9.《邓小平文选》第二卷，人民出版社1994年版。

10.《邓小平文选》第三卷，人民出版社1993年版。

11.《习近平谈治国理政》第一卷，外文出版社2018年版。

12.《习近平谈治国理政》第二卷，外文出版社2017年版。

13.《习近平谈治国理政》第三卷，外文出版社2020年版。

14.《习近平谈治国理政》第四卷，外文出版社2022年版。

15.习近平：《论坚持推动构建人类命运共同体》，中央文献出版社2018年版。

二、中文著作

1. 钱穆：《中国文化史导论》，商务印书馆 2023 年版。

2. 费孝通：《文化与文化自觉》，群言出版社 2016 年版。

3. 陈先达：《马克思主义和中国传统文化十二讲》，人民出版社 2023 年版。

4. 张立文：《和合学：21 世纪文化战略的构想》（上、下），中国人民大学出版社 2016 年版。

5. 张立文：《中国传统文化与人类命运共同体》，中国人民大学出版社 2018 年版。

6. 俞吾金：《从康德到马克思：千年之交的哲学沉思》，北京师范大学出版集团、北京师范大学出版社 2017 年版。

7. 孙正聿：《马克思辩证法理论的当代反思》，人民出版社 2002 年版。

8. 孙正聿：《为历史服务的哲学》，中央编译出版社 2018 年版。

9. 韩庆祥：《中国道路及其本源意义》，中国社会科学出版社 2019 年版。

10. 李君如、罗建波等：《人间正道：构建人类命运共同体》，中国外文出版发行事业局、外文出版社 2021 年版。

11. 赵汀阳：《天下体系：世界制度哲学导论》，中国人民大学出版社 2011 年版。

12. 辛向阳、张小平：《中国式现代化的文明观》，重庆出版集团、重庆出版社 2023 年版。

13. 辛向阳：《17—18 世纪西方民主理论论析》，山东人民出版社 2013 年版。

14. 丰子义、杨学功：《马克思"世界历史"理论与全球化》，人民出版社 2002 年版。

15.陈学明等：《中国道路的世界意义》，天津出版传媒集团、天津人民出版社 2015 年版。

16.杨金海：《人的存在论》，中国出版集团、中华书局 2009 年版。

17.郭建宁：《当代中国的文化选择》，北京大学出版社 2004 年版。

18.张占斌：《中国式现代化与高质量发展》，人民出版社 2023 年版。

19.叶汝贤：《马克思的唯物史观》，广东高等教育出版社 2000 年版。

20.陈嘉明：《现代性与后现代性十五讲》，北京大学出版社 2006 年版。

21.郭湛：《主体性哲学——人的存在及其意义》（修订版），中国人民大学出版社 2011 年版。

22.郝立新：《历史选择论》，中国人民大学出版社 1992 年版。

23.陈锡喜：《意识形态：当代中国的理论和实践》，中国人民大学出版社 2018 年版。

24.王新生：《马克思政治哲学研究》，科学出版社 2018 年版。

25.肖贵清：《道路·理论·制度·文化——中国特色社会主义论》，人民出版社 2018 年版。

26.贺来：《"主体性"的当代哲学视域》，北京师范大学出版集团、北京师范大学出版社 2013 年版。

27.魏小萍：《追寻马克思——时代境遇下马克思人类解放理论逻辑的分析和探讨》，人民出版社 2005 年版。

28.任平：《当代视野中的马克思》，江苏人民出版社 2003 年版。

29.任平：《走向交往实践的唯物主义——马克思交往实践观的

历史视域与当代意义》，人民出版社 2003 年版。

30. 金民卿：《马克思主义中国化的思想逻辑》，社会科学文献出版社 2018 年版。

31. 郁建兴：《自由主义批判与自由理论的重建——黑格尔政治哲学及其影响》，学林出版社 2000 年版。

32. 刘同舫：《人类命运共同体的历史唯物主义沉思》，人民出版社 2023 年版。

33. 刘同舫：《马克思人类解放思想论》，人民出版社 2022 年版。

34. 聂锦芳：《批判与建构：〈德意志意识形态〉文本学研究》，人民出版社 2012 年版。

35. 王海锋：《历史唯物主义世界观的当代阐释》，中国社会科学出版社 2016 年版。

36. 陈培永：《马克思主义为什么行：中国化时代化的视角》，中国人民大学出版社 2023 年版。

37. 王庆丰：《〈资本论〉的再现》，中央编译出版社 2016 年版。

38. 孙承叔：《真正的马克思：〈资本论〉三大手稿的当代意义》，人民出版社 2009 年版。

39. 郗戈：《超越资本主义现代性——马克思现代性思想与当代社会发展》，中国人民大学出版社 2014 年版。

40. 陈小鸿：《论人的自由全面发展》，人民出版社 2004 年版。

41. 赵士发：《世界历史与和谐发展——马克思世界历史理论的当代研究》，人民出版社 2006 年版。

42. 韦定广：《"世界历史"语境中的人类解放主题：19—21 世纪全球化与马克思社会主义理论》，人民出版社 2004 年版。

43. 张岱年、程宜山：《中国文化精神》，北京大学出版社 2015 年版。

44.胡家祥：《文化哲学导论》，光明日报出版社 2023 年版。

45.陈来：《中华文明的核心价值：国学流变与传统价值观》，生活·读书·新知三联书店 2015 年版。

46.干春松：《制度儒学》（增订版），中央编译出版社 2017 年版。

47.伍雄武：《中华民族的形成与凝聚新论》，云南人民出版社、云南大学出版社 2014 年版。

48.王义桅：《人类命运共同体：新型全球化的价值观》，外文出版社 2021 年版。

49.王义桅：《时代之问　中国之答：构建人类命运共同体》，湖南人民出版社 2021 年版。

50.程美东、张伟、孙佩：《人类命运共同体：深刻改变世界发展趋势和格局》，中央文献出版社、中共党史出版社 2023 年版。

51.张康之：《为了人的共生共在》，人民出版社 2016 年版。

52.张康之、张乾友：《共同体的进化》，中国社会科学出版社 2012 年版。

53.田鹏颖、武雯婧：《天下为公：中国共产党与人类命运共同体》，社会科学文献出版社 2018 年版。

54.张飞岸：《马克思与人类命运共同体》，中国财经出版传媒集团、中国财政经济出版社 2021 年版。

55.王萍霞：《马克思发展共同体思想研究》，江苏人民出版社 2016 年版。

56.江时学：《人类命运共同体研究》，世界知识出版社 2018 年版。

57.徐艳玲：《从马克思共同体到人类命运共同体：理论逻辑与现实向度》，学习出版社 2023 年版。

58.邵发军：《马克思的共同体思想研究》，知识产权出版社

2014 年版。

59. 邵发军：《推动构建人类命运共同体的理论内涵与实践路径研究》，人民出版社 2021 年版。

60. 张战等：《构建人类命运共同体思想研究》，时事出版社 2019 年版。

61. 释清仁：《构建人类命运共同体的理论与实践研究》，人民出版社 2022 年版。

62. 何英：《大国外交："人类命运共同体"解读》，上海大学出版社 2019 年版。

63. 王公龙：《人类命运共同体思想：基于马克思世界历史理论的研究》，人民出版社 2023 年版。

64. 刘建飞、罗建波、孙东方等：《构建人类命运共同体：理论与战略》，新华出版社 2018 年版。

65. 陈岳、蒲俜：《构建人类命运共同体》（修订版），中国人民大学出版社 2018 年版。

66. 王彤：《世界与中国：构建人类命运共同体》，中共中央党校出版社 2019 年版。

67. 李爱敏：《从无产阶级国际主义到人类命运共同体：马克思主义的国际主义思想发展研究》，中国社会科学出版社 2018 年版。

68. 卢德之：《论资本与共享——兼论人类文明协同发展的重大主题》，人民东方出版传媒、东方出版社 2017 年版。

69. 童星：《现代性的图景：多维视野与多重透视》，北京师范大学出版社 2007 年版。

70. 金耀基：《中国现代化的终极愿景：金耀基自选集》，上海人民出版社 2013 年版。

71. 尚伟：《世界秩序的演变与重建》，中国社会科学出版社

2009 年版。

72. 王小章:《从"自由或共同体"到"自由的共同体":马克思的现代性批判与重构》,中国人民大学出版社 2014 年版。

73. 杨抗抗:《大变局与新战略:作为世界新图景的人类命运共同体》,中央编译出版社 2023 年版。

74. 胡守钧:《社会共生论》(第二版),复旦大学出版社 2012 年版。

75. 卢静等:《全球治理:困境与改革》,社会科学文献出版社 2016 年版。

76. 何亚非:《选择:中国与全球治理》,中国人民大学出版社 2015 年版。

77. 钟茂初、史亚东、孔元:《全球可持续发展经济学》,经济科学出版社 2011 年版。

78. 万光侠、贾英健:《经济全球化进程中的价值冲突与文化建设》,吉林人民出版社 2007 年版。

79. 高宏存:《文化强国建设与中国式现代化》,人民出版社 2023 年版。

80. 邢媛:《文化认同的哲学论纲》,人民出版社 2018 年版。

81. 俞楠:《文化认同的政治建构》,上海交通大学出版社 2018 年版。

82. 王蕾:《21 世纪海上丝绸之路文化构建研究》,社会科学文献出版社 2018 年版。

83. 薛华:《黑格尔对历史终点的理解》,中国社会科学出版社 1983 年版。

84. 王英:《辩证法的具体性——马克思与黑格尔的逻辑学比较研究》,东北师范大学出版社 2015 年版。

85.陈东英:《赫斯与马克思早期思想关系研究》,人民出版社2011年版。

86.汪行福:《走出时代的困境——哈贝马斯对现代性的反思》,上海社会科学院出版社2000年版。

87.章永乐:《万国竞争:康有为与维也纳体系的衰变》,商务印书馆2017年版。

88.吴江:《社会主义前途与马克思主义的命运》,中国社会科学出版社2001年版。

89.徐觉哉:《社会主义流派史》(修订本),上海人民出版社2007年版。

90.鄢一龙、白钢、章永乐等:《大道之行:中国共产党与中国社会主义》,中国人民大学出版社2015年版。

91.夏建平:《认同与国际合作》,世界知识出版社2006年版。

92.常轶军:《政治认同与国家安全》,中国社会科学出版社2023年版。

93.栾文莲:《全球的脉动——马克思主义世界市场理论与经济全球化问题》,人民出版社2005年版。

94.杨凤城、耿化敏、吴起民、谢春涛:《中国共产党文化思想史》,中共党史出版社2023年版。

95.王帆、凌胜利主编:《人类命运共同体:全球治理的中国方案》,湖南人民出版社2017年版。

96.丁文阁主编:《构建人类命运共同体的名家视角》,时事出版社2018年版。

97.陈健秋、韦绍福主编:《共同价值引论》,中共中央党校出版社2017年版。

98.李惠斌主编,《全球化:中国道路》,社会科学文献出版社

2003 年版。

99. 蔡拓、杨雪冬、吴志成主编：《全球治理概论》，北京大学出版社 2016 年版。

100. 陈家刚编：《危机与未来：福山中国讲演录》，中央编译出版社 2012 年版。

101. 王志民、马啸主编：《中华文明与人类共同价值》，清华大学出版社 2017 年版。

102. 中国人权研究会编：《共同构建人类命运共同体与全球人权治理》，五洲传播出版社 2018 年版。

三、译著

1. [美] 本尼迪克特·安德森：《想象的共同体：民族主义的起源与散布》（增订版），吴叡人译，上海人民出版社 2016 年版。

2. [美] 威廉·麦克尼尔：《西方的兴起：人类共同体史》，孙岳、陈志坚、于展等译，郭方、李永斌译校，中信出版社 2015 年版。

3. [美] 哈罗德·D. 拉斯韦尔：《世界政治与个体不安全感》，王菲易译，中央编译出版社 2017 年版。

4. [美] 丹尼尔·贝尔：《意识形态的终结：50 年代政治观念衰微之考察》，张国清译，中国社会科学出版社 2013 年版。

5. [美] 伊曼纽尔·沃勒斯坦、兰德尔·柯林斯、迈克尔·曼等：《资本主义还有未来吗?》，徐曦白译，社会科学文献出版社 2014 年版。

6. [美] 伊曼努尔·华勒斯坦等：《自由主义的终结》，郝名玮、张凡译，社会科学文献出版社 2002 年版。

7. [美] 伊曼努尔·华勒斯坦：《历史资本主义》，路爱国、丁浩金译，社会科学文献出版社 1999 年版。

8.[美]罗伯特·卡根:《历史的回归和梦想的终结》,陈小鼎译,社会科学文献出版社 2013 年版。

9.[美]亨利·基辛格:《世界秩序》,胡利平、林华、曹爱菊译,中信出版集团 2015 年版。

10.[美] 罗兰·罗伯森:《全球化:社会理论和全球文化》,梁光严译,上海人民出版社 2000 年版。

11.[美] 斯塔夫里阿诺斯:《全球通史:1500 年以后的世界》,吴象婴、梁赤民译,上海社会科学院出版社 1999 年版。

12.[美]塞缪尔·亨廷顿:《文明的冲突与世界秩序的重建》(修订版),周琪、刘绯、张立平、王圆译,新华出版社 2010 年版。

13.[美] 弗朗西斯·福山:《历史的终结与最后的人》,陈高华译,孟凡礼校译,广西师范大学出版社 2014 年版。

14.[美] 弗朗西斯·福山:《政治秩序与政治衰败:从工业革命到民主全球化》,毛俊杰译,广西师范大学出版社 2015 年版。

15.[美] 弗朗西斯·福山:《国家构建:21 世纪的国家治理和世界秩序》,郭华译,孟凡礼校译,学林出版社 2017 年版。

16.[美] 弗朗西斯·福山:《信任:社会美德与创造经济繁荣》,郭华译,广西师范大学出版社 2016 年版。

17.[美] 赫伯特·马尔库塞:《单向度的人:发达工业社会意识形态研究》,刘继译,上海译文出版社 2014 年版。

18.[美] 理查德·沃林:《海德格尔的弟子:阿伦特、勒维特、约纳斯和马尔库塞》,张国清、王大林译,凤凰出版传媒集团、江苏教育出版社 2005 年版。

19.[美] 理查德·沃林:《文化批评的观念:法兰克福学派、存在主义和后结构主义》,张国清译,商务印书馆 2000 年版。

20.[美] 汉娜·阿伦特:《马克思主义与西方政治思想传统》,

孙传钊译，江苏人民出版社 2012 年版。

21.[美] 汉娜·阿伦特:《人的境况》，王寅丽译，上海人民出版社 2017 年版。

22.[美] 大卫·库尔珀:《纯粹现代性批判——黑格尔、海德格尔及其以后》，臧佩洪译，商务印书馆 2004 年版。

23.[美] 约翰·杜威:《人的问题》，傅统先、邱椿译，世纪出版集团、上海人民出版社 2006 年版。

24.[美] 约翰·罗尔斯:《正义论》（修订版），何怀宏、何包钢、廖申白译，中国社会科学出版社 2009 年版。

25.[美] 约翰·罗尔斯:《作为公平的正义——正义新论》，姚大志译，上海三联书店 2002 年版。

26.[美] 科恩:《论民主》，聂崇信、朱秀贤译，商务印书馆 1988 年版。

27.[美] 迈克尔·J.桑德尔:《自由主义与正义的局限》，万俊人等译，译林出版社 2001 年版。

28.[美] 艾丽斯·M.杨:《正义与差异政治》，李诚予、刘靖子译，中国政法大学出版社 2017 年版。

29.[美] 乔纳森·弗里德曼:《文化认同与全球性过程》，郭健如译，商务印书馆 2003 年版。

30.[美] 曼纽尔·卡斯特:《认同的力量》（第二版），曹荣湘译，社会科学文献出版社 2006 年版。

31.[美] 理查德·内德·勒博:《国际关系的文化理论》，陈锴译，上海社会科学院出版社 2015 年版。

32.[美] G.约翰·伊肯伯里:《一个民主的安全世界:自由国际主义与全球秩序的危机》，陈拯译，上海人民出版社 2023 年版。

33.[美] 凯文·马尔卡希:《公共文化、文化认同与文化政策:

比较的视角》，何道宽译，商务印书馆 2017 年版。

34.[美] M.莱恩·布鲁纳：《记忆的战略：国家认同建构中的修辞维度》，蓝胤淇译，商务印书馆 2016 年版。

35.[美] 弗莱德·R.多迈尔：《主体性的黄昏》，万俊人译，广西师范大学出版社 2013 年版。

36.[美] 托马斯·斯坎伦：《宽容之难》，杨伟清、陈代东等译，万俊人校，人民出版社 2008 年版。

37.[美] R.G.佩弗：《马克思主义、道德与社会正义》，吕梁山、李旸、周洪军译，高等教育出版社 2010 年版。

38.[美] 约翰·R.霍尔、玛丽·乔·尼兹：《文化：社会学的视野》，周晓虹、徐彬译，商务印书馆 2002 年版。

39.[美] 菲利普·巴格比：《文化与历史》，夏克、李天纲、陈江岚译，商务印书馆 2023 年版。

40.[美] 雅克·巴尔赞：《我们应有的文化》，严忠志译，中信出版社 2014 年版。

41.[美] 威廉·费尔丁·奥格本：《社会变迁——关于文化和先天的本质》，王晓毅、陈育国译，浙江人民出版社 1989 年版。

42.[美] J.K.吉布森—格雷汉姆：《资本主义的终结——关于政治经济学的女性主义批判》，陈冬生译，社会科学文献出版社 2002 年版。

43.[美] 斯塔夫里阿诺斯：《全球分裂：第三世界的历史进程》（上册），王红生等译，北京大学出版社 2017 年版。

44.[美] 罗伯特·基欧汉：《霸权之后：世界政治经济中的合作与纷争》，苏长和、信强、何曜译，苏长和校，上海人民出版社 2006 年版。

45.[美] 迈克尔·爱德华兹：《积极的未来》，朱宁译，肖欢容校译，江西人民出版社 2006 年版。

46.[美] 罗伯特·赖特：《非零和时代：人类命运的逻辑》，于华译，中信出版社 2014 年版。

47.[美] 埃里希·弗洛姆：《逃避自由》，刘林海译，国际文化出版公司 2007 年版。

48.[美] 亚历山大·温特：《国际政治的社会理论》，秦亚青译，上海人民出版社 2014 年版。

49.[美] 托马斯·P.M.巴尼特：《大视野大战略：缩小断层带的新思维》，孙学峰、徐进等译，世界知识出版社 2009 年版。

50.[美] 爱德华·W.萨义德：《文化与帝国主义》，李琨译，生活·读书·新知三联书店 2016 年版。

51.[美] 约翰·米尔斯海默：《大国政治的悲剧》（修订版），王义桅、唐小松译，上海人民出版社 2015 年版。

52.[美] 彼得·卡赞斯坦主编：《国家安全的文化：世界政治中的规范与认同》，宋伟、刘铁娃译，北京大学出版社 2009 年版。

53.[美] 彼得·J.卡赞斯坦主编：《世界政治中的文明：多元多维的视角》，秦亚青、魏玲、刘伟华、王振玲译，上海人民出版社 2018 年版。

54.[美] 彼得·J.卡赞斯坦主编：《中国化与中国崛起：超越东西方的文明进程》，魏玲、韩志立、吴晓萍译，上海人民出版社 2018 年版。

55.[美] 约瑟夫·拉彼得、[德] 弗里德里希·克拉托赫维尔主编：《文化和认同：国际关系回归理论》，金烨译，浙江人民出版社 2003 年版。

56.[美] 塞缪尔·亨廷顿、劳伦斯·哈里森主编：《文化的重要作用——价值观如何影响人类进步》，程克雄译，新华出版社 2018

年版。

57.[德]《黑格尔著作集 第 7 卷：法哲学原理》，邓安庆译，人民出版社 2016 年版。

58.[德] 康德：《实践理性批判》，邓晓芒译，杨祖陶校，人民出版社 2003 年版。

59.[德] 费希特：《费希特文集》第 2 卷，梁志学编译，商务印书馆 2014 年版。

60.[德] 马克斯·韦伯：《经济与社会》第一卷，阎克文译，上海人民出版社 2019 年版。

61.[德] 马克斯·韦伯：《中国的宗教：儒家和道教》，康乐、简惠美译，广西师范大学出版社 2010 年版。

62.[德] 马丁·海德格尔：《林中路》（修订本），孙周兴译，上海译文出版社 2004 年版。

63.[德] 罗曼·赫尔佐克：《古代的国家：起源和统治形式》，赵蓉恒译，北京大学出版社 1998 年版。

64.[德] 莫泽斯·赫斯：《赫斯精粹》，邓习议编译，方向红校译，南京大学出版社 2010 年版。

65.[德] 阿多尔诺：《否定的辩证法》，王凤才译，商务印书馆 2019 年版。

66.[德] 乌尔里希·贝克、埃德加·格兰德：《世界主义的欧洲：第二次现代性的社会与政治》，章国锋译，华东师范大学出版社 2008 年版。

67.[德] 哈拉尔德·米勒：《文明的共存——对塞缪尔·亨廷顿"文明冲突论"的批判》，郦红、那滨译，新华出版社 2002 年版。

68.[德] 斐迪南·滕尼斯：《共同体与社会》，林荣远译，商务印书馆 1999 年版。

69.[德] 卡尔·施米特:《关于权力的对话》,姜林静译,东方出版中心 2023 年版。

70.[德] 多明尼克·萨赫森迈尔、任斯·理德尔、[以] S.N.艾森斯塔德编著:《多元现代性的反思:欧洲、中国及其他的阐释》,郭少棠、王为理译,商务印书馆 2017 年版。

71.[英] 亚当·斯密:《国民财富的性质和原因的研究》上卷,郭大力、王亚南译,商务印书馆 2009 年版。

72.[英] 大卫·李嘉图:《政治经济学及赋税原理》,郭大力、王亚南译,商务印书馆 2021 年版。

73.[英] 艾瑞克·霍布斯鲍姆:《革命的年代:1789—1848》,王章辉等译,中信出版集团、中信出版社 2017 年版。

74.[英] 阿诺德·J.汤因比、G.R.厄本:《汤因比论汤因比——汤因比—厄本对话录》,胡益民、单坤琴译,周佐虞、章忠国校,商务印书馆 2012 年版。

75.[英] 齐格蒙特·鲍曼:《共同体》,欧阳景根译,江苏人民出版社 2003 年版。

76.[英] 马丁·阿尔布劳:《中国在人类命运共同体中的角色:走向全球领导力理论》,严忠志译,商务印书馆 2020 年版。

77.[英] 齐格蒙特·鲍曼:《流动的现代性》,欧阳景根译,中国人民大学出版社 2018 年版。

78.[英] 齐格蒙特·鲍曼:《被围困的社会》,郇建立译,江苏人民出版社 2005 年版。

79.[英] 戴维·赫尔德等:《全球大变革:全球化时代的政治、经济与文化》,杨雪冬等译,社会科学文献出版社 2001 年版。

80.[英] 安东尼·吉登斯:《现代性与自我认同》,赵旭东、方文译,生活·读书·新知三联书店 1998 年版。

81.［英］G.A.科恩：《卡尔·马克思的历史理论——一种辩护》，段忠桥译，高等教育出版社 2008 年版。

82.［英］G.A.科恩：《为什么不要社会主义?》，段忠桥译，人民出版社 2011 年版。

83.［英］斯图亚特·西姆：《德里达与历史的终结》，王昆译，北京大学出版社 2005 年版。

84.［英］汤林森：《文化帝国主义》，冯建三译，郭英剑校订，上海人民出版社 1999 年版。

85.［英］约翰·汤姆林森：《全球化与文化》，郭英剑译，南京大学出版社 2002 年版。

86.［英］雷蒙·威廉斯：《文化与社会:1780—1950》，高晓玲译，商务印书馆 2018 年版。

87.［英］特里·伊格尔顿：《马克思为什么是对的》，李杨、任文科、郑义译，重庆出版集团、重庆出版社 2017 年版。

88.［英］特里·伊格尔顿：《文化之用:从启蒙运动到反恐战争》，宋政超译，上海文艺出版社 2023 年版。

89.［英］安德鲁·赫里尔：《全球秩序与全球治理》，林曦译，中国人民大学出版社 2018 年版。

90.［法］雅克·阿达：《经济全球化》，何竟、周晓幸译，中央编译出版社 2000 年版。

91.［法］雅克·德里达：《马克思的幽灵:债务国家、哀悼活动和新国际》，何一译，中国人民大学出版社 2016 年版。

92.［法］卢梭：《社会契约论》，李平沤译，商务印书馆 2011 年版。

93.［法］多米尼克·奥弗莱:《亚历山大·科耶夫:哲学、国家与历史的终结》，张尧均译，商务印书馆 2013 年版。

94.[法] 费尔南·布罗代尔:《资本主义论丛》,顾良、张慧君译,中央编译出版社 1997 年版。

95.[法] 埃米尔·涂尔干:《社会分工论》,渠东译,生活·读书·新知三联书店 2000 年版。

96.[印] 雷蒙·潘尼卡:《宇宙—神—人共融的经验:正在涌现的宗教意识》,思竹译,宗教文化出版社 2005 年版。

97.[日] 望月清司:《马克思历史理论的研究》,韩立新译,北京师范大学出版集团、北京师范大学出版社 2009 年版。

98.[加] 莎蒂亚·德鲁里:《亚历山大·科耶夫:后现代政治的根源》,赵琦译,新星出版社 2007 年版。

99.[加] 查尔斯·泰勒:《世俗时代》,张容南等译,徐志跃、张容南审校,上海三联书店 2016 年版。

100.[匈] 卢卡奇:《历史与阶级意识》,杜章智、任立、燕宏远译,商务印书馆 2017 年版。

101.[保] 亚历山大·利洛夫:《文明的对话:世界地缘政治大趋势》,马细谱、葛志强、余志和、赵雪林选译,社会科学文献出版社 2007 年版。

102.[比] 伊利亚·普里戈金:《确定性的终结:时间、混沌与新自然法则》,湛敏译,张建树校,上海科技教育出版社 2018 年版。

103.[埃及] 萨米尔·阿明:《全球化时代的资本主义——对当代社会的管理》,丁开杰等译,李智校,中国人民大学出版社 2005 年版。

104.[埃及] 萨米尔·阿明:《不平等的发展:论外围资本主义的社会形态》,高铦译,社会科学文献出版社 2017 年版。

105.[巴西] 奥利弗·施廷克尔:《中国之治终结西方时代》,宋伟译，中国友谊出版公司 2017 年版。

106.[捷克] 卡莱尔·科西克：《具体的辩证法——关于人与世界问题的研究》，傅小平译，社会科学文献出版社 1989 年版。

四、中文期刊论文

1. 韩庆祥：《中国式现代化的哲学逻辑》，《中国社会科学》2023 年第 7 期。

2. 韩庆祥：《现代性的本质、矛盾及其时空分析》，《中国社会科学》2016 年第 2 期。

3. 王伟光：《当代中国马克思主义的最新理论成果——习近平新时代中国特色社会主义思想学习体会》，《中国社会科学》2017 年第 12 期。

4. 房宁：《经济全球化的本质与进程》，《中国社会科学》2003 年第 2 期。

5. 丰子义：《马克思现代性思想的当代解读》，《中国社会科学》2005 年第 4 期。

6. 郁建兴：《从政治解放到人类解放——马克思政治思想初论》，《中国社会科学》2000 年第 2 期。

7. 刘同舫：《马克思唯物史观叙事中的劳动正义》，《中国社会科学》2020 年第 9 期。

8. 刘同舫：《当代中国马克思主义的哲学境界》，《中国社会科学》2021 年第 9 期。

9. 刘同舫：《构建人类命运共同体对历史唯物主义的原创性贡献》，《中国社会科学》2018 年第 7 期。

10. 刘同舫：《马克思人类解放理论的叙事结构及实现方式》，《中国社会科学》2012 年第 8 期。

11. 项久雨：《世界变局中的文明形态变革及其未来图景》，《中国社会科学》2023 年第 4 期。

12. 马俊峰：《马克思世界历史理论的方法论意义》，《中国社会科学》2013 年第 6 期。

13. 周光辉、李虎：《领土认同：国家认同的基础——构建一种更完备的国家认同理论》，《中国社会科学》2016 年第 7 期。

14. 詹小美、王仕民：《文化认同视域下的政治认同》，《中国社会科学》2013 年第 9 期。

15. 门洪华：《应对全球治理危机与变革的中国方略》，《中国社会科学》2017 年第 10 期。

16. 郗戈：《"驾驭资本"与中国式现代化的理论思考》，《中国社会科学》2023 年第 12 期。

17. 黄建军：《唯物史观视域中的人类文明新形态》，《中国社会科学》2023 年第 10 期。

18. 陈拯：《"话语势能"构建与国际话语塑造》，《中国社会科学》2023 年第 12 期。

19. 方辉：《中华文明起源与发展的连续性及其文化基因》，《中国社会科学》2023 年第 8 期。

20. 张福贵：《人类命运共同体与中国文学文化自信》，《中国社会科学》2022 年第 5 期。

21. 吴宏政：《21 世纪马克思主义世界历史观的叙事主题》，《中国社会科学》2021 年第 5 期。

22. 吴晓明：《文明的冲突与现代性批判——一个哲学上的考察》，《哲学研究》2005 年第 4 期。

23. 贺来：《马克思哲学的"类"概念与"人类命运共同体"》，《哲学研究》2016 年第 8 期。

24. 刘同舫：《以唯物史观理解中国式现代化理论》，《哲学研究》2023 年第 3 期。

25. 陈曙光：《现代性建构的中国道路与中国话语》，《哲学研究》2019 年第 11 期。

26. 陈曙光：《世界大变局与人类文明的重建》，《哲学研究》2022 年第 3 期。

27. 侯振武、杨耕：《关于马克思交往理论的再思考》，《哲学研究》2018 年第 7 期。

28. 王新生：《黑格尔市民社会理论评析》，《哲学研究》2003 年第 12 期。

29. 冯颜利：《论全球发展公正性的权利与义务问题——从邓小平"东西南北问题"的观点看》，《哲学研究》2005 年第 1 期。

30. 李梦云：《建设人类命运共同体的文化构想》，《哲学研究》2016 年第 3 期。

31. 乔茂林：《构建人类命运共同体：一种新型现代发展理论》，《哲学研究》2022 年第 9 期。

32. 韩骁：《文明视野下的全人类共同价值及其哲学意蕴》，《哲学研究》2021 年第 8 期。

33. 乔清举：《论"两个结合"及其在习近平文化思想中的意义》，《哲学研究》2023 年第 12 期。

34. 张梧：《新的文化生命体：基于马克思世界历史理论的考察》，《哲学研究》2023 年第 11 期。

35. 张瑞臣、庄振华：《黑格尔"历史终结论"考诠》，《哲学研究》2012 年第 10 期。

36. 张雷声：《唯物史观视野中的人类命运共同体》，《马克思主义研究》2018 年第 12 期。

37. 王易：《深刻把握马克思主义基本原理同中华优秀传统文化相结合的理论意蕴》，《马克思主义研究》2023 年第 7 期。

38. 田鹏颖：《历史唯物主义与"人类命运共同体"》，《马克思主义研究》2018 年第 1 期。

39. 陈曙光：《人类命运共同体何以改变世界》，《马克思主义研究》2023 年第 2 期。

40. 孙来斌：《中华优秀传统文化与中国特色社会主义》，《马克思主义研究》2023 年第 8 期。

41. 贺钦：《中国特色社会主义道路对发展中国家的启示》，《马克思主义研究》2008 年第 2 期。

42. 余京华：《历史唯物主义之辩证批判立场及其当代启示》，《马克思主义研究》2012 年第 9 期。

43. 张春霞：《世界文化格局重塑中的中国机遇与应对》，《马克思主义研究》2023 年第 7 期。

44. 李包庚：《走向生态正义的人类命运共同体》，《马克思主义研究》2023 年第 3 期。

45. 林伯海：《论全人类共同价值与人类命运共同体的辩证关系》，《马克思主义研究》2021 年 11 期。

46. 程恩富、谢长安：《"历史终结论"评析》，《政治学研究》2015 年第 5 期。

47. 陈曙光：《人类命运与超国家政治共同体》，《政治学研究》2016 年第 6 期。

48. 陈晨新：《国内"全球治理"研究述评》，《政治学研究》2009 年第 1 期。

49. 李艳霞：《传统文化与现代认同：当代中国政治认同建构的历史逻辑》，《政治学研究》2023 年第 5 期。

50. 肖晞、宋国新：《百年变局下全球安全治理体系的变革需求与中国作为》，《政治学研究》2023 年第 4 期。

51. 吴志成：《人类命运共同体理念的中华文化基础》，《政治学研究》2023 年第 1 期。

52. 高放：《对当今"资本主义、社会主义、共产主义"三类国家的思考》，《马克思主义与现实》2006 年第 3 期。

53. 郝立新、周康林：《构建人类命运共同体——全球治理的中国方案》，《马克思主义与现实》2017 年第 6 期。

54. 张盾、刘招明：《黑格尔和马克思的"世界历史"概念》，《马克思主义与现实》2009 年第 3 期。

55. 陈曙光：《人类命运共同体与"真正的共同体"关系再辨》，《马克思主义与现实》2022 年第 1 期。

56. 段虹：《从世界历史到命运共同体再到共产主义——交往关系视角的旨趣和逻辑转换》，《马克思主义与现实》2018 年第 3 期。

57. 刘同舫：《"文明三论"的理论构思及其价值审视》，《马克思主义与现实》2024 年第 1 期。

58. 毛勒堂：《"人类命运共同体"何以可能？——基于资本逻辑语境的阐释》，《马克思主义与现实》2018 年第 1 期。

59. 范仓海、单连春：《全球化背景下社会主义与资本主义关系的特点》，《马克思主义与现实》2011 年第 2 期。

60. 方朝晖：《多元现代性研究及其意义》，《马克思主义与现实》2009 年第 5 期。

61. 李章泽：《当代世界发展中的文明冲突、意识形态冲突与利益冲突——评亨廷顿的文明冲突论》，《马克思主义与现实》1997 年第 3 期。

62. 孙春晨：《全人类共同价值是构建人类命运共同体的伦理基

础》，《马克思主义与现实》2022 年第 1 期。

63. 丁立群：《人类命运共同体：唯物史观时代化的典范——当代全球化的建设性逻辑》，《哲学动态》2018 年第 6 期。

64. 张汝伦：《"轴心时代"的概念与中国哲学的诞生》，《哲学动态》2017 年第 5 期。

65. 鲁品越：《"构建人类命运共同体"伟大构想：马克思"世界历史"思想的当代飞跃》，《哲学动态》2018 年第 3 期。

66. 袁祖社：《中国式现代化的文化哲学诠释》，《哲学动态》2023 年第 10 期。

67. 王超：《论作为全球政治伦理的和平理念与规范——基于大国利益共同体与人类命运共同体之间差异的思考》，《哲学动态》2023 年第 5 期。

68. 朱汉民：《文化主体性与"第二个结合"》，《哲学动态》2023 年第 11 期。

69. 刘文嘉：《中国式现代化的文化诉求》，《哲学动态》2022 年第 12 期。

70. 张志强：《弘扬中华文明蕴含的全人类共同价值》，《哲学动态》2022 年第 8 期。

71. 董山民：《如何超越形式共同体构建的困境——基于马克思主义共同体思想的辨析》，《哲学动态》2021 年第 8 期。

72. 郁建兴：《黑格尔的历史终结论》，《学术月刊》2000 年第 9 期。

73. 周嘉昕：《马克思著作中的"人"——基于马克思思想发展的概念史考察》，《学术月刊》2015 年第 10 期。

74. 王公龙：《马克思世界历史理论语境中的全人类共同价值》，《学术月刊》2022 年第 7 期。

75. 仰海峰：《从马克思到当代：历史、逻辑与问题意识》，《学术月刊》2023 年第 7 期。

76. 何中华：《世界历史·亚细亚现象·中国道路——从马克思唯物史观的角度看》，《文史哲》2022 年第 1 期。

77. 林聚任：《论多元现代性及其社会文化意义》，《文史哲》2008 年第 6 期。

78. 王海滨：《现代性反思视角下的中国道路》，《文史哲》2020 年第 3 期。

79. 肖贵清、卢阳：《整体性视域下的中国式现代化》，《当代世界与社会主义》2023 年第 6 期。

80. 高奇琦：《人工智能时代的人类命运共同体与世界政治》，《当代世界与社会主义》2018 年第 3 期。

81. 储殷、张沛喆：《权力、市场与文化：人类命运共同体的三重构建》，《当代世界与社会主义》2018 年第 3 期。

82. 刘传春：《中国梦的国际认同——基于国际社会对中国和平发展道路质疑的思考》，《当代世界与社会主义》2015 年第 2 期。

83. 郑伟：《福山"历史终结论"批判三题》，《当代世界与社会主义》2006 年第 3 期。

84. 刘伟、王文：《新时代中国特色社会主义政治经济学视阈下的"人类命运共同体"》，《管理世界》2019 年第 3 期。

85. 吴志成、何睿：《国家有限权力与全球有效治理》，《世界经济与政治》2013 年第 12 期。

86. 门洪华：《构建新型国际关系：中国的责任与担当》，《世界经济与政治》2016 年第 3 期。

87. 孙溯源：《集体认同与国际政治——一种文化视角》，《现代国际关系》2003 年第 1 期。

88. 裴长洪：《后危机时代经济全球化趋势及其新特点、新态势》，《国际经济评论》2010 年第 4 期。

89. 董漫远：《全人类共同利益与中国的和平发展》，《国际问题研究》2005 年第 5 期。

90. 汤光鸿：《顺应历史潮流，维护全人类共同利益》，《国际问题研究》2003 年第 2 期。

91. 王寅：《人类命运共同体：内涵与构建原则》，《国际问题研究》2017 年第 5 期。

92. 吴志成：《全球文明倡议的核心要义与推进路径》，《国际问题研究》2023 年第 4 期。

93. 张铭：《关于福山和他的〈历史的终结与最后之人〉——与陈启能先生商榷》，《史学理论研究》1998 年第 1 期。

94. 彭树智、刘德斌、孙宏年等：《世界历史上的文明交往》，《史学理论研究》2011 年第 2 期。

95. 曲星：《人类命运共同体的价值观基础》，《求是》2013 年第 4 期。

96. 刘同舫：《人类命运共同体理念的实践基础》，《世界民族》2024 年第 1 期。

97. 顾海良：《人类命运共同体政治经济学初探》，《教学与研究》2022 年第 4 期。

98. 袁祖社：《后全球化时代的生存境遇与人类命运共同体思想的原创性贡献及其意义》，《教学与研究》2023 年第 2 期。

99. 郝正：《中华文明的包容性与文化认同》，《教学与研究》2024 年第 1 期。

100. 陈钰、俞敏：《从马克思"世界历史"思想到习近平"人类命运共同体"伟大构想的发展》，《教学与研究》2023 年第 4 期。

101. 暨爱民：《从民族认同到国家认同：理论与路径评析》，《教学与研究》2014 年第 11 期。

102. 陈曙光：《中国道路开启现代性文明的新形态》，《江海学刊》2020 年第 3 期。

103. 杨金海：《从世界潮流看中国道路的独特优势及其世界意义》，《江海学刊》2020 年第 3 期。

104. 王宁：《中国式现代化文化建设的双重进路与未来愿景》，《江海学刊》2023 年第 5 期。

105. 陈方正：《论"轴心时代"的"两种文化"现象》，《江海学刊》1999 年第 1 期。

106. 袁祖社：《道德共识与人类共同价值建构——后全球化时代人类公共性实践及其集体行动的逻辑》，《学术研究》2020 年第 6 期。

107. 江华：《历史终结于资本主义还是资本主义历史的终结——福山与沃勒斯坦历史趋势论之比较》，《学术研究》2006 年第 12 期。

108. 杨海：《马克思世界历史理论视域中的"风险社会"》，《学术研究》2023 年第 5 期。

109. 思竹：《历史的终结与当代人的危机》，《浙江学刊》2007 年第 1 期。

110. 顾肃：《历史不会终结　自由民主制度需要完善——评福山的历史和政治哲学》，《浙江学刊》2011 年第 1 期。

111. 梁树发：《从源头上理解马克思的世界历史理论——读〈德意志意识形态〉》，《浙江学刊》2003 年第 1 期。

112. 鲁明川、陈莹雅：《中国式现代化的文化叙事论析》，《浙江社会科学》2024 年第 11 期。

113. 赵永帅：《文明的趋向：马克思共同体的关系逻辑演绎》，《浙江社会科学》2023 年第 2 期。

114. 郑维伟：《政治体制改革与政治建设：理解中国政治发展的主线》，《浙江社会科学》2018 年第 4 期。

115. 肖迎春、高兆明：《科技、人性与自由民主制：福山自由民主制思想中的人性论》，《浙江社会科学》2018 年第 3 期。

116. 卢德友、杨士喜：《"中国道路"与新型现代性构建》，《天津社会科学》2019 年第 2 期。

117. 赵林：《"新轴心时代"的前景与"泛西方化"浪潮的终结》，《天津社会科学》2001 年第 5 期。

118. 蔡拓：《全球治理的反思与展望》，《天津社会科学》2015 年第 1 期。

119. 徐长福：《论劳动的全球化——从马克思主义暨中国的视角来看》，《天津社会科学》2007 年第 4 期。

120. 范玉刚：《以弘扬文明共识理念增强中华文化的世界传播力》，《天津社会科学》2023 年第 2 期。

121. 苏君阳：《善治理想与和谐政治秩序建构》，《北京社会科学》2019 年第 8 期。

122. 颜晓峰、常培育：《人类命运共同体建设的逻辑建构与实践要求》，《南京社会科学》2018 年第 8 期。

123. 刘同舫：《构建人类命运共同体：人类共同利益的生成逻辑与实践指向》，《南京社会科学》2022 年第 10 期。

124. 裴长洪：《世界文明多样性与中国式现代化文明新形态》，《南京社会科学》2023 年第 5 期。

125. 王义桅：《中国式现代化的文明逻辑》，《探索与争鸣》2023 年第 12 期。

126. 刘德斌：《"文明冲突"的预言与国际关系的演变》，《探索与争鸣》2023 年第 11 期。

127. 何哲:《文明是一种知识结构——兼论人类新文明形态与文明范式的构建》,《探索与争鸣》2023 年第 2 期。

128. 郭长刚:《"新轴心时代"与全球治理体系变革》,《探索与争鸣》2020 年第 3 期。

129. 董德刚:《关于人类共同价值的几点思考》,《理论视野》2017 年第 8 期。

130. 陈江生:《论中国式现代化对人类文明新形态的原创性贡献》,《理论视野》2023 年第 7 期。

131. 刘雪璟:《论中国式现代化的文化逻辑》,《理论视野》2023 年第 5 期。

132. 包心鉴:《中国式现代化与科学社会主义的先进本质》,《当代世界社会主义问题》2023 年第 3 期。

133. 张静:《彼·特卡乔夫致弗·恩格斯的公开信》,《当代世界社会主义问题》2014 年第 3 期。

134. 邹广文、张九童:《"现代性"的文化解读》,《社会科学战线》2019 年第 6 期。

135. 张国清:《论人类团结与命运共同体》,《浙江学刊》2020 年第 1 期。

136. 袁祖社:《以文明观之:人类命运共同体思想的新世界观意义》,《浙江社会科学》2023 年第 1 期。

137. 匡列辉:《共享资本观:构建人类命运共同体的可贵思考》,《伦理学研究》2017 年第 3 期。

138. 刘同舫:《人类命运共同体文化构建的"母体"资源》,《山东社会科学》2024 年第 1 期。

139. 白刚:《〈资本论〉的世界历史意义》,《山东社会科学》2015 年第 1 期。

140. 邹广文、王璇：《中华文明连续性特性的具体表现和精神根源》，《山东社会科学》2024 年第 1 期。

141. 董全平：《自由、解放与共产主义——从〈博士论文〉到〈德意志意识形态〉的马克思人类解放逻辑》，《山东社会科学》2018 年第 2 期。

142. 刘同舫：《全球现代性问题与人类命运共同体智慧》，《福建论坛（人文社会科学版）》2019 年第 9 期。

143. 刘同舫：《马克思人类解放阶段论》，《福建论坛（人文社会科学版）》2008 年第 5 期。

144. 任平、郭一丁：《论新现代性的中国道路与中国逻辑——对五四运动以来百年历史的现代性审思》，《江苏社会科学》2019 年第 2 期。

145. 陈明明：《作为一种政治形态的政党——国家及其对中国国家建设的意义》，《江苏社会科学》2015 年第 2 期。

146. 袁杰：《马克思人类解放理论的实践路径》，《江西社会科学》2016 年第 10 期。

147. 张志勇：《一元现代性还是多元现代性：中国道路的价值观探析》，《云南社会科学》2014 年第 1 期。

148. 陈鑫：《"人类命运共同体"国际传播的困境与出路》，《宁夏社会科学》2018 年第 5 期。

149. 熊小果：《马克思"合理形态"辩证法与中国式现代化新道路》，《宁夏社会科学》2024 年第 1 期。

150. 刘同舫：《马克思论证世界历史总体性的维度》，《学术界》2022 年第 9 期。

151. 秦龙、赵永帅：《人类命运共同体理念对儒家文化基因的当代承继》，《学术界》2019 年第 1 期。

152. 韩升:《全球化生存的类价值自觉:时代彰显与实践引领》,《学术界》2023 年第 11 期。

153. 常健:《联合国人权理念和规范对全人类共同价值的表达与建构》,《学术界》2023 年第 5 期。

154. 赵学琳:《人类命运共同体的文化理念》,《探索》2019 年第 2 期。

155. 刘勇、王怀信:《人类命运共同体:全球治理国际话语权变革的中国方案》,《探索》2019 年第 2 期。

156. 叶险明:《"西方中心主义"的本体论批判——关于"西方中心主义"的三个前提性问题》,《中国高校社会科学》2017 年第 5 期。

157. 洪晓楠、顾燕:《构建人类命运共同体的文化逻辑》,《新疆社会科学》2021 年第 2 期。

158. 胡永保、宫倩:《国际区域合作中的文化认同:内涵、作用及限度》,《贵州社会科学》2017 年第 5 期。

159. 肖贵清、夏敬芝:《中国特色社会主义道路的原创价值》,《社会主义研究》2019 年第 4 期。

160. 邵发军:《马克思的共同体思想与国家治理现代化研究》,《社会主义研究》2016 年第 5 期。

161. 邵发军:《习近平"人类命运共同体"思想及其当代价值研究》,《社会主义研究》2017 年第 4 期。

162. 乔玉强:《互动与形塑:人类命运共同体与全球化的互构式发展》,《社会主义研究》2020 年第 4 期。

163. 张广俊:《人类文明新形态:人类视野、文明内核及特色创造》,《社会主义研究》2023 年第 2 期。

164. 韩庆祥:《论中国道路及其本源意义》,《中国特色社会主义研究》2020 年第 2 期。

165. 石云霞：《习近平人类命运共同体思想科学体系研究》，《中国特色社会主义研究》2018 年第 2 期。

166. 陶文昭：《科学理解习近平命运共同体思想》，《中国特色社会主义研究》2016 年第 2 期。

167. 秦宣、刘鑫鑫：《共同价值：打造人类命运共同体的价值观基础》，《中国特色社会主义研究》2017 年第 4 期。

168. 邹广文、王纵横：《人类命运共同体与文化自信的心理建构》，《中国特色社会主义研究》2017 年第 4 期。

169. 刘同舫：《自由全面发展：人类解放的最高境界与必然归宿》，《江汉论坛》2012 年第 7 期。

170. 霍巍：《何以五千年：论中华文明的肇始及其连续性特征》，《江汉论坛》2024 年第 2 期。

171. 蔡文成：《西方学者有关"人类命运共同体"的污名化论调、危害及其正确应对》，《理论探索》2021 年第 3 期。

172. 赵可金、马钰：《全球意识形态大变局中的人类命运共同体》，《国际论坛》2020 年第 2 期。

173. 罗骞：《构建人类命运共同体：21 世纪马克思主义的重要命题》，《理论探讨》2018 年第 2 期。

174. 白艳、李娜、陈剑：《透析西方政治制度模式历史局限——兼论中国绝不照搬西方政治制度模式》，《理论探讨》2017 年第 5 期。

175. 安然、齐波：《塞缪尔·亨廷顿"文明冲突论"的文化保守主义倾向》，《史学月刊》2010 年第 4 期。

176. 卞邵斌：《从"历史主义"到"历史的终结"——评西方学者对马克思社会历史观的诘难》，《学习与探索》2010 年第 4 期。

177. 项久雨、侯玉环：《论人类命运共同体文化构建的三重意蕴》，《江淮论坛》2019 年第 5 期。

178. 侯惠勤：《马克思的哲学变革与我们的哲学坚守》，《思想理论教育导刊》2016 年第 1 期。

179. 韦加庆、肖康康：《福山与马克思关于资本主义历史走向之辩》，《思想理论教育导刊》2018 年第 3 期。

180. 吴增礼：《中国式现代化的本质、文明形态与独特优势》，《思想理论教育导刊》2023 年第 7 期。

181. 李青璇、李艳：《中华优秀传统文化视域下习近平人类命运共同体思想的价值底蕴》，《思想政治教育研究》2018 年第 4 期。

182. 高地：《人类命运共同体构建的社会文化心理机制》，《思想政治教育研究》2018 年第 4 期。

183. 骆郁廷、张蓓：《构建人类命运共同体的文化挑战与应对》，《思想政治教育研究》2019 年第 5 期。

184. 邹广文、华思衡：《中国式现代化的文明观建构》，《思想教育研究》2023 年第 10 期。

185. 徐伟轩、吴江海：《人类命运共同体文化建构的目标、挑战与路径》，《思想理论教育》2021 年第 1 期。

186. 林伯海、易刚：《社会主义核心价值观国际认同的机理和实现路径》，《思想理论教育》2014 年第 10 期。

187. 戴木才：《论世界各国现代化的共同特征》，《思想理论教育》2023 年第 4 期。

188. 于鸿君：《中国经济体制的选择逻辑及其在全球化新时代的意义》，《世界社会主义研究》2018 年第 6 期。

189. 何自力：《科学认识和正确处理政府与市场关系》，《世界社会主义研究》2017 年第 1 期。

190. 李毅：《携手构建人类命运共同体是世界历史发展的鲜明旗帜》，《世界社会主义研究》2024 年第 9 期。

191. 崔顺姬:《反思全球转型背景下的大国责任》,《国际关系研究》2020 年第 4 期。

192. 汪长明:《"一带一路"倡议的开放性》,《国际观察》2018 年第 6 期。

193. 唐贤兴:《全球治理:一个脆弱的概念》,《国际观察》1999 年第 6 期。

194. 牟琛、蔡文成:《构建人类命运共同体:一项全球性社会运动的设想与实践》,《国际观察》2023 年第 5 期。

195. 贺来:《论马克思哲学研究中的两个教条及其超越》,《求是学刊》2004 年第 1 期。

196. 刘书林:《新时代中华文明魅力的新展示与"两个结合"研究的新境界》,《毛泽东邓小平理论研究》2023 年第 7 期。

197. 赵景峰:《马克思的世界市场理论对经济全球化研究的指导意义》,《毛泽东邓小平理论研究》2004 年第 3 期。

198. 刘传春:《人类命运共同体内涵的质疑、争鸣与科学认识》,《毛泽东邓小平理论研究》2015 年第 11 期。

199. 汪亭友:《一种唯心主义的历史观价值观:再论"普世价值"的实质及其现实危害》,《毛泽东邓小平理论研究》2021 年第 5 期。

200. 于成文:《认识社会主义与资本主义关系的新视野》,《求实》2004 年第 4 期。

201. 陈学明、李先悦:《福山的"历史终结论"的终结说明了什么》,《马克思主义理论学科研究》2017 年第 1 期。

202. 曹峰:《中国道路内涵的四重维度阐释》,《东南学术》2020 年第 4 期。

203. 张鑫:《人类命运共同体的三个文化向度:价值、实践与心理》,《东南学术》2019 年第 1 期。

204. 徐艳玲、李聪：《"人类命运共同体"价值意蕴的三重维度》，《科学社会主义》2016 年第 3 期。

205. 俞祖华：《近代国际视野下基于中华一体的民族认同、国家认同与文化认同》，《人文杂志》2011 年第 1 期。

206. 金应忠：《从"和文化"到新型国际关系理念——兼论人类命运共同体意识》，《社会科学》2015 年第 11 期。

207. 周晓虹：《认同理论：社会学与心理学的分析路径》，《社会科学》2008 年第 4 期。

208. 张治江：《人类命运共同体的国际认同建构路径》，《理论学刊》2018 年第 4 期。

209. 张静、马超：《论习近平人类命运共同体思想对中华传统文化的传承与超越》，《学术论坛》2017 年第 4 期。

210. 刘方喜：《论人类命运共同体与共享理念的文化战略学意义》，《学术论坛》2018 年第 3 期。

211. 赵家祥：《资本主义社会内部能够孕育和形成社会主义因素——澄清对马克思恩格斯思想的一种误解》，《北京大学学报（哲学社会科学版）》2008 年第 5 期。

212. 丰子义：《全球化与唯物史观研究范式》，《北京大学学报（哲学社会科学版）》2005 年第 4 期。

213. 俞思念：《中国式现代化的文化形态：内涵与价值》，《北京大学学报（哲学社会科学版）》2024 年第 1 期。

214. 赵士发、李燕：《多元现代性问题与中国特色社会主义道路》，《北京大学学报（哲学社会科学版）》2015 年第 5 期。

215. 康健：《从利益共同体到命运共同体》，《北京大学学报（哲学社会科学版）》2018 年第 6 期。

216. 张立文：《中国传统和合文化与人类命运共同体》，《中国人民大学学报》2019 年第 3 期。

217. 罗骞：《建构性政治与中国道路的建构性特征》，《中国人民大学学报》2018 年第 4 期。

218. 孙正聿：《怎样理解马克思的哲学革命》，《吉林大学社会科学学报》2005 年第 3 期。

219. 李淑梅：《超越对市民社会的直观理解与人类解放——马克思批判费尔巴哈哲学的社会政治取向》，《吉林大学社会科学学报》2016 年第 5 期。

220. 张乃和：《认同理论与世界区域化研究》，《吉林大学社会科学学报》2004 年第 3 期。

221. 刘同舫：《人类命运共同体的文化构建与文明新能量的增添》，《武汉大学学报（哲学社会科学版）》2024 年第 2 期。

222. 项久雨：《中国式现代化的文化叙事》，《武汉大学学报（哲学社会科学版）》2023 年第 2 期。

223. 张玉堂：《个人利益和共同利益的矛盾及其协调》，《武汉大学学报（哲学社会科学版）》1999 年第 1 期。

224. 程竺：《走向第二轴心时代的跨文化研究》，《浙江大学学报（人文社会科学版）》2004 年第 6 期。

225. 刘同舫：《人类命运共同体对全球治理体系的历史性重构》，《四川大学学报（哲学社会科学版）》2020 年第 5 期。

226. 吴宏政：《人类命运共同体的自然法权基础》，《四川大学学报（哲学社会科学版）》2023 年第 4 期。

227. 阎孟伟、朱丽君：《全球化的实质和进程与马克思的全球化理论》，《南开学报（哲学社会科学版）》2007 年第 1 期。

228. 李丹：《"一带一路"：构建人类命运共同体的实践探索》，《南开学报（哲学社会科学版）》2019 年第 1 期。

229.何星亮：《文化多样性与文明互补》，《中山大学学报（社会科学版）》2017 年第 3 期。

230.刘同舫：《构建人类命运共同体与文化气度的形塑》，《南京师大学报（社会科学版）》2024 年第 1 期。

231.吴作富：《社会心理学视野下的两种认同理论：整合抑或分立？》，《南京师大学报（社会科学版）》2010 年第 5 期。

232.赵永帅、秦龙：《人类命运共同体的文化自知、文化自信与文化自为》，《江西师范大学学报（哲学社会科学版）》2019 年第 1 期。

233.刘同舫：《人类命运共同体对普遍交往关系的创造性重塑》，《河海大学学报（哲学社会科学版）》2022 年第 5 期。

234.温波、凌靓：《人类命运共同体：走向世界引领世界的当代中国马克思主义文化形态》，《苏州大学学报（哲学社会科学版）》2018 年第 1 期。

235.余金成、娄银梅：《经济危机、世界市场与确证社会主义的合理性》，《天津师范大学学报（社会科学版）》2014 年第 5 期。

236.吴耀国：《"世界历史"与"世界市场"的辩证关系——基于马克思社会批判理论中的时空维度分析》，《河南大学学报（社会科学版）》2016 年第 1 期。

237.田江太：《论人类命运共同体的文化维度》，《河南大学学报（社会科学版）》2018 年第 4 期。

五、外文文献

1.Michelle Murray, *The Struggle for Recognition in International Relations: Status, Revisionism, and Rising Powers*, Oxford University Press, 2019.

2.Christopher Daase, Caroline Fehl, Anna Geis, Georgios Kolliarakis （eds.）, *Recognition in International Relations: Rethinking a Political Concept in a Global Context*, Palgrave Macmillan UK, 2015.

3.Martin Albrow, *China's Role in a Shared Human Future ：Towards Theory for Global Leadership*, Globe China Press, 2018.

4.Emmanuelle Tourme-Jouannet, *What is a Fair International Society? International Law Between Development and Recognition*, Hart Publishing, 2013.

5.Wolfgang Hein, Suerie Moon, *Informal Norms in Global Governance: Human Rights, Intellectual Property Rules and Access to Medicines*, Ashgate, 2013.

6.Stefano Guzzini, Iver B. Neumann （ed）, *The Diffusion of Power in Global Governance: International Political Economy Meets Foucault*, Palgrave Macmillan, 2012.

7.Michael Head, Scott Mann, Simon Kozlina, *Transnational Governance: Emerging Models of Global Legal Regulation*, Ashgate, 2012.

8.Gottfried Schweiger, *Poverty, Inequality and the Critical Theory of Recognition*, Springer, 2020.

9.Jan Wouters （ed）, *China, the European Union and Global Governance*, Edward Elgar, 2012.

10.Thomas Lindemann, Erik Ringmar, *The International Politics of Recognition*, Paradigm, 2011.

11.Dick Morris, Eileen McGann, *Here Come the Black Helicopters! UN Global Governance and the Loss of Freedom*, Broadside Books, 2012.

12.Leslie A.Pal, *Frontiers of Governance: The OECD and Global Public Management Reform*, Palgrave Macmillan, 2012.

13.Finn Laursen, *The 1965 Merger Treaty: The First Reform of the Founding European Community Treaties*, Palgrave Macmillan, 2012.

14.Finn Laursen（eds.）, *Designing the European Union: From Paris to Lisbon*, Palgrave Macmillan UK, 2012.

15.Olivier Costa, *The European Parliament and the Community Method*, Palgrave Macmillan, 2011.

16.Giandomenico Majone, *Is the Community Method Still Viable?* Palgrave Macmillan, 2011.

17.Alister Miskimmon, *Germany, the European Community and the Challenges of the End of the Cold War*, Palgrave Macmillan, 2007.

18.Frank Schimmelfennig, *Strategic Action in the International Community*, Palgrave Macmillan, 2006.

19.Osborne, *How to Read Marx*, W. W. Norton & company, 2005.

20.Volker Heins, *Nongovernmental Organizations in International Society: Struggles Over Recognition*, Palgrave Macmillan, 2008.

21.Daniel Bell, *The End of Ideology*, Harvard University Press, 2000.

22.Anthony Giddens, The Consequences of Modernity, Ploity Press, 1996.

23.Ofer Feldman, Sonja Zmerli, *The Psychology of Political Communicators: How Politicians, Culture, and the Media Construct and Shape Public Discourse*, Routledge, 2018.

24.Wayne H. Brekhus, *Culture and Cognition: Patterns in the Social Construction of Reality*, Polity, 2015.

25.Ioannis Armakolas, James Ker-Lindsay, *The Politics of Recognition and Engagement: EU Member State Relations with Kosovo*, Palgrave Macmillan, 2020.

26.Robert Biel, *The New Imperialism: Crisis and Contradictions in North/South Relations*, Zed Books, 2000.

27.Catherine Koerner, Soma Pillay, *Governance and Multiculturalism: The White Elephant of Social Construction and Cultural Identities*, Palgrave Macmillan, 2020.

28.Neyooxet Greymorning（ed）, *Being Indigenous: Perspectives on Activism, Culture, Language and Identity*, Routledge, 2019.

29.John Keane, *Global Civil Society?* Cambridge University Press, 2003.

30.Resad Kayali, "The End of History and The European", *Marmara journal of European Studies*, Vol.20, No.2, 2012.

31.John Milfull, "The End of Whose History? Whose End of History?", *Australian Journal of Politics and History*, Vol.49, No.2, 2003.

32.Michael M. Du, "China's 'One Belt, One Road' Initiative: Context, Focus, Institutions, and Implications", *The Chinese Journal of Global Governance*, Vol.2, No.1, 2016.

33.Das K C, "The Making of One Belt, One Road and Dilemmas in South Asia", *China Report,* Vol.53, No.2, 2017.

34.John J. Mearsheimer, "Can China Rise Peacefully?", *The National Interest*, September 20, 2016.

35.Thomas Hale, "Transnational Actors and Transnational Governance in Global Environmental Politics", *Annual Review of Political Science*, Vol.23, No.1, 2020.

36.Miles Kahler, "Rising Powers and Global Governance: Negotiating Change in a Resilient Status Quo", *International Affairs*, Vol.89, No.3, 2013.

37.Matthew D. Stephen, "Emerging Powers and Emerging Trends in Global Governance", *Global Governance: A Review of Multilateralism and International Organizations*, Vol.23, No.3, 2017.

38.Shahar Hameiri, Lee Jones, "China Challenges Global Governance? Chinese International Developmen Finance and the AIIB", *International Affairs*, Vol.94, No.3, 2018.

索　引

后　记

　　停笔立于窗前，夜幕下城市斑驳陆离的光影映入眼帘，每一道余光里都散发着科技裹挟下加速度中的静谧与喧嚣，让我不禁感叹窗间过马的瞬息意味。浮游半生，世事无常，人总是渺若星辰，点缀于浩瀚长空，流淌着信仰与希冀的文字汇聚成历史。当一切追问与探究拂去历史散碎的表象，人类命运便悄然敞现出星汉灿烂的世界图景。

　　英国汉学家马丁·雅克在《大国雄心》中曾说道，中国"不仅是一个民族国家，还是一种文明"。在这片广袤的土地上，个体的存在不过是沧海一粟，但绵延千年的文明却让我们体悟到人类命运的坚韧。个体是有限的存在物，群体创造的文明凝聚着个体的精神，在薪火相传之间冲破有限化为永恒，铸就了延续历史的精神命脉。"大道之行也，天下为公"，这深深镌刻于脊梁里的家国情怀塑造了中国人的魂魄，"人不独亲其亲，不独子其子，使老有所终，壮有所用，幼有所长，矜、寡、孤、独、废疾者，皆有所养"。个体命运与人类命运水乳交融，沉淀而成人类命运共同体的文化根基。这片养育我的膏腴之地深沉厚重而又朝气蓬勃，为我打开心怀天下、洞见古今的广阔视域，牵引我超越狭隘个体的局限，以人类主体的视界在追问文化的时代响音中探究人类命运共同体的文化构建。

目前，世界正值全方位深度融合的时期，人类社会更加需要通力合作。法国教育家让-雅克·卢梭在《爱弥儿》中曾指出："人之所以合群，是由于他的身体柔弱；我们之所以心爱人类，是由于我们有共同的苦难。"从温室效应、沙漠化和能源危机等环境问题，到社会老龄化和人口大爆炸等社会问题，全球性的苦难呼吁人类齐心协力，经济全球化的发展要求人类携手凝聚。然而，流于经济层面的聚合力量无法真正解决人类的内部矛盾与隔阂，源于人类的深层共识并未实际达成。唯有走进不同文化的深处，才能对那些历经数千年、积淀在不同文化中的声音，予以平等客观的尊重、诚挚亲和的倾听，细数那些人类在努力生存的摸爬滚打中凝合铸就的信仰，深度挖掘贯穿古今而渗透于寻常生活的文化精神，发掘人们不经意地举手投足间流露的符号内涵及其相互交织中所暗藏的冲突与矛盾。我们相互需要，我们相爱相杀——战争、恐怖主义同样是21世纪人类需要共同面对的问题。人类自毁、人类自救，人类需要的是人类自己，人类所能依靠的也只有人类自己。人类命运共同体从来不是一个虚无的伪命题，它是人类自身真实的存在状态。

我们休戚相关，但常常听不到彼此的心声；我们大声呼喊，却因彼此心的距离而声音微弱得可怜。人类的本能欲望和发展诉求要求人类自身，倾听人类社会中那些在历史结构性困境与现实发展压力下发出的无助声音，架起可以互通交融的文化语言与文化符号之桥，静听推心置腹、多样异彩的文化交响。西方有些国家看不清世界的"真实模样"，当现实无法满足他们的那份希望和渴求时，他们会用尽各种方式获取一切，让一切服从其意志。霸权主义、文化殖民投射出人类孤寂的身影，试图吞噬一切影子统摄黑暗，丑陋而荒诞，殊不知侵犯性的占有非但不是真正的交流，相反，当世界变成一种颜色，黑色便成为色彩的别称。我们是彼此的软肋，也是彼此的铠甲，共同体终究是我们与生俱来的宿命，也是我们奔赴光明未来的依赖。人类命运共同体的文化构建与国际认同，是使得不同文化得以和平交流，在"和而不同"的百花齐放中寻求最深层的人类共识。不同的文化塑造不一样的语言、不一样的精神风貌，正是这种独特差异与丰富绚丽赋予人类矛盾性发展的力量，推动人类历史长河奔腾不息。

　　我知晓这项工程的浩大、繁重与艰巨，这一工程本质上是对"人类何以共生"这一终极命题的当代回应。我内心深处饱含对人类的热爱和对人类命运的关怀，如同中国文人自古就有"为天地立心，为生民立命，为往圣继绝学，为万世开太平"的志向，触动我矢志不渝地尝试、努力和追逐。我虽不奢求能够继往开来、开创新世界，但是愿能于苍穹之下剖析人之本心，于苍生之间发掘人之本性，于生生不息中探寻人之命途，为人类和平共存贡献一己之力。这项工程犹如精卫填海，需要我们持之以恒，个人之力虽渺若微尘，但集众人之力、齐心并发则必将汇小流以成沧海。谨以小诗一首，与诸君共勉！

求索曙光

擦拭岁月堆积的
知识灰尘
不断敲击文字
一串串一行行
仿佛对宿命的叩问

窗外繁星点点
映照辩证溯源的征程

行舟的哲学海洋

求索航途漫漫

暴风骤雨从未断

先贤们的箴言

星星点点似灯塔

于清冷热烈长夜

引领航行者

拉紧思想的船帆

现实已然昭示

人类共同命运

开启自由解放之路

终将抵达

兼爱和平的彼岸

广袤长空

密涅瓦的猫头鹰

黄昏起飞

壮丽羽毛装点暮色

盘旋俯瞰大地

那是一个共同寓言

往复诉说着

理性求索者

唤醒黎明

迎向曙光的故事

　　本书是国家社科基金重大项目"人类命运共同体的文化构建与国际认同研究"（项目批准号：19ZDA003）的最终研究成果（"优秀"等级结项）。感谢同行专家给予的支持、鼓励和肯定，感谢全国哲学社会科学工作办公室的资助，感谢人民出版社的推荐，感谢为本书的出版付出汗水和奉献智慧的师长、友人、责任编辑与学生。

刘同舫

2025 年春　于杭州

责任编辑：赵圣涛
责任校对：芦　苇
封面设计：王欢欢

图书在版编目（CIP）数据

人类命运共同体的文化构建与国际认同研究 ／ 刘同舫著 .
北京 ： 人民出版社，2025. 7. -- ISBN 978 - 7 - 01 - 027291 - 7

Ⅰ . D82

中国国家版本馆 CIP 数据核字第 2025ZD5846 号

人类命运共同体的文化构建与国际认同研究

RENLEI MINGYUN GONGTONGTI DE WENHUA GOUJIAN YU GUOJI RENTONG YANJIU

刘同舫　著

人民出版社 出版发行

（100706　北京市东城区隆福寺街 99 号）

北京新华印刷有限公司印刷　新华书店经销

2025 年 7 月第 1 版　2025 年 7 月北京第 1 次印刷
开本：710 毫米 × 1000 毫米 1/16　印张：52.75　插页：2
字数：900 千字

ISBN 978 - 7 - 01 - 027291 - 7　定价：249.00 元（上下卷）

邮购地址 100706　北京市东城区隆福寺街 99 号

人民东方图书销售中心　电话（010）65250042　65289539